# SAMUEL DE MISSY (1755-1820)

# ARMATEUR ROCHELAIS

# SUR L'OCEAN INDIEN

Jean HESBERT

# SAMUEL DE MISSY (1755-1820)
# ARMATEUR ROCHELAIS
# SUR L'OCEAN INDIEN

Deuxième édition revue et augmentée

1er trimestre 2025

ISBN : 978-2-3225-5875-9

## Avertissement

Fort de l'accueil favorable du public à l'issue de la parution de ce livre, l'auteur a fait le choix d'une réédition, désormais complétée par un E. BOOK.

À sa sortie, en 2024, l'ouvrage a été immédiatement rendu accessible aux bibliothèques des Archives Départementales suivantes : Charente-Maritime – Gironde (et aussi archives de la Métropole) - Loire-Atlantique – Vienne, ainsi qu'à celles de l'Université de La Rochelle et de l'ICES à La Roche-sur-Yon.

Samuel de Missy (1755-1820), armateur rochelais sur l'océan indien, dans sa première édition (janvier 2024) comptait aussi pami les livres proposés à la vente au Musée du Nouveau Monde 10, rue Fleuriau à La Rochelle.

Après un début de commercialisation satisfaisant, il a été retiré inopinément le 31 mai 2024 des rayons de la librairie du musée par la Municipalité de La Rochelle.

> Musées d'Art et d'Histoire
> 10 Rue Fleuriau
> 17000 LA ROCHELLE
> Tél. 05.46.41.46.50
>
> 31 mai 2024,
> Par décision de Madame Spano adj[
> interdite.

L'auteur démontrera avec patience, force et raison dans le présent ouvrage qui compte un peu plus de 400 pages, qu'il ne saurait partager les affirmations suivantes avancées par les deux élues municipales :

« *Nous,* [Catherine Léonidas et Anna Maria Spano, adjointes à la mairie] *on a décidé de parier plutôt sur la pédagogie et de rétablir certaines vérités* ».

« *Pas d'ambiguïté **par contre** pour la rue Samuel Demissy, du nom de cet armateur et planteur protestant rochelais qui fit fortune dans la canne à sucre dans les isles grâce au labeur inhumain des esclaves* ».

" **Par contre**" marquait leur opposition à la restauration demandée de l'intégrité mémorielle de Samuel de Missy.

Remerciements

Agnès et Étienne de Quatrebarbes
Nicole et Olivier Martin
lesquels ont permis à ce livre de voir le jour

Monsieur Pascal Even pour ses talents de paléographe

Mon compagnon d'archives, Jean Droisier pour les belles pépites qu'il a trouvées

Mon cousin, Antoine Nègre qui portait haut son patronyme, artiste à ses heures,
issu d'une vieille famille protestante de Nîmes :

Antoine Nègre © : -Tête de Nègre – 2000

## Remarques préliminaires

Ecriture des patronymes :

<u>Demissy</u> dans la presque totalité de l'ouvrage. Exception : <u>de Missy</u> pour le titre du livre afin d'être en harmonie avec les monographies qui lui ont été déjà consacrés. De même pour nommer ses deux filles.

<u>Admirault</u> pour mettre en harmonie les diverses graphies utilisées pour le patronyme de cette famille : Admiraud, Admyraud, Admyrault.

Les créances ou des dettes sont exprimées comme suit : 147 – 16 - 7. Ce qui signifie 147 livres, 16 sols et 7 deniers.

AD : Archives départementales
AM : Archives municipales
AN : Archives nationales
SHD : Service historique de la Défense

« En application de l'art. L.137-2.-I. du Code de la propriété intellectuelle, toute reproduction et/ou divulgation de parties de l'œuvre dépassant le volume prévu par la loi est expressément interdite ».
© 2025, Jean Hesbert

Édition : BoD · Books on Demand, 31 avenue Saint-Rémy, 57600 Forbach, bod@bod.fr
Impression : Libri Plureos GmbH, Friedensallee 273, 22763 Hamburg (Allemagne)

Dépôt légal : février 2025

Samuel de Missy (1755-1820), armateur rochelais sur l'océan indien

## Avant-Propos

### *In aeternum versus in memoriam*

Culpabilisation des familles dont les « aïeux » ont participé à la traite négrière, *a contrario* patronymes esquivés : Dupaty, Garnault, Beltrémieux[1], Garreau, Meschinet de Richemond, anachronismes stupéfiants[2], contradictions[3],— l'adjonction de libellés au bas de sept plaques de rues rochelaises dont cinq sont dédiées à des personnalités vertueuses et dignes d'estime *in memoriam*, a tourné à un jeu de

---

[1] La volonté d'ignorer le lourd passé de Joseph Beltrémieux, capitaine du navire négrier *L'Amitié* armé pour faire la traite au Sénégal, fut notre premier sujet d'opposition avec la mairie de La Rochelle qui prise en défaut éluda le problème [AD/17 ETP 35 f° 218, 17 novembre 1786]. Pour Beltrémieux, voir le Répertoire de Jean Mettas :376, 378/2400. De plus les recherches de Jean Mettas indiquent que Beltrémieux était le capitaine de *La Félicité*, armée par Quenet, qui fit voile de Bordeaux pour l'Isle de France le 7 mars 1786 pour traiter à Quiloa, ville d'Afrique sur la côte Est au Zanguebar (sic), sur la côte de Mélinde. Répertoire de Jean Mettas :312/1748. [AD/17, 41 ETP 35, vue 208/304, 17 novembre 1786] : [...] *L'Amitié*. Ledit navire commandé par ledit sieur Beltremieux [...] que ledit navire est mouillé sur les rades de La Rochelle pour y finir son chargement & de là faire voile pour le Sénégal en Afrique pour y faire la traite des Noirs & la traite finie se rendre à Saint-Domingue pour y faire la vente des captifs [...]. Police similaire *L'Amitié*, contenu semblable : [f° 218 ; vue 220/304 : 10 septembre 1786]. On trouve également le 16 janvier 1784, mais sans intention de traite, une souscription de police sur effets et marchandises sur *L'Iris*, capitaine Forget, par Mme veuve Beltrémieux pour le compte de son fils Joseph, portant sur une cargaison de thé chargée de l'Isle de France à destination de Lorient : AD/17, 41 ETP 31, f°160, vue 164/312, valeur assurée 5 000 livres. Police similaire f° 171, vue 175/312, 12 janvier 1784. Le rôle d'un capitaine est prépondérant lors des opérations de traite : Le capitaine ne se contentait pas de diriger la navigation, il était aussi responsable des opérations commerciales, il était « capitaine-géreur ». Lors des campagnes de traite, il était responsable de l'acquisition des esclaves et, une fois aux isles, de leur vente. Ainsi P. Seignette, muni d'instructions et autorisations de Rasteau, resta plus de 12 mois à Saint-Domingue pour faire rentrer les effets provenus de la vente de la cargaison humaine du *Saint-Louis* (1741-1742). Il arrivait le plus souvent que le capitaine vende les captifs, charge son navire avec des retours et des frets divers, les commissionnaires se chargeant de recouvrer les créances : Rocafortis n° 44, septembre 2009 pages 202 et 203 Jacques Rasteau, armateur rochelais au XVIIIe siècle, Danielle Pouzache, résumé d'un mémoire de maîtrise soutenu en 1969 à l'Université de Poitiers.

[2] Les contradictions y sont même présentes. Le politiquement correct de la municipalité a conduit à attribuer la fortune de Samuel de Missy à « l'exploitation de la canne à sucre dans les isles grâce au labeur inhumain des esclaves » (La Rochelle, deuxième port négrier de France au XVIIIème siècle, célèbre la loi Taubira). Autre affirmation : Cet armateur a participé au commerce négrier et fait fortune dans la canne à sucre. Esclavage : les rues de La Rochelle révèlent son passé de port négrier - https ://lactu.playbacpresse.fr/article/esclavage-les-rues-de-la-rochelle-revelent-son-passe-de-port-negrier.

[3] L'histoire négrière au coin de la rue : https ://www.larochelle.fr/actualites/les-actualites/memoire-esclavage/lhistoire-negriere-au-coin-de-la-rue. Une rue et un collège de La Rochelle sont honorés du nom de Samuel de Missy, figure singulière des Protestants rochelais enrichis par la traite négrière et le commerce dans les îles à sucre. Certes il y prit part, mais il dut partir fort loin pour éponger les dettes paternelles. Et tout engagé qu'il fût dans le commerce triangulaire [...].

massacre. Celle figurant Square Rasteau percé en 1875 sur un terrain légué à la ville par la veuve de Jean-Jacques Rasteau, né le 17 décembre 1786, négociant, membre du Tribunal et de la Chambre de commerce, maire de 1834 à 1841 et député de 1837 à 1846, jamais impliqué dans la traite des Noirs, petit-fils d'un armateur négrier, porte *in aeternam* la mention « <u>Ses aïeux ont été impliqués dans la traite négrière au XVIII<sup>e</sup> siècle</u> ».

### *La repentance, la haine de soi et l'autoflagellation*

Un mouvement se développa dans le Sud-Ouest de la France en vue de la suppression, voire la modification radicale de plaques de rues honorant des personnages rattachés par leur filiation à des ascendants négriers. Dans son expression première, il véhiculait des revendications semblables à celles de la *cancel culture* : à savoir les débaptiser[4]. À sa tête un Sénégalo-Français basé à Bordeaux, Conseiller régional : M. Karfa Sira Diallo, adoubé par des enseignants enthousiastes d'un institut universitaire local. Le public apprit rapidement à connaître ses méthodes au travers d'une action médiatique puis judiciaire visant à anéantir l'appellation « La Négresse » à Biarritz[5], l'un des quartiers éponymes de la cité balnéaire. Son comportement vestimentaire au Conseil régional de Nouvelle-Aquitaine, inscrit sous l'étiquette EELV en surprit plus d'un. Dans sa ligne de mire également : l'aire de l'autoroute A 63 stigmatisante et raciste qui se nomme La Négresse[6]. Les lieux-dits «

---

[4]Voire employer des méthodes plus radicales : Mohamed Mahmoud Mohamedou et Davide Rodogno <u>Temps, espaces et histoires Monuments et héritage raciste et colonial dans l'espace public genevois</u> : « État des lieux historique En France, en juin 2020, une statue de Jacques Cœur, conseiller du roi de France Charles VII et argentier accusé d'exploitation économique au Moyen-Orient, a été prise pour cible à Bourges. À Lille, en juin 2020, le piédestal d'une statue de Louis Faidherbe, général ayant pris part à la colonisation française de l'Algérie, de la Mauritanie et du Sénégal, a été souillée. Le même mois, une statue de Jean-Baptiste Colbert, ministre du roi Louis XIV et initiateur en 1681 du *Code Noir*, située devant l'Assemblée nationale a été recouverte de peinture et de l'inscription « négrophobie d'État ». En février 2002, le maire de Paris, Bertrand Delanoë, avait débaptisé la rue Antoine-Richepance, général envoyé par le consul Bonaparte en Guadeloupe pour rétablir l'esclavage, ce que Richepance (dont le nom figure sur l'arc de Triomphe à Paris) fit en 1802 au moyen d'une sanglante répression ». Dans cette chasse à l'homme, Voltaire n'est pas encore atteint. Il fut un actionnaire important de la deuxième Compagnie des Indes dont personne ne doutera de son implication dans la traite.

[5]Par voie judiciaire, l'association Mémoires et Partages s'était opposée à ce que le quartier La Négresse, à Biarritz conserve son nom. Le tribunal administratif de Pau a rejeté sa requête le 22 décembre 2023. Le tribunal a considéré qu'« en dépit de l'évolution sémantique du terme ''négresse'' depuis 1861 vers une connotation péjorative, la dénomination ne pouvait être regardée [...] comme portant atteinte au principe de sauvegarde de la dignité humaine». L'association a interjeté appel de cette décision. Le 16 janvier 2025, devant la cour d'appel administrative de Bordeaux, le rapporteur public a conclu que *L'évolution sémantique"* du mot lui confère aujourd'hui une *"connotation insultante"* qui *"peut porter atteinte à la dignité humaine »*. Après délibéré , l'arrêt rendu Jeudi 6 février 2025 a été conforme.

[6]M. Karfa Diallo, président de l'association Mémoires et Partages, annonce même qu'il va engager une procédure contre la société Vinci pour un panneau autoroutier qui porte le nom de "La Négresse" sur l'A63.

# Samuel de Missy (1755-1820), armateur rochelais sur l'océan indien

Les Nègres » ou Nègres dans la campagne profonde du pays d'Oc, firent éclater sa colère. Dans un billet de blog daté du 10 septembre 2020, s'érigeant en directeur de conscience, il interpellait vertement le maire de la ville où Jean Guiton capitula devant Louis XIII et Richelieu dans les termes ci-après : « *L'image de marque de la Rochelle nécessite de dissiper les ambiguïtés croissantes que de nombreux citoyens dénoncent dans votre gestion de ce devoir de mémoire. Les communautés de pensée et d'action entre les acteurs universitaires et associatifs, entre l'histoire et la mémoire, permettent de s'ouvrir aux interrogations citoyennes et intellectuelles avec justesse et justice* ».

En 2021, La Rochelle capitula à nouveau.

À La Rochelle, les cinq plaques des rues qui ont jadis récompensé des bienfaiteurs ou des savants comportent désormais un dénominateur commun : celui d'une adjonction uniforme de déshonneur[7]. C'est la référence à leurs aïeux seulement masculins qui ont trempé dans la traite négrière[8]. Car il y a eu des armements dirigés par des femmes. On les identifie par le préfixe Veuve, telle la veuve Beltrémieux, ancêtre du naturaliste Charles-Édouard, la veuve Bernon ou la veuve Admirault. Quand, exceptionnellement le personnage célébré sur la plaque de rue est directement mis en cause, cas de Samuel de Missy, patronyme écrit jusqu'au début du XIXe siècle Demissy [9], une information tronquée, voire erronée est même livrée aux passants, et même à nos jeunes, puisque ce même nom a servi à baptiser un collège portant ce nom[10]. Des générations d'écoliers lors de fêtes de fin d'année y ont fait avec le concours de leurs professeurs revivre positivement la mémoire de Samuel

---

[7]<u>Société de l'Histoire du protestantisme français</u>, tome XLVI, 1899, page 333, « A côté des noms de MM. Émile Delmas et Wladimir Mörch, le Conseil municipal vient de faire pour les avenues et rues de La Pallice, de Laleu et de La Genette, les noms historiques des Philippe Vincent, des Tessereau, des Désaguliers, des Rambouillet, des De Missy, qui ont honoré les protestants à La Rochelle.

[8]<u>Rencontres Sciences-Po-"Sud Ouest"</u> : Pierre Singaravélou invite à "prendre un peu de distance avec l'identité", par Julien Rousset, publié le 18/11/2021 à 21h06. L'historien, spécialiste des empires coloniaux, a déploré la « crispation identitaire » qui pèse à ses yeux sur notre rapport à l'histoire et sur le débat public. Il dit : « Personne ne souhaite vivre dans une rue dont le nom glorifie un collaborateur de la deuxième guerre mondiale ou ayant bâti sa fortune sur l'esclavage. Mais le risque est d'entrer dans une recherche de purification sans fin intenable. Il faut regarder les situations au cas par cas. Calmement ».

[9]Vers la fin du XIXe siècle, à côté des noms de MM. Émile Delmas et Wladimir Mörch, le Conseil municipal de La Rochelle vient de faire revivre pour les avenues et rue de La Palice, de Laleu et de La Genette les noms historiques de Philippe Vincent [Pasteur au XVIIe siècle], des Tessereau [Jacques et Abraham, conseiller et maître d'hôtel ordinaire du roi, ancien secrétaire du roi, exilé], des Désaguliers [John Theophilus Desaguliers fils de Jean Désaguliers, pasteur huguenot réfugié en Angleterre], des Rambouillet [de La Sablière], des De Missy qui ont honoré les protestants de La Rochelle. <u>Société de l'Histoire du protestantisme français</u>, tome XVII, 1899, page 333.

[10]Dossier constitué de la copie de deux lettres de Samuel de Missy à la Chambre de Commerce de La Rochelle d'une notice biographique sur Samuel de Missy destinée au <u>Dictionnaire de biographie mauricienne</u> et de l'affiche de l'exposition réalisée au C.E.S. Missy en juin 1976.

de Missy. Est-il pensable ou même tenable que ce lieu d'enseignement puisse conserver le nom d'un soi-disant esclavagiste ayant participé à un crime contre l'humanité ?

Une enquête réalisée sur les noms de rues de Bordeaux en 2022 menée par Aurélie Bambucket s'affirmant descendante d'esclaves et par Axelle Balguerie dont les ancêtres avaient été négociants et traitants montrait les faiblesses et les limites d'un tel travail de mémoire ondonymique. À Bordeaux, « *une vingtaine de rues font débat, car elles sont affiliées parfois à tort à la traite négrière. Mais il y a eu cent quatre-vingts armateurs négriers bordelais, sans compter les marins, les capitaines, les commerçants qui profitaient des cales […]. Aujourd'hui, des centaines de milliers de Bordelais ont des ascendants qui ont participé à la traite négrière ou à son économie* », rapporte Le Parisien dans son édition du 17 mai 2022.-

**Un vice fondamental : le manque d'autonomie de pensée des historiens face à la l'envahissement de la traite atlantique.**
La Rochelle ne s'est pas passionnée pour retracer l'histoire de ses armateurs, les Admirault et Samuel Demissy dans leur conquête de l'océan indien. La concentration sur les conditions de l'esclavage aux Antilles a mobilisé, là comme ailleurs toutes les énergies. Massimiliano Vaghi dans une contribution intitulée Le souvenir d'une « épopée glorieuse - La France en Inde entre la Révolution et l'Empire », souligne qu'avec « le total abandon de l'Inde par la France pendant la dernière partie du XVIII$^e$ siècle, tant du côté de l'intérêt politique et stratégique que de celui du commerce, – les recherches françaises ont été relancées à partir des années 1980-1990 touchant principalement l'histoire sociale, l'histoire économique et le problème de l'esclavage dans l'océan indien ».

Si Historiens et érudits rochelais ont su produire des travaux de très grande qualité sur l'exploration du passé colonial et esclavagiste de la Ville Océane, ces écrits focalisent le discours sur la traite atlantique, mais jamais sur les aspects spécifiques et d'une ampleur incomparable tant dans son volume que de sa composition, sur la traite interocéanique à partir de la *mare indicum*. Il y a lieu de le regretter, car un discours plus centré aurait permis de conserver l'intégrité et de protéger la pureté de la mémoire de Samuel Demissy. Des historiens bretons ne sont pas tombés dans ce travers homothétique et c'est à eux que l'on doit en grande partie la réalisation d'études intégrant la vision des trois dernières décennies du XVIII$^e$ siècle en phase avec les tribulations des Compagnies des Indes et les effets de la guerre d'Indépendance américaine sur les possessions françaises de l'océan indien. On verra *infra* la prééminence de l'historiographie de l'océan indien réalisée par les chercheurs anglo-saxons ayant publié ces dernières années des ouvrages d'exception.

## Samuel de Missy (1755-1820), armateur rochelais sur l'océan indien

Pourtant, une certaine prudence aurait été de mise. L'un des plus grands historiographes de la traite négrière et de l'esclavage, Gabriel Debien n'écrivait-il pas en 1956 dans <u>Outre-Mers, Revue d'histoire</u> à propos du <u>Club des colons de La Rochelle (septembre 1789-octobre 1790)</u> : « *La traite, clé de tout l'édifice colonial. Ici [à La Rochelle] l'accord est complet entre marchands et colons. Un seul négociant se fera inscrire à la Société des Amis des Noirs, A. (sic) de Missy mais ce n'était pas avec les Antilles qu'il faisait des affaires, et il n'avait jamais armé pour la traite* ».

Qui donc étaient donc les mieux placés pour l'exprimer aujourd'hui, sinon les Mauriciens eux-mêmes, riches d'un passé d'archives travaillé et exploité ? : <u>Rapport de la Truth & Justice</u> : « *Les Rochelais n'ont quasiment pas armé pour l'océan indien* ». Les spécialistes de l'esclavage français ne mentionnent pratiquement jamais l'existence de ces travaux. L'esclavage fut aboli officiellement à Maurice 1er février 1935, alors que l'île était sous occupation britannique qui dura de 1810 à 1968.

***C'est en effet toute la problématique du « Vivre ensemble » qui est concernée par cette initiative de mémoire.***

La Rochelle, bien pâle imitatrice de Bordeaux mais n'hésitant pas à critiquer ce géant[11], n'a pas réussi à se hisser au niveau de l'excellence d'expression des cités guyanaise et ligérienne où la réécriture des plaques s'est voulue avant tout pédagogique et respectueuse de l'histoire.

---
Bordeaux : plaque rue Davis Gradis (1665-1751)
La firme David Gradis et Cie a armé deux cent vingt-et-un navires pour les colonies de 1718 à 1789 dont dix pour la traite des Noirs.
La firme gérée par la même famille depuis l'origine se maintient jusqu'au XXe siècle. En 1724, David Gradis acheta près du cours de la Marne un terrain qui devint le premier cimetière juif de Bordeaux. C'est à ce titre et parce que ses descendants furent des notables bordelais que son nom a été donné à cette rue.
Plus d'informations sur : www.memoire-esclavage- bordeaux.fr

---

Nantes[12] en conservant intacte la plaque de rue de Guillaume Grou (1698-1774) et en la complétant par un panneau explicatif distinct comme pour d'autres armateurs nantais a, ce faisant adressé un message clair à l'Association bordelaise Mémoire et

---

[11] Pour l'exemple, sept noms de rues en particulier vont faire l'objet d'une explication pédagogique. Tout cela vient notamment en réaction de visites guidées (payantes) organisées par l'association bordelaise Mémoire & Partages qui, semble-t-il, manquaient cruellement d'exactitude scientifique. https://france3-regions.francetvinfo.fr/nouvelle-aquitaine/charente-maritime/la-rochelle/la-rochelle-deuxieme-port-negrier-de-france-au-xviiieme-siecle-celebre-la-loi-taubira-2059366.html

[12] <u>20 minutes Nantes</u> 15 juin 2020 : <u>Nantes : Pourquoi la ville a renoncé aux plaques explicatives dans les rues portant un nom de famille négrière</u>.

Partages qui a fortement poussé à l'élaboration des projets municipaux de réformes :

« Les noms de rues traduisent les mémoires d'une ville. Nantes a fait le choix de maintenir les noms des rues attribuées à des personnalités politiques qui ont participé à la traite atlantique et à l'esclavage colonial, pour assumer l'héritage de son histoire ».

> Guillaume Grou est l'un des principaux armateurs nantais du 18e siècle. Il participe activement au commerce des esclaves. Plus de 10 000 hommes, femmes et enfants sont déportés d'Afrique vers les colonies françaises des Amériques à bord de ses navires.
> Administrateur des Hospices de Nantes, il lègue une partie de sa fortune pour la construction d'un orphelinat rue Gaston Turin. La ville décide en 2018 de dénommer une rue en son nom, proche de l'établissement afin d'honorer cet acte de charité. À cette époque, en France, la traite atlantique vient d'être interdite mais est toujours pratiquée illégalement notamment à Nantes.

À Lorient les bombardements de la dernière guerre en ont fait un non-sujet. Le Havre qui y avait pensé, n'a pas poursuivi dans cette voie. Son maire Jean-Baptiste Gastinne s'est exprimé comme suit : « *Parce que le sujet n'est pas qu'un sujet du passé, c'est aussi un sujet d'actualité. Il s'agit de se donner les moyens de faire vivre ensemble des personnes d'origines diverses* ».

Il a même fallu dans le parcours mémoriel squelettique de La Rochelle que la mairie invite à suivre gratuitement[13]- celui de Bordeaux étant payant - afin de lui donner une épaisseur suffisante, gloser sur l'appellation de deux navires dont les rues de La Rochelle étaient indifféremment à tous déjà dotées, l'une perdue au fin fond du quartier des Minimes, l'autre se situant au Gabut. — D'abord le navire *Le Saphir* commandé par le capitaine Henry Daniel Rossal, représenté par son tableau iconique daté de 1741 accroché à la cimaise de la chapelle des Marins de la cathédrale Saint Louis où sur le pont l'équipage blanc et noir célèbre avec allégresse le retour du vent lui permettant après avoir été immobilisé dans le pot au noir de l'équateur de reprendre sa route de Ouidah* pour Saint-Marc port de l'île de Saint-Domingue. La grande traversée aura duré cent-trente-et-unes journées, soit plus du triple du temps moyen habituel. Tous remercient le Seigneur, ce qui traduit et exprime un moment singulier de fraternité et de spiritualité, car ce tableau est d'abord un *ex-voto*, incompatible avec le message que l'on veut faire passer avec son utilisation

---

[13] Les finances de la section tourisme de la Communauté d'agglomération de La Rochelle dont Madame Marie Nedellec est administratrice depuis 2021 (voir *infra*) présentent un déficit abyssal : Rapport d'activité 2021 de Société d'Économie Mixte de La Rochelle Tourisme Événements. Augmentation des subventions à plus de 2,1 millions d'€, un chiffre d'affaires divisé par 2 par rapport à 2019 à 1,6 million d'€, mais un résultat d'exploitation positif de 83 000. Comprenne qui pourra une telle présentation comptable.

stigmatisante de l'esclavage[14]. Jean-Michel Deveau l'a choisi pour illustrer la couverture de son bel ouvrage *La Traite Rochelaise*. — L'autre navire se nomme *L'Armide* par référence à la rue éponyme que l'on a donc rattachée après coup au nom d'un navire négrier armé par le Rochelais Pierre Gabriel Admirault[15] qui selon le libellé de la plaque l'a envoyé à Petit-Popo, port du pays de Juda dans l'actuel Bénin le 27 décembre 1749[16].

Il s'en est fallu de peu que dans la résidence privée du Gabut, la plaque de rue de *L'Aimable Nanette,* navire du port de 600 tonneaux, armé à Lorient par les Admirault, en premier lieu en 1776, ayant pour capitaine le rochelais Bernard Bertaud, à destination de Pondichéry où il parvint le 25 juillet 1776 en passant au préalable par l'Isle de France, puis en 1778 lors d'une seconde expédition, conduit par le capitaine le rhétais Jacques Alexandre Boutet, pour la même destination en mouillant également à l'Isle de France, ne soit à son tour souillée par une évocation odonymique de l'infamie de l'esclavage. Ce n'est qu'une micro-histoire de bateau direz-vous...

L'opinion dominante invite à croire que *L'Aimable Nanette* doit être considérée comme navire négrier, comme l'UTL (Université du Temps Libre) de La Rochelle sur son portail où elle y fait référence.

La présomption de traite est *omni* présente chez ceux qui écrivent l'histoire ou la déclinent. Or, comme le prouvent les archives du Service historique de la Défense de Lorient, le 28 janvier 1778 vit le départ de *L'Aimable Nanette* pour Pondichéry. Ce navire marchand était venu approvisionner le comptoir en vivres et marchandises mais aussi pour y faire le commerce d'Inde en Inde, profitant d'une certaine osmose avec la présence anglaise toute proche à Madras, alors que le privilège de la deuxième Compagnie des Indes, appelée aussi Compagnie perpétuelle ou Compagnie de Law était suspendu depuis 1769. Un témoignage[17] intéressant et majeur du commerce

---

[14] Christian de La Hubaudière, La désinformation autour de la traite des Noirs, La police des Noirs à La Rochelle en 1777 Dualpha- Vérités pour l'Histoire, page 80 : *Ex voto* montrant *Le Saphir* dont la traversée en 1741 a duré quatre mois et demi par manque de vent. Blancs et Noirs ensemble sur le pont implorent Dieu de faire venir le vent.

[15] La graphie du patronyme de cette famille n'a cessé d'évoluer depuis le XVIIIe siècle : Admiraut, Admirauld ou Admiraud avec parfois des retours en arrière. La lettre i a souvent été remplacée par un Y. **Ce patronyme sera écrit uniformément Admirault.**

[16] Voir Jean Mettas Répertoire des expéditions négrières françaises au XVIIIe siècle : 183/2205. Les sources d'archives font état également d'un voyage du bâtiment sur la côte de Guinée portant des marchandises pour la traite afin de les introduire dans les colonies françaises d'Amérique [AD/17, B 251, pages 25 et 26, 16 décembre 1749, date du congé délivré par Béraudin].

[17] Voyage aux Indes orientales, Volume 1 de Paulinus (a S. Bartholomaeo) Pierre Paulin de Saint Barthélemy missionnaire, livre premier, détails sur la ville de Pondichéry chez Tourneisen fils, 1808 répertorié n°8 sur le rôle d'équipage de *L'Aimable Nanette* de 1776. Page1 : Il y avait dans sa rade [de

qui pouvait s'y faire est rapporté par l'aumônier Bartolomeo Paolin qui parvint à Pondichéry lors du premier voyage de *L'Aimable Nanette, dont* tout un chacun aurait dû faire son livre de chevet pour éviter tout amalgame entre le *country trade* pratiqué dans l'océan indien et la traite transocéanique. Pour son second et ultime voyage, *L'Aimable Nanette* fut capturée par l'ennemi le 21 (20) août 1778, à cinq heures du matin devant Pondichéry défendu à terre par le gouverneur Guillaume Léonard de Bellecombe.

### *Planteur et ayant participé au commerce de la traite*

Rien en effet ne serait venu troubler la quiétude des historiens ayant réalisé des monographies[18] sur le négociant et armateur rochelais protestant Samuel Demissy, si la municipalité de la ville où il naquit en 1755 et mourut en 1820 n'avait pas pris l'initiative de modifier le libellé de la plaque de rue du quartier de La Genette qui l'honore en ajoutant la légende suivante : « <u>Planteur et ayant participé au commerce de la traite</u> ». En outre, pour accabler par l'abandon de ses idées abolitionnistes sous le **tollé** réprobateur de ses pairs armateurs, la cause des Noirs qu'il avait fermement épousée, frôlant pour certains la lâcheté et pour d'autres l'opportunité, la réécriture de la plaque rappelle haut et fort sa rétractation de membre de la Société des Amis des Noirs. Terrible raccourci d'odonymie s'il en est !

Le légendaire Samuel Demissy fut embarqué très jeune et seul sur le navire d'un ami armateur de ses parents à destination de l'Isle[19] de France, aujourd'hui Île Maurice laquelle venait tout juste acquérir le statut de colonie. On s'accorde à dire qu'il y fit fortune. Encore faut-il régler le curseur à sa bonne place pour apprécier la mesure de

---

Pondichéry] cinq bâtiments français. L'Aimable Nanette était le sixième ; quatre autres bâtiments seuls suffisaient pour approvisionner la colonie où il n'y avait que trois ou quatre négociants européens. Le chargement de ces vaisseaux consistait en vin, drap, fer, armes à feu et étoffes de France. Les Indous ne boivent pas de vin et s'habillent de toiles blanches de coton fabriquées chez eux. Comment se faisait donc ce commerce ? Le vin, le drap, les canons, le fer, les armes, presque tout était vendu aux Anglais de Madras et du Bengale. Ces mêmes canons servaient contre les Français ; l'argent qu'on retirait de la vente des effets apportés restait dans l'Inde pour acheter des mousselines, des toiles de coton, du guingan, du sucre, du poivre, de la cannelle, de la cardamone, des mouchoirs, des perles des pierres précieuses, des esclaves de deux sexes.

[18] On ne peut que désapprouver celle qui figure dans le <u>Dictionnaire biographique des Charentais</u> : Notice biographique sur Samuel de Missy rédigée par Claudy Valin : De Missy (Samuel) négociant et homme politique rochelais (La Rochelle 1755 – La Rochelle 1820) « Héritant pour tout bien de la faillite de ses parents, **négriers malchanceux ruinés par la crise de la traite**, Samuel de Missy s'évertue à éponger le passif familial. Il y devient devenant même le créancier de ses compagnons armateurs, grâce au commerce avec les Indes dont il est l'un des pionniers. Il est à La Rochelle le correspondant de Mirabeau et il y fonde la Société des Amis des Noirs -dont le but philanthropique peut être revu à la lumière de récentes analyses ».

[19] Partout dans ce livre on retiendra la graphie Isle de France de préférence à Île de France.

cet enrichissement. Le temps passant, on lui reconnut une petite fortune, puis une fortune. Rentré riche de l'île, il devint richissime pour d'autres. Cette « bonanza » pourrait bien d'abord être le fruit à un modeste niveau d'une activité de commerce d'Inde en Inde c'est-à-dire de cabotage, partie de l'achat à crédit d'un senau, puis amplifiée par l'acquisition de navires d'un tonnage plus élevé[20]. Samuel Demissy, négociant à terre ayant magasins à Port-Louis près du Caudan, fut le correspondant à l'Isle de France de l'armateur Gabriel Thouron et de peut-être bien d'autres Rochelais, ceci traduisant un phénomène de diaspora. Sa participation à une capture lors de la guerre de course autorisée par le roi, d'un navire de *l'East Indian Company* pendant la guerre d'Indépendance américaine est prouvée. Au lendemain de celle-ci, sa fortune était faite, et il décida de revenir en France.

Rembarqué à vingt-sept ans de l'île pour La Rochelle, fort de sa connaissance des circuits marchands de l'océan indien, à partir de 1784 il arma tous ses vaisseaux sauf le dernier à destination exclusive des Isles de France et Bourbon mais sans jamais aucune escale négrière sur la côte africaine atlantique ou orientale. Lorsque le privilège de la Nouvelle Compagnie des Indes fut supprimé par la Révolution et lui permit d'envoyer en une deuxième expédition *Le Henry Quatre* pour se procurer des épices, notamment du poivre sur la côte Malabar, son navire ne mouilla jamais à Zanzibar, au Mozambique à Quiloa (Kilwa), Ibio, à Madagascar à Foulepointe ou Tamatave, là où l'on pouvait se procurer des têtes de Noirs. Vainement dans le temps de navigation nécessaire pour que les navires de Demissy fassent une campagne les menant *in fine* en Inde ou même en Chine, pourrait-on organiser une escale en imaginant qu'une cargaison de Noirs était là, disponible en rang d'oignon, à proximité du rivage ou sur un ponton pour être embarquée *presto*. C'est bien mal connaître la complexité du processus de la traite négrière, au surplus quand elle se renforce d'un caractère interocéanique et qu'elle doit composer avec l'environnement régalien du commerce au-delà du Cap de Bonne-Espérance.

Samuel Demissy n'était nullement planteur. D'ailleurs, où les historiens situeraient-ils son « habitation » qui aurait contribué à la construction de sa fortune par l'épuisement jusqu'à la mort des esclaves achetés à des Portugais ou à des marchands

---

[20] Le commerce d'Inde en Inde dénommé en Anglais « country trade » : Sillages sur l'océan indien, Cahiers nantais, année 1999, Le Commerce d'Inde en Inde de Pondichéry au XIXe siècle, Jacques Weber, pages 17 à 29 : « Louis XVIII rappelle au comte Dupuy, appelé à gouverner les Établissements français, que « le commerce se fait aux Indes de deux manières : 1- par des bâtiments expédiés d'Europe qui vont charger sur les deux côtes [de la péninsule indienne](Coromandel [au levant] et Malabar [au couchant]) ou au Bengale et qui effectuent leur retour en Europe ; 2- par des bâtiments qui vont d'une côte à l'autre ou se désarment dans nos divers établissements. Ce dernier commerce est connu plus particulièrement sous la dénomination de commerce d'Inde en Inde, et s'étend d'un côté jusqu'au golfe Persique et la mer Rouge et de l'autre jusque sur les côtes du royaume d'Ava, du Pégou, de la Cochinchine et dans les Détroits ».

arabes de Zanzibar ? — À Saint-Domingue dans la plaine du Nord à côté d'Harouard et de Saint Michel, — dans la plaine de Cul-de-Sac à côté de celle de Fleuriau auquel son épouse est apparentée— ou bien encore sur les terres fertiles de Pamplemousses ou de Rivière-du-Rempart dans le nord de l'Isle de France, à proximité de celles de Jacques Leroux de Kermoseven[21] ?

Convenons que si un tel foncier destiné à produire l'or blanc si prisé au XVIIIe siècle avait pu être acquis ou même concédé à un gamin de quinze ans, débarqué après trois mois de voyage de mer à Port-Louis dans l'île Maurice et à vingt-sept ans, retourné en Métropole, quelques tabellions royaux auraient bien dû en témoigner par le truchement de la passation d'actes authentiques. Mais, – absolument rien jusqu'à aujourd'hui, n'a pu être retrouvé dans les minutes du notaire de Port-Louis André Jean-Baptiste Leroux de Cinq Noyers qui ait pu titrer de Demissy qui lui confiait ses affaires, sur même un arpent propre à l'exploitation d'une « habitation » dans la campagne. C'est un coup de force de certains historiens orchestré à partir de leurs seules convictions pour construire une historiographie orientée de Demissy.

La nature du commerce auquel Demissy s'adonnait, dont une composition ponctuelle est cristallisée dans un de ses écrits de fin 1789, portait entre autres sur les toiles bleues de Guinée. Celles-ci servaient notamment à vêtir la main-d'œuvre servile des colonies françaises d'Amérique mais aussi les populations africaines car elles y étaient aussi très appréciées. Ce tissu s'achetait par rames qui se présentaient sous la forme de blocs importants et encombrants. C'est à partir d'un aveu mêlé d'empathie calculée de Samuel Demissy exprimé dans une lettre aux directeurs de la Chambre de Commerce pour leur prouver que l'abolition de l'esclavage dans les colonies françaises de l'Amérique lui causerait aussi une perte de chiffre d'affaires, faute de pouvoir continuer à faire pour son compte propre le commerce de guinées bleues, que l'on a conclu de manière flashante que l'implication de Samuel Demissy dans la traite des Noirs avait été non seulement importante, sinon déterminante ou encore chronique.

Pointer aujourd'hui le négoce de telles toiles pour stigmatiser ceux qui s'y sont investis, a pour effet de caractériser une <u>implication indirecte</u> dans la traite négrière. Ce faisant La Rochelle s'est autorisé dans sa justice municipale à ouvrir une nouvelle voie afin d'élargir et d'assouplir les conditions de mise en œuvre du processus des

---

[21]Megan Vaughan, <u>Creating the creole island, Slavery in Eighteenth-Century Mauritius</u>, page79: By 1777 he (Jacques Leroux de Kermoseven) was the owner of seven hundred slaves. L'un d'eux Jacques Leroux de Kermoseven arrive à l'Isle de France 1756. Employé de la Compagnie des Indes. En 1777 il possède 700 esclaves. C'est un acteur significatif de la traite négrière. Il prêtait aussi de la main d'œuvre ; esclaves artisanaux et marins (traduction par l'auteur).

crimes contre l'humanité en faisant usage d'un nouveau critère matériel : celui de la participation médiate à la traite négrière par fait de commerce[22]. On sait parfaitement que les excédents commerciaux dégagés par la production de l'or blanc des îles françaises d'Amérique permettaient d'acquérir porcelaines chinoises[23], tissus, épices d'Inde et construire et embellir nos villes.

Dans la mise en œuvre de ce processus, à défaut d'élément probant écrit, un élément intentionnel n'est pas requis pour caractériser la faute et s'en servir pour l'incrimination. C'est là la grande originalité de ce dispositif mémoriel rochelais qui transforme en coupable celui qui par son comportement inconscient n'a été qu'un maillon de la chaîne. Les Français d'aujourd'hui seraient-il coupables d'acheter des marchandises en provenance de la Chine communiste qui mène une répression féroce contre les Ouigours récalcitrants ?

*L'invocation sans preuve d'une implication directe*
Mais, selon la ville de La Rochelle, cette qualification médiate n'est même pas à la hauteur des convictions de deux élues municipales qui se prétendent expertes. Voici Samuel Demissy, flétri comme les aïeux Admirault, les Rasteau, les Gareschè, classé comme un acteur direct et impliqué, entendons l'armateur qui pratique le commerce triangulaire et se trouve enrichi grâce à l'exportation du sucre sur la Métropole alors que seules les Antilles s'y étaient engouffrées[24]. Rapportait-on des barriques de sucre

---

[22] Les expos virtuelles de la Charente-Maritime : La traite négrière rochelaise au XVIIIe siècle- http ://exposvirtuelles.charente-maritime.fr/fr/expositions/la-traite-negriere-rochelaise-au-xviiie-siecle

Des gens ordinaires acteurs de la Traite : Les documents d'archives permettent de suivre les ramifications de la traite chez les greffiers de l'Amirauté qui perçoivent un droit à chaque enregistrement d'un acte déposé par un armateur négrier chez les boulangers qui fournissent le biscuit de mer, ou chez les cabaretiers et les logeurs qui donnaient pension aux marins attendant l'embarquement. Le commerce rochelais alimente les ateliers, les échoppes, les chais et les greniers où se fabriquent, se vendent et se conservent les marchandises destinées à l'achat des captifs en Afrique [...]. Le commerce négrier donne du travail aux chantiers navals. Il fait vivre plusieurs centaines de matelots, tandis que sur les rues du port s'affairent les crocheteurs, les voituriers et les portefaix. C'est pourquoi l'argent du trafic négrier a probablement irrigué chaque rue du port de La Rochelle au XVIIIe siècle et les rues de plus d'une ville en France.

[23] Paul Blutel : Histoire du Thé, éditions Desjonquères, Paris, 1989, page 91 : Porcelaines des Indes fabriquées en Chine. A 900 kilomètres de Canton s'étendait Jingdezhen, capitale de la porcelaine chinoise [...]. Le décor peut être exécuté à Canton pour les plus pressés sur la porcelaine blanche [...]. Deux familles : famille verte et famille blanche. La famille verte désigne la porcelaine produite sous l'empereur Kang-Xi à décor chinois utilisant le rouge de fer et le vert de cuivre. La famille rose qui s'étend de 1723 jusqu'au début du XIXe siècle, produit des porcelaines dont l'émail dominant est un rose d'or sous le nom de pourpre de Cassius.

[24] Le 10 mai 2001, avec la loi Taubira, la France reconnaissait la traite et l'esclavage comme crime contre l'humanité. Vingt ans plus tard, La Rochelle mise sur la pédagogie pour affronter son passé de port négrier.

de l'Isle de France lors du retour obligé des navires à Lorient pour le vendre aux enchères par l'intermédiaire des Commissaires de la Compagnie des Indes ? Le café, le coton et le poivre prédominaient d'ailleurs à Bourbon. C'est très mal connaître les mécanismes des échanges commerciaux entre les Mascareignes et la France à la fin du XVIIIe siècle.

### *Le contexte économique*

Au travers du récit de la vie de Samuel Demissy se décrit la tentative du port de La Rochelle de réorienter son commerce sur l'océan indien, afin de panser les plaies de la perte du Canada scellée par le traité de Paix de 1763. Un fol espoir de liberté fut donné pendant quinze ans aux armateurs particuliers pour leur permettre de sillonner les mers de l'Inde et de la Chine en faisant halte aux Mascareignes[25], en ne subissant plus le monopole d'une Compagnie des Indes mise en hibernation du fait de la suspension de ses privilèges par le roi.

Las, les armateurs ne purent en profiter pleinement car la déclaration d'une nouvelle guerre avec l'Angleterre troubla les ondes de tous les océans et gâcha le festin.

Une troisième Compagnie des Indes naquit en 1785 des cendres de la deuxième, bénéficiant pratiquement des privilèges ancestraux, mais dite « mitigée » car le commerce venait à être libre entre la Métropole et les Mascareignes.

Ce nouveau régime du commerce n'aura vraiment attiré à La Rochelle que Samuel Demissy lequel avait poursuivi le courant d'affaires de Pierre Gabriel Admirault et de son fils. Le report à l'ouvrage d'Émile Garnault : <u>Le commerce rochelais au XVIIIe siècle, d'après les documents composant les anciennes archives de la Chambre de</u>

---

Dans la nouvelle équipe municipale rochelaise, deux femmes ont décidé de prendre le sujet à bras le corps. Catherine Léonidas première adjointe, et Anna-Maria Spano en charge du patrimoine et des circuits culturels. "La société évoluant, il faut que la ville évolue aussi par rapport au regard qu'elle porte sur cette histoire", explique Catherine Léonidas, "un regard corrélé à une question sociétale que posent certaines associations, avec qui on n'est pas toujours d'accord, comme par exemple sur le fait de débaptiser certaines rues. <u>Nous, on a décidé de parier plutôt sur la pédagogie et de rétablir certaines vérités</u>". « <u>Pas d'ambiguïté par contre pour la rue Samuel Demissy, du nom de cet armateur et planteur protestant rochelais qui fit fortune dans la canne à sucre dans les isles grâce au labeur inhumain des esclaves</u> ».

https ://france3-regions.francetvinfo.fr/nouvelle-aquitaine/charente-maritime/la-rochelle-deuxieme-port-negrier-de-france-au-xviiieme-siecle-celebre-la-loi-taubira-2059366.html# :~:text=La%20Rochelle%2C%20deuxi%C3%A8me,2021%20%C3%A0%2019h09

[25] Le nom de Mascareignes est fréquemment employé au XVIII pour désigner l'archipel des trois îles principes de l'océan indien ; Bourbon (La Réunion) l'Isle de France (Maurice) et Rodriguès qui appartient à cette dernière, découvertes par le navigateur portugais Pedro de Mascarenhas, 9 février 1513.

commerce de La Rochelle. Marine et colonies, de 1763 à 1790, cinquième partie 1763 à 1790, constituait un préalable de référence avant de porter tout jugement éthique sur Samuel Demissy.

Une réécriture s'avérait indispensable pour rétablir la vérité sur le passé de ce grand homme malmené par nos contemporains[26]. Cet ouvrage surprendra. Il aurait dû s'intituler Samuel de Missy en vérité. Par certains aspects il se présente comme un *factum* de l'Ancien régime.

---

[26] Une notice de l'auteur a été publiée dans une revue protestante (nota, lire et corriger : né en 1755 et non 1750) https ://www.epuf-robinson.org/wp-content/uploads/702_mai_2022-1.pdf. Une conférence a déjà eu lieu à l'AGHPA à Aigrefeuille à la fin de 2022. Une deuxième a été donnée pour les Rochelais et plus particulièrement les habitants du quartier de La Genette où se situe la rue de Missy et le collège éponyme, en mars 2023. Elle a rassemblé 80 personnes avec succès. Une troisième s'est tenue fin 2024 à Paris sur invitation des Amis de Mahé de La Bourdonnais.

Samuel de Missy (1755-1820), armateur rochelais sur l'océan indien

**Introduction**

**Qui est Samuel Pierre Joseph David Demissy ?**

Pierre Larousse dans son Dictionnaire universel du XIX<sup>e</sup> siècle n'en dit mot. Pourtant il fut un personnage majeur à La Rochelle entre les années pré et postrévolutionnaires. Les historiens de l'île Maurice, anciennement l'Isle de France dont Demissy assura la représentation auprès de l'Assemblée nationale ne sont pas parvenus à lui consacrer une biographie construite.

Celle de Samuel Demissy peut être maîtrisée en se référant à quatre périodes significatives : — De sa naissance en 1755 jusqu'à son embarquement à la cale de la Chaîne à La Rochelle sur Le Marquis de Narbonne, senau armé par Admirault à destination de l'Isle de France en décembre 1770,— Ensuite son vécu dans l'île où il établit sa résidence rue du Rempart et rue Moka à Port-Louis et ceci en dehors de toute possession rurale. Il réembarqua pour la France fin 1781 par Le Comte de Narbonne[1], revint pour un second séjour dans l'île de quelques mois en 1784,— Puis sa fixation définitive à La Rochelle dans la maison que louait son père à la famille Nairac, rue de L'Escale[2] puis à Étienne Charruyer qui en fit l'acquisition en 1801,- devenue aujourd'hui rue Nicolas Venette pour sa portion septentrionale[3] après que la famille ait été forcée de quitter la rue Dompierre, dénommée rue Fleuriau aujourd'hui, probablement à la suite de la faillite commune de son père avec son beau-frère Samuel Michel Meschinet de Richemond dans la société Demissy & Meschinet de Richemond. Samuel Demissy déploya à La Rochelle une activité d'armateur exceptionnelle sur l'océan indien qui s'acheva en 1791, non sans réaliser postérieurement quelques petites opérations de négoce sur des navires[4]— Et enfin

---

[1] Le navire La Comtesse (sic) de Narbonne partit le jeudi 8 novembre 1781 : Journal de Bord du bailli de Suffren dans l'Inde, page 62, publié par Henri Moris avec préface de M. le vice-amiral Jurien de La Gravière.

[2] Samuel de Missy encore célibataire y vivait avec sa mère Anne Fraigneau décédée le 28 décembre 1788 arch.mun. La Rochelle, 1 G 87.

[3] 12 nivôse an XII (3 janvier 1801), Jean-Baptiste Nairac et Marie Belin vendent à Étienne Charruyer marié à Suzanne Van Hoogwerf aux Rasteau et Martel une maison 182, rue de l'Escale occupée par Demissy. Cahiers Père Coutant, page 296. Père Coutant n° 36, n° 1348 rue de L'Escale, acheteur Missy, vendeur dame Desbois 275 livres de rentes, Crassous 17 mai 1755. En 1818, cette rue selon l'atlas levé par Bonniot mesurait 275,85 mètres, les porches 134,90 mètres.

[4] Une exception : AD/17, 3E 1001 : juillet 1793 vente par Demissy du navire Le Suffren au Havre pour 56 000 livres.

son engagement municipal et politique jusqu'en 1820, date de son décès rue de L'Escale n° 3[5].

Son existence s'articule avec la survenance d'événements majeurs : - La suppression du privilège exclusif de la Compagnie des Indes dont essaya de jouir l'armement privé de 1769 jusqu'à 1785; - L'entrée en guerre renouvelée en 1778 de la France contre l'Angleterre, consécutive au soutien de Louis XVI aux treize colonies d'Amérique pour les libérer de la tutelle de leur Métropole, et selon de Castres pour venger indirectement le traité de Paris de 1763 ; - La création d'une troisième Compagnie des Indes dite «de Calonne» en 1785 ;- Enfin la chute de l'Ancien Régime avec les opportunités de rachat des biens nationaux ecclésiastiques pendant la Révolution, puis l'accomplissement d'une carrière politique nourrie.

Il fut un jeune homme encore timide qui s'embarqua mal assuré, vers l'inconnu de l'océan indien et qui adulte se vit propulsé comme notable de sa ville natale pour assister au couronnement de Napoléon et de Joséphine à Notre-Dame.

**Première période** : Des émergences de nouveaux documents infirment partiellement l'excellente biographie établie par Émile Garnault, secrétaire archiviste de la Chambre de commerce de La Rochelle de 1885 à 1895[6]. Il manquait en effet pour écrire l'histoire de la famille Demissy par-delà les siècles quelques chaînons. Il est heureux que les descendants de Samuel Pierre Joseph David Demissy aient bien voulu nous ouvrir leurs archives dont une biographie familiale portant sur huit générations, probablement mise en répertoire par Isaac Demissy à la fin du XVIIe siècle, continuée par son fils Samuel, puis son petit-fils Samuel Pierre et enfin son arrière-petit-fils Samuel Pierre Joseph David intitulée : <u>Livre de famille des Demissy Papiers baptisteres de mes enfans et un memorial de la naissance et origines de mes aieus. I. D</u> (en lettres capitales). <u>Il y a aussi ung memorial de mon* oncle* Charles* cotte A.</u> Ce document annexe a disparu[7].

---

[5]La partie de la rue de L'Escale, dénommée Petite rue de L'Escale a vu son appellation modifiée en séance du 12 août 1887 du Conseil municipal en « rue Nicolas Venette », page 152.

[6] Garnault, Emile. <u>Le commerce rochelais au XVIIIe siècle</u>. La Rochelle : Typ. Vve Mareschal et E. Martin, 1888-1900, 5 vol. Émile Garnault, <u>Livre d'or de la Chambre de commerce de la Rochelle contenant la biographie des directeurs et présidents de cette Chambre de 1719 à 1891</u>, E. Martin, 1902. <u>Revue de l'Aunis, Saintonge et du Poitou</u>, vol 10, page 126. « Nulle part sa biographie complète est retracée ».

[7] Les archives de la famille, comprenant les papiers des de Missy ainsi que les tableaux furent conservés un temps par Amaury Conquéré de Monbrison, né à Paris le 6 septembre 1923, chef de branche aînée, propriétaire, membre du Jockey Club. Il vendit en 1961 le château de Monbrison à son cousin Christian de Monbrison. Il vécut les dernières années de sa vie dans un hôtel des Champs-Elysées où il avait conservé la plupart des tableaux qu'il légua à sa petite nièce Agnès Velten. Il mourut célibataire le 25 août 2007 et

# Samuel de Missy (1755-1820), armateur rochelais sur l'océan indien

On soulignera que sur la page de couverture de ce livret, le patronyme de Missy est écrit avec la particule. Un décryptage attentif du Livre de famille fragilise et même détricote certaines légendes sur le personnage de Samuel Pierre Joseph David Demissy échafaudées à partir de suppositions grégaires de la plupart des historiens[8]. Ce précieux recueil familial ajoute quelques couleurs à l'histoire régionale ou locale. Isaac Demissy narre par exemple les exactions commises par les troupes de Louis XIV (les dragons) à la fin du XVIIe siècle à Marennes qui conduisirent une partie des Demissy à émigrer pour partie en Allemagne puis de là pour d'autres en Angleterre. Ce frère aîné, César Demissy pasteur à Londres dans un prêche intitulé Les Larmes du Refuge laissera un témoignage vibrant et émouvant de sa foi profonde et militante.

On ignore tout du déroulement de l'enfance et de la jeunesse de Samuel Demissy avant son embarquement pour l'Isle de France.

Avant sa mort en 1820, Samuel Demissy était sans doute en possession d'écrits familiaux ou de nombreux documents se rapportant à ses opérations de commerce en dehors des papiers et effets qui ont été identifiés lors de son inventaire après décès. En 1836, lors de la vente de la maison de la rue Porte Neuve n° 10 qu'aucun membre de la famille n'habitait plus, la plupart de ceux-ci ont été dispersés lors d'une vente aux enchères[9]. Parmi ceux qui subsistent *a minima* conservés entre les mains de ses descendants et surtout ceux qui restent accessibles au travers des archives publiques, on observe une application permanente donnée au contenu de ses lettres, une qualité d'écriture que les ans n'altérèrent pas graduellement, une rectitude grammaticale et une expression limpide de sa pensée témoignant d'une instruction de qualité non centrée sur les lettres classiques, mais lui ayant fait découvrir-et

---

fut inhumé le 27 août suivant au cimetière du Père-Lachaise : Les Conquéré de Monbrison, page 91, Georges Forestier à La Rochelle.

[8] Le rappel des règles de probité de Marc Bloch dans son ouvrage magistral : Apologie pour l'histoire, Armand Colin (21 juillet 1997) trouve ici parfaitement sa place :« Une affirmation n'a le droit de se produire qu'à la condition de pouvoir être vérifiée ; et pour un historien, s'il emploie un document, en indiquer le plus brièvement possible la provenance, c'est-à-dire le moyen de le retrouver, équivaut sans plus à se soumettre à une règle universelle de probité (page 40) ». Marc Bloch poursuit : La plupart des historiens quand ils font des cours ou écrivent des ouvrages de synthèse fonctionnent sur le schéma de Seignobos. [Ils] passent beaucoup de temps à se lire les uns les autres et réutiliser le travail de leurs collègues (pages 72 et 73).

[9] Il parut cette annonce dans l'Écho Rochelais du 25 février 1836 : Vente pour cause de départ. Le jeudi 25 février, dans une maison occupée ci-devant par Mme veuve Demissy, rue Porte-Neuve n°10, il sera procédé par le ministère de C. Bouyer, commissaire-priseur, à la vente au plus offrant de tous les meubles qui garnissent ladite maison, consistant en lits, fauteuils, canapés, commodes, cotonnades, bureaux, faïences, porcelaines, batteries de cuisine, verroterie, livres de marine et autres. Avec cette vente se dispersèrent sans doute bon nombre de documents accumulés pendant les décennies de négoce de Samuel Demissy. C'est la raison pour laquelle sa mémoire est si difficile à reconstituer.

apprécier la philosophie[10], venues se greffer sur un cerveau bien organisé. L'on peut imaginer que ces talents étaient déjà bien développés quand il fut embarqué à quinze ans pour l'Isle de France. Ce propos amène à se poser la question du lieu et du mode d'éducation.

Par le fait d'un père protestant qui affichait ouvertement sa foi en étant au Consistoire de 1760 à 1763, on peut douter du fait que l'enseignement donné à Samuel Pierre Joseph David Demissy ait pu se dérouler dans une Petite École dont le nombre atteignit 2 000 grâce à la Réforme au XVIe siècle mais dont la gestion fut reprise fermement en mains par les Catholiques à l'époque où il en aurait pu être un élève[11].

Malgré tout, pourrait-on imaginer que Samuel Demissy y ait pu avoir accès[12] ? On l'admettrait en avançant la notion de « tolérance de nécessité », vu la puissance économique des protestants dans la cité atlantique. La réponse paraît négative parce qu'on imagine mal le père se plier pour son fils à un simulacre d'abjuration[13]. On pourrait avancer que les Oratoriens ayant pris la succession des Jésuites partis de La Rochelle en mars 1762 étaient plus tolérants que ces derniers. Mais cette souplesse recouvrait un enseignement de grande école. En tout état de cause, les écoles se voyaient concurrencées à La Rochelle, surtout les grandes, par les filières éducatives professionnelles[14].

Sans envoyer leurs enfants pour aller s'instruire à l'étranger, les protestants rochelais possédaient au moins une école particulière. Ils se rendirent acquéreurs le

---

[10] Dans sa bibliothèque : L'Encyclopédie, œuvres de Bayle, Voltaire et Rousseau. Absence de tout ouvrage religieux.

[11] Ordonnances et règlements synodaux du diocèse de la Rochelle, publiés par Mgr [Étienne] de Champflour en 1710 et réimprimés par Mgr de Crussol d'Uzès en 1780 chez Simon à Paris, imprimeur du Parlement : Il est de la dernière importance d'empêcher que des personnes déréglées ne s'ingèrent dans l'emploi de maîtres et maîtresses d'école [...]. C'est pourquoi nous défendons à toutes les personnes de l'un et l'autre sexe de s'immiscer dans notre diocèse sans notre approbation & permission par écrit [...].

[12] Louis Robin, Les petites écoles et leurs régents en Saintonge et en Aunis, La Rochelle 1968, p.23 (non consulté).

[13] On trouve ce propos auquel il semble difficile d'adhérer dans le Bulletin de la Société historique et archéologique de l'Orne, Société historique et archéologique de l'Orne 2005, page 52 : « Les Jésuites offrent aux protestants d'éduquer leurs enfants dans les mêmes conditions que les autres ».

[14] 17 La Rochelle, collège de plein exercice, Marie-Madeleine Compère, Dominique Julia, dans Les Collèges français XVI – XVIIe siècle, répertoire 1, France du midi, page 338. Peu de fréquentation [du fait de] la fidélité de l'ensemble des habitants au protestantisme. La fonction commerçante d'une cité portuaire. Le bureau explique clairement en 1776 la désertion au cours de philosophie : « Les citoyens de cette ville pour la plupart commerçants prennent peu d'intérêt aux différents genres de sciences. Ils donnent à leurs enfants une éducation relative à leur état : BN, Joly de Fleury, 1696, fol 35.

## Samuel de Missy (1755-1820), armateur rochelais sur l'océan indien

3 décembre 1765 devant Crassous d'une maison et d'un jardin nommés La Villeneuve. On ne sait si cette institution fut pérenne car Mgr de Crussol d'Uzès nommé en 1767 se montra hostile à tout enseignement de la sorte. Dix ans plus tard, il fut l'un des rares évêques à ne vouloir pas appliquer l'Édit de tolérance dans son diocèse. Selon Claude Laveau, quarante-et-un jeunes protestants furent éduqués en Suisse, certains chez Jean Frédéric d'Osterwald (Ostervald), le célèbre traducteur de la Bible à Neuchâtel. À la veille de la Révolution quarante-deux jeunes protestants avaient été envoyés à l'étranger pour parfaire leur éducation. Il se pourrait enfin que Samuel Demissy ait été suivi par un précepteur dans la demeure familiale, encore que les finances tendues de la famille rendent cette hypothèse fragile.

Telle était encore la situation globale qui prévalait à la veille de la tenue des États généraux. En vue de la rédaction de l'article LICX du Cahier de doléances (entre crochets les principales modifications apportées dans la version finale), il fut écrit[15] *« On modifiera dans nos collèges le principe qui, en assujettissant au culte catholique tous ceux qui les fréquentent, en éloignent [nécessairement] ceux qui professent un culte différent [étranger]. Un pareil système, appliqué dans toutes les écoles [adopté dans la plus grande partie des établissements d'éducation publique en France], détermine les non-catholiques à faire élever leurs enfants hors de France. Ces [funestes] émigrations font sortir de grandes sommes du Royaume, et ont le très grave inconvénient de rendre étrangers à nos mœurs et à nos lois des citoyens qui élevés parmi nous les auraient respectées et chéries. [Les députés insisteront d'autant plus fortement sur cette réforme indispensable que le nombre des jeunes français non-catholiques, élevés chez les nations étrangères, est très-considérable, et qu'il s'élève en ce moment, pour la seule ville de la Rochelle, à quarante-deux individus] »*.

Subsiste enfin la question du suivi des cours de l'École d'Hydrographie. Samuel Demissy bien qu'ayant navigué pour ses allers et retours entre La Rochelle et l'Isle de France pendant l'équivalent cumulé d'une année de sa vie ne semblait pas avoir une âme de marin. Il s'embarqua en qualité de pilotin sur le navire d'Admirault qui le mena à l'Isle de France. Le bénéfice de ce statut privilégié par rapport aux mousses, souvent les souffre-douleurs de l'équipage, était lié à l'obtention préalable d'un brevet dit de pilote qui constituait le passage obligé pour de futurs capitaines. Dans l'état actuel des recherches, on ignore si Pierre Gabriel Admirault fit l'impasse de la présentation d'un justificatif de diplôme pour faire embarquer le tout jeune Samuel Demissy sur *Le Marquis de Narbonne* dont il était l'armateur. Au demeurant,

---

[15] Jean François Grille, Introduction aux mémoires sur la Révolution française, ou tableau comparatif des mandats et pouvoirs donnés par les provinces à leurs députés aux États généraux de 1789, Volume 2, Paris, chez Ponthieu, 1825, page 70.

l'étroitesse des finances de la famille ne constituait pas un obstacle au suivi des cours. Huit sujets boursiers en bénéficièrent sans bourse délier auprès des professeurs Mossu puis Mérigot[16], sans compter ceux à qui ces deux maîtres donnèrent gratuitement des cours à leur domicile. Ces enseignements furent suivis sans discrimination par de jeunes protestants comme Jean-Jacques Proa, contemporain et familier de Samuel Demissy qui obtint un brevet de pilotin délivré par Mérigot, ce qui le conduisit à être capitaine.

**Deuxième période** : Quant au déroulement du long séjour de Samuel Demissy à l'Isle de France pendant plus d'une décennie (1771-1782), c'est la phase la plus intrigante, car elle va de pair avec l'accumulation de fonds amassés - selon nous - lors de participations à la guerre de course contre les vaisseaux anglais avec Paul Pierre D'Arifat. Le très sérieux Claude Laveau, dans une contribution intitulée La bourgeoisie rochelaise durant la Révolution, à l'ouvrage collectif La Rochelle Ville frontière, publié sous la présidence de Michel Vovelle, page 56, de manière exagérée, se laissa aller à écrire que Samuel Demissy revint « richissime » de l'Isle de France. Les historiens n'ont avancé jusqu'ici que des suppositions sur l'origine de ce butin et sur l'emploi qui en a été fait et n'ont surtout pas abouti aux mêmes conclusions que celles que nous allons vous présenter.

La venue de Samuel Demissy à l'Isle de France fut concomitante à la reprise en mains (Édit de 1769) par le roi de la concession qui avait été confiée pendant cinquante ans à la Compagnie perpétuelle des Indes (Édit de réunion de mai 1719)[17]. Cet acte souverain changea complétement la donne du commerce dans l'océan indien.

Il faut également essayer d'intégrer les conséquences sur le commerce de l'île qu'a pu avoir l'entrée en guerre de la France pour libérer les treize colonies anglaises d'Amérique du joug de leur métropole. Comment Samuel Demissy a-t-il pu faire fortune dans cet univers changeant ? On avancera pour notre part que la véritable fortune de Samuel Demissy se construisit plutôt postérieurement à partir d'acquisitions massives de biens nationaux en 1791 et de leur paiement en assignats dépréciés, et ce qu'il avait rapporté de l'Isle de France servit auparavant à rembourser les dettes de son père et lui procurer un fonds de roulement pour entreprendre ses

---

[16]Mérigot protesta de ce que Juliard, capitaine enseignait la navigation sans en avoir le droit et que de ce fait les jeunes gens s'embarquaient sur les navires en qualité de pilotins sans en être instruits : AD/17, 41 ETP 90/2041.

[17]Jean-Daniel Dumas et Pierre Poivre arrivèrent à l'Isle de France en juillet 1767 pour administrer cette colonie au nom du roi de France. En 1769, le chevalier Desroches succéda à M. Dumas à la tête de la colonie, il sut se concerter avec Poivre, pour établir une ordonnance destinée à améliorer la qualité de la vie au Port-Louis.

premiers armements, puis quelquefois trois par an simultanément à partir de La Rochelle à destination de l'Isle de France, sur la rentabilité finale desquels on peut se poser vraiment des questions.

Le départ à quinze ans de La Rochelle pour l'Isle de France d'un fils, suivant celui de son jeune et unique frère une année plus tôt, supposé avoir suivi les cours d'hydrographie de Mérigot, missionné selon tous les auteurs pour rembourser les abandons de créances convenus avec les fournisseurs par Traité avec la société de son père engagé dans le commerce avec son beau-frère Samuel Michel David Meschinet de Richemond époux de Marianne Élizabeth Demissy, témoignerait d'un très beau geste chevaleresque teinté de romantisme s'il ne s'accompagnait pas d'un anachronisme flagrant. La faillite qui se conclut par un abandon de créances des créanciers des deux négociants en société, aussi raffineurs de sucre fut prononcée alors que le tout jeune homme avait déjà embarqué sur Le *Marquis de Narbonne* vers les Mascareignes depuis au moins un an[18]. Pour le reste du temps qu'il passa à l'Isle de France, rien, – absolument rien n'a été écrit, même par les biographes Mauriciens.

Comment articuler ce mutisme des sources face aux propos généreux de certains historiens sur sa prétendue activité de négrier ou de « planteur » pendant cette période indienne ? Pas de trace d'un Demissy ou d'un Missy dans les registres paroissiaux (baptêmes mariages sépultures) de l'Isle de France. Le cercle généalogique de Maurice ne l'a pas même identifié comme ayant résidé sur l'île [19]. – Normal : débarqué jeune adolescent à l'Isle de France, il regagnera la Métropole à vingt-sept ans, célibataire. Il ne se mariera qu'à quarante-deux ans à La Rochelle dans le milieu protestant, lequel est quasi-inexistant à l'Isle de France. Paul Marie Benjamin et François Aimé Gabriel Fleuriau n'y débarqueront qu'en 1788. Devait-il respecter un principe de communautarisme dans la famille ? Au cours des recherches on découvre çà et là l'apposition de quelques-unes de ses signatures portées au bas des registres de mariages ou d'enterrements de l'Isle de France. Mais la moisson est bien maigre. Au moins, ces petites trouvailles permettent d'y figer la présence de Demissy et non à La Rochelle à ces dates-là.

Indéniablement, malgré la fortune faite dans l'île dont on semble avoir exagéré l'importance, comme pour la présenter comme une *success story*, Samuel Demissy ne semble pas avoir joué un rôle de premier plan dans l'île lorsqu'il y résidait. Pourtant, lorsque les deux députés de l'Assemblée coloniale de l'île, Charles

---

[18]Au surplus on verra qu'un traité d'abandon de créances avait été conclu avec les ayants-droits.
[19]Cercle de Généalogie Maurice – Rodrigues : Dépouillement de tables et actes d'état-civil ou de registres paroissiaux et d'inhumations.

Alexandre Honoré Collin, avocat en parlement et Antoine Codère ancien conseiller au Conseil supérieur de l'Isle de France périrent au large des côtes bretonnes lors du naufrage de L'Amphitrite sur lequel ils avaient embarqué à Port-Louis pour la France le 22 janvier 1791 afin de siéger à la Constituante, Samuel Demissy et Pierre Antoine Monneron[20] les remplacèrent, tout du moins Monneron au pied levé, comme l'Assemblée coloniale l'avait prévu dans un plan de secours en nommant par avance les suppléants. Samuel Demissy avait donc l'estime de ses concitoyens îliens et appartenait à une élite ou un cercle de personnes ayant toute considération sans toutefois être un personnage dominant.

Sa vie à cheval sur l'Isle de France et la métropole a troublé les biographes pour éclairer cette période cruciale. Ceux de la France ont manifestement compté sur l'écriture de ceux de Maurice et vice-versa, se bloquant, empêchant qu'une véritable quête soit menée. Le Dictionnaire biographique des Charentais à cet égard est bien décevant, sinon erroné[21]. La personnalité de Samuel Demissy n'a pas été approfondie par les Mauriciens qui n'ont publié qu'une fiche sommaire assortie de certains éléments qui ont été même quémandés en France : Harold Adolphe et Joseph Raymond Marrier d'Unienville se sont appuyés pour construire la biographie de Samuel Demissy dans le Dictionnaire de Biographie Mauricienne (page 1072),[22] sur une brochure communiquée par Madame Garetier directrice du collège de Missy à La Rochelle qui l'avait composée avec ses élèves[23], tant l'information ou l'effort pour la réunir faisait défaut sur l'île. Honneur aux jeunes apprentis historiens, mais que leur travail soit apprécié comme tel !

Quant aux historiens contemporains, notamment anglo-saxons qui labourent les champs mortifères de l'esclavage, non sans avoir une certaine inclination pour un French bashing, qui s'échinent à reconstituer le parcours et les escales des navires des captifs, qui déchiffrent les registres de départ et d'arrivée des amirautés des ports où ces cargaisons humaines étaient débarquées, nulle goutte d'encre de leur plume ne saurait leur permettre d'ajouter **à ce jour** le nom de Samuel Demissy au *corpus* des négociants armateurs esclavagistes mauriciens dont une liste suffisamment précise

---

[20] Les Historiens sont partagés : Le prénom de Jean-François est aussi cité.

[21] Le Croît Vif, page 147. De manière surprenante y parvient en devenant les créanciers de ses compatriotes armateurs grâce au commerce avec les Indes (mais ne peut commencer qu'à partir de 1782).

[22] Dictionnaire de Biographie Mauricienne/Dictionary of Mauritian Biography, nos. 1-40 (Port Louis, 1941-1984). The Dictionnaire was originally edited by the great Mauritian historian and bibliographer, August Toussaint, from 1941-1952 ; he was followed by L. Noel Regnard, 1952-1972; J. R. d'Unienville, 1975-1984; and by Raymond d'Unienville.

[23] Archives départementales 17 4 J 3133 AD Missy, Samuel de. – « Samuel de Missy ». Monographie rédigée par les élèves du C.E.S. Missy, à La Rochelle. dactyl.

figure dans le Rapport final de la Truth & Justice Commission, laquelle a été constituée à Maurice pour revisiter le passé esclavagiste de l'île.

Pour excuser la rigidité des tenants de la culpabilité présumée de Samuel Demissy, adeptes de l'axiome :«*Tout Français ayant fait fortune dans les îles du roi au XVIII$^e$ siècle ne peut avoir tiré son argent que de l'exploitation de la main-d'œuvre servile produisant les denrées tropicales ou bien en amont par la pratique de la traite des Noirs*», on ne saurait autoriser nos ténors historiens à objecter que le substrat des archives de Maurice, et d'ailleurs comme on le prouvera après de manière contraire et conclusive, serait insuffisant ou squelettique pour pallier l'absence de données se rapportant à la recherche de la mémoire négrière et faire de leur subjectivité de sachants péremptoires le socle de la vérité pour la faire admettre par un public candide. Ces historiens sont mal venus d'ignorer ou de minimiser les travaux colossaux qui ont été conduits à partir de 2009 à Maurice sous l'égide du gouvernement par la création de la Truth & Justice Commission (T.J.C), organe administratif qui a employé au plus fort de ses activités jusqu'à cinquante personnes auprès de laquelle la France a délégué un diplômé de l'École des Chartes[24]. Dîtes-nous, quel historien pour attribuer un rôle esclavagiste à Samuel Demissy s'est référé aux travaux gigantesques de la T.J.C ? Et les savantes expertes de la culture à la Municipalité de La Rochelle ont-elles eu conscience de l'existence de cet immense *corpus* de données ultra-marines qui s'ouvrait à elles pour dresser la biographie de rue de Samuel Demissy ?

L'intelligence artificielle qui sera la source de la connaissance pour les générations futures ne fait à présent que consolider les errements passés pour pérenniser la fausseté de l'historiographie de Samuel Demissy [Annexe XI]. Un détail porté en note de bas de page pour donner une consistance à un propos et n'ayant rien à voir avec le sujet principal, ne faisant que révéler une opinion personnelle, mais constituant à l'époque une opinion novatrice, se révèle être maintenant le crépis de la *doxa* supportant le stylobate du temple du politiquement admis. Il sera très difficile de faire

---

[24] La commission TJC a écrit [traduit de l'Anglais par l'auteur] : « La Commission mauricienne est unique quant à ses objectifs. Maurice est le seul pays au monde à avoir réussi à mettre en place une Commission pour la vérité et la justice (Truth & Justice Commission) pour faire toute la clarté sur l'esclavage et le louage de travailleurs. Il y a nombre de pays en Afrique, comme le Liberia, le Sénégal, la République démocratique du Congo, la Sierra-Leone qui ne se sont jamais préoccupés de mettre en cause les actes inhumains qui ont conduit à la pratique de l'esclavage. À l'évidence, les pays arabes qui il y a des siècles ont pratiqué la traite ne se sont jamais préoccupés de ce fléau. Il est bien connu que les États-Unis d'Amérique n'ont jamais réussi à aborder ce fait pour le traiter de manière adéquate et tirer les conséquences de l'esclavage dans leur pays. Cela est également vrai pour l'univers caraïbe. Il a lieu d'espérer que ces pays, et bien d'autres comme Madagascar et le Mozambique tireront des fruits de l'expérience de Maurice. La démarche de notre pays sert d'exemple au monde entier ».

disparaître ce type d'appréciation, tant elle a été partagée par de nombreux historiens et reproduite sur le net.

**Troisième période :** La troisième époque est celle du retour de l'Isle de France et de son arrivée à La Rochelle début 1782, celle d'un nouveau voyage à destination de l'île en 1784 avec un développement autonome d'une activité structurée d'armement sur l'Isle de France jusqu'en 1790 et même sur l'océan indien en 1791.

Cette période est apparemment bien documentée par l'archiviste Émile Garnault. Les sources se trouvent aux Archives départementales dans les fonds de la Chambre de commerce et ceux de l'Amirauté. Nous les avons complétées là où il nous semblait qu'elles n'avaient pas été explorées. En 1763, la Chambre de commerce par un Règlement du 2 mai accepta de se voir confier l'enregistrement des polices d'assurance, non seulement celles portant sur le corps des navires, mais aussi celles sur marchandises et effets[25].

Étienne Belin, Delacroix, Élie Viviez, Couillandeau, Demontis, Rodrigues, Lebeuf, et Sureau finalisèrent la standardisation des polices d'assurance, les rendant plus aisées à passer, renforçant ainsi l'attrait de la place de La Rochelle pour leur conclusion[26]. L'expérience prouva que l'on fût obligé au cas par cas de les compléter. Le Secrétaire général de la Chambre de commerce, devenu Secrétaire du commerce à partir du 6 décembre 1791, Delaire et en son rare absence Myonnet, percevait 40 sols (deux livres) pour chaque enregistrement des longs cours, et 20 sols (une livre) pour le

---

[25]Règlement fait par le Commerce de La Rochelle le 2 mai 1763 sur l'enregistrement des polices d'assurance & nouveaux modèles de Police. […] MM. Les Directeurs et syndics en exercice ont mis sur le bureau un mémoire présenté à la Chambre par les négociants et marchands de cette ville tendant à ce qu'il soit fait par le Commerce un Règlement sur les quatre points qui y sont mentionnés. 1° D'établir une forme régulière & convenable d'enregistrement des Polices étant du bon ordre que l'Assuré n'ait pas seul l'unique pièce de l'engagement des Assureurs envers lui & de lui envers eux […] 2° Qu'il soit donné de la part des Assurés aux Assureurs, des billets de prime payables aux termes & époques dont on conviendra dans les polices. 3° que les Assureurs, lorsqu'il y aura des avaries sur l'objet assuré, ne payent desdites avaries que l'excédent de trois pour cent, afin d'éviter les discussions & la lenteur des arbitrages pour des parties de faible importance. 4° Qu'il soit fait de nouveaux modèles de polices, distinctifs pour le corps du navire & pour la cargaison et les marchandises & qu'ils soient dressés de manière à ce que tous les événements soient prévus, autant qu'il sera possible dans l'imprimé, en sorte qu'on puisse abréger la multiplicité de l'écriture.

Article Premier : A commencer du 20 de ce mois, toutes les Polices des assurances qui se feront en cette ville, seront remises au Secrétaire de la Chambre de Commerce, aussitôt que les sommes qu'on voudra ou pourra assurer seront remplies ; lesquelles polices seront enregistrées tout au long par ledit secrétaire, ainsi que les noms & les sommes des signataires. A cet effet ledit Secrétaire fera faire à ses frais deux Registres, l'un pour le navire & l'autre pour la cargaison & marchandises, afin d'y transcrire lesdites polices dans la forme qui lui sera prescrite par la Chambre.

[26]AD/17, 41 ETP 36 pages 5 à 7.

cabotage. On a peut-être minoré l'importance de la place de La Rochelle comme grand pôle d'assurances et peu exploré le détail des polices sur marchandises et effets dont le contenu paraissait trivial. Les négociants de Marseille, de Bordeaux, de Nantes, de Saint-Malo et du Havre de Grâce, d'Abbeville, de Saint-Valéry-en-Caux, ceux d'Ostende ou de Livourne, voire des Espagnols ou des Toscans s'y réassuraient communément. On percevait de ces derniers de bonnes primes.

C'est une activité importante de courtage qui se développa, car les souscripteurs réels, compagnies d'assurances d'autres ports ou particuliers étaient représentés par les grands négociants rochelais qui étaient leurs correspondants. Samuel Demissy fut un actif courtier pour le compte d'assurés Marseillais ou étrangers. Le 4 mars 1784 pour faciliter l'encaissement avec ponctualité des souscriptions, la Chambre de commerce de La Rochelle décida que les primes seraient payées par billets à échéance écrits le jour du dressement de la police. Pour son travail administratif la Chambre était payée de trois sols par billets. Au travers des polices notamment celles portant sur marchandises et effets, on découvre le maillage subtil qui unissait tout le monde du négoce maritime au XVIII$^e$ et son habileté à contourner les privilèges restrictifs voire exclusifs octroyés à la deuxième et à la troisième Compagnie des Indes sur le monopole du commerce sur l'océan indien.

Bien que les chambres de commerce aient été supprimées en 1791, les enregistrements de polices sur marchandises continuèrent à se faire jusqu'au dixième jour de juin 1793 (22 prairial an I) toujours sous la supervision de [Thomas] Delaire « aîné » selon Brice Martinetti[27].

Quelle que soit la fortune qu'il avait ramenée de l'Isle de France dont tout ou grande partie avait servi à indemniser les créanciers de son père et de son oncle, il faut se poser la question de savoir qui étaient véritablement les bailleurs de fonds, car des tels armements, parfois deux dans la même année, nécessitaient des sommes importantes. Le nom du constructeur Lepage apparaît pour *Le Henry Quatre,* celui du frère aîné du futur amiral Duperré pour l'armement des navires *L'Atlas* et *Le Neptune*.

On passe toujours sous silence que dans le libellé des Lettres de réhabilitation de 1782, visant à gommer les effets de la faillite de son père et de son oncle (Annexe III), il était mentionné que Samuel Demissy avait commencé à remettre des fonds à son père alors qu'il demeurait encore à l'Isle de France.

---

[27] Michel-Thomas Delaire, secrétaire de la chambre de commerce, puis agent national du secrétariat du Bureau de correspondance du Commerce créé en l'an III, et la Chambre ayant été rétablie le 22 pluviôse an XI, ils reprirent le 27 pluviôse an XII (17 janvier 1804) avec Tardy, secrétaire du commerce jusqu'au 5 mars 1806.

La Chambre de Commerce le dépêcha à Paris pour qu'il obtienne concurremment avec les députés extraordinaires des autres chambres la révocation du privilège d'une troisième Compagnie des Indes soutenue par Calonne et Necker.

**Quatrième période** : (1789-1820). Elle est celle de la sagesse et du recul.
Les Lumières n'étaient manifestement pas parvenues éclairer les esprits de bon nombre d'armateurs et négociants rochelais qui s'opposèrent à ce que Samuel Demissy puisse s'unir par ses seules idées aux abolitionnistes militants de la Société des Amis des Noirs, ne serait-ce que pour améliorer les conditions de vie de cette main-d'œuvre servile.

L'accusation contemporaine de participation à la traite négrière part d'une mention sommaire portée en note de bas de page par Nicole Charbonnel récemment décédée. C'est semble-t-il à partir de cette remarque cursive et irresponsable que Samuel Demissy a été déclaré par nombre d'historiens coupable de participation à l'esclavage. Elle écrit : « *Ainsi par exemple, les Rasteau, les Garesché, les Goguet. On comprend donc le mécontentement des négociants du port lorsqu'un armateur bien connu, Pierre Samuel* (Samuel Pierre) *de Missy, **qui d'ailleurs faisait lui aussi la traite, mais avec les Mascareignes**, s'inscrivit à la fin de l'année 1789 à la Société Les Amis des Noirs* ». En plus de cette affirmation gratuite, il faut noter que Samuel Demissy fut admis à la Société des Amis des Noirs en juin 1789, à la suite d'une demande qu'il formula par courrier. Il en démissionna au tout début de l'année 1790, en janvier. C'est dire la gratuité de ces propos.

Les Historiens ont surtout bâti la biographie de Samuel Demissy grâce à ses écrits personnels ou à partir de ce que le petit-fils de son cousin Samuel Pierre Meschinet de Richemond a pu en faire remonter, notamment au travers des <u>Lettres inédites d'un armateur rochelais 1789 Samuel de Missy auteur du texte</u>, publiées par Louis-Marie Meschinet de Richemond[28]. C'est la partie visible de la biographie de Demissy et la plus aisée à réaliser.

Mais, de nombreux pans de son activité ont été passés sous silence : La correspondance avec le jeune courtier Meyer, son activité au Bureau de bienfaisance ou à celui du Bureau de correspondance, son implication chez les Protestants de La Rochelle, sa lutte contre Saintes pour que La Rochelle reste préfecture face aux

---

[28]Prénommé aussi Samuel Louis, né à La Rochelle le 10 juin 1783, décédé le 6 août 1868, embarqué à seize ans sur *Le Sphinx*.

assauts du politicien Louis Nicolas Lemercier ayant adhéré à tous les régimes, tout comme Samuel Demissy d'ailleurs.

En conclusion de cette introduction, on se permettra de renvoyer le lecteur aux propos de Michel de Certeau qui dans L'écriture de l'histoire, Paris, Gallimard, 1975, page 88 conclut : « *Finalement qu'est-ce qu'un ouvrage de valeur en histoire ? Celui qui est reconnu tel par ses pairs ? Celui qui peut être situé dans un mode opératoire ? Celui qui représente un progrès par rapport au statut actuel des « objets » et des méthodes historiques, et qui lié au milieu dans lequel il s'élabore rend à son tour possible de nouvelles recherches ? Le livre ou l'article d'histoire est à la fois un résultat et un symptôme de groupe qui fonctionne comme un laboratoire* […].

Samuel de Missy (1755-1820), armateur rochelais sur l'océan indien

**Chapitre I.- Le « livre de famille » des Demissy**

La révélation d'un précieux petit livret quelque peu défraîchi par les ans miraculeusement conservé par la famille, intitulé «Livre de famille des De Missy, cahier baptistère (baptistaire) de mes enfants, et le mémorial de la naissance et l'origine de mes aïeux, marqué des lettres S et D, comme Samuel Demissy en majuscules, et la mention d'un mémoire (la suite, mots illisibles) et en bas de la couverture un grand A en majuscule, composé de cinquante-deux folios, permet de mettre un terme à bien des imprécisions généalogiques, surtout celles se rapportant aux données familiales des XVI$^e$ et XVII$^e$ siècles.

Ce Livre de famille fut collationné par Isaac Demissy qui appartient déjà à la cinquième génération, puis continué par Samuel Demissy - sixième génération, par Samuel Pierre Demissy, - septième génération, et enfin le personnage qui nous intéresse : Samuel Pierre Joseph David Demissy - huitième génération.

Il fut initié par Jacques Demissy qui à partir de vieux papiers avait établi la mémoire de son grand-père Richard (deuxième génération) et père de Jacob (troisième génération).

Les narrateurs familiaux enrichirent le livre de faits majeurs comme les persécutions conduites par le pouvoir royal sous la pression féroce du clergé dans le but de faire abjurer leurs enfants nés protestants lors de la translation de la famille de Normandie en Saintonge et dont le Temple à Marennes fut mis à bas par les troupes royales. Parfois de simples événements sont rapportés, tel ce violent tremblement de terre survenu à La Rochelle le 30 avril 1776, accompagné de grondements sourds.

L'ensemble qui constitue donc bien plus qu'un recueil de généalogie débute en 1529 et s'achève en 1804.

Le livre de famille des Demissy ne concerne pas toujours les branches aînées. Au XVII$^e$ siècle, c'est Isaac, époux d'Esther Rullier, marchand-droguiste à Marennes, frère puîné de Charles Demissy dont les descendants de ce dernier trouveront refuge dans le Brandebourg, les Provinces-Unies puis en Angleterre, eux-mêmes fils de Jacques Demissy qui raconte l'histoire de sa famille. La mortalité infantile est terrifiante. Mais la douleur qu'elle engendre n'altère pas la foi inébranlable d'Isaac dans le Tout Puissant. Esther Rullier y contribue exceptionnellement et rédige quelques lignes sur le décès de son époux Isaac. Ce sera la seule intervention d'une conjointe.

Le fils d'Isaac, son petit-fils, son arrière-petit-fils : - Samuel, - Samuel Pierre et-Samuel Pierre David Joseph continueront à y nourrir la mémoire de la famille. Avec Samuel Pierre David Joseph s'arrêtera la mise à jour de la biographie des Demissy, celui-ci n'ayant eu que deux filles ayant survécu, sur cinq enfants venus au monde.

Samuel est parmi les prénoms de l'Ancien testament l'un des plus donnés chez les protestants. Chez les Demissy, il s'est donc attribué sur trois générations. Les parents agrègent d'autres prénoms pour les différencier : Samuel Pierre et Samuel Pierre David Joseph, personnage central de notre livre.

Voici les huit générations qui composent le Livre de Famille.

*1-. Jean, *2.- Richard † 1596, *3.- Jacob né 1562 ou 1564, *4.- Jacques, (circa 1595 † 29 mai 1648), *5.-Isaac, né à Soubise 10 décembre 1637 † 29 septembre 1688)[1], * 6.- Samuel, 18 septembre 1677 † 15 avril 1753. *7-. - Samuel Pierre, *8.- Samuel Pierre David Joseph. (1755 – † 1820).

**1.1.- L'apport généalogique des documents familiaux**

Les deux sources majeures pour se pénétrer de la biographie de Samuel Pierre Joseph David Demissy proviennent des travaux d'Émile Garnault (1831–1902)[2] et marginalement de ceux de Jean André Letellié (1825-1891), les seconds centrés sur Isaac Demissy [3]. Il n'est pas exclu que Garnault ait pu profiter des recherches de Letellié qui lui sont antérieures. Ce dernier a identifié Isaac sur une note, page 438, intitulée Histoire d'un réfugié, Jacques Fontaine, volume 8, 1er janvier 1888, dans le Bulletin de la Société des Archives Historiques de la Saintonge, soit quatorze ans avant l'aussi complète que possible biographie de Garnault sur Samuel Pierre Joseph David Demissy et ses ancêtres.

Les Demissy sont à l'origine une famille de petite noblesse de l'élection de Caen. Des liens forts existaient selon certains historiens entre les protestants de Normandie et ceux de la Saintonge.

Du fait d'un regroupement de communes les feux du village de Missy dépendant aujourd'hui de Val-d'Arry dans le Calvados, le toponyme de Missy jumelé un temps avec celui de Noyers, se lisant Noyers-Missy a disparu. Le fait que la famille de Missy ait quitté la Normandie et abandonné son fief, pourrait faire douter de l'authenticité de la noblesse dont elle se prévalait. Au XVIIIe les Missy ont été fort discrets à ce sujet, signant invariablement Demissy. Au début du XIXe siècle, après la dispersion des tempêtes de la Révolution, l'épouse de Samuel Pierre David Joseph Demissy, ainsi que ses deux filles n'omettaient pas de faire précéder leur patronyme raccourci à Missy de la particule.

---

[1]Mort de la goutte qu'il a eu longtemps dans toutes les jointures. Elle lui a remonté jusqu'au cou et avec cela une éripsèle (sic) et la fièvre 8 jours âgé de 50 ans 9 mois et 9 jours né le 10 décembre 1637, note d'Esther Rullier, sa veuve [folio 22].

[2]10 pages consacrées à Samuel de Missy dans le Livre d'or de la Chambre de commerce de la Rochelle contenant la biographie des directeurs et présidents de cette Chambre de 1719 à 1891 / par Émile Garnault, 1902 Maréchal La Rochelle, Revue de Saintonge et d'Aunis, vol 8, page 436.

[3]Revue de Saintonge et d'Aunis, volume 10, page 126, cette autre compilation n'apportant pas réellement d'éléments nouveaux. Revue d'Aunis, de Saintonge et du Poitou, 1869, p. 117-127.

## Samuel de Missy (1755-1820), armateur rochelais sur l'océan indien

Samuel Demissy ne fit jamais état de cette qualité qui aurait pu le conduire à participer avec la noblesse à la désignation de ses députés aux États généraux. Mais le fief de Missy n'était ni en terre aunisienne, ni saintongeaise.

Les terres de Missy en Normandie passèrent, du fait du mariage de Jeanne de Missy, dame de Missy, de Brucourt, du Han, d'Anneville et du Parc, fille de Colin de Missy et de Guillemette Suhart, à Nicolas dit « Colibeaux » II d'Estouteville, seigneur de Criquebeuf, Chamelles et La Serre, défenseur du Mont Saint-Michel (1417, avec 118 autres gentilshommes). De ce mariage naquit Simon de Criquebeuf, titré seigneur de Criquebeuf et de Missy. Il fut dépouillé de ses terres pour les donner à un Colard de La Porte en 1421[4]. Selon Gourdon de Genouillac, Dictionnaire des Fiefs Seigneuries, Châtellenies, etc. de l'ancienne France, le fief passa ensuite à de La Rivière, 1463, à Durand en 1729 et enfin à de Chasot en 1775.

La qualité de noblesse des Missy avait été confirmée au XVIIe siècle par l'héraldiste Charles d'Hozier. On sait cependant que d'Hozier était rémunéré de ses services. Pierre de Missy[5], seigneur d'un fief de Cambart que l'on a beaucoup de difficultés à localiser aujourd'hui, paraît avoir été le premier anobli de cette famille. Ses armoiries portent : - D'azur, à l'aigle à deux têtes, le vol abaissé, d'or, onglée et lampassée (ou lampassé et ongle) de gueules et couronnée d'une couronne fermée d'or[6]. Garnault (Livre d'or de la Chambre de commerce de la Rochelle) ne parle pas des armes qu'aurait porté Jacques Demissy dont nous connaissons la postérité : - D'azur, à l'aigle éployée d'or, couronnée du même becquée et onglée de gueules.

C'est dire que l'annonce que fit l'intendant d'Aunis et de Saintonge Géau de Gravelle de Reverseaux de conférer la noblesse à Samuel Pierre David Demissy (huitième génération) après la réhabilitation de son père Samuel Pierre et de son oncle Michel David Meschinet de Richemond le 20 mai 1783 tomba à plat. Sous la signature de Demissy se cachait le patronyme plus prestigieux de (de) Missy.

Car les protestants n'avaient aucune raison de plaire au roi ni à l'aristocratie soutenant le catholicisme. Ils avaient été persécutés, d'ailleurs plus en Saintonge qu'en Aunis. Leurs familles exilées avaient essaimé dans divers pays, fuyant les dragonnades[7]. Samuel Pierre Joseph David Demissy prêtera pendant la Révolution en

---

[4]Arcisse de Caumont canton de Villers-Bocage, Statistique monumentale du Calvados, Volume 1, pages 201 à 203.
[5]Pierre de Missy, ministre protestant, marié avec Michelle Malherbe, est le père de Jacques de Missy décédé le dimanche 26 octobre 1597, époux de Marie Beaulart fille de noble homme Pierre Beaulart, sieur de Mezet et de feue Blanche Le Bourgeois (AD/ 14).
[6]dbase héradique https ://www.euraldic.com/smart/tot/0_multi/euraldic_s1_miss2.html
[7]En note 1 de bas de la page 66, du Journal de Jean Migault, Les dragonnades en Poitou et Saintonge, figure une excellente description des dragonnades : Le Poitou eut l'honneur de voir appliquer pour la première fois le système de conversion par le moyen des dragons ou missionnaires bottés [...]. Cette province avait alors pour représentant ou intendant Louis de Marillac. Vers la fin de l'année 1680, il travailla

tant que maire de La Rochelle un serment de haine éternelle au roi. Le tint-il ? C'est toute la question.

Jacob Dechézeaux, de la Religion prétendue réformée, ancien capitaine de la Compagnie des Indes qui commandait le vaisseau particulier *Le Brisson* qui appartenait à MM. Admirault et fils aîné en Compagnie de La Rochelle, au combat du 10 août 1788 devant Pondichéry et dont la bonne conduite lui avait mérité l'offre de la Croix de Saint-Louis, ne put l'accepter, professant la religion prétendument réformée. L'épée qui lui avait été donnée par la cour portait les emblèmes de la royauté dont il détestait jusqu'au nom. Il l'offrit pour venir au secours des Lillois. C'est également lui qui avait sur le *Marquis de Narbonne* emmené le jeune Samuel Pierre David Joseph Demissy à l'Isle de France en décembre 1770[8].

Mais les convictions des protestants de La Rochelle s'étiolèrent à la fin du XVIII$^e$ siècle. Aimé-Benjamin Fleuriau ne cacha pas son vif intérêt pour détenir cette qualité[9] et les filles de Samuel Demissy lors de la Restauration ne furent pas insensibles à renouer avec la particule.

Ouvrons ensemble le <u>Livre de famille</u> des Demissy auquel nous avons donné aux pages en leur assignant un numéro de folio.

1.1.1.- Jean Demissy (première génération)
Premier auquel il est fait référence. Aucune donnée précise n'existe.

1.1.2 – Richard Demissy, (deuxième génération), né le 21 décembre 1529, † 6 août 1596, fils de Jean Demissy
Richard Demissy né en Normandie, fut le premier des Demissy à être venu en Saintonge. On n'en connaît pas la raison. Il y épousa le 21 avril 1560 Marguerite Cruyer † une roturière, sans doute suffisamment fortunée pour y être attiré.
Isaac Demissy (cinquième génération) écrit :
« Par mesmoire que Monsieur Richard Demissy grand-père de mon père estoit natif du dioceze de Bayeus proche de trois lieues de la ville de Caen en Normindhye et son père estoit Jean Demissy iceux seigneur en partye de la paroisse Demissy où naquit

---

à la conversion des Protestants en exigeant d'eux des taxes exorbitantes tant pour l'impôt que pour le logement des gens de guerre. Ceux qui se convertissaient en étaient exemptés [...].

[8]AD/17, B 259 16 Soumission déposée à l'Amirauté de La Rochelle par Gabriel, Admirault, négociant en cette ville, capitaine [Jacques Jacob] Dechézeaux pour le départ du *Marquis de Narbonne* chargé d'effets du roi et de matières premières le 5 décembre 1770, armé par Admirault et fils aîné pour les Indes. AN. Mar B/3/589 f° 62) Choquet, Lorient, le 16 mars 1770 - Le vaisseau *Le Brisson* armé par le Sr Admirault est expédié : je lui ai fait donner ses expéditions pour La Rochelle où il achèvera son armement.

[9]En 1775, il écrivit à Malesherbes secrétaire d'État à la Maison roi pour solliciter son anoblissement pour des services rendus à Saint-Domingue. Elle lui fut refusée. Il obtint une savonnette à vilain en 1776 une charge anoblissante : d'officier commensal de la maison du roi en tant que trompette ordinaire de la chambre et se fait appeler désormais Aimé-Benjamin Fleuriau de Bellevue.

ledit Richard Demissy en la maison de son père le 21 de dechembre jour du St Tomas mil cinq cent vingt neuf»[10][Folio-1].

Richard épousa Marguerite Couyer (Cruyer) à Marayne (Marennes) le 28 avril 1560. Il décéda le 6 août 1596, son épouse le 20 janvier 1600 (Folio-2).

Le couple Richard et Marguerite eut huit enfants : dont **Jacob** né le 11 (ou 15) septembre 1562 baptisé à l'église de Marennes (Folios- 2, 3, 4, 5).

1.1.3.- Jacob de Missy, † 1623 ou 1624 (troisième génération) fils de Richard Demissy

Jacob, «et mari de Marie Robert et décédé à Brouage en 1623 ou 1624 sur ce que j'en puis juger par l'inventaire de ses meubles fait audit lieu le 11 avril 1624 » [Folio-3].

Quatre enfants naquirent de cette union.

1.1.4.- Jacques de Missy, (Quatrième génération) fils de Jacob né le 11 (ou 15) septembre 1562

« Mémoire des enfants qu'il a plu à Dieu de donner à M. Jacques Demissy marchand apothicaire & Marye Jalleau sa femme » [Folio-6 et 7]. <u>Seconde union</u> : [ Folio-8 et 9].«Mémoire des enfants qu'il a plu à Dieu de donner à messire Jacques Demissy en son deuxième mariage avec Suzanne L'Hommédieu » [mourra le 10 juin 1667 à 56 ans et sera enterrée au cimetière de La Tremblade, décédée d'une pierre dans la vessie d'une forme longue et cornue qui a pesé « ung once et demye» qui s'est formée dans son rein gauche, [Folio-12], fille de défunt noble homme Abraham L'Hommédieu, l'un des pairs de [ la commune ] de La Rochelle, qu'il a épousée à La Rochelle [en 1636] ».Le couple Jacques-Suzanne eut trois enfants dont **Isaac**.

1.1.5. - Isaac Demissy, [cinquième génération] baptisé au temple de Soubise 27 novembre 1638, † 15 avril 1753, fils de Jacques Demissy.

C'est à Isaac que l'on doit reconnaître le mérite d'avoir regroupé les documents provenant de ses aïeux dans le <u>Livre de famille</u>. « Le 19 de juin 1661, moy Isaac Demissy, marchand droguiste ay epouse Esther Rullier[11], fille du sieur Estienne Rullier, maître chirurgien à La Rochelle et de Esther Bauleau et epousé ung dimanche au soir en l'église de La Rochelle par Mr Flan, l'ung des pasteurs de ladite église » [Folio-11].

---

[10][folio 47] Richard, fils de Jean, écuyer & seigneur en partie de la paroisse de son nom, diocèse de Bayeux, proche de trois lieues de la ville de Caen naquit chez son père le 21 décembre 1529 & se maria à Marennes le 28 avril 1560.

[11]Vraisemblablement décédée en 1701 en janvier. Le scripteur qui paraît être son fils Samuel, se lamente de ne pas avoir été auprès d'elle pour son décès, étant lui-même à Bordeaux en boutique. Elle est enterrée dans le jardin de **Madame Thomas**.

« Mesmoire des enfants qu'il a pleu a Dieu de donner a Isaac Demissy et a Esther Rullier[12] sa femme demeuranz en la ville de Marayne en Xaintonge ».

Ce couple eut 8 enfants [Folio-11] :- **dont, Samuel,** né le 18 septembre 1677 baptisé le 26 septembre par M. Crespin l'un de nos pasteurs, parrain Samuel Voyer, marchand orfèvre et par Joanne* Quibri* femme de Jacques Chauveau, marchand. [Folio-19]

À part une mention de la rouerie d'Isaac Demissy, constatée lors d'une vente de blé contre du vin à Fontaine réfugié en Angleterre (voir *infra*), une indication nommant Isaac Demissy apothicaire en 1639 à l'occasion de l'inventaire de sa boutique atteignant un montant de 500 livres se trouve dans l'ouvrage de E. et J. Vigé sur Brouage, t. 2, p. 205. Il y a lieu de penser qu'il s'agit plutôt de Jacques Demissy, son père marchand apothicaire marié à Marye Jalleau, car Isaac a été baptisé en 1638.

1.1.6.- Samuel Demissy [sixième génération] négociant né 18 septembre 1677 † 15 avril 1753

Samuel, noté bourgeois de Marennes en 1727, prend la plume à la suite d'Isaac son père pour poursuivre l'histoire familiale. Son récit manque de rigueur. Les annonces des naissances peuvent ne pas faire mention du prénom des enfants. Son écriture est désordonnée et peu appliquée.

Dans son activité, on note un procès en 1729 contre Jacques de Connac officier marinier et demoiselle de Connac femme séparée de Marc Antoine Du Douet officier marinier à La Tremblade.

[Folio-23] Samuel Demissy négociant et Marianne Chaillé[13] née le 12 octobre 1682 se sont mariés le 17 octobre 1706, un vendredi matin, devant le curé Moulin, -église de La Clisse (village près de Saintes) « sans avoir rien exigé de nous ».

Marianne était fille de Jean Chaillé sieur de Malleville paroisse de Saint-Romain- de Benet [marchand au lieu d'Arvert] Fouilloux.

« Leur union dura 28 ans et demi ».

[Folio-30] Samuel Pierre Demissy écrit : Le 15 avril 1753, jour des Rameaux, est décédé mon très honoré père Samuel Demissy dans sa maison au présent bourg de Marennes située dans la grande rue. Ma sœur Marianne Élizabeth Demissy ni moi Pierre Samuel Demissy seuls enfants qu'il laissé de son mariage avec Marianne Chaillé n'avons pu avoir la consolation de nous trouver auprès de lui pendant ces moments [...].

---

[12][folio 13] Le septième de juin 1667, Monsieur Étienne Rullier, père de ma femme est décédé à Lafont âge de 64 à 65 ans, a été enterré au cimetière de la Ville Neuve à La Rochelle [...] et après la mort a été ouvert, il s'est trouvé avoir la vessie toute éclatée, ce qui lui causait ses grandes douleurs.

[13][folio 40] le 19 septembre 1762 est décédée entre cinq et six heures du matin, demoiselle Marie Chaillé ma tante âgée de soixante-treize ans, 26 jours & a été enterrée dans son jardin à Malleville [paroisse de Saint-Romain de Benet] dans le dernier carré gauche de l'allée du milieu qui va d'un bout à l'autre, et son mortuaire a été passé par Girardeau notaire royal à Pisany.

## Samuel de Missy (1755-1820), armateur rochelais sur l'océan indien

Ils eurent 12 enfants, deux seuls survécurent. Ce sont Marie Anne et Pierre Samuel.

[Folio-24] 25 janvier 1713, **Marie Anne (ou Marianne) Élizabeth** baptisée dans la grande église de Marennes le 28 dudit mois. Parrain, le président de Fort, marraine Mme de Vignemon Faneuil, sa cousine[14].Cette Marie Anne Élizabeth se mariera avec Samuel Michel David Meschinet de Richemond[15].

[Folio-26] 22 août 1718 garçon Son nom est **Pierre Samuel** son parrain est parrain Pierre Bineau fils de Mr Bineau médecin, sa marraine est mademoiselle Des Prises ? illisible baptisé le 31 août. [Confirmé par Folio-47].

Samuel Pierre (septième génération) transcrit les circonstances de son père Samuel.

[Folio-30] « Le 15 avril 1753, jour des Rameaux est décédé mon très Honnoré Pierre Samuel Demissy [sixième génération] notre très honnorée Mère n'avons pû avoir la consollation de nous trouver ( page 31) auprès de Luy dans ces derniers moments ni ayant eû d'intervalle du commencement de sa Maladie à sa Mort que, sept à huit heures de temp & et par conséquent trop peu, pour que nous Eussions pû en avoir avis et nous rendre de La Rochelle lieu de notre résidence ici, ce qui nous a été un surcroy d'affliction & me faire regretter tout le temps de ma Vie de n'avoir pas fixé ma demeure auprès de ce digne Père, qui cependant avait été consantant a la malheure pour moi à ce que je forme ma demeure & Sociétté avec mon Beaufrère Meschinet de Richemond dans la Susditte ville suivant le raport qui m'a été fait, c'est d'un coup de sang qu'il est mort mais je pense differament & croy, que c'est la Suppression des hemorouydes aux qu'elles il êtoit sujet & qui ordinairement fluoient abondamment qui l'amis au tombeau ; vu que ce sans n'ayant plus eû son cours par la voÿe ordinaire est remonté tout à coup à la poitrine, & a été acceleré par une

---

[14]Le 4 février 1695, Me Josué Joslin, sieur de Vignemon, advocat en la cour, conseiller du roy et maire perpétuel de la ville et communauté de Marennes, âgé de 25 ans, épouse à l'église de Marennes demoiselle Elisabeth Faneuil- Marie-Anne-Elisabeth de Missy épousa, le 20 septembre 1738, Samuel-Michel David Meschinet de Richemond, armateur à la Rochelle, fils de Samuel-Joseph Meschinet de Richemond, armateur, et de Suzanne Oüalle. Son mariage avait été célébré par Pierre-Louis Montfort curé d'Annezay, qui expia, sur les galères, le crime d'avoir été charitable. Marie-Anne Elisabeth décédera le 30 janvier 1779 à Thairé-d'Aunis ayant 86 ans.

[15]Chez Samuel Pierre Meschinet de Richemond [époux d'Henriette Boué sa seconde épouse mariage le 15 février 1768, fils de la sœur de Samuel de Missy, prénommée Marie Anne Élizabeth mariée avec Samuel Michel David Meschinet de Richemond se tiennent les séances des Amis de la Constitution. Il en est secrétaire. Garnault est le président. Meschinet naquit en 1740 ancien armateur trésorier des vivres de la guerre. Il fut élu capitaine des volontaires pendant l'insurrection de Vendée qu'il contribua à réprimer. Membre du Conseil du commerce le 14 prairial an IX, officier municipal à Thairé il refusa la mairie à laquelle il avait été nommé. Il fut élu conseiller municipal de La Rochelle et garda ce mandat du 13 prairial an XII à sa mort le 28 août 1807. L'objet des Amis de la Constitutif était de prémunir le peuple contre les erreurs que ne cessent de répandre les ennemis de la chose publique, de déjouer les intrigues qui peuvent porter atteinte à la liberté que le pays venait de recouvrer : Histoire politique et parlementaire des départements de la Charente et de la Charente-Inférieure par Eugène Réveillaud de 178 à 1830, page 220, note en bas de page.

saignée de bras qu'on lui fit contre son sentiment & mal à propos à mon avis ce qui l'Etouffa tout a coup ( page 32) au lieu que si on le leut Seigné au pied peut-être n'en serai je pas privé ? Mais telles a été sans doutte la volonté du Seigneur qui n'a pas Jugé à propos de me laisser jouir plus longtemps de la Consollation de posséder ce digne Père, & l'a retiré dans sa Gloire à lage de 75 ans sept mois moins a trois Jours, étant né le 18 septembre 1677 & a été Enterré dans le Jardin de la Maison de Mes Grands Peres & Oncles Chaillé à costé deux & de feu ma mère, dans le Bout du Jardin vers le Midy. Le Seigneur Dieu tout Puissant, veuille me faire vivre avec autant de probité & d'honneur & me rejoindre à Luy dans son Saint Paradis, quand il le jugera à propos ; Amen ; à Dieu Père fils & Saint Esprit, soit honneur, Gloire & Puissance au Siecle des Siècles. Amen ».

### 1.1.7.- Samuel Pierre Demissy [septième génération], 27 août 1718- 28 octobre 1786 (inhumé le 30)

Une anomalie flagrante n'a sauté jusqu'ici aux yeux de personne. La 15 mai 1755 est indiqué par tous, tant biographes que généalogistes, comme la date du mariage de Samuel Pierre Demissy et de Marie Anne Fraigneau, alors que Samuel Pierre David Joseph naît le 3 octobre 1755. Ce couple protestant avait-il dérogé aux principes chrétiens de pureté les plus profonds ?

Il en alla différemment par le mariage dans le Désert, c'est à dire dans la clandestinité, de Samuel Pierre avec Marie Anne Fraigneau, où celui-ci se fit rançonner d'une somme énorme par un curé cupide de la région de Bazas.

Nulle ambiguïté dans le registre de Contrôle des actes des notaires de la ville de La Rochelle : « Du 15 mai 1755, mariage du sieur Samuel Pierre Demissy négociant en cette ville et demoiselle Marianne Fraigneau dudit lieu, constitution du futur six mille livres et elle pareille somme, préciput de deux mille, bagues joyaux et ornements servant à la personne Crassous, reçu le 3 de ce mois (juin) 50 livres »[16]. On en fournira *infra* l'explication.

Le couple acquit une maison rue Dompierre. Samuel Pierre la transforma : Le 27 octobre 1755, j'ai commencé à habiter ma maison rue Dompierre acquise des héritiers de dame Hariette veuve Desbois après l'avoir fait surhausser d'un étage et rebâtir la façade à neuf et trois planchers. Avec la faillite qui le frappa, il ne put la conserver. Il ne faut pas la confondre avec celle décrite dans l'inventaire des papiers de feu Samuel Pierre Joseph David Demissy décédé en 1820. Il s'agissait d'une maison avec magasin qui avait appartenu à sa sœur Henriette Élizabeth Demissy décédée en 1796 qui l'avait acquise de Samuel Pierre Meschinet de Richemond et Henriette Boué en 1793.

---

[16] AD/17 2C 1709, Insinuation.

## Samuel de Missy (1755-1820), armateur rochelais sur l'océan indien

Samuel Pierre appartint au consistoire pendant trois années. Il quitta sa charge le 3 décembre 1763, «*Moi ancien de cette église au Désert suis sorti ce jour de charge après l'avoir exercée trois années consécutives par la grâce de Dieu et ayant fait la récapitulation des membres qui la composent, j'ai trouvé qu'il y en avait sept cent vingt-six environ non compris diverses familles qui ne sont pas réunies au gros quoique depuis dix ans nous ayons eu quelque consolation à nos âmes de temps à autre et que nous et que nous en jouissions encore par une faveur du Tout Puissant* ».

En conformité avec l'autorisation paternelle Samuel Pierre Demissy forma une société avec Samuel-Michel David Meschinet de Richemond son beau-frère. Leurs difficultés financières les conduisirent à la faillite. Ils furent réhabilités grâce à la générosité de Samuel Pierre Joseph David Demissy (fils et neveu).

La faux de la mort frappa la famille tant qu'elle put les enfants nés ou encore dans leur prime jeunesse. Cinq naquirent. Deux survécurent.

[Folio-33] Mémoire des enfants qu'il a plu au Seigneur de donner à Samuel Pierre Demissy et à Marie-Anne Fraigneau : (1) un garçon 30 octobre 1755 (Samuel **Pierre Joseph**) – une fille **Henriette Élizabeth** [Folio-39] 28 octobre 1759, baptisée le 30 (idem Garnault pour le baptême), (sera inhumée le 27 fructidor an IV de la République, soit le 13 septembre 1796, âgée de 36 ans et onze mois dit Garnault).

Cette énumération est peut-être incomplète car l'archiviste Garnault fait état de la naissance d'une fille qui ne figure pas dans le livre de famille : Marie-Anne-Élizabeth Demissy, baptisée à Saint-Barthélemy, le 9 novembre 1757, laquelle a dû mourir à la naissance ou peu après celle-ci.

Pendant l'absence de son fils à l'Isle de France, c'est lui qui conduira les affaires. Le père de Samuel Joseph David Demissy, Samuel Pierre est bien présent en 1781 dans divers actes passés devant notaire. Il y est dénommé négociant. Samuel Pierre Joseph David à son retour de l'Isle de France travaillera en société avec son père.

Samuel Pierre (septième génération) décéda le samedi 28 octobre 1786. Samuel Pierre Joseph David leur fils [huitième génération] n'en fait qu'une mention sommaire : à 3 heures 26 minutes l'après-midi [Folio-49].

Il en va autrement pour sa mère. Il se désole dans le livre de famille de la disparition de sa mère : [Folio-49] « *Aujourd'hui samedi 27 décembre 1788 est décédée à 6 heures 33 quarts du soir, Marie-Anne Fraigneau ma mère âgée de 64 ans, 7 mois et 23 jours* ».

Il lui dédie ces lignes d'amour filial :

« *Sensibilité, humanité, bienfaisance,*
*La plus grande et la plus noble délicatesse,*
*Scrupuleuse exactitude, caractère doux, quoique fin,*
*Epouse fidelle, mere tendre, femme laborieuse, remplie d'honneur et de courage.*
*Marie – Anne Fraigneau, ma mere qui emporte tous mes regrets* ».

Un Édit du 11 décembre 1683 fit exception et stipula que le décès seraient constatés par les juges royaux en présence de deux témoins. Mais leur inhumation en Terre sainte, le cimetière des catholiques, était proscrite, puisqu'ils étaient considérés comme hérétiques.

Malgré l'Édit de tolérance, l'inhumation des protestants continua à être réglementée. Il fallait encore déposer une supplique au roi pour faire enterrer les morts de la manière ordinaire. En se reportant aux archives départementales on obtient plus de détails[17] car il est nécessaire pour que les protestants puissent être enterrés d'obtenir une ordonnance sur requête présentée au lieutenant général de police sur les conclusions du procureur du roi : « *Du Dimanche 28 décembre 1788, par devant nous, lieutenant-général en notre hôtel sont comparus les sieurs Samuel Pierre Meschinet de Richemond[18] négociant demeurant en cette ville, rue Dompierre paroisse Saint-Barthélemy et Pierre David Perry fils aussi négociant demeurant en cette ville, rue du Chariot d'or, paroisse Notre-Dame, lesquels nous ont dit et déclaré que demoiselle Marie-Anne Fraigneau, veuve du sieur Samuel Pierre Demissy, négociant demeurant en cette ville rue de L'Escale, paroisse Saint-Barthélemy, tante dudit sieur Meschinet de Richemond est décédée le jour d'hier âgée de 64 ans. Lequel décès, ils nous déclarent pour satisfaire aux dispositions de l'Édit de novembre 1787. De ce que dessus a été dressé le présent acte qui a été inscrit sur les registres à ce destinés et avons fixé l'heure de l'inhumation de ladite demoiselle* ».

1.1. 8.- Samuel Pierre Joseph David (Huitième génération) 30 octobre 1755- 20 octobre 1820.

Acte de baptême : Samuel Pierre Joseph Demissy né le 30 octobre 1755, baptisé à Saint-Barthélemy par André Épinay, oratorien le 31, né du mariage légitime entre Samuel Pierre Demissy négociant et Anne Fraigneau, son parrain Jacques Pépin, natif d'Andilly, sa marraine Marie Anne Pépin, native de ladite paroisse d'Andilly, et ont déclaré ne savoir signer, le père de l'enfant a signé avec nous.

Il se répand peu en commentaires dans le Livre de famille. Il conserve à celui-ci sa vocation strictement généalogique.

Il l'introduit comme ses prédécesseurs : [Folio 51 Mémoire moi Samuel Pierre David Joseph Demissy fils de Samuel Pierre (le 8ème depuis Jean Demissy) demeurant à La Rochelle.

Son mariage :[19] « *Aujourd'hui sept novembre mil sept cent quatre-vingt-douze nous Pasteur soussigné [Jean-Paul] Betrine, avons donné la bénédiction nuptiale au citoyen Samuel Pierre David Joseph Demissy négociant fils majeur et légitime de défunt*

---

[17]AD/17 supplément Série E, église réformée de La Rochelle, page 53.

[18]Samuel Pierre de Richemond, 1740-1807, fils de Samuel Michel David Meschinet de Richemond décéda le 6 novembre 1787 à 73 ans : ancien négociant associé avec Samuel Demissy père à Thairé [AD/17, supplément à la série E, page 195].

[19]Acte du 5 novembre 1792, Mariage Demissy Liège AD/ 17 3 E 100 (Daviaud).

Samuel de Missy (1755-1820), armateur rochelais sur l'océan indien

*Samuel Pierre Demissy négociant et Marie Anne Fraigneau demeurant en cette ville paroisse St Barthélemy, d'une part et la citoyenne Marie Louise Esther Liège* ».
<u>Enfants nés de mon mariage [Folios 51 et 52]</u>
- Samuel né 13 septembre 1793 à 8 heures du soir, décédé le 28 août 1794 à 2 heures du soir.
- Amélie née 23 janvier 1795 à 6 h ¾ du soir, mariée le 2 février 1816 à M. le colonel Lafont officier de la [Folio-52] Légion d'honneur chevalier de Saint Louis, directeur de l'artillerie à la Garde-royale (gentilhomme de la Religion réformée) natif près d'Agen, Lot-et-Garonne.
- Charles, né 24 février à 8 heures du matin, décédé 27 novembre 1801.
- Éléonore, née 23 décembre 1800, décédée 27 février 1801.
- Louise Laure , née le 30 pluviôse an XII 3 février 1804, à 8 heures le soir.

Il fait référence au décès de sa tante Marianne Demissy décédée à Thairé à l'âge de 66 ans (née en 1721) mariée à Samuel Michel David Meschinet de Richemond. Il se montre très éprouvé par le décès de sa sœur Henriette Élizabeth, [Folio-50] : « *La Rochelle 27 fructidor an IV de la République – 13 septembre 1796. Aujourd'hui mardi 19 septembre à 6 heures 30 du matin est décédé ma sœur, âgée de 36 ans, 10 mois. Reçois ici chère et digne amie le tribut des regrets que je dois à tes vertus et au tendre attachement dont tu n'as cessé de me donner des preuves. Adieu Demissy* ».
Il ne dira rien de la disparition de ses enfants : Samuel, son aîné qui devait porter ce prénom depuis trois générations, Charles qui rappelait l'illustre père de César Demissy et Éléonore.

1.2.- La relation de faits particuliers
1.2. 1. Mariages
Comment ne pas être interrogatif, lorsque historiens et généalogistes font naître Samuel Pierre David Joseph Demissy le 3 octobre 1755 alors qu'ils retiennent le 5 mai 1755 comme date du mariage de ses parents, lesquels on imagine bien réprouver la conception d'un enfant dans l'adultère conformément à la morale de la Religion prétendue réformée ?
La reconstitution de l'état-civil des Protestants est un parcours semé d'embûches. Avant la révocation de l'Édit de Nantes, les registres de l'état civil des protestants étaient tenus par les pasteurs des consistoires. Mais cette disposition favorable disparut en même temps que l'Édit.
La plupart des protestants se refusaient de faire célébrer leur mariage devant le curé de la paroisse. « Si le baptême par un prêtre catholique a pu être accepté par certaines familles, il n'en est pas de même pour le sacrement du mariage échangé devant le curé pour lequel les futurs époux doivent s'être confessés et avoir communié. Les mariages célébrés au Désert devaient l'être en présence de quatre

témoins autant que l'on pourra trouver ce nombre, en application d'une décision du synode national de 1744 [20]».

Pour y remédier des futurs époux suffisamment fortunés pouvaient se rendre à Paris et faire bénir leur union par le pasteur des chapelles des ambassades de Suède et de Hollande.

Leur union se faisait donc clandestinement. Le consentement des époux était recueilli par un pasteur itinérant "au Désert[21]". L'acte était inscrit sur un registre privé tenu au secret. De là, l'importance d'un livre de famille qui a été tenu de génération en génération chez les Demissy pour reconstituer la date véritable d'un mariage.

Parfois un curé se prêtait cependant à la délivrance d'un certificat de "mariage catholique", affirmant que les époux avaient bien observé toutes les cérémonies prescrites par l'Église romaine.

Lorsque Samuel Demissy et Marianne Chaillé se marièrent, ils le firent devant un curé honnête d'une paroisse proche de Saintes qui ne profita pas de leur qualité de Religionnaire pour les abuser en leur extorquant de l'argent.

[Folio-23] « Du 10 octobre 1706, moy Samuel Demissy, marchand ay épousé Marianne Chaillé fille de Jean Chaillé avocat au parlement de Bordeaux & de Melle Bourgeois-jard avons espousé un vandredy en l'église de La Clisse, par les mains de M. Marion le curé de ladite église sans jamais avoir rien exigé de nous ».

Mais il n'en fut pas de même pour leur fils Samuel Pierre Demissy qui épousa Marie Anne Fraigneau. Ils furent rançonnés de quatre cents livres ce qui constituait une somme énorme, correspondant par exemple à une année de loyer d'une grande maison. Plusieurs familles et amis avaient vraisemblablement rassemblé leurs économies.

Samuel Pierre Demissy relate : [Folios 32 et 33] « Le deuxième dexembre 1754, moy Samuel Pierre Demissy ai épousé Marie Anne Fraigneau native de cette ville, fille de Monsieur Jacques Fraigneau & de demoiselle Dieu Le Fit Desbarres native de Chastelleraux en Poitou. La bénédiction nuptialle nous a été administrée en la présante ville de La Rochelle par Monsieur Dumas ministre du St Evangile [Folio-33] en présence de Messieurs Giraudeau l'aîné, André Besse De la Barthe, Peyrusset, nos amis, du sieur Dubernard curé de Gensac en Bazadois, en datte du 6 novembre au dit an, qui nous à couté quatre cent livres, & ce pour nous couvrir des peines & chagrins qu'on aurait pû nous faire sur notre mariage & assurer d'ailleurs nôtre tranquillité & celle des enfants qu'il plaira à Dieu de nous donner ».

---

[20]https ://archives.lacharente.fr/arkotheque/client/ad_charente/_depot_arko/articles/285/registres-protestants_doc.pdf

[21]On appelle mariages au désert, les mariages célébrés entre la révocation de l'Édit de Nantes (1685) et l'exécution de l'Édit de Tolérance de Louis XVI (1787) par les pasteurs de l'Église réformée clandestine, aussi appelée "Église sous la Croix".

Samuel de Missy (1755-1820), armateur rochelais sur l'océan indien

Faut-il penser que ce mariage au Désert n'ait pas éveillé de suspicions de la part de l'Intendant, puisque six mois plus tard un contrat avant mariage fut passé entre Samuel Pierre Demissy et Marie Anne Fraigneau devant Crassous et Delavergne notaires à La Rochelle[22] : «*Lesquels ayant respectivement promis la foi de mariage en ont réglé et arrêté les clauses et conventions ainsi qu'il tient de l'avis et consentement de leurs parents et amis pour ce convoqués en assemblée, savoir de la part dudit sieur Demissy du sieur Michel David Samuel Meschinet de Richemond fils négociant de cette ville et de demoiselle Marie Anne Élisabeth Demissy [23] son épouse beau-frère sœur dudit sieur de Missy, demoiselle Marie Chaillé, fille majeure demeurant à Malleville paroisse de Saint-Romain de Benet sa tante représentée par ledit sieur Richemond fils ayant d'elle un pouvoir verbal du sieur Samuel Joseph Meschinet de Richemond père bourgeois de cette ville et demoiselle Marguerite de Tandebaratz, ses cousins et cousines issues de germain – à cause d'elle du côté paternel du sieur Jean Perry négociant de cette ville et demoiselle Marguerite Meschinet de Richemond ses cousins et cousines à cause d'elle du troisième au quatrième degré du même côté, mademoiselle Henriette* [page 2] *Esther Reas Ducouteau Etienne Paré négociant André Besse* [de La Barthe] [chacun des époux constitue la somme de 6000 livres]. *Signatures S. Demissy, M. Fraigneau, Élisabeth Fraigneau, Tandebaratz, Meschinet,* [Henriette] *Baulot veuve Parré, Meschinet de Richemond fils, Henriette Reas Ducouteau, Jean Perry, Marguerite Meschinet de Richemond, Perry Besse de La Barthe, pour mademoiselle Marie Chaillé, M. de Richemond* ».

Les amis présents chez le notaire étaient issus du milieu des négociants. Bien sûr, ils étaient à l'époque tous de religion protestante. Charles Reas Ducouteau était en plus prévôt de la Monnaie.

C'est l'Édit de Tolérance de 1787 qui rendit aux protestants leur état civil en leur permettant de faire constater les actes aussi par le lieutenant civil.

1.2.2. Baptêmes
Si les membres de la Religion prétendue réformée se soustrayaient à la solennisation de leurs mariages par les servants de l'église catholique, ils ne se refusaient pas à faire baptiser leurs enfants par les curés de la Sainte église catholique apostolique et romaine.

---

[22] AD 3E 754 3 mai 1755 et non 25 mai 1755, Crassous et Delavergne, mariage de Missy et Anne Fraigneau. Cette date a été considérée comme celle du mariage alors qu'il s'agit de celle de la signature du contrat de mariage.
[23] Garnault dit qu'elle avait épousé le 20 septembre 1738 Samuel Michel David Meschinet de Richemond fils de Samuel Joseph armateur et Suzanne Oualle. Son mariage avait été célébré par un prêtre nommé P. L Monfort qui expia sur les galères le fait d'avoir été charitable.

L'église catholique ne pouvait refuser le baptême à un enfant né d'un protestant[24].

Dans les registres de baptême de diverses paroisses, le libellé d'usage « né ou née du légitime mariage de . » se trouvait remplacé par des formules variables désignant les parents faisant profession de la Religion prétendue réformée, huguenots de profession, hérétiques calvinistes, non-convertis, « qui se disent mariés, ce qui ne nous paraît pas [La Rochelle] ». Dans d'autres régions de France, on pouvait lire : « mariage prétendu dont nous n'avons aucune connaissance [Maine] », « légitime mariage prétendu, de l'alliance, mariage prétendu et clandestin [Caen] ».

Tout n'allait pas de soi. Lorsque l'enfant était présenté aux fonts baptismaux et que les parents étaient incapables de produire un acte de mariage établi par le curé, ce dernier considérait qu'il était né d'un couple illégitime, et le déclarait de manière vexatoire d'enfant bâtard.

Ainsi se passa-t-il pour les enfants disparus à la naissance ou en bas-âge provenant de l'union de Samuel Demissy et de Marianne Chaillé.

Le document qui suit est extrait des BMS de La Rochelle : « *Le 19 février 1711 ont été mariés canoniquement Samuel Demissy âgé de trente-trois ans, marchand et demoiselle Marie Anne Chaillé âgée de seize ans, nouveaux convertis qui avaient contracté un mariage nul et clandestin par le sieur Marion curé de la Clisse quoiqu'il ne fût curé d'aucune des parties, qui demandent pardon à Dieu de ce que dans cet état ils ont mis au monde des enfants qui sont morts après le baptême qu'ils avaient reçus comme enfants illégitimes. Ils ont signé avec les témoins soussignés et encore Jean Parran dit Saint Martin et Louis Arnaud qui ont déclaré ne savoir signer ainsi signé : Math. Bart curé, Demissy Marianne Chaillé, Marie Carillon, Y Foy* ».

En 1776, le pouvoir royal constatait encore que cette pratique des curés perdurait. Le parlement de Toulouse la trouva intolérable. Le roi confia à Malesherbes le soin de mener à bien plusieurs rapports pour l'éclairer sur les affaires religieuses du Royaume. Ils lui seront soumis entre 1776 et 1786.

Le 11 mai 1776 [Chrétien-Guillaume de Lamoignon] de Malesherbes, ministre d'État écrit à [Marie Pierre Charles Meulan d'Ablois ], intendant de La Rochelle[25] : « Il a été rapporté au roi que l'inexécution de la Déclaration de 1724 est souvent occasionnée par le zèle imprudent de quelques curés, qui ne veulent donner sur leurs registres aux enfants des protestants que la qualité d'enfant naturels. Cet usage a été désapprouvé par tout le Conseil et par le roi lui-même. Un curé n'est à cet égard qu'un témoin ; ce n'est point à lui à discuter la légitimité des enfants qu'on présente au baptême, il ne fait que constater la qualité sous laquelle ils lui sont présentés. Je l'ai mandé de la part du roi à l'évêque de La Rochelle, et j'ai cru nécessaire de vous en faire part ».

---

[24]Nicolas Sylvestre Bergier, œuvres complètes, Théologie sociale, page 1456, publié par l'abbé Migne tome VIIIe 1855.
[25]Bulletin de la Société de l'Histoire du Protestantisme Français,1860, page 258.

Samuel de Missy (1755-1820), armateur rochelais sur l'océan indien

Nul doute que l'évêque de La Rochelle François-Joseph-Emmanuel de Crussol d'Uzès d'Amboise qui s'opposera plus tard à l'application dans son diocèse de l'Édit de tolérance du 29 novembre 1787 ne reçut pas cette nouvelle de gaîté de cœur.

### 1.2.3. Les persécutions et la destruction du Temple de Marennes

Françoise d'Aubigné, veuve de Paul Scarron, marquise de Maintenon, fille de l'impécunieux Constant d'Aubigné et de Jeanne de Cardillac, petite-fille du Saintongeais Théodore Aggripa d'Aubigné, protestant et compagnon d'Henri IV qu'il vilipenda par la suite, naquit dans le sein du calvinisme. Elle oublia bien vite son passé et se fit la persécutrice de ses anciens coreligionnaires, car elle aurait grandement contribué à pousser le roi à révoquer l'Édit de Nantes. Elle était bien mal placée pour moraliser les autres. Elle était l'épouse clandestine de Louis XIV.

On prête à Madame de Maintenon ces propos ambigus. Si en 1672, elle inclinait pour une conversion en douceur des Protestants, neuf ans plus tard sa position était plus affirmée[26]. Elle écrivit à son frère Charles, le 19 mai 1681 : « *Je crois qu'il ne demeurera de Huguenots en Poitou que nos parents ; il me paraît que tout le peuple se convertit. Bientôt il sera ridicule d'être de cette religion-là* ».

Placets adressés aux Ministres pour se plaindre de la violation de l'Édit de 1598 au titre des libertés accordées par celui-ci, défenses inutiles contre des faits et des accusations non-fondées devant des magistrats à la solde du pouvoir et de l'Église, rien n'y fit.

La coexistence de deux religions dans un état unifié comme l'était la France ne pouvait se concevoir comme chez les princes allemands selon le principe qui y prévalait : *ejus religio cujus regio*.

Avant même la révocation de l'Édit de Nantes, le temple de Marennes, le plus important de Saintonge qui comptait dans son ressort très étendu treize mille à quatorze mille religionnaires du fait de l'interdiction du culte dans les localités voisines, fut démoli sur le prétexte perfide qu'une fille nouvellement convertie avait assisté au prêche. Pour donner une base légale à ses décisions de faire fermer plusieurs temples et de les détruire, Pierre Arnoul[27], intendant de marine à Rochefort se servait comme cheval de Troie d'une certaine Marie Bonnaud qu'il envoyait assister aux prêches. Bien en prit à cette femme, car plus tard l'intendant Michel Bégon successeur d'Arnoul, lui fut infiniment reconnaissant des services rendus à la cause de la religion catholique apostolique et romaine et la gratifia de secours substantiels. M. Arnoul, écrivait-il, « s'est utilement servi de Marie Bonnaud, pendant les années 1684 et 1685, pour trouver des preuves de faits suffisants pour parvenir à

---

[26] <u>Bulletin de la Société de l'Histoire du Protestantisme Français</u>, Volume 34, et <u>Revue chrétienne</u> volume 1, page 267.
[27] Arnoul ou Arnou, seigneur de Vaucresson et de La Tour. Intendant d'Aunis et de Saintonge depuis le 17 février 1683.

la démolition des temples, et c'est par son moyen, que celui de la Rochelle et plusieurs autres ont été détruits au mois d'octobre 1685 ».

Ainsi Isaac Demissy assista sans se révolter pour autant à la destruction du Temple de Marennes en y voyant la malignité du peuple et le juste jugement de Dieu. M. de Faucon de Ris supervisa l'événement. Le 1ᵉʳ novembre 1684, il parvint à Marennes, à six heures du soir porteur des ordres de la cour de Bordeaux du 31 octobre. Il fit signifier sa mission aux membres du Consistoire et le 2 et le 3, devant les personnes rassemblées, il observa le travail de démolition du Temple mis à bas par une bande de mercenaires qui se livrèrent à mille moqueries, assisté de M. de Verneuil, commissaire ordinaire de la Marine, subdélégué de l'intendant Arnoul. Les planches et le bois furent vendus 266 livres. La cloche de deux quintaux et demi termina sa vie en février 1686 au couvent des Capucins de Marennes.

On dit qu'en ce funeste jour, la célébration de vingt-trois baptêmes et de plusieurs mariages fut empêchée et que neuf ministres de la R.P.R furent mis en prison. Loquet et Boisbellaud, avaient déjà condamnés en février de la même année et mis au cachot à La Réole.

Isaac Demissy écrit : [Folio-20] Le deuxième de novembre 1684 : «*Dieu a permis que l'église de Marennes ou le temple ayt commencé à estre mys par terre par ung arrêt du parlement de Guyenne qui l'a condamné sans juste cause et les deux ministres interdits à jamais de prêcher en France; ce ne sont que les peschez du peuple dont je suis un des membres qui ont attiré sur cette pauvre église sa désolation et sur nous mêmes les justes jugements de Dieu que je prye de tout mon cœur voulloir retirer en nous réformant de toute mauvaisté et notre réforme et dessillant les yeux de ceux qui ne nous font du mal que parce que nous ne voulons servir Dieu que selon sa parole et non selon les institutions humaines. De quoy nous devons toujours prier le grand Dieu qu'il nous veuille garder et qu'il fasse que nos cœurs luy soyent incessamment des temples consacrés à son pur service où nous l'adorions en trois personnes, père, fils et saint Esprit au siècle des siècles. Ainsi soit-il* ».

Ces lignes s'inscrivent dans la droite ligne des premières réflexions développées par Daniel Tilénus au début du XVIIᵉ siècle lorsque les premières frictions entre Catholiques appuyés par le roi avec les Protestants se firent jour : « [page 235] [28]*Ainsi quand le Prince abuse de son pouvoir, opprime ses sujets et les vexe en diverses sortes,*

---

[28]M. Edouard Aubert dans sa thèse présentée pour le doctorat à l'Université de Strasbourg en 2021 intitulée « Observer la loi, obéir au roi ; les fondements doctrinaux de la pacification du royaume ; de l'Edit de Nantes à la Paix d'Alès (1598 – 1629) », reproduit un extrait de l'ouvrage suivant de Daniel Tilénus : Examen d'un écrit intitulé Discours des vraies Raisons pour lesquelles ceux de la Religion Prétendue Réformée en France peuvent en bonne conscience résister par armes à la persécution ouverte que leur font les ennemis de leur Religion et l'État où est répondu à l'avertissement à l'Assemblée de La Rochelle par des Députés en ladite assemblée, A Paris chez Nicolas Buon avec permission, 1622. Nota les numéros de page indiqués sont ceux de la thèse de M. Aubert.

*le vrai remède n'est point de lui résister par force, émouvoir sédition, faire des conspirations qui ne feraient qu'aigrir & accroître le mal & d'irriter Dieu davantage [...]* : [il] *faut donc recourir à d'autres remèdes plus propres en un tel cas, amender sa vie souffrir la perte de son bien, même l'outrage fait au corps, comme une saignée, comme une médecine qui nous donne des tranchées devant que tirer & purger les mauvaises humeurs qui étaient la cause de cette maladie* [page 236] *mettre enfin toute espérance en Dieu, le souverain Médecin qui nous guérira en guérissant ou en punissant le tyran* ».

Immédiatement après la révocation de l'Édit de Nantes, on envoya en mission le prédicateur François de Salignac de La Mothe-Fénelon, lequel avait trente-quatre ans, pour convertir les Religionnaires d'Aunis et de Saintonge[29]. Le doux Fénelon qui entendait n'y parvenir que par la persuasion, rejoignit Saintes le 15 décembre 1685[30]. Il prêcha pendant les six premiers mois de l'année 1686, et même à Marennes, sans résultat probant. Il se désolait : « *Les Huguenots paraissent frappés par nos instructions jusqu'à verser des larmes, mais ils nous répètent sans cesse – Nous serions volontiers d'accord avec vous, mais vous n'êtes ici qu'en passant. Dès que vous serez partis, nous serons à la merci des moines qui ne nous prêchent que du latin, des indulgences et des confréries. On ne nous lira plus l'Évangile. Nous ne l'entendrons plus expliquer* [...] ». La cabale hypocrite de Le Tellier et du père de La Chaise se déchaîna contre les missionnaires. On leur reprocha de ne pas apporter dans l'exercice de leur ministère toute la fermeté que réclamait l'endurcissement et l'opiniâtreté des hérétiques. Fénelon répondit au ministre : « *Monseigneur recommandez à vos agents de l'autorité d'oublier le droit qu'ils ont d'employer la force. Ces moyens coercitifs n'ont qu'un temps et ne font que des hypocrites. Qu'ils emploient plutôt les ressources immenses qui sont en leur pouvoir pour se faire aimer* [...] ». Fénelon fut rappelé à Paris[31].

---

[29] La stratégie du roi et les péripéties de Fénelon sont contenues dans Archives historiques de la Saintonge et de l'Aunis, Volume 13, 1885, V. Fénelon en Saintonge et la révocation de l'Edit de Nantes (1685-1688), par exemple page 237, C. 1680, 3 septembre – Ordonnance de Lucas chevalier seigneur de Demuin pour forcer le consistoire de Marennes à montrer ses registres pour s'assurer s'ils sont sur papier timbré et s'ils contiennent des abjurations de catholiques, AN, TT 242.

[30] Au cours des missions qu'il prêcha en Saintonge pour convertir les protestants, Fénelon s'efforça de faire atténuer les ordres rigoureux donnés contre les hérétiques par le ministre Seignelay. «Je viens exposer, lui mandait-il, le 28 janvier 1686, les petits ménagements que nous avons cru utiles de garder [...]». « La persuasion est la seule conversion véritable », que s'il avait voulu éblouir de loin, il aurait fait communier tout Marennes et toute La Tremblade, mais qu'il aurait fait des scélérats et qu'il serait indigne du ministère qu'on lui avait confié. Histoire Partiale, Histoire Vraie, Jean Guiraud- III- L'Ancien Régime (XVIIe-XVIIIe siècles) (1ere partie), vingt-troisième édition ; Beau-Chesne-Croit 1930.

[31] Histoire politique, civile et religieuse de la Saintonge et de l'Aunis : depuis les premiers temps historiques jusqu'à nos jours / précédée d'une introduction par M. D. Massiou, [...], tome III, pages 514 et suiv. Paris : E. Pannier, 1836-1840(: Impr. G. Mareschal).

Le temps n'y fit rien. Lors de son arrivée aux commandes du pays en 1726, le cardinal de Fleury, abbé commendataire de Saint Philibert de Tournus et de Saint Étienne de Caen, ancien évêque de Fréjus, après une période d'accalmie pendant la Régence, restaura l'arsenal réglementaire contenu dans les Édits d'exclusion de Louis XIV qui ne faisaient que raviver la persécution des Protestants.

### 1.2.4. L'exil

L'un des moyens les plus violents qui aient été imaginés en 1681 par l'intendant du Poitou, René de Marillac pour convertir de force les Huguenots à la religion catholique consista en des dragonnades, menées à l'origine par des régiments de dragons.

Marillac s'inspira du Règlement fait à Poitiers le 4 novembre 1651 régissant les obligations à la charge des habitants pour faciliter le déplacement des gens de guerre et les loger. Si cette sujétion pesait en priorité sur les plus riches, lesquels obtenaient souvent la permission de s'en affranchir, Marillac l'imposa de manière totalement artificielle sur les protestants car le pays n'était pas menacé par un ennemi de l'État. De sérieux désordres étaient à prévoir de la part des troupes logées chez l'habitant, et ce d'autant plus qu'elles étaient encouragées par leurs officiers à importuner à l'extrême leurs logeurs, dans l'espoir que pour mettre fin aux désagréments de cette hospitalité forcée, les plus retors finiraient bien par se convertir. Louvois désavoua ce procédé le 7 mai 1681. Si Marillac fut révoqué en 1682 à la suite des plaintes, les exactions n'en demeurèrent pas moins.

Les soldats s'installèrent dans la demeure d'Isaac Demissy à Marennes. Les violations de l'intimité familiale par des rustres, leurs provocations et sans doute les menaces physiques furent telles que deux de ses filles Esther et Anne Suzanne décidèrent, sans aucun doute avec la bénédiction de leurs parents, de quitter la France.

Le court texte qui suit, écrit par Isaac Demissy est exemplaire, car il précède de quelques jours la révocation de l'Édit de Nantes intervenue le 18, et complète les écrits de Jacques Fontaine dont il sera question ci-après qui pilota cette évasion[32].

[Livre de famille, Folio-21] : « *Les 13 et 14 octobre 1685 les soldats ont marché sur Marennes pour faire changer à la religion catholique tous les Protestants ce qui a esté fait dans les huit jours par la grande violence qu'ont fait lesdits soldats envoyés par*

---

[32] Mémoires d'une famille huguenote, victime de la révocation de l'édit de Nantes, souvenir du pasteur Jacques Fontaine, publiées pour la première fois d'après le manuscrit original [en anglais], par P. Vesson, pasteur, président du consistoire de Toulouse, officier d'académie, Toulouse, société des livres religieux, 1887, in 8 °, xv- 400 pages. Une traduction de l'anglais des Mémoires de Jacques Fontaine : Memoirs of Jacob Fontaine fut publié à New-York par Mme Anne (Ann) Maury, seconde arrière-petite-fille de l'auteur. Une seconde édition parut en 1853, puis une troisième à Londres. Enfin en 1877, le pasteur Castel a publié des éditions anglaises avec une traduction française. On se référera également à The Huguenots; their settlements, churches, and industries in England and Ireland, Samuel Smiles, New York, Harper & brothers, 1868.

*M.Arnoul Intendant. Quelques jours devant l'entrée des soldats à Marennes pour le sujet dit cy dessus mes deux filles Esther* [âgée de 22 ans] *et Anne Suzanne Demissy* [âgée de 20 ans] *se sont absentées de ma maison et de fuir et pour se garantir de l'oppression des soldats et pour se conserver en leur religion n'ont point retourné mais se sont embarquées pour l'Angleterre où Dieu les a conduites et pour arriver à Barnstaple où elles ont esté reçues fort favorablement* ».

C'est en effet le pasteur Jacques Fontaine, fabricant de draps ou négociant, qui dirigea cet exil. L'aventure n'allait pas de soi. De plus il était boiteux.

Ce ministre du Saint Évangile conclut un marché avec un capitaine anglais qui, pour cent livres par tête, transporterait dans son pays les protestants qui voulaient y émigrer. Fontaine rejoignit au large le vaisseau après plusieurs contretemps en ayant fait monter du rivage dans une petite barque neuf femmes et deux hommes. Les deux filles d'Isaac Demissy étaient de cette aventure, la future épouse de Fontaine, Élisabeth Boursicaud ainsi que le pasteur Louis Mauzy avec sa femme Suzanne et au moins deux enfants.

Pour que leur présence ne parût pas suspecte à une frégate française qui croisait le long de la côte, ils passèrent plusieurs heures à portée de voix de ce bâtiment, dont le capitaine pouvait avoir envie de les visiter en faisant semblant d'être marins. Des vaisseaux croisaient le long des côtes pour arrêter les fugitifs et sur terre. Les dragons les traquaient dans les bois. Il fallait arrêter l'hémorragie de marins. Le ministre de la Marine ayant autorité sur les provinces d'Aunis et de Saintonge était inquiet de constater que les marins devenaient de plus en plus difficiles à recruter. Cette particularité se justifiait par le fait que ces provinces fournissaient un grand nombre de matelots à la marine marchande et à la marine de guerre. Les douze protestants étaient couchés au fond de la barque, cachés sous des voiles et des filets de pêche. La nuit et le vent les favorisèrent, et ils purent gagner le vaisseau anglais.

Après onze jours de navigation dans des conditions hivernales, partis de La Tremblade, le capitaine anglais fit débarquer les fugitifs le 1er décembre à Appeldorn dans le nord du Devon. Ils parvinrent à Barnstaple où la population les accueillit dans leurs demeures comme des frères et sœurs, le temps nécessaire pour qu'ils se logent eux-mêmes. Barnstaple était peut-être déjà en relations de commerce avec La Rochelle. Jacques Fontaine, débordant de reconnaissance écrivit dans ses Mémoires en 1722 : « *"God touched the hearts of the chief citizens of Barnstaple, who having sent for us, took one or two of us into their homes and treated us with incredible gentleness and friendliness, each taking as much care of the French person they had in their house as if we had been their children or their brothers, meaning that God allowed us to find fathers, mothers, brothers and sisters amongst strangers"*».

Les fugitifs s'y établirent rapidement et s'assimilèrent à la population. Ils obtinrent l'autorisation d'utiliser pour le culte l'église St. Anne dès leur arrivée. Les sermons se faisaient en Français. Cette pratique cessa en 1761. Fontaine refusa une prébende de la religion anglicane. Le couple eut huit enfants.

« En Angleterre les premières entreprises de Fontaine consistèrent à expédier des blés en Saintonge[33]. Le prix du pain en Angleterre lui paraissait bon marché en comparaison de celui de la Saintonge. Le navire qu'il arma devait rapporter en retour des produits français. Il suivit pour partie les recommandations des deux filles d'un marchand de Marennes nommé Du Missy (sic) [Esther et Anne Suzanne qui avaient fui Marennes de la maison de leur père]. Demissy entendait si bien la marchandise qu'il garda tout le profit pour lui et au lieu de [donner en contrepartie à Fontaine] un vin de Bordeaux à lui demandé, il expédia du petit vin chétif qu'il prit de paysans qui lui devaient de l'argent et le chargea au prix du vin de Bordeaux ». « Malheureux sont ceux qui s'adressent à ces fripons », écrivit Fontaine à propos d'Isaac Demissy.

1.2.5. Les éphémérides de La Rochelle selon Samuel Pierre de Missy
Un contributeur à l'histoire locale.

*« Le 22 septembre 1757 vers à les 6 à 7 heures du soir une flotte anglaise composés de 90 à 100 voiles dont 20 à 25 vaisseaux et frégates du roi aux ordres de l'amiral Hawke et 10 mille hommes environ, de troupes de débarquement à ceux du général Mordaunt sont venus à mouiller dans la rade des Basques et le Pertuis d'Antioche. Le lendemain 23ᵉ plusieurs de leurs vaisseaux et frégates se sont détachés pour l'île d'Aix qui après une résistance d'environ deux heures a capitulé et la garnison consistant en environ 280 hommes s'est rendue prisonnière de guerre. Les jours suivants ils se sont occupés à faire sonder le long de la côte et à détruire les fortifications de la susdite île et à faire sauter le donjon du fort et brûler les casernes. Le 30 e dudit mois et le 1ᵉʳ d'octobre ont fait voile pour s'en retourner en Angleterre, ce que nous avons tous vu avec une grande satisfaction, vu que nous n'avions que deux bataillons de troupes réglées des régiments de Béarn et de Bigorre et un bataillon de milices de Bretagne. Suivant ce que les nouvelles publiques nous ont appris les susdits amiral et général avaient ordre de faire leurs efforts pour s'emparer du port de Rochefort et brûler les magasins chantiers ateliers vaisseaux et frégates. Mais le Seigneur n'a pas permis qu'ils réussissent dans leur pernicieux dessein ».*

27 novembre 1757 : *Ce jour ont été enlevées et rompues deux plaques de cuivre l'une [en] latin, l'autre [en] français qui étaient attachées à la porte de l'église des Minimes hors-les-murs de cette ville et qui y avaient été posées en 1675 en mémoire de la rébellion de ceux de cette ville et ont été enlevées en conséquence d'une ordonnance du roi, rendue à Versailles le premier du susdit mois portant en substance que le roi ayant été informé des efforts que les habitants de cette ville ont fait en dit lieu en n'épargnant ni leurs personnes, ni leurs biens pour faire échouer en entreprises des*

---

[33] Bulletin de la société des archives historiques de Saintonge et Aunis, volume 8, page 436.

## Samuel de Missy (1755-1820), armateur rochelais sur l'océan indien

*ennemis de l'État, désirant reconnaître d'une manière qui leur soit à jamais sensible le zèle et la fidélité qu'ils ont fait paraître à cette occasion, Sa Majesté a ordonné quoique cette ordonnance paraisse concerner tous les habitants de La Rochelle en général n'est cependant que par rapport aux Réformés qu'elle a été rendue puisque les plaques n'en concernaient pas d'autres enlèvements s'en est faite en grand cérémonie, le maire étant à la tête des troupes bourgeoises de la ville avec deux députés de chacun des plus notables des corps de la ville ».*

Le 4 avril 1758 : « *Ce jour l'amiral Hawke a de nouveau passé devant nos rades avec une escadre de 7 vaisseaux et 3 frégates et après avoir été à l'île d'Aix et détruit quelques ouvrages qu'on y avait fait, est reparti le sept ».*

« *Aux mois de mai juin et juillet 1758 ont été approfondis les fossés de cette ville entre les portes Dauphine et Royale, les murs entre ces deux portes surhaussés et tous les remparts réparés de crainte de quelques tentatives de la part des Anglais ».*

1ᵉʳ juillet 1767, « *Moi, Samuel Pierre Demissy ai été l'un des syndics de la Chambre de commerce dans laquelle j'ai pris place le 14 août suivant. Sous la direction de J. Carayon négociant de cette ville ayant pour collègues MM. Sureau* ~~Anne Bernon~~*, Audoin, David, Thouron, syndics comme moi*[34] ».

18 août 1769 : « *Je suis sorti d'exercice de la Chambre de commerce du pays d'Aunis et ai reçu pour honoraires ordinaires 330 jetons d'argent et une médaille d'or de la valeur de quelques 80 livres ».*

« *Le premier janvier 1764, nous les négociants de cette ville, avons occupé pour la première fois la grande salle basse en entrant de la nouvelle bourse de La Rochelle quoique qu'à moitié bâtie seulement ».*

« *Au mois de mars de la présente année 1770 on a commencé à travailler aux préparatifs des machines nécessaires au recurement du Havre et avant-port de cette ville de La Rochelle sous l'inspection de M. Hüe, directeur des Ponts-et-chaussées de cette généralité ».*

Samuel Pierre Demissy, avant-dernier scripteur de ce livre de famille fit une relation intéressante d'un tremblement de terre preuve que l'Aunis est une région sismique, comme cela a été encore confirmé à La Laigne le 16 juin 2023 :« *Le 30 avril 1776, jour de St Eutrope à cinq heures quatre minutes du matin, les vents étant au Nord-Est, le ciel étant clair & serein & le temps très froid, nous avons ressenti une assé forte secousse de tremblement de terre qui n'a fait que passer avec un bruit pareil à celuy d'une voiture pezament chargée. Sa direction était a peu près Est Ouest autant que j'ai pu en juger de mon lit étant. C'est le second le plus violent que j'aye ressenti en cette ville, depuis environ 25 ans que se fit le premier [Folio-48] ».*

---

[34] AD/ 17, 41 ETP 67/475, Copie d'une lettre du contrôleur général des finances informant M. Sénac de Meilhan que le roi a approuvé l'élection des sieurs Thouron le jeune et de Missy comme syndics de la chambre de commerce (31 juillet 1767).

## 1. 3 César Demissy, fils de Charles Demissy

Le Livre de famille des Demissy contient une page qui identifie les enfants de la branche de Charles Demissy. Ici la particule n'est pas plus de rigueur. Il était l'époux de Suzanne Godefroy. Les Godefroy étaient de bons négociants et d'habiles banquiers tant à La Rochelle qu'à Paris. La branche Charles choisit d'émigrer dans le Brandebourg où elle fonda une nombreuse famille. Il y a lieu de penser que certains membres de famille furent naturalisés anglais après avoir vécu en Allemagne[35].

Samuel Demissy (*Génération 6*) écrit [Folio-30]. « *Le 25 novembre 1748, mon oncle Charles Demissy* [donc le frère d'Isaac de Missy] *est décédé à Berlin ville capitale du Brandebourg & résidence des rois de Prusse âgé de 73 ans onze mois & 9 jours étant né le 16 décembre 1674 & a laissé sept garçons & une fille du mariage avec* [laissé en blanc] » :
Enumération des enfants :
César Demissy, l'aîné, ministre du Saint Évangile à Londres est né le 3 juin 1703 [à Berlin] et décédé à Londres en 1775 sans postérité »[36].
Charles Demissy négociant à Livourne en Italie (Toscane).
On note pour lui aux Archives nationales : Lettres du sieur Demissy, négociant prussien résidant à Tunis sous la protection de l'Angleterre : réclamations au sujet de la prise du *May,* dont la plus grande partie du chargement lui appartient[37].
Samuel Demissy né à Berlin ou Hambourg.
Alexandre Demissy négociant à Hambourg et décédé sans postérité[38].
Paul Demissy négociant à Berlin [Folio-30][39].
David Demissy à (laissé en blanc).

---

[35] An Act for naturalizing Cæsar de Missy and Charles de Missy C Private Act, 21 George II, c. 1 HL/PO/PB/1/1747/21G2n2.
[36] Will of Reverend Caesar De Missy, Clerk of Saint Marylebone, Middlesex, 11 octobre 1771, traduction du français en anglais 11 août 1775, Prob. 11 1010 / 248, National Archives Kew : Après avoir terminé ses humanités au collège français de Berlin, il se rendit à l'université de Francfort-sur-Oder où il étudia la théologie, puis revint à Berlin. Il se maria d'abord avec Lucy Elisabeth d'Amproux (morte en 1771). En deuxièmes noces il épousa Élizabeth Hollis.
[37] AN/ MAR B4 52 F° 260 – 1742.
[38] Will of Alexander Demissy, Merchant of Hamburg, 17 June 1772 PROB 11/978/307, National Archives Kew.
[39] Il fut le premier qui fit fabriquer à Berlin les nouvelles étoffes mélangées connues sous le nom de cotonnades et de siamoises (Erman et Reclam, t. VI, p. 118).

Marianne Demissy gouvernante des princesses de Son Altesse royale Madame la princesse de Schwedt sœur du roi de Prusse à Schwedt mariée à M. Fock ministre du Saint Évangile
Henri Demissy, commis sur un comptoir à Livourne.

Le legs de l'aîné César Demissy à la postérité est immense. Il écrivit de nombreux ouvrages d'histoire ou de théologie. À partir du Grec, il retraduisit le Nouveau Testament. Il fut même en 1742 le correspondant de Voltaire pour envisager la parution du texte de la tragédie Le Fanatisme ou Mahomet en Angleterre[40].
Tous deux entretinrent une correspondance fournie. Cent quatre-vingts feuillets furent acquis par le libraire imprimeur de la rue de Tournon : Antoine Augustin Renouard.
César Demissy prononça un sermon exceptionnel sur la cruauté de l'exil subi par les Protestants, intitulé Les larmes du Refuge[41]. En voici un court extrait :« *Si nous n'avions jamais ouï parler de ces horreurs & que ce fut un Turc qui vint nous dire : J'ai été dans un pays chrétien partagé en deux sectes chrétiennes qui me semblaient éternellement vivre en paix. Quoique que l'une des deux fût la* [page 37] *dominante & eût le Prince dans son parti, l'autre jouissait de tous les privilèges qu'elle pouvait souhaiter dans la subordination où elle se trouvait : Elle jouissait de ces privilèges en vertu d'un Édit aussi respectable que le droit du roi à la Couronne. Elle avait même de grandes villes où j'aurais cru que c'était elle la secte dominante : Et j'ai vu tout-à-coup l'autre secte en fureur contre elle ruiner ces villes (La Rochelle Montauban, Millau) par des proscriptions par des exactions par des exécutions militaires par toutes les cruautés que la guerre seule autorise* ».

---

[40]Créée avec succès à Lille en avril 1741, la pièce fut interdite à Paris après trois représentations à la Comédie-Française. Des éditions fautives circulèrent dès 1742, aussi Voltaire envoya-t-il un exemplaire corrigé à son ami le huguenot César de Missy en vue d'une édition londonienne qui ne se fit pas.

[41]Les Larmes du Refuge ou Sermon sur le psaume CXXXVIII prononcé dans l'église française de la patente du quartier du Soho le 11/22 d'octobre MDCCXXXV jour du jeune établi en mémoire de la révocation de l'Édit de Nantes [cinquantenaire 22 octobre 1685] par César de Missy, ministre de la Chapelle française de la Savoie- A Londres : chez Godefroi Smith imprimeur dans Prince's street Spitafields et se vend chez Pierre Dunoyer à côté de la tête d'Érasme dans le Strand. 86 pages MDCCXXXV [1735].https ://searchorks.stanford.edu/view/8100143.Protestant exiles from France in the reign of Louis xiv.; or, the huguenot refugees and their descendants in Great Britain and Ireland. rev. David c. a. ag new. London: reeves & turner. Edinburgh: William Paterson. MDCCCLXXI. Either regularly, or occasionally, the refugees observed the anniversary of the Revocation of the Edict of Nantes, as a fast day. Mr Baynes' Bibliographical Appendix mentions a sermon preached at the Soho French church on 22d October 1735, entitled, " Les Larmes de Refuge," and purporting to be a sermon on the fast day [jour du jeûne] established in memory of the Revocation of the Edict of Nantes, by Rev. C. de Missy.

## Chapitre II. – **Samuel Joseph David Demissy (huitième génération), embarquement pour l'Isle de France**

Les deux et uniques fils de Samuel Pierre Demissy (*septième génération*) et de Marie Anne Fraigneau servirent très tôt sur les navires marchands.

Le fait que Samuel Demissy ait eu un frère qui fut embarqué avant lui pour l'océan Indien et mourut à Port-Louis est un fait révélé uniquement par Le Livre de Famille.

### 2.1.- Le départ de Jacques Isaac, frère cadet

Samuel Pierre Demissy et Marie Anne Fraigneau se décidèrent à envoyer en deux voyages distincts et successifs sur les bateaux d'Admirault à destination de l'Isle de France leurs deux garçons âgés de 14 et 15 ans[1]. De telles séparations avec des biens jeunes hommes étaient courantes. Ils n'y firent pas exception. Jacques Alexandre de Gourlade, futur directeur de la Compagnie des Indes s'embarqua à l'âge de 14 ans. Il fut employé comme sous-chef commandant par intérim au fort et au comptoir de Jougdia. La Bourdonnais ne partit-t-il pas en 1709 pour les mers du sud à 10 ans seulement ? Claude Louis Deschiens (de Kerulvoy), futur corsaire qui s'illustra dans l'océan indien à la fin du XVIIIe siècle, fut embarqué à 11 ans sur Le Rouillé expédié de Lorient, vaisseau de la Compagnie des Indes en route pour le Cap-Vert, l'Inde, les Mascareignes et Madagascar[2].

On rappellera avec déchirement le sort des enfants trouvés pour lesquels les hospices généraux des villes trouvaient un débouché bien commode dans la marine marchande pour leur sortie. De manière sans doute illégale en janvier 1770, dix-huit enfants trouvés s'étaient introduits à Lorient sur Le Duc de Duras armé pour l'Isle de France conduit par Alain Dordelin. Quinze furent renvoyés à Nantes, les trois autres restant sur le vaisseau et servirent en remplacement.

Conformément aux Ordonnances du roi sur la Marine les armateurs étaient autorisés à recruter des mousses, des novices ou des pilotins. S'agissait-il aussi pour les familles comme pour les hospices de diminuer le nombre de bouches à nourrir ? À l'inverse une opportunité particulière s'offrait-elle à ces deux adolescents qu'étaient les fils Demissy pour imaginer de construire pour eux un avenir plus radieux avec l'aide de parents ou amis déjà présents dans cette île du bout du monde

---

[1] Jacques Isaac né (ou baptisé à Saint-Barthélemy) le 26 septembre 1756.
[2] Auguste Toussaint Le corsaire lorientais Claude Deschiens de Kerulvay, Annales de Bretagne et des pays de l'Ouest, Année 1975, 2-3 page 318.

? L'interrogation est entière, car il n'y avait pratiquement personne susceptible de les accueillir à leur arrivée à l'Isle de France. La communauté protestante y était inexistante. Mais ce n'est sûrement pas pour rembourser les dettes du père qui avait conclu un Traité d'abandon avec ses créanciers comme l'affirment trop d'historiens, que Samuel Pierre Joseph David et son frère cadet Jacques Isaac s'embarquèrent pour l'Isle de France. Ce lien de cause à effet repose sur un anachronisme absurde.

Le fait d'être engagé comme pilotin permettait d'échapper à la rigueur de la condition des mousses ainsi qu'aux frais de transport à acquitter pour le voyage de la Métropole à l'Isle de France. Le coût n'en était pas négligeable. Pour la navigation sur les vaisseaux du roi, on en a une idée grâce à une lettre datée du 26 novembre 1775 de Versailles envoyée par M. de Sartine, ministre de la Marine, à MM. de Ternay et Maillart Dumesle, l'un gouverneur et l'autre intendant des îles de France et de Bourbon, afin de recommander les meilleures pratiques en ce domaine. En janvier 1776, le tarif aller à l'Isle de France : Passage, nourriture et médicaments d'un passager pour le compte du roi, 540 livres. — D°. pour son compte particulier, 680 livres. — D°. à la ration et demie, 230 livres. — D°. à la ration simple, 200 livres. Pour le retour, il s'élevait, pour le passage, nourriture et médicaments d'un passager à la table, pour le compte du roi, 670 livres. — D°. pour son compte particulier, 810 livres. D°. à la ration et demie, 255 livres. — D°. à la ration simple, 200 livres.

Jacques Isaac, le cadet s'embarqua le 1er mai 1770 à La Rochelle sur *Le Brisson*, un ancien vaisseau de la Compagnie des Indes, mis à disposition gratuitement par le roi à Admirault et frété par ce dernier. Il sera acheté à sa destination de l'Isle de France par l'armateur rochelais lors de son mouillage. Il se trouvait chargé de marchandises pour le roi et aussi pour l'armateur et sans doute pour le compte d'autres négociants rochelais. Le transport de passagers contribuait au succès financier du voyage.

Une campagne de commerce à destination des Mascareignes devait en principe durer deux ans. *Le Brisson* fit une première halte à Cadix pour se charger en piastres d'Espagne, espèces indispensables pour assurer le succès des échanges commerciaux dans l'univers de l'océan indien. La Gazette de Leyde du 13 juillet 1770 mentionne que « Le vaisseau *Le Brisson* destiné pour les Isles de France & de Bourbon a relâché ici [au port de Cadix] le 28 mai pour y prendre des fonds & est parti le 4 juin pour continuer son voyage ».

Jacques Isaac parvint bien à l'Isle de France le 23 septembre 1770. Le voyage avait duré un peu plus que les trois mois habituels nécessaires pour rejoindre Port-Louis, ceci du fait de la halte à Cadix, mais peut-être pour d'éventuelles réparations nécessaires à effectuer au Cap de Bonne-Espérance[3] et procurer des

---

[3] Détail de la campagne [S.H.D.L 2 P 44 II] : Ce navire partit de Lorient le 19 mars 1770 pour La Rochelle. Il y fut armé par Gabriel Admirault pour l'Isle de France et faire voile le 9 mai 1770 (mais on trouve aussi la

Samuel de Missy (1755-1820), armateur rochelais sur l'océan indien

rafraîchissements pour l'équipage et les passagers. Il fallait prendre en compte les aléas, affronter les tempêtes, coups de vents et orages de l'hémisphère boréal et parvenir opportunément dans l'océan Indien à la bonne saison australe afin de se faire porter en vent arrière par le mouvement des vents des moussons.

Les vaisseaux ventrus de la Compagnie des Indes se risquaient à faire le parcours en droiture, mais à quel prix ! Le scorbut pouvait avoir raison de la santé et de la vie des marins. La lenteur de la marche de ces navires pouvait porter la durée du voyage à cinq mois. Bernardin de Saint Pierre en fut témoin malgré lui. Passager aux frais du roi, il avait embarqué à Lorient le 3 mars 1768 en qualité de « Capitaine d'Infanterie, Ingénieur des Colonies » sur *Le Marquis de Castries* d'un port de 800 tonneaux, de la Compagnie des Indes. Après 132 jours de mer sans la moindre escale, le navire accosta à l'Isle de France le 14 juillet 1768[4]. Nombre de marins moururent du scorbut, et ceux qui survécurent furent tellement affaiblis que les passagers ne furent pas de trop pour les aider dans les manœuvres des voiles.

Samuel Pierre Demissy, le père, rapporte dans le livre de famille [Folio-44] ce départ « *Le premier may 1770 : mon fils Jacques Isaac Demissy c'est embarqué en qualité de pilotin sur le navire Le Brisson de 700 tonneaux, armé de 22 canons de 6 livres de balle, 90 hommes d'équipage commandé par Mr* [Vincent] *Bernard Bertaud* [Berteau, Berthaud) *de cette ville*[5], *fourni du port de Lorient par le roy à Monsieur Admirault*

---

date du 28 avril). Il rejoignit Cadix, peut-être pour se charger de piastres [oui], le 28 mai 1770 et en repartit le 4 juin 1770. Il arriva à l'Isle de France le 23 septembre 1770. Il la quitta le 12 février 1771 pour arriver à l'île Bourbon le 16 février 1771 et en repartit le 11 mars 1771 pour retourner à nouveau à l'Isle de France le 28 juillet 1771, date à laquelle il fut remis le roi à Admirault. Il repartit le lendemain pour l'île Bourbon où il parvint le 3 août 1771 et en repartit le 25 août. Il s'arrêta au Cap de Bonne-Espérance du 23 décembre 1771 au 10 janvier 1772. Il relâcha deux jours à l'île d'Ascension, entre le Brésil et l'Angola qui semble-t-il n'appartenait pas encore aux Anglais le 5 février 1772, mouilla à La Rochelle cinq jours à partir du 12 avril 1772, pour enfin désarmer à Lorient port obligé du retour des marchandises le 26 avril 1772 en vertu de l'Édit de 1769. Déclaration (soumission à l'Amirauté) autorisée par Pierre Étienne Louis Harouard le 28 avril 1770 à Gabriel Admirault pour le navire *Le Brisson* de Lorient, AD/17, B 259, page 104, vue 209.

[4] Bernadin de Saint Pierre, lettre à M. Hennin, de Port-Louis 3 août 1768 pages 131 et 132. Enfin nous arrivâmes le 14 juillet 1768 à l'Isle de France malgré le scorbut qui nous enleva sur *Le Maréchal de Castries* neuf hommes et mit tous les matelots à l'exception de sept hors-service. Les passagers et les officiers faisaient la manœuvre. C'est une observation digne de votre humanité de représenter à ceux à qui il appartient de réformer les abus que la Compagnie des Indes pour épargner une relâche qui n'en ont perdu plus de cent chacun et ont par-là manqué leur retour en Europe sans aborder aucune terre coûterait pas plus de mille écus sacrifie la vie de quantité d'hommes qu'elle expose à une navigation de près de cinq mois sans aborder aucune terre. Cette perte est si réelle qu'elle se monte année commune à vingt hommes par vaisseau qui meurent du scorbut et cette année-ci *Le Massiac* et *La Paix* en ont perdu plus de 100 chacun et ont par-là manqué leur retour en Europe.

[5] Berteaud Vincent-Bernard, 60 ans a fait la campagne, Gorin Jacques, second capitaine 44 ans La Flotte en Ré a fait la campagne, Dubois Jean 26 ans a fait la campagne, lieutenant officier, Foucault Gabriel La Rochelle 2e lieutenant.

*armateur de cette ville qui le la expédié en cargaison pour les illes de Bourbon* (actuelle île de La Réunion), *Maurice & l'Inde, passant par Cadix où ils ont fait voile le neuf du susdit mois à six heures et demi du soir. Les vents étants dans la partie du N.N.O.* [Que] *Dieu soit à sa conduite pour les préserver de tout accident & leur fasse sur toute chose la grâce d'apprendre à bien le connaître, aimer et servir* ».

Le dessein du pilotin Jacques Isaac de faire apparemment carrière comme officier bleu fut étouffé dans l'œuf, car tombé à la mer, assommé ou ne sachant pas nager, il mourut noyé près du port ou en rade de Port-Louis le 2 octobre 1770. Un ouragan pourtant si fréquent en cette saison n'en fut pas la cause.

Samuel Pierre Demissy et Marie Anne Fraigneau apprirent en deux temps la terrible nouvelle de sa mort et sa cause.

[Livre de famille, Folio 45 et 46] « *Le 7 mai 1771 nous a été annoncée à mon épouse et à moi la mort de notre cher enfant Jacques Isaac Demissy décédé à bord du vaisseau Le Brisson capitaine Bernard Berthaud le 2 octobre dernier [1770] d'après une fièvre maligne et 21 jours avant l'arrivée du vaisseau à l'ille de France ou Maurice. C'est sans doute pour son bonheur que Dieu l'a retiré à lui et nous en a privés à cause de nos péchés. Ce châtiment de sa part puis-t-il (sic) nous servir à nous rendre plus religieux observateurs de ses saints divins commandements. Amen* ».

Puis un an plus tard, ils reçurent une nouvelle contredisant le premier message, peut-être grâce à Pierre Samuel David Joseph qui ayant voyagé sur *Le Marquis de Narbonne*, adressa de Port-Louis le cinq septembre 1771 une lettre à ses parents leur disant qu'il était bien arrivé[6]. Un ami de M. Admirault ayant fait partie du même voyage du *Brisson* M. Lamaletie et probablement établi à Port-Louis, ce qui est prouvé pour ses descendants, pourrait bien même avoir été le premier informateur.

[Livre de famille, Folio-46] « *Depuis ce que dessus écrit & environ un an après, j'ai été informé que mon pauvre fils Isaac étoit tombé à la mer & s'étoit noyé le mardy 2ᵉ octobre 1770 : à 2 heures du matin, en montant sur la dunette pour y aller faire son cart*». Le navire était pensons-nous au mouillage à Port-Louis et l'incident ne semblerait pas avoir eu lieu pendant une manœuvre.

2.2.- Le départ du frère aîné : Samuel Pierre David Joseph

Samuel Pierre s'embarqua sur le deux mâts carré *Le Marquis de Narbonne* pour l'Isle de France. Ce fait n'a jamais souffert de contradiction de la part de quiconque. C'est seulement la date retenue par les biographes qui pose un réel problème. Ce bâtiment armé par MM. Admirault qui venaient de le racheter à un armateur en était à son premier voyage dans l'océan indien.

---

[6][Livre de famille, Folio 45] Le 31 décembre 1771, j'ai reçu une lettre de mon fils [Samuel Pierre Joseph David] en date du 5ᵉ septembre 1771 écrite de Port-Louis Isle de France où il était arrivé le 14 mai 1771 en bonne santé dont le Seigneur soit loué et remercié.

## Samuel de Missy (1755-1820), armateur rochelais sur l'océan indien

La mention dans le Livre de famille du jour et date qui fixent avec précision le départ de Samuel Demissy pour l'Isle de France sur *Le Marquis de Narbonne* peuvent paraître secondaires pour le lecteur. Cette précision est au contraire d'une importance capitale pour revisiter comme le disent les Anglo-Saxons la pertinence des travaux biographiques sur Samuel Pierre Demissy. En effet les historiens, même les plus respectueux ont échafaudé, à partir de la date d'embarquement qu'ils ont retenue, des liens de cause à effet pour asseoir leurs présomptions. La diversité de leurs approches était telle qu'ils donnaient de 14 et à 21 ans à Samuel Pierre Demissy le jour de son embarquement. Bien entendu la Toile et les portails généalogistes, désormais sources de vérité pour le public, ont copié-collé ces informations. La date d'embarquement du 26 décembre 1770 et celle décalée du départ effectif du 9 janvier 1771 sur *Le Marquis de Narbonne* sont les seules à faire foi. Celle du débarquement à Port-Louis n'est autre que le 5 mai 1771. Elles doivent être désormais gravées dans le marbre et servir à dresser une biographie raisonnée[7]. 1782 est le millésime *a priori* correct retenu par tous pour fixer le débarquement de Samuel Pierre en métropole en provenance de l'Isle de France, encore qu'il faille s'accorder sur le mois qui pourrait être celui de mai, ce qui n'est pas sans conséquences comme on le verra ci-après.

Le père narre la séparation avec son fils sans émotion, sans larmes, ni regrets particuliers dans le Livre de famille. Face aux dangers que son fils pourra courir, il le confie à la divine Providence. Les deux fils ont quitté le giron familial la même année 70. Il ne reste plus qu'Henriette Élizabeth et ses parents dans la maison rue de L'Escale « *Le 26 décembre 1770 mon fils aîné Samuel Pierre David Joseph Demissy c'est embarqué à la calle de la Chaîne à dix heures du matin pour aller à bord du navire Le Marquis de Narbonne de ce port d'environ 250 tonneaux commandé par M. Dechézeaux sous lequel il va en qualité de pilotin & pour rester à l'ille de France, en cas que M. La Maletie qui tient la maison de Monsieur Admirauld audit lieu et aye besoin et le puisse occuper. Le susdit navire a fait voile pour sa destination le 9 janvier 1771 seulement ayant toujours été contrarié par les vents jusqu'audit jour. Dieu*

---

[7] Dictionnaire de biographie mauricienne Harold Adolphe et J. Raymond d'UniDemville pages 1072 et 1073 : « son père ayant fait faillite en 1772 de Missy partit pour l'île de France où il arriva à bord du *Narbonne* en 1774 » Garnault, op.cit. « Samuel Pierre Joseph David de Missy, s'embarqua pour l'île de France (Maurice) ayant à peine dix-sept ans, dans l'espoir de faire fortune pour aider son père à satisfaire ses créanciers. (Soit 1772 »). Deveau. Médiathèque Michel Crépeau BR 264 B, Notice : « Samuel de Missy part pour l'Isle de France par le Narbonne. Il sera 8 ans à Port-Louis ». Geneanet : partit à 17ans à l'île Maurice et revint en 1782 avec un pécule pour aider son père (sosa 178). Le regretté Marcel Dorigny se fourvoie également : La Société des Amis des Noirs 1788-1789, Marcel Dorigny – Bernard Gainot, Éditions UNESCO / Edicefdé (traces de Missy), report de la note 402 : « Samuel Pierre Joseph David de Missy (1755 – 1820) originaire d'une famille de négociants protestants, devenu armateur à La Rochelle spécialisé dans le commerce avec l'Océan indien et surtout l'île de France où il vécut de 1776 à 1782 ». C'est un décalage de six ans. Demissy serait donc arrivé à l'Isle de France à l'âge de 21 ans.

*veuille être à sa conduitte pour le préserver de tous accidens et lui fasse sur toutes choses la grace d'apprendre à le bien connoitre aimer et servir et croître par là en toutte sagesse et vertu. Amen. Amen.* » [ Folio- 43].

Le *Marquis de Narbonne* sur lequel le pilotin Samuel Demissy avait pris place, arriva à bon port et sans avarie particulière à Port-Louis[8]. Le père fut heureux de recevoir de son fils le 31 décembre 1771, soit exactement une année après qu'ils ne se soient quittés, une missive qui le tranquilisait. Il consigna cette heureuse nouvelle sur le Livre de famille [Folio 45, écrit en travers de page] et écrivit : « *Le 31 dexembre 1771 ; j'ai reçu une lettre de mon fils en datte du 5ᵉ 7bre écrite du Port-Louis Ille de France où il étoit arrivé le 14 mai en bonne santé dont le Seigneur soit loué & remersié* ».

Samuel Pierre était censé s'adresser à son arrivée à Port-Louis à Monsieur Jean André Lamaletie, bien connu de MM. Admirault du temps où tous deux étaient en affaires en Nouvelle-France où était tenue une maison de commerce [Annexe VII]. Lamaletie avait été associé en Compagnie d'Admirault et avait tenu leur livre commun de ventes et d'achats du 2 août 1753 jusqu'au 16 avril 1754 à Montréal. Lamaletie et sa famille après quelques années passées en métropole, peut-être à Bordeaux berceau de la famille, avaient rejoint Port-Louis avec *Le Brisson* à l'automne boréal 1770, avant la survenance des ouragans saisonniers.

Il est probable que lors de son débarquement Samuel Pierre ne rejoignit pas tout de suite M. Lamaletie, car le négociant était parti temporairement pour ses affaires à l'île Bourbon. En tout état de cause si Samuel Pierre fut pris en charge par Jean André Lamaletie, cette hospitalité n'alla pas au-delà de janvier 1774, puisque Alexandre Hilaire de La Rochette se substitua à Lamaletie dans sa fonction de subrécargue du *Brisson*[9]. En 1779, Jean André Lamaletie se mit au service des négociants de l'île, Charles et Robert Pitot pour résoudre une affaire contentieuse contre Desclos-Teisseire et Schmalz à Lorient[10]. Lamaletie devint un grand négociant de l'île, pendant que sa famille continuait à occuper de manière dynastique des responsabilités à la Chambre de commerce de Bordeaux.

Mais une preuve primaire pourrait s'opposer à une autre pour déterminer cette fameuse date de départ. Un registre disponible aux Archives nationales d'Outre-Mer à Aix-en-Provence donne les renseignements suivants : Recensement général de l'Isle de France six derniers mois de 1776[11], *Missy Emmanuel âgé de 20 ans* (né en 1755

---

[8]AD/ 17 B 259 vue 216 / 506, soumission du 7 décembre 1770.
[9]ANOM 7 DPPC 8357, vente à Despaux par Admirault ; 6 juillet 1776.
[10]ANOM 7 DPPC 8360, 13 mars 1779.
[11]Le gouverneur général Charles de Ternay et l'intendant Jacques Maillart Dumesle organisent le recensement de la population de Port-Louis : Règlement du 1ᵉʳ septembre 1772 qui enjoint aux propriétaires et locataires de leur maison d'envoyer sous 24 heures un état de leur logement réitéré par une autre du 1ᵉʳ novembre 1772, et encore par une nouvelle ordonnance du 23 février 1775.

## Samuel de Missy (1755-1820), armateur rochelais sur l'océan indien

soit donc en 1775) *négociant venant de La Rochelle arrivé en 1774 sur Le Narbonne demeurant rue du Rempart (Port-Louis), deux esclaves.*

À l'analyse, la compilation des données nominatives dans ce répertoire par les fonctionnaires du roi n'a pas été faite avec tout le sérieux que ce travail exigeait. Il attribuait à Samuel Pierre Demissy dès son arrivée à Port-Louis la qualité de négociant, implicitement induite de l'activité de son père à La Rochelle. Or le jeune Samuel Pierre n'était à son arrivée à l'Isle de France qu'un mineur, fils aîné de son père négociant en société avec Samuel Michel David Meschinet de Richemond à La Rochelle.

On pardonnera à l'écrivain la déformation subie par le prénom dont la dernière syllabe sonne à l'identique : Emmanuel au lieu de Samuel. Le scripteur de l'Isle de France ignorait peut-être qu'un tel prénom puisse être donné. La référence au *Narbonne*, entendons Le Marquis de Narbonne est correcte. Mais le millésime d'arrivée est erroné. Précisons aussi qu'un débarquement à Port-Louis en provenance de la métropole compte tenu des sujétions des moussons se fait à mi-année.

Entre Le Livre de famille et le Registre du recensement détenu à l'ANOM, nous préférons le premier car le millésime se corrobore par la lecture croisée d'autres documents ne serait-ce que cette rencontre sur les quais de Port-Louis en 1771 avec le jeune Proa.

C'était une période faste pour les Admirault. Samuel Pierre avait croisé dans la ville-port de l'océan indien Jean Jacques Proa, un Rochelais comme lui, âgé de 14 ans débarqué de *La Sirenne* appartenant à M. Admirault, ami de son père. Ce bâtiment parti de Lorient, fut armé à La Rochelle le 10 avril 1771 à destination des Mascareignes et de l'Inde. Le jeune Proa était plus clair dans ses intentions que Samuel Demissy. Sa qualité de pilotin devait lui servir de première expérience pour intégrer un jour les états-majors de la marine de commerce, ce qui fut. Proa avait en effet suivi pendant plusieurs mois les cours d'hydrographie à La Rochelle. Dans cette école où une année après l'expulsion des Jésuites soit en 1763, le professeur Mérigot hydrographe et mathématicien faisant suite à un autre enseignant, délivrait un certificat qui était requis pour embarquer en qualité de pilotin. Les élèves boursiers

---

ANOM m'a donné les renseignements suivants : En réponse à votre courriel, je vous prie de trouver ci-joint la reproduction de la page où est inscrit M. Missy dans le recensement général de l'Isle de France les six derniers mois de 1776, archive cotée 5 DPPC 27. D'après la première page introductive que je vous transmets, le folio 121 fait partie du Quartier de Port-Louis. J'attire votre attention que le prénom inscrit sur le document est Emmanuel. Le nom est inscrit seulement dans cette archive. Les articles de la sous-série 5 DPPC ont été numérisés en partenariat avec Family Search. Ils seront mis sur le portail des Archives nationales d'outre-mer ultérieurement. Le nom est inscrit seulement dans cette archive, sauf erreur de ma part. Les articles cotés 5 DPPC 28 et 65 ne m'ont pas permis de le repérer. Dans le recensement de l'année 1780 en article 5 DPPC 28, son nom n'apparaît pas y compris par métier (négociant ou autres).

la fréquentèrent gratuitement, et pour ceux qui n'avaient pas cette qualité, elles étaient payantes[12].

L'attribution de la qualité de pilotin était source d'injustices. Elle se voyait en fait réservée à une catégorie sociale qui excluait les plus démunis. Telle que conçue, elle assurait la promotion interne des fils de capitaines et d'officiers. Le sieur Mossu, premier professeur d'hydrographie nommé après l'expulsion des Jésuites qui enseignaient cette matière à La Rochelle depuis le 18 octobre 1732, décida d'accueillir gratuitement huit élèves au Collège. L'affaire n'alla pas de soi et fit débat au Corps de ville, tant et si bien qu'on en parlait encore du temps du successeur de Mossu décédé le 3 mars 1763, le professeur Joseph Mérigot, nommé par arrêt du Conseil d'État à Versailles le 28 avril 1765. Il fut décidé que les huit écoliers auxquels on allait dispenser des cours gratuits seraient issus des classes pauvres.

Pourtant René Josué Valin en publiant son Traité sur l'ordonnance de la Marine du mois d'août 1681 au Livre II, Titre IV « Du Pilote », page 456, le juriste et procureur du roi auprès de l'Amirauté de La Rochelle enrichit son commentaire sur ce texte fondamental par des renvois à diverses ordonnances royales ayant trait au statut et à la condition des pilotins [13]. On a pu ainsi croire que l'application de ces textes était impérative. Bien entendu la Compagnie des Indes avait son propre Règlement plus rigoureux sur le plan pécuniaire que celui qui concernait les vaisseaux du roi[14].

---

[12]Jean Flouret, Cinq siècles d'enseignement secondaire à La Rochelle (1504- 1972), Quartier Latin, La Rochelle, 1973. Le parlement interdit l'enseignement des Jésuites à compter du 1er avril 1762 et notamment les cours d'hydrographie. Le 30 octobre 1762, le lieutenant-général de l'Amirauté, Pierre Étienne Louis Harouard requiert de faire nommer huit sujets pour recevoir gratuitement les leçons au moyen de la pension de 500 livres attribuée au maître d'hydrographie avait nommé le sieur Mossu. Le bureau du collège de son côté avait nommé un certain Lacaze. Ce dernier fut contraint de démissionner. Mérigot remplaça Mossu qui décéda. Il fut convenu que huit boursiers bénéficieront des cours gratuits de Mérigot, et que les autres qui ne dépasseront pas la vingtaine paieront chacun mensuellement 6 livres.

[13]Ordonnance du roi 7 septembre 1728 concernant les pilotins qui seront embarqués sur les vaisseaux de Sa Majesté : « Veut Sa Majesté qu'ils ne soient payés qu'à quinze livres par mois et qu'il ne leur soit délivré qu'une ration par jour ». Ordonnance du roi du 27 février 1719 portant que les négociants de La Rochelle seront obligés de prendre dans le nombre de l'équipage des vaisseaux qu'ils armeront un jeune homme instruit au pilotage pour faire les fonctions de pilotin. Sa Majesté s'étant informée qu'en exécution de son Ordonnance du 27 février 1719 au sujet des jeunes gens de la ville de La Rochelle qui s'appliquent au pilotage pour se rendre capables de servir sur les vaisseaux afin d'éviter aux négociants de faire venir des pilotes des autres ports éloignés ; le nombre de ces jeunes gens s'est multiplié en sorte qu'il excède de beaucoup la quantité nécessaire pour en embarquer dans chaque vaisseau [...] elle a ordonné que lesdits apprentis ne seront employés sur ladite liste qu'après avoir étudié six mois chez le maître d'hydrographie & avoir bien & dûment justifié leur capacité par un certificat dudit maître d'hydrographie [...] qu'après avoir été inscrits pendant deux années & avoir fait deux campagnes [...].

[14] Titre IV ; Règlement de la Compagnie des Indes touchant la Marine de la Compagnie des Indes arresté en l'assemblée de l'administration du 16 septembre 1733. De l'instruction & des exercices des Élèves-

## Samuel de Missy (1755-1820), armateur rochelais sur l'océan indien

Sous l'impulsion de Charles Eugène Gabriel de La Croix, marquis de Castries de nouvelles ordonnances parurent le 1er janvier 1786 : Règlement concernant les écoles d'Hydrographie, & à la réception des capitaines maîtres ou Patrons. Il existait à l'époque vingt-cinq écoles dans le royaume. Ce nouveau texte fut jugé insuffisant si l'on en croit Claude Laveau, car il écrit que Mérigot obtint du ministère le 30 octobre 1787, qu'aucun pilotin ou apprenti officier ne soit embarqué sans certificat signé de lui[15], preuve que les armateurs se sont affranchis pendant des décennies de la rigueur des Règlements.

La loi du 10 août 1791 permit aux municipalités de placer dans l'École d'hydrographie des jeunes gens sans fortune. Elle remédia ainsi à une injustice. [Claude Laveau, ibid. page 46].

Il se pourrait bien que Proa et les deux frères Demissy tous embarqués comme pilotins n'aient pas satisfait aux mêmes exigences réglementaires, l'un embarquant sur *La Sirenne* muni de son certificat, les deux autres sur *Le Brisson* et *Le Marquis de Narbonne* sans que soient justifiées de quelconques études d'hydrographie. Le rôle de *La Sirène* : campagne 1771-1773, capitaine Gallocheau l'aîné de La Rochelle, atteste de l'embarquement de Proa comme suit : dénommé Proix (sic) Jean Jacques, âgé de 14 ans, premier pilotin, n° 5 dans le registre, a fait la campagne certificat de Maître Mérigot du 17 août 1771, a reçu trois mois d'avance, solde 15 livres.[16] Les rôles d'équipage du *Brisson* et *Marquis de Narbonne* ne comportent aucune justification croisée de la qualité de pilotin pour les deux frères Demissy.

---

Pilotins enseignes ad honores & officiers subalternes & des examens qu'ils devront subir ; Titre VI, IX, pages 18 et 19 Les Enseignes *ad honores* & les Elèves Pilotins seront sans appointements. Quant à leur subsistance pendant la campagne les enseignes ad honores payeront leur nourriture à la table des capitaines [...] et les Elèves-Pilotins seront nourris aux dépens de la Compagnie sur le même pied que les maîtres et premiers pilotes et mangeront avec eux.

[15]Claude Laveau : Le Monde rochelais des Bourbon à Bonaparte, page 46, Rumeur des âges 1988.

[16]Un doute naît en ce qui concerne *La Sirène*. Les archives de Lorient pour la réalisation de son expédition de 1771 : les mentions armement à La Rochelle le 10 avril 1771 pour les Indes et les Mascareignes, désarmement à Lorient 17 juillet 1773, donnent la propriété de cette corvette au roi [A.S.D.H.L – S.H.D Lorient 2 P 45-1.8]. Cependant le rôle de *La Sirène* mentionne en n° 5 le nom de Jean Jacques Proa orthographié Proix (Croix) originaire de La Rochelle et 14 ans, premier pilotin qui d'ailleurs a fait la campagne certificat de M. Mérigot du 17/08/1771, a reçu 3 mois d'avances et est payé 15 livres par mois. On pourrait rester là, si dans ses Mémoires Proa, page 28, ne mentionnait pas ce qui suit « En 1771, âgé d'environ 13 ans et demi, j'embarquai en qualité de pilotin sur la corvette nommée *La Sirenne*, (sic) armée par M. Admirault, riche négociant de La Rochelle qui avait été l'ami de mon père. Ce fut pour faire un très long voyage de 6 000 lieues aux Indes ».

## 2.3.- L'Isle de France, terre d'espoir ?

Au cours des ans, comme il en fut de même en Nouvelle France, l'île de l'océan indien se peupla et se fortifia. Aux masures de fortune succédèrent à Port-Louis, le *Noord-Wester Haven des Hollandais,* des maisons en bois.

Il existe nombre d'écrits décrivant de manière pittoresque la profonde transformation que connût Port-Louis. Le peu de moyens qu'avaient les colons à leur arrivée fit que le port du nord-ouest s'était développé de manière anarchique avec ses rues tortueuses ses baraques, le tout en absence de toutes règles d'hygiène et de sécurité[17].

Aux temps héroïques, voici comment un Allemand, nommé Büsching, dans son *Traité de géographie* décrivit Port-Louis : « *Le petit port ou Port-Louis est au nord-ouest. C'est là qu'est le chef-lieu, situé dans l'endroit le plus désagréable de l'île. La ville ou le camp n'est qu'un bourg bâti au fond du port, à l'ouverture d'un petit vallon formé en cul-de-sac par une chaîne de montagnes hérissées de rochers sans arbres & sans buissons & dont les flancs sont couverts pendant six mois d'une herbe brûlée & noire. Il en sort un ruisseau qui traverse la ville, mais l'eau n'est pas bonne à boire*[18] ».

Le reste de l'île n'était pas mieux considéré par le géographe allemand : « *Les singes à la queue longue, grimpent dans les endroits les plus inaccessibles & vivent en société. La terre y est dévastée par une multitude de rats. Dans une nuit, ils détruisent une récolte entière. Ils font des magasins de grains & de fruits, vont saisir les petits oiseaux au haut des arbres & percent les solives les plus épaisses [ .] »*.

En 1771 le gouverneur rendit une ordonnance pour forcer les habitants à fournir chaque année un certain nombre de têtes d'oiseaux et de queues de rats, tellement l'île en était infestée.

Port-Louis était au moment de l'arrivée du jeune Demissy, un port-ville important d'environ 9 000 habitants concentrant la moitié des habitants de l'île. La ville nommée à l'origine « camp » était divisée en camps ou quartiers : le camp Malabar était peuplé d'Indiens ; le camp libre était habité par des mulâtres. Comme tout port, elle comptait nombreuses femmes de mauvaise vie dont les cassettes s'alimentaient par le débarquement régulier d'équipages de la Compagnie des Indes, puis des troupes du roi. Elle comptait environ 125 cabarets. Trente-cinq ans auparavant, l'île n'abritait alors que 205 blancs et 648 esclaves. Aujourd'hui Port-Louis ou « Port Louis » en anglais, sans trait d'union, compte plus de 130 000 habitants.

---

[17] Sur l'évolution de Port-Louis, voir dans Les Villes et le monde du Moyen âge au XXe siècle, sous la direction de Martine Acerra Guy Martinière, Guy Saupin et Laurent Vidal, l'excellente contribution de Prosper Eve. Les ébauches urbaines dans les Mascareignes au XVIIIe siècle, Prosper Eve, université de La Réunion, 1996, pages 59-90.

[18] Anton Friedrich Büsching, Géographie universelle, volume 1, 1785.

Samuel de Missy (1755-1820), armateur rochelais sur l'océan indien

Port-Louis avait pris la place stratégique de Pondichéry. Le 16 janvier 1761, ce comptoir majeur où siégeait un gouverneur de la Compagnie des Indes avait été rasé par Lord George Pigot, d'origine huguenote. Pondichéry qui ne pouvait pas vraiment être un port, car les eaux n'y sont pas profondes et la côte sableuse, avait servi cependant de base navale et terrestre importante[19]. Du fait de son anéantissement par les Anglais, les troupes furent reportées sur l'Isle de France et Port-Louis devint la principale base militaire de l'océan Indien. Ce port, comme l'île, n'était plus la propriété de la Compagnie des Indes.

L'année 1770 constitua probablement le plus grand bouleversement observé pendant le séjour de Demissy à l'Isle de France. La population doubla. L'île vivait en état de psychose permanente d'une attaque des Anglais, voire des Hollandais. Aussi, cette année-là le roi y fit passer 10 000 hommes tant de terre que de mer, dont certains embarqués sur des anciens vaisseaux de la Compagnie des Indes prêtés par le roi à des armateurs particuliers[20]. Ceci explique bien le rôle qu'Admirault joua en affrétant opportunément ses navires.

La cohabitation entre les habitants et les troupes royales pourrait ne pas avoir été de tout repos. La Gazette de Leyde, du 5 juin 1772 en démentant un fait, laisse planer un doute sur la quiétude de l'île. Lettre particulière de La Rochelle du 11 mai 1772 : « *Nous avons appris ici avec d'autant plus de surprise & d'horreur le bruit qui a couru d'un prétendu attentat de plusieurs officiers du régiment Royal-Comtois à l'Isle de France que nous avons les raisons les plus fortes de le regarder comme entièrement faux & controversé. Les passagers qui se sont trouvés à bord du Brisson, vaisseau récemment revenu de cette colonie, le contredisent formellement & les lettres que nous a apportées Le Zéphyr, autre bâtiment arrivé récemment ne parlent que d'harmonie & de la concorde qui règne(nt) dans l'Isle. Ainsi l'on ne peut trop tôt rassurer ceux à qui cette fausse nouvelle a dû naturellement donner la plus cruelle alarme* »[21].

---

[19] Contra : Jacques Weber, Les comptoirs, la mer et l'Inde au temps des Compagnies, page 152, Revue d'histoire contemporaine, La percée de l'Europe sur les Océans vers 1690- vers 1790, PUPS, Outre-Mer, Relations internationales, première année, n° 1, numéro spécial octobre 1993 ; Le site de Pondichéry est judicieux quoique médiocre. La rade foraine est la meilleure de la côte de Coromandel. La rivière d'Arian Coupam située au sud de la ville offre un abri naturel aux navires par gros temps. Les artisans de la région produisent toute la gamme des cotonnades « toiles bleues, blanches, écrues, chacelas, burgers, soucretous, grâce à la pureté des eaux ».

[20] Le roi prêta ses anciens navires de la Compagnie des Indes à des armateurs particuliers : *Le Massiac* de 900 tonneaux 18 canons et 136 hommes d'équipage en 1770, *Le Penthièvre* cette même année, *Le Laverdy* en 1771, *Le Beaumont* en 1773, *Le Gange* ? *Le Marquis de Castres* ? *L'Hector* en 1775.

[21] Gazette de Leyde 11 juin 1773 : On a parlé il y a quelque temps d'une affaire que les officiers du régiment Royal-Comtois ont eue pendant leur séjour à l'Isle de France, mais au sujet de laquelle on a débité plusieurs faussetés. Elle sera éclaircie par un Conseil de guerre que le roi a nommé qui sera présidé par le comte de Muy [...] Les officiers du régiment doivent être rendus à Lille le 1er juin. Gazette de Leyde 4 août

**Faire fortune à l'Isle de France dans la culture n'était pas la voie « royale ».**
Si vraiment Samuel Pierre Joseph David Demissy avait eu pour but de venir à l'Isle de France pour y prospérer comme planteur, voici ce à quoi il aurait pu s'attendre. Pierre Sonnerat, filleul de Pierre Poivre qui débarqua à Port-Louis en 1768 en témoigne dans un copieux ouvrage relatant ses voyages aux Indes orientales : <u>Voyage aux Indes orientales et à la Chine, fait par ordre du Roi, depuis 1774 jusqu'en 1781</u>. Il écrit dans le tome II, chapitre IV, sur l'Isle de France : « *Toutes les ressources de l'industrie ne peuvent rien sur l'Isle de France. Elle sera toujours ingrate envers ceux qui l'habitent. Ils ne parviendront jamais à s'y procurer une vie commode car sans compter les ravages produits par les ouragans, ils ont à lutter contre des légions de rats & d'oiseaux destructeurs : le tarin et le gros bec de Java […] qu'ils [qui] dévorent presque toutes les récoltes. Pour les écarter des champs ensemencés on est obligé d'y mettre plusieurs Noirs en sentinelle qui ne cessent de crier & frapper des mains. Les rats y sont en si grande quantité que souvent ils dévorent un champ de maïs dans une seule nuit. Ils mangent aussi les fruits & détruisent les jeunes arbres par leur racine. Ce fut dit-on la cause pour laquelle les Hollandais abandonnèrent cette île* ».

Encore faudrait-il que Samuel Demissy ait obtenu une concession. Depuis la cession de l'île au roi, pareille décision relevait de l'intendant selon l'ordonnance du 6 août 1766, article XIX. Poivre écrit « : *Presque toutes les terres de cette île sont concédées sans économie, sans discernement, sans principes, mais enfin elles sont concédées, et toutes ces terres peuvent à peine nourrir leurs habitants. Encore quelques années de destruction, et l'Isle de France ne serait plus habitable, il faudrait l'abandonner* ».

Pierre Poivre nommé intendant de l'île en 1766 n'avait pas désespéré de lui donner prospérité. Elle disposait d'atouts naturels : « *L'Isle de France, située sous un ciel tempéré, fondée sur l'agriculture, le plus noble et le plus solide de tous les arts, établie pour servir d'asile à nos navigateurs et de boulevard à nos possessions d'Asie*, [page 224] » [22]. L'intendant poursuit : « *En 1770*[23] *deux ouragans ravagèrent l'île cette année-là. Port-Louis avait été à peu près comblé* [par la vase. Il sera curé de ses boues en 1771 par Tromelin]. *Les bois des montagnes avaient été livrés au fer et au feu des défricheurs et les ravins causés par les pluies avaient entraîné les terres nues dans le port. Les abords des magasins étaient devenus*

---

1773 : Le Conseil de guerre (sentence du 19 juillet 1773) à Lille ayant égard à la bonne conduite qu'a tenue le sieur de La Martinière capitaine qui n'a jamais manqué aux égards & à la soumission qu'il devait à ses chers quoi qu'il eût signé le premier mémoire des officiers contre le sieur de La Motte Geffard […], signature qu'il a rétractée lors de son interrogatoire du 19 juillet 1773, condamne le sieur Charles François chevalier Maillart de La Martinière à rester deux mois en prison pour avoir signé ledit mémoire contre les chefs.

[22] <u>Œuvres complètes de Pierre Poivre, intendant des îles de France et de Bourbon correspondant de l'Académie des Sciences</u> Fuchs, Paris 1797.

[23] Pierre Poivre, <u>Introduction au voyage d'un philosophe ou observations sur les mœurs des peuples de l'Afrique de l'Asie et de l'Amérique.</u>

impraticables et les vaisseaux étaient obligés de mouiller à demi-lieue au large à la fureur de la mer et des ouragans. Les travaux furent retardés et c'est en 1781 que l'on put constater que le Port-Louis pouvait accueillir six vaisseaux de guerre et plusieurs frégates ». [...] « L'Isle de France renferme des terres aussi fertiles que celles de Bourbon ; des ruisseaux qui ne tarissent jamais l'arrosent dans tous les sens comme un jardin et néanmoins les récoltes manquent souvent. Elle est presque toujours dans la disette[24] ».

Les ouragans récurrents étaient un fléau[25]. Le 9 avril 1773, il en survint un terrible qui commença à neuf heures du soir et se termina au matin. Il fut d'une telle violence qu'il déracina tous les arbres et enleva en quelques heures les récoltes sur pied. Port-Louis fut obstrué par les décombres de plus de trois cents maisons, et trente-deux navires chassant sur leurs ancres et perdant leurs amarres vinrent échouer sur le rivage. Un grand nombre d'animaux périrent[26].

La fortune pouvait changer de mains. Il était désormais permis aux armateurs particuliers de la tenter. Le roi leur en ouvrait la porte.

L'Isle de France avait été concédée pour cinquante ans par le roi à la Compagnie des Indes et interdite au commerce privé avec la métropole. La Compagnie opérait dans le cadre d'une charte bénéficiant d'une délégation de puissance publique sur un archipel de sept comptoirs des côtes de Coromandel, de Malabar et du Bengale, sur les deux îles de l'océan indien (trois avec la petite Mascareigne) et disposant en métropole du port-ville de Lorient. Cette ville était choyée par le roi. Louis XIV autorisa la Compagnie des Indes orientales à s'installer à Port-Louis (Bretagne) en lui concédant « les terres vagues et inutiles appartenant au domaine royal situées à l'embouchure du Scorff[27] ». La Compagnie possédait sa propre flotte de bateaux.

La Compagnie dont le siège était à Paris avait ses magasins et à côté desquels se déroulaient les ventes. Le retour des marchandises rapportées en France se faisait exclusivement à Lorient[28] et non plus comme autrefois au Havre, à Rouen ou à Nantes. Les marchandises étaient vendues par adjudication, payables comptant en espèces

---

[24] "*Le Saint Géran* chargé d'approvisionnements et de produits de première nécessité pour les Isles de France et Bourbon périt dans la nuit du 17 au 18 août 1744. Ce fut aussi une calamité pour les îles frappées d'une sécheresse extraordinaire, et dont les récoltes de l'année passée avaient été dévorées par les sauterelles. On voit qu'il n'y avait aucun empêchement à embarquer passagers et esclaves. *Le Saint Géran* fit une escale à Gorée où il embarqua vingt noirs et une négresse. « Il n'y a eu aucuns incidens dans leur navigation qui a été très heureuse quoy qu'un peu longue ».

[25] Une dizaine de tempêtes ou cyclones traversent chaque année le sud-ouest de l'océan indien pendant la saison cyclonique, qui s'étend de novembre à avril. Africa News, 21 février 2023.

[26] Revue Historique et Littéraire de l'île Maurice, 10 avril 1792,- L'île Maurice et la société mauricienne, page 536).

[27] La vie quotidienne dans les ports bretons au XVIIe et XVIIIe siècles Nantes Brest Saint-Malo et Lorient ; Armel de Wismes, page 32, Hachette- Firmin Didot - 1978.

[28] Lettres patentes du mois d'août 1717 et par Édit du mois de mai 1719 la Compagnie d'Occident fut subrogée à celle des Indes orientales et de la Chine.

d'or et d'argent ou en lettres de change dûment acceptées sur Paris, Rouen, La Rochelle, Saint-Malo, Nantes, Bordeaux, Amsterdam, Londres et Hambourg entre les mains du sieur Pierre Benoît Le Lubois, caissier un temps des ventes de la Compagnie des Indes[29].

Mais, en 1771, après que la Compagnie des Indes ait été à l'asphyxie et que ses détracteurs l'aient déclarée à l'agonie, le roi en avait totalement repris le contrôle. Un nouveau régime de gouvernement fut appliqué à l'île[30]. Les gouverneurs-nababs de la Compagnie des Indes furent remplacés par un gouverneur et un intendant, comme à Saint-Domingue[31]. Une ordonnance du roi du 25 septembre 1766 créa un Conseil supérieur ayant fonction de Cour de justice. Les habitants de l'Isle de France furent de nouveau approvisionnés en vivres, ainsi qu'en marchandises— entendons ceux et celles qui ne pouvaient être produits localement — par les vaisseaux du roi qui venaient de métropole ou par ceux qui faisant les allers-et-retours avec Madagascar pour convoyer les bœufs et le riz. Ainsi la corvette *L'Ambition* commandant de Kérléro de Rosbo fut affectée au service de l'île de France avec les îles voisines[32].

La corruption était endémique. Pierre Poivre écrivit à ce propos : « *Mais l'île est corrompue comme toutes les colonies [...]. - Dans cette île l'ordre des vicissitudes humaines est changé. Le luxe et la corruption ont devancé leurs causes. Une colonie qui n'a jamais eu puissance, ni richesse, qui est énervée par un luxe extravagant égal à celui des peuples les plus riches est dans l'ordre moral le phénomène le plus monstrueux [page 236]* ». *Les marchandises provenant de l'Europe sont vendues aux enchères aux habitants par la Compagnie des Indes, ce qui accroît leur cherté mais remplit les poches des hommes de la Compagnie*[33].

---

[29] Rapprocher : 29 novembre 1786, AN/ MC/ET/XXXI/245, Dépôt du mortuaire de Monsieur Jacques François Boucher Desforges, ancien officier des vaisseaux de la compagnie des Indes, époux de dame Marie Élizabeth Le Lubois, originaire de l'Ile Bourbon, paroisse Saint Paul, mais décédé en l'église royale et paroissiale de Lorient, diocèse de Vannes en Bretagne Mention dans le répertoire du notaire coté.

[30] Gouverneurs à partir du 14 juillet 1767, Dumas,-27 novembre 1768 de Steinaver (intérim),- 6 juin 1769, le chevalier Desroches,- 21 août 1772, le chevalier de Ternay,- 2 décembre 1776, le chevalier Guiran de La Brillane,-1 et mai 1779, le vicomte de Souillac,- 5 novembre 1787, le chevalier Bruny d'Entrecasteaux,- novembre 1789, le comte de Conway,- août 1790, Le Charpentier de Cossigny (intérim),-juin 1792, le comte de Malartic,-juillet 1800, le comte de Magallon de La Morlière, et septembre 1803, Decaën, capitaine-général jusqu'à décembre 1810. / Intendants 14 juillet 1767, Pierre Poivre- 21 août 1772, Maillard Dumesle- 17 novembre 1777, de Foucault, - 4 juillet 1781, Chevreau – 12 octobre 1785, Motais de Narbonne- août 1789, Dupuy – de Champvallon – novembre 1798, 25 septembre 1804, M. Léger, préfet colonial.

[31] Œuvres complètes de Pierre Poivre, op. cit. page 243 :. Les Isles de France et de Bourbon sont aujourd'hui des colonies nationales réunies au département général de la Marine pour être gouvernées à l'instar de toutes les colonies que nous possédons en Amérique.

[32] AN/ MAR B4 121 F° 190 1773.

[33] Monopole des ventes par la Compagnie des Indes-n° 91- Copie du mémoire des commissaires pour la Compagnie des Indes à l'Isle de France présentée au Conseil supérieur de ladite île sur les représentations

Par bonheur, le roi avait mis fin à cette pratique. Pendant le temps où l'administration de la Compagnie des Indes était encore en place, les marchandises proposées à l'achat aux îliens étaient frappées d'un tarif en quatre classes. Le prix facturé était majoré de 30 à 100% selon la nature des marchandises. À l'inverse la Compagnie fournissait aux habitants le prix auquel elle s'obligeait à acheter les denrées qu'ils produisaient. Il pouvait y avoir compensation entre les achats et les ventes[34]. Ce régime subsista jusqu'en 1770, le roi permettant alors à tout armateur ou négociant d'acheter et de revendre les denrées ou marchandises aux prix qui seront jugés raisonnables entre le vendeur et l'acheteur, invitant tous les cultivateurs de la colonie à profiter de la liberté générale pour augmenter leurs cultures, les éducations des bestiaux et des volailles de toute espèce pour approvisionner abondamment le marché public, et jouir librement du fruit de leurs soins et de leurs travaux.

Samuel Pierre Demissy ne connut que dans une moindre mesure ces désagréments. Au cours des décennies passées, gouverneurs de la Compagnie puis récemment gouverneurs et intendants n'avaient cessé d'améliorer la situation de Port-Louis non seulement pour ses habitants, mais aussi pour que ce seul véritable port en eau profonde ait un futur régional. Port-Louis pouvait devenir comme un Batavia des Provinces-Unies. La Bourdonnais qui prit ses fonctions en 1735 et quitta l'île en 1745 (1746) et l'intendant Pierre Poivre marquèrent par leurs réalisations la physionomie de Port-Louis. Sous l'administration de La Bourdonnais l'escale de Bourbon fut déclassée au profit de celle de l'Isle de France.

La Bourdonnais fut l'acteur décisif de la transformation du port. Port d'escale apte à radouber les vaisseaux, magasins pour les vivres, hôpital, autant de dépenses qu'il a fallu engager malgré les réticences de la Compagnie des Indes qui voyait-là une menace pour ses finances.

Il recourut à de la main-d'œuvre en provenance d'Afrique : des Mozambicains et aussi de l'Inde ; de Madras et de Pondichéry. Il fit même venir des artisans. Il acclimata dans l'île le Manioc venu du Brésil. Il introduisit le sucre et l'indigo.

Les habitants disposèrent de plus d'eau grâce à la construction d'un aqueduc. Les esclaves de la Compagnie des Indes en commencèrent la construction le 15 novembre 1738 franchissant même un ravin. L'ouvrage avait près de sept kilomètres de long et conduisait l'eau potable en provenance de la Grande-Rivière qui prenait sa source dans les montagnes d'alentour. L'eau qui provenait du ruisseau du Pouce arrivait

---

des syndics et députés des habitants contre la vente à l'encan ordonnée par la Compagnie des effets et marchandises d'Europe, page 376/408.
https://www.departement974.fr/sites-culturels/index.php/T%C3%A9l%C3%A9charger-document/353-C%C2%B0Periode-de-la-Compagnie-des-Indes.html

[34] Ordonnance du 29 novembre 1766 – Commerce.

désormais dans la cour de l'hôpital. Elle était distribuée dans la ville et parvenait par une fontaine appelée Chien-de-Plomb jusqu'au port pour la provision de navires, comme la Fontaine de Lupin ou de Saint-Nazaire servait aux navires en partance de Rochefort. Des travaux ultérieurs permirent d'accroître la ressource en eau.

Le successeur de La Bourdonnais, Pierre Félix Barthélemy David fit construire un mur de dix pieds de hauteur ainsi que des digues et des magasins. Une rue longeait ce mur : la rue du Rempart où habita Samuel Demissy.

Le célèbre intendant Poivre qui séjourna deux fois à Maurice de 1749 à 1756 et de 1767 à 1772 en qualité d'intendant du roi étendit la capacité des casernes qui désormais pouvaient accueillir 2 500 hommes. 200 esclaves étaient employés dans les magasins du roi. En 1772, à son départ, la ville avait grandi d'un tiers de sa taille initiale.

**Chapitre III.- La rétrocession au roi des Mascareignes (1764) et la suspension du privilège exclusif de la Compagnie des Indes (1769)**

3.1.- Le contexte de la rétrocession et de la suspension du privilège

Les *terrae nullius* du monde avaient été partagées au XVe siècle par le Pape au profit des seuls Portugais et des Espagnols, propagateurs de la foi chrétienne.

On oublie souvent de considérer que cette division du globe sanctuarisée par la bulle *Inter cœtera* de 1493, puis par le Traité de Tordesillas du 7 juin 1494 avec le tracé d'un méridien sur la mappemonde à 370 lieues (1 770 kilomètres) à l'ouest des îles du Cap-Vert ne concernait pas que les seules terres de l'Amérique, mais aussi les océans et les terres émergées de l'autre côté du globe à 180 degrés par le Traité de Saragosse de 1529. Au Portugal revenaient les côtes africaines, les Indes et l'Extrême-Orient jusqu'à un contre méridien placé à l'est de la Chine, avec une dérogation pour les Moluques. Au-delà les terres devenaient espagnoles : d'où les Philippines. La France, la Grande-Bretagne ainsi que les Provinces-Unies furent *de jure* exclues de ce festin, sauf à négocier un droit de passage dans l'océan indien avec le Portugal ou contester cette attribution de souveraineté comme infondée et la combattre par la piraterie.

Le jurisconsulte hollandais Hugo Grotius (De Groot) protesta en premier contre les prétentions émises par le royaume du Portugal interdisant la liberté des mers au bénéfice d'autres nations. En 1605, dans un ouvrage paru en 1609 intitulé De jure Praedae [du Droit de butin], il affirma dans le chapitre XII que les Portugais ne possédaient pas de droit exclusif de navigation et de commerce aux Indes : Mare Liberum sive de jure quod Batavis competit ad Indicana commercia dissertatio. Le Mare liberum de Grotius refusait que « l'immense et vaste mer [soit] la dépendance d'un royaume unique ». Il était impossible de considérer la mer comme une propriété privée. Il légitima ainsi le droit de prise contre les Portugais[1].

La domination des Anglais sur les mers qui ne cessait de s'affirmer ne contribua pas à la remise en cause de ce partage des océans entre Espagnols et Portugais. Le juriste et parlementaire anglais John Sefen avec son Traité politique sur la mer affirma les limites d'une mer anglaise englobant une grande partie de la mer du Nord, l'English Channel, la mer d'Iroise et même une portion du golfe de Gascogne. Il confortait les intérêts légitimes du Portugal sur l'océan indien par le fait de l'établissement de

---

[1] Hugo Grotius, Le droit de prise *(De jure praedae)*, ouvrage entièrement inédit, texte latin publié pour la première fois d'après le manuscrit autographe par Ger. Hamaker, Paris-La Haye, 1869. Le commentaire de Robert Fruin, *An unpublished work of Grotius*, paru en 1873 dans le Nederlandische Spectator a été réédité en 2003 par The Lawbook Exchange LTD, Clark, New Jersey.

nombreux comptoirs. La Chine communiste de nos jours n'a rien inventé en voulant s'approprier de vastes espaces océaniques jusqu'aux Philippines.

La fiction d'un espace maritime régalien, autre que celui se situant à proximité des rives d'un État se perpétua dans chaque pays en interdisant aux sujets du roi, autres que ceux désignés par lui, de commercer dans certains océans du globe. La France, l'Angleterre, les Pays-Bas ne l'autorisèrent au-delà du Cap de Bonne-Espérance qu'au travers des privilèges d'exclusivité accordés à leurs propres compagnies des Indes, qui semblaient constituer un modèle d'efficacité pour surmonter les aléas d'un commerce lointain : l'Angleterre avec l'*East Indian Company* et les Provinces-Unies unis avec la VOC *Vereenigde Oost-Indische Compagnie*, pour ne parler que des plus grandes d'entre elles.

Ce repère virtuel du Cap de Bonne-Espérance fermait la porte sur l'océan indien aux armateurs et négociants du Royaume sur nombre de destinations, comme les énuméra en 1805 l'orientaliste Anquetil Duperron: La presqu'île de l'Inde, Ceylan, les Maldives avec les golfes de Cambaye et du Bengale ; La presqu'île de l'est : Malacca, Sumatra, le Siam, Pegou[2], Ava, Cambodge, Cochinchine, les Moluques et les Manilles ; la Chine et le Japon.

La Compagnie française orientale administrait les territoires et espaces qui lui avaient été délégués par le roi. Elle attribuait les concessions[3] de terres et les pourvoyait en vivres. Elle nommait des responsables pompeusement dénommés gouverneurs. Elle possédait sa flotte de navires de transport dotés de canons.

C'est une vue de l'esprit que d'imaginer qu'avant cette date aucun navire particulier nantais, rochelais, malouin etc. ne pouvait sillonner les mers des Indes ou de la Chine. Si les intérêts de la Compagnie n'étaient pas lésés dans de telles expéditions, elle pouvait y consentir.

Les permissions d'armer données par la Compagnie à des particuliers étaient scellées dans l'article 30 des <u>Lettres patentes du mois d'août 1717</u> établissant la Compagnie d'Occident : « *Permettons à la dite Compagnie de donner des permissions particulières à des vaisseaux de nos sujets pour aller dans des pays de sa concession à telles conditions qu'elle jugera à propos, et voulons que lesdits vaisseaux jouissent des mêmes droits privilèges et exemptions que ceux de la Compagnie tant sur les*

---

[2]Cordier : La Compagnie s'établit au Pégou après avoir formé l'établissement de Balassor et à peu près à la même époque où elle fonda Chandernagor. Le Pégou est situé sur le golfe du Bengale à la distance de 700 milles Est de Chandernagor, entre les paumes de Siam et d'Aracan. La guerre de 1778 paralysa l'établissement du Pégou. Cet établissement ne fut point réoccupé à la reprise de possession de 1785.

[3]Pierre Poivre dans un discours aux habitants de l'Isle de France vantait la liberté dont les cultivateurs bénéficiaient. Selon lui, le régime féodal des diverses redevances n'y existait pas. Et pourtant on constatait qu'en 1740 les habitants de Saint-Paul à Bourbon étaient assujettis au titre de lods et ventes et frais de communes pour l'année 1738 à payer en café à titre de quatre onces de café et cens en argent de 1739. Faut-il penser que les droits de concession accordés aux colons excluaient de telles impositions ?

## Samuel de Missy (1755-1820), armateur rochelais sur l'océan indien

*vivres marchandises et effets qui seront chargés sur iceux que sur les marchandises et effets qu'ils rapporteront* ».

Ce texte marquait la souveraineté déléguée à la Compagnie.

Ainsi, le rapport de l'abbé Terray [4] qui figure dans le rapport de l'assemblée générale de la Compagnie du 12 mars 1768, mentionne que l'on avait permis à quinze navires particuliers d'aller dans l'Inde.

Peu avant la suspension du privilège exclusif de la Compagnie des Indes, il était venu à l'oreille des Rochelais que « MM. [Georges et Joseph] Audebert[5] de Marseille ont fait depuis la Paix [en fait en 1770] une expédition pour Bourbon. Le navire a fait directement son retour à Marseille où les cafés ont été vendus par leurs propriétaires. Il ne figure pas dans le tableau de l'avocat Louis Eugène Hardouin de La Reynerie défenseur de la Compagnie des Indes qui recense les navires de retour à Lorient après une campagne d'Inde. Il y avait doublement favoritisme : non seulement le privilège exclusif de la Compagnie qui bloquait les initiatives des négociants ou des armateurs avait été battu en brèche, mais le retour des marchandises ne s'était pas fait à Lorient. L'affaire aurait pu être ébruitée à La Rochelle par Jean Élie Audebert, peut être parent des Marseillais, reçu capitaine le 19 mai 1732.

Les inconvénients de cette restriction fort gênante pour les armateurs d'autres ports que les Lorientais résidaient dans l'obligation de faire retourner leurs bâtiments sur lest de Lorient à leur port d'attache.

Une expédition fut menée à partir de La Rochelle par Benjamin Seignette. Le 13 mai 1770, il déposa une soumission[6] à l'Amirauté de la Rochelle pour permettre le départ

---

[4]Mémoires de l'abbé Terray, contrôleur général, volume 2, <u>Lettres d'un actionnaire à un autre actionnaire contenant relation de ce qui s'est passé dans les dernières assemblées de la Compagnie des Indes,</u> page 19.

[5] Famille protestante de Marseille, maison fondée par Joseph et Georges Audibert et leur neveu Dominique (1736-1821) lequel fut député de la Chambre de commerce de Marseille. Cette maison expédia sur Saint-Domingue puis le Canada. Après la fin de la guerre de Sept-ans, elle arma pour l'océan Indien avant même la suppression du privilège perpétuel de la deuxième Compagnie. Aucune mention de cette expédition ne figure dans l'article précité de Saint-Yves dans son exposé sur <u>La Chambre de Commerce de Marseille et la Compagnie des Indes 1768- 1789</u>. En revanche Saint-Yves fait état d'un navire nommé *La Provence*, capitaine Berger de 450 tonneaux vraisemblablement parti en 1784 pour la Chine et de retour à Lorient en août 1785. Un navire portant ce nom est identifié au SHDL de Lorient, mais il ne se rendit pas en Chine. *La Provence* avec *Le Triton* et *Le Sagittaire* étaient des vaisseaux d'État. A rapprocher : <u>Gazette de Leyde</u> 22 janvier 1773 : De Marseille le 31 décembre 1772 *L'Africain*, un de nos navires marchands partit des Cayes le 29 septembre dernier, richement chargé & commandé par le capitaine Audibert, eut le malheur de recevoir le 4 octobre dans le débouquement anglais deux coups de tonnerre dont le premier endommagea son mât de misaine et le second fracassa le grand mât qui pénétra dans la cale & perça le corps du vaisseau qui coula à fond peu de temps après. Quatre hommes périrent […].

[6] L'emploi du terme de soumission est de règle dans les archives de l'Amirauté de La Rochelle. Sa signification est éclairée par le commentaire ci-après : « Les navires commerçant avec les colonies d'Amérique avaient l'obligation de revenir au port de départ – ce que l'on appelle une soumission » ; <u>Être capitaine de</u>

de son navire *L'Argus*, de 300 tonneaux à destination des Isles de France et de Bourbon. Ce vaisseau n'avait pas été prêté par le roi contrairement à d'autres qui partirent pour cette destination. Cette campagne n'eut pas de suite selon Émile Garnault qui le précise dans son ouvrage, Le Commerce rochelais, chapitre IX, page 299. Le navire fut obligé de s'arrêter peu de temps après son départ pour des causes étrangères à sa navigation.

Comment les négociants et armateurs de la Rochelle accueillirent-ils l'annonce de la suspension du privilège exclusif de la Compagnie des Indes orientales[7] ? — Ils étaient moins bien renseignés que leurs collègues nantais, lorientais ou malouins. Aussi, ce fut probablement une surprise, car malgré les vicissitudes subies pendant la guerre de Sept ans, la Compagnie des Indes avait été confirmée dans son maintien comme compagnie commerciale en 1764[8]. Le roi vola à son secours, comme de nos jours les États s'emploient à colmater les pertes abyssales de grandes banques pour contenir une panique financière généralisée. Les pertes de la Compagnie, laquelle avait rempli généreusement la bourse de quelques privilégiés se trouvaient ainsi mutualisées. C'était au peuple déjà accablé par les impôts de l'État, par ceux des nobles et du clergé de les supporter. Quelques années plus tôt, Thomas Arthur de Lally-Tollendal qui avait échoué à défendre la partie méridionale de l'Inde et n'avait pas pu éviter de la faire tomber entre les mains des Anglais, avait servi de bouc émissaire. On ne lui pardonna pas la défaite de Plassey au Bengale le 23 juin 1757 contre Robert Clive. Il fut exécuté Place de Grève le 9 mai 1766.

Tout un chacun avait son opinion sur les causes de la faillite de cette compagnie privée dotée de responsabilités régaliennes. C'était tout un système qui était remis en question. La Compagnie des Indes n'avait même pas de quoi payer les gagnants de sa loterie de 1769. Elle était accablée d'une dette de plus de soixante millions de livres. Par le fait qu'elle était une compagnie commerciale assujettie aussi à des

---

navire en Europe occidentale de la fin du Moyen-âge au XXe siècle, sous la direction de Bernard Michonet et David Plouvez, PURH, 2023.

[7]L'Édit de 1769 dans son article XVI est ainsi libellé : XVI : Voulons que ladite Compagnie des Indes soit & demeure compagnie commerçante, qu'elle dirige elle-même & seule ses affaires et son commerce, tant en Europe que dans les pays & les mers au-delà du cap de Bonne-Espérance où é vertu du privilège exclusif que nous lui avons accordé elle trafiquera, commercera et naviguera ; qu'elle s'applique à soutenir & à étendre le commerce qui lui est confié, avec le zèle que demande l'importance de l'objet ; qu'elle y porte la sagesse & l'économie qui peuvent seules rendre les opérations utiles à notre État & et au bien de ceux de nos sujets qui sont intéressés : lui ordonnons en conséquence de nous présenter incessamment les statuts et règlements qu'elle croira convenable lesquels après que nous les aurons approuvés nous confirmerons par nos lettre patentes adressées à notre Cour de Parlement.

[8]Louis XV (roi de France). [Acte royal. 1764-08-00. Compiègne].- Édit... portant confirmation de l'établissement de la Compagnie des Indes, sous le titre de 'Compagnie commerçante'... Registré en Parlement [le 23 août 1764].- Paris : Impr. royale, 1764.- 8 p.

obligations régaliennes, elle fut dans l'obligation d'entretenir pendant la guerre de Sept ans une armée, recruter des soldats que le roi ne rémunérait pas et équiper en guerre des flottes qui n'étaient pas conçues pour une marche rapide, sans avoir les bénéfices des retours à Lorient des cargaisons d'Asie. Elle avait perdu ses comptoirs et ses loges, les deux-tiers de sa flotte[9] par capture, ou naufrage. Les navires qui venaient d'être mis à l'eau étaient bâtards. Ils n'étaient ni adaptés au combat, ni propres au commerce tout en coûtant plus cher que les navires de guerre construits sur les chantiers de la Marine[10]. Les Boué à Hambourg en construisirent plus d'un.

Une partie de l'opinion était d'avis qu'il fallait administrer ces lointaines possessions comme l'étaient les colonies du roi à Saint-Domingue ou les petites Antilles. Le physiocrate Maynon d'Invau déplorait ce commerce nécessitant l'entretien de comptoirs qui ne produisait pas de denrées agricoles. Dupont de Nemours proposa d'abandonner les établissements des Indes et même de les vendre à une autre puissance.

Des économistes jugeaient malsain l'octroi d'un monopole d'exploitation à ces compagnies. À l'inverse, nombreux étaient ceux qui pensaient que l'abandon de ce commerce ferait tomber la France au niveau des états de deuxième catégorie. On pensait à la Suède ou au Danemark. Or, il fallait tenir tête à l'Angleterre dont l'influence ne cessait de s'étendre. Enfin, la corruption et la concussion phénomènes communs à toutes les compagnies européennes méritait une sérieuse remise à plat.

La corruption entravait le développement de ces territoires lointains. De nombreuses voix s'en indignaient. L'abbé Morellet dans son <u>Mémoire</u> publié en 1769 à l'appui des documents fournis par le Ministère rassembla un ensemble de faits démontrant l'emprise néfaste de la Compagnie des Indes sur l'Isle de France et celle de Bourbon. La corruption[11] à tous les niveaux, des dirigeants aux employés de la Compagnie y était portée à son plus haut degré. « C'est la source même des malheurs de l'île et le frein à son expansion ».

---

[9] Il ne restait à la Compagnie que 17 vaisseaux et 7 frégates en mauvais état, au lieu de 30 vaisseaux et 20 frégates qu'elle aurait dû avoir. Car dans les dix-huit navires de gros tonnage vendus par la Compagnie au roi, Le Beaumont, L'Ajax et Le Brisson furent acquis par Le Breton de Blessin, Dessaudrais Sébire ou Admirault sans réserve quant à leur état par les armateurs privés. Il est intéressant de constater que les vaisseaux de la Compagnie de l'Inde anglaise : East Indian Company, n'étaient guère plus nombreux. Cette Compagnie déclara n'employer cette année (1773 ou 1774) que douze vaisseaux au lieu de vingt-quatre qu'elle a eus à son service l'année dernière. Un mois plus tard elle annonça n'envoyer qu'un vaisseau à Bombay & à la Chine, 9 à Madras & au Bengale, 3 à Bombay & un à Sainte-Hélène & Bengale.

[10] Herbert Lüthy, <u>La banque protestante en France,</u> page 379.

[11] Il y avait toute une série de personnes, allant des administrateurs au gouverneur local et aux matelots qui profitaient de l'avantage discret ou non de vendre des marchandises métropolitaines sur les possessions de l'océan Indien et rapportaient ou faisaient rapporter des produits manufacturés en Inde ou en Chine lors du voyage de retour du navire en Métropole (Pacotille et Port permis).

« *Les habitants de l'Île de France et de Bourbon ont longtemps gémi sous le gouvernement le plus despotique et le plus capable d'étouffer toute émulation. Leur sort dépendait entièrement du gouverneur seul vendeur et seul acheteur pour la Compagnie. Ce n'était que dans les magasins de la Compagnie que l'habitant pouvait trouver les objets de ses besoins & l'accès ne lui en était permis que du consentement du gouverneur qui pouvait ainsi le priver des choses les plus nécessaires à la vie. De là, les monopoles qui procuraient aux gardes-magasins et aux amis du gouverneur des fortunes aussi rapides qu'indécentes. Ils connaissaient la consommation de l'Île. Ils étaient les premiers instruits des envois faits par la Compagnie qui n'étaient jamais proportionnés aux besoins. D'après un calcul assuré, ils achetaient sous des noms empruntés toute une série de marchandises qu'ils revendaient ensuite à cent pour cent & deux cents pour cent de bénéfice. C'était aussi aux magasins de la Compagnie que l'habitant devait porter tous les produits de ses cultures. On sait combien le plus ou le moins de faveur pouvait influer sur la réception des denrées [...]. Le colon dégoûté par ces vexations et par cette dépendance absolue n'avait d'autre ressource que de vivre aux dépens de la Compagnie s'il pouvait en trouver les moyens. Si non, dès qu'il avait amassé quelque fortune il se hâtait de repasser en France, et il ne restait dans la colonie que l'indigent ou le favorisé* ».

Les gouverneurs et conseillers de la Compagnie des Indes en poste sur les îles de France et de Bourbon percevaient une rémunération ad *valorem* dite 'gratification' sur le produit des marchandises vendues au comptant et sur le produit de la vente des bois de l'Isle de France de Madagascar et de Mozambique[12]. Ils avaient intérêt à ce que le prix de vente soit le plus élevé possible.

Les polémiques faisaient rage. Le Mémoire de l'abbé Morellet était tourné en dérision par l'abbé Terray[13] : « *Vous l'avez lu* [le mémoire de l'abbé Morellet] *Monsieur, ce Mémoire, et vous avez été indigné de voir un abbé sans mission, sans caractère, n'ayant aucun intérêt à la chose, dépourvu de toutes les connaissances de théorie ou de pratique à la discussion d'une affaire aussi importante, se présentant à front découvert pour détruire et ruiner de fond en comble un établissement de plus de cent ans* ».

L'abbé Terray dépeignait dans ses Mémoires[14] une compagnie résiliente : « *En 1764 dit M. Necker la Compagnie était sans argent sans marchandise sans effets exigibles : les actionnaires entreprirent de la rétablir. Ils virent sans s'étonner soixante millions de dettes à liquider des établissements détruits à relever, des magasins à remplir, des vaisseaux à construire, un crédit à former & un commerce à reprendre qui pouvait*

---

[12] AD/ Réunion n° 1643 1754.

[13] Mémoires de l'abbé Terray, Lettres d'un actionnaire à un autre actionnaire contenant relation de ce qui s'est passé dans les dernières assemblées de la Compagnie des Indes, tome second, page 104, 1776.

[14] Mémoires de l'abbé Terray, Lettres d'un actionnaire à un autre actionnaire [...], tome second, page 7, 1776.

*employer cinquante millions. Rien ne les effraya. Ils osèrent & ils réussirent. La fortune secondant les efforts des actionnaires, dans trois ou quatre ans, les vaisseaux ont été construits, les magasins ont été garnis, les établissements détruits ont été relevés, les dettes ont été liquidées & le commerce a été élevé au plus haut, période auquel* (sic) *il ait jamais été porté dans les temps de la plus grande splendeur de la Compagnie ».*

À l'inverse, l'analyse d'Adam Smith portant sur la concession de ce type de commerce et des territoires à ces compagnies à charte convergeait avec le plaidoyer de Morellet[15] « *Quelques nations ont abandonné tout le commerce de leurs colonies à une compagnie exclusive, obligeant les colons à lui acheter toutes les marchandises d'Europe dont ils pouvaient avoir besoin, et à lui vendre la totalité de leur produit surabondant. L'intérêt de la compagnie a donc été non seulement de vendre les unes le plus cher possible, et d'acheter l'autre au plus bas possible, mais encore de n'acheter de celui-ci, même à ce bas prix, que la quantité seulement dont elle pouvait espérer de disposer en Europe à un très haut prix : son intérêt a été non seulement de dégrader, dans tous les cas, la valeur du produit surabondant des colons, mais encore, dans la plupart des circonstances, de décourager l'accroissement de cette quantité, et de la tenir au-dessous de son état naturel. De tous les expédients dont on puisse s'aviser pour comprimer les progrès de la croissance naturelle d'une nouvelle colonie, le plus efficace, sans aucun doute, c'est celui d'une compagnie exclusive ».*

« *De telles Compagnies exclusives sont donc un mal public, sous tous les rapports ; c'est un abus toujours plus ou moins incommode aux pays dans lesquels elles sont établies, et un fléau destructeur pour les pays qui ont le malheur de tomber sous leur gouvernement*[16] ».

La Chambre de Commerce de La Rochelle ne sembla pas s'emparer du sujet avant 1769, peut-être à l'initiative de deux négociants apparemment intéressés par ces expéditions lointaines : Jean-Baptiste Seignette et Pierre Gabriel Admirault.

Les comptoirs et les îles ne reçurent aucun secours de France entre la fin 1767 et la fin 1771 et furent laissés entièrement à leur sort[17]. L'acheminement de vivres à l'Isle de France reposait sur les approvisionnements de riz ou de bœuf de Madagascar ou même en partie de la métropole. Le premier intendant de l'île Pierre Poivre réserva deux navires du roi pour aller à Madagascar chercher du bétail et des vivres. À défaut aurait-on vraiment connu une situation de famine ?

---

[15] Adam Smith, Livre IV (1776), Recherches sur la nature et les causes de la richesse des nations : tome IV, page 126.
[16] Adam Smith, Recherches sur la nature et les causes de la richesse des nations : tome IV, page 174,(1776).
[17] La crise des établissements français des Indes, (1768- 1773) Raphaël Malangin Armand Colin, Annales historiques de la Révolution française, page 74.

La balance commerciale établie entre l'Isle de France et la Métropole était déséquilibrée et marquait l'insuffisance de marchandises ou de denrées produites dans l'Isle de France. Et si l'on arrivait à se fournir en produits de l'Inde ou de la Chine, c'était grâce aux apports de la Compagnie payés en espèces d'or et d'argent fournis à Cadix (piastres) ou levés auprès des financiers[18].

Mais on note paradoxalement que les deux îles Mascareignes expédièrent des grains et des légumes au Mozambique et même en Inde. Claude Wanquet[19]en retrouvant une lettre écrite en 1784 de Jean-François Charpentier de Cossigny à Pierre Sonnerat, apporte un éclairage intéressant. Il en déduit que « la production vivrière des îles en 1777 [on suppose que l'Isle de France s'ajoute à l'Isle Bourbon] était suffisamment bonne pour pouvoir envoyer 50 000 livres (poids) de blé et 12 000 livres (poids) de légumes secs au Mozambique touché par la disette et même quatre voyages échelonnés d'août 1777 à février 1778, 630 000 livres (poids) de blé en Inde ».

On dit qu'à l'Isle de France peu d'habitants avaient une âme de cultivateur pour produire du maïs, des grains, du riz en paille ou bien des haricots et pois du Cap, des patates de Malaga, de Madagascar, de Chine, des ignames des pois. Mais beaucoup d'habitants tiraient des ressources de leurs poulaillers, ce qui compensait la rareté des autres viandes. Le pigeon était prisé. On avait introduit dans l'île toutes sortes de tourterelles et des lièvres. Il y avait dans les bois des chèvres sauvages, des cochons en liberté et surtout des cerfs qui « *ont tellement multiplié que les escadres en ont fait provision* ». La principale denrée coloniale, à savoir le café, qu'elle aurait pu exporter venait en concurrence avec celle de l'île voisine de Bourbon. L'indigo apporté par La Bourdonnais n'avait pas prospéré malgré le fait qu'il pouvait se cultiver sur des terres hautes et même pentues.

La réalité était pourtant là. Un Édit du roi, de novembre 1771, taxait de deux sols la livre pesant le café qui sortait de l'Isle de France ou de celle de Bourbon. L'île était riche en bois d'ébène. Quant au sucre, introduit par Mahé de La Bourdonnais dans l'habitation de son frère Mahé de La Villebague, l'île ne l'exportait pas ou peu, les colonies françaises de l'Amérique en ayant la primauté, sinon l'exclusivité. On dit également que dans les années 1770, du temps de l'intendance de Pierre Poivre, le plus gros de la couverture forestière avait disparu au profit de plantations de sucre,

---

[18] En 1767, la Compagnie procéda par tirages de lettres de change à trois mois d'usance ou même à un an de vue sur la place de Calcutta, membres du Conseil Suprême de Calcutta, Skinner, Bolt, les principaux gouverneurs, Vansittart, Verelst, et ses plus éminents militaires, tel Munro. Ces lettres de change furent protestées.

[19] Compagnies et Comptoirs de l'Inde des Français, XVIIe siècle – XXe siècle, sous la direction de Jacques Weber, Société française d'histoire d'Outre-mer, Paris 1991, diffusion L'Harmattan – Les Mascareignes et l'Inde pendant la Révolution française, page 36, note infra paginale 22.

lesquelles nécessitaient l'importation de main d'œuvre. Ceci ne peut se comprendre que pour des terrains horizontaux et humides, ce qui est impossible pour ceux situés dans les collines. On ne venait pas à l'Isle de France pour faire fortune en quelques années avec l'établissement d'une usine à sucre. Il fallait des compétences techniques, avoir une autorité sur les travailleurs, et attendre deux ou trois ans pour avoir un premier retour sur investissement. De plus, le dynamisme des Antilles s'affirmait chaque jour d'avantage dans le commerce de l'or blanc. Samuel Demissy planteur sucrier ? C'est difficilement imaginable.

L'année où Samuel Demissy se réembarqua la première fois pour la France, l'île faillit connaître des problèmes de disette.
En 1781, du fait de mauvaises récoltes de blé, alors que le riz de Madagascar était détruit par des invasions de sauterelles, conscient de ce que l'arrivée de l'escadre de Thomas d'Orves composée de six vaisseaux de ligne et de trois frégates qui allait accoster à Port-Louis en avril, peut-être 1 500 hommes au moins, n'allait pas arranger les choses, l'intendant Foucault affréta à Muret [Vital de Muret, ancien officier du régiment Royal-Comtois, devenu négociant] *La Fille Unique,* vaisseau marchand pour aller chercher à Buenos-Aires 500 000 livres farines et 60 000 livres de suif. *La Fille Unique* fut accompagnée par *L'Osterley* de récente prise, conduite par un autre négociant Jacques Leroux de Kermoseven, pour rapporter 400 000 livres de farine, 240 000 livres de bœuf salé, 50 000 livres de suif, 30 000 de graisse fondue, 40 000 de crins de cheval, 600 cuirs de bœuf et 2 000 cuirs de veau. Des secours parvinrent aussi du Cap de Bonne-Espérance en mai et juin ramenés par *L'Eléphant* et *Le Lauriston* sur ordre du gouverneur Souillac et de l'intendant Foucault, ainsi que par une frégate du roi nommée *La Fine* expédiée de Brest en mars et arrivée le 1er juillet à Port-Louis.

3.2.- Les modalités du retrait de la Compagnie des Indes
Par un Édit du mois d'août 1764, le roi racheta à la Compagnie des indes l'Isle Bourbon et l'Isle de France pour la somme de 7 625 348 livres. Il les plaça toutes deux sous le contrôle direct du ministère de la Marine. La rétrocession au roi devint effective trois ans plus tard. Cette même année, la Compagnie céda au roi son personnel navigant, trente vaisseaux qui composaient sa flotte[20], le port de Lorient[21],

---

[20]Société bretonne de Géographie n° 27 et 28, 1887-1888, page 249 « La flotte de la Compagnie des Indes se répartissait comme suit : 20 navires de 700 à 1 200 tonneaux et de 14 de 110 à 650 tonneaux », Goujon, Lorient et les grandes compagnies maritimes au XVIIIe siècle.
[21]Journal politique, ou Gazette des gazettes, Volume 51, page 55 année 1770, mars : On va faire incessamment au roi la remise du port de Lorient que possédait la Compagnie des Indes. Le sieur de Clugny intendant de la marine à Brest se dispose à s'y rendre pour y former un établissement de marine royale. En attendant le sieur Choquet commissaire ordonnateur au Port-Louis est chargé de recevoir du sieur de

ses établissements de l'Inde, ceux de Port-Louis de l'Isle de France en 1767, ses Noirs dans ce port au nombre de 498 en 1768, ses constructions, cales, plateformes, fontaines, corps de garde, effets[22], artillerie, moyennant trente millions, outre le remboursement d'une somme de quinze millions et demi, complétés par une rente annuelle du roi à la Compagnie de 1 200 000 lt[23], en exigeant dans le même temps des actionnaires de l'argent frais.

Ces mesures concernaient le volet financier destinées à éviter la banqueroute et la ruine des actionnaires.

Maynon d'Invau contrôleur-général qui avait pris la succession de Laverdy, s'appuyant sur les conclusions de l'abbé Morellet qui rejetait la solution d'un emprunt, l'emporta en apparence en faisant imposer un régime bâtard de commerce au-delà du Cap de Bonne-Espérance avec les deux îles, l'Inde et la Chine, pas totalement libéré, pas totalement réglementé, où les armements particuliers pouvaient se déployer, sans être soumis au bon vouloir de la Compagnie.

Le roi mit à la disposition des particuliers d'anciens navires de la Compagnie des Indes dont il ne pouvait rien faire, car non conçus pour la guerre. Ce n'était nullement un sacrifice que faisait le roi[24]. Conserver cette flotte était un non-sens économique. Les navires privés transportèrent alors passagers, effets et marchandises pour le compte du roi. Le commerce sur l'Inde et la Chine laissé vacant par la défaillance de la Compagnie se continuait avec les Particuliers. Les marchandises rapportées par les armements privés profiteraient à l'État par l'intermédiaire des Fermiers généraux qui percevraient le droit d'induit. On n'aurait nul besoin de les acheter aux Anglais ou aux Hollandais. C'était une autre économie qui se construisait.

Elle était bancale, car l'on doutait déjà de la rentabilité des campagnes privées au-delà du Cap-de-Bonne-Espérance.

En 1772, le bilan des armements des particuliers semblait déjà établi. <u>La Gazette de Leyde</u> assurait le 23 octobre : « *Les négociants qui ont fait des expéditions pour l'Inde*

---

La Vigne Buisson tous les effets de la Compagnie à Sa Majesté. Le port de Lorient sera du département de Brest & il n'y aura qu'un commissaire ordonnateur. Choquet, beau-frère de Dupleix fut cependant nommé en 1771 ordonnateur du département du Port-Louis et de Lorient.

[22]Effets : canons de fer, boulets, saumons de plomb, ancres, cordages, goudron.

[23]Louis XV. [Acte royal. 1770-02-00. Versailles]. - Édit... portant création d'un contrat de 1 200 000 l. de rente, au principal de 30 000 000, au profit de la Compagnie des Indes... Registré en Parlement [le 13 février 1770].- Paris : Impr. royale, 1770.- 4 p.

[24]<u>Gazette de Leyde 20 novembre 1772</u> On mande de Rochefort qu'on y arme le vaisseau *Le Brisson* qui a appartenu à la ci-devant Compagnie des Indes. Il est destiné à aller à la Chine pour le compte de particuliers auxquels le gouvernement a fait le sacrifice de prêter des vaisseaux afin d'éviter l'extinction de notre navigation aux Indes.

*n'ont pas lieu d'être satisfaits des nouvelles qu'on en reçoit. Presque tous perdront sur leurs armements à l'exception de ceux qui ont eu l'avantage de pouvoir expédier sur les vaisseaux du roi et qui ont joui des autres facilités que le gouvernement a bien voulu leur accorder. Ce mauvais succès fait regretter la Compagnie des Indes & l'on ne voit guère comment on pourra la ressusciter* ».

Les tenants des intérêts de la Compagnie, notamment Necker furent néanmoins défaits. L'arrêt du roi en date du 13 août 1769 par son article premier suspendait le monopole de navigation et de commerce au-delà du Cap de Bonne-Espérance de la Compagnie, sans faire de distinction même entre l'Inde ou la Chine. Herbert Lüthy dans son ouvrage La banque protestante en France, page 381, parle d'un « coup de force ». Philippe Haudrère abonde [25] : « C'est bien une décision politique qui en est à l'origine. Un rapport confidentiel en a été le catalyseur : Réflexions sur le commerce des Indes... pour vous seul Monseigneur[26] ».

Sitôt le nouveau statut banalisé de la deuxième Compagnie des Indes arrêté, il fut contesté notamment par ceux qui en avaient directement tiré des bénéfices où ceux qui pourraient se placer opportunément sur ce commerce avec privilège, tels un certain nombre de négociants appuyés par la banque suisse. Jean Law de Lauriston, commandant général des Établissements français en Indes orientales écrivit en 1771 au ministère « *que les Comptoirs ne pouvaient s'y soutenir que par un privilège exclusif affecté à une compagnie, & que les Anglais mettaient de si grandes entraves au commerce des particuliers qu'il ne pouvait s'y soutenir* ».

Des réflexions étaient déjà en cours en 1771 pour voir son privilège exclusif rétabli[27]. Dans la Gazette de Leyde du 27 septembre 1771 on écrivait : « *Il est toujours incertain si la Compagnie des Indes pourra parvenir à se voir rétablie dans son privilège exécutif. Cet objet aussi important que de difficile exécution occupe toujours l'attention du gouvernement qui pour remplacer le vide qu'a causé la suppression de la Compagnie dans le commerce national favorise & seconde les particuliers qui veulent tenter le commerce de l'Inde et de la Chine en leur prêtant des vaisseaux du roi* ». On assurait dans l'édition du 24 décembre 1771 que le ministre de la Marine s'occupait sérieusement de rétablir incessamment la Compagnie des Indes.

La suspension du privilège de la Compagnie le 13 août 1769 ne signifia pas l'arrêt brutal de ses opérations de commerce. Suspension ne voulait pas dire disparition. La

---

[25] Philippe Haudrère, Les Français dans l'Océan indien (XVIIe- XIXe siècle), Presses universitaires de Rennes, 2014, page 92.
[26] AN/ Col C2 108.
[27] Mais dès 1771 on songea dans les ministères à sa réinstallation, Elizabeth Cross, Company Politics, Commerce, Scandal, and French Visions of Indian Empire in the Revolutionary Era ; page 16 Oxford University Press 2023.

liquidation de la Compagnie n'était pas envisagée. Ce fut une source de perplexité et même d'indignation pour les négociants rochelais qui ne comprenaient pas les subtilités de la rédaction de l'Édit.

Les campagnes initiées par la Compagnie antérieurement à l'Édit de 1769 se poursuivirent les années suivantes. Des navires continuèrent à naviguer jusqu'en 1773.

Le vaisseau de 900 tonneaux *Le Beaumont,* navire de la Compagnie des Indes commandé par le sieur Henri Armand du Plessis-Paumar lequel avait remplacé Louis Toussaint de Becdelièvre de Bouexic débarqué malade à l'Isle Bourbon le 8 avril 1770 arriva à Lorient de la Chine peu après le 15 juillet 1770. Il avait embarqué 350 personnes le 13 décembre 1768 et avait mouillé à l'Isle de France le 7 mai 1769. Il était chargé de porcelaines, de thé, de vernis, de rhubarbe et des soies écrues et travaillées.

L'argent manqua en 1770 pour réparer les avaries subies par *Le Villevault* navire de la Compagnie revenant du Bengale. Il était tellement endommagé qu'il fut obligé de relâcher à La Corogne, incapable de poursuivre sa route à destination de Lorient. Le coût du radoub s'avérait prohibitif excédant la valeur des marchandises. On pensa à les charger sur des navires marchands à destination de Lorient[28].

La Gazette de Leyde du 4 octobre 1771 se faisait l'écho de plaintes : Les établissements de l'Inde souffrent beaucoup de la suppression de la Compagnie, car tout ce qu'elle avait l'habitude de transporter aux Indes n'a pas été remplacé par les commerçants particuliers. Environ deux cents officiers de l'ancienne compagnie se retrouvent sans emploi.

Le comptoir entretenu par la Compagnie des Indes à Canton qui préparait à l'avance les cargaisons à embarquer sur les vaisseaux qu'elle envoyait tous les ans fut supprimé. Il fut remplacé comme dans les échelles du Levant par un consulat.

Le sort des capitaines de la Compagnie des Indes laissés *de facto* sans commandement, fut réglé par l'arrêt du Conseil de 1769 portant règlement pour le commerce de l'Inde en suspendant le privilège de la Compagnie qui réservait « *cependant certains droits à la conduite des navires des particuliers en faveur des officiers de la Compagnie qui ont toutes les occasions et particulièrement dans la dernière guerre, donné des marques de zèle et de bravoure* ». Tant Admirault que Samuel Demissy y recoururent.

Une lettre à M. Jean Joseph Choquet commissaire-ordonnateur des colonies à Port-Louis (Bretagne) signée du duc de Praslin envoyée de Versailles le 13 septembre 1769, sauvegardait les droits des capitaines : « *Le roi a bien voulu Monsieur, accorder aux armateurs qui en conséquence de l'arrêt du Conseil du 13 août dernier destineront les navires pour les endroits où la Compagnie des Indes avait le privilège exclusif*

---

[28] Gazette de Leyde du 17 avril 1770.

*d'envoyer ses vaisseaux, la faculté de se servir des capitaines et lieutenants en premier et second des vaisseaux de la Compagnie pour commander leurs navires et à ses officiers celle d'en prendre le commandement soit que les navires soient armés pour les voyages de l'Inde ou qu'ils le soient même pour toute destination dans les colonies et ce sans que lesdits officiers soient assujettis à aucune réception ni examen en justifiant toutefois par eux de leur qualité par la présentation de brevets en due forme»*

Mais leur rémunération changea. Leurs appointements ne pouvaient être fixés comme s'ils continuaient à être au service du roi. Ils furent donc considérés comme des officiers bleus et payés pour les lieutenants à 70 livres par mois et à 60 pour une enseigne[29].

C'est ainsi que ceux qui commandèrent les navires armés par les Admirault furent pour grande partie de précédents capitaines de la Compagnie des Indes maîtrisant la route de Indes qu'il s'agisse de Jacques Alexandre Boutet, Vincent Gabriel (Bernard) Bertaud, ou de Jacques Jacob Dechézeaux. Il en était de même pour le commandement des autres navires cédés par le roi à des particuliers : Philippe François Prévost de La Croix qui prit les commandes du *Laverdy* en 1769, Jean François Le Blond de Saint Hilaire, qui fut capitaine du *Duras* en 1774.

En 1769 la Compagnie avait aussi rendez-vous avec l'histoire. Il s'agissait de résoudre un problème purement réglementaire : celui de l'expiration du privilège qui lui avait été accordé par un Édit du 25 août 1719. Celui-ci prenait donc fin en 1769. Il fallait donc prendre une décision quant à la suite à y donner, bien que la Compagnie ait été confirmée par un Édit d'août 1764 pris à Compiègne mais seulement en compagnie commerçante.

L'érudit Charles Montagne dans son ouvrage intitulé <u>Histoire de la Compagnie des Indes</u>, page 54, rappelle ce texte fondateur. Il écrit ; « *Le 25 août, 1719 la Compagnie demanda le bail des fermes qui lui fut accordé le 2 septembre moyennant cinquante-deux millions et privilèges pour cinquante ans*[30] ».

---

[29] Lettre du ministre du 12 avril 1773 au commandant de la Marine à Lorient M. de Lavigne Buisson pour un embarquement sur *Le Laverdy* commandé par M. Bertin de Jaure ancien premier lieutenant de vaisseau de la compagnie des Indes ; <u>Les officiers bleus dans la marine française au XVIIIe siècle</u> page 45- Jacques Aman – 1976, Droz, Genève.

[30] Il n'est fait mention partielle de cette particularité que dans le <u>Recueil des cours de l'Académie de droit international de La Haye,</u> page 214 : « Le capital de la Banque générale que Law fut autorisé à fonder (lettres patentes du 2 mai 1716), fixé à 6 millions de livres, devait être versé par les souscripteurs pour les trois quarts en billets d'État à 4 % et pour un quart en espèces sonnantes. L'Édit du 4 décembre 1718 et l'arrêt du 27 du même mois transforma cette institution en Banque Royale. Le capital de la Compagnie d'Occident, fondée le 38 août 1717, d'un montant de 100 millions de livres, devait être versé par les souscripteurs entièrement en billets d'État à 4 %. La Compagnie d'Occident reçut en ferme les tabacs ; elle absorba en mai 1719 la Compagnie des Indes Orientales, celles de Chine et de Guinée, et fut transformée

### 3.2.1- Passeports

Dans un premier temps, même sous ce régime de liberté retrouvée, les armateurs particuliers désirant naviguer au-delà du Cap de Bonne-Espérance furent dans l'obligation de solliciter un passeport auprès de la Compagnie moyennant finance et à sa discrétion. C'était une entrave manifeste à la liberté de circulation sur l'océan indien qui leur était imposée. Pour mener à bien cette formalité on leur faisait obligation de rédiger un Mémoire et de le déposer auprès du Secrétaire d'État ayant le département de la Marine ou bien auprès des syndics et directeurs de la Compagnie des Indes et de le communiquer aussi aux Députés des villes du commerce à Paris, pour que ces derniers puissent prendre dans les ports toutes instructions et renseignements nécessaires et donner leur avis sur lesdits mémoires lesquels demeureraient attachés aux passeports.

Il n'en fut plus rien grâce à un texte subséquent du mois de septembre qui remettait en cause la formulation de l'Édit du mois d'août précédent, faussement libérateur.
La délivrance de passeports fut désormais de droit. Elle ne souffrit sur le fond d'aucune contrariété.
L'arrêt du Conseil d'État portant règlement du commerce de l'Inde du 6 septembre 1769 énonçait : *1. Les administrateurs de la Compagnie des Indes délivreront gratuitement des passeports pour l'Inde et pour les mers au-delà du Cap de Bonne-Espérance des passeports qui contiendront le nom des armateurs, des capitaines et des vaisseaux, le port en tonneaux, les lieux d'où ils devront être expédiés, et ceux de leur première destination ; lesquels passeports seront expédiés promptement, sur demande des négociants ou armateurs, sans pouvoir être refusés sous aucun prétexte, et sans être assujettis à aucune formalité, Sa Majesté dérogeant à cet égard aux dispositions IV dudit arrêt du 13 août dernier* ».
C'est le bureau de Paris qui distribua les passeports *gratis*. À ce sujet César Gabriel de Choiseul-Praslin en précisa les modalités[31] : « *Je vous adressai aussi un autre arrêt*

---

en Compagnie des Indes. Cette dernière reçut le 25 juillet de la même année, pour la durée de neuf ans, le privilège pour la frappe de la monnaie. L'édit du 25 août 1719 lui accorda le bail des fermes générales, puis celui des recettes générales. Elle réunit ainsi entre ses mains la perception des impôts, la frappe de la monnaie et le monopole du commerce extérieur », la charge, en plus, de prêter au roi un milliard deux cents millions. Elle emprunta la somme à trois pour cent. On lui promit de la lui passer en contrats sur les fermes à trois pour cent, et elle obtint la confirmation de ses privilèges pour cinquante ans. Les têtes s'exaltèrent ; la foule se porta dans la rue Quincampoix où demeuraient les principaux banquiers. De deux cents pour cent, les actions s'élevèrent à huit cents pour cent [...].

[31]Lettre de M. le duc de Praslin, à Compiègne le 29 juillet 1770 à MM. les directeurs de la Chambre de Commerce de La Rochelle. Il leur dit qu'il leur a envoyé le 16 août copie de l'arrêt du Conseil du 13 suspendant le privilège exclusif de la Compagnie des Indes et permission à tous les sujets indistinctement

*du six du même mois et je ne doute pas que vous ayez celui du huit avril dernier[32]. Il a plu à Sa Majesté d'établir et d'entretenir pendant ladite suspension un bureau d'administration du commerce des établissements français de l'Inde sous les ordres du Secrétaire d'État ayant le département de la Marine et des Colonies. Les administrateurs nommés par le roi sont les sieurs de Bruny* (rue Neuve-des Petits-Champs, près la rue Sainte-Anne) & (Sutton) *de Clonard* (rue Colbert) (anciens syndics de la Compagnie) *et de La Rochette* (rue de l'Oseille) (ancien député des actionnaires). *Ils tiennent leur bureau et leurs assemblées à l'Hôtel de la Compagnie[33].Je vous prie d'informer les négociants de s'adresser à ce bureau pour avoir les passeports et autres expéditions nécessaires. Les administrateurs les signeront au nombre de deux et je les viserai* ».

Cette souplesse a-t-elle existé ? Voici trois expéditions postérieures à 1769 sur l'Inde ou la Chine où il a bien été fait état de permissions qui furent délivrées par la Compagnie. — L'*Union* qui partit de Saint-Malo fit escale à Lorient pour se rendre aux Philippines (Manille) les Indes et revint à Lorient en faisant une escale préalable aux Mascareignes. La campagne dura de 1772 à 1775. Il fut armé par M. de Chateaubriand, le père de l'écrivain, par permission de la Compagnie du 23 octobre 1772. — Le *Modeste* qui appartenait à M. Grandclos Meslé qui pour sa campagne de 1774 à 1775 qui le mena en Chine fut armé avec la permission de la Compagnie des Indes du 21 juin 1774. — Le *Terra*, armé par Le Breton de Blessin, De Saudrais Sébire qui partit de Saint-Malo directement pour les Mascareignes se rendit en Inde, fit escale au Cap de Bonne-Espérance pour revenir à Saint-Malo, mais obligé de décharger à Lorient armé pour sa campagne 1774-1776, par permission de la Compagnie des Indes du 12 septembre 1773. Au mieux, il ne pourrait s'agir que d'un problème de sémantique.

L'expédition qui fut menée à partir de La Rochelle par Benjamin Seignette fut soumise à autorisation pour permettre le départ de son navire *L'Argus*, de 300 tonneaux à destination des îles de France et de Bourbon. Dans le régime clair-obscur de la nouvelle réglementation bien que *L'Argus* partit de La Rochelle et non de Lorient, la soumission mentionna la permission accordée par les sieurs syndics et

---

d'envoyer leurs propres vaisseaux effets et marchandises au-delà du Cap de Bonne-Espérance. AD/17, 41 ETP, vue 260 / 878.

[32] Lettres patentes sur arrêt du 8 avril 1770 : le roi demeurera propriétaire de tous les effets réels et fictifs de la Compagnie à la charge d'entretenir les rentes et dettes de la Compagnie. Les actionnaires sont appelés en retour à fournir 400 livres par action.

[33] La Compagnie des Indes s'établit dans l'hôtel Tubeuf qui l'occupa de 1719 à 1769 où elle fut remplacée en 1769 par le Trésor royal. L'hôtel Tubeuf, (ou hôtel Colbert de Torcy) fut bâti en 1635 à l'angle des rues Vivienne et des Petits-Champs. Cependant en 1785, lors de la fondation de la nouvelle Compagnie des Indes, elle fut logée rue de Gramont.

directeurs de la Compagnie des Indes ci-après nommés : François Risteau[34] Duvaudier ( Beuvin du Vaudrier) Pierre Jacques Le Moyne et Thomas Sutton, comte de Clonard, visée par Mgr le duc de Praslin le 18 décembre 1769. On imagine que les marchandises furent chargées à La Rochelle.

Bien que gratuite, l'obtention de passeports qui se faisait à Paris au siège de la Compagnie des Indes constituait une sérieuse gêne administrative, car les pétitionnaires étaient presque tous des habitants des villes maritimes.

Certains armateurs se dispensèrent de l'accomplissement de cette formalité. Aussi, le Ministère fit un rappel à l'ordre en 1775[35].

Il fallut résoudre le problème des passeports perpétuels délivrés avant 1769. On s'en aperçut bien tard, en 1787, après la restauration des privilèges exclusifs pour la Nouvelle Compagnie des Indes autorisée le 14 avril 1785. Leurs titulaires pouvaient arguer de leur validité. Aussi, le roi décréta que de telles permissions antérieures seraient de nul effet et que quiconque s'en servirait risquait de se voir confisquer son navire avec les marchandises [36].

Gratuits les passeports, – certes, mais les navires à leur retour payaient aux Fermiers généraux pour le compte du roi à Lorient lors de la sortie des entrepôts ou lors des ventes publiques des droits d'indult (induit) fixés à 5 % sur les marchandises en

---

[34] Arrest du Conseil d'Etat du Roi qui commet le sieur Risteau, ancien directeur de la Compagnie des Indes, pour faire le recouvrement de toutes les sommes dues à la Compagnie dans les Isles françoises de l'Amérique. Du 10 février 1772.

[35] AD/17 41 ETP 119/2137, Copie de la lettre du 14 décembre 1775 de M. de Sartines à MM. de La Touche et Daubenton « Quelques bâtiments expédiés au-delà du cap de Bonne-Espérance sont partis par des différents ports de France sans être pourvus d'une permission des directeurs de la Compagnie des Indes (Rappelant l'arrêt du Conseil d'État et la lettre du duc de Praslin du 29 juillet 1770 aux treize chambres de commerce) ».

[36] Arrêt du Conseil d'État qui déclare nuls les passeports illimités délivrés par l'ancienne Compagnie des Indes aux négociants et armateurs et leur fait défense de s'en servir. Du 21 février 1786, extrait des registres du Conseil d'État- Le Roi étant informé qu'il existe des passeports illimités donnés par l'ancienne Compagnie des Indes, dont on n'a pas fait usage & dont on pourrait abuser contre les dispositions de l'article XIV de l'arrêt du 14 avril 1785 portant établissement d'une nouvelle Compagnie des Indes, par lequel Sa Majesté a expressément défendu à tous ses sujets de faire le commerce de l'Inde pendant la durée du privilège de ladite Compagnie [...]. Ouï le rapport du sieur de Calonne [...], le roi étant en son Conseil a déclaré nuls & de nul effet tous les passeports illimités délivrés par l'ancienne Compagnie des Indes. Fait Sa Majesté défenses aux armateurs et négociants de s'en servir à peine de confiscation & saisies des vaisseaux et marchandises. Signé de Castres https ://gallica.bnf.fr/ark :/12148/btv1b8620566k.r=passeports%20illimit%C3%A9s ?rk=21459;2. Ce texte a été évoqué à la Chambre de commerce de La Rochelle le vendredi saint 14 avril 1786 : Lettre de M. Jean Nicolas de Boullongne [comte de Nogent-sur-Seine, † 7 janvier 1787] conseiller d'État, commissaire du roi dans l'administration de l'ancienne Compagnie des Indes, [nommé par arrêt du 3 mars 1787], pour adresser à la Chambre l'arrêt du Conseil du 21 février 1786 qui déclare de nul effet les passeports illimités délivrés par l'ancienne Compagnie des Indes aux négociants & armateurs & leur fait défense de s'en servir et charge la Chambre d'en donner connaissance, AD/17 41 ETP 8, feuille 28, verso, vue 32/238.

provenance de l'Inde et 3 % sur celles en provenance de l'Isle de France et de Bourbon.

### 3.2.2.- Obligation de retour des marchandises et ventes à Lorient

Si le maintien de l'obligation de retour des marchandises à Lorient paraissait indécent aux négociants, jamais ils ne s'étaient plaints de l'obligation qui s'imposait à chaque armateur de faire revenir un navire dans le port où avait été déposée la soumission au greffe pour obtenir un congé. Tel était le régime en vigueur depuis Colbert : Article XVI du Livre II de l'Ordonnance sur la Marine de 1681 : « *Sera tenu, avant que de se mettre en mer, de donner au greffe de l'Amirauté du lieu de son départ, les noms, surnoms & demeure des gens de son équipage, des passagers & des engagés pour les isles & de déclarer à son retour ceux qu'ils auront ramenés & des lieux où ils auront laissé les autres[37]* ».

Les armateurs et négociants rochelais manifestèrent le 9 septembre 1769[38] leur mécontentement quand ils eurent connaissance par l'intermédiaire du ministère de la teneur de l'arrêt du Conseil d'État du roi du 13 août 1769. Aux termes de ce texte les négociants ne pouvaient faire leurs retours que dans le port de Lorient. Pis encore, s'ils se voyaient obligés de relâcher ailleurs, ils ne pouvaient y débarquer leurs marchandises. Et même, si le mauvais état des vaisseaux forçait de les décharger, ils se voyaient tenus de déposer la cargaison dans un magasin sous la garde des Commis des fermes et de la faire reconduire à Lorient sous acquit à caution.

Ils protestèrent auprès de César Gabriel de Choiseul-Chevigny duc de Praslin, ministre de la Marine. Ils n'étaient pas les plus à plaindre. Leur port était autorisé au moins à charger les marchandises pour la mer indienne, tout comme La Rochelle était un port d'aller et de retour pour les possessions du roi en Amérique et pour faire des croisières sur le golfe de Guinée ou la Côte-de-l'Or.

Les Directeurs de la Chambre de commerce réitérèrent leur supplique à Pierre Bourgeois de Boynes ministre et secrétaire d'État en cour, secrétaire d'État à la marine depuis le 8 avril 1771, successeur du duc de Praslin.

« *Nous avons l'honneur de vous remettre ce Mémoire [39]qui nous a été adressé par plusieurs négociants de cette place au sujet de vaisseaux expédiés de ce port pour les*

---

[37] Les contraintes découlant d'une obligation de retour des navires à un port déterminé n'étaient pas une nouveauté. La réglementation donnait des ports privilégiés et d'autres non. La chambre de commerce de Saint-Malo se plaignit auprès du ministère de l'obligation qu'on lui faisait de faire revenir les marchandises par les ports des cinq grosses fermes ou Nantes après que ses armateurs s'étaient rendus aux côtes de Guinée et porter les captifs en Amérique [AN/G7, 1686].

[38] AD/ 17 41 ETP 16, pages 390 et 391, vue 198/ 292, 9 septembre 1769.

[39] AD/ 17, 41 ETP 16 pages 459 et 460, vue 232/ 292, 16 novembre 1771. Cette supplique était peut-être en elle-même le Mémoire auquel elle se réfère, car aucun document n'est reproduit à la suite de celle-ci.

*Indes et les îles de France et de Bourbon, qui en conséquence de l'arrêt du Conseil d'État du 13 août 1769 doivent faire leur décharge dans le port de Lorient. Nous prenons la liberté de supplier Votre Grandeur de prendre ce Mémoire en considération et de représenter au Roi que l'obligation où sont tous les négociants qui ont expédié des vaisseaux pour les Isles de France et de Bourbon, d'aller faire leur décharge et leur retour dans le port de Lorient surchargerait ce commerce de frais et enlèverait aux particuliers la manutention de leurs effets exigerait des déplacements toujours coûteux et dangereux priverait les villes d'où sont faites les expéditions d'un commerce intéressant, dont cette ville particulièrement a le plus besoin d'après les pertes qu'elle a essuyées dans la précédente guerre.*

Pendant le temps de l'immobilisation de son vaisseau à Lorient, l'armateur rochelais devait ajouter le surcoût des gages et des frais de nourriture de son équipage qui pouvait durer de deux à trois mois, en fonction de la date de débarquement des marchandises et la tenue des ventes annuelles. La route du retour aurait été plus courte en déchargeant à La Rochelle. Il aurait pu choisir ses acheteurs et vendre lui-même sa marchandise. Il ne connaît pas le temps d'immobilisation à Lorient bien que le séjour des marchandises dans les entrepôts soit gratuit pendant six mois. Il ne peut savoir quand son vaisseau rentrera à La Rochelle, si bien qu'il peut se trouver dans la nécessité de fréter ou d'acheter, même pour mener à bien une nouvelle expédition qu'il a arrangée avec ses fournisseurs.

Turgot souligna la dérision de cette mesure. Il écrivit à Condorcet [40] : Versailles le 6 février (1774 ?) : « *La défense de désarmer ailleurs qu'à Lorient est l'absurdité des absurdités. Vous ne doutez pas que je n'aie l'impatience de la révoquer. Mais les États de Bretagne mettent une très grande chaleur à la conserver. Il faut donc que je traite cela comme un procès et avec quelque lenteur. Je voudrais que les chambres de commerce se réunissent à me demander la liberté et l'on a mille peines à les réveiller là-dessus, nommément celle de Dunkerque qu'on a sondée et dont les principaux membres ont répondu que cela ne faisait rien* ».'

Le retour par Lorient a dû être très pénalisant pour *L'Antoinette Marie* qui partit en campagne en 1773 de Sète pour l'Isle de France et revint en 1774 à Lorient.

Ce ne fut par la suite qu'une série de plaintes, sauf de la part de MM. de Lorient qui ne voulaient pas perdre leurs avantages logistiques. Avec la maîtrise par la Compagnie des Indes des routes orientales et les acquits d'expérience de celles-ci, Lorient connut un développement sans précédent. À l'origine ce port né de rien ne devait constituer qu'une base d'appoint pour celui de Brest. Lorient décolla quand le contrôleur-général Orry recentra en 1730 les activités de la deuxième compagnie sur

---

[40] Œuvres de Turgot, Tome 5, et documents le concernant, Paris 2018, Institut Coppet, de Anne-Robert-Jacques Turgot, Gustave Schelle, page 393, Lettres à Condorcet XL, Versailles le 6 février.

## Samuel de Missy (1755-1820), armateur rochelais sur l'océan indien

l'océan indien[41]. La ville-port comptait 25 000 habitants à la veille de la Révolution. Elle était aussi grande que Rochefort et plus importante que La Rochelle.

La chambre de Commerce de Bordeaux [42] dont le port était peu actif sur l'Inde et la Chine fut encore plus offensive et mit en cause l'honnêteté de l'administration obligeant à désarmer au seul port de Lorient, « *ce qui est une clause personnelle de faveur pour quelques maisons affiliées aux anciens agents de la Compagnie* ».

L'injustice du retour des bateaux à Lorient fut encore dénoncée brillamment par Jacques Alexandre Laffont de Ladebat en 1775 qui réclama pour les armateurs de Bordeaux, de Nantes et de Marseille, mais non pour ceux de La Rochelle, ce qui pourrait laisser entendre que les Admirault avaient déclaré forfait, la liberté entière de commercer avec l'Inde [43] :

« *L'Isle de France ne fournit rien et les habitants ne peuvent payer leurs achats qu'avec des lettres de change sur le trésorier des colonies. Ainsi le commerce de cette île est borné aux dépenses du gouvernement. Quand même le sol de cette île serait stérile ou ingrat, si la sûreté de ses rades établit un commerce continuel avec le reste de l'Inde, si cette île devient un entrepôt considérable, les consommations n'y augmenteront-elles pas ? Mais le sol de cette île n'est point stérile. Il produit des vivres, des rafraîchissements et le café y croît comme à Bourbon.*

*Le despotisme de l'administration les dissensions des officiers de plume et d'épée arrêtèrent tous les progrès et cette île n'a vraiment fait que de languir. Elle languira aussi longtemps que le commerce de l'Inde sera gêné ou restreint* [...]. *Ce séjour à Lorient entraînait beaucoup d'autres frais* [...]. *Les gages de l'équipage cessent dans le port de désarmement lorsque le navire y reste, mais s'il faut le conduire ailleurs, à Bordeaux par exemple, pour l'armer de nouveau les gages dureront pendant le séjour à Lorient et pendant le trajet de Lorient à Bordeaux ou du moins pendant ce trajet si*

---

[41] Lorient, ville portuaire. Une nouvelle histoire des origines à nos jours, page 25. Gérard Le Bouëdec et Christophe Cérino, Presses universitaires de Rennes, 2017.

[42] AD/33, C 3864 page 123.

[43] AD/ 33 C 3864, page 123 observations de la Chambre de commerce de Bordeaux contre ce règlement (de 1769) qui en annonçant la liberté de commerce avec l'Inde en détruit tout l'avantage par de nouvelles barrières, dont celle qui lui paraît principale, est l'obligation de désarmer au seul port de Lorient, ce qui est une clause personnelle de faveur pour quelques maisons affiliées aux anciens agents de la Compagnie.

« La liberté du commerce de l'Inde a été l'objet d'un mémoire des Directeurs du commerce de la province de Guyenne, et sur lequel est intervenu un avis des députés du commerce, comme aussi un mémoire de la Communauté de Lorient contre cette liberté. Le maire de Lorient vient d'y faire une réplique qui démontre que le commerce de l'Inde ne doit point s'assimiler aux autres; que les principes en sont différents ; qu'on ne peut pas mettre en parallèle les opérations suivies et combinées d'une Compagnie qui avait le privilège exclusif pour ledit commerce à celui de divers armateurs, ne pouvant avoir entre eux aucun accord sur leurs expéditions ; que l'expérience confirme tous les jours l'erreur où l'on est tombé en détruisant la Compagnie, que ce commerce enfin ne peut réussir que par un ensemble d'opérations. Malgré la force des raisonnements et des faits allégués par l'auteur, le génie du ministère est constamment opposé à cette liberté, qu'il réclame inutilement. »

*l'on congédie l'équipage pour en prendre un nouveau. Quelque fois cette augmentation pourrait aller à deux ou trois mois des gages et de vivres. Si le vaisseau a souffert pendant la traversée de l'Inde, il faudra des réparations et des frais pour le mettre en état d'être conduit à Bordeaux [...]. La facilité de réaliser ses fonds au déchargement des vaisseaux est un des grands avantages de la liberté mais vous Messieurs* [de Lorient] *qui chérissez les vous soutenez que par leur moyen la rentrée des fonds sera plus propre et plus sûre. Quoi ? mon vaisseau arrivera à Lorient 5 à 6 mois avant l'époque de la vente et je réaliserais mes fonds aussitôt qu'à Bordeaux ! et que si je vendais au déchargement [...]. <u>Dans nos ventes particulières</u>* (comme à Bordeaux) *on ne craint pas comme dans vos l'accord des acheteurs.*

L'obligation de retour des marchandises à Lorient, avec une ouverture tardive profitant aussi à Toulon, dura jusqu'à la Révolution. Samuel Demissy comme tous les armateurs dut s'y plier.

Ceci obligea plusieurs fois Pierre Gabriel Admirault et son fils à délaisser leurs affaires à La Rochelle pour se rendre à Lorient et même y demeurer un temps plus que de raison, car il fallait surveiller le débarquement des marchandises, l'entreposage dans les magasins de la Compagnie des Indes en vue de leur vente aux enchères. En 1775, 1776 et 1777, Louis Gabriel ou son fils François Gabriel ensemble ou individuellement confièrent au mois d'août ou septembre la gestion de leurs affaires à leur premiers commis[44].

3.2.3.- A la conquête de l'*oceanus indicus*

Les terres lointaines bordant l'océan indien avaient déjà été visitées par des marins Rochelais[45]. Au XVIe siècle Jean Alfonse serait parvenu jusqu'aux possessions portugaises des Indes orientales. Il pourrait être même allé jusqu'à Java et à la Chine et peut-être jusqu'à l'approche de l'Australie.

En 1769, au moment où la Compagnie des Indes vint à être dépourvue de son privilège exclusif et perpétuel, il n'était pas certain que la mémoire de ces voyages vers ces pays lointains ait été conservée par les armateurs particuliers ou dans les écoles d'hydrographie. Le descriptif des routes au travers de cartes sans cesse

---

[44]Les Admirault habitent rue Dompierre [rue Fleuriau] - AD/ 17 3 E 1686 fol. 487- 488, vue 123/291, 24 août 1775 procuration Admirault fis aîné à François David Pellier leur premier commis Pellier, lesquels sont en départ pour la ville de Lorient. - Procuration Pierre Gabriel et François Gabriel Admirault AD /17 3 E 1687 fol. 64, vue 94/367 19 août 1776 à François David Pellier, leur premier commis, lesquels sont en départ pour la ville de Lorient où ils doivent passer plusieurs mois. Le sieur Pellier conduira et gouvernera leurs affaires selon sa prudence. - Procuration MM. François Gabriel Admirault- AD/ 17 3 E 1688 fol. 363, vue 81/220 15 septembre 1777 à François David Pellier et Charles Jacques François Mangon La Forest leurs premiers commis, lesquels sont en départ pour la ville de Lorient où ils doivent passer plusieurs mois. Les sieurs Pellier et Mangon La Forest conduiront et gouverneront leurs affaires selon sa prudence.

[45] Louis Meschinet de Richemond, Les Marins rochelais, La Rochelle et Niort, 1906, réédité par Rumeur des Âges, 1983, page 7.

améliorées constituait un progrès. Mais il ne pouvait être décisif pour ceux qui n'avaient pas eu l'expérience d'une campagne. Au surplus, il fallait avoir une bonne connaissance des mécanismes des vents qui forment les moussons [46] d'hiver et d'été dans l'hémisphère austral.

Les capitaines de la Compagnie des Indes qui conduisaient leurs navires au Bengale, à Pondichéry ou encore à Canton, avaient une bonne maîtrise de ce phénomène naturel. Les bâtiments quittaient Lorient au plus tôt vers janvier-février, mais souvent en mars, pour arriver dans l'océan indien trois mois plus tard et pour beaucoup d'entre eux à l'Isle de France et ainsi profiter des vents portants de la mousson. Le printemps boréal correspond à l'automne austral où les vents soutenus venus des eaux réchauffées par l'été de l'océan indien poussent les navires vers le nord-est. Mais il ne fallait pas arriver plus tard car à partir de novembre les îles Mascareignes pouvaient subir de terribles cyclones. Il était nécessaire pour revenir à Lorient d'attendre le renversement des vents soufflants du nord-est vers le sud-ouest. Entre-temps le navire pouvait aller de l'Isle de France à l'Isle Bourbon. Dans son voyage de retour, il pouvait si cela était autorisé à faire escale au Bengale, sur la côte de Coromandel ou encore à Cochin. La durée minimale de la campagne variait de douze à seize mois. Les navires de fort tonnage étaient les mieux adaptés pour rentabiliser ces longues expéditions.

Prenons au hasard le cas du *Massiac* de neuf cents tonneaux et vingt-quatre canons propriété de la Compagnie des Indes qui sera cédé plus tard à un armateur particulier dont le capitaine originaire de La Rochelle se nommait Nicolas-Charles Claëssen : Il fit voile de Lorient pour l'Inde le 22 mars 1759. Il parvint à l'Isle de France le 8 juillet 1759. Le navire était donc un peu lent. Il se peut pour autant qu'il n'ait même pas fait escale au Cap de Bonne-Espérance pour rafraîchir l'équipage, réapprovisionner et au besoin réparer. Il appareilla pour l'Isle Bourbon le 10 octobre 1759, d'où il fait le voyage de retour le 22 octobre 1759, pour être désarmé à Lorient le 27 janvier 1760[47].

Les trois mois nécessaires à la navigation de navires particuliers se transformaient souvent en quatre ou cinq mois sans escale pour les navires de la Compagnie des Indes. Les effets étaient désastreux sur la santé de l'équipage. Le jeune Proa qui

---

[46] <u>Voyages fait par ordre du roi dans les mers de l'Inde</u> par M. Le Gentil de l'Académie royale des Sciences à l'occasion du passage de Vénus sur le disque du soleil le 6 juin 1761 et le même mois 1761 imprimé en 1781.
Page 630 On distingue quatre saisons à l'île de France : la première vient en mai avec des vents de sud-ouest. Ce sont alors dans toutes les îles des grains fréquents de pluie qui servent beaucoup aux blés. La seconde saison commence où celle-ci finit en septembre ou en octobre qui sont la chute des vents de sud-est et le commencement des vents de nord-ouest. Cette saison est une saison de sécheresse. Les pluies d'otage et les ouragans qui commencent à l'ordinaire en décembre [...] jusqu'à mars environ. Vient la quatrième saison qui ne dure pas plus de six semaines et c'est la saison de sécheresse.
[47] Rôle 2 P 38-III-11, Service historique de la Défense, Lorient.

naviga sur le navire particulier *La Sirenne* appartenant aux Admirault fit ce voyage sans escale.

À leur retour de campagne de l'Inde ou de Chine les navires désarmaient à Lorient, unique port autorisé pour les retours des marchandises et de leur vente, au détriment de Nantes depuis 1733[48]. Ces dernières étaient entreposées dans les magasins de la Compagnie, qu'il s'agisse de celles provenant de vaisseaux de la Compagnie des Indes ou de celles déchargées de navires particuliers. Elles seraient vendues aux enchères et adjugées à la baguette au plus offrant et dernier enchérisseur, non pas comme le disent de manière uniforme les auteurs[49] : lors de la grande vente annuelle du mois d'octobre en précisant même parfois la première quinzaine de ce mois, - mais sur un laps de temps qui pouvait s'étaler de septembre à janvier où l'organisation des ventes publiques devait dépendre de l'arrivage des navires et de la consistance des marchandises. On sait précisément qu'il se déroula une vente le 15 septembre 1760 (café et divers), une autre vente le 21 septembre 1761 (thé), encore une en décembre 1770[50], et une le 16 décembre 1771.

Il y en eut chaque année, sauf peut-être pendant le temps de la guerre d'indépendance américaine. Dans une lettre adressée le 9 novembre 1769 par Pierre Étienne Louis Harouard, Lieutenant-général de l'Amirauté de La Rochelle, à sa sœur la marquise d'Aulan qui demeure en Avignon, est évoqué le prochain déplacement de leur frère François Henri de Saint Sornin pour assister à une vente de la Compagnie des Indes[51] : « *Mon frère part aujourd'hui pour une tournée en Bretagne. Le but de son voyage est d'aller à la vente de* [la Compagnie des Indes] *à L'Orient. Si vous deviniez ce qu'il va y faire, vous en sauriez plus que lui* ».

Il pourrait bien s'agir des marchandises revenues sur *Le Massiac*, désarmé à Lorient le 23 mai 1769[52].

---

[48] Le Goff, Thierry, Les Ventes de la Compagnie des Indes à Nantes (1722-1733), *MemHOuest*, consulté le 30 mars 2023, https ://memhouest.nakalona.fr/items/show/9529.

[49] René Estienne « Lorient et les Compagnies des Indes, 166–1794, Ici et là, 1997, n° 29 p.28-33. Chaque année, au mois d'octobre, se déroule la grande vente annuelle des produits de la compagnie. https ://www.memoiredeshommes.sga.defense.gouv.fr/de/_depot_mdh/_depot_front/articles/265/rene-estienne-lorient-et-les-compagnies-des-indes-1666-1794-ici-et-la-1997-no29-p.-28-33._doc.pdf

[50] Gazette de Leyde le 10 décembre 1770 Les mauvais temps ont empêché beaucoup de marchands de différents ports de se rendre à la vente des marchandises à Lorient.

[51] Page 114, lettre n° 69, référence n° 49]. Lettre du 9 novembre 1769, Entre Aunis et Avignon, Jean Hesbert, Le Quai Saint-Nicolas 2021.

[52] Au Port Louis, le 22 mai 1769- Le vaisseau de la Compagnie des Indes *le Massiac*, commandé par M. de Villebague, mouilla avant-hier au soir à la pointe de l'Ouest de l'île de Groix où il est retenu par le vent de Sud-est qui l'empêche d'entrer. Ce vaisseau vient de l'Isle de France et de Bourbon ; de ce dernier endroit il en a parti le 14 février dernier. Allées et venues à Lorient, année 1769, Lettres de Pierre Poivre, mises en page par Jean-Pierre Morel, (f°227).

## Samuel de Missy (1755-1820), armateur rochelais sur l'océan indien

Pour chaque vente, un inventaire des marchandises sous forme de catalogue était dressé[53]. « Il était divisé en trois chapitres :- Les marchandises sujettes à la marque – mousselines, toiles de coton blanches, mouchoirs de coton du Bengale et du Mazulkipatam, mouchoirs de soie et de coton, écorce, soie et écorce.- Les drogueries et épicerie, comme le café, le thé, le poivre, la rhubarbe, l'esquine, le cardamone, le galanga, le curcuma, le vif-argent, la gomme, laque plate et en feuilles et pour la teinture, cauris, tontenage, bois rouge, soie écrue, porcelaine, cabarets, rotins et autres.- Le troisième : Les mouchoirs de Pondichéry, toiles peintes et rayées de couleur, damas, satins unis ou rayés, pékins, gourgarans et autres étoffes dont l'usage et le débit sont prohibés dans le royaume, et quoique chargées sur les vaisseaux de la Compagnie, ne peuvent y être vendues qu'à la condition qu'elles seront renvoyées à l'étranger ».

Nos édiles rochelais n'y trouveront pas le sucre, denrée par laquelle il a été affirmé que Samuel Demissy fit sa fortune !

La Rochelle peut s'enorgueillir de détenir à la Médiathèque Michel Crépeau pratiquement tous les catalogues de marchandises qui furent vendues aux enchères à Lorient des années 1772 à la Révolution, lesquels témoignent de cette diversité [54].

---

[53] Revue d'histoire des colonies françaises, volume 13, page 498.

[54] Registres d'inventaires de marchandises mises en vente par les compagnies maritimes, principalement à Lorient, imprimés pour la plupart, avec annotations nombreuses donnant les modifications apportées, les prix obtenus et le nom des acheteurs de 1772 à la Révolution [Manuscrits 687-750].Articles et conditions auxquelles la Compagnie des Indes fera vendre à l'Orient & dernier enchérisseur, en la manière accoutumée, le 16 décembre 1771 & jours suivants, les marchandises qui sont dans ses magasins à l'Orient ; Médiathèque Michel Crépeau, MS 696- Catalogue général des manuscrits des bibliothèques publiques de France. Départements — Tome VIII. La Rochelle, Georges Musset. Plon Nourrit, 1889 : MS 696, Vente Le Duc d'Aiguillon du 21 septembre 1774, armé le pour le Cap de Bonne-Espérance et l'Isle Bourbon le 25 septembre 1773, désarmé à Lorient le 20 avril 1774, propriétaire Jean Joseph Amat, nommé agent de la Marine à Pondichéry. [Il a été présenté au duc de Praslin par son cousin le duc de Choiseul. Mémoire du sieur Amat sur les communications à établir entre l'île de France et Pondichéry, 180, 181, 183. AN/MAR/B/571 : Robinet de La Serve, originaire de Ribérac ]- (Mousselines) : Garras, Casses de Malde (Malda), Casses Bouron, fins, Cases Bouron de Chandepour (Chandrapour ?), Casses Jagrenat (Jagrenat Gross, nom d'un courtier) pour Casses Birpoulay (Birpour), casses Coquemary à lisière d'or, Tanjebs santos, Tanjebs caligane, Mallemolle [Foulard de mousseline à bord frangé d'or] de Malde, Mallemolles de Malles fines, Mallemolles serbatis, Mallemolle canicola (Canicola nom d'une ville du Bengale], Terrindanes, Nansouques, Nansouques fines, Nansouques chandercone, nansouques Jaconat, Dorés [mousselines rayées, quadrillées et brochées, dites "Doréas"] canicola, Doréas de Gogalpour, Doréas façon de Daka (Dacca), casses Jangalle, Mallemolles abrohany, Terindanes Dameray, Doréas razy, Doréas Baysoutty Boly, Basseras de Chatigan (nom d'une ville du Bengale), Basseras de Loquipour (Baffetas :toiles communes du Bengale ?), Bafferas (Baffetas) Chitobory façon anglaise, idem sorte française, Baffetas Calapatis (Caladaris : toiles de coton à petites raies de couleur vive du Bengale ?), Baffetas fins de Patna, Lakoris de Patna, Tanjebs de Patna, Mamoudis brodés de Patna, Sirisayes, Amatis de Patna, Hamans, Hanrial, Toques, mouchoirs rouges, superfins – Total lots :1 529.

Y figurent la description des marchandises pourvues d'une référence correspondant aux initiales du chargeur, les quantités disponibles, avec parfois des annotations donnant les modifications apportées, les prix obtenus et le nom des acheteurs. Comme ces catalogues n'ont pas été compris dans les archives qui ont été versées il y a quelques années par la Chambre de commerce aux Archives départementales, on peut imaginer qu'elles proviennent d'un fonds de particulier, tel celui de la famille Admirault.

Les officiers de la Compagnie française des Indes faisaient naturellement profit des extraits des journaux de navigation des vaisseaux ayant suivi la même route. En 1740 le dépôt des cartes de la Marine publia une « <u>Carte réduite de l'Océan oriental ou mer des Indes</u> », mais elle comportait encore des erreurs quant à la position des continents et des îles et leur situation sur les longitudes.

Le naufrage le 19 janvier 1750 du navire icône de la Compagnie des Indes *Le Centaure* [55] du port de 1 200 tonneaux en guerre et de 1 500 tonneaux en marchandises, armé de 70 canons, parti de Lorient pour l'océan indien le 10 janvier 1746, provoqua une vive émotion. C'était l'un des plus grands vaisseaux que la Compagnie avait construits. Il était le premier à être doté de courbes de fer pour renforcer la charpente. Une erreur de longitude sur la carte lors de la navigation aurait été la cause du désastre selon de nombreux historiens. *Le Centaure* avait talonné à trois reprises sur un haut-fond situé à deux lieues au large du cap des Aiguilles (Cabo das Agulhas en portugais, Kaap Agulhas en afrikaans) à 170 km au sud-est du cap de Bonne-Espérance, le point le plus méridional du continent africain.

Le ministère instruisit alors un hydrographe de la Compagnie des indes, Jean Baptiste Nicolas Denis d'Après de Mannevillette de dessiner des cartes plus exactes en cartographiant à nouveau les côtes. En 1765, il publia sous le titre <u>Mémoire sur la navigation de France aux Indes</u> un abrégé de navigation et en 1768 une édition enrichie. En 1775 <u>Le Routier des côtes des Indes orientales et de la Chine</u> reparut sous le titre du <u>Neptune oriental</u>. Enfin, il prépara un supplément de cet ouvrage, en tenant compte des observations formulées par ses confrères. Celui-ci sera publié après sa mort, en 1781.

---

Suite vente *Le Duc d'Aiguillon* du 21 septembre 1774 : 316+59 + 72+53 + 72, Guineas de Mazulipatan, Salempouris de Pondichéry, chemises tachées, bassins du Bengale etc.

[55] Le site <u>Mémoire des Hommes</u> donne les renseignements suivants sur le vaisseau *Le Centaure :* Construit à Lorient de 1750 à 1751 par Cambry, lancé le 07 septembre 1751. Il avait effectué dans les années 1754-1755 une campagne dans l'océan Indien : Lorient → Gorée → Inde et Mascareignes → Angola → Lorient, https ://www.memoiredeshommes.sga.defense.gouv.fr/fr/article.php ?larub=1&titre=compagnies-des-indes

**Chapitre IV. - L'intérêt mesuré des Rochelais à profiter de la liberté donnée au commerce particulier de naviguer au-delà du Cap de Bonne- Espérance**

Mangon & Laforest connus pour avoir été des armateurs négriers d'importance au Havre écrivirent au lorientais Delaye le 9 janvier 1769 ces mots pleins d'espoir : « *Voilà le commerce de l'Inde qui va redevenir libre. Je pense que ce sera bien le cas où l'un de vous devrait aller se fixer dans cette partie. Elle présente infiniment plus de ressources que partout ailleurs*[1] ».

Malouins, Nantais, Lorientais armateurs de Caen de Honfleur, Dunkerquois concentrèrent leurs énergies sur les Mascareignes. Nous verrons la manière dont La Rochelle réagit à cet appel.

Les produits manufacturés de l'Inde et de la Chine avaient atteint un niveau de qualité exceptionnelle. Ils faisaient l'envie de toute l'Europe. Les principaux centres de production se situaient dans le delta du Yangi appelé aussi le fleuve Bleu ou Yang-Tsé-Kiang, le Bengale, suivis de près par le Lingan, aujourd'hui provinces de Guandong et du Guanxi et en Inde sur le littoral à l'alentour de Madras ainsi que dans le Bengale. La France y tenait son rang. - Depuis Pondichéry, des quantités « très considérables de toiles mousselines et autres objets manufacturés au Bengale et sur les côtes de la presqu'île de l'Inde » furent même envoyées à Manille et de là à Acapulco pour l'approvisionnement du Mexique. L'Inde produisait à elle seule le quart des objets fabriqués dans le monde[2]. Le coton filé était roi. Les Anglais étaient devenus fous de thé et les Français de café. Les épices : safran, curcuma, cardamone cannelle, poivre, s'étaient invitées dans les mets des Européens.

Le « marché indien » s'étendait sur des surfaces gigantesques. Les premières côtes de Madagascar étaient distantes de 800 kilomètres de l'Isle de France, pôle logistique et opérationnel ; le Cap de Bonne-Espérance où les navires faisaient souvent relâche à 4 100 kilomètres ; Pondichéry si fameuse pour ses toiles : 4 300 kilomètres ; Trinquemalay (Sri-Lanka) 4 100, et Batavia (Jakarta), capitale des Indes néerlandaises, souvent porte d'accès pour la Chine, 5 400. Entre l'Isle de France et celle de Bourbon, il fallait compter[3] deux jours de navigation.

La mise en œuvre de ce commerce en « Inde » imposait une organisation spatiale et temporelle rigoureuse et supposait un savoir-faire d'exception : navires, ports,

---

[1] AD/56, E 2406.
[2] Mike Davis, Génocides tropicaux- page 318, La Découverte poche – 2003 2006.
[3] Océans et marine française en paix, missions et stations navales (1763-1792), page 236, Edern Olivier-Jegat 2020. Université Bretagne Sud.

radoubs, pontons, factoreries, subrécargues, gardes-magasins aux comptoirs ou loges, courtiers, avances de fonds, tout en s'accordant avec les vents portants de la mousson d'été pour l'aller et les vents de la mousson d'hiver pour retourner en métropole. Un navire de 1 200 tonneaux se chargeait en deux à trois mois selon Abraham Hyacinthe Anquetil Duperron. Les campagnes pour la Chine s'avéraient encore plus complexes. Paul Pierre de La Bauve D'Arifat un temps associé de Samuel Demissy ayant organisé sa seconde expédition sur la Chine dans la précipitation, en fera l'amère expérience. Il provoquera en 1782 l'une des plus grandes faillites que l'histoire financière de la France a pu enregistrer.

Pour prendre la mesure de la particularité du commerce avec l'empire du Milieu, reportons-nous à l'ouvrage Histoire du Thé, de Paul Blutel[4] et extrayons-en des passages particulièrement significatifs. « [page 71] *Canton, porte d'entrée de la Chine. Les navires européens mouillent en aval de Canton dans la rade de Wampou. Le commerce chinois entend utiliser Ningpo port du centre de la Chine pour ses relations avec le Japon. Les vaisseaux remontent dans la rade fluviale de Wampou à une quinzaine de kilomètres en aval de Canton et l'on communique avec la ville soit par les chaloupes des navires, soit par les sampans chinois.* [page 74] *Pour mieux faire face à ces difficultés, les Compagnies ont mis en place des Conseillers chargés de diriger leurs comptoirs. Les subrécargues* [Officiers d'une compagnie de navigation qui assurent, sur un navire, l'exécution des obligations commerciales afin d'en décharger le capitaine] *qui se contentaient de venir à Canton pour trois mois à l'occasion de chaque expédition sont remplacés par des agents définitivement installés. Les Européens ont loué aux marchands du Co-Hong les factoreries* [Le lieu, le bureau où les facteurs ou agents font les affaires d'une compagnie de commerce en pays étranger, surtout aux colonies] *situées sur la rive gauche de la Rivière des Perles, et ils y restent isolés, n'ayant pas le droit de se rendre dans la ville de Canton. Les marchandises sont réglées en piastres* ». Les marchandises et épices ne peuvent s'acquérir qu'auprès d'un monopole appelé le Cohong (Gonghang ou Hoangpou) qui regroupe treize guildes de négociants autorisées moyennant finance par le gouvernement mandchou à commercer avec les Européens[5].

De la fin janvier à la fin de juin, les subrécargues travaillant avec les nations européennes étaient priés de se rendre à Macao, Canton leur étant interdit de résidence pendant ces cinq mois.

---

[4] Paul Blutel, Histoire du Thé, éditions Desjonquères, Paris, 1989.

[5] Cordier donne un descriptif différent : On n'ignore pas que l'empereur de la Chine accordait le privilège exclusif de commercer avec les Européens à un certain nombre de marchands qui répondaient au chef de la douane chinoise de tous les individus arrivés en Chine. L'assemblée de ces douze marchands dits hanistes en français, *hong merchants* par les Anglais, présidée par le chef de douane [Hou-Pou] se nommait Co-hang.

# Samuel de Missy (1755-1820), armateur rochelais sur l'océan indien

L'importance globale du commerce particulier

*Marseille*
Rabaud et Cie à Marseille, probablement Jacques Rabaud, furent parmi ceux qui furent les plus prompts à profiter en 1771 du nouveau régime de liberté. Il fonda en Inde un établissement pour la fabrication des mousselines. L'érudit Saint Yves établit à l'occasion du Congrès des Sociétés françaises de géographie, de la Société de géographie de Lyon et de la région lyonnaise qui se tint à Lorient en 1896, XVIIème session, une analyse particulièrement nourrie sur les relations de La Chambre de commerce et la Compagnie des Indes. Saint Yves mentionne des armements nombreux avec des rentabilités très confortables[6]. Cependant le recensement des navires expédiés par des armateurs marseillais à partir de 1771 réalisé par cet auteur se conjugue difficilement avec la compilation des données des armements revenus à Lorient pendant cette période ainsi qu'avec la liste des navires ayant touché l'Isle de France établie par Auguste Toussaint dans son ouvrage La Route des Îles.

*Paris*
Les banquiers parisiens installés à Paris ou étrangers étaient postés en embuscade auprès des ministères depuis la suspension du privilège perpétuel de la Compagnie des Indes pour conserver ce marché. Ils triompheront en 1785 avec la création d'une troisième compagnie, grâce à la bienveillance de Calonne. Avec Gérard Le Bouedic, on rappellera que dès l'automne 1770 Théodore Sutton, comte de Clonard, administrateur pour le roi des États français de l'Inde et syndic de la Compagnie jusqu'en 1770 et son frère armèrent *Le Duc de Praslin*, financé par les banquiers bernois Panchaud et Cie qui mirent en place un prêt à la grosse, imités par les banquiers genevois et parisiens Banquet et Pache frères. Un consortium dirigé par

---

[6]Rabaud et Cie arment sur Pondichéry et Chandernagor *Le Conquérant* de 260 tonneaux ; bénéfice 65 %. Il ne figure pas sur le tableau de Gerbier n°4. [Récapitulation de l'état au vrai, du nombre & du port des vaisseaux armés par le commerce particulier depuis 1769 jusqu'en 1785 Hardouin Gerbier de Bonnières.] En 1772, *La Marie Adélaïde* de 550 tonneaux, capitaine Pelissotry (Pelissery) pour le Bengale, retour obligé à Lorient le 7 mars 1776, campagne d'une durée exceptionnellement longue. Selon l'annexe de Gerbier tableau 3 cette expédition fut très malheureuse. En 1773 ; *L'Iris*, capitaine Simon, de 300 tonneaux pour aller chercher du café à Moka, revenu à Lorient le 4 décembre 1774 ; en 1774 ; *Le Saint-Joseph* de 200 tonneaux pour les Antilles et les Mascareignes capitaine Blancard, (Bécard) expédition pour l'Isle de France et de là en Amérique, retour à Lorient le 10 octobre 1777. En 1775 *Le Citoyen* de 200 tonneaux capitaine Becard expédition pour l'Isle de France et de là en Amérique ; en 1776 *Le Génois*, de 340 tonneaux, capitaine Jauffert seulement pour l'Isle de France retour à Lorient le 30 (10) mai 1777 ; en 1776 également *La Philippine* capitaine Guey 500 (560) tonneaux pour le Bengale retour à Lorient le 1 er septembre 1778, bénéfice 50 % (pris par les Anglais gerbier tableau 8)et enfin *L'Iris (*capitaine Simon*) 300 tonneaux* pour un nouveau voyage sur Moka, lequel est pris par les Anglais. Les armements repondront en 1782 sous la raison sociale Arbaud et Rambaud, Rubaud, Greling frères Chauvet, G et J. Hugues Grenier frères jusqu'en 1785.

François de Rothe, ancien directeur de la Compagnie des Indes, associant les banquiers Mark et Lavabre de Bâle, les financiers genevois de Condolle, financèrent la même année les armements du *Duc de Duras* et du *Duc de Penthièvre*[7]. Ils firent un prêt à la grosse sur les deux vaisseaux de 100 000 livres.

Un consortium se constitua pour financer en 1775 *L'Aquilon,* en 1776 *Le Pondiché*ry et *Le Terray* et enfin *L'Aquilon* en 1777 pour une deuxième campagne. Le passage à Cadix quasi-obligatoire pour se fournir en piastres espagnoles permit d'emprunter par l'entremise de Bourdieu et de Chollet à Londres commissionnaire de Necker et Thélusson jusqu'à 1,3 millions de roupies du Bengale soit 3,2 millions de livres tournois payables en lettres de change sur Madras et Calcutta.

*Lorient*
L'ancien directeur de la Compagnie des Indes et commandant du port de Lorient, François de Roth[8], publia à Paris un Mémoire de la Communauté de ville de Lorient sur la liberté du commerce. Il se montrait impatient de profiter de la liberté enfin donnée aux armateurs particuliers. Les frères Arnous et René Yves Foucault de Lorient s'engouffrèrent dans cette promesse d'eldorado. Dès 1773, les frères Arnous feront faillite, preuve que ce marché si prometteur n'était pas aussi facile à maîtriser que cela. Les aléas étaient nombreux[9]. La difficulté résidait dans la fiabilité des informations nécessaires pour mener à temps et à bien le commerce sur un marché où les postulants étaient novices, à moins de s'appuyer sur l'expérience et la compétence d'anciens capitaines et subrécargues de la Compagnie des Indes. Quant au commerce avec la Chine, il se révélait être encore plus compliqué. Les navires pouvaient se bousculer dans les ports. Les productions européennes n'étaient pas essentielles pour ce pays, et les Chinois n'avaient nul besoin d'exporter à tout prix.

---

[7]La Gazette de Leyde 5 février 1770 écrit pour sa part : « Le vaisseau de la Compagnie des Indes, le Penthièvre de 900 tonneaux est en charge au port l'Orient pour les Isles de Bourbon & de France. Il est armé par M. Bernier de Paris & MM. Le Breton de St. Malo ». Gazette de Leyde 28 juin 1771 On mande de Lorient que la flute *La Digue* arrivée depuis quelques jours en ce port a apporté 2 000 balles de café de Bourbon & cent balles de blanc & que le vaisseau *Le Penthièvre* commandé par le sieur Villegris y était arrivé le 31 du mois dernier venant de l'Isle Bourbon, avec un chargement de onze mille balles de café.

[8] Mémoire, SHD Lorient 1P 275/2. L'origine du personnel de direction générale de la Compagnie française des Indes,1719-1794, Philippe Haudrère, Revue française d'Histoire d'Outre-mer, 1980, pp. 339-371 Rothe (François) Écuyer, seigneur de Fitz-William, né à Wexford (Irlande), mort à Paris *circa* novembre 1781[14 juin 1781]. Entré au service de la Compagnie des Indes en 1730, 1735-1739, premier subrécargue, 1741-1754 ; Directeur surnuméraire chargé des ventes à Lorient, 6 septembre 1754 ; Directeur chargé de l'administration du port de Lorient, 15 octobre 1760 à mars 1764. *Lettres de naturalité,* juillet 1740, reconnaissance de noblesse d'ancienne extraction, octobre 1764. AN/Rothe (François de) directeur de la compagnie des Indes commandant le port de Lorient

[9]Affirmation à prendre avec prudence, car on note un armement d'Arnous pour Saint-Domingue du *Zéphyr* qui s'effectua de 1774 à 1775.

Seuls les Anglais réussirent à établir les conditions d'un commerce équilibré en termes financiers en vendant en Chine l'opium du Bengale qu'ils contrôlaient en le rançonnant par ailleurs.

*Bordeaux*
Pour le port de Bordeaux, il est exact de dire que les expéditions au-delà du Cap de Bonne-Espérance ne débutèrent pas globalement avant que la guerre d'Indépendance américaine ne soit terminée[10]. Elles ne furent pas inexistantes, car on relève qu'en 1769 *L'Amitié* de 200 tonneaux partit de ce port pour l'Isle de France conduit par Sabatterie. Il se perdit à l'Isle Bourbon le 3 décembre 1770. En 1772 *La Bretagne*[11] partit de Bordeaux pour le Bengale sous la conduite du capitaine Mancel. Le navire fit son débarquement à Port-Louis le 2 mai 1774. Un même voyage se fit en 1775 avec retour à Lorient le 10 octobre 1777. En 1778 *La Jeune Indienne* partit du port de l'Aquitaine pour Pondichéry sous la conduite de Deschiens de Villefeu, employé en qualité de lieutenant sur la corvette du Roi *Le Nécessaire*, puis commandant du navire *L'Indienne*, de Bordeaux allant aux îles de France et de Bourbon.
En 1781, *La Garonne* commandée par Borsuges partit pour l'Inde et l'Isle de France. En 1782, c'est *Le Charlus* qui fit voile pour les mêmes destinations, conduit par Dupeux. A partir de 1782 les Bordelais seront vraiment présents.

*Rochefort*
Un arrêt du Conseil d'État du 22 décembre 1775 permit aux négociants armant à partir du port de Rochefort de commercer avec les îles et colonies françaises de l'Amérique, disposition qui conditionnait aussi la faisabilité des expéditions pour l'Inde et la Chine. L'initiative provint d'une demande des officiers municipaux, soutenue par ceux des villes d'Angoulême, de Cognac, de Saint-Jean-d'Angély, de Jarnac, de Saintes et de Tonnay-Charente après obtention d'un avis de M. Turgot. Les armateurs jouissaient du privilège de l'entrepôt et des autres privilèges et exemptions portés par les <u>Lettres patentes du mois d'avril 1717</u>[12].

---

[10] Butel Paul. <u>Le trafic colonial de Bordeaux, de la guerre d'Amérique à la Révolution</u>. In : Annales du Midi : revue archéologique, historique et philologique de la France méridionale, Tome 79, N°83, 1967. pp. 287-306.

[11] AD/17 ET33 f° 45, 17 mai 1785, *La Bretagne,* capitaine Dechézeaux pour aller sur la côte de Coromandel et au Bengale.

[12] Le bénéfice de cette disposition fut étendu par arrêt du Conseil d'État du 31 octobre 1784 à tous les ports du Royaume pour les armements pour les îles et les colonies françaises à la condition que la capacité du navire dépasse 150 tonneaux.

Auparavant, un vaisseau du roi *La Ferme* pour lequel une permission avait été « accordée » à des négociants pour le commerce de l'Inde « qui ne peut se soutenir sans le secours du Ministère », avait été armé de Rochefort en octobre 1773[13].

Tardivement prononcé, l'arrêt de 1775 ne put cependant servir aux sieurs Louis Charrier et Gillet fils, armateurs commissionnaires de Rochefort pour expédier pour l'Isle de France sous leur cautionnement la frégate (flute) *La Bricolle*, cédée par le roi de 700 tonneaux et de 20 canons, commandée par le chevalier de Clonard, dont ils firent la déclaration à l'amirauté de la Rochelle, le 14 août[14].

En 1776, le 23 avril, les sieurs Louis Charrier et Gillet fils, de Rochefort, déclarèrent le vaisseau *Le Cavaillon*, armé au Havre, à destination des Indes.

Ce M. Gillet présenta une soumission pour le navire *Le Commerce* de Bordeaux du port de 350 tonneaux armé pour les colonies françaises[15], et une autre pour le navire *L'Incertitude* le même jour de 450 tonneaux pour le compte de Mesturas de Bordeaux.

*La Rochelle*

On ne comprend pas pourquoi des armateurs rochelais autres que les Admirault[16] ne se soient pas intéressés davantage à développer leur commerce sur l'océan indien immédiatement après la suspension des privilèges concédés antérieurement à la Compagnie des Indes[17].

Le 13 mai 1770, Seignette déclara à l'amirauté de la Rochelle son navire *L'Argus*, de 300 tonneaux, capitaine Jacques Alexandre Boutet, à destination des îles de France et de Bourbon mais cette expédition ne fut pas suivie.

Le rapprochement de deux textes royaux parus à vingt-cinq mois d'intervalle pourrait, du moins pour La Rochelle, fournir un début d'explication.

Le premier daté du 13 août 1769, qui est la pierre d'angle du nouveau statut voulu par le roi pour la Compagnie des Indes, sur l'impulsion de Maynon d'Invau, à savoir la suspension du privilège exclusif de navigation au-delà du Cap-de-Bonne-Espérance, n'a pu semble-t-il rivaliser avec les avantages fiscaux procurés par un deuxième : un arrêt du Conseil du roi du 31 juillet 1767.

---

[13] Gazette de Leyde, 19 octobre 1773, nouvelles de Paris.
[14] AD/17 B 259 f° 131, page 266/505.
[15] AD/17, B 259, 18 janvier 1782, f° 177, page 355 /505.
[16] Seignette fut un précurseur, mais ne mena qu'une opération : Benjamin Seignette avec *L'Argus*, pour les Isles de France et de Bourbon, capitaine Boutet, soumission du 13 mars 1770, avec un chargement de marchandises premières AD/17/B 259, vue 206 /505.
[17] Arrest du Conseil d'estat du Roy, concernant les deffenses faites aux particuliers d'envoyer des vaisseaux et faire commerce dans les pays de la concession de la Compagnie des Indes Paris, 1726

Ce dernier texte supprimait le privilège exclusif accordé à la Compagnie depuis septembre 1720[18] concernant le commerce des Noirs sur la côte d'Afrique qui lui-même révoquait la liberté antérieurement donnée aux armateurs par Lettres patentes de janvier 1716 pour le "Commerce de la côte de Guinée".

L'arrêt du Conseil du roi du 31 juillet 1767 mit fin à ce monopole de la Compagnie des Indes, en ce qu'il concerne la traite au Sénégal, à la Côte de Guinée et dans les colonies françaises d'Amérique[19]. Sa mise en place fut chaotique. L'on se demande si le Ministère avait une quelconque idée de l'activité des ports de France.

Par arrêt subséquent du Conseil d'État du roi du 30 septembre 1767, ordonnant l'exécution de celui du 31 juillet dernier, les seuls trois ports de Saint-Malo, du Havre et d'Honfleur se voyaient exonérés du droit de dix livres par têtes de Noirs introduits dans les Colonies. Cette imposition qui s'assimilait à un racket, se payait à la Compagnie des Indes en compensation de la pseudo renonciation à son privilège qu'elle était incapable d'assumer. De plus, elle taxait les uns, mais pas nécessairement les autres. C'était parfois à la « tête du client ».

Ce commerce de traite continuait à attirer la convoitise de certains capitalistes fortunés qui auraient bien aimé la voir ressurgir au profit d'une compagnie dotée d'un privilège d'exclusivité. Il a fallu que le Ministère démente ce projet au début de l'année 1773 :

« *Comme le bruit s'était répandu qu'une société établie à Paris avait obtenu le privilège exclusif de la traite des Nègres sur la côte d'Afrique, la Chambre de commerce de Marseille pour détruire cette nouvelle a donné avis par ordre du Ministre que la liberté générale de ce commerce ne recevrait aucune atteinte & que tous ceux qui voudraient l'entreprendre trouveraient les mêmes secours & une égale protection* ».

Bien entendu, à La Rochelle, les principaux négociants-armateurs : Pierre Gabriel Admirault, Claude Étienne Belin, Théodore de La Croix, Jacques Rasteau l'aîné, Élie Allard Belin, Étienne Ranjard, Jean Manie, etc. pressèrent le 8 novembre 1767 leur Chambre de commerce de *«porter au pied du trône la même demande d'encouragement que celle qui venait d'être accordée»* aux négociants des trois ports de la Manche pour favoriser le développent des colonies du roi par l'apport de main-

---

[18] Arrest du Conseil d'Estat du Roy, qui subroge la Compagnie des Indes aux droits & pretentions appartenant à la Compagnie de Saint Domingue, tant en France qu'à l'Amerique & autres lieux, avec le privilege exclusif de fournir à l'Isle de Saint Domingue trente mille negres tirez de l'estranger. Du 10 septembre 1720. Extrait des registres du Conseil d'Estat.

[19] Jacques Weber, professeur d'Histoire contemporaine, directeur du Centre de recherches sur l'histoire du Monde atlantique (C.H.R.M.A) université de Nantes, La traite négrière nantaise de 1763 à 1793, Étude statistique, page 27, Revue Historiques des Mascareignes, 2000, Contributions à l'histoire de l'esclavage, 02, pp.25-39 hal-03454087.

d'œuvre négrière[20]. L'exemption fut étendue à La Rochelle le 4 février 1768 et pour Bordeaux le 21 mars de la même année, sur justification au roi, démontrant que depuis le 30 avril 1767 jusqu'au 11 octobre de ladite année, les Bordelais avaient armé sept navires pour la Côte de Guinée, qu'ils en avaient actuellement six autres en armement pour le même objet, et que si la traite était favorable, ils pourraient introduire 5 190 Nègres aux Colonies. Ceci ne pouvait que donner un coup de fouet à la traite négrière.

Devant le choix qui leur était offert : – continuation de la traite ou développement des opérations sur l'océan Indien, à La Rochelle seuls les Admirault s'orientèrent timidement sur le second, même si les autres armateurs pouvaient développer sans faire de commerce d'Inde en Inde des opérations de traite à destination de Madagascar et du Mozambique. La situation fut différente sous l'empire de la Nouvelle Compagnie des Indes de 1785, dite de Calonne.

Après la signature du traité de Paris de 1763, les expéditions triangulaires des Rochelais *via* la côte ouest de l'Afrique reprirent. On en donne le détail en renvoi de note pour la période comprise entre 1764 et 1771 [21].

---

[20] AD/17, 41, ETP 215/6604.

[21] 1764 : Rasteau avec l'*Eté*, soumission du 27 octobre 1764, [AD/17, B 259, 115/259].1765 :Rasteau avec *Le Constant,* soumission du 4 février 1765, [AD/17, B 259, 118/ 505] – Nicolas Suidre avec *L'Aimable Henriette,* soumission du 24 avril 1765, [AD/17 B 259, 124/505] – Seignette avec *L'Heureux Auspice*, soumission du 14 juin 1765, [AD/17, B 259, 129/505]- Jean-Baptiste Nairac, avec *La Suzanne-Marguerite,* soumission du 1er juillet 1765, [AD/17, B 259, 129/505] – Jean Monié (Manié) avec *La Guirland*e, soumission du 30 octobre 1765, [AD/17, B 259, 134 / 505] – Jean-Baptiste Nairac, avec *Le Rada*, soumission du 19 février 1765, [AD/17, B 259, 137/505],

1766 : Seignette avec *L'Argus*, soumission du 19 avril 1766, [AD/17, B 259, 139/ 505] - Chaudruc avec *Les Deux-frères*, soumission du 13 mai 1766, [AD/17, B 259, 140/505],

1767 : Beden ou Bedenc avec *Le Zéphyr*, soumission du 30 juillet 1767, AD/17, B 259, 159/505- Jean-Baptiste Nairac avec *Le Nairac*, soumission du 16 janvier 1767, AD/17, B 259, 185/ 505,

1768, : Jean-Baptiste Nairac avec *La Suzanne-Marguerite*, AD/17, B 259, 150/505- Jean-Baptiste Nairac avec *La Suzanne Marguerite*, soumission du 25 octobre 1768, [AD/17, B 259, 161/ 505] – Nicolas Suidre avec *Le Guerrier*, soumission du 23 novembre 1768, [AD/17, B 259,182/ 505] – Beden ou Bedenc soumission du 28 novembre 1768, [AD/17, B 259, 183/505] – Capitaine Hardy avec *La Marianne*, soumission du 28 mai 1768, [AD/17, B 259, 175/505]- Belin fils avec *Le Prince Manuel*, soumission du 16 juillet 1768, [AD/17, B 259, 176/505]-- Garesché avec *La Cigogne,* [AD/17, B 259, 167/ 505 et 187/ 505],

1769 : Jouanne de Saint Martin avec *L'Américaine*, [soumission du 20 février 1769, [AD/17, B 259,188/ 505] – Élie Seignette avec *Le Négrillon*, [AD/17, B 259, 195/505] – Garesché avec *Le Saint-Jacques*, soumission du 24 octobre 1769, [AD/17, B 259, 196/505]- *L'Aimable Jeannette*, capitaine Bernon appartenant à David et Cie, négociants à Paris sous la procuration de Jouanne de Saint Martin, soumission du 20 décembre 1769, [AD/17, B 259, 211/505],

1770 : Jouanne de Saint Martin avec *Le Saint-André*, soumission du 30 janvier 1770, [AD/17, B 259]- *L'Alliance de Nantes,* capitaine Gros pour Richard, commerçants de Nantes afin d'aller à Maurice et Côte d'Afrique, soumission du 9 mars 1770, [AD/17, B 259, 206/ 505 et 207/505]- Jouanne de Saint Martin avec *Le Phénix*, soumission du 30 mai 1770, [AD/17, B 259,211/ 505]- Jouanne de Saint Martin avec *L'Heureux*, soumission le 8 juin 1770, [AD/17, B 259, 212/ 505]- Capitaine Hardy avec *Le Saint-Paul,* soumission du 28

Plus tard, à la veille de l'avènement de la nouvelle compagnie « de Calonne », dans le l'édition du mardi 24 février 1784 des Affiches, annonces et avis divers ou Journal général de France, parut un bilan sous forme de tableau destiné à convaincre les lecteurs du bien-fondé des armements particuliers sur l'Océan indien entrepris entre 1770 et 1778. La source provenait du Commerce de l'Encyclopédie par ordre des matières dernière livraison[22]. « *Le succès des armements particuliers s'observe au travers des marchandises qu'ils ont rapportées de l'Inde ou de la Chine et dont la valorisation résulte des ventes aux enchères organisées par la Compagnie* ».

« *Nous croyons que nos Lecteurs seront charmés de trouver ici le relevé général du produit net, escompte à dix pour cent déduit, des marchandises des Indes de la Chine et des îles de France et de Bourbon provenant du commerce particulier, depuis la suspension du privilège exclusif de la Compagnie des Indes en France & dont la vente s'est faite publiquement au port de Lorient, pendant les années 1771, 1772, 1773, 1774, 1775, 1776, 1777, 1778. Observez dit-on pour l'instruction, future des citoyens qui se laissent souvent tromper au ton dogmatique des partisans des privilèges que jamais en aucun temps la Compagnie n'aurait fait la plus forte importation* ».

Chiffres contre chiffres : La nouvelle et dernière Compagnie des Indes, justifiera son privilège en faisant observer qu'en 1787, deux ans après sa création, le montant des ventes à Lorient avait atteint 33 millions de livres, chiffre plus élevé que le meilleur enregistré du temps du commerce libre.

### 4.1.- Les Admirault s'engouffrent seuls dans la brèche

4.1.1.- Le rapport entre les familles Admirault et Demissy

Évoquer l'activité d'armateurs comme celle des Admirault depuis la suspension du privilège de la deuxième Compagnie des Indes n'est pas le but de cet ouvrage, car le sujet central du présent livre est bien d'établir une biographie raisonnée de Samuel Demissy fils.

Le fait que Pierre Gabriel Admirault et son fils François Gabriel et les Demissy par ailleurs, soient de la Religion prétendue réformée n'est pas en soi déterminant pour leur trouver des intérêts communs. Qu'ils aient été Francs-maçons, non plus.

Le fait aussi que Samuel Demissy père (septième génération) ait été nommé syndic de la Chambre de commerce le 7 août 1767 dont Pierre Gabriel Admirault était

---

septembre 1770, [AD/17, B 259, 213/ 505] - Jean-Baptiste Nairac avec La Suzanne Marguerite, soumission du 3 octobre 1770, capitaine Péronne, [AD/17, B 259, 231/ 505],

1771 : Jean-Baptiste Nairac avec L'Angola, soumission du 10 janvier 1771, [AD/17, B 259, 217 / 505]- Goguet avec L'Intelligence, soumission du 21 mars 1771, [AD/17, B 259, 219/ 505]. etc.

[22] Encyclopédie méthodique ou par ordre de matières Dictionnaire encyclopédique du commerce, tome second ; hôtel de Thou ou Paris MDCCLXXXIX, page 456. Affiches, annonces et avis divers ou Journal général de France du mardi 24 février 1784, page 112.

membre, n'est pas non plus un élément suffisant. Pourtant, il apparaît bien que Samuel Demissy fils se soit inscrit dans une logique de complémentarité avec Admirault père et fils depuis la suspension du privilège perpétuel de la deuxième Compagnie des Indes en 1769 jusqu'à la dissolution de la troisième compagnie des Indes orientales le 14 avril 1794[23].

Pierre Gabriel Admirault né le 12 mai 1723 était contemporain de Samuel Demissy père, (septième génération) né le 27 août 1718. Samuel Pierre Joseph David Demissy (huitième génération) avait six ans de moins que François Gabriel Admirault qui succéda à son père dans les affaires. Il existait entre eux *a priori* des relations d'amitié, mais peu ou même aucunes opérations commerciales avaient été menées ensemble.

Il y a en commun entre les stratégies développées successivement par les Admirault et Samuel Demissy (huitième génération), d'abord le souci de profiter des espoirs de commerce marchand sur de nouvelles routes pendant les années de paix, et aussi de l'opportunité offerte aux armateurs particuliers surtout pendant les périodes de tension avec l'Angleterre de mettre leurs vaisseaux au service du roi pour le transport de marchandises et de passagers et aussi de participer à la course. Cette similitude alla même jusqu'à armer ou être obligé d'armer les navires marchands en guerre pendant la guerre d'Indépendance américaine. Deux navires anglais furent capturés[24], l'un en 1779, nommé *L'Osterley* par *L'Élizabeth* appartenant à Veuve Admirault & fils, et un autre plus tard dans l'année appelé *The Merchant of Bombay* conjointement pris par *Le Salomon* appartenant à Paul Pierre D'Arifat et *La Sainte-Anne* en société avec Samuel Demissy. Ces prises portèrent sur des montants substantiels quasi-mythiques[25].

---

[23]La Compagnie des Indes fut dissoute par l'Assemblée constituante par décret du 14 août 1790. Le Comité de commerce et d'agriculture en débattit du 18 mars au 3 avril 1790.Séance du Comité de commerce et d'agriculture du 18 mai 1790 84ème séance. Mais une autre date est avancée : 14 avril 1794 et elle ne fut liquidée définitivement en 1875.

[24]Renseignements pour servir à l'Histoire de l'Île de France jusqu'à l'année 1810 inclusivement, précédés de notes sur la découverte de l'île et sur l'occupation hollandaise &. Adrien d'Epinay 1890, page 285, juin 1778. Dès la déclaration de la guerre avec l'Angleterre, les messieurs Pitot frères, Paul D'Arifat, Monneron, Kermoseven représentants des plus puissantes maisons de Saint-Malo (sic) à l'Isle de France arment des corsaires.

[25]Renseignements pour servir à l'Histoire de l'Île de France jusqu'à l'année 1810 inclusivement, précédés de notes sur la découverte de l'île et sur l'occupation hollandaise &. Adrien d'Epinay 1890, page 286 : 29 août 1780, Départ de l'Isle de France des deux corsaires *Le Salomon*, capitaine Dubignon et *La Sainte-Anne* capitaine Chandeuil. Ils s'emparent le 5 octobre suivant par le travers de Cochin, du grand navire marchand *The Merchant of Bombay* revenant de Bassorah. Ils reviennent immédiatement à l'Isle de France avec cette belle prise qui est vendue un million cinq cent mille livres tournois pour le compte de M. Pierre Paul D'Arifat.

## Samuel de Missy (1755-1820), armateur rochelais sur l'océan indien

L'affirmation d'Émile Garnault[26] selon lesquels les Admirault cessèrent d'armer sur l'Inde ou la Chine en 1774, sans raison apparente, qui consacrerait un retrait des Admirault sur ces mers lointaines doit être réexaminée [27].

4.1.2.- Les armements des Admirault pour l'océan indien

Les Admirault entrèrent prudemment dans le nouvel univers de commerce de l'océan indien, avec le filet de sécurité d'opérations conduites pour le compte du roi.

Leurs profits se firent dans un premier temps sur les débris de la deuxième Compagnie des Indes.

Mais les Admirault n'avaient pas attendu cette occasion de bonté. Ils avaient déjà pris place avec un navire leur appartenant : *Le Marquis de Narbonne* qui comme *Le Brisson* transportait principalement pour son voyage à l'aller des personnes et des marchandises pour le compte du roi pour défendre la colonie et pour lui assurer des subsistances, la capacité des corvettes du roi n'étant pas suffisante.

À l'instar de ce qui bénéficia au *Brisson* prêté par le roi aux Admirault, trois autres anciens vaisseaux de la Compagnie des Indes furent confiés au tout début à des armateurs particuliers : *Le Penthièvre* à Dessaudrais Sébire de Saint-Malo, mais très actif à Lorient, *Le Pondichéry* à François Rothe ancien directeur de la Compagnie à Lorient et *Le Duc de Duras* à Pierre Bernier, beau-frère de François Rothe. Foucauld s'empara du *Massiac* de 900 tonneaux 18 canons et 136 hommes d'équipage.

« *Sa Majesté les leur livra tout gréés, prenant sur elle cette dépense. On ne doute pas qu'avec de pareils secours les entrepreneurs ne se tirèrent très bien d'affaire [...]* ». Ces quatre navires armés par des particuliers firent voile avec deux navires du roi ainsi qu'avec *Le Massiac* [28] pour les Mascareignes en transportant des passagers, des troupes et des cargaisons.

---

[26] « Les réclamations de la Chambre de commerce de La Rochelle [sur l'abolition du retour obligatoire des vaisseaux allés au-delà du Cap de Bonne-Espérance, [voir AD/17 41 ETP 16, 19 novembre 1771, page 459, vue 232/292] ne furent point écoutées et MM. Admyrault et fils aîné cesseront d'armer à La Rochelle sans autre cause connue [...].| Il est à supposer que la maison Admirault et fils aîné trouvant trop lourde l'obligation de faire revenir tous les vaisseaux armés à La Rochelle au port de Lorient prit le parti d'avoir un correspondant dans ce dernier port et qu'elle lui confia toutes ses opérations pour l'Inde ». Emile Garnault Le commerce rochelais au XVIIIe siècle d'après les documents composant les anciennes archives de la Chambre de commerce de La Rochelle · Volumes 4-5, page 304.

[27] Les Admirault armèrent aussi *La Sirène*, la goélette *La Jeannette* de 50 tonneaux capitaine Bouffar, *La Louise Marguerite* de 50 tonneaux capitaine Lagroix ; *La Jeannette*, AD/17 B 25 vue 241 / 505, soumission du 2 janvier 1773, 50 tonneaux et *La Louise Marguerite* vue 241/ 505, soumission du 21 janvier 1773.*La Marie Magdeleine* ou *Altier* de 80 tonneaux armé le 23 mai 1776, capitaine Beaurivage.

[28] Allées et venues à Lorient, année 1771 (f° 123) Choquet, Lorient, le 26 avril 1771- Le vaisseau *Le Massiac*, armé par la Compagnie pour le voyage de Pondichéry, et qui avait parti d'ici le 21 mars de l'année dernière, vient d'arriver. Il est encore sous Groix, et il n'entrera que demain si le vent le permet. Il ne rapporte que peu d'effets pour la Compagnie, le reste de son chargement est pour le compte de divers

Citons encore La Gazette de Leyde du 6 avril 1770, supplément, dernière page : « *Pour tâcher d'encourager le Commerce des Indes qui est aux abois, le Ministère vient d'accorder à des Particuliers de La Rochelle & de Saint-Malo les deux vaisseaux Le Brisson et Le Penthièvre qui sont de ceux que la Compagnie a cédés au roi* ».

On sera surpris de l'extension apportée par Louis Gabriel Admirault à ses affaires à partir de 1770. Il fut à la tête d'une véritable flotte. En 1775, le Calendrier des armateurs ne recensa pas moins de huit navires lui appartenant dans le port de La Rochelle. Lors des années précédentes Admirault n'avait armé qu'un seul vaisseau de 250 ou 300 tonneaux : *L'Archimède,* pour lequel il déposa trois soumissions, la première pour Saint-Domingue le 27 mars 1764, la deuxième le 6 septembre 1766, et la dernière le 13 octobre 1767. Berteau y était désigné comme capitaine.

Ce cumul d'armements qui dura plus d'une décennie[29], même si l'on peut imaginer que les mises de fonds ont été minimisées au départ par les services rendus par le roi aux particuliers, posait le problème du financement des campagnes. Une lettre adressée en 1765 par MM. de la Chambre de commerce à Pierre Gabriel Admirault chez Louis Vincens à Paris[30] peut laisser imaginer qu'un appui financier a pu être donné pour les expéditions sur l'Isle de France par cette banque protestante à Paris, dont les Admirault étaient parents par alliance.

4.1.2.1.- Le Marquis de Narbonne.

L'appellation de *Marquis de Narbonne* avait été donnée au navire des Admirault en honneur à Henri Louis (ou Louis Henri) marquis de Narbonne-Pelet qui avait été nommé brigadier du roi pour servir en ladite qualité sur les côtes d'Aunis Saintonge et Poitou par ordonnance signée Choiseul le 8 septembre 1762. Il conserva ce

---

particuliers. Il a laissé plusieurs navires à l'Isle de France, prêts à partir pour leur retour en Europe, entre autres, le vaisseau *L'Indien* de 1200 tonneaux qui a été démâté des mâts de misaine et de beaupré, et qui ne pourra être ici que dans deux mois.

[29] On ne peut qu'être surpris par la remarque de Garnault : Les réclamations de la chambre de commerce de la Rochelle ne furent point écoutées et MM. Admirault et fils aîné cessèrent, à partir de 1774, d'armer à la Rochelle pour l'Inde, sans autre cause connue. Il est à supposer que la maison Admirault et fils aîné trouvant trop lourde l'obligation de faire revenir tous leurs vaisseaux armés à la Rochelle au port de Lorient, prit le parti d'avoir un correspondant dans ce dernier port et qu'elle lui confia toutes ses opérations pour l'Inde, se réservant d'armer à la Rochelle ses navires pour les îles françaises de l'Amérique.

[30]Direction générale de la Chambre de commerce à M. Admirault chez M. [Louis] Vincent (Vincens), rue Vivienne, AD/17, 41 ETP 16, page 275 vue 13/292, 27 juillet 1765. Marie Madeleine Admirault sœur de Pierre Gabriel épousa en deuxièmes noces Louis Vincens le 21 juin 1754. Elle décéda le 14 novembre 1787. Louis Vincens a été pu être aussi banquier de Samuel de Missy. Il fit faillite en 1783. Une procuration fut établie devant Crassous par Pierre Samuel de Richemond et Jean Jacques Garnault en compagnie en faveur du sieur Pierre Charles Lambert banquier à Paris pour assister à l'assemblée des créanciers de M Vincens à Paris 4 septembre 1783. Samuel de Missy eut des relations d'affaires avec Charles Vincens, fils de Louis qui fut directeur et caissier général de la Caisse d'Escompte.

commandement jusqu'en 1771. Le personnage fit scandale par ses empiétements de pouvoir permanents sur les juges locaux, voire par sa brutalité. Il vécut sur un grand train de vie et laissa des dettes. Il fut peu aimé des Rochelais. Il décéda le 26 avril 1774.

Le Marquis de Narbonne était un bâtiment à deux mâts carrés généreusement gréé. Son mât de grand-voile était doublé d'un mâtereau qui prenait de la hune jusque sur le pont. La Gazette du Commerce rapporta l'événement : « De La Rochelle le 1$^{er}$ septembre 1764. « On lança à l'eau le 17 août le navire Le Marquis de Narbonne. Ce bâtiment est de 250 tonneaux & fait honneur au Sr. Nassivet fils qui en a été son constructeur ». On peut penser que ce Nassivet-là qui dirigeait un chantier de construction de navires était frère ou fils de Gilles Nassivet, architecte de la ville et des canaux qui essaya par la suite de récupérer à son compte la conduite des travaux de la cathédrale dont les finances déjà insuffisantes furent mises à mal par l'évêque Emmanuel de Crussol d'Uzès.

4.1.2.1.1.- Les armements antérieurs du Marquis de Narbonne

Peu après sa mise à l'eau, son **premier armement** par Thésahar Bonfils fut pour la Guadeloupe. Le certificat de jauge qui constatait l'achèvement de la construction établi le 9 juillet 1764 avait été présenté par le capitaine Le Mire le 22 juillet. Il attestait un port de 280 tonneaux [31]. La soumission pour Le Marquis de Narbonne du port de 250 tonneaux fut obtenue en date du 21 octobre 1764, armé[32]. Sa mise-hors (ou mise dehors) paraît avoir été financée par un de cinquante personnes environ.

Plus d'un an après sa construction, La Gazette du commerce du 10 septembre 1765 signalait qu'il était revenu de Saint-Marc (île de Saint-Domingue) le 19 août 1765 après 54 jours de traversée sous la conduite du capitaine Le Mire, armé par Thésahar Bonfils.

Ce vaisseau n'a jamais appartenu à la Compagnie des Indes[33].

Son **deuxième voyage** eut pour objectif Saint-Domingue : Soumission Le Marquis de Narbonne, 250 tonneaux, 5 décembre 1765 par Thésahar Bonfils armateur[34]. Il se peut que ce fut le capitaine Boulineau qui en ait assuré le commandement.

---

[31] AD/17, B 645.

[32] AD/17, B 259, vue 115/505.

[33] Dans ces conditions, il convient de s'interroger sur la pertinence de l'observation suivante " The fifteenth and sixteenth vessels were Marquis de Narbonne out of La Rochelle and Catherine out of Nantes, page 20 de Sino-French Trade at Canton 1698-1842, Susan Schopp qui la justifie par la référence suivante État des vaisseaux provenant de la Compagnie des Indes vendus à divers armateurs. ANOM : COL C.2.275, f° 230r, "État des vaisseaux provenant de la Compagnie des Indes vendus à divers armateurs. La liste des vaisseaux de la Compagnie vendus à divers armateurs a déjà été évoquée à propos du Brisson.

[34] AD/17, B 259, vue 135/505 ; AD/ 17 B 259, vue 149/ 505 ; AD/17, B 259, vue 165/505 ; AD/17 B 259, page 91, vue 185/505.

Son troisième voyage fut encore pour Saint-Domingue : Soumission *Le Marquis de Narbonne,* 250 tonneaux, 3 janvier 1767 par Thésahar Bonfils armateur.

Son quatrième voyage le fit retourner à la Guadeloupe : Soumission *Le Marquis de Narbonne,* 250 tonneaux, 8 septembre 1767 armateur Beauchamp.

Son cinquième voyage avant qu'il ne devienne propriété d'Admirault eut pour destination Saint-Domingue : Soumission, *Le Marquis de Narbonne* 260 tonneaux le 29 décembre 1768 par Yves François Carrougeat et Beauchamp armateurs. Le *Marquis de Narbonne* rentra à La Rochelle le 5 mai ou le 5 juin 1768.

Il y eut un sixième voyage en droiture du *Marquis de Narbonne* qui avait atteint Saint-Domingue, d'où son précédent propriétaire l'avait fait revenir en 1769. Le bateau n'avait pas été utilisé pour faire la traite sur les Antilles.

**4.1.2.1.2.-** Avec les Admirault, le senau *Marquis de Narbonne* naviga pendant quatre ans dans l'océan indien, pas seulement pour se rendre aux Isles de France et Bourbon, mais aussi pour s'aventurer jusqu'en Inde et la Chine[35] et pour son et dernier voyage, toujours sous l'impulsion des Admirault, encore sur la Chine[36] car le privilège exclusif de la deuxième Compagnie des Indes venait d'être suspendu.

Le *Marquis-de-Narbonne* de 260 tonneaux fut le premier navire armé en toute propriété par Pierre Gabriel Admirault, mais le troisième rochelais lui appartenant à être destiné à l'océan indien.

Pour sa première campagne, *Le Marquis de Narbonne* fut affrété par Admirault pour le compte du roi, tout du moins jusqu'à l'Isle de France avec chargement d'effets et de matières premières[37] et acheminait sans doute des hommes de troupe pour l'armée de Terre. Le libellé de la soumission précisait les Indes comme destination. On peut imaginer que le voyage du retour se ferait par cabotage entre les comptoirs de l'ancienne Compagnie des Indes pour ramener des marchandises. Il fut déclaré le 5 novembre à l'Amirauté. Samuel Pierre Demissy s'y embarqua en décembre 1770

---

[35]Mémoire sur une opération commerciale faite à la Chine par le senault le Marquis-de-Narbonne ANOM COL C1 11 folio s 100-103 Armateur : M. Admirault, de La Rochelle, à partir de l'île de France, sur l'initiative de l'intendant de cette île par les soins de M. Jean-Baptiste Michel Launay [ancien conseiller au Conseil supérieur], représentant M. La Maletie, M. Dechézeaux étant capitaine du navire.

[36]Gazette du Commerce du 15 août 1772 « *Le Marquis de Narbonne* revient de Chine ». La délivrance d'un congé par l'Amirauté suite à la soumission déposée le 5 décembre 1770 par Gabriel Admirault où en marge est mentionné le nom du capitaine Dechézeaux porte comme destination les Indes. Il est établi que ce navire s'est aussi rendu en Chine. L'autorisation de départ est donnée pour *Le Marquis de Narbonne* en surcharge du *Marquis de Nolivos* Le port passe de 260 à 300 tonneaux ce qui est la capacité du *Marquis de Nolivos*. Il est chargé d'effets du roi et demarchandises premières.

[37]Les vivres de la métropole consistaient dans du vin de Bordeaux qui souvent tournait, des salaisons, des effets de marine et métaux, des balles de toiles à voile, cuirs et peaux, mèches à canon, savon, barres et bottes de fer, rouleaux et saumons de plomb, clous en futaille, remèdes et médicaments du maïs pourtant produit localement. L'Isle Bourbon y contribuait le cas échéant : café, miel et cire venant par *Le Duc de Choiseul*, AD Réunion, n° 1577, 28 juillet 1767.

pour l'Isle de France[38]. Le bateau revint à Lorient en 1772 où il déchargea les marchandises[39].

L'appareillage du *Marquis de Narbonne* qui devait quitter le port de La Rochelle, ne se fit que le 9 janvier 1771. Il fut sans doute lié aux exécrables conditions climatiques de novembre et décembre 1770. Toute la partie ouest de la France ainsi que l'Angleterre furent noyées sous des pluies et vents exceptionnels provoquant des drames humains inimaginables[40]. Le *Marquis de Narbonne* débarqua ses passagers et marchandises à Port-Louis le 5 mai 1771 et continua sa route sur la Chine, sans que cela ait été prévu à l'origine et ne revint à La Rochelle sans doute après avoir déchargé à Lorient qu'en 1772. La Gazette du Commerce du 15 août 1772, page 514, rapporte : « *De La Rochelle le 4 août Le Marquis de Narbonne parti de ce port pour l'Inde a relâché dans nos rades. Il revient de la Chine* ». Sa campagne extrême orientale dura huit mois. Il avait débarqué le 12 décembre 1771 à Port-Louis les marchandises qu'il y avait acquises. L'équipage confirma les tristes nouvelles des dommages causés aux îles par les ouragans[41].

La poursuite du voyage sur la Chine naquit du besoin qu'avaient les régiments de Normandie, d'Artois et de Clare dont peut-être même une partie avait été embarquée sur *Le Marquis de Narbonne* de disposer d'effets de terre adéquats. Le seul secours pour y pourvoir était de s'approvisionner en Chine en toiles de Nankin car « tout trafic était bloqué entre l'Isle de France et la France ».

C'est Jean-Baptiste Michel Launay le cadet, négociant à l'Isle de France demeurant rue du Rempart de La Montagne à Port-Louis, consignataire des marchandises embarquées sur *Le Marquis de Narbonne* qui à la demande de l'intendant Pierre Poivre, anticipant l'accord de M. Lamaletie et *a fortiori* celui d'Admirault débloqua la

---

[38] AD/ 17, B 259, vues 92/ 505, 144/ 505 et 167/ 505.

[39] Médiathèque de La Rochelle 687-750 Registres d'inventaires de marchandises mises en vente par les Compagnies maritimes, principalement à Lorient, imprimés pour la plupart avec annotations nombreuses donnant les modifications apportées, les prix obtenus et le nom des acheteurs ; Tome II, Marchandises des vaisseaux, *Le Dauphin, L'Averdy, Le Zéphyr, Le Brisson, Le Marquis de Narbonne,* 1772 (vraisemblablement octobre ou novembre).

[40] Gazette de Leyde 18 décembre 1770 : De Paris le 10 décembre. Selon les Lettres de Poitiers, les eaux de la rivière qui baigne les murs de cette ville se sont élevées en très peu de temps, la nuit du 26 au 27 de novembre 1770.- Le débordement des rivières a fait aussi de grands ravages en divers endroits : cinq ponts du côté des Sables d'Olonne en ont été détruits. Les digues et les chaussées ont été rompues. Celle de Claye qui a coûté un travail immense a crevé en trois endroits. Plusieurs maisons ont été renversées à Talmont et à Pimont. Les blés qui étaient encore sur les marais ont été submergés, les bestiaux noyés et les sels de l'isle d'Olonne emportés.

[41] Conséquences de l'ouragan du 1er mars 1772 à l'île Bourbon. Le 4 avril 1772 – MM. Bellecombe et Crémont au ministre : L'ouragan a fait encore un grand tort à nos cafés qui étaient en fleur et qui promettaient beaucoup. On ne peut guère compter que sur une demi-récolte, c'est-à-dire sur 800 milliers environ tout au plus. Il est toujours à 80 livres la balle. Le Bâtiment particulier le *Marquis de Narbonne,* par lequel nous avons l'honneur de vous écrire, vient encore de l'acheter ce même prix, il est exorbitant, cependant il est à craindre qu'il n'augmente encore cette année.

situation. *Le Marquis de Narbonne* ferait voile sur la Chine après qu'il eut rejoint l'Isle de France[42], l'armement étant rémunéré par un rachat de poivre de Malabar qui était sur le vaisseau *L'Indien* et par le plomb qui se trouvait sur un vaisseau danois à des conditions intéressantes par rapport au prix du marché. La campagne Isle de France – Chine et retour le 12 décembre 1771 pour l'Isle de France dura 8 mois[43]. La guerre n'éclata pas. Pierre Poivre fut accusé d'avoir conclu cette opération onéreuse par favoritisme au mépris de intérêts du roi. Les témoignages de Launay, de Lamaletie et d'Admirault furent jugés suffisants pour qu'il n'y ait pas de suite.

*Le Marquis de Narbonne* fut à nouveau affrété par MM. Admirault et fils aîné pour les îles de France et de Bourbon en 1773 pour son <u>deuxième et dernier voyage</u> sous leur commandement. La demande de congé permettant à ce senau du port de 400 tonneaux de se rendre aux îles de France et Bourbon fut accordée le 7 janvier 1773. C'est probablement au début du printemps 1773 qu'il parvint à Port-Louis en imaginant une durée de voyage avec escale si nécessaire au Cap de Bonne-Espérance. L'acte de l'Amirauté ne mentionne pas que la véritable destination du bâtiment après escales dans les deux îles, était la Chine. Le nom du capitaine n'y figurait pas davantage. Mais, il s'agissait de Jacques Alexandre Boutet dont la mère était née Marie Catherine Dechézeaux, elle-même cousine éloignée du futur conventionnel Gustave Dechézeaux. Trois années auparavant Boutet avait commandé *L'Argus* du port de 300 tonneaux armé par Benjamin Seignette qui l'avait déclaré à l'Amirauté de la Rochelle à destination des Isles de France et de Bourbon. *L'Argus* était le premier navire à partir de La Rochelle pour l'océan Indien depuis la suspension du privilège exclusif de la Compagnie des Indes en 1769.

À mi-1773, *Le Marquis de Narbonne* armé par Admirault pour son second voyage d'aller, était censé mouiller dans les eaux du Port-Louis. De là il put entreprendre sa campagne sur la Chine en 1774, reprendre le chemin des Mascareignes, faire halte au retour à Bourbon et à l'Isle de France, puis regagner la métropole et revenir à La Rochelle à la fin de l'année en ayant au préalable déchargé ses marchandises à Lorient, port obligé pour le retour où les marchandises allaient être entreposées dans magasins de la Compagnie des Indes et vendues par celle-ci aux enchères.

Dans sa forme, le congé de l'Amirauté de 1773 prête à interrogation. La désignation du *Marquis de Narbonne* apparaît en surcharge sur celle du *Comte de Nolivos* dont le port est bien de 400 tonneaux. Ce bâtiment, le *Comte de Nolivos* comme le rapportent

---

[42]ANOM COL C1 11, folio 100 à 103, <u>Opération faite à la Chine par le Senaut Le Marquis de Narbonne appartenant à M. Admirault</u>.

[43]ANOM COL C1 11, folio 144, Départ du *Marquis de Narbonne* de la Chine pour l'Isle de France : Ce jour d'hui douze décembre mil sept cent soixante et onze, le Conseil a arrêté qu'il écrirait non seulement par le vaisseau *Le Marquis de Narbonne* qui est sur le point de son départ pour l'Isle de France la lettre suivante à Mr le chevalier Des Roches, gouverneur de cette île mais qu'il la répéterait encore par les vaisseaux *Le Laverdy* et *Le Dauphin* à la consignation de M. le chevalier Des Rothes. À Canton le 12 décembre 1771.

les Affiches du Poitou du 7 janvier 1773, « *est armé par M. Nairac & Compagnie. Il partira de la Rochelle, pour le Cap, Isle de St Domingue, du 20 au 30 de ce mois, & prendra marchandises à fret & passagers. Ce même Navire arriva à la Rochelle le 22 Décembre, chargé d'indigo, cassé, sucre brut, sucre terré, 1024 cuirs de bœuf en poil, & quelques madriers & billes de bois d'Acajou & bois marbré* ».

Admirault céda *Le Marquis de Narbonne*-à la suite de cette seconde campagne 1773-1775 au négociant-armateur Benjamin Giraudeau qui en devint en partie propriétaire. Celui-ci sollicita le 18 mai 1775 par dépôt d'une soumission le lieutenant-général de l'Amirauté Pierre Étienne Louis Harouard. Le navire avait été restructuré par les charpentiers pour pratiquer la traite. Le port s'élevait désormais à 400 tonneaux. L'autorisation fut donnée pour aller trafiquer sur la Coste de Guinée le 18 mai 1775[44].

Il est donc difficile d'imaginer comme certains historiens l'avancent que Samuel Demissy puisse être arrivé à Port-Louis par *Le Marquis de Narbonne* en 1774 ou 1775.

Il semble que *Le Marquis de Narbonne* devenu à part entière un navire négrier, sombra en 1776 dans une baie de la Guadeloupe dénommée le Petit-Cul-de-Sac-Marin.

4.1.2.2.-Le Brisson

Ce navire avait été ainsi nommé en honneur du président Brisson, ancien syndic de la Compagnie des Indes, élu le 27 juin 1764[45].

On mentionne sa présence lors d'un conseil de la Compagnie des Indes qui se tint le 2 juin 1769, où il siégea avec d'autres députés syndics et directeurs tels le Duc de Duras Du Vaudier, La Rochette, de Bruny, Du Pan, de Clonard, Jaume, Moracin, L'Héritier de Brutette, Louis Julien, Duval d'Eprémesnil, de Mercy d'Arcy, Le Moine, Risteau, de Rabec, Sainte Catherine.

*Le Brisson* était un navire ventru de 700 tonneaux lancé à Lorient le 12 septembre 1767. Il y en existait jusqu' à 1 200 tonneaux. Son gabarit était adapté au commerce sur le Bengale et à la fréquentation du comptoir de Chandernagor. Il avait pu être construit sur la presqu'île du Faouêdic, mais plus vraisemblablement à Brest qui livrait à la Compagnie des vaisseaux de plus gros tonnage[46].

---

[44] AD/17 B 259 vue 264/ 505.

[45] Le président François Brisson, aurait été seigneur de La Grange, Chaumont, Couargues & Saint-Bouise. Note de Philippe Haudrère, L'origine du personnel de direction générale de la Compagnie française des Indes, 1719-1794 , Brisson François, chevalier, seigneur de La Grange, né à Nevers le 19 juillet 1710, mort à Paris 7 février 1780, conseiller au parlement de Paris 9 janvier 1739, AN/ V1 319 263, président 1765, syndic de la Compagnie des Indes du 27 juin 1764 au 31 août 1768.

[46] Activités maritimes et sociétés littorales de l'Europe atlantique (1690-1790), Gérard Le Bouëdec, Armand Colin page 87. : Les navires de la Compagnie des Indes sont plus renflés. Ils sont plus courts proportionnellement à leur largeur. La mâture est moins élevée la voilure moins étendue. Le tirant d'eau a été réduit de 40 cm pour pouvoir accéder aux rades les plus profondes ou pour pouvoir franchir le détroit

Son ultime voyage alors qu'il était encore en la possession de la Compagnie des Indes, avait eu pour destination Cadix, le Cap, Anjouan, Pondichéry et Chandernagor. Il partit de Lorient le 23 décembre 1767 et y revint le 5 novembre 1769[47]. Les Archives nationales ont conservé son Journal de navigation avec certificats d'embarquements de marchandises[48].

Sous l'autorité des Admirault, *Le Brisson* assura des rotations biennales de Lorient ou de La Rochelle vers les Mascareignes et même au-delà, en Chine. La première expédition dont fit partie le pilotin Jacques Isaac Demissy avait pour objectif les isles de France et de Bourbon sans autre précision. Le vaisseau partit de Lorient non armé avec le congé délivré par ce port[49]. Son armement s'effectua à La Rochelle. La soumission déposée devant Pierre Étienne Louis Harouard lieutenant général de l'Amirauté de La Rochelle fut acceptée le 28 avril 1770[50] alors que le vaisseau était encore la propriété du roi. Il fit voile de La Rochelle le 9 mai[51]. Il relâcha à Cadix. La Gazette nationale du 6 juillet 1770, page 220 mentionne cette escale : « le vaisseau

---

de la Sonde L'aménagement intérieur est aussi différent. Sur les navires de la Compagnie des Indes il faut préserver la cale pour la cargaison. Le faux-pont pour aménager des soutes n'existe pas. Sur l'avant et l'arrière on loge la cale à eau et les biscuits mal disposés pour les marchandises. Le premier pont ne contient pas d'artillerie. Il est occupé par les vivres les pièces de rechange les câbles pour les ancres. Si l'équipage est trois fois moins nombreux que sur un vaisseau de guerre la durée du voyage, dix-huit mois à deux ans, nécessite des approvisionnements importants. C'est aussi dans ce premier pont que sont installés les hamacs des hommes d'équipage, tandis que l'état-major occupe une dunette à l'arrière du navire. Mais le navire de l'océan Indien garde plus que tout autre son caractère militaire dans la mesure où il dispose d'une artillerie de défense installée au niveau du deuxième pont.

[47] La Gazette de Vienne du 6 décembre 1769 rapporte ce fait : *Le Brisson,* vaisseau de la Cie des Indes, capitaine Briselaine l'aîné vient du Bengale chargé de mousselines et toiles blanches.

[48] AN/MAR/G//244, non consulté.

[49] Jean Joseph Choquet, beau-frère de Jean-François Dupleix, époux de sa sœur Anne Élizabeth Dupleix de Bacquencourt commissaire-ordonnateur des colonies à Port-Louis lui avait donné ses expéditions. Extrait du registre coté A.N. Mar B/3/589 f° 62) Choquet, Lorient, le 16 mars 1770- Le vaisseau *le Brisson* armé par le Sr Admyrault est expédié : je lui ai fait donner ses expéditions pour La Rochelle où il achèvera son armement ... Lundi 19 je ferai embarquer les 50 recrues de la Légion .... et le mardi 20, le capitaine se propose de mettre à la voile pour se rendre à l'île d'Aix. Comme le Sr Deslongrais sous-commissaire de la marine que vous avez, Monseigneur, destiné pour aller servir à l'Isle de France, est au département de Rochefort, il pourra s'embarquer à La Rochelle, ainsi que le nommé Putaveri [Poutavery] dont il doit prendre soin pendant la traversée, qui n'ayant point encore paru ici, se rendra vraisemblablement à Rochefort pour joindre le Sr Des Longrais.

[50] AD/17 B 259 page 103/104.

[51] Soumission à l'amirauté de La Rochelle *Le Brisson* armateur M. Admirault pour les îles de France et de Bourbon (AD/ 17 B 259) Aujourd'hui 2 avril mille sept cent soixante-dix a comparu en sa personne par-devant nous Pierre Étienne Louis Harouard écuyer en présence du procureur du roi de ce siège le sieur Gabriel Admirault négociant demeurant en cette ville armateur du navire Le Brisson de Lorient du port de sept cents tonneaux ou environ qui nous a dit qu'il envoie ledit navire aux Isles de France et de Bourbon avec un chargement de marchandises permises ; C'est pourquoi et en exécution des ordonnances et règlements du roi, il se soumet de ne faire rien charger à son retour en France [des marchandises étrangères].

français *Le Brisson* commandé par le sieur Berteau (Bertheaud[52], ancien officier de la Compagnie des Indes) & destiné pour les isles de France et de Bourbon est parti de La Rochelle depuis vingt & un jours, a relâché en cette baie le 28 du mois dernier pour y prendre quelques fonds & en est parti le 4 du courant pour continuer son voyage ». Il mouilla à l'Isle de France le 23 septembre, soit après un peu plus de trois mois de voyage.

Le même jour du 28 avril 1770 fut aussi présentée une soumission pour *La Petite Mariette* du port de 50 tonneaux portant des marchandises pour l'Isle de France, non répertoriée dans le registre du port de Lorient pour y constater un retour de marchandises.

L'achat du *Brisson* par Admirault fils aîné plus d'un an après son premier armement pour le compte du roi se fit en bonne règle, dans le cadre de procédures d'adjudication, sans passe-droit apparent. Des offres pour enchérir furent déposés par les « Particuliers » au nombre de dix-sept semble-t-il[53]. Le Roux de Kermoseven très riche négociant à l'Isle de France et Admirault furent en concurrence lors de l'adjudication de *La Sirenne* de 200 tonneaux. Le négociant rochelais l'emporta et le jeune Proa dont le père était une connaissance d'Admirault s'y embarqua. Le cahier des charges contenait des dispositions favorables aux adjudicataires quant aux modalités de paiement : libération par lettre de change sur les correspondants des armateurs à l'Isle de France et plus exceptionnellement par lettre de change payable sur Paris. Des exigences de la part du vendeur précisant pour les utilisations anticipées en 1769, le nombre de tonneaux à charger sur les navires pour le compte du roi.

Une adjudication du 28 juillet 1771 avec le ministre de la Marine, car le roi avait acquis la plupart des vaisseaux de la Compagnie des Indes pour la sauver de la faillite rendit les Admirault propriétaires du *Brisson*. Cette mise aux enchères suivait une

---

[52]Le capitaine Berteau conduisit en 1765 *L'Archimède* de 300 tonneaux, parti en 1765, armé par Admirault pour Saint-Domingue.

[53]ANOM C 2 275, folio s 226 et 230 : <u>Liste des vaisseaux de Lorient cédés pour des armements particuliers et État des vaisseaux provenant de la Compagnie des Indes vendus à divers armateurs à charge de payer la valeur en lettres de change à quatre mois de vue sur leurs correspondants à l'Isle de France</u> : *Le Brisson*, 700 tonneaux, Admirault – *Le Duc de Praslin*, 600 tonneaux comte de Clonard – *Le Pondichéry*, 900 tonneaux, Moracin – *Le Duc de Duras*, 900 tonneaux, Bernier – *Le Duc de Penthièvre*, 900 tonneaux, Le Breton de Blessin et Compagnie et Sebire des Saudrais,- *Le Maréchal de Castries*, 700 tonneaux, Le Breton de Blessin et Compagnie et Sébire des Saudrais – *Le Dauphin*, 900 tonneaux, François Rothe, ancien directeur de la Compagnie – *Le Massiac*, 900 tonneaux, Foucauld- *La Digue*, 450 tonneaux, Saint Pierre et Puquet*- *Le Calypso*, 230 tonneaux, Arnoult- *La Pomone*, 230 tonneaux Arnoult – Le *Villevault*, 90 tonneaux, Pauquer / Larmery et Remy* subrogés- *L'Ajax*, 500 tonneaux, Pauquer / Larmery et Remy* subrogés – *Le Beaumont*, 900 tonneaux, Le Breton de Blessin et Compagnie et Sébire des Saudrais- *Le Gange*, 700 tonneaux, Bernier- ~~La Sirène, 200 tonneaux, Le Roux de Kermoseven / Admirault~~ *Le Dragon*, 440 tonneaux, Le Roux de Kermoseven- *Le Mars* armé par les administrateurs de la Compagnie des Indes (hypothétique car absence de soumission).

demande expresse des Admirault de s'en rendre propriétaires[54]. Ce fut le seul navire vendu par le roi à un Rochelais. Les Lorientais Le Breton de Blessin, Sébire des Saudrais, Foucault et Arnoux furent les plus grands bénéficiaires de cette opportunité. Louis Gabriel Admirault fut le signataire de ces dix-huit contrats qui sauf deux, se conclurent en 1771 et 1772.

Les clauses du cahier des charges accompagnant la cession du *Brisson* à Admirault qui fut le premier navire à être vendu par le roi à un particulier furent sans doute rédigées dans les ministères. La convention fut signée à l'Isle de France aux alentours du 28 juillet 1771, donc après que Jacques Isaac Demissy ne s'embarque de La Rochelle sur ce navire où il trouvera la mort. Le procès-verbal d'estimation de la valeur du navire fut dressé le 27 août 1772 pour la somme de 128 354-10-3. Les conditions de paiement étaient très favorables. L'armateur pouvait se libérer de son dû à l'Isle de France par le produit de la revente des marchandises importées de la métropole : « *Le paiement sera fait en une lettre de change payable sur l'Isle de France à quatre mois de vue qui sera acquittée en billets de* [papier-] *monnaie* [la monnaie d'argent n'avait pas cours à l'Isle de France[55]]. *Le roi fera fournir du port de Lorient tous les secours dont l'armateur aura besoin pour le réarmement de ce vaisseau et le paiement des marchandises* (illisible) *sera fait trois mois après leur livraison au prix du marché courant. Ledit vaisseau doit porter à l'Isle de France 200 tonneaux d'effets et de marchandises moyennant 150 livres du tonneau pour le fret lequel sera déduit du montant de la lettre de change* [soit *a priori* 30 000 livres] ».

Ce schéma permettait d'éviter au roi de faire sortir de l'argent de l'Isle de France à raison des marchandises vendues aux colons.

Les Admirault n'eurent rien à débourser pour jouir du *Brisson* pour sa première campagne en 1770 jusqu'à Port-Louis. Le navire portant marchandises et passagers, appartenant au roi, fut frété et armé pour son compte[56]. Le choix du capitaine fut résolu par le recrutement d'un ancien capitaine de la Compagnie des Indes : Vincent Gabriel Berteau, à qui l'on demandait de commander maintenant un navire

---

[54] A/N, B1 76 1771, page 138, Feuilles au roi et au Ministre, « Les négociants de La Rochelle demandent à armer le vaisseau *Le Brisson* pour un voyage aux isles de France et Bourbon ».

[55] Le papier-monnaie émis par la Compagnie des Indes fut supprimé en décembre 1766. Il n'était plus utilisé que dans les magasins de la Compagnie en paiement de denrées et de marchandises que les habitants prenaient. Le roi y substitua une monnaie de papier ayant cours dans l'Isle de France remboursable en argent pour 260 000 livres à l'Isle de France. Une nouvelle monnaie papier commun aux deux îles de France et de Bourbon fut créé en juillet 1768 pour 2 000 000 de livres. Elle était échangeable par lettres de change tirées sur la France à six mois de vue. MM. Desroches et Poivre autorisèrent l'émission de deux autres millions. Le papier-monnaie source d'agiotage fut supprimé en 1771 en fixant la valeur de la piastre à 6 livres. Le roi par ordonnance de septembre 1771 mise en vigueur dans l'Isle de France fit passer des pièces de deux sols dont la valeur numéraire fut fixée à trois sols.

[56] Récapitulation de l'état vrai, du nombre des ports des vaisseaux armés par le commerce particulier depuis 1769 jusqu'en 1785, Hardouin, Gerbier, de Bonnières, avocats au Parlement, Gallica.bnf.fr/ark :/12148

particulier. Le navire n'avait que trois ans. Sa durée de vie pouvait être estimée à 11 ans[57]. Philippe Haudrère assure de la robustesse de ces navires[58]. « *Les bâtiments des Compagnies des Indes sont construits selon une technique voisine de celle des vaisseaux de guerre, avec une solide membrure en chêne et un bordage en sapin, mais ils ont une allure voisine de celle des navires de commerce, car les constructeurs tendent à diminuer l'importance des parties saillantes de l'étrave et de l'étambot de manière à donner à la cale la plus grande contenance possible, en essayant de se rapprocher de la forme du rectangle. Ce sont donc des bâtiments solides, mais lourds, lents, toutefois la vitesse n'a guère d'importance dans un système de monopole* ».

Sa deuxième campagne aurait dû lui faire aborder la Chine[59]. *Le Brisson* revint à La Rochelle au plus tard à mi-1772. Il rapporta des nouvelles apaisantes de l'Isle de France qui permirent de démentir que des instabilités s'étaient déclarées parmi les régiments de l'île.

Pierre Étienne Bourgeois de Boynes secrétaire d'État à la Marine répondit par la négative le 2 décembre 1771 à la demande de la Chambre de commerce de La Rochelle visant à la révocation de l'article V du Conseil du 13 août 1769 pour faire désarmer *Le Brisson* dans le port des Admirault : « J'aurais fort désiré pouvoir déférer à vos représentations, mais il n'est pas possible d'excepter les négociants de La Rochelle d'une loi qui leur est commune avec ceux des autres places du royaume ».

Une troisième campagne qui dut débuter tout à la fin de l'année 1772 et s'acheva en 1774, fit l'objet du dépôt d'une soumission sous la raison sociale Admirault fils aîné auprès de l'Amirauté de La Rochelle le 19 décembre[60] juste après qu'une convention particulière tripartite ait été conclue le 10 décembre avec M. Alexandre Hilaire de La Rochette et M. Ronsin pour l'établissement d'un magasin à l'Isle Bourbon devant être tenu par ce dernier pour une durée de trois ans au moins[61] [Annexe IV]. De nouveau le capitaine, Vincent Bernard Bertaud, la petite soixantaine, allait conduire *Le Brisson* mais cette fois-ci en Chine pour une campagne d'achat de marchandises. Dans une lettre adressée à Monseigneur Bourgeois de Boynes, successeur de Choiseul, expédiée du consulat de Canton on note le 20 novembre 1773 que *Le Brisson*, capitaine Berteau venant de La Rochelle et de l'Isle de France et

---

[57] Carré, Histoire de l'Europe : La mer et les colonies XVII e – XVIIIe siècles, Patrick Villiers.
[58] Philippe Haudrère, Jalons pour une histoire des compagnies des Indes, pages 15 et 16.
[59] Inventaire des archives de la Marine série B service général vol 1, B1 1771, Les négociants de La Rochelle demandent à armer le vaisseau Le Brisson pour un voyage aux Îles de France et Bourbon pour le commerce de l'Inde et de la Chine depuis la suppression de la Compagnie des Indes.
[60] AD/17 B 259, page 239.
[61] AD/17 B 231, page 21, vue 205,

le vaisseau nantais *La Catherine*[62], capitaine Nicolas Ducos Guyot, frétés par M. de La Rochette, étaient parvenus à Whampou le 20 et 30 décembre 1773.

Par la suite ce vaisseau ne cessa de croiser dans l'océan indien. Son propriétaire-armateur demeurait Admirault, mais un nouveau capitaine fut désigné pour en prendre le commandement. C'est le Rétais Jacques Jacob Dechézeaux qui conduisit l'expédition pour la quatrième campagne, celle des années 1775-1776. *Le Brisson* devait même aller encore en Chine. Le navire fit voile de Lorient où il fut armé le 14 mars 1775 jusqu'aux Mascareignes, puis vint à faire le commerce en Inde et à Cochin, retourna aux Mascareignes où il mouilla à Port-Louis le 27 mai 1776 pour après avec escales à Mahé, Goa et Bombay [63] et désarma à Lorient le 19 novembre 1776. Cette campagne du *Brisson* de 1775 à 1776 manqua la Chine par sa faute. Il apparaît qu'il n'arriva pas à temps. Le chevalier de Robien, chef par intérim du Conseil de Canton dans deux lettres écrites en octobre 1775 précisa le nombre de vaisseaux qui étaient arrivés dans la rade de Whampou : Quatre français qui étaient la flûte du roi *L'Étoile*, commandée par M. de Trobriant, *Le Dauphin* commandé par le sieur Alain Dordelin, *Le Modeste,* capitaine Dumont, *L'Alexandre,* capitaine de Layssart ; au total 25 vaisseaux 4 hollandais, 2 suédois, 2 danois,13 anglais dont 5 d'Europe et 8 de l'Inde. Le chef du consulat de Canton fit remarquer que les navires *Le Beaumont* et *Le Brisson*, qui devaient augmenter le nombre des vaisseaux français, n'ayant pas encore paru, leur voyage était manqué, du moins pour l'expédition de 1775.

Pendant la guerre d'indépendance américaine, *Le Brisson* fut armé en guerre. Le 1er février 1778, il fit voile vers Pondichéry où il rejoignit *Le Sartine* et *Le Lauriston*,[64] son capitaine restant Jacques Jacob Dechézeaux qui s'y illustra lors des combats. *Le Brisson* relâcha à Port-Louis le 14 février 1779. Il servit à nouveau au commerce. Il partit de l'Isle de France le 16 novembre 1779 puis de Bourbon le 10 décembre pour la métropole. Dans ses cales, il transportait des cauris, des bois rouges, des ballots de thé et des sacs de café[65]. Il désarma à Lorient le 31 mars 1780[66]

Enfin, il servit à la guerre. Le roi avait réquisitionné les trois gros navires des Admirault croisant dans l'Inde, *Brisson*, des *Trois amis* et *Le Maurepas*. Il dota *Le Brisson* de douze canons supplémentaires. La Marine ne faisait plus la fine bouche sur ces bâtiments marchands fragiles, vulnérables en cas de combat du fait de leur lente

---

[62]*La Catherine* navire marchand de 400 tonneaux qui allait aux Indes et à la Chine partit de Nantes en 1772. Il passa par le Brésil, obligé de faire relâche à Salvador à cause du scorbut. Il n'aurait fait son retour à Lorient qu'en juin 1777.

[63] A.S.D.H.L – S.H.D Lorient 2P 46-II 19.

[64] *Le Lauriston* sera capturé par Edward Huygues en 1782 ou 1783.

[65]Journal historique et littéraire vol 14 1 er mai 1780 page 93, Lettres de Lorient du 31 mars.

[66]Gazette de France 7 avril 1780 : Les Lettres de Lorient du 31 mars 1780 apprennent l'arrivée en ce port du vaisseau particulier *Le Brisson*, armé par les sieurs Admirault de La Rochelle. Ce bâtiment est parti à l'Isle de France le 16 novembre dernier & de l'Isle Bourbon 10 décembre & rapporte une riche cargaison en cauris, bois rouge, thé et café. A.S.D.H.L – S.H.D Lorient 2P 48-II 2.

progression. *Le Brisson* fut armé à Lorient le 16 mars 1781 portant à bord un nombre considérable de passagers notamment pour la Terre pour les débarquer à Port-Louis, totalisant avec l'équipage 317 personnes[67]. Il mouilla à Port-Louis le 22 septembre 1782. De Port-Louis le 22 octobre 1782, il fit voile pour Batavia toujours conduit par Gabriel David Foucault qui dix ans plus tôt, à 22 ans, avait été deuxième lieutenant sur le voyage du *Brisson*. On peut supposer qu'après le vaisseau ne revint plus en France. En 1781 les règlements des redevances d'affrètement du *Brisson*, des *Trois amis* et du *Maurepas* pour le compte du roi tardaient à venir et posaient des problèmes de trésorerie. Peut-être ces créances sur les Trésoriers des ministères avaient-elles été déjà « transportées » aux banquiers bâlois qui avaient soutenu les armements des Admirault, en l'occurrence : les Schondorff[68].

Suffren note dans son <u>Journal de bord</u> daté du mardi 17 juillet 1781 « temps calme au N.O temps couvert- Travaillé à embarquer les cordages provenant du navire *Le Brisson* ». Des lettres datées du 30 juillet furent envoyées par le marquis de Bussy à Suffren par *Le Brisson*[69].

Retournons à la première campagne, celle de 1770-1772. Dès que *Le Brisson* encore sous la propriété du roi passa sous le commandement des capitaines d'Admirault, s'éleva une vive querelle sur l'obligation de retour des marchandises à Lorient que les armateurs croyaient supprimée du fait de la suspension du privilège perpétuel de la Compagnie des Indes.

Un écrit du président de la Chambre de commerce illustre cette colère[70]. « *Les sieurs Admirault négociants à La Rochelle m'ont fait part de leur Mémoire pour obtenir la permission de décharger dans ce port* (La Rochelle) *le vaisseau Le Brisson et d'y vendre la cargaison [...]. Le commerce est en effet gêné par cette loi (dispositions de l'arrêt du 13 août 1769). Elle entraîne des retardements considérables. Elle jette les armateurs dans de grands frais qui font hausser le prix des objets de vente et sont par conséquent au détriment du commerce [Folio-2]. Les circonstances dans lesquelles se trouve depuis longtemps le port de La Rochelle m'avaient fait présumer qu'au moment de la <u>dissolution</u> de la Compagnie des Indes il se porterait vers cette nouvelle source de richesse que lui ouvrait le système de la liberté. Ces circonstances devaient*

---

[67] A.S.D.H.L – S.H.D Lorient 2P 15 V 4.

[68] AD/17 2 C 1784 mai 1781 Navire *Le Brisson*, procuration par MM. Admirault fils aîné négociants en Compagnie demeurant en cette ville à M. [Jean-Rodolphe] Schondorff [Bâlois, rue Montmartre] banquier à Paris pour recevoir la première moitié du prix de l'affrètement [pour l'Inde] qu'ils ont fait au roi des navires *Le Brisson*, *Les Trois amis* et *Le Maurepas* ; notaire Delavergne.

[69] Lettre de Bussy au commandeur Suffren : Bussy avait reçu par *La Silphide* et *Le Brisson* les lettres de Suffren en date du 30 juillet ; 5277 – 22 septembre 1782, page 112, <u>Catalogue des manuscrits des anciennes Indes françaises : Yanaon, Mazupitalam et diverses localités – 1669 - 1792</u>, Tome VI, Edmond Gaudart, gouverneur en retraite ; 1935.

[70] AD/17, 41 ETP 8780, 2 folios.

*être déterminantes. Le commerce des colonies est en quelque sorte concentré entre Nantes et Bordeaux. Ces deux ports ont l'avantage des richesses et celui des rivières navigables. Le commerce du Canada était devenu le patrimoine des négociants de La Rochelle. La perte de cette colonie les a jetés dans le découragement. Ceux dont la fortune était considérable se voyant sans espoir d'accroître leurs richesses ont abandonné le commerce à cette époque [...] et j'ai toujours remarqué que la condition des ventes et des retours à Lorient était un obstacle* ».

L'obligation de retour à Lorient coûtait cher en hommes d'équipage à nourrir, si l'on voulait les conserver pour faire le retour à La Rochelle. C'était un manque à gagner important par le fait de l'immobilisation du vaisseau à Lorient où les marchandises ramenées devaient être vendues aux enchères une fois par an dans les magasins de la Compagnie des Indes.

Ce plaidoyer pour les retours de marchandises à La Rochelle fut refusé à Admirault et la Chambre de commerce s'en plaignit. Lorient conservait malgré la suspension de la Compagnie des Indes son monopole de port de retour des marchandises en provenance des Mascareignes, d'Inde ou de la Chine. Tous les navires particuliers, entendons les navires affrétés par des armateurs, souffriront jusqu'à la Révolution de cette obligation de retour absurde, qui s'imposa aux Bordelais comme aux Rochelais, Nantais, Malouins et même Marseillais, même si Toulon fut accepté comme port second à la Révolution.

4.1.2.3.- L'Aigle

*L'Aigle* de 700 tonneaux, 4 canons doté de 40 membres d'équipage arma de l'Isle de France où il mouillait le 20 décembre 1773 pour le Cap de Bonne- Espérance et de là de nouveau pour l'Isle de France et Manille, emmenant 100 passagers dont 37 passagers aux patronymes espagnols et conduit par Jacques Alexandre Boutet. De l'Isle de France *L'Aigle* fut expédié pour les Manilles par M. de La Rochette, et il aborda à Whampou dans les premiers jours de novembre 1774. Parmi les passagers il y avait un certain Boucharat ou Boucherat qui avait été embarqué à Manille et au retour fut débarqué à l'Isle de France le 12 mars 1775[71]. Il déchargea à Lorient le 12 juillet 1775. Le navire est attribué par le Service historique de la Défense à M. de La Rochette lequel faisait le réarmement des navires des Admirault à partir de l'Isle de France[72].

---

[71]Il se pourrait que pour les campagnes de *L'Aigle* et de *L'Alexandre*), Pierre Boucherat négociant et subrécargue pour les vaisseaux de Chine soit intervenu pour un chargement le 30 mai 1777 de thé Camphou sur et L'Aigle et *L'Alexandre* vendu par marchand haniste payé en piastres dont taels masses et condories consignataire Étienne Moulin négociant à Lorient (plutôt Isle de France), faisant payer son crédit à 10 % l'an.

[72]Jacques Alexandre Boutet, aussi capitaine officier de la Compagnie des Indes, natif de La Rochelle époux de Catherine Dechézeaux, *a priori* sœur de Jacques Jacob Dechézeaux. Un de leurs fils, prénommé

## Samuel de Missy (1755-1820), armateur rochelais sur l'océan indien

Il repartit pour une campagne de deux ans le 2 avril 1776 pour les Mascareignes et l'Inde, capitaine Jacques-Alexandre Boutet.

Cette campagne ne fut pas bénéficiaire et selon les avocats de la Compagnie des Indes donna de la perte constatée à la date de son retour à Lorient le 11 août 1777.

On identifie en 1781 un navire nommé *L'Aigle* qui se trouva aux Mascareignes. Il s'agit d'un bâtiment totalement différent, construit à Saint-Malo en 1780. Cette frégate fut armée pour la course et comportait 44 canons. *Le Basque* Jean Dalbarade était son capitaine. Le nombre de ses prises est impressionnant. Le comte de Clonard en est propriétaire. Le navire suédois *La Sophie Albertine* de Gottenbourg, capitaine Niels Konigson fut capturé semble-t-il à tort par *L'Aigle*. La veuve de Clonard, Philis Masterson de Cutelflown ainsi que Jean Dalbarade durent se défendre devant le Conseil des Prises.

### 4.1.2.4.- Les Trois Amis

Ce gros vaisseau de 850 tonneaux fut expédié par les Admirault pour la Chine le 11 mars 1774. Il avait à sa tête le capitaine Jean Bonfils originaire de La Rochelle. La soumission fut obtenue le 27 janvier 1774[73]. La <u>première campagne</u> dura deux ans. Il fut désarmé à Lorient le 4 février 1776 [74]. Le financement paraît avoir été assuré au moins partiellement par MM. Doerner & Cie banquiers à Paris selon Herbert Lüthy[75].

*Les Trois Amis* menèrent une <u>deuxième campagne</u> pour la Chine. Le bateau partit de Lorient le 6 décembre 1776, mouillant à Port-Louis le 16 juillet 1777, et désarma à Lorient le 26 octobre 1778[76].

Pendant les dernières années de la guerre d'Indépendance américaine, le 16 mars 1781, il fut armé sur ordre du roi et servit à la Marine pour l'Isle de France. À la paix, il reprit du service pour le négoce. Il arma le 29 mai 1783 de l'Isle de France pour l'Inde où il parvint en août. Il était conduit par Dubois originaire de l'île de Ré ayant Joseph Beltrémieux [77]comme second capitaine. Il fit halte à Port-Louis le 5 mai 1784[78]. Il désarma à Lorient le 27 août 1784[79].

---

Alexandre Emile avait épousé Marie-Claude Florent de Mesnard. A.S.D.H.L– S.H.D Lorient 2P 46-I-17. A.S.D.H.L– S.H.D 2P-47 1-18.

[73] AD/ 17 B259 f° 124, page 249/505.

[74] A.S.D.H.L– S.H.D Lorient 2P 13-IV.12.

[75] Peut-être s'agit-il de ce navire non-nommé dont il est question en 1774 dans l'inventaire des archives de la Marine : A/N B1 80, achat par un commerçant de la Rochelle à Lorient n°144.

[76] A.S.D.H.L– S.H.D Lorient 2P 13-IV.12.

[77] <u>Dictionnaire des marins francs-maçons : gens de mer et professions connexes aux XVIIIe, XIXe et XXe siècles ;</u> travaux de la Loge Maritime de Recherche "La Pérouse" ; page 53 Association ponantaise d'histoire maritime (ASPOMA) 23, avenue du parc de Procé -44100 Nantes. Beltrémieux Joseph, capitaine de navire, né le 5 novembre 1749 à La Rochelle, membre de la loge L'Union Parfaite en 1788.

[78] *Contra* : Auguste Toussaint, <u>La Route des Isles,</u> page 246 : Il mouilla à Port-Louis le 4 mars 1783, revenant de Batavia.

[79] A.S.D.H.L– S.H.D Lorient 2P 49-12.

### 4.1.2.5.- Le Maurepas, ou Comte de Maurepas

Ce vaisseau de 550 tonneaux capitaine Jean-Jacques Robin, protestant comme Admirault, époux de Marie Élizabeth Audebert, fut armé le 19 mars 1775 pour les Mascareignes et l'Inde[80]. Il se rendit à Mahé. Il fit son retour à Lorient le 5 mai 1777 en faisant une escale imprévue à Lisbonne pour se remettre des conséquences d'une traversée difficile. <u>La Gazette du Commerce</u> du 31 janvier 1778 donnant des nouvelles de Lisbonne du 23 décembre 1777, narre la situation périlleuse dans laquelle ce navire se trouva dans le parage des Açores avec 80 personnes à bord. Cette campagne ne fut pas heureuse selon l'état établi par Hardouin Gerbier et de Bonnières, avocats de la deuxième Compagnie des Indes.

Un navire portant le même nom fut armé par Bernier et Gourlade à partir de Lorient en avril 1777. Son port était de 900 tonneaux, capitaine Muterse de Guérande. Destiné au Bengale, transportant environ une tonne en pièces d'argent, il se perdit en février 1778 en face de Madagascar en s'approchant trop du récif de L'Étoile proche du point le plus méridional de l'île Rouge. On dit qu'un navire de la Vereenigde Oost-Indische Compagnie, le *Bagt Krust*, capitaine Andries parti pour faire la traite à Zanzibar recueillit à son bord vingt-quatre passagers de ce *Maurepas*. 60 personnes sur 112 réussirent à gagner la côte. Ils moururent pratiquement tous, de soif ou de maladies tropicales.

On retrouve *Le Comte de Maurepas* le 16 mars 1781 venant de Lorient à l'Isle de France où il mouilla le 15 septembre 1782, conduit par le capitaine Charles Paule Le Sage, originaire de Port-Louis (Bretagne)[81]. Ce bâtiment était frété par le roi transportant 124 soldats de la Terre. Il le conserva jusqu'à la fin de la guerre d'Indépendance américaine. Il rejoignit avec *Le Brisson*, et *Le Maurepas* l'escadre de Suffren qui était partie de Brest avec cinq vaisseaux le 6 décembre 1781.

### 4.1.2.6.- L'Ajax

Armé et équipé à Lorient, il partit pour l'Inde le 7 décembre 1774 de Lorient, en touchant le Cap de Bonne-Espérance, l'Inde et Sainte Hélène muni d'une d'autorisation d'armer en guerre et en marchandises délivrée le 5 novembre 1774, au capitaine Julien Marie Crozet, second capitaine Le Mire[82]. À son bord : Proa, 17 ans cheveux châtains qui en tant que volontaire gagne 15 livres. Il venait de faire un voyage identique. Proa dit que ce voyage fut sans escale. Il écrit, page 3 « *Enfin nous vîmes l'Île de France [...] et nous y arrivâmes après 128 jours de navigation sans avoir relâché nulle part [...] car ordinairement on relâche au Cap de Bonne Espérance pour*

---

[80] A.S.D.H.L– S.H.D Lorient 2P 47-II-3.
[81] A.S.D.H.L– S.H.D Lorient 2P 15-V.5.
[82] A.S.D.H.L– S.H.D Lorient 2P 46-II-14.

*y prendre des vivres et se rafraichir ; page 34 [ ...] Nous entrâmes dans le port de l'Ile de France. Avec quel plaisir, quelle sensation délicieuse, ne me trouvai-je pas, dans un port calme et tranquille, à l'abri des dangers. [...]. Je voyais des collines et des vallons bien cultivés, chargés de citronniers, d'orangers de bananiers [...]. L'Ajax* revint à Lorient le 8 août 1776.

4.1.2.7.- L'Aimable Nanette

Ce soi-disant navire qualifié de négrier, sans preuve apportée, fit voile le 13 janvier 1776 pour Pondichéry [83]. Grâce à la <u>Gazette de France</u> on connaît les produits qu'elle ramena des Indes : « *De L'Orient le 5 septembre 1777* [84]. *Le vaisseau L'Aimable Nanette appartenant à MM. Admirault et fils aîné de La Rochelle est arrivé le 2 août chargé d'une riche cargaison consistant en toiles des Indes de toutes espèces, telle que guinées blanches de Pondichéry, de Dyanaou, de Salempouris blancs [toile de coton blanche fine], de tartannes, bafins de Goudelour, mouchoirs de Mazulipatam & de Vintepaléon, de guinées bleues de Garas [toile de coton blanche grossière], de bafetas [toile de coton blanche ordinaire] de Joudhiah, de mouchoirs burgos, de 310 048 livres de salpêtre, de 14 510 livres de cauris, 133 810 livres de poivre, 34 096 livres de bois rouge, 2 187 livres de benjoin, et 483 paquets rottins de Malac(ca) et autres articles également précieux dont nous ne pouvons donner ici tous les détails* ».

Deux ans plus tard, le 28 janvier 1778 se fit le départ de *L'Aimable Nanette* pour Pondichéry[85]. Le navire marchand parti pour faire le commerce d'Inde, mouillant devant le port, se trouva fortuitement entouré le 19 août par les assaillants anglais qui attaquèrent le comptoir le 8 août 1778 défendu à terre par le gouverneur Guillaume Léonard de Bellecombe[86]. Il fut bien sûr pris.

Bellecombe pour fortifier la défense du comptoir avait retenu les services de l'amiral Jean-Baptiste François Lollivier de Tronjoly qui devait lui assurer la défense par la mer. Le gouverneur avait mis à sa disposition trois vaisseaux de commerce anciennes unités de la Compagnie des Indes, armés en flûte *Le Sartine* (26 canons) *Le Brisson*

---

[83] A.S.D.H.L– S.H.D Lorient 2P 47-I-13.
[84] <u>Gazette du Commerce</u> 1er janvier 1777, page 590 sur Gallica.
[85] A.S.D.H.L–S.H.D Lorient 2P 15-II.2.
[86] Durant le siège de Pondichéry, Le 1er août, l'amiral Tronjoly sortit avec son escadre pour combattre la flotte anglaise, mais celle-ci, après quelques bordées, rompit le combat et s'éloigna vers le Nord. Le combat se déroula sur deux lignes parallèles et se résuma à une longue canonnade, sans aucune idée de manœuvre. Les deux escadres étaient d'égale force. Un *Te Deum* fut chanté par les Français pour célébrer cette victoire qui leur donnait la suprématie maritime dans le golfe du Bengale.
Conséquence de cette défaite anglaise : Le 20 août, l'escadre anglaise reparut devant Pondichéry et, le 21, Tronjoly offrit le combat à l'amiral anglais qui refusa- une deuxième fois. Toute la ville était aux fenêtres. La nuit tomba et, le lendemain, les deux escadres avaient disparu. Bellecombe attendit le retour de Tronjoly, mais ce dernier, que Bellecombe forçait à rester dans les Indes, avait tout simplement profité de la nuit pour lui fausser compagnie et filer vers l'île de France, en laissant à l'escadre anglaise la maîtrise de la mer. Jean-Claude Castex, <u>Dictionnaire des batailles navales franco-anglaises,</u> Pondichéry.

(24, canons doublés) et *Le Lauriston* (24), qui s'ajoutaient aux navires de la Marine *Le Brillant* (64 canons) et à *La Pourvoyeuse (40 canons)* de sorte que Tronjoly se trouvait à la tête d'une petite escadre et de 1 300 hommes d'équipage. Les flottes anglaises et françaises en vinrent à la confrontation le 10 août et se livrèrent un engagement indécis. L'amiral Tronjoly, abandonna la défense de. Il repartit le 20 août avec son escadre pour l'Isle de France formée par *Le Brillant* et *La Pourvoyeuse* ainsi qu'avec les trois navires de commerce dont *Le Brisson* aussi appartenant aux Admirault conduit par Dechézeaux. Privée de défense par la mer, Pondichéry capitula une nouvelle fois le 17 octobre 1778[87] après soixante-dix jours de siège et quarante jours de tranchées devant sir Hector Munroe. Lors de la reddition du comptoir, il y avait encore pour trois à quatre mois de vivres permettant de nourrir les habitants. Tronjoly fut rayé de la Marine et même soupçonné de pacotille[88].

4.1.2.8.- L'Alexandre
Ce vaisseau d'un port de 200 ou 300 tonneaux entreprit une campagne débutant en 1774 et se terminant en 1776. Il arma de La Rochelle le 26 avril 1774 pour les Mascareignes, et de là se rendit en Chine où il parvint en octobre 1775. Le navire était armé de six canons et avait embarqué trente-huit membres d'équipage. Le capitaine était Jacques Alexis Laissart (de) Laissard, Leissart) originaire de Rochefort. Un subrécargue passager nommé Boucher faisait aussi le voyage. Par la suite *L'Alexandre* fut dirigé par les Admirault vers les colonies françaises de l'Amérique avec chargement de troupes et marchandises pour le compte du roi[89].

4.1.2.9.- L'Élizabeth
En 1777, *L'Élizabeth* de 900 tonneaux chargea pour l'Inde, commandée par le capitaine Julien Marie Crozet [90]qui avait servi l'année précédente les Admirault à bord de *L'Ajax*. Gabriel David Foucault était premier lieutenant. Il embarquait 139 hommes de troupes. Il semble que les Admirault aient saisi une occasion pour l'acheter et le fréter exclusivement au service du roi[91].

---

[87]Consultation pour les actionnaires de la Compagnie des Indes, de Louis-Eugène Hardouin de La Reynerie Tableau n° 10].

[88] AN MAR 0/7/330, cité par note 15, page 285, Philippe Haudrère, Les Français dans l'Océan indien, Presses universitaires de Rennes, 2014.

[89] A.S.D.H.L–S.H.D Lorient 2P 46-II-16. AD/17, B 259, 24 mars 1779, vue 313/505.

[90] Crozet (Julien Marie), né en 1728, mort en 1780, officier de la Compagnie des Indes, officier auxiliaire, capitaine de brûlot.

[91]A.S.D.H.L – S.H.D Lorient 2P 68-II-12. AN/MAR/C/7/2 dossier 6 Admirault ou Admyrault, négociants de La Rochelle. 1773-1783 : Demandes d'indemnités en raison de l'emploi fait en Inde par la Marine royale des navires *L'Élisabeth* et *Le Brisson*, armés en 1777 et 1779 (factures d'armement). Demande d'indemnités du sieur de La Rochette, armateur, leur associé, empêché de vendre en île de France l'arak importé de Batavia sur le vaisseau *Les Trois Amis*.

Samuel de Missy (1755-1820), armateur rochelais sur l'océan indien

Une des plus belles prises dans l'Océan indien pendant la guerre d'Indépendance américaine dont une partie revenait aux Admirault fut faite le 21 février 1779 par la frégate du roi *La Pourvoyeuse* que le vaisseau particulier *L'Élisabeth* accompagnait.

Cette prise fut celle de *l'Indianman L'Osterley,* conduit par le capitaine Rogers le 21 février 1779 sur le banc des Aiguilles à la pointe de l'extrême sud du continent africain. *L'Élizabeth,* vaisseau de commerce des Admirault avait été armé en guerre, ayant un port de 900 tonneaux, 36 canons et 120 hommes d'équipage. Il était commandé par Julien Marie Croizet, capitaine de brûlot. Cette capture fut fortuite car l'amiral L'Ollivier de Tronjoly de retour à l'Isle de France à la fin de septembre 1778 et condamné à l'oisiveté, après avoir délaissé le gouverneur Bellecombe seul face aux Anglais à Pondichéry, ville comptant 28 000 âmes, fut missionné pour aller croiser sur le banc des Aiguilles avec *La Pourvoyeuse* et *L'Élizabeth*. Ces deux bâtiments revinrent à l'Isle de France en juin 1779 avec une seule, mais magnifique prise : *L'Osterley* dont Tronjoly revendiqua tout de suite la part du lion. Tout droit sur lui fut dénié. Ce navire fut ramené à Port-Louis le 6 mai 1778. Les Admirault réclamèrent leur part dans cette capture substantielle.

La prise du navire de l'East Indian Company *L'Osterley* procura un butin de plusieurs millions de livres[92], dont une cargaison de soieries et toileries du Bengale dont la valeur était supérieure à la circulation monétaire des Isles de France et de Bourbon[93]. La prise fut estimée par certains à 6 millions de livres.

Les démarches pressantes de Ronsin agissant pour le compte des Admirault[94], afin de recueillir les fonds leur revenant du fait de la participation de leur vaisseau *L'Élizabeth* à la prise du navire marchand anglais *L'Osterley* se heurtèrent à la situation très tendue des finances de l'île dont la circulation en monnaie-papier était modeste. Elles souffrirent de l'accusation lancée contre le capitaine de *La Pourvoyeuse* Bernard de Saint Orens soupçonné d'avoir détourné une partie du trésor[95].

Trois ans après la capture du vaisseau britannique, les fonds issus du produit de la vente aux enchères n'étaient toujours pas versés aux Admirault. Ronsin compliqua encore la situation en participant à un plan conçu par le très entreprenant Paul Pierre

---

[92]Archives île Maurice : OC 31 1777 1778, journal de bord de la prise de *L'Osterley* capitaine Rogers pris par la frégate *La Pourvoyeuse*.

[93]XVIe colloque de la Commission internationale d'Histoire maritime, La course dans l'Océan indien pendant la guerre d'Amérique, Auguste Toussaint, page 3.

[94]Procuration par François Gabriel Admirault l'aîné faisant pour sa société de commerce sous la raison Veuve Admirault et fils négociants à La Rochelle y demeurant à M. Ronsin leur représentant aux Isles de France & de Bourbon pour y recevoir notaire Roy le 9 aout 1782 [AD/17 2 C 1785, f° 212].

[95]AN/ Mar. B/4/133, fol. 282-287 et Mar. C/7/318. 285.

D'Arifat, un protégé de l'intendant Étienne Claude Chevreau qui devait permettre l'accélération des versements des fonds. Les besoins financiers de ce négociant étaient insatiables. L'affaire faillit même tourner à la catastrophe pour les Admirault du fait de l'immixtion du négociant-armateur Paul Pierre D'Arifat dans le processus de déblocage des fonds. D'Arifat déclencha en effet l'une des plus grosses faillites qu'un particulier ait pu faire à l'Isle de France et même en France métropolitaine.

Par un jeu d'écritures, la colonie étant débitrice envers D'Arifat, ce ne furent pas moins de 1 082 777 livres 13 sols et 8 deniers prêtées à D'Arifat qui constituaient vraisemblablement le produit des ventes à l'encan des marchandises de *L'Osterley*[96] qui devaient revenir dans la poche des Admirault et qui furent prêtés à D'Arifat. Il s'agit d'une somme brute, car il fallait aussi dédommager les intéressés de *L'Élizabeth*, notamment cet Anglais John Sullivan fort mal venu de réclamer sa part de prise sur son pays en temps de guerre. Ronsin les prêta avec intérêts à D'Arifat pendant que ces mêmes Admirault, impuissants devant les problèmes financiers de la colonie qui leur devait de l'argent, sollicitaient à La Rochelle de la part de leurs créanciers une suspension de leurs paiements, constatant une impasse financière du cinquième de cette somme dans leurs comptes.

Ronsin le fondé de pouvoir des Admirault fut forcé de se justifier de ce prêt malencontreux à D'Arifat à Joseph Alexandre Le Brasseur, commissaire du roi[97].

Le Brasseur avait été envoyé de France pour y voir clair dans la débâcle financière de l'île. Une lettre écrite par le vicomte de Souillac gouverneur de l'île à M. de Castres le 25 mars 1785 approuvait l'envoi sur l'île de M. Le Brasseur pour enquêter sur l'incroyable situation des finances de l'île, causée par la faillite de Paul Pierre D'Arifat *« J'ai déjà eu l'honneur de vous marquer que j'avais vu avec la plus grande satisfaction le parti que vous avez pris d'envoyer ici M. Le Brasseur pour prendre des renseignements sur les différentes affaires administratives faites dans cette colonie*

---

[96] Ce chiffre qui ne concerne que la part des Admirault rend douteux celui de 1 500 000 livres souvent avancé pour évaluer le produit de la vente des effets et marchandises de *L'Osterley*. On parle aussi d'un butin de 5 millions de livres tournois : Revue historique de l'île Maurice, page 529, n° 46, 8 mai 1890. A l'occasion des prises des navires anglais *L'Osterley* et *L'Enighed*, le roi qui en l'absence de siège d'amirauté à l'Isle de France avait conféré le 21 avril 1776 aux officiers de la juridiction royale le pouvoir de juger des matières qui relèvent de la fonction d'Amirauté en métropole, attribue provisoirement des droits d'Amirauté aux officiers de la juridiction royale par Lettre du ministre aux administrateurs de la colonie en date du 9 décembre 1779 publiée le 14 avril 1778. On le voit s'intituler le 24 juillet 1786 « Greffe de la juridiction royale et d'amirauté de l'Isle de France ». AD/56, 10 B 48- Navire *La Philippine*, dite *Le Coromandel*, vue 113/496.

[97] Le Brasseur, Commissaire ordonnateur à l'Île Bourbon, 6 février 1784. Commissaire général des ports et arsenaux de marine dans les colonies, 28 août 1784. Commissaire ordonnateur par intérim aux Iles de France et de Bourbon, 29 juillet 1785. Chargé des fonctions d'intendant des Iles de France et de Bourbon, 5 avril 1787.

*pendant la guerre et vous en rendre compte. C'est le vrai moyen de mettre dans le plus grand jour [...] ».*

Ronsin s'en expliqua à M. Le Brasseur comme suit :

*J'ai reçu la lettre dont il vous a plu m'honorer au détail\*de laquelle je vais satisfaire[98]. Je passais à l'Isle de France au mois de mars pour en vertu de la procuration de Mme et M. Veuve Admirault & fils réclamer auprès de l'Administration la part qui revenait à cette maison du partage ordonné par Sa Majesté de leur vaisseau L'Élizabeth dans la prise anglaise de L'Osterley la part revenant à ce vaisseau était fixée en raison du nombre de ses canons à 34/72$^e$ sur les produits de ladite prise. Je présentai à M. Chevreau mes pouvoirs et les titres sur lesquels je fondais ma juste réclamation. Je sollicitai pendant plusieurs mois la liquidation de cette importante affaire. Je présentai plusieurs requêtes. Des prétextes, des affaires de voyages (illisible) tout fut employé pour retarder l'effet de mes sollicitations. J'étais dans cette incertitude lorsqu'au mois de juin M. Paul Darifat qui avait eu le bonheur de capter la bienveillance de Monsieur l'intendant me proposa de me faire toucher un fort acompte mais sous la condition de lui prêter les sommes que je recevrai chose connue de M. Chevreau qui ne voulait pas se déterminer à me payer, mais qui consentit à cette délivrance pour favoriser son protégé M. Darifat. Ne pouvant faire mieux, je consentis à la proposition de M. Darifat [...]. M. Darifat toucha lui-même le 11 juin la somme de 50 000 en papier monnaie qui furent acquittés de la caisse du roi [...]. J'oubliais de vous dire, Monsieur, que quelque temps auparavant, voyant que M. l'intendant faisait des difficultés pour donner de l'argent je le priai de m'autoriser à prendre sur mon bon à l'encan de la prise anglaise Le Toscan pour 500 000 de marchandises. L'on me refusa aussi cette juste demande et j'ai eu la douleur de voir que cette facilité fut accordée à M. Darifat qui vendit à bon de crédit sur cette prise 50 000 à 15 % de bénéfice et comptant si j'eusse obtenu cette faveur les marchandises que j'aurais acquises à cet encan, je les aurais faites passer à MM. Veuve Admirault et fils et ce secours venu à temps leur eût empêché de suspendre leurs paiements. Le 11 juillet suivant, je reçus moi-même un compté de 30 000 livres toujours sur une nouvelle requête présentée par moi mais véritablement toujours par l'intervention de M. Paul Darifat et toujours sous la condition de lui prêter cette somme que je lui remis. Enfin les besoins immenses de M. Darifat augmentant toujours, j'obtins sur requêtes les 282 777-12-8 faisant le solde de ce qui revenait au navire L'Élizabeth dans la prise de L'Osterley que M. Darifat toucha lui-même, eut lieu le 12 mars 1783, et cette somme eût la destination des deux premières sommes, je dis acomptes. Je ne vous dissimulerai pas, Monsieur que cette opération fût secrète, que j'eus la faiblesse de la*

---

[98]Lettre à M. Le Brasseur commissaire du roi signée Ronssin, ANOM COL E 8,a Bauve d'Arifat, Pierre Paul de, ancien officier au régiment d'Artois, ancien sous-aide major à la légion de l' île de France, et Marc de La Bauve d'Arifat, capitaine aide-major au régiment de l'île de France, devenus ensuite armateurs et négociants à l' île de France, vues 264 à 265.

*cacher à M. de La Malétie qui se trouvait alors à l'Isle de France, me persuadant avec raison qu'il n'y aurait pas consenti. J'eus tort, mais j'aurai pour excuse que M. Darifat me devait alors de fortes sommes. Je crus de mon intérêt de le soutenir pour ne pas tout perdre. Cette aventure fut connue de M. de La Rochette, et elle me brouilla avec lui. Heureusement que M. Darifat lui a remboursé cette somme. Quoi que j'ai été forcé d'agir comme je l'ai fait, et que je n'en ai pas été le maître d'agir autrement.*

*Des 1 082 777 13 8 prêtées à M. Darifat, il n'en reste plus dû à MM. Admirault que 100 122–5 dont ces Messieurs me rendant malheureusement garant[99]. Cette somme en supposant même qu'elle m'en fût fait remise par cette maison ne serait pas une perte, puisque le placement d'argent prêté à M. Darifat a produit un intérêt de 144 316-15-4.*

*De tout ce que dessus, il résulte, Monsieur difficultés qu'à faites M. l'intendant de me remettre à moi – même les fonds du navire L'Élizabeth, MM. Admirault n'ont pu jouir assez à temps et ont été forcés de demander grâce à leurs créanciers pour une somme moindre et moi forcé alors et pour que ces Messieurs ne perdissent rien de soutenir M. Darifat. J'ai été entraîné dans sa chute et ai perdu le fruit de douze années de travail heureux et honnête.*

*C'est donc sans récrimination que je peux imputer mes malheurs à M. Chevreau. Je me serais même interdit toute réflexion à ce sujet si en votre qualité de commissaire du roi, je ne m'étais obligé de répondre aux demandes que vous me faites ».*

À la suite des malversations constatées au détriment de la Caisse des Invalides qui prêta sur des fonds en déshérence un million de livres à D'Arifat, Claude Étienne Chevreau fut suspendu de ses fonctions et sommé sur le champ – à quoi il tarda à obéir- de revenir en métropole. Il se suicida[100].

La capture par les Anglais de *L'Aimable-Nanette*, les atermoiements du Trésor des colonies à payer les frais de la réquisition du *Brisson*, les difficultés à percevoir leur part dans la prise de *L'Osterley* plongèrent les Admirault dans une situation financière délicate.

Ainsi se lit l'accord désespéré que les Admirault passèrent avec leurs créanciers :

« *Les sieurs et dames créanciers*[101] *de dame Marie Giraudeau veuve de Pierre Gabriel Admirault, de François Gabriel Admirault dit l'aîné et de Jean-Louis Admirault*

---

[99] Effectivement il semble que les Admirault furent pris dans la faillite de Pierre Paul d'Arifat qui se réunit à partir du 17 août 1784.si l'on considère que La Rochette les représentait à celle-ci.

[100]Chevreau, Etienne Claude, commissaire général des colonies, arrivé à Pondichéry en 1777 faisant fonction d'intendant aux îles de France et de Bourbon. Deux dépêches ministérielles, l'une du 19 août 1784, le seconde du 29 juillet 1785 mettent fin aux fonctions de Chevreau, nommé le 4 juillet 1781 commissaire ordonnateur avec fonction d'intendant, ordonné de quitter sur le champ l'Isle de France. Le prélèvement de fonds sur la Caisse des Invalides de l'Isle de France en est le motif officiel. Il perd ses appointements le 10 octobre 1785. Il ne débarque à Brest que le 20 octobre 1786. Il se rend à Paris, où il se suicide en se jetant dans la Seine [aucune trace aux BMS des Archives de Paris, boulevard Sérurier].

[101]AD/173 E 1034 Le 11 juin 1783.

*assemblés* [le 11 juin 1783] *dans leur maison de la rue Dompierre à leurs réquisitions sur les lettres qu'ils ont écrites à leurs créanciers tant de la ville que du dehors, lesdits sieurs et dame Admirault ayant exposé que leur feu mari et père serait décédé au mois de mars 1782 laissant des opérations de commerce d'une situation difficile, les fonds qu'il avait dans l'Inde tant à la direction du sieur de La Rochette que du sieur Ronsin* [voir Annexe IV] *et par la retenue des vaisseaux Le Brisson, le Maurepas et Les Trois Amis qui avaient été affrétés au roi et qui sont toujours restés depuis à son service, que par le précis\* qui fut fait par le sieur Admirault aîné à la mort de son père de l'état de ses affaires, il revient que la masse active de ses biens déduction faite des reprises matrimoniales de sa veuve et de la demoiselle Carayon*[102] *sa bru ne se montent qu'à la somme de douze cent cinquante-deux mille trois cent vingt-cinq livres onze sols dix deniers et que les dettes passives tant pour traites sur M. Louis Vincens que par billets et comptes courants s'élevaient à celle de trois cent cinq mille six cent soixante-quinze livres quinze sols deux deniers, d'où il résulte un déficit de cent cinquante-trois mille trois cent cinquante livres treize sols quatre deniers* [...].

Les armateurs des navires de moyen à gros tonnage qui circulaient dans l'océan indien furent pris pour le service du Roi pendant la guerre d'Indépendance. Le propriétaire d'un navire pouvait être contraint de le prêter pour le service de l'État sur réquisition de l'autorité administrative. Le fret était alors réglé de gré à gré ou d'office sans que l'État ne soit jamais responsable des cas de fortune de mer. Tel fut le sort réservé au *Brisson*.

Il se dit qu'une fois la paix fut conclue avec les Anglais par le traité du 3 septembre 1783, François-Gabriel Admirault, obtint une audience auprès de Louis XVI. Il lui présenta une requête en vue d'obtenir le remboursement des pertes subies par sa maison de commerce pendant la guerre. Le roi promit de prélever sur sa cassette particulière quelques centaines de mille livres. L'offre paraît ne pas avoir été acceptée, étant minime par rapport aux pertes qu'il s'agissait d'indemniser.

Ces difficultés furent semble-t-il concomitantes à celles du banquier Louis Vincens à Paris, sur laquelle les Admirault avaient 700 000 livres de créances. Selon Claude Laveau sa faillite en 1783 portait sur 2 millions.

Quant aux expéditions successives sur l'Inde leur rentabilité fut contrastée. La première expédition qui se fit sur *Le Brisson*, mis à disposition gracieusement par le roi qui en supportait le coût, le fret et le passage des embarqués, dut être bénéficiaire[103]. Mais on sait que la suivante sur la Chine commencée en 1773, avec un retour à Lorient le 9 juillet 1774 se solda par une perte. Celle de 1775 sur la Chine qui se termina par un débarquement à Lorient le 19 novembre 1777 ne fut pas

---

[102] François Gabriel Admirault trésorier des Invalides a épousé Louise Élizabeth Carayon.
[103] Récapitulation de l'état vrai, du nombre des ports des vaisseaux armés par le commerce particulier depuis 1769 jusqu'en 1785, Hardouin, Gerbier, de Bonnières, avocats au Parlement, Gallica.bnf.fr/ark :/12148.

davantage bénéficiaire[104]. Quant à celle de 1778 pour la Chine dont on débarqua les marchandises à Lorient le 11 mars 1780 le résultat selon Hardouin, Gerbier, de Bonnières avocats au Parlement est inconnu. Les avocats mentionnent que la dernière expédition conduite par Foucaud sur l'Isle de France fut pour le compte du roi. La preuve en est que ces expéditions juteuses *a priori* ne l'étaient que si bon nombre de conditions étaient réunies.

Quoi qu'il en soit les Admirault s'en relevèrent.

Ils s'intéressèrent au commerce sur l'Inde et notamment au café de Bourbon[105], et surtout revinrent à ce qu'ils savaient faire : la traite triangulaire.

### 4.1.2.10.- La Jeannette et autres goélettes

À ces neuf navires pour l'Isle de France, il convient d'en ajouter trois de petit tonnage : *La Jeannette*, goélette de 50 tonneaux pourvue de marchandises et vivres qui partit le 11 janvier 1773[106], une autre goélette, *La Louise Marguerite* de 50 tonneaux, dont la soumission est du 21 janvier 1773 et enfin *La Marie Madeleine* de 80 tonneaux qui l'obtint le 29 septembre 1773.

### 4.2.- Le retour vers le commerce de traite

Pierre Gabriel Admirault, directeur de la Chambre de Commerce porté à un stade de très grande considération, passa après son élection le 26 juillet 1781 à la postérité en se faisant représenter sur un tableau comme la plupart de ses prédécesseurs, à mi-corps debout derrière un bureau, près d'une chaise tapissée rouge foncé, décachetant une lettre. Cette peinture est exposée au Musée des Beaux-Arts de La Rochelle.

Le développeur du commerce particulier des Rochelais sur l'Inde et la Chine décéda le 16 mars 1782[107].

---

[104] Récapitulation de l'état vrai, du nombre des ports des vaisseaux armés par le commerce particulier depuis 1769 jusqu'en 1785, page 6, Hardouin, Gerbier, de Bonnières, avocats au Parlement, Gallica.bnf.fr/ark :/12148.

[105] AD/17 41 ETP 34 f°85, Assurances sur marchandises et effets, Veuve Admirault & fils l'aîné trente balles de café de Bourbon chargées à l'Isle Bourbon sur le navire *L'Archiduc* capitaine Renard pour compte des intéressés au navire *La Daliram* capitaine Simon jusqu'au port de Lorient, 13 février 1786, enregistré 25 février 1786, 2 500 livres couvert par Vivier.

[106] AD/17 B259 f° 120, page 241/505. AD/17 B259 f° 120, page 241/505; AD/17 B259 f° 122, page 246/505.

[107] Pierre Gabriel Admirault, négociant à La Rochelle, syndic (1763-1765), puis directeur de la chambre de commerce, °La Rochelle, baptême catholique, Saint-Barthélemy, 12 mai 1723, mort à La Rochelle, le 16 mars 1782, épouse (contrat Me Guillemot, notaire à La Rochelle, le 17 novembre 1745), le 17 novembre 1745, à La Rochelle, Anne Marie Marguerite Giraudeau La Rochelle, morte à La Rochelle le 12 messidor an 8, fille d'Élie Giraudeau négociant à La Rochelle, armateur, syndic de la Chambre de commerce de La Rochelle en 1741, et de Marie Le Large. Puissant armateur de La Rochelle, tout d'abord dans le commerce avec Saint-Domingue et avec le Canada. Dès la fin du monopole de la Compagnie des Indes orientales (1769), associé à son fils aîné, il s'engage dans le commerce avec les îles de France et Bourbon (Maurice et

Samuel de Missy (1755-1820), armateur rochelais sur l'océan indien

Émile Garnault dans son ouvrage intitulé Le Commerce rochelais au XVIIIe siècle, deuxième partie, chapitre 1777 à 1786, pages 263 et suivantes, n'évoque pas ce fait. La disparition du Directeur de la Chambre de Commerce sembla néanmoins surprendre plus d'un par sa soudaineté. La Chambre de commerce probablement en la personne des syndics exprima le lendemain même du décès son regret comme suit à M. Jacques Philippe Isaac Guéau de Reverseaux intendant de l'Aunis et de la Saintonge : [108]« *En faisant les fonctions de Président de la Chambre, vous avez daigné vous en montrer l'ami, mais nous ne doutons pas M. de la part que vous prendrez à son affliction. Elle vient de perdre M. Admirault. Elle ne pouvait être plus étroitement attachée à ce Directeur. Un événement aussi fâcheux et pour ainsi dire subit consterne tout le commerce. Ses concitoyens n'oublieront jamais, l'activité, le patriotisme & les autres qualités recommandables dont ce négociant était doué. Nous sommes au regret* [...].

Des lettres furent envoyées dans le même esprit à M. Jacques Torterue-Bonneau député du Commerce et une autre à M. de La Touche Tréville, commandant de la Marine à Rochefort avec lequel Pierre Gabriel Admirault aurait pu avoir négocié le prix des affrètements de ses trois bâtiments mouillant à l'Isle de France au service du roi.

Étienne Ranjard, le successeur de Pierre Gabriel Admirault fut nommé directeur de la Chambre le 21 juin 1782.

4.3.- Profits ou Pertes

Rien n'avait été simple à la fin des années 70 et au début des années 80. Les navires des Admirault demeurés dans l'océan indien risquaient d'être pris par les Anglais s'ils croisaient seuls. Savoir même si les assureurs[109] voulaient couvrir des tels risques. Quel serait alors le taux de prime ? Le cas ne s'est pas même produit semble-t-il car aucune police de la sorte n'a été enregistrée par Delaire secrétaire de la Chambre de commerce. Bourillon, autre armateur rochelais s'était aventuré malgré tout en 1781

---

La Réunion), et avec les comptoirs français en Inde. Il est l'armateur du "Brisson" (700 tonneaux) qui s'est illustré au siège de Pondichéry, (capitaine Jacob Dechézeaux). Il dut établir un comptoir à Lorient, pour respecter l'obligation de retour par ce port, pour les navires revenant des Indes orientales [ce point est contestable, car les marchandises étaient débarquées, entreposées par les employés de la Compagnie des Indes sans dérogation possible puis vendues par celle-ci]. Son armement ne survécut pas aux pertes importantes subies lors des guerres contre l'Angleterre, Cahiers du centre de généalogie protestante Denis Vatinel, page 47 ; n°129 premier trimestre 2015.

[108]AD /17, 41 ETP 17, pages 210 et 211. Lettre à M. Géau de Reverseaux – Du 17 mars 1782.

[109]Par exemple pour *La Betsy* qui part en convoi à Saint-Domingue, la prime pour la couverture seule du corps de navire est de 20 %. AD/17, 41 ETP 22, signée le 10 octobre 1781. Pour la couverture des risques du bâtiment *Le Phénix* capitaine Giraud pour aller de la Martinique à Saint-Domingue et de Saint-Domingue en France, la prime est de 30% réduite à 20 % si le navire part en convoi, AD/17, 41 ETP 21, signé le 9 octobre 1780, vue 300/ 304.

en armant *Le Baron de Montmorency*[110] pour transport de marchandises à destination des îles de France et de Bourbon. Il fallait une certaine dose d'inconscience pour entreprendre des expéditions dans de telles circonstances et compter sur une marge exceptionnelle sur les marchandises vendues aux îliens, et pour celles du retour sur de très confortables profits.

Malgré la contrainte des retours à Lorient, jamais du temps de la liberté de navigation donnée aux Particuliers la vente des produits d'Asie en France ne connut un tel succès. Les profits provenant de ces expéditions auraient atteint des sommets. Ainsi Philippe Haudrère dans son ouvrage <u>Les Français dans l'Océan indien</u> rapporte que les retours sur investissement de l'armateur marseillais Rabaud s'élevèrent en 1771 pour *Le Conquérant*, à 65%, pour *La Philippine* 50 % en 1785 et même à 80 % pour *La Constance-Pauline* envoyée à l'Isle de France (il ne précise pas l'année).

Ces données flamboyantes sont extraites des travaux de Saint Yves, érudit marseillais. Il en fit la relation à l'occasion du Congrès des Sociétés françaises de géographie et de la Société de géographie de Lyon et de la région lyonnaise qui se tint à Lorient en 1896. Elles ne sont nullement probantes, car leur recoupement avec les rôles d'armement et de désarmement de Lorient n'est pas possible dans la majeure partie des cas.

On ne comprend pas pourquoi les Marseillais auraient fait des profits considérables alors que les armements des armateurs particuliers des ports de l'Atlantique ne dégagèrent pas toujours des bénéfices et selon l'étude faite par les avocats de la Compagnie des Indes même plutôt de sévères pertes. Et c'est cela qui détermina probablement les Admirault à se retourner vers les opérations de traite après la Paix.

Louis-Eugène Hardouin de La Reynerie & alias, avocats au service de la Compagnie des Indes dressèrent un bilan très négatif du commerce au-delà du Cap de Bonne-Espérance confié aux particuliers dans un mémoire intitulé <u>Consultation pour les actionnaires de la Compagnie des Indes</u> : « *Les principaux négociants, ceux qui avaient donné le plus d'étendue à leurs spéculations, versé plus de fonds dans leurs entreprises y ont succombé, écrasés par des pertes immenses […]. L'ensemble de leurs opérations s'était élevé dans l'espace de 8 ans (1770 – 1777) au-dessus de quatre-vingts millions et le résultat a été une perte de seize*[111] ». Ils poursuivirent « *Mais la conduite d'expéditions sur l'Inde pour y faire une campagne supposait une expertise particulière et des mises de fonds importantes* ».

On recense des échecs retentissants, tel le cas du *Bordelais* de 1 200 tonneaux cédé par le roi [112]destiné pour la Côte de Malabar et celle de Coromandel, sous le commandement de Marnière, commandité par Jacques Pierre Ferry qui avait garanti

---

[110]*Le Baron de Montmorency*, du port de 260 tonneaux, soumission du 20 avril 1781, AD/17, B 259, vue 344/505.

[111] Consultation pour les actionnaires de la compagnie des Indes, de Louis-Eugène Hardouin de La Reynerie avocat en parlement imprimerie Lottin, 1788.

[112] AD/ 17 B 259, 20 novembre 1775, f° 133, page 269/505.

la commission de guerre et de marchandises pour l'armement et le déchargement d'un vaisseau, pour une valeur d'environ d'un million et demi alors que le total des capitaux engagés atteignait 3 815 689 livres. Il partit en janvier 1776, déchargea à Port-Louis le 27 mai. Un second voyage le fit revenir dans les îles et les comptoirs en janvier 1778. Il débarqua à Lorient le 5 mai. Mais il souffrit de la déclaration de guerre du 4 juillet 1776 et de l'ouverture des hostilités en mer en février 1778.

Hardouin milita pour la création d'une nouvelle Compagnie des Indes affranchie de toute ingérence des particuliers [113] : « *Nos vaisseaux soumis à la révolution des moussons, ne doivent partir que dans un temps déterminé, ne doivent revenir que dans un autre. La durée des voyages est ordinairement de dix-huit mois ; mais elle peut être plus longue.*

*Ce commerce n'est point un commerce d'échange ou ne l'est que dans une proportion suffisamment inégale. L'Indien qui se nourrit avec le riz qu'il cultive dans les champs, qui ne boit que de l'eau, & s'habille avec les étoffes qu'il fabrique, estime peu, & n'emploie presque point les productions de notre sol, de nos arts et de nos manufactures.*

*Nos exportations à cet égard se bornent à peu de chose près aux besoins des Européens établis dans l'Inde ; elles forment un neuvième ou si l'on veut un huitième de nos cargaisons ; les huit ou neuf autres dixièmes sont en matière d'or & d'argent.*

*Ce commerce exige donc des capitaux considérables & à la différence des autres commerces qui s'alimentent journellement leurs produits & dans lesquels la promptitude des rentrées facilite le moyen de renouveler les opérations une seconde expédition doit suivre la première, quelquefois même une troisième suivre la seconde avant que les retours de l'une ni de l'autre ne soient arrivés.*

*Que le chargement de chaque vaisseau soit de deux millions ; ce sera pour l'armateur une mise de-hors de six, ou au moins de quatre millions, avant qu'il ait établi la navette qui doit ramener périodiquement & et ses vaisseaux et ses profits ».*

L'implication des Admirault sur l'océan indien est aussi révélée au travers d'un recueil autographe écrit à Londres entre novembre 1774 et mars 1775 par Charles Le Roux de Comméquiers, fils du négociant nantais Jean-Charles Desridellières Le Roux et de son épouse Flore Victoire Michelle Prudhomme. Ce jeune homme était employé de Louis Tessier[114], banquier, courtier en assurance et négociant à Londres[115].

Tessier n'avait pas son pareil pour vanter la qualité des marchandises qu'il offrait : suifs de Russie, coton, chanvre, lins de Riga[116]. Il pouvait se montrer jaloux de ce que les assurances n'aient pas été prises par son intermédiaire, telle celle du *Bon Père*

---

[113] Ibid.
[114] Plusieurs familles Tessier arrivèrent à Londres au XVI, XVII et XVIIIe siècles en provenance de France et de Suisse. Des ancêtres des orfèvres Tessier vinrent de Genève en 1712. On dit également que Louis de Tessier (1736-1811) fut le fondateur des orfèvres Tessier et qu'il était le petit-fils de Jacques Tessier (1697-1765) un réfugié huguenot. Louis Tessier fut le banquier correspondant à Londres à partir de 1780 (*Papers of John Adams*, ed. Robert J. Taylor, Gregg L. Lint, and others, Cambridge, 1977.
[115] http ://www.librairieherodote.com/pages/recits-de-voyages/europe/leroux-des-ridellieres.html
[116] AD/17, 4 J 4331, f° 205, f° 250, 10 janvier 1792, f° 278, 3 février 1792, f° 289, 14 février 1792.

armé par les Admirault en 1792, alors qu'il en avait fait couvrir les risques en 1789 pour aller à la Côte de Guinée.

La lettre du 6 janvier 1775, n°11 de Charles Le Roux de Comméquiers est particulièrement instructive. La réussite des Admirault fait des jaloux parmi leurs confrères et des manœuvres indignes ont été la cause d'un échec relatif. Pourtant « *Admirault et Tessier sont des associés habiles à mener de fructueuses affaires et ont beaucoup de ressources pour ce commerce que d'autres maisons n'ont pas. Le gouvernement leur a prêté trois ou quatre vaisseaux. Ils en arment dix ou douze. Ils ont pour principal gérant de leurs affaires en Asie un M. de La Rochette, homme d'une grande capacité d'un génie vaste & propre à former les projets de conséquence. MM. Admirault & De La Rochette sont des amis très intimes* » [...].

Des relations d'affaires se nouèrent aussi entre Louis Tessier et Samuel Demissy. Il assura les risques sur la seconde expédition du *Henry Quatre* qui fit voile pour faire le commerce d'Inde en Inde en 1791.

Au seuil de la Révolution, Jean Louis Admirault était maintenant à la tête des affaires de sa famille. Son armement était en relations de commerce avec Jean Latuillière & Saint-Éloi Estèbe de Bordeaux, François Rigaud de Nantes, les manufacturiers d'indiennes Ulrich Auguste Pelloutier Benoît (Benedict) Bourcard (Burckhart) et Cie à Nantes, Riedy & Thuringer, négociants à Nantes, faisant la traite, Meier & Cie de Lorient qui firent partir le navire *Les Deux Amis* en 1792, capitaine Thorenne pour l'Isle de France (arrivé le 24 novembre), le manufacturier Oberkampf, Matignon de Rochefort, Hèbre de Saint Clément de la même ville, Rouleau de Marennes, Mme Dechézeaux née Foucauld à Saint-Martin de Ré etc. preuve de leur vitalité.

Pendant que Samuel Demissy se substituait après la signature de la Paix aux Admirault par ses armements de marchandises et de vivres sur l'Isle de France exclusivement[117], - tel était le cadre réglementaire jusqu'en 1791 imposé aux navires français opérant au-delà du Cap de Bonne-Espérance par la Compagnie de Calonne -, ces derniers armèrent de nouveau à destination de la Guinée et de la Côte d'Angole de 1783 à 1787 quatre navires pour la traite [118] :

En 1783, Guinée, *La Colombe*, de 160 tonneaux, capitaine non nommé, soumission du 9 avril. Le taux de prime pour assurance sur corps, quille, vivres et gages de l'équipage, mise-hors, était de six pour cent.

---

[117] L'Afrique, la côte de Guinée, celle d'Angole ou le Sénégal restaient l'objectif de la plupart des commerçants rochelais. Thouron fut le seul négociant de La Rochelle qui arma pour faire la traite sur le Mozambique.

[118] AD/17, B 259, vue 374/505 ; AD/17,41 ETP 22, vue 42/305 ; AD/17, B 259, vue 416/505 ; AD/17, B 259, vue 455/505 (assurance couverte à Londres pour 85 000 livres), AD/17 41 ETP 38 ; AD/17 ET 37 f° 125 ; AD/17, B 259, vue 470/505. AD/17, B 259, vue 503/505.

Samuel de Missy (1755-1820), armateur rochelais sur l'océan indien

En 1785, Guinée, *La Rosalie*[119], de 280 tonneaux, capitaine Henri Gayot, soumission du 20 avril.

En 1787, Côte d'Angole, *Le Bon Père*, de 280 tonneaux, capitaine Philippe Levasseur, soumission du 11 avril ; Pour Saint Domingue prime cinq et demi pour cent montant assuré 18 000, 16 février 1789 (nouvelle expédition).

En 1788, *La Revanche*, couvert par douze signatures ; montant assuré 70 000 livres ; 1er et 2 avril 1788 dont 15 000 pour la Cie du Havre Garesché Thouron piastres chargées. *La Revanche* capitaine Robin ; Port-Louis où le navire doit faire son entier déchargement Philippe Levasseur, soumission du 26 mars.

Apparemment l'expédition suivante qu'ils conduisirent, ne fut pas destinée à la traite : En 1792, destination Port-au-Prince et côte de Saint-Domingue pour *Le Bon Père*, de 280 tonneaux, soumission du 10 février, assuré à Londres par Tessier.

Que resta-t-il de cette fortune ? Pour certains descendants, une maison des champs ou maison noble à La Laigne, dénommée Le Logis de Beaulieu acquise en 1762 et conservée par la famille jusqu'en 1989, dont les archives font état en mai 1790, concurremment avec un bien rue de Dompierre.

La veuve de Pierre Gabriel Admirault [† 16 mars 1782], Marie Marguerite Giraudeau [† 12 messidor an VIII] demeurant rue Dompierre se rendit acquéreuse le 3 janvier 1791 devant le notaire Delavergne du Moulin de Crépé situé dans la paroisse de Cram (aujourd'hui commune de Cram-Chaban) de Jean Suire farinier et de Marie Bret sa femme pour la somme de trois mille livres.

Les Admirault ne furent nullement ruinés par leurs expéditions initiales sur l'océan indien et la réquisition de leurs navires.

L'activité de négoce de ce Pierre Gabriel Admirault perdura jusqu'au milieu du XIXe siècle, un commerce bien tranquille vierge de tout soupçon de traite négrière.

Brice Martinetti qui dans son ouvrage sur les commerçants rochelais, page 53, tableau 5, a fait la synthèse des vingt-cinq plus grandes fortunes négociantes de La Rochelle du XVIIIe siècle d'après les partages successoraux et les partages anticipés, ne mentionne pas la famille Admirault.

On a dénommé à La Rochelle en 1878 Admirault (orthographié Admyrauld aujourd'hui, et Admyrault au cadastre au début du XIXe siècle) la parallèle à la rue de L'Escale qui avait pu se nommer rue de l'Évêché sur la base de ce que Pierre Gabriel Admirault 1819- 1877, membre du Conseil municipal y serait décédé le 26 octobre dans son hôtel particulier.

---

[119]Il existe plusieurs polices souscrites par divers négociants : Giraudeau et Rasteau pour couvrir les risques de *La Rosalie*. Le taux de prime est de trois pour cent le 13 février 1783, de cinq pour cent le 17 juillet 1784, AD/17, 41 ETP 22, vues 56, 70 et 72/ 305.

## Chapitre V. – Samuel Pierre Demissy à l'Isle de France

À son arrivée, il aurait mieux fallu que ce jeune adolescent ne soit pas livré à lui-même. Port-Louis était loin d'être peuplée par des gens bien intentionnés. La moralité y était bien éloignée des principes de vie enseignés par Jean Calvin. La préoccupation essentielle des anciens employés des Compagnies avait été de faire fortune. Les personnes au service du roi qui les avaient remplacés depuis 1769 avaient bien l'intention de profiter à leur tour de toutes les opportunités. Bernardin de Saint Pierre[1] n'était pas tendre à l'égard des habitants : « *L'intérêt est la passion dominante de cette colonie. On veut faire promptement sa fortune et comme cette île n'offre d'autres moyens que ceux de l'agriculture qui sont très lents, il en résulte une infinité de passions de médisances et de mauvaise foi* ».

Il rejoignait en cela Pierre Poivre, Intendant des îles de France et de Bourbon correspondant de l'Académie des sciences qui s'exprimait ainsi « *Jusqu'ici chaque colon aveuglé par son intérêt privé n'a regardé cette colonie que comme un lieu de passage et ne s'est attaché qu'aux moyens de faire une rapide fortune pour retourner promptement en France* ».

### 5.1.-Les relais locaux

On sait qu'après son débarquement à l'Isle de France, Samuel Demissy pouvait aller frapper à la porte de M. François Louis Lamaletie, passager n° 83 du *Brisson*, armé de La Rochelle le 9 mai 1770 pour son voyage *via* Cadix vers les Mascareignes, accompagné de Marie-Anne Benet (Bennet) son épouse et de François Joachim Godfroy Estèbe, fils de Jean André Lamaletie et de Marie Thérèse Foucault. Ils débarquèrent à Port-Louis le 23 septembre 1770.

Environ un an plus tard arriva par le vaisseau *La Sirenne* un passager nommé tantôt de La Malesy ou bien de La Malety n° 42, en fait Lamaletie, négociant à ses frais embarqué à La Rochelle le 10 avril 1771. Il débarqua seul à l'Isle Bourbon le 22 octobre 1771, son épouse étant probablement décédée. Il s'agit du fils de François Louis et de Marie Thérèse Foucault née à Québec le 20 avril 1728 : Jean André Lamaletie leur troisième enfant âgé de 42 ans.

Les affaires de Jean André Lamaletie prospérèrent. Il possédait lui-même plusieurs navires pour le commerce avec les Indes, mais ils furent réquisitionnés par le bailli de

---

[1] Bernardin [le chevalier de Saint Pierre 1737-1814] demeura trois ans aux Mascareignes et fit publier en 1773 à son retour à Amsterdam et Paris chez Merlin un magnifique ouvrage en deux tomes in 8° intitulé Voyage à l'Isle de France, à l'Isle de Bourbon, au Cap de Bonne-Espérance, etc. avec des observations nouvelles sur la nature et sur les hommes. Tome 1/, par un officier du Roi.

Suffren pour le compte du roi et furent utilisés pendant la guerre des Indes en 1782 et probablement détruits lors de combats.

L'autre relais possible pour le jeune Samuel Demissy fut Alexandre Robert Hilaire de La Rochette [2] qui arriva en 1774 par *Le Brisson*. Charles Le Roux de Comméquiers le mentionne comme étant un très grand ami des Admirault. Au Canada, il avait succédé à Jacques Imbert à la fin de 1758, en qualité d'agent des Trésoriers généraux de la Marine.

La Rochette venait de la métropole après avoir eu au Canada la responsabilité de faire les paiements de la Couronne, recevant du public diverses sortes de monnaie de papier en usage au Canada en les convertissant une fois par an en lettres de change tirées sur les Trésoriers généraux des Colonies à Paris. Lors de son arrivée au Canada le 15 octobre 1759, ce fut la douche froide car le gouvernement venait de suspendre le remboursement des lettres de change tirées dans les colonies sur les Trésoriers généraux. La Rochette fut rapatrié en métropole après la signature du Traité de Paris et nommé le 16 octobre 1763 agent des colonies pour surveiller l'achat des marchandises destinées à celles-ci et au service colonial. Il fut chargé en plus de la liquidation des papiers du Canada.

Il est probable que c'est avec la maison de MM. François Louis Lamaletie & Jean André Lamaletie récemment installés à Port-Louis que Samuel Demissy apprît le « métier » avant de se lancer seul dans une activité autonome de petit armement ou de commerce d'Inde en Inde depuis l'Isle de France.

La Rochette fut négociant et armateur. Ricart & Bignaucourt et La Rochette participèrent à la création à l'Isle de France d'une Chambre d'escompte qui fut dotée de deux millions en billets-monnaie provenant de fonds délaissés dans la Caisse des Invalides et d'un million apportés par les trois administrateurs. Ses recettes futures étaient calées sur le produit du contrat d'affrètement général entre l'île et la métropole qui soi-disant épargnait au roi 5 à 600 000 livres par an. Tant les dépôts que les crédits se feraient à 1% par mois. Les escomptes ne dépasseraient pas trois mois[3]. Cette initiative très critiquée par les négociants pour n'être basée que sur de la monnaie fiduciaire, fit long feu.

Ses navires marchands furent réquisitionnés pendant la guerre d'Indépendance américaine.

---

[2]Alexandre Robert Hilaire de La Rochette agent des trésoriers généraux de la Marine, fils de Charles-Robert Hilaire de Moissacq et de La Rochette, et d'Élisabeth Martin, de la paroisse Notre-Dame de Versailles, France ; il épousa à Montréal le 21 novembre 1760 Marie-Anne Levasseur ; décédé en ou après 1772.

[3]Plan formé pour établir une Caisse d'Escompte à l'Isle de France approuvé par les administrateurs, vicomte de Souillac et Chevreau, recevoir l'argent du public au même intérêt. Les sieurs Le Roux de Kermoseven, Broutin, Oury et Jean-Baptiste Fortier ont pour cela formé une association.

Il posséda une créance indemnitaire sur le gouvernement pour un montant astronomique de trois millions de livres. À la fin de la guerre en 1783, il en réclama le remboursement mais les lenteurs administratives s'étalèrent sur plusieurs années, si bien que la Révolution survenant en compromit le remboursement. La République ne pouvant non plus la payer avait donné comme compensation un emploi de finance à M. de La Rochette et à son gendre qui étaient rentrés en France, malgré leurs opinions royalistes[4].

Pour rapprocher l'histoire de la famille La Rochette aux grands faits de l'Histoire de France, rappelons que Madeleine Élizabeth Renée Hilaire de La Rochette, âgée de trente ans, épouse de Louis Boquet de Chanterenne, ancien inspecteur des Menus plaisirs et affaires de la chambre du roi, demeurant rue des Rosiers n° 24, section des Droits de l'Homme, fut nommée pour servir de dame de compagnie à la fille de Louis Capet. « Il lui sera fourni la nourriture et le logement, et il sera pourvu à son indemnité par un arrêté du Comité de sûreté générale. Elle ne sortira du Temple que pour affaires indispensables ». Madame Élizabeth quitta le Temple le 9 mai 1794.

5.2.- Premier séjour : de 1771 à novembre 1781

Le départ de La Rochelle de Samuel Pierre Demissy pour l'Isle de France sur *Le Marquis de Narbonne* envisagé pour le 26 décembre 1770, fut décalé au 3 janvier 1771 à cause du mauvais temps. Le navire parvint à Port-Louis au début de la mauvaise saison australe. Dix ans plus tard, fortune faite, Samuel Demissy revint de l'île pour débarquer à Lorient par *Le Comte de Narbonne*[5] le jeudi 8 novembre 1781 conduit par un certain capitaine Boulet.

Lors de ce retour, il voyagea sur *Le Comte de Narbonne* en compagnie d'un Noir échangé contre quelques piastres, dénommé Joseph Augustin et qui regagnera avec lui en 1784 lors de son second séjour l'Isle Bourbon et sans doute l'Isle de France.

Selon les recherches menées par Auguste Toussaint, *Le comte de Narbonne*[6], navire de 250 tonneaux par lequel Samuel Demissy rentra en métropole avait mouillé le 20 juin 1781 à Port-Louis. Il avait été armé à Saint-Malo. Son capitaine se nommait Le Péru. Il avait fait escale au du Cap de Bonne-Espérance. Toussaint inscrit le nom de

---

[4] https://archivescanada.accesstomemory.ca/documents-genealogiques-concernant-robert-alexandre-dhillaire-de-la-rochette

[5] La navire *Le Comte de Narbonne* de 280 tonneaux appartenait conjointement à René André Oury et Guillaume Théophile Dujong de Boisquenay négociants à Port-Louis, ANOM 7 DPPC 8366 12 octobre 1781, acte passé devant Le Roux de Cinq Noyers. La date précise du départ du Comte (Comtesse) de Narbonne est tirée du journal de bord du bailli de Suffren dans l'Inde, page 62, publié par Henri Morris Challamel, Librairie coloniale, Paris, 1880.

[6] La route des îles Auguste Toussaint, S.E.P.V.E.N, page 245.

ce bateau en gras, car il a eu la preuve dans ses recherches que ses propriétaires s'adonnaient à la traite négrière dans l'océan indien[7].

Ce retour de l'Isle de France du *Comte de Narbonne* pour Lorient pourrait être daté du jeudi 8 novembre 1781 comme indiqué précédemment. Il est en cohérence avec le fait que le 31 juillet 1781, Samuel Demissy fut témoin au mariage à Port-Louis de François Le Forestier et Michelle Collard.

On imagine toutes proportions gardées l'importance des marchandises qu'il fallut mettre à bord sur le *Comte de Narbonne* d'un port de 280 tonneaux pour assurer son retour jusqu'à Lorient, même si ce navire était de taille plus modeste que *Le Chameau* dont nous allons parler ci-après. Au début 1766, la flûte de la Compagnie des Indes de 750 tonneaux dénommée *Le Chameau* commandée par Joseph Huot de Vaubercy chargea pour son retour à Lorient où elle désarma le 5 juin 1766, 100 dindes, 100 oies, 600 poules, 600 canards, 100 moutons, 6 cochons, quatre ou cinq mille livres de haricots.

L'éventualité d'une capture par les Anglais du *Comte de Narbonne*, de son équipage, de ses effets et de ses marchandises par les Anglais était réelle. On ne sait pas si le vaisseau navigua seul ou en convoi. Samuel Pierre Joseph David avait écrit à son père Samuel Pierre par une lettre du 27 septembre 1781, que son passage était retenu sur *Le comte de Narbonne* et qu'il lui faudrait couvrir les risques sur ses effets personnels consistant en espèces métalliques ou autres. On pense avec raison qu'il ramenait les écus et piastres accumulées pendant son séjour dans l'île.

Pourrait s'y rattacher une police d'assurance assez singulière enregistrée le 26 mars 1782 à la Chambre de commerce de La Rochelle[8] : Police d'assurance sur marchandises et effets – *Le* [comte de] *Narbonne* de L'Orient[9]. Le taux de prime

---

[7]Toussaint l'avait déjà identifié sous le nom de *Comtesse de Narbonne* comme ayant fait relâche à Port-Louis le 20 juin 1773. Ce senau non encore pointé comme navire négrier était conduit par le capitaine Boulet. Il provenait de Lorient (Toussaint a mis un point d'interrogation).

[8] AD/17, 41 ETP 30 f° 285, 26 mars 1782.

[9]AD/17, 41 ETP 30 f° 285, 26 mars 1782, vue 287/307, Police d'assurance sur marchandises et effets – *Le* [comte de] *Narbonne de L'Orient]*, Nous assureurs soussignés promettons et nous obligeons envers vous, faisant pour votre fils demeurant ci-devant à l'Isle de France quoique sans ordre de sa part, d'assurer & assurons les sommes par chacun de nous ci-dessous déclarées sur les marchandises de quelque nature qu'elles puissent être, or ou argent, sujettes à coulage ou non qu'il a dû faire charger tant à l'Isle de France qu'à celle de Bourbon dans le navire *Le Narbonne* que l'on dit être de L'Orient, capitaine [et propriétaire indivis] M. Boisquenay [Guillaume Théophile Dujong de Boisquenay, qui était propriétaire à Bourbon] sur lequel il vous marque par sa lettre du vingt-septième septembre dernier (1781) avoir retenu son passage, pour quoi sommes convenus que vous sieur de Missy père vous payerez en cas de perte ou prise (ce que Dieu ne veuille) trente pour cent de prime qui sera réduite à vingt pour cent, le navire arrivant à destination avec ou sans convoi. Je dis «capitaine Boisquenay » [Guillaume Théophile Du Jong de Boisquenay, capitaine de vaisseau, né au Port-Louis le 17 janvier 1737] [...] le 26 mars 1782, payé 14 500 livres, souscripteurs : 1 000, Paul Garreau pour ami & pour moi,- 1 500 de Richemond & Garnault,- 1 500, G. Souchet pour ami & pour moi,- veuve Marc Antoine Lefebvre & fils, approuvé pour 1 000 livres seulement,- 1000 Dumoustier de Jarnac,- 800 Fleuriau frères & P. Thouron,- 1 000 Élie Louis Seignette pour compte de femme de B. &

appliqué en l'espèce par les assureurs compte tenu des risques de la guerre avec les Anglais fut de 30 % soit un déboursé de 14 500 livres ce qui correspondait à un principal déclaré de 43 500 livres, soit vraisemblablement 87 % de la valeur réelle, car Jean-Jacques Garnault dans une lettre adressée à son associé Samuel Pierre Meschinet de Richemond le 16 avril 1780 évoquait une somme de 50 000 livres. Au cas où le navire arriverait à bon port, le taux de prime chuterait à 20 %. À l'époque, si les assureurs continuaient à couvrir les risques d'avaries, ils faisaient payer cher leur garantie pour risques de guerre. 20 % était le taux de prime pour couvrir les risques de voyage de *L'Action* partant pourtant en convoi de la rivière de Rochefort pour la Martinique. Ce qu'il rapporta avec lui par le *Comte de Narbonne* fut taxé à 20 %, soit 8 700 livres.

Des négociants et armateurs rochelais, des amis, s'unirent pour s'engager à payer la prime. Cette cartographie peut aider à imaginer ceux qui ne prirent pas part à la cabale organisée sept ans plus tard contre Samuel Demissy à la Bourse de La Rochelle.

Mais toute la fortune de Samuel Demissy ne se trouvait pas dans les malles chargées sur le *Comte de Narbonne*. Il en avait expédié une partie par *Le Brisson* l'année précédente.[10] Le premier envoi fait de l'Isle de France par Samuel Demissy sur *Le Brisson* confié au capitaine Dechézeaux ne fut pas couvert par assurances[11].

Une nouvelle publiée en 1780 dans L'esprit des journaux français et étrangers relate qu'une grande partie des espèces que Samuel Pierre Demissy avait amassées pendant son séjour à l'Isle de France avait été chargée, sans qu'il les accompagne lui-même, dans un voyage de retour du *Brisson* pour Lorient. Il est écrit (voir Annexe V) : « *L'opiniâtreté de son travail et son économie lui ont formé un capital qu'il a chargé presque entier (80 000 livres) dans le navire Le Brisson pour payer les dettes de son père et lui donner quelque aisance. La fortune n'a pas contrarié cette belle action et ce vaisseau vient d'arriver à Lorient, sans risques et sans assurance [...]* ».

Le *Brisson* désarma effectivement à Lorient le 31 mars 1780[12]. Samuel Pierre Demissy avait eu toute raison de confier ce précieux chargement à Jacques Jacob Dechézeaux, capitaine de ce navire qui le dirigeait pour le compte des armateurs Admirault. Dechézeaux avait amené Samuel Pierre Demissy à l'Isle de France sur *Le Marquis de Narbonne* en 1771. Le capitaine détenait aussi une part d'intérêt dans ce navire. Tous deux étaient tous deux de religion protestante.

Ces détails confirment bien que la date portée par Jean-Jacques Garnault, une quinzaine de jours après le retour des Mascareignes du *Brisson* à Lorient, est exacte -

---

moi,-1 200 Dumoustier de Frédilly pour M. Joli & moi,- 600 Jean Perry,- 800 Lessart – Dufresse, 2 100- 2 000, Daniel Garesché.

[10] AD/17, 41 ETP 30 f° 289, 19 avril 1782.

[11] L'esprit des journaux français et étrangers, volume 7 (neuvième année), juillet 1780, imprimé en Belgique, pages 361 et 362.

[12] Campagne du *Brisson* 1778-1780- S.H.D.L 2P 48 II 2.

Lettre de Jean-Jacques Garnault associé à Samuel Pierre Meschinet de Richemond du 16 avril 1780 « *Je suis enchanté du bonheur qu'a eu le jeune Demissy. L'action qu'il a fait (sic) envers son père est bien belle et bien rare. Il m'en reviendra quelque chose de ces 50 mille livres. Je vous prie de faire mon compliment à M. Demissy en l'assurant de mon respect* [13] ».

### 5.2.1 - Samuel Pierre Demissy, seulement citadin de Port-Louis

Il sera et restera citadin. Le recensement général de l'Isle de France, six derniers mois de 1776, l'identifie comme habitant uniquement à Port-Louis dans le quartier du Port, relevant de la paroisse Saint-Louis, rue du Rempart que nous pensons avoir été nommée tout aussi bien rue du « Rempart de la Grande Montagne ».

C'est un répertoire qui couvre tous les quartiers de l'île : Moka, Plaine de Willems, Rivière Noire, Port-Bourbon, Flacq, Rivière du Rempart, Pamplemousse et Montagne Longue et enfin Port-Louis, f° 79 à 150. Les coordonnées d'Emmanuel Missy (sic) sont reportées au f° 120, ligne 9.

Samuel Demissy y demeura juste à son entrée, près du Caudan, c'est à dire près du port. Il indiqua aux notaires une autre adresse très proche elle aussi, celle d'une maison à l'entrée de la rue de Moka située à l'intersection de la rue de la Montagne du Rempart[14]. Paul Pierre de La Bauve D'Arifat est identifié comme demeurant au même lieu, à tel point que l'on peut se demander si Paul Pierre de La Bauve D'Arifat et Samuel Demissy tous deux célibataires, ne partageaient pas chacun une partie de la même maison avec leurs domestiques respectifs.

La rue de Moka et rue de la Montagne du Rempart étaient séparées de la vieille ville urbanisée selon un plan en damier, comme l'ont été le Cap-Français à Saint-Domingue ou Pondichéry, par un ruisseau anémique ou pléthorique selon les saisons dénommé « Pouce ». La rue de Moka longeant le rivage, était quant à elle insérée dans la zone portuaire avec arsenal, bassins de carénage et hôpital militaire. Les négociants, tout comme le roi y avaient leurs magasins. Antoine Barbier y demeurait ; de même Jacques Piriou de Lézongar[15].

---

[13] Jean-Michel Deveau, Le commerce français face à la Révolution, correspondance de Jean-Baptiste Nairac (1789-1790(, Rumeur des Âges, 1989, page 100, note infra-paginale BM Ms 2247 (référence semble-t-il inexacte).

[14] La rue du Rempart de la Grande Montagne a été rebaptisée en 1917 du nom d'Edith Cawell (street) en mémoire à cette infirmière belge exécutée par les Allemands en 1915. La rue de Moka semble se nomme Port Saint Louis Saint Jean Road / Lord Kitchener Street (voie d'un gabarit assez large longeant les quais). Le mot Rempart se comprend comme le promontoire en basalte taillé par le ruisseau du Pouce. Un mur de pierre retenait la berge de la partie gauche de la rivière. Dans les années 1900 il y avait au-delà du Rempart quelques maisons élégantes.

[15] ANOM BMS numérisé, 1783 Port-Louis 31 juillet, mariage Jean Jacques Piriou Lezongar, capitaine de marine marchande natif de Bordeaux fils de jean Daniel P.L et de Catherine Debled, fille d'écrivain de vaisseau et d'Adrien D. et de Marie Nicole Canardel.

## Samuel de Missy (1755-1820), armateur rochelais sur l'océan indien

Samuel Pierre Demissy se vit obligé de vivre dans un environnement de travaux perpétuels, car le port fut agrandi pour affirmer son rôle de nouvelle base des opérations navales de l'océan Indien pour le Royaume. Les travaux affectèrent le port initial du Trou Fanfaron, mais aussi le mouillage de Caudan qui était à proximité de la maison et des terrains, maisons, bâtiments et magasins de Paul Pierre de La Bauve D'Arifat.

Ces transformations furent l'œuvre de Jacques Marie Boudin de Tromelin, Chevalier de La Nuguy (ou Lannuguy) dit le « Chevalier de Tromelin. Dès son arrivée avec Pierre Poivre dans l'île, il fut chargé de redonner vie au port obstrué par des carcasses de navires et bloqué par la vase du ruisseau du Pouce. Il ne put faire rien de spectaculaire jusqu'en 1772 où il fut nommé administrateur du port. Alors *« Il fit aménager un bassin pouvant accueillir dix vaisseaux de guerre et où furent aménagées des cales sèches. Ce bassin prit le nom d'un employé de la Compagnie, dénommé Fanfaron, qui vécut sur les berges du lieu, dans une case au bord de la mer [...]. Tromelin fit aussi construire une chaussée reliant la terre ferme à l'île aux Tonneliers »*.

Il semble que Samuel Demissy ait été accepté tardivement par la haute société de l'île. Il lui fut peut-être révélé par le succès de l'opération de course du *Merchant of Bombay*. On ne le voit pas figurer sur les registres paroissiaux avant 1780. Sa signature figure une première fois au bas du registre du décès de Jean-François Frappier de Bois Martin qui demeurait à Port-Louis au quartier de la Poudre d'Or et qui mourut à 42 ans, inhumé le 29 septembre 1780[16].

Il fut témoin le 31 juillet 1781 au mariage de François Le Forestier avocat au parlement et au Conseil supérieur de l'île natif de la paroisse Saint Michel d'Halescourt diocèse de Beauvais qui épousa Michèle Collard native de Port-Louis. Sa signature suit celle d'Augustin François Motais de Narbonne commissaire de la Marine et précède celle de François du Fayet officier au régiment d'Austrasie et de Nicolas Com.... (illisible) négociant[17].

En 1779, il apparaît que Samuel Demissy demeurant à l'entrée de la rue Moka n'avait encore aucune velléité de retour pour la métropole si l'on en juge par les engagements financiers importants qu'il prit et qui devaient se dénouer à terme. Il se construisit habilement un patrimoine foncier grâce à sa réputation de bon négociant. Il fit l'achat d'un bâtiment de 197 toises carrées (748 m$^2$) adjugé à la barre de la juridiction royale pour 35 000 livres, rue de la Montagne du Rempart. Le montant fut à payer à Gurit Hulot, Trésorier-principal des Isles de France et Bourbon. On voit que 3 000 livres le furent comptant. Le surplus devait se payer en trois échéances de 10 000 livres et les deux suivantes de 11 000 livres aux premiers septembres des années 1780, 1781 et 1782. Sa fortune était encore à faire.

---

[16] ANOM BMS 1780, Port Louis, numérisé.
[17] ANOM BMS 1781, Port-Louis f° 64, numérisé.

Il se déplaça de quelques pas en 1780 en déclarant au notaire Le Roux de Cinq Noyers qu'il demeurait rue du Rempart de la Grande Montagne lors de l'achat au Noir libre Jacques Ignace, d'une maison en bois construite par celui-ci, située sur la censive du roi pour 1 400 livres, payables en billets papiers de la Colonie[18].

Il déclara à nouveau être domicilié à l'entrée de la rue de Moka le 21 février 1781 quand il fit une donation à Marie Louise négresse noire libre femme de Joseph Naissant (Nairan) noir créole Malabar, pion[19] du bureau du port, demeurant tous deux dans le camp des Malabars. La cession désintéressée d'une partie de son patrimoine est la démonstration d'une fortune maintenant faite. Samuel Demissy a pris la décision à cette date de regagner la Métropole.

En juin 1781, il réitéra son adresse à la rue de Moka [20] : Décharge donnée devant notaire par Vital (de) [21] Muret à Demissy, négociant, demeurant rue du Rempart Moka pour 12 900 livres tournois et remise à Demissy du certificat d'hypothèque pour compte de Mesme de Tolancourt. Vital de Muret se trouvera pris dans la faillite de Pierre Paul de La Bauve D'Arifat pour l'énorme et incroyable somme de 352 151 livres.

En fait, on sait bien peu de choses sur Samuel Pierre Demissy à l'Isle de France entre 1771 et 1779. Sa présence attestée par le recensement où déjà quatre ou cinq ans après son arrivée, ce débrouillard est déjà reconnu comme négociant. Par ailleurs il est communément admis que Demissy s'engagea dans la Compagnie des volontaires de Port-Louis en 1776[22] tout comme il le fera à La Rochelle pendant la Révolution. C'était sans doute un excellent moyen de s'intégrer à la société port-louisienne où d'abord quatre quartiers de noblesse qu'il n'avait pas, constituaient un excellent viatique.

5.2.2 – L'hypothèse des profits nés de la guerre de course : 1778 – 1782

Depuis le Traité de Paris de 1763, la navigation transocéanique ou le cabotage n'étaient plus exposés aux risques de prises par les Anglais. Cette crainte ressurgit à partir de 1778. C'est très probablement dans ce nouveau contexte que Samuel Pierre Demissy fit « une petite fortune » grâce aux commissions de marchandises et de guerre accordées par le gouverneur aux négociants de Port-Louis, anémiés dans leurs affaires par les menaces anglaises.

La France considéra comme légitime la déclaration d'indépendance des États-Unis d'Amérique du Nord proclamée le 4 juillet 1776. Signé le 6 février 1778, le Traité

---

[18] ANOM 7 DPPC 8363 21 juillet 1780.
[19] ANOM, 7 DPPC 8364, un pion à bath est un agent de police.
[20] ANOM 7 DPPC 8365, juin 1781. Les mots « du Rempart « sont barrés sur l'acte même.
[21] Vital de Muret ancien officier du régiment Royal-Comtois, (famille originaire de Lyon) marié le 14 juin 1774 avec Marguerite Canardelle ANOM BMS 1774 Port-Louis f° 210 (numérisé).
[22] Médiathèque Michel Crépeau La Rochelle BE 40 B.

d'alliance et de défense avec les États-Unis, pendant la Guerre d'Indépendance des Treize Colonies, marqua l'entrée en guerre de la France contre l'Angleterre car il comportait des dispositions d'aide au jeune État en cas d'attaque de cette dernière.

En 1777, les rumeurs d'une guerre déclarée entre l'Angleterre et la France se faisaient pressantes[23].

Rien de vraiment sérieux ne survint avant l'été 1778.

Le 2 juillet 1778, la Chambre de commerce de La Rochelle écrivit à Mgr de Sartine sur les dommages causés par les corsaires anglais[24] : « Monseigneur, *Le commerce de cette place est consterné. Chaque navire qu'il reçoit a essuyé la visite de divers corsaires anglais. Il en est de même Monseigneur des vaisseaux qui entrent à Nantes et à Bordeaux. Tous sont visités, pillés, maltraités par les petits coureurs des îles de Jersey et de Guernesey. Ils viennent très récemment de s'emparer du navire L'Aimable Marie-Jeanne de Bordeaux venant du Cap-Français assuré sur cette place. Sa prise fait éprouver une perte très sensible.*

*Sur quelle fatalité Monseigneur de l'une des frégates du roi que vous daignez employer à la sûreté de notre navigation, aucune n'a- t-elle pu encore rencontrer ni capturer de ces corsaires qui fourmillent dans ces mers et auxquels aucuns de nos navires n'a pu se soustraire […]* ».

On considère en fait que la <u>Lettre du roi à M. le Grand Amiral à Louis Guillouet comte d'Orvilliers</u> du 10 juillet 1778 a eu le caractère d'une déclaration de guerre.

La forme utilisée pour la déclaration d'entrée en guerre de la France contre l'Angleterre manquait à la fois de franchise et de solennité. Une lettre du roi à un « cousin » de nature privée, pas même apparemment enregistrée par le Parlement puisqu'il s'agissait d'une décision souveraine, se devait d'être connue par l'Ennemi.

Copie de cette lettre de Louis XVI dont il est permis d'imaginer qu'elle était parvenue à toutes les Amirautés des ports du Royaume, aux gouverneurs et intendants des généralités et aux greffes des tribunaux royaux des Colonies lorsque celles-ci ne possèdent pas d'Amirauté telle l'Isle de France, figure dans le registre de Majesté de l'Amirauté de La Rochelle. Son intitulé est parfaitement clair :

<u>Lettre du roi pour faire délivrer des commissions en du 10 juillet 1778</u> [25].

Du 21 (24) juillet 1778, conséquence de la lettre écrite par S.A.S Monsieur l'Amiral à MM. les officiers de ce siège daté de Paris le 18 de ce mois, enregistrée par l'Amirauté comme suit :

---

[23] <u>Gazette de Leyde</u> avril 1777, 258/836.
[24] AD/17 41 ETP 17, 2 juillet 1778, n° 82 f° 78, vue 82/241.
[25] AD/17 B 231, folio 166/167, vue 21/34.

Mon Cousin : *L'insulte faite à mon pavillon par une Frégate du roi d'Angleterre envers ma Frégate La Belle Poule [combat naval avec L'Aréthuse le 17 juin 1778] ; la saisie fait par une Escadre Anglaise au mépris de droit des gens de nos Frégates La Licorne & La Pallas [7 juin 1778] & de mon Lougre Le Coureur ; la saisie en mer & la confiscation de navires appartenant à mes sujets faite par l'Angleterre contre la loi des Traités ; le trouble et le dommage continuel que cette puissance apporte au commerce maritime de mon Royaume & des mes Colonies de l'Amérique sont par les Corsaires dont elle autorise & excite les déprédations : tous ces procédés injurieux & principalement l'insulte faite à mon pavillon, m'ont forcé de mettre un terme à la modération que je m'étais proposée, & ne me permettent plus de suspendre plus longtemps les effets de mon ressentiment. La dignité de ma Couronne, & la protection que je dois à mes sujets exigent que j'use enfin de représailles, que j'agisse hostilement contre-contre l'Angleterre & que mes vaisseaux attaquent & tâchent de s'emparer ou de détruire tous les Vaisseaux, Frégates, & autres Bâtiments appartenant au roi d'Angleterre, & qu'ils se saisissent pareillement de tous Navires Marchands Anglais dont ils pourront avoir l'occasion de s'emparer ; Je vous fais donc cette lettre pour vous dire, qu'ayant ordonné en conséquence aux Commandants de mes Escadres et de mes Ports de prescrire aux Capitaines de mes Vaisseaux de sus à ceux du roi d'Angleterre ainsi qu'aux Navires appartenant à ses Sujets de s'emparer & de les conduire dans les Ports de mon Royaume ; mon intention est qu'en représailles des prises faites sur mes sujets par les Corsaires et Armateurs anglais, vous fassiez délivrer des Commissions en à ceux de mes sujets qui en demanderont, & qu'en cas d'en obtenir en proposant d'armer des navires de guerre avec des forces assez considérables pour ne pas compromettre les équipages qui seront employés sur ces bâtiments. Je suis assuré de trouver dans la justice de ma cause dans la valeur de mes Officiers dans l'amour de tous mes Sujets les ressources que j'ai toujours éprouvées de leur part principalement sur la protection de Dieu des armées. Et la présente n'étant à autre fin, je prie Dieu, qu'il vous ait mon Cousin en sa sainte & digne garde. Rescrit à Versailles, le 10 juillet 1778. Signé Louis ; & plus bas Sartine.*

Cette nouvelle n'atteignit l'Isle de France que le 22 octobre 1778. C'était un peu plus que le délai de trois mois de voyage habituel. Peu après arrivait une lettre du ministre de la Marine au gouverneur Guiran de La Brillane accompagnée de la déclaration du roi du 18 juillet 1778 concernant la course sur les ennemis de l'État. Elle ne pouvait se mettre en œuvre que si le gouverneur de l'île délivrait les commissions nécessaires[26].

---

[26] Le corsaire lorientais Claude Deschiens de Kerulvay, Auguste Toussaint, Annales de Bretagne et des Pays de l'Ouest, année 1975, page 319.

Samuel de Missy (1755-1820), armateur rochelais sur l'océan indien

Les Anglais enregistrèrent succès après succès. L'East Indian Company attaqua les comptoirs français de l'océan indien. À Chandernagor la résidence du gouverneur Chevallier fut investie le 10 juillet 1778 par les Anglais. Il fuit en marchant pendant cinq jours et trouva refuge à Catek sous la protection du gouverneur de la province de Naguepoor, qui *in fine* le livra aux Anglais et empocha 600 000 roupies environ.

Dix mois après la Déclaration du roi, le dispositif permettant l'organisation de la course n'était pas encore en force à l'Isle de France. Auguste Toussaint rapporte que Le vicomte François de Souillac qui succéda le 1$^{er}$ mai 1779 à Antoine de Guiran de La Brilliane car ses fonctions se terminèrent le 28 avril 1779, refusa dans un premier temps d'accéder aux demandes des armateurs pour entreprendre la course. Il céda heureusement très vite et accorda une commission en guerre et marchandises pour la Veuve Deschiens, sa mère et le Sieur Trentignan propriétaires de *La Bouffonne* le 27 mai 1779. Le capitaine était Claude Deschiens de Kerulvay, qui arma dès le 5 juin 1779. Les perspectives de la course furent suffisamment intéressantes pour que l'un des négociants majeurs de l'île, Pitot rachetât le navire, ayant lui aussi obtenu une commission d'armer en guerre et en marchandises le 8 avril 1780. Huit canons puissants furent ajoutés. Le navire de 60 tonneaux portant un équipage de 80 hommes fut rebaptisé *La Philippine*.

Le succès fut foudroyant. Quatre navires anglais vinrent à être capturés. Le capitaine Claude Deschiens de Kerulvay, corsaire autorisé par le roi par Édit du 24 juin 1778, commandant *La Philippine* de 10 canons appartenant aux frères Pitot, fit la prise du *Concorde (Concord)* de 600 tonneaux du *Prince*, du *Catherine* (*Kitty*) et de *L'Espérance* (*Hope*). Le montant de ce butin se montra vertigineux. Le retour sur investissement fut de cinq fois et demie. Les trois prises rapportèrent 1 670 000 livres. *Le Concorde* fut racheté par la suite par Paul Pierre D'Arifat mais sous le prête-nom de Demissy devant le greffe de la juridiction royale de l'Ile[27]. D'Arifat revendit *Le Concorde* à Arnaud Cloupet négociant pour 155 000 livres qui lui furent payées comptant.

Une commission de course fut donnée à Paul Pierre David de La Bauve D'Arifat pour lui permettre d'armer à ses frais deux navires corsaires. Il acheta à Pitot *Le Salomon* pour 200 000 livres et prit pour capitaine Dubignon à qui Pitot avait racheté ce navire et arma *La Sainte Anne (150/*200 tonneaux, 30 hommes d'équipage*)*, racheté également 50 000 livres au capitaine Antoine Renaud de Chandeuil. Ces deux acquisitions furent significatives : 290 000 livres plus marchandises, soit 845 178 livres. Il fallait encore payer les vendeurs et les fournisseurs. D'Arifat imagina de vendre ses parts d'intérêt mais il n'eut pas de succès.

---

[27]ANOM 7 DPPC 8365 Prise de *La Concorde* (*Concord*) 600 tonneaux 14 canons venant de Batavia et allant au Bengale, Robert Pitot D'Arifat, 15 juin 1781, de capitaine Harthog.

Les deux navires firent route et en vue de Cochin, ils rencontrèrent le 5 (15) octobre 1779, un senau anglais, *Le Marchand de Bombay* [*The Merchant of Bombay*] revenant de Bassora en route pour le Bengale. Ils firent une prise d'une valeur de 1 500 000 livres constatée le 30 août au retour à Port-Louis le 30 septembre 1779.

Bien sûr l'énigme des profits réalisés par Demissy à l'Isle de France aurait été entièrement résolue, si l'on avait pu retrouver un quelconque écrit passé entre D'Arifat et lui-même concernant le partage du produit des prises.

D'Arifat et Demissy firent preuve de mansuétude, sinon d'amitié à l'égard du capitaine de l'East Indian Company, Charles Virtue qui voulait quitter l'Isle de France où il était retenu et probablement logé chez l'un ou l'autre. Ils cautionnèrent sa libération en se portant garant de sa bonne conduite, lui permettant de se rendre à Batavia.

Le 3 (30) mars 1781 se signa en effet un acte de cautionnement [28] entre Samuel Demissy et Pierre Paul D'Arifat devant le notaire Le Roux de Cinq Noyers à Port-Louis pour permettre à Charles Virtue ci-devant capitaine anglais du *Merchant of Bombay* pris sur les ennemis, de l'État par les corsaires français *Le Salomon* et *Le Sainte Anne*, armateur M. D'Arifat négociant en cette île, de quitter l'île. « *Lequel Charles Virtue a dit par le canal de son interprète que M. le général de cette île lui avait donné la permission de se retirer dans l'Inde ou ailleurs et son passage à cet effet sur le senaut La Caroline prêt à faire voile pour Batavia, il était prêt à se soumettre à ce que toute la rigueur des lois exige. En conséquence promet et s'oblige d'honneur à ne point servir, ni porter d'armes soit par mer ou sur mer contre la nation française pendant le cours de cette guerre [...] et s'oblige à payer à la caisse du roi de cette île la somme de dix mille livres tournois.*

*Et pour autant plus assurer les effets des présentes les sieurs Pierre Paul La Bauve D'Arifat et Samuel Demissy négociants en cette île y demeurant rue Moka susdits port et paroisse Saint-Louis lesquels ont conjointement et solidairement l'un pour l'autre le seul pour le tout, sans division discussion, ni fidéjussion [...]* [page 2] *se portent caution du sieur Virtue quant au paiement de la somme de dix mille livres tournois [...]. Fait et passé en l'Isle de France, l'an mil sept cent quatre-vingt-un le 3 (30) de mars [...]* ».

Le Salomon captura encore *L'Adventurer Friend*. Une tempête abîma la cargaison.

Mais en 1781, l'affrontement dans l'océan indien pris un caractère violent, lorsque l'Angleterre déclara la guerre à la Hollande. Il fallait que la ville du Cap ne tombe pas entre les mains des Anglais. La prise du Cap aurait signifié en revanche

---

[28] ANOM 7 DPPC 8365, 3 ou 30 mars 1781, cautionnement D'Arifat et Demissy en faveur de Charles Virtue.

l'anéantissement par voie de conséquence des Isles de France et de Bourbon. Le roi fit partir de Brest le 21 mars 1781 deux fortes escadres et deux convois chargés de troupes qui se scindèrent vers Madère. L'escadre du commodore Johnston avait précédé de peu celle que conduisait le bailli de Suffren qu'il menait au Cap. La bataille de La Praya qui surprit Johnston permit la conservation du Cap aux mains des Hollandais. Lorsque les deux escadres furent à nouveau réunies et réparées, elles partirent de l'Isle de France 7 décembre 1781 sous les ordres du comte d'Orves pour se rendre vers la côte de Coranmandel. Samuel Demissy n'eut pas à connaître ces événements. Il s'était déjà rembarqué pour La Rochelle.

5.3. - Le second séjour de Samuel Pierre à l'Isle de France 1784-1785

Samuel Pierre Demissy fut bien présent à La Rochelle en 1783 où on lui demanda d'être le parrain de Samuel Louis Meschinet de Richemond, fils de Pierre Samuel et d'Henriette Boué, baptisé par le pasteur Voulan, la marraine étant Suzanne Louise Dechézeaux épouse de Jean Jacques Garnault

En vue de son retour à l'Isle de France en 1784 que l'on peut penser forcé, la débâcle de Paul Pierre D'Arifat le condamnant à s'y rendre pour sauvegarder ses intérêts, il se préoccupa auparavant de donner la liberté au jeune serviteur noir qu'il avait amené à La Rochelle en 1781. Louis Augustin était à son « service » depuis 9 ans, soit depuis 1775, acquis probablement à titre onéreux d'un marchand ou d'un colon.

Peu de temps avant « étant sur son départ pour les îles de France et de Bourbon », il l'avait fait baptiser et l'avait déclaré le 14 mai 1784 devant Pierre Étienne Louis Harouard lieutenant-général de l'Amirauté de La Rochelle, qu'il lui donne sa liberté mais « entendons cependant que la liberté ci-dessus n'aura lieu et ne vaudra que dans les colonies et que si ledit Louis Augustin revient en France, il sera assujetti aux ordonnances et déclarations du roi concernant la police des Noirs »[29].

La courte présence de Samuel Demissy à l'Isle de France pour ce second et dernier séjour, huit mois au maximum pensons nous, ne contredit pas les actes qu'il passa à La Rochelle devant Crassous, notaire : L'acquisition de la maison rue Porte-Neuve qui deviendra le 12 et 12 bis, rue Réaumur [30] le 17 février 1784,- une procuration de Joseph Samuel Pierre David (sic) Demissy fils, comme fondé de pouvoir de Paul Pierre D'Arifat négociant établi à l'Isle de France au sieur Goguet établi au Cap-Français [31] ; une procuration passée en faveur de Louis Léchelle le 6 septembre 1784 et enfin le 15 août 1785 une déclaration (Titre nouvel) en faveur des Religieux de la paroisse Saint-Barthélemy pour la maison de la rue Porte-Neuve se rapportant probablement au cens à leur verser.

---

[29] AD/17 B233, pages 80/86 et 81/87, vues 160 et 161, 14 mai 1784.
[30] AD/ 17, 2C 1791.
[31] AD/17 2C 1788, vue 47/107.

Notons qu'il fut déclaré initié à la Loge maçonnique de La Parfaite Harmonie auprès du Grand-Orient à Saint-Denis à l'Isle Bourbon en 1784, ce qui peut aider à confirmer son bref et second séjour dans les Mascareignes[32]. Cette loge regroupait celle de l'Isle de France fondée en 1778.

### 5.4. - La chute de la maison Arifat

Paul Pierre D'Arifat[33] était un ami ou bien un proche de Samuel Pierre Demissy. Il a joué un rôle considérable à l'Isle de France entre les années 1778 et 1784. On peut résumer son comportement par cette phrase : « *Plus hardi dans les spéculations que les calculs* »[34].

Habile négociant et armateur ne possédant rien à ses débuts, puis acquérant une simple goélette[35], il se constitua progressivement une petite flotte qui aux côtés des navires du roi participa à la guerre de course contre les Anglais dans l'océan indien.

---

[32] Conseil général de la Charente- Maritime « Trois siècles de Franc-maçonnerie » page 58, où l'auteur C. G faisant partir Samuel de Missy en 1772 affirme son implication vraisemblable dans la traite négrière sur les côtes du Mozambique et de Madagascar [...] en 1782 il participe à divers armements y compris négriers comme *Le Capitaine Cook* ou *La Bonne Société*. Un chef d'œuvre.

[33] L'Etat de services de Pierre Paul D'Arifat permet d'en avoir une assez bonne approche. Son frère aîné, Marc né en 1737 et lui-même le 3 janvier 1748 furent au service du roi, ce qui les amena à l'Isle de France. Leurs parents vivaient à Castres : Jean David D'Arifat et de Marguerite Alquier de Mézérac. « Entré dans le régiment d'Artois infanterie à l'âge de 15 ans il a servi 9 ans sous les ordres du compte de Brienne et du marquis de Sorans a fait le service d'officier major pendant 3 ans. Est passé à l'Isle de France en janvier 1771 avec le second bataillon du 9e régiment où il a donné avec l'agrément de ses chefs sa démission le 1er mai 1773 pour embrasser l'état de négociant ».

[34] Lettre à Nos Seigneurs du Conseil supérieur de l'Isle de France envoyée par Thomas Gayot, Jean Chrysostome Janvier Monneron, Charles Pitot et Jean Jacques Piriou de Lézongar n° 19, sans date. ANOM COL E 8 La Bauve d'Arifat, Pierre Paul de, ancien officier au régiment d'Artois, ancien sous-aide major à la légion de l'île de France, et Marc de La Bauve D'Arifat, capitaine aide-major au régiment de l'île de France, devenus ensuite armateurs et négociants à l'île de France ; vue 308/ 437.

[35] Dictionnaire des corsaires et des pirates, Collectif Gilbert Buti-Philippe Brodel, CNRS 2013, page 20 : Arifat Paul d' (1746- ?) Originaire du Languedoc, il se fixe à l'Île de France en 1767, avec le probable soutien de Samuel de Missy,(?) négociant à La Rochelle, ou de correspondants parisiens, rien n'étant vraiment assuré à ce sujet. En 1776, propriétaire d'une petite goélette de 60 tonneaux, *L'Heureux*, il se livre au cabotage entre cette île et l'île Bourbon. De fructueuses affaires lui permettent d'acquérir deux plus grands bâtiments dès 1778, *La Cybèle* et *Le Nécessaire*, poursuivant des opérations d'armement dans ce même espace. De 1779 à 1783, il arme vingt-trois bâtiments dont deux corsaires, *Le Sainte-Anne* et *Le Salomon* en 1780, et trois demi-corsaires, *Le Triton*, en 1779, *Le Baron de Montmorency* et *L'Eugénie* en 1782. Cette même année il arme, en guerre et marchandises, le corsaire *Sainte-Anne* et achète *La Rosalie*, corsaire venu de France, pour l'affecter au commerce d'Inde en Inde (autrement dit à une forme de cabotage dans l'océan indien). Les résultats financiers des opérations corsaires ne sont pas connus, mais ont été assurément très irréguliers. En 1780, les avoirs de Paul d'Arifat ne lui permettent pas d'armer *Le Salomon*, mais les prises, dont on ignore l'importance, l'autorisent à rembourser rapidement ses créanciers. Avec le retour de la paix qui marque la fin des opérations navales dans l'océan indien, il interrompt les armements en et opte, dès 1782, pour une nouvelle orientation commerciale. Dans la mesure où les Mascareignes manquent de produits asiatiques – soieries, thé, nankin – il affrète des bâtiments pour aller en chercher

Samuel de Missy (1755-1820), armateur rochelais sur l'océan indien

Il était devenu l'un des hommes les plus riches de l'Isle de France. Il avait « [A] *élevé sur le bord de la mer attenant au port un établissement près de la mer et près de la place de la valeur d'un million utile au roi et au commerce par les grands magasins qu'il a & les ouvriers de toute espèce propres à construire des bâtiments de mer et de terre a fait des remblais si considérables qu'il a rendu tout un quartier habitable, l'air y étant devenu très salubre par la grande quantité de cases qu'il a desséchées et entourées du côté de la terre par un mur de 960 pieds de long sur 12 pieds de hauteur. Il y a 500 noirs et 30 allèges de différentes sortes pour le service des vaisseaux et deux pontons pour leur garement* (mouillage) ».

Paul Pierre de La Bauve D'Arifat posséda un bien fonds aux Trois-îlots quartier du Grand-Port[36]. C'était une maison de maître de soixante-neuf pieds de long portant sur deux caves à chaque extrémité. Jean Chrysostome Janvier Monneron y avait aussi ses forges. Il ne reste plus rien à ce jour de tout cela.

Samuel Demissy revenu de l'Isle de France conforté par les affaires heureuses qu'il avait menées avec Paul Pierre D'Arifat faisait même la promotion de son ancien associé d'armement aux Rochelais.

Une lettre d'Augustin Crassous, du 11 août 1782, capitaine du *Montmorency*, fait état à l'issue du retour de Samuel Demissy de l'excellente publicité qu'il donnait aux affaires de Paul Pierre D'Arifat : « *M. Demissy qui est arrivé ici avec une superbe fortune nous assure que la liaison de M. D'Arifat peut vous être très avantageuse, si bien que nous ne savons dans quelles nouvelles contrées le sort va nous jeter* […][37] ».

D'Arifat avait demandé à Samuel Demissy d'être son correspondant financier à son retour en France. Demissy fut en quelque sorte son banquier pour l'exécution d'opérations courantes, de paiements à des tiers, de virements de fonds pour la famille : 11 juin 1784, Lettre de change de 1 200 livres tournois, bénéficiaire Demissy sur La Martelière ou Dorfeuille, une autre lettre de change de 1 000 livres sur Parisot du 15 décembre 1780, Billet de 456 livres au profit de Demissy du 28 août 1783,

---

en Chine : trois en 1782 – à savoir *Le Notre-Dame des Carmes*, *Le Ville d'Orient*, *Le Ville de Vienne* [en 1783 on a vu mouiller à Cadix le navire Ville de Vienne le 3 janvier 1783 venu de l'Isle de France en 126 jours Courrier de l'Europe navire impérial avec un chargement de cannelle de piment et autres marchandises].–, quatre l'année suivante – *L'Astre d'Europe*, *L'Hippopotame*, *Le Pacifique* et *Le Comte de Saint-André* – dont deux en association avec le comte de Proli, représentant de la Compagnie de Trieste envoyé à l'Île de France par Willem Bolts en 1782. Parallèlement à ces affaires, Paul d'Arifat lance des travaux au Port-Louis pour la réparation navale et entreprend, en même temps, de fournir des « noirs de marine » à l'armée navale aux ordres du bailli de Suffren. Par ailleurs, d'Arifat se trouve également à la tête d'une grande entreprise d'élevage, avec un troupeau de plus de mille têtes, dans le quartier de Rivière-Noire. Incapable de faire face aux échéances résultant des nombreux emprunts effectués pour engager ces opérations, il obtient un crédit de 600000 lt sur la demie du tiers [issu des prises] revenant à l'État.

[36] Paul Pierre La Bauve D'Arifat demeure également à l'entrée de la rue de Moka, ANOM 7 DPPC 8360, 3 mars vente par Pitot l'aîné à Paul D'Arifat du senau *l'Inconstant* à D'Arifat.

[37] AM/LR, EE 277, page 77.

compte-courant entre Le Chevalier de Saint-Mandé et Lacote, 20 477 livres, 8 octobre 1780.

Tout avait souri à D'Arifat jusqu'à ce qu'il décide d'entreprendre ses grandes expéditions en 1782 et 1783 pour la Chine.

Il est heureux que Samuel Demissy n'ait plus été présent à l'Isle de France à mi-1782, car Paul Pierre d'Arifat l'aurait sans doute supplié de contribuer au-delà de ce qu'il avait déjà fait, à savoir la prise d'un intérêt dans *Le Comte de Saint-André* au financement de ces nouvelles aventures. Et il aurait cédé !

Le 18 mai 1782, sous le régime de liberté du commerce au-delà du Cap de Bonne Espérance qui prévalait encore pour peu de temps, bravant les risques de capture par les Anglais avec lesquels la paix ne fut signée que le 3 septembre 1783[38], D'Arifat fit ses premiers armements au départ de l'Isle de France pour la Chine. L'opération se combinait avec l'intérêt qu'Étienne Claude Chevreau l'intendant de l'île y portait. D'Arifat s'engageait à fournir aux troupes de Sa Majesté en service dans l'Inde et en garnison à l'Isle de France pour leur habillement environ soixante mille pièces de toiles de Nankin de différentes qualités, deux mille pièces de toiles rouges pour pavillons et vingt-huit mille pièces de bas et autres menus objets. Chevreau ne put lui délivrer de piastres, mais lui délivra des lettres de change à hauteur de trois cent mille livres pour tirer sur la Trésorerie des Isles de France et Bourbon, à charge pour D'Arifat de les convertir à son initiative en argent aux Manilles[39], là où les galions espagnols venant d'Acapulco déchargeaient leurs piastres.

Trois navires étaient engagés dans cette expédition – à savoir le *Notre-Dame des Carmes* [*A nossa senhora do Carmo*], *La Ville d'Orient* [*A cidade do Leste*] et *La Ville de Vienne* sur lequel D'Arifat embarqua. Deux étaient frétés en association avec le comte Pierre Jean Berthold de Proli, représentant de la Compagnie de Trieste fondée en 1781, envoyé à l'Isle de France par Willem Bolts en 1782, fils de Charles André Melchior de Proli.

Deux vaisseaux firent escale à Manille. Le premier nous dit Philippe Vieillard consul à Canton parvint en Chine après avoir « entamé une opération des plus malheureuses ». Le consul attendait le second et si les apparences ne le trompaient

---

[38] Gazette de Leyde : 28 février 1783 : de Paris le 21 février 1783 ; le roi rendit une ordonnance « concernant le terme de la cessation des hostilités en mer » à compter de la ratification des articles préliminaires, délai de cinq mois pour l'océan indien. Bâtiments pris à tort seront restitués.

[39] L'escale de Manille était en principe interdite au débarquement de vaisseaux européens, mais à l'aide de pots de vins et divers subterfuges, on peut y vendre des alcools et des étoffes d'Europe et s'y procurer des piastres. Jacques Weber, Les comptoirs, la mer et l'Inde au temps des Compagnies, Revue d'histoire contemporaine, La percée de l'Europe sur les Océans vers 1690- vers 1790, PUPS, Outre-Mer, Relations internationales, première année, n° 1, numéro spécial octobre 1993, page 164.

pas, cette opération devait être « *mise au rang de celles mal concertées & par conséquent très-peu fructueuses, pour ne pas dire ruineuse* ».

Dans une lettre d'Étienne Claude Chevreau[40] à Broutin, trésorier des Isles de France et de Bourbon du 1$^{er}$ septembre 1782, il fut fait état des embarras de D'Arifat. La mise-hors atteignait 6 à 7 millions. C'était un ou deux millions de trop. Il reçut un secours du roi de 600 000 livres. Les lettres de change de trois cent mille livres tirées sur la Trésorerie des Isles de France & Bourbon avaient été refusées à l'escompte à Manille.

D'Arifat sollicita une aide importante du marquis de Bussy en offrant la fourniture de 400 Noirs ouvriers et leurs outils à titre de prêt seulement, à la charge pour Sa Majesté de lui prêter pour forme de dédommagement une somme considérable et qui fut réduite à douze cent mille livres (1 200 000 livres] et les lui rendre sous la même nature. Ce dernier ne put lui refuser car Suffren avait besoin d'une quantité de Noirs pour le service du port des ateliers du roi à Trinquemalay, comptoir à Ceylan arraché par les Anglais aux Hollandais et pour renforcer les équipages des vaisseaux de son escadre en marins-esclaves.

En 1783 D'Arifat entreprit une deuxième expédition sur la Chine. Sa stratégie consistait à profiter des premiers instants de la paix signée avec l'Angleterre pour lancer ses navires à l'assaut du marché chinois. Pierre Collique, négociant de l'île, dit le cadet fut désigné subrécargue. Quatre navires furent armés : *L'Hippopotame*, capitaine Balguerie d'un port de 700 tonneaux, arrivé le 1$^{er}$ juillet 1782 à l'Isle de France, Auguste Toussaint, La Route des îles, page 282, *Le Pacifique* [capitaine Descombes, 450 tonneaux, arrivé le 24 juin 1782 à l'Isle de France, port d'armement : Bordeaux, Auguste Toussaint, La Route des îles, page 282. *L'Astre de l'Europe*, parti de Bordeaux, destiné à l'Isle de France, port de 400 ( 500) tonneaux, capitaine Bidard, arrivé le 14 avril 1783 à l'Isle de France, port d'armement Ostende, Auguste Toussaint La Route des îles, page 281, *Le comte de Saint-André,* dans lequel Samuel Demissy avait un intérêt, capitaine Almalrit [Almaric], de nationalité savoyarde, armé à Nice, arrivé à Port-Louis le 24 mai 1782 avec le capitaine Parsun, Auguste Toussaint, La Route des îles, page 282. Partis en juillet 1783 de Port-Louis où ils avaient été retenus depuis la fin juin, les quatre navires parvinrent à Canton entre septembre et mi-novembre.

---

[40] Etienne Chevreau fut rappelé en France (1785), pour avoir à rendre compte des irrégularités qu'on lui reprochait. En sortant d'une entrevue avec le ministre, exagérant sans doute les conséquences de sa légèreté, il crut sa réputation ternie à jamais, son honneur compromis ; désespéré il résolut de mettre fin à ses jours, il se jeta à la Seine et s'y noya. L'affaire fut étouffée tant qu'on pût, par égard pour lui-même et pour sa famille. On attribua son suicide à un accès de fièvre chaude ».

D'Arifat engagea toute sa fortune. Il fit appel à ses amis, à son frère Marc qui se porta caution pour lui et qui le regretta plus tard. L'investissement aurait pu atteindre 3,8 millions de livres et son endettement 1 800 000 livres. Cette expédition était à la limite de l'illégalité car le roi par arrêt du Conseil d'État du 2 février 1783 avait interdit aux particuliers de la Métropole et même ceux des Isles de France et de Bourbon tout commerce sur la Chine. D'Arifat prétendit ne pas avoir eu connaissance de cette nouvelle réglementation dont bénéficiait Grandclos Meslé par autorisation pour lancer une expédition simultanément. On laissa cependant les navires D'Arifat partir. En fait, le roi par une motivation fumeuse de l'arrêt de 1783 basée sur le postulat que le commerce particulier était dans l'incapacité de servir le Royaume en produits de la Chine, ne faisait que céder à la pression d'un lobby d'armateurs de Lorient auxquels il donnait une exclusivité temporaire.

À des milliers de lieues de là, les négociants de La Rochelle n'étaient pas sans ignorer ces opérations audacieuses[41]. En 1782, Samuel Demissy était de retour de l'Isle de France, un peu comme un héros. Tous les fantasmes découlant de sa réussite et du coup d'éclat qui avait permis d'indemniser les créanciers de son père et de son oncle alimentaient les espoirs les plus fous. La place d'assurance de La Rochelle s'organisa pour couvrir les risques de transport de marchandises des Manilles à la Chine des navires de Paul Pierre D'Arifat où elles seraient échangées contre d'autres marchandises destinées à être rapatriées sur l'Isle de France. Une souscription par Jacques Guibert pour le compte MM. Pitot frères & Cie de Bordeaux qui étaient aussi négociants à l'Isle de France permit de couvrir les risques sur les quatre navires à hauteur de 132 800 livres. Thouron s'y engagea pour 12 000 livres et comme à l'accoutumée Gareshé tant pour les assurances qu'il représentait que pour lui-même en prit pour 20 000 livres[42]. La prime de 5 % un peu élevée par rapports aux standards, n'était pas excessive. En 1781 de Lorient des navires étaient partis pour l'Inde mais l'assurance était de 50 %.

---

[41] AD/17, ETP 31 f° 185, Divers navires aux Indes-Orientales. Police d'assurances sur marchandises et effets. Nous assureurs soussignés, promettons & nous obligeons envers vous, Monsieur Jacques Guibert, stipulant d'ordre de MM. Pitot frères et de la Compagnie de Bordeaux pour compte de qui il pourra appartenir d'assurer & assurons les sommes pour chacun de nous ci-dessous déclarées sur or et argent et marchandises qu'elles puissent en être qui auront été chargées aux Manilles sur les navires *L'Hippopotame*, capitaine Balguerie, *Le Pacifique*, capitaine Descombes, *L'Astre de l'Europe*, capitaine Bidart, *Le Saint-André*, capitaine Almaric, sur un deux séparément ou enfin sur tous autres navires pour les porter à la Chine, les risques continus sur les mêmes objets ou sur toutes autres marchandises qui seront prises en échange des premières & chargées sur les mêmes navires dénommés ci-dessus ou sur tous autres qui se trouveraient en Chine pour les porter à l'Isle de France où les risques finiront après que les marchandises aient été mises à terre à bon sauvement […]. La présente assurance est faite à cinq pour cent de prime [Fait à La Rochelle, le 21 février 1784 ; Enregistré le 28 février 1784].

[42] AD/17 41 ETP 32 f° 185, vue 185/312, 21 février 1784.

Les opérations tournèrent mal. Des navires passèrent par Manille pour se procurer contre marchandises entreposées localement des piastres. Mais une bonne partie était avariée. En arrivant à Canton, le port était encombré de navires de toutes nationalités, et même de France par ceux de Grandclos Meslé dont la venue était autorisée par le roi. Considérant l'aura de Paul Pierre D'Arifat [43], deux commerçants hollandais naïfs se firent escroquer par Pierre Collique à Canton. Pour les payer des 52 847 piastres d'Espagne, ce qui équivaut à 300 000 livres, il leur remit une lettre de change tirée par D'Arifat le 16 février 1783 sur Demissy père et fils payable le 15 septembre 1783, laquelle fut bien sûr protestée lors de sa présentation au paiement. Ces victimes furent Jean Gerbrand Van der Hart et Johan Christopher Stager négociants à Amsterdam. L'affaire fit scandale et remonta aux plus hautes instances de l'État.

À la fin de l'année 1783, comme aucun navire ne revenait, le consortium qui l'avait lui-même financé et investi 3 800 000 livres demanda un prêt de 800 000 livres.

D'Arifat fut déclaré en faillite[44]. Poursuivi par tous, il se réfugia clandestinement pendant vingt jours au port dans la maison de La Touche du Pujol dont il implora l'hospitalité. Il avait frappé à sa porte en chemise et caleçon bleu, nu pieds, sa figure et ses mains teintes en noir. Il s'évada de l'île le 11 mars 1784 ayant réussi à fuir sur un booth qui se tenait près de la côte et parvint à Madras où il se cacha dans le quartier indigène. Il avait emporté avec lui de l'argent et la caisse des Invalides. Sa banqueroute atteignit quinze millions[45], soit le double du numéraire en circulation à l'Isle de France. Leroux de Cinq Noyers notaire à Port-Louis et caissier des Invalides qui n'avait cessé d'intervenir pour ses affaires, se suicida le 20 mars 1784[46]. D'Arifat

---

[43] ANOM COL E 8, vue 90/ 437.

[44] L'assemblée des créanciers se réunit à partir du 17 août 1784. La liste des négociants pris dans celle-ci est impressionnante ; Thomas Dayot- Charles Pitot- Jean-Baptiste Couve de Murville- Jean-Jacques Piriou de Lézongar – Paul Roux- Emmanuel Touche- Gaspard Hugues – Hyacinthe de Laurence- Sébastien Boileau – Thomas Joseph Quicerat – Barthélemy Guillaume du Jeaucon – Me Guillaume Desgranges de Richeteau avocat pour demoiselle Paris et La Rochette, veuve Jacques Aubry et Charles Dagé. Les syndics sont Dayot, Couve de Murville et Pierre-Yves Ballu. Ni les proches d'Arifat comme Villarmy, Ronsin, Collique conseiller particulier d'Arifat Barreau et de La Roque paraissent souffrir de cette faillite. Et pas davantage Samuel de Missy qui avait été en société avec de Missy et qui possédait avec lui le navire *Le Saint- André*.

[45] C'était une somme énorme. Deux ans plus tôt en France, Henri Louis Marie de Rohan de Guémené (prince de Rohan) avait fait banqueroute avec un passif de (15) 33 millions de livres. Le roi était venu au secours des créanciers. On lui a expédié des lettres de surséance pour trois mois, dans l'espérance que durant ce temps on arrangerait ses affaires en évitant les frais qui absorbent ordinairement le plus clair de ces sortes de directions.

[46] André Jean-Baptiste Leroux de Cinq Noyers né à Paris en 1724 arriva par *Le Brisson* le 23 juin 1773 armé à La Rochelle le 24 décembre 1772 pour la Chine en faisant escale à Port-Louis au retour escale à Port Louis le 30 mars 1774. Notaire à Port- Louis pendant une dizaine d'années, il devint aussi le Trésorier des Invalides de la Marine. 1 500 000 livres ayant été prêtées illégalement par la Caisse des Invalides à Paul Pierre D'Arifat qui échoua dans une campagne d'approvisionnements de marchandises en Chine.

fut aussi la cause du suicide de l'intendant Étienne Claude Chevreau rappelé à Paris pour se faire blâmer.

On sait que Samuel Demissy revint pour un court séjour à l'Isle de France dans l'année 1784. Informé des difficultés de Paul Pierre D'Arifat, il voulut sans doute liquider certaines opérations. Par la suite, revenu à La Rochelle Demissy confia ses intérêts îliens à Louis Léchelle. La famille Léchelle faisait partie des négociants rochelais. Ils avaient armé vingt ans plus tôt en société avec Héry et Tascher. Jean Léchelle était l'époux de Marie Anne de Couagne. Louis Léchelle l'un des fils était parti à l'Isle de France et avait fait souche. Louis Marie Jean Baptiste Léchelle vraisemblablement un petit-fils se maria le 1$^{er}$ septembre 1789 avec Marie Françoise Athanase Chenard de La Giraudais. Anne Aglaë Léchelle, probablement sa petite-fille se maria le 29 mai 1813 avec François Philippe Couve de Murville. À l'assemblée des créanciers de la faillite de Paul Pierre D'Arifat réunie le 16 janvier 1786. Demissy fut représenté par Louis Léchelle qui décédera en 1788 [notoriété 19 janvier 1788].

Les Archives départementales de la Charente-Maritime complètent bien celles de l'ANOM. Elles contiennent des documents déposés au greffe de l'Amirauté en 1784 et classés au Registres de Majesté, par Samuel Demissy, qui ayant sans doute pris peur d'être pris dans la faillite de Paul Pierre D'Arifat, voulait s'en prémunir par des preuves irréfutables.

Plusieurs lettres du capitaine Amalrit (Almaric), requis par D'Arifat de conduire le navire *Le Comte de Saint-André* en Chine pour l'expédition de 1783, éclairent les circonstances fâcheuses de cette entreprise qui fut un magistral échec.

Lettre du capitaine Almaric, navire *Le comte de Saint André,* expédition d'Arifat[47].

*Canton le 11 janvier 1784,*

*Monsieur, [Demissy fils négociant à La Rochelle]*

*Vous aurez reçu ma lettre écrite de l'Isle de France où je vous marquais que Mr Darifat m'expédiait pour Chine ayant frété le navire pour le compte de l'armement à 500 (deniers ?) le tonneau. Je fis à M. Darifat toutes les représentations que je devais lui faire pour ne pas faire ce* [page suivante] *voyage qui serait très désavantageux pour le très petit port du navire eu égard aux grandes dépenses que l'on était obligés de faire ici et que vous connaissez bien. Nous sommes partis quatre navires pour cette même expédition, où était embarqué M. Collique cadet pour les opérations des navires où il était embarqué, est passé aux Manilles pour y prendre 300 mille piastres que Mr Darifat croyait avoir à lui appartenant de la vente de deux cargaisons de marchandises de l'Inde que lui avait envoyées. M. Collique en y arrivant a trouvé toutes les marchandises encore en nature, très avariées qu'il avait vendues pour le prix de trente mille piastres environ, de sorte qu'il est arrivé qu'avec très peu de fonds*

---

[47]AD/17, B 233, pages 90 B et 91.

*pour charger quatre navires qui sont frétés ensemble pour 2 000 tonneaux. Il en a chargé deux, dont l'un est parti avec deux cent cinquante tonneaux et l'autre qui va partir demain ou après-demain 200 tonneaux. Voilà M. Collique sans la moindre ressource avec deux navires sur le corps dont un est frété pour 600 tonneaux et encore qu'il pourrait porter trois-cents. Monsieur Collique m'a signifié qu'il était dans l'impossibilité de pouvoir me charger et que je me préparais à partir le 25 avec les mêmes (illisible) que j'ai apportées de l'Isle de France. Voilà Monsieur ma cruelle position sans une seule caisse de thé.*

*Je ne vous cacheray pas que cette perte est cruelle pour Mr. Darifat et que je ne crois pas qu'il s'en relève quelle ressource qu'il puisse avoir. Enfin, Monsieur à mon arrivée à l'Isle de France, je vous instruirai de notre sort, mais il est à plaindre pour vous et nous tous sans que je puisse la moindre chose. J'ai l'honneur [...] signé Almalrit.*

*Mr Demissy fils, négociant 12 janvier 1784*

*Monsieur*

*A mon départ de l'Isle de France, je me suis fait l'honneur de vous instruire que je partais sur <u>votre navire</u> Le comte de Saint-André pour le conduire en Chine. Nous y sommes arrivés heureusement ainsi que trois autres vaisseaux armés par Monsieur Arifat qui comptait bien trouver des fonds pour l'expédition. Il s'est malheureusement trompé, car c'est avec beaucoup de peine qu'on en a chargé deux, dont l'un est déjà dehors et l'autre prêt à faire voile. Nous avons été ici dans une fâcheuse perspective de nous voir obligés de faire notre retour en lest, mais enfin M. Sibire que vous avez connu ici nous procure un fret pour Cadix, de manière que nous devons entrer un chargement au premier jour. Si je continue la campagne, j'espère avoir le plaisir de vous voir au mois de septembre ou d'octobre, et de vous assurer la sincère reconnaissance avec laquelle je suis [...]*

*A Canton en Chine le 12 janvier 1784.*

*Du 13 janvier 1784. Je décachette la lettre pour vous dire qu'après bien de la misère, M. Collique vient de trouver à fréter pour Cadix. Je commencerai à prendre charge dans la journée. On a besoin de me fournir de la marchandise un peu vite si on ne veut pas me faire manquer le voyage, et surtout étant obligé de passer à l'Isle de France. L'autre navire qui était ici comme moi à attendre est affrété pour le même port. Nous aurons donc les deux navires pour compte de Mr Darifat, 40 000 piastres de marchandises qui vraisemblablement vous seront adressées. J'espère être arrivé à Cadix pour tout septembre et vous prie de bien vouloir faire passer vos ordres [...].*

Le sort du *Comte de Saint-André* n'est pas clair. Il semble qu'il ait été vendu par Paul Pierre D'Arifat agissant aussi comme mandataire de Demissy, avant qu'il ne soit revenu de Chine, à Thomas Dayot[48] : Vente et cession du 30 août 1783 n° 18[49]. « *Pardevant les notaires du roi fut présent M. Paul Pierre d'Arifat négociant et armateur en cette Isle y résidant rue du Rempart de la Grande montagne paroisse Saint-Louis stipulant tant en son nom qu'en celui du sieur Samuel Demissy <u>son associé</u> et propriétaire avec lui du vaisseau Le Comte de Saint André, comme fondé de la procuration spéciale dudit sieur suivant sa lettre missive datée de Bordeaux le vingt-neuf janvier dernier dont l'original est resté entre les mains du comparant et dont extrait collationné par les notaires soussignés demeure sont aux présentes, lequel a par ces présentes vendu et cédé en toute propriété dès maintenant et pour toujours a promis et promet garantir de tous troubles revendications, dettes, hypothèques et empêchements généralement quelconques fournir et faire valoir envers et contre tous à M. Thomas Dayot ancien commissaire du roi [ ...] 3° Du vaisseau le Comte de Saint-André commandé par le sieur Amalric du port de quatre cent tonneaux environ actuellement en voyage pour la Chine, du corps quilles agrès apparaux ancres cordages et toutes dépendances dudit vaisseau sans réserve ni exception suivant l'inventaire du capitaine que ledit sieur d'Arifat s'oblige de mettre aux acquéreurs incessamment et à leur volonté, ledit vaisseau appartenant audit sieur d'Arifat avec le sieur Samuel Demissy actuellement en France* [ledit vaisseau estimé entre les parties à cent cinquante mille livres].

---

[48]Dans les documents déposés par Samuel Pierre Demissy à l'Amirauté de La Rochelle le 11 juin 1784, figure une déclaration des sieurs Mars et fils de Nice reconnaissant que le navire *Le Comte de Saint André* est bien armé par eux et que sa cargaison appartient bien à Demissy. Signé : Bigaud, Poulard et Cie à Marseille. Mais un acte fut passé devant Ballu ? notaire à Port-Louis le 30 août 1783, où d'Arifat en son nom propre céda ses droits à Thomas Dayot pour une valeur de 600 000 livres sur *Le Comte de Saint-André*, *l'Émilie* et *L'Astre de l'Europe* possédé en indivision avec le capitaine Bidart, ANOM COL E 8, vue 305/437.

[49]Copie d'une lettre écrite par M. Lebras de Villerderne procureur du roi en la juridiction royale de l'Isle de France par M. Marchand de L'Isle conseiller faisant fonction de procureur général copie 18 septembre 1785 vue 295. ANOM COL E 8.

**Chapitre VI-. Un départ outre-mer lié à la faillite du père ?**

En établissant la biographie de Samuel Demissy [Huitième génération] pour l'insérer dans le <u>Dictionnaire de biographie mauricienne</u> n°36, 1072 - 1073, Harold Adolphe et Joseph Raymond Marrier d'Unienville s'expriment ainsi : « *Son père ayant fait faillite en 1772 Demissy partit pour l'île de France où il arriva à bord du Narbonne en 1774. Après huit ans de résidence au Port-Louis où il s'établit armateur, il retourna à La Rochelle, il remboursa les dettes de son père. Avec son père il se mit surtout à commercer avec les îles de France et de Bourbon et entreprit une dizaine de campagnes à destination de ces îles* ».

Le lien de cause à effet utilisé par d'autres historiens pour affirmer que le jeune Demissy s'était embarqué pour l'Isle de France pour rembourser les dettes de son père solidaire de son oncle Samuel Michel David Meschinet de Richemond est basé sur des éléments erronés.

En premier lieu pareille déduction relève d'un anachronisme patent. Si *Le Marquis de Narbonne* sur lequel Samuel Pierre Demissy fils embarqua de La Rochelle au tout début 1771 pour l'Isle de France, le dépôt de bilan de la société Demissy & Meschinet de Richemond survint en 1772. Leurs soucis financiers devaient remonter à plusieurs années. Il est clair qu'avant de rendre publiques leurs difficultés de trésorerie, les négociants recherchaient des accords à l'amiable avec leurs créanciers, car la mise en faillite avait des effets sur le patrimoine du débiteur et les privait de leur capacité à gérer quoi que ce soit.

L'affirmation selon laquelle les séquelles de la guerre de Sept ans, ou la crise de la traite[1] en auraient été la cause ne paraissent pas devoir être prises davantage en compte[2]. Elles relèvent d'une approche macro-économique qui n'a pas frappé tous les négociants de la même façon. Dès la signature du Traité de Paris du 10 février 1763, les armateurs se tournèrent de nouveau vers les expéditions au golfe de Guinée, Saint-Domingue, Cayenne, la Martinique, la Guadeloupe, Saint-Pierre et Miquelon et la Louisiane. Les effets de la guerre de Sept ans sur le commerce avec les îles d'Amérique et la traite sur l'Afrique avaient été généralement surmontés par les principaux négociants.

---

[1]<u>Dictionnaire biographique des Charentais,</u> Le Croît Vif, page 147 « Les parents sont ruinés à cause de la crise de la traite ».
[2]<u>Dictionnaire biographique des Charentais,</u> Le Croît Vif, ibidem « La situation financière difficile de la maison Meschinet de Richemond De Missy est due aux suites de la guerre de Sept Ans ». La lettre de Messieurs de la Chambre de commerce pointe des « mauvaises affaires ».

C'est l'approche individuelle, celle de la situation financière de la société Demissy & Meschinet de Richemond sur laquelle il faut se concentrer. Plus sérieusement, d'autres documents attribuent la cause de la faillite à de mauvaises affaires, soit qu'elles aient été déficitaires, soit que les débiteurs se montrèrent insolvables.

Le vendredi 7 août 1767, Samuel Demissy père avait été élu syndic de la Chambre de commerce avec Thouron le jeune en remplacement de Giraudeau et Bernon, Carayon étant le président. Peut-on croire que Samuel Demissy père aurait accepté une telle responsabilité si ses affaires avaient connu quelques difficultés ? Peut-on imaginer que ses pairs de la Chambre de commerce l'auraient nommé s'il n'avait pas présenté les qualités requises de solvabilité pour être à la tête de l'institution ?

Aussi, il est permis de ne pas suivre le discours dominant des historiens ou des biographes en faisant ressortir les éléments suivants.

Samuel Pierre Demissy (père, le failli, septième génération) aurait pu demeurer à Marennes pour continuer l'activité de négociant ou de boutiquier exercée par son père (Samuel, sixième génération). Mais Samuel Michel David Meschinet de Richemond, son beau-frère, lequel était à La Rochelle et devait y développer déjà des activités, lui avait demandé d'être son associé. Il s'en ouvrit à son père qui lui répondit favorablement : « *après avoir été consentant à ce que je forme ma demeure & société avec mon beau-frère Meschinet de Richemond dans la susdite ville* [Livre de famille, Folio - 31] ».

Un document détenu par les Archives de la Gironde fait remonter cette activité en société à 1743[3].

*Lettre écrite de La Rochelle le 23 juillet 1743 à M. D Gabriel De Silva à Bordeaux*[4]
*Monsieur,*
*Les manières gratieuses & obligeantes que vous m'avés temoigne pendant tout le tems que jai Resté en vôtre ville cher Mons Dque\* Rion\* m'engagent avoir l'honneur de vous écrire pour vous en faire mes très humbles remerciements ; ayez pour agréable que je vous fasse part en même tems de la Société que je viens de contracter en cette ville avec M. Meschinet de Richemond mon Beau frère et que je vous offre nos services en conséquence et tout ce qui pourra dépendre de nous et serions très aises et principalement l'écrivain de la présente que vous nous fournisies les occasions devant être utiles et vous prouver le cas particulier et distingué que nous faisons de vous et de ce qui pourroit nous venir de votre part ;*
*Permettez, Monsieur que nôtre Demissy aÿe lavantage d'assurer vos dames de ses très humbles respects*

---

[3] Lettre de Samuel Pierre Joseph David Demissy à Di Gabriel Desilva, La Rochelle le 23 juillet 1743, (AD Gironde ; 7 B 2070). Nota : Les AD/33 ont confondu Samuel Pierre (septième génération) avec Samuel Pierre Joseph David (huitième génération).

[4] Gabriel Da Silva, banquier et négociant à Bordeaux, 1660-1789.

Samuel de Missy (1755-1820), armateur rochelais sur l'océan indien

*Vous avez ci bas nos signatures auxquelles nous vous prions d'ajouter foy dans loccasion et de nous croire avec une parfaitte considération.*

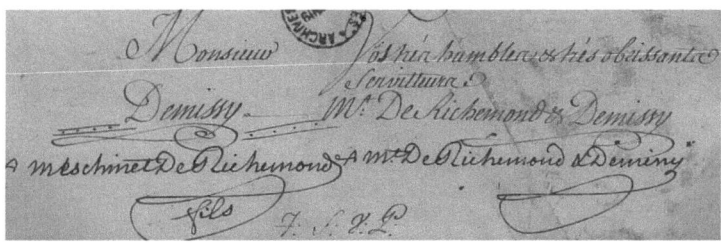

Les Archives départementales de la Charente-Maritime font état de plusieurs litiges auxquels la société formée entre Samuel Pierre Demissy (père) et Samuel Michel David Meschinet de Richemond fut confrontée :- 1745, Demissy en société avec Meschinet de Richemond contre Joseph Laurent Pasquier l'aîné et Marie Faneuil veuve de Bernonville ;- 1754, : Demissy & de Richemond contre veuve Blutel :- 1756, Pierre Samuel Demissy & Samuel Michel David Meschinet de Richemond armateurs héritiers de Samuel Demissy ( sixième génération) contre Pierre Gilbert négociant.

Ce n'est qu'en 1755 que l'on voit Samuel Pierre Demissy apparaître « physiquement » à La Rochelle. Il s'est marié au « Désert » le 2 décembre 1754 avec Marie Anne Fraigneau. Le couple fait l'acquisition ou plutôt s'est engagé à payer une rente d'un principal de 20 000 livres pour une maison rue Dompierre (Fleuriau à ce jour]. Il y réalise lui-même d'importants travaux. Le contrat d'arrentement a été conclu le 17 mai 1755 avec Daliveau[5]. On peut estimer que les affaires étaient sur une pente ascendante.

Mais le succès ne fut pas toujours au rendez-vous.

Une attestation fut fournie le 10 septembre 1756 par plusieurs négociants de La Rochelle, relativement à la valeur du navire *La Paix*, de Calais, armé par messieurs Meschinet de Richemond et Demissy et pris par les Anglais à son retour de Québec. Cette valeur, augmentée de celle du chargement (planches) était de 15 462 livres [6].

En 1757, la chance n'avait pas souri aux deux associés, sans doute mieux rompus au métier de négociant, mais moins à celui d'armateur. Ils achetèrent peut-être à Admirault [7] le 15 avril 1757 un navire de 70 tonneaux qu'ils baptisèrent *La Nouvelle*

---

[5]AD/17 3 E 754 Fontenas à Le Griel et AD/17 B 5747 n° 98.

[6] AD/17 41 ETP 191/5956.

[7]AD/17 B 20 page 193 Admirault Enregistrement de la facture et du connaissement du navire La Nouvelle Société capitaine François Thomas allant à Québec à la consignation de M. Jayat armé par MM. Meschinet de Richemond et de Missy et pris en rivière de Québec 1757.

*Société*[8]. Rappelons que les deux associés étaient de religion protestante. Ce navire chargé en partie de barriques de vin[9] fut pris dans la rivière de Québec et coula. Le commandant François Thomas périt. La nouvelle parvint en France le 24 décembre 1757.

Il n'existe pas d'autre trace de leur activité de négociant, sauf les litiges évoqués plus haut, jusqu'à leur mise en faillite. Soulignons également qu'ils étaient raffineurs de sucre rue Porte-Neuve et que bien sûr ce commerce fut pris dans la tourmente[10].

Survint la guerre qui dura sept ans et qui affecta La Rochelle plus que toute autre ville maritime car le commerce sur le Canada y était important. Mais huit ans après la signature du Traité de Paris, 10 septembre 1763 Demissy & Meschinet de Richemond n'avaient pas trouvé un second souffle.

Devant leurs difficultés financières, ils essayèrent d'obtenir du Conseil d'État du roi le 18 juillet 1772 un arrêt de surséance lequel leur permettrait d'être libres de leurs mouvements avec un sauf-conduit pour superviser les récoltes et les vendanges. Mais le duc de La Vrillière se montra [11]réticent à le leur faire accorder [lettre du 18 août 1772] car ils n'avaient pas encore remis l'état de leurs dettes et créances puisqu'elles étaient inaccessibles étant immobilisées sous scellés comme ils le déclarèrent à Jean Baptiste Rondeau, juge de la juridiction consulaire le 25 mai 1772.

Pareille démarche paraissait courante : le 26 août 1770 la Chambre de commerce lut une lettre de l'Intendant du 16 du même mois par laquelle il demanda son avis sur un mémoire présenté par Alleaume jeune marchand de cette ville à M. de La Vrillière pour obtenir un sauf-conduit afin de se mettre à couvert des poursuites rigoureuses de quelques créanciers[12].

Au surplus, sauf à ce que les espoirs de recouvrer leurs propres créances sur des débiteurs en situation difficile se soient soudainement évanouis, le recours à cette procédure paraît totalement inadéquat compte tenu de l'ampleur du désastre de leurs affaires. Une lettre de surséance dite aussi de répit donnait en général un délai d'un an aux débiteurs en situation précaire pour s'acquitter de leurs dettes[13].

---

[8] AD/17 B 230 n°63.18 juin 1757.
[9] AD/17 B 230 n° 63.
[10] Médiathèque Michel Crépeau, BR 1946.
[11] AD/17,41 ETP 16, 0249 à La Vrillière surséance du 18 juillet 1772.
[12] AD/17, 41 ETP, vue 88/193.
[13] Les dictionnaires de la langue française s'accordent pour écrire : Les lettres de répit sont des lettres de surséance que le roi accorde à des débiteurs, soit négociants ou autres, qui, par des accidents ou des pertes considérables qu'ils ont souffertes, se trouvent dans l'impuissance de satisfaire leurs créanciers, et n'ont besoin que de quelque délai pour pouvoir s'acquitter. Ces lettres portent, en faveur des débiteurs qui les ont obtenues, une surséance de quelques années pour pouvoir, par le recouvrement de ce qui leur est dû, satisfaire au payement de leurs dettes après le délai accordé.

Samuel de Missy (1755-1820), armateur rochelais sur l'océan indien

Mais les deux associés n'avaient pas agi pour en obtenir le bénéfice conformément aux dispositions de la Déclaration du roi du 13 septembre 1739 concernant les faillites & banqueroutes.

Le texte stipulait : *Louis &c. Les abus & les fraudes qui se sont introduites depuis quelques années dans les bilans des négociants, banquiers et autres qui ont fait faillite au préjudice de notre ordonnance de 1673 [...] ayant causé au commerce un dérangement notable, nous avons cru rechercher l'origine de ce désordre [...]. À ces causes &c, Voulons [...] à l'avenir il ne soit reçu l'affirmation d'aucun créancier, ni procédé à homologation d'aucun contrat d'atermoiement sans qu'au préalable les parties se soient retirées devant les juges & consuls auxquels les bilans titres et pièces seront remis pour être vus et examinés [...]. Donné à Marly le 13 septembre 1739.*

La Chambre de commerce vint à leur secours car les bilans titres et pièces inaccessibles à cause des scellés furent remis enfin au greffe[14]. Elle s'adressa comme suit à l'Intendant. « *Nous [directeurs de la Chambre de commerce] avons reçu la lettre que Votre Grandeur [M. l'intendant Sénac de Meilhan] nous a adressée en date du huit de ce mois qui accompagnait un mémoire adressé à M. le duc de La Vrillière par le sieur Meschinet de Richemond l'aîné et Samuel Pierre Demissy négociants à La Rochelle qui demandaient qu'il leur soit accordé une surséance pour l'acquit de leurs dettes et ce par arrêt du Conseil [du roi] dans lequel il serait ordonné qu'ils auraient mainlevée des saisies et séquestre et qu'ils pourraient recevoir de leurs débiteurs ce qu'ils leur doivent.- Sur quoi, Monseigneur vous avez la bonté de nous demander des éclaircissements pour donner votre avis à M. le duc de La Vrillière sur l'objet de cette demande.- Ainsi que nous l'avons certifié le six du mois dernier les sieurs Richemond l'aîné et Demissy ont toujours fait leur commerce avec probité et ce n'est qu'une suite continuelle de mauvaises affaires qui les a contraints à cesser leurs paiements et de déposer leur bilan au greffe de la juridiction consulaire. Ils ont fait depuis une assemblée de leurs créanciers avec lesquels ils ont traité en grande partie, et dans cette assemblée, il leur a été donné deux adjoints ou séquestres pour apurer la masse de leurs affaires et en faire la répartition auxdits créanciers. Cet arrangement et qu'il faudra d'ailleurs du temps pour le faire homologuer nous pensons Monseigneur que Votre Grandeur fera un acte de justice d'obtenir seulement de Sa Majesté un sauf-conduit pour la sûreté de leurs jouissances pendant l'espace d'un an pour qu'aucun créancier ne puisse attenter à leur liberté, ce terme sera suffisant jusqu'à la fin de leurs affaires d'autant que la majeure partie desdits créanciers paraissent bien disposés en leur faveur* ».

Les biens de la société formée entre Samuel Michel David Meschinet de Richemond et Samuel Pierre Demissy (le père) ne formaient qu'une seule masse avec le

---

[14] AD/17 41 ETP 16, pages 488 et 489, vue 247/292, 18 juillet 1772.

patrimoine des associés. On pourrait comparer cette situation à celle d'une Société en nom collectif contemporaine. Sous la surveillance de deux syndics, ils restèrent à la tête de leurs affaires pour récupérer la masse active. La vente de leurs biens fonds faisant l'objet de privilèges ou saisies déjà opérées par les créanciers devait profiter en priorité à ceux-ci. Ceux de Samuel Michel-David Meschinet de Richemond pratiquement tous hypothéqués, furent concernés au premier chef. Pour les biens immobiliers propres à Samuel Pierre Demissy (père) ce fut apparemment sans objet, car on peut avancer qu'il n'avait pas de fortune foncière en propre. On pense surtout à la maison familiale rue Dompierre que Samuel Pierre Demissy père acquit par voie de rente lors de sa venue de Marennes et qui vit naître ses enfants, dont Samuel Pierre Joseph David en 1755. Ceci peut expliquer la raison pour laquelle Samuel Pierre (père, génération sept) et Samuel Pierre Joseph David (génération huit) vécurent tous deux jusqu'à leur décès dans une maison rue de L'Escale dont ils n'étaient que locataires des Nairac.

Un traité passé avec leurs créanciers fut conclu et clos le 26 juin 1773 et porta sur l'abandon de 75 % [15]. L'assemblée des créanciers réunit 107 987 13 4 sur un total de passif de 115 563 15 4 soit 94 % des créances. L'actif se montait à 37 758 12 3. Quittance générale des créanciers fut donnée le 22 juillet 1773 à la condition que les 25 % des créances non abandonnées soient payées, moitié à six mois, moitié à un an.

En effet, en 1774 le père demanda instamment à la Chambre de commerce de lui rembourser mille livres qu'il avait avancés pour les travaux du port le 9 décembre 1769 et le 1$^{er}$ février 1775 ; signé Demissy avec la reconnaissance de son appartenance à la Franc maçonnerie [16].

Huit ans plus tard, peu avant le retour du jeune Samuel Pierre Joseph David Demissy de l'Isle de France les cartes furent rebattues. Heureux furent ces créanciers qui découvrirent après abandon de leurs créances qu'ils allaient être remboursés en totalité du principal, intérêts et frais. Les sommes dues n'étaient pas gigantesques : de l'ordre de 100 000 livres. Des fonds avaient été déjà envoyés par le fils à son père de l'Isle de France par *Le Brisson* qui désarma à Lorient, mais elles ne couvraient pas la totalité de ce qui avait été abandonné par les créanciers. Non pas à son arrivée à La Rochelle, mais quelques mois plus tard, l'un des premiers soucis du jeune Demissy fut de les réunir en assemblée : « Le sieur Demissy fils et neveu ayant tout payé ce qui était dû en capitaux intérêts et frais, ainsi qu'il en est justifié par la quittance générale du 22 juillet 1782 ».

---

[15] AD/17, 3 E 1380 (document figurant dans les minutes de Tardy notaire) passé devant Dumas le 26 juin 1776.
[16] Le 27 décembre 1774. AD/17 41 ETP 100, Ms 2443.

## Samuel de Missy (1755-1820), armateur rochelais sur l'océan indien

Un extrait de l'arrêté du parlement de Paris rendu à l'occasion de l'obtention de Lettres de réhabilitation en 1782 s'en explique (Annexe III). Ce document est conservé précieusement dans les archives personnelles des descendants de la famille Demissy. Par de telles Lettres le commerçant réhabilité ne retrouvait que son honneur personnel.

Extrait de l'arrêt du parlement : « *Cependant le sieur Samuel Demissy fils et neveu des dits impétrants étant passé aux Isles de* (page 20) *France, aurait destiné les premiers fruits de ses travaux à payer auxdits créanciers la remise qui avait été accordée à son père et à son oncle de soixante-quinze pour cent des dites créances et des intérêts et frais, que dans cet esprit, il avait adressé à son père des fonds pour remplir son projet, mais que des circonstances particulières n'ayant pas permis de le réaliser aussitôt, ledit Demissy fils était retourné en France et que y étant arrivé il s'était* (page 21) *empressé de réunir lesdits créanciers pour leur réitérer que son intention était d'acquitter tout ce qui leur était dû par son père et son oncle et qu'à cet effet il avait réellement payé à chacun d'eux soixante-quinze pour cent dont ils avaient fait remise sur les créances principales ensemble tous les frais et intérêts qui ont couru jusqu'à présent dont lesdits créanciers donnent quittance pure et absolue et tiennent quitte ces dits impétrants, reconnaissant en outre que ledit paiement* (page 22) *a été libre et volontaire de la part du dit Demissy fils et qu'ils ne le doivent qu'à sa probité et sa délicatesse et consent que lesdits impétrants soient rétablis dans leur bonne renommée* ».

L'intendant Jean-Jacques-Philippe-Isaac Guéau de Gravelle, marquis de Reverseaux, comte de Miermaigne appuya cette demande auprès du Garde des Sceaux et sur son initiative sollicita des Lettres de noblesse pour Demissy fils : « *Les créanciers ont été entièrement désintéressés par le sieur Demissy fils qui, parti aux îles à 17 ans (sic), a péniblement amassé les fonds nécessaires à cet effet. M. de Reverseaux propose d'accorder les lettres de réhabilitation demandées et que, pour récompenser la belle action du sieur Demissy fils, il y soit joint des lettres de noblesse en faveur de celui-ci* (sans date)[17] ».

La noblesse pouvait être conférée à des commerçants ayant rendu des services exceptionnels à l'État, peu importait leur religion. Par un Édit de 1772 [texte non retrouvé mentionné tel quel par les Historiens], il fut arrêté qu'il serait accordé chaque année à deux commerçants des Lettres de noblesse à ceux qui s'en seraient rendus les plus dignes, soit par des découvertes, soit par des actes de bienfaisance ou des sacrifices pour l'État. L'anoblissement était décrété pour service rendu « à l'État et au Commerce ».

---

[17] 41 ETP 148/3839, f° 78.

Ainsi, à Bordeaux le protestant né aux Provinces-Unies et rentré en France Jacques-Alexandre Laffont de Ladebat se lança en 1769 dans l'assainissement, le défrichement et la mise en culture des landes de Bordeaux. Toutes ces activités économiques lui valurent des lettres de noblesse en 1773.

C'est ce dont furent gratifiés également Pierre Honoré Roux de Corse à Marseille ou à Abraham Gradis à Bordeaux.

Mais pour la famille de Missy qui écrivait son patronyme Demissy était-ce bien nécessaire puisque leur noblesse avait été acquise du temps où ils étaient en Normandie, à Missy leur fief dans la plaine de Caen ?

Les <u>Lettres de réhabilitation</u> signées Louis et Amelot en faveur de Michel David Meschinet de Richemond et Samuel Pierre Demissy portent la date du 31 décembre 1782, registrées en parlement le 20 mai 1783 signé Isabeau et enregistrées au greffe de la sénéchaussée de La Rochelle le 31 (30) mai 1783 signé Regnault[18].

Mais Marie-Anne Fraigneau veuve de Samuel Pierre Demissy (le père) et Samuel Michel-David Meschinet de Richemond ancien négociant voulurent aller plus loin. Ils obtinrent par ordonnance du lieutenant-général de la sénéchaussée, Henry Charles Benjamin Green de Saint Marsault du 17 juin 1786 que mention de la réhabilitation soit portée en marge du Traité du 26 juin 1773 passé avec les créanciers devant Tardy notaire à La Rochelle et contenu dans ses minutes[19] : « *Supplique et sentence de Meschinet de Richemond, Pierre Samuel Demissy ci-devant négociants en cette ville disant que les pertes qu'ils avaient essuyées de leur commerce les avaient obligés à passer un traité devant Tardy et son confrère, notaires en cette ville le 26 juin 1773, par lequel il leur fut accordé une remise de 75 % des sommes dont ils étaient débiteurs ensemble, de tous intérêts et frais, que le sieur Samuel Demissy ayant fait une petite fortune aux îles de France, aurait payé tout ce qui est dû auxdits créanciers et les suppliants auraient été réhabilités par le roi le 31 décembre 1782, registrées en parlement et en ce siège les 20 et 30 mai 1783, par lesquelles Sa Majesté a remis et restitué les suppléants en leur bonne renommés, ainsi qu'ils l'étaient avant le contrat portant traité ci-dessus daté, sans qu'ils puissent à l'avenir à raison dudit contrat, ni du bilan qu'ils avaient déposé, ni leur être fait aucun reproche [...]. Ce considéré [...] qu'il soit fait mention en marge de la minute du traité dont il vient d'être parlé, des lettres de réhabilitation à eux accordées. Ordonnance conforme du lieutenant général Griffon le 17 juin 1786* ». Celle-ci fut formulée par exploit d'huissier au notaire.

---

[18]AD/17, B 1772 page 376; 1783, AD /17 B246; 41 ETP 10 page 106.
[19]AD/17 B 1779 page 378, 1786.

**Chapitre VII. – Demissy planteur et lié indirectement à l'esclavage ?**

Planteur, acteur de la traite des Noirs. Rien que la brièveté du passage de Samuel Pierre Demissy dans l'Isle de France peut faire douter de ces accusations qu'on lui fait supporter, gravées sur la plaque de rue frappée à sa mémoire. Ce jeune Rochelais pourrait-il avoir eu une âme de pionnier et des compétences d'agronome pour se mettre à planter des cannes à sucre, les presser, chauffer pour élaborer les pains ou remplir des barils d'indigo pour les exporter vers la Métropole, le café étant plutôt produit à l'île Bourbon ? Une sucrerie s'accorde d'équipements coûteux comme des moulins et nécessite un encadrement et un recours à une main d'œuvre nombreuse[1]. Le retour sur investissement était souvent de trois ans, et ce n'était pas la catégorie de marchandises qui se vendait publiquement à Lorient.

Sous l'impulsion du Gouverneur Mahé de La Bourdonnais[2] l'étendue des terres mises sous culture de canne à sucre n'avait cessé de s'accroître. Il fut à l'origine de la création de la sucrerie d'Athanase Ribretière de Villebague dans le voisinage de Saint-Louis. En 1789, l'île comportait dix usines et au total 1 000 arpents de canne à sucre cultivés, surface bien lointaine des grandes habitations de Saint-Domingue de la Plaine du Nord pouvant aller jusqu'à 500 arpents chaque et plus.

En partant de rien, l'obtention du fruit des récoltes ne saurait être inférieur à trois ans pour des personnes disposant déjà d'une certaine expertise[3]. Encore faut-il recourir à un régisseur comme le faisaient des Grands Blancs à Saint-Domingue. Or le faire-valoir direct était l'une des caractéristiques de l'Isle de France.

---

[1] Voyage de France à Saint-Domingue, page 71, transcription d'un manuscrit inédit, présentation de David Geggus avec la collaboration de Roger Little, L'Harmattan, janvier 2022. D'ailleurs les Noirs travaillent en ateliers.

[2] Bertrand François Mahé, comte de La Bourdonnais (1699-1753) a été gouverneur général des Mascareignes pour le compte de la Compagnie des Indes de 1735 à 1748. Lorsque la guerre de Succession d'Autriche éclate, il se distingue contre une escadre anglaise supérieure en nombre, commandée par Lord Peyton, à la bataille de Négapatam (6 juillet 1746). Le 21 septembre 1746 il prend Madras pratiquement sans combattre, et négocie une rançon avec le commandant anglais de la ville. Cet épisode est à l'origine des désaccords avec J.-F. Dupleix, qui aurait préféré la destruction de la ville, et cause sa destitution du poste de gouverneur. Cité de Massimiliano Vaghi, « Le souvenir d'une « épopée glorieuse » », *La Révolution française* [En ligne], 8 | 2015, mis en ligne le 24 juin 2015, consulté le 10 avril 2023. URL : http ://journals.openedition.org/lrf/1246 ; DOI : https ://doi.org/10.4000/lrf.1246

[3] Tel fut le cas à Saint-Domingue pour la seconde habitation indivise entre Meynard de Saint Michel et Harouard à La Pointe d'Ycaque - Entre Aunis et Saintonge correspondances du 15 mars 1765 au 25 mai 1790 des fils d'Henry Harouard Pierre Étienne et François Henry avec le marquis avignonnais Denis de Suarès d'Aulan époux de leur sœur Suzanne Jeanne, page 218 et suivantes, Jean Hesbert, Le Quai Saint-Nicolas - 2021.

## 7.1. - Recherches et Travaux réalisés

La France a été invitée à s'associer aux recherches sur l'histoire de l'esclavage à Maurice avec les experts de la Truth & Justice Commission (T.J.C). Cette instance a rendu son rapport le 25 novembre 2011 après trois ans et dix mois de travaux. Thomas Vernet, de l'Université de Paris I (Sorbonne)[4] y a pris part importante. Sa contribution et celle de ses collaborateurs directs figure dans le volume IV consacré aux questions historiques[5] comportant 874 pages. Il introduit le résultat des travaux comme suit :« *La richesse évidente de ce fonds pourrait laisser croire qu'il a été largement exploité par les historiens. Il n'en est rien. À de rares exceptions tels les travaux de Megan Vaughan, très peu de spécialistes se sont attachés à l'utiliser à sa juste valeur, voire à s'y intéresser d'une façon ou d'une autre* ».

Jean Yves Le Lan a fourni à la Commission des conclusions indépendantes à partir de sa base de données. Patrick Drack a numérisé une masse importante de documents pour que Maurice construise une base de données historique. De son côté la Truth & Justice Commission [6]a financé le voyage de deux jeunes chercheurs en France où ils ont compilé des éléments sur le nombre de bateaux qui sont venus à Maurice depuis le début de la colonisation française. C'est l'époque du plus important commerce d'esclaves dans l'océan indien.

À l'initiative des Mauriciens, en vue de l'élaboration du Rapport, des recherches préliminaires avaient été conduites aux Archives Nationales à Paris aux Archives départementales à Bordeaux, mais non à La Rochelle et au ministère de la Marine.

Le volume IV du <u>Rapport de la Truth & Justice</u>, page 110/ 892 en donne la raison (traduit de l'Anglais par l'auteur) : La Rochelle- « Bien que la Rochelle soit le second

---

[4]Vernet Thomas, Maître de conférences, Université Paris 1 Panthéon-Sorbonne Membre du site Aubervilliers de l'IMAF Histoire médiévale et moderne de l'Afrique Chercheur associé, Centre for Research on Slavery and Indenture, University of Mauritius, Île Maurice Research associate, Indian Ocean World Centre, McGill University, Montréal, Membre de l'ANR. Globafrica. Reconnecter l'Afrique : <u>L'Afrique subsaharienne et le monde avant l'impérialisme européen</u>.

[5]ANOM, Série C4 des Colonies, <u>Correspondance à l'arrivée, Île de France</u> sur microfilm (n° 1-63) permettant de retracer depuis 1714 jusqu'à 1810 l'histoire négrière de l'Isle de France, inventaire réalisé par Yola Argot-Nayekoo, Sharon Philips et Stéphanie Tamby sous la supervision de Thomas Vernet. Toute la correspondance officielle envoyée depuis la colonie de l'Île de France et reçue par le secrétariat d'État à la Marine est concernée, depuis les lettres et rapports produits les gouverneurs et les intendants de l'Île de France, ainsi que les diverses branches de l'administration locale sous leur autorité, mais aussi toutes sortes de lettres et de mémoires rédigés par des particuliers, principalement des négociants et des planteurs de l'île. Les sujets abordés qui sont extrêmement divers sont susceptibles d'évoquer l'esclavage sous un angle ou un autre.

[6] Plus récemment, Jean-Yves Le Lan et Yves Banallec ont dressé, grâce à ce fonds, la liste des navires ayant pratiqué la traite au départ de Lorient, avant, puis après la suspension de la Compagnie (Y. Banallec et J.Y. Le Lan, « <u>La compagnie des Indes et la traite des Noirs</u> », *in* N. Dodille (dir.), *Idée set représentations coloniales dans l'océan indien*, Paris, PUPS, 2009, pp. 33-55 et communication au colloque *Traite, esclavage, et transition vers l'engagisme à l'île Maurice et aux Mascareignes, 1715-1848*, TJC/University of Mauritius, avril 2011).

port négrier français en nombre de voyages, les Rochelais n'ont quasiment pas armé pour l'océan indien, et en particulier pour la traite. Les investigations conduites par Thomas Vernet ont confirmé le nombre extrêmement restreint de voyages ».

Déjà l'érudit Henri Robert l'avait laissé entrevoir dans son ouvrage qui n'est pas exempt d'erreurs par ailleurs : Les trafics coloniaux du port de La Rochelle au XVIIIe siècle[7], il écrivait [page 25] : « Si l'on s'en tient aux registres de l'Amirauté, le trafic rochelais avec les comptoirs des Grandes Indes fut insignifiant et ne donna lieu qu'à six armements dont un pour le roi ».

Sur la liste des congés délivrés par l'Amirauté de Lorient, il n'est fait mention que d'un seul navire rochelais envoyé à l'Isle de France et aux Indes, *L'Archiduc* (550 tonneaux, 8 canons, 42 hommes d'équipage) appartenant à de Baussay et à Gabriel Thouron, conduit par le capitaine Élie d'Orinham. Encore l'était-il pour le compte du roi pour un chargement de 273 tonneaux. Henri Robert poursuit : « À destination des Mascareignes, on compte une trentaine d'armements, mais ils ne sont l'œuvre que de quelques négociants : d'abord la maison Admirault seule pendant quatre ans (1770 – 1774) qui arma huit navires (dont deux de fort tonnage : 700 à 800 tonneaux et trois corvettes) ; plus tard Samuel Pierre Demissy qui [page 26] s'était enrichi avec son fils (sic), (donc Samuel Pierre Joseph David Demissy ) à l'Isle de France, entreprirent une dizaine de campagnes [...] ».

Il en fut différemment pour Bordeaux :

### Cartel n° 17 Musée d'Aquitaine à Bordeaux

**À la fin du XVIIIe siècle, Bordeaux est le premier port colonial de la France. Bordeaux transporte vers les Antilles en ligne directe ou « en droiture » des passagers et des produits aquitains qui sont échangés contre des denrées coloniales redistribuées ensuite dans toute l'Europe. L'enrichissement de la ville repose plus sur la production des denrées produites par des personnes réduites en esclavage que sur la traite elle-même.**

**La traite connaît pourtant à Bordeaux un essor assez considérable à partir de 1776 tout en s'intensifiant à partir de 1780 avec l'achat de captifs au Mozambique[8]. Il s'agit de répondre toujours plus à la demande de main-d'œuvre nouvelle dans les colonies. La traite bordelaise est à l'origine de la déportation de 120 000 à 150 000 captifs africains qui assurent notamment le développement de Saint-Domingue.**

Les membres de la Commission mauricienne relatent dans le Rapport de la T.J.C « [avoir] également travaillé en France sur les archives du Ministère de la marine, en

---

[7] Mémoires de la Société des antiquaires de l'Ouest, 4e série, 1960, t.4 pages 25 et 26.
[8] Telle l'expédition négrière de l'armateur Jean Louis Baux qui avec Jean Étienne Balguerie sous la raison sociale Baux Balguerie et Cie fit partir les navires *Le Chasseur* et *La Nélée* de Bordeaux pour le Mozambique pour ramener 730 esclaves à Saint-Domingue, et projetant six autres expéditions du même type entre 1789 et 1792, Gilles Forster, ouvrage collectif Les Huguenots de l'Atlantique, page 535.

particulier la série J J. Cette série J J contient les archives du dépôt des cartes et plans et aussi celles du service de l'hydrographie. Elle se rapporte à l'époque pré et postrévolutionnaire ». « La sous série 4 J J Marine renferme les données les plus complètes sur les expéditions négrières à destination de l'île Maurice, du Mozambique et de l'océan indien ». Selon la description qui est donnée par les Archives Nationales, « Il importe de remarquer que la section antérieure à 1789 renferme non seulement des journaux de bâtiments de guerre, mais aussi un certain nombre de journaux de navires marchands, en particulier de vaisseaux de la Compagnie des Indes, et même quelques journaux de navires étrangers ».

In fine le nom de Samuel Demissy n'avait pas ressurgi du passé.

Richard B. Allen, aujourd'hui professeur d'Histoire au Framingham State College, dans le Massachusetts, est reconnu à ce jour comme l'un des spécialistes incontestés mondiaux de la recherche sur l'esclavage dans l'espace de l'océan indien[9]. L'équivalent de cinq années passées à Maurice ou en Angleterre, notamment aux archives de Kew, mais semble-t-il aucunement en France, ont été nécessaires à ce boursier pour achever son premier ouvrage : <u>Slaving Trading in the Indian Ocean</u> [10]. Ses contributions à partir des fonds français sont inexistantes. Cette lacune constitue un élément de fragilité pour apprécier le bien-fondé de travaux de recherches annoncés comme exhaustifs. La publication de son livre est intervenue postérieurement à la sortie du rapport de la Truth & Justice. Allen vient de faire éditer un livre de même veine sur les Seychelles[11] qui dépendaient administrativement de l'Isle de France.

Cet écrivain est d'avis que les chiffres publiés sur les mouvements d'esclaves ont été sous-estimés lors des travaux antérieurs. Ainsi Allen laisse planer le doute sur la complétude des travaux et l'exactitude des chiffres des recherches passées. Pourtant, loin de disposer des outils numériques contemporains, l'infatigable historien et

---

[9]Richard B. Allen, <u>European Slaving Trading in the Indian Ocean</u> Ohio University press 2014 Athens Ohio 45701. Richard B. Allen, <u>The Mascarene Slave-Trade and Labour Migration in the Indian Ocean during the Eighteenth and Nineteenth Centuries</u>, dans <u>The Structure of Slavery in Indian Ocean Africa and Asia</u>, ed. Gwyn Campbell (London: Frank Cass, 2004), page 41. These figures do not include an estimated 46,200–53,400 Malagasy exports toward the Mascarenes during the same period.

[10]Allen mentionne les lieux où il a conduit ses recherches: Over the years my research has been facilitated by the generous assistance of the staffs at the Mauritius Archives, the Mahmata Gandhi Institute, the Mauritius Chamber of Agriculture, the Carnegie Library in Curepipe, the Centre des Archives d'Outre-Mer (ANOM à Aix-en-Provence? Car les références d'Allen à ce centre d'archives sont squelettiques) the Public Record Office, the British Library, the India Office library, the United Society for the Propagation of Gospel, the school or Oriental and African Studies, the Library of the London school of Economics, the Library of the University of Illinois the Library of Congress, and the New York public Library ».

[11]<u>History of the Seychelles</u> Richard B. Allen, Department of History, Framingham State University https ://doi.org/10.1093/acrefore/9780190277734.013.1141

archiviste Mauricien Auguste Toussaint[12] qui y a passé sa vie a profondément exploré les Archives de Maurice, lesquelles sont loin d'être anémiques : 150 000 documents répartis sur trois kilomètres linéaires. Jean Marie Fillot a produit une thèse remarquable qui fait encore référence [13].

Hubert Gerbeau peut rejoindre le panthéon des chercheurs par sa remarquable étude intitulée L'océan indien n'est pas l'Atlantique. La traite illégale à Bourbon au XIX$^e$ siècle[14].

Allen dans le chapitre III de son livre Satisfying the Constant Demand of the French 1670-1810, page 66, incrimine les lacunes des travaux portant sur la période comprise entre 1735 et 1767 sur les aspects du commerce négrier étudiés par Philippe Haudrère dans son immense ouvrage sur la Compagnie des Indes.

Allen poursuit son analyse critique en confirmant certains propos d'Auguste Toussaint sur d'autres plans : La compilation des données est en elle-même frappée à Maurice par divers travers[15]. Les efforts des chercheurs sont entravés par un déficit de documents, lesquels ont été pulvérisés par les insectes, endommagés par les ouragans (les locaux des archives de Maurice ne seraient pas climatisés mais ventilés par des claustras), brûlés ou même volés pour faire disparaître toute relation d'ancestralité d'armateur ou de planteur négrier par certains descendants de colons français, ce qui ne seyait pas toujours lors de rencontres choisies en société[16].

Il apparaîtrait que la gestion du centre d'archives nationales à Maurice serait par certains aspects dans une situation chaotique. Ce sont les séries du Mauritius National Archives OB, OC (Compagnie des Indes et Administration royale), F (Régime des assemblées coloniales) et 80 qui seraient les plus affectées. Certains documents

---

[12] Richard B. Allen European Slaving Trading in the Indian Ocean page 66: Auguste Toussaint the foremost student of Mascarene maritime history largely **ignored slave trading** in his extensive body of work on late eighteenth century and early nineteenth century **French trade**. The one exception is his La route des Iles published in 1967 in which he tallied a total of 515 slaving voyages to the Mascareignes between 1773 and 1810.ate eighteenth century-and early nineteenth century French trade commerce and privateering in the region La route des îles- Contribution à l'histoire maritime des Mascareignes.

[13] Filliot, Jean-Michel. O.R.S.T.O.M. [Office de la recherche scientifique et technique outre-mer]. Paris, 1974 thèse 3$^e$ cycle : histoire : Paris-Sorbonne : 1970. La traite des esclaves vers les Mascareignes.

[14] Hubert Gerbeau : Outres-Mers, Revue d'histoire, année 2002, pages 79 à 108.

[15] Richard B. Allen. European Slaving Trading in the Indian Ocean page 66: While information on French slaving in the Indian Ocean becomes more abundant after 1767 these sources have their own limitations. The Mauritius National Archives have suffered over the years from the officially sanctioned destruction of documents during the nineteenth century and the loss of others since then because of neglect, insect predation and the damage wrought by cyclones and the island's climate. Much of the eighteenth century Réunion archival record has been lost. Et ibid. page 7: the data on French slave trading in the Indian Ocean can be equally elusive especially during the mid-eighteenth century.

[16] Allen, "The Mascarene Slave-Trade," 41. The illegal Mauritian trade ended circa 1826, while references to the illegal Réunionnais trade disappear from the archival record circa 1833. For a fuller account of the clandestine Mascarene trade, see Allen, European Slave Trading, 141–178.

ont été néanmoins traités pour numérisation. Selon le rapport de Thomas Vernet T.J.C, vol 4 : part X – <u>Preserving the nation's memory – Sauvegarde du patrimoine documentaire dans les années 1960</u>, une première collaboration s'est nouée avec la France pour le microfilmage des fonds de la période coloniale. En 1972, la société ONE (Organisation Normale des Entreprises), directeur : M. Joseph Lucien Maujean, fut chargée du microfilmage des actes d'état-civil de l'époque française. En 1996, la France aida encore au microfilmage d'autres documents de l'époque française. Par bonheur, les microfilms sont aussi conservés en double au CAOM d'Aix-en-Provence (ANOM) et un certain nombre sont accessibles en ligne [17]. En 2012, on constata que l'on avait perdu trace des doubles offerts par la France à Maurice. Tout est possible, car des descendants des créoles français mauriciens ont le souci d'être les plus discrets possibles sur la période française. De même, des archives sans doute de grande valeur ont été achetées par la Mauritius Commercial Bank, laquelle a refusé d'en donner accès aux chercheurs de la Truth & Justice Commission malgré une injonction légale.

La France se révèle être un pays exceptionnel pour avoir commencé très tôt l'archivage des documents publics ou privés en répartissant le risque de perte ou de destruction entre les colonies et la métropole.
Stéphane Sinclair écrit : « La création à Versailles du Dépôt des chartes des colonies [Dépôt des papiers publics des colonies, plus communément appelé DPPC] auprès du bureau des Archives de la Marine et des Colonies (Édit royal de juin 1776) modifie fondamentalement la gestion et la conservation des actes officiels : l'administration locale a désormais l'obligation d'y faire déposer les actes civils et administratifs principaux (état-civil arrêts et jugements des tribunaux coloniaux, hypothèques etc.). Le Dépôt des chartes des colonies délivre des copies d'actes aux intéressés sur présentation de justificatifs[18] ». Auparavant Rochefort en fut la destination pour celles du Canada[19]. Le nouveau régime applicable aux Archives des colonies mis en place en 1776 organisa le versement des documents antérieurs pour les personnes qui en éprouvaient la nécessité[20].

---

[17] L'état civil, tenu sur place en double exemplaire comme en métropole (l'original pour la commune de naissance, la copie pour le tribunal de grande instance) fut donc également conservé sous forme de troisième exemplaire (triplicata) par cette institution. C'est cet exemplaire que conservent et mettent en ligne les Archives nationales d'outre-mer (Source ANOM).

[18] Extrait du volume 4 de la TJC ; Sauvegarde du patrimoine documentaire de l'île Maurice Stéphane Sinclair Archiviste paléographe ((École nationale des Chartes, 1988) Consultant Spécial- Comité du Patrimoine.

[19] Dépôt des archives des colonies à Rochefort – Délai des déclarations à faire pour les papiers du Canada : arrêt du Conseil d'État du 5 janvier 1764.

[20] Louis par la grâce de Dieu Roi de France et de Navarre à tous présents et à venir, Salut : Les papiers publics des colonies françaises de l'Amérique de l'Afrique et de l'Asie, ont été de tous temps exposés par

La mise en place se fit avec délai : Nicolas de Calmon, greffier du Conseil provincial de Chandernagor certifia la réception de l'Édit le 28 mai 1777.

Sinclair ajoute : « Des archives de la Compagnie des Indes orientales (1719-1763), il ne reste pratiquement rien et ce qui subsiste se trouve dans les archives françaises : Les administrateurs repartaient souvent en Métropole avec des documents afin d'aider à leur avancement et de plaider leur action. L'archivage des documents d'administration locale ne faisait pas l'objet d'une fonction bien définie, étant assurée par le greffier du Conseil provincial (devenu le Conseil provincial en 1734, déplacé à l'Isle de France en 1735)[21] ».

Cependant en annexe d'un répertoire publié par les Archives départementales de La Réunion, « Classement et inventaire du fonds de la Compagnie des Indes (Série C°) 1665-1767 » par Albert Lougnon, docteur ès-Lettres, figure un classement et un inventaire du fonds de la Compagnie des Indes des archives de l'Île de France (1728-1767), écrit par A. Toussaint : OA 96, 97 etc. s'étendant jusqu'au 9 août 1767 et mentionnant les minutes des notaires de cette période, et même pour celles de Jean Lousteau, notaire à Port-Louis jusqu'en 1785 dont les doubles se trouvent à Aix-en-Provence.

Bien que l'on puisse regretter les injures du temps faites à un grand nombre d'archives, leur disparition n'affecte en rien la possibilité de conduire des recherches approfondies sur Samuel Demissy, car les lacunes se constatent principalement avant

---

l'effet du climat à plusieurs causes de destruction. Les actes d'une génération se conservent à peine sans être altérés pour la génération suivante et l'état-civil comme les propriétés de ceux de nos sujets qui habitent ces pays se trouvent sans cesse compromis. L'inutilité des moyens essayés jusqu'à ce jour sur les lieux, pour conserver les titres qui intéressent essentiellement le repos et la sûreté des familles ne nous laisse de ressource que dans l'établissement en France d'un dépôt où seront apportées des expéditions légales et authentique tant des registres de baptême mariage et sépultures que de tous actes judiciaires et extrajudiciaires [...].

Art. I<sup>er</sup>. Il sera établi à Versailles, pour la conservation et sûreté des papiers publics de nos colonies, un dépôt sous le nom de Dépôt des Chartes des colonies [...].

VII. Les parties intéressées à des actes, jugements ou arrêts de dates antérieures du présent Édit, pourront pour leur sûreté, remettre à leurs frais aux greffiers, des conseils supérieurs ou des juges des lieux des expéditions desdits acte jugements ou arrêts, signées et collationnées par les notaires ou greffiers dépositaires des minutes.

VI. Les officiers des classes dans les colonies françaises feront incessamment un relevé des passagers arrivés en France ou autres lieux et de ceux qui seront partis desdites colonies depuis l'année 1749 inclusivement autant que l'état des registres tenus et des rôles d'équipages expédiés au bureau jusqu'à ce jour pourra le permettre. Il sera pareillement adressé par le secrétaire d'État ayant le département de la Marine des ordres aux officiers des classes des ports où se font les embarquements pour les colonies de faire un relevé par année depuis et compris 1749 des rôles d'équipage en ce qui concerne seulement les passagers qui sont portés soit en allant soit en revenant [...]. Donné à Versailles au mois de juin l'an de grâce 1776 et IIe de notre règne le troisième, le troisième. Signé Louis.

[21] T.J.C page 726 2.1.1.2 Rétablissement de l'autorité du roi de France 2.1.1.1 Compagnie des Indes.

l'année 1769, c'est-à-dire à une époque où le régime des actes publics ou privés dépendait de l'application des règlements de la Compagnie des Indes. Or le jeune Demissy arrivant de La Rochelle, ne débarqua à Port-Louis qu'au printemps 1771. L'Isle de France avait été rachetée par le roi et reprise en mains administrativement.

On ajoutera que nombre d'éléments pourraient provenir d'une exploitation plus approfondie des fonds des Archives nationales, des archives départementales (Lorient et Vannes) peut-être Brest. Celles de La Rochelle qu'elles soient municipales, départementales lesquelles sont presque toutes numérisées. La Médiathèque Michel Crépeau (fonds patrimonial) est aussi riche de documents[22].

Il est prouvé que les efforts soutenus paient. Même si l'intitulé de l'ouvrage dont le titre est donné ci-après peut laisser penser qu'il s'agit d'une énième recherche centrée sur l'historique de l'esclavage dans l'océan indien : Creating the Creole Island Slavery in Eighteenth slavery Mauritius,[23] son auteur Mrs Megan Vaughan aujourd'hui membre de la British Academy et de la Royal Historical Society s'est appuyée sur les ressources de l'ANOM, ce qui la distingue des historiens comme Allen et de bien d'autres. Cette auteure nous livre une œuvre exceptionnellement documentée sur les périodes de la Compagnie des Indes et de la cession de l'île au roi, dont un chapitre III Enlightenment Colonialism and its limits où est retracée la folle aventure de l'ancien officier au régiment d'Artois du roi passé à l'Isle de France en 1771, Paul Pierre de La Bauve D'Arifat avec lequel Samuel Demissy fut associé dans une société de commerce.

En juin 2023, parut un ouvrage de grand intérêt, produit de recherches approfondies, modifiant la perception que l'on a pu avoir jusqu'ici de l'impact du privilège de la Nouvelle Compagnie des Indes (1785) sur le commerce des particuliers avec les possessions françaises de l'océan indien : Elizabeth Cross, Company Politics, Commerce, Scandal, and French Visions of Indian Empire in the Revolutionary Era ;

---

[22] On ajoutera que les legs du Docteur Marcel Chatillon (1925-2003 et de Jean-Claude Nardin à la Bibliothèque Mazarine se rapportant aux Antilles et donc à l'esclavage font rarement l'objet d'un recours par les Historiens qui pourraient-là compléter leurs propos.

[23] Megan Vaughan, Creating the Creole Island: Slavery in Eighteenth-Century Mauritius (Durham, NC : Duke University Press, 2005). Colonies COL C4 correspondance à l'arrivée, Île de France, Référence exacte : FR ANOM/COL C4 Archives Nationales d'Outre-Mer, Aix-en-Provence (manuscrits originaux), - Archives Nationales, Paris (microfilms) Contenu : 153 volumes, 1714-1810 : « Cette série constitue, de très loin, le plus important fond d'archives portant sur la colonie de l'Île de France depuis sa création jusqu'à la conquête britannique. La traite des esclaves, et plus encore la place de l'esclavage dans la colonie, y sont l'objet de mention innombrables tant les administrateurs et les milieux économiques de la colonie sont concernés par la question de la main-d'œuvre servile. La richesse évidente de ce fond pourrait laisser croire qu'il a été largement exploité par les historiens. Il n'en est rien. A de rares exceptions tels les travaux de Megan Vaughan, très peu de spécialistes se sont attachés à l'utiliser à sa juste valeur, voire à s'y intéresser d'une façon ou d'une autre. On ne peut cependant en être totalement surpris tant les recherches approfondies sur la vie de la colonie durant la période française sont restées- étrangement- peu nombreuses ».

## Samuel de Missy (1755-1820), armateur rochelais sur l'océan indien

Oxford University Press 2023. Par le croisement des sources de nos archives coloniales, nationales, des Affaires étrangères, de la Chambre de commerce de Marseille, de Pondichéry, avec celles conservées à Londres, voire aux États-Unis, une autre vision de la dynamique du commerce dans l'océan indien apparaît désormais.

*Actor incubit probatio* : Que ceux qui affirment que Samuel Pierre David Joseph Demissy était un planteur et qu'il était un acteur direct ou indirect par le commerce de la traite négrière le prouvent. Qu'ils commencent par explorer les kilomètres d'archives des colonies soigneusement conservées aux Archives nationales et aux ANOM et se plier aux contraintes de consultation de ce second centre d'archives (9 h à 16 h 50, interruption pendant les heures de déjeuner, quotas, aucune pré-réservation de cote par Internet possible). Cet effort nous l'avons fait : recherches entreprises aux Archives nationales d'Outre-mer d'Aix-en-Provence en février 2023 plus particulièrement dans les minutes de Le Roux de Cinq Noyers à Port-Louis[24]. Ses actes mentionnent parfois qu'ils sont signés en *duplicata* conformément à l'Édit du roi de juin 1776, et c'est pour cela que l'on peut les consulter à Aix.

En tout état de cause, nul besoin de démontrer que des érudits peuvent mener des recherches historiques et biographiques. Prenons l'exemple de Max Guéroult, officier de Marine et archéologue sous-marin, qui n'hésita pas pour mener à bien son ouvrage sur les esclaves oubliés de Tromelin [25]duquel est tiré le merveilleux roman de la Lorientaise Irène Frain « Les Naufragés de Tromelin », à consulter toute la documentation possible, non seulement en France : Archives nationales Marine et Colonies, celles d'Aix-en-Provence (ANOM), archives départementales des Pyrénées Atlantiques, celles du Morbihan (Vannes), mais aussi celles de l'île Maurice et enfin celles de la British Library à Kew.

La mise en cause directe de Samuel Demissy pour fait d'expéditions négrières conduites sur l'océan indien constituerait une singularité pour apprécier l'historique de l'armement rochelais. Le rapport de la Truth & Justice, volume 4 éclaire, est péremptoire : « *Bien que la Rochelle soit le second port négrier français en nombre de voyages, les Rochelais n'ont quasiment pas armé pour l'océan indien, et en particulier*

---

[24] ANOM 7 DPPC 8357 à 8367.
[25] Gazette de Leyde 10 août 1777 508/836 : « La corvette du roi, *Le Dauphin* commandée par Jacques Marie Boudin de Tromelin, chevalier de La Nuguy partie de Port-Louis le 25 novembre 1776, destinée à reconnaître l'Isle aux Sables & à y prendre des Noirs qui y avaient été vus précédemment par plusieurs bâtiments est de retour de cette mission. Le 28 au coucher du soleil, on aperçut l'île et le 29 le temps était très beau & presque calme. M. Le Page officier de la corvette fut envoyé avec une chaloupe & une pirogue à l'ouest de l'île d'où il ramena à bord de la corvette sept négresses et un négrillon âgé de huit mois qui étaient les seules personnes subsistantes dans l'île. Elles étaient sur l'île depuis le naufrage de *L'Utile* ». Deux femmes furent baptisées par l'Intendant, Eve et Dauphine et l'enfant Jacques Moïse.

*pour la traite* ». Les neuf navires de Samuel Demissy partis de La Rochelle pour l'Isle de France n'ont fait que du commerce de marchandises[26].

Samuel Demissy aurait-il été néanmoins traitant pendant son séjour à l'Isle de France ? Il faut répondre par la négative, Jean Mettas qui n'a fait que reprendre les données figurant dans La Route des Îles d'Auguste Toussaint ne recense qu'un départ pour la traite îlienne pour la période où Samuel Demissy y résida : En 1778, *L'Abyssinie*, de 150 tonneaux, armée par Pichard et s'étant rendue à Mombassa.

Mais, il faut ajouter *La Samaritaine*, capitaine Joseph Herpin, navire de 180 tonneaux, probablement originaire de Sète [Mettas, op.cit.II, I 3329] dans lequel pourrait avoir été intéressé Joachim de Baussay. Le navire partit de l'Isle de France en 1783. Il sillonna l'océan indien au moins jusqu'en 1786. La cargaison tant en Noirs chargés à Quiloa (Kilwa) qu'en marchandises, essuya une tempête. Le récit du naufrage survenu en mars 1786 fut signé par Herpin, Dupuy, Garet, C. Lecourt et Cauta devant Saulnier de Monduy, lieutenant de vaisseau au Cap de Bonne-Espérance. Une police fut conclue à La Rochelle le 21 avril 1786, enregistrée le 25. L'indemnisation du risque évalué à 240 000 livres de la colonie de l'Isle de France posa problème[27].

Entre 1785, année où la Compagnie des Indes autorisa sous conditions la traite, et le début de la Révolution, le nombre de navires partis de La Rochelle dans ce but précis pour l'Isle de France fut modeste.

Voici hors les mouvements des navires de Samuel de Missy, les vaisseaux, traitants ou non, qui se rendirent à l'Isle de France ou dans l'océan indien entre 1785 et 1792 depuis La Rochelle[28].

---

[26]Aucun de ces navires armés par Samuel de Missy pour l'Isle de France et en dernier lieu pour l'Inde n'a fait la traite : *L'Espiègle* parti en mai 1785, *Le Neptune* en octobre 1785, *L'Atlas* en mai 1786, *Le Neptune* en mai 1787, *Le Capitaine Cook* en décembre 1787, *Le Nautile en juin 1788*, *Le Neptune* en août 1788, *Le Henry Quatre* en mai 1789, *Le Henry Quatre* en mai 1791.

[27]Voir Joseph Crassous de Médeuil 1741-1793- Marchand, officier de la Marine royale et négrier Ramon Damon, Khartala, page 127. AD/17, 41 ETP 34, vue 119/309 et f°204, vue 205/309, 21 avril 1786.

[28]Avant 1795, il faut mentionner l'expédition du *Bonhomme Richard*, de 650 tonneaux, armateur Jean Lanusse, capitaine Quesnet, sans intention de traite, parti de Rochefort, venir à La Rochelle, de là aller au Cap de Bonne-Espérance puis s'il le juge à propos aller dans toutes les mers des Indes, puis revenir à La Rochelle [Police sur effets et marchandises, AD/17, 41 ETP 31, f° 73, vue 76/312, départ le 9 mai 1783 et sans doute reporté au 7 juin, montant assuré 76 500 livres]. Les autres navires sont les suivants : En 1781, *Le Baron de Montmorency*, 263 tonneaux, capitaine Crassous, armateur Jean Bourrillon, *L'Indien*, 40 tonneaux, capitaine Vernet, et *Le Mars*, 300 tonneaux, armateurs Meschinet de Richemond et Jean Jacques Garnault – En 1782, *La Créole*, 80 tonneaux, capitaine Jean Robin, armateurs Fleuriau frères et Pierre Thouron – En 1783, *L'Heureux*, 140 tonneaux, capitaine Kat, armateur Jean-Baptiste Nairac, *La Johanna-Cécilia*, de 260 tonneaux, navire de Trieste, armateurs Meschinet de Richemond et Jean Jacques Garnault, *La Jolie Henriette de Ribeaucourt*, de 700 tonneaux navire de Trieste, armateurs Emmanuel et Nicolas Weis

*La Revanche,* de 250 tonneaux, soumission du 19 février 1788, armateur Pierre Thouron, avec un chargement de marchandises permises, capitaine Jean Robin[29]. Toussaint dans La Route des Îles précise que ce navire qui venait de Bordeaux dont il confirme la jauge de 250 tonneaux, mouilla le 23 août 1788 à Port-Louis. Il ne semble pas, pour cette campagne que ce navire ait fait la traite. En 1788 Samuel Demissy y possédait un intérêt de 1/28$^e$, comme l'indique une mention portée sur la police sur navire et cargaison datée du 28 février enregistrée le même jour. Les risques furent couverts à son profit pour 10 000 livres pour un voyage de La Rochelle à l'Isle de France[30].

*La Revanche,* de 795 tonneaux[31], soumission du 1$^{er}$ mai 1790, et un départ le 18 mai 1790, non seulement pour l'Isle de France mais aussi pour la Côte du Mozambique.. La couverture des risques, armateur Thouron, capitaine Lucet, sur le navire pour destination de l'Isle de France avec escale possible à Saint-Sébastien fut admise pour 25 000 livres, signature et enregistrement 30 avril 1790 [32]. Toussaint dans La Route des Îles précise que ce brick, capitaine Jean Marie Lucet, mouilla le 6 novembre 1790 à Port-Louis. Il ne précise pas son tonnage. Le capitaine vendit les esclaves à Port-au-Prince.

*L'Alcyon,* de 406 tonneaux, soumission du 7 mai 1790, non seulement pour l'Isle de France mais aussi pour la Côte du Mozambique, armateur Pierre Thouron, capitaine Jacquelin Desplanes. Mettas, op.cit. 416/2338, écrit : Le navire traite dans le canal de Mozambique. « À la sortie le temps est affreux ». Il fait route vers le Cap de Bonne-Espérance. 70 Noirs meurent dans la traversée. Les autres se trouvaient dans un si mauvais état qu'il a été contraint de les vendre au Cap-de-Bonne-Espérance. L'armateur demanda qu'on ne l'oblige pas à rendre la prime [pour l'introduction des esclaves dans les colonies] de 40 livres par tonneau de jauge. Le navire retourne à l'Isle de France.

*La Bellone,* de 160 tonneaux, soumission du 26 juin 1790, armateur Jean-Baptiste La Roche, capitaine Jean Henri Knell, avec un chargement de marchandises permises[33]. Il ne semble pas, que ce navire ait participé à la traite.

*La Constante Adèle,* de 160 tonneaux, soumission du 1$^{er}$ mai 1792, armateur Jacques Thouron La Touche, avec un chargement de marchandises permises[34]. Il ne semble pas non plus que ce navire ait fait la traite.

---

et fils, capitaine Quenet – En 1784, *L'Insulaire,* 220 tonneaux, capitaine Jonathan Webb, armateur de Missy fils, et *Les Deux Mariés,* 300 tonneaux capitaine Daniel Savary, armateurs Fleuriau frères et Pierre Thouron.

[29] AD/17 B 259, f° 30, page 229, vue 462/505.
[30] AD/17, 41 ETP 24, vues 21 et 22/307.
[31] Jean Mettas dans son Répertoire 413/2435 s'interroge également sur cette contenance de 795 tonneaux.
[32] AD/17, 41 ETP 24, vue 77/307.
[33] AD/17 B 259, f° 43, page 242, verso, vue 488/505.
[34] AD/17 B 259, f° 51, page 250 verso, vue 505/505.

*L'Amitié* appartenant aux Rasteau, capitaine Hardy en 1794 fit aussi un parcours négrier associant l'Isle de France et la Côte d'Angole. En 1786, ce même navire, commandé par le capitaine Beltrémieux fit une traite triangulaire « classique » associant le Sénégal et Saint-Domingue

Toussaint dans La Route des îles mentionne ce navire attaché au port de La Rochelle nommé *L'Amitié* d'un port de 250 ou de 350 tonneaux. Il mouillait à Port-Louis le 11 août 1783. Une mention au Journal général de France n° 82 bis, supplément 8 juillet 1784, capitaine [Paul*] Hardy [époux de Marianne Pauline Seignette], confirme le retour de *L'Amitié* de la Côte d'Angole à La Rochelle. La police d'assurances sur navire signée le 5 avril et enregistrée le 16 avril 1784, confirme bien son appartenance à Étienne [et non Élisée] Isaac[35] et Jacques Rasteau pour un intérêt de 13/24$^e$. La garantie obtenue est de 24 000 livres pour retour de marchandises de l'Isle de France, via Bourbon à Lorient puis La Rochelle [36]. Un renvoi à la soumission à la date du 17 novembre 1786 donne à *L'Amitié* armé par les sieurs Étienne Isaac et Jacques Rasteau un port de 780 tonneaux. Le 20 décembre 1786, le navire est expédié de La Rochelle pour le Sénégal [37]. Il est commandé par Joseph Beltrémieux[38]. Il revient à La Rochelle le 25 septembre 1787 [Mettas op.cit. II 376/2398].

Une police d'assurance fut signée le 9 août 1787 par Jacques Guibert qui semble être le nouveau propriétaire. La valeur assurée du navire est de 28 000 livres pour que le navire aille à Bordeaux puis à l'Isle de France. Il est commandé par le capitaine Milleret[39].

Les armateurs de Bordeaux firent à partir de 1786 des expéditions en masse pour la Côte de Mozambique : *L'Oiseau,* armé par A. Cochon & Troplong & Cie (2 mars 1786), *L'Horizon* armé par Jean Balguerie (9 mars 1786), *Le Désir* ( 21 juin 1786) armé par Élie Dumas, *Le Paquebot de Bourbon* (23 juin 1786) armé par Jean-Baptiste Wuibert, *Le Triomphe* (23 octobre 1786) armé par Jean Jaulery, *Le Saint Denis* (6 décembre 1786), armé par Corbun. Le rythme des départs pour la côte de Mozambique fut soutenu jusqu'en 1792 et l'on y vit des armateurs comme Peyre & fils, par ailleurs commissionnaires de transport des marchandises en provenance des habitations de Saint-Domingue de la famille Harouard et de Meynard de Saint Michel, Henry Romberg Bapst & Cie, Gourrège, Cabarrus & fils, Journu frères, Baur Balguerie & Cie,

---

[35] Étienne Isaac a été baptisé le 19 avril 1752. Il est le fils de Pierre Isaac Rasteau †1781 et de Suzanne Belin, avant-dernier député du Commerce pour l'Aunis, avant Louis Torterue-Bonneau.

[36] AD/17 41 ETP 23, vues 87 et 88/305.

[37] AD/17 B 259, page 222, f°23, vue 448/505.

[38] On ajoutera car ce navire partit de Bordeaux et non de La Rochelle, *La Félicité*, de 750 tonneaux, qui quitta le Port de la Lune le 7 mars 1789 pour parvenir à l'Isle de France le 24 août 1789, et faire la traite à Quiloa (kilwa). L'armateur était le rochelais Quenet et le capitaine Beltrémieux [ Mettas, Répertoire volume II, 312/1748].

[39] AD/17, 41 ETP 24, f°4, vue 7/307.

Gabriel de Corolis, Camercasse, pour n'en citer que quelques-uns et s'y adonner avec assiduité[40].

On note qu'une police d'assurances sur effets et marchandises fut signée à La Rochelle pour couvrir les risques d'assurance sur effets et marchandises du navire bordelais *L'Horizon*, armé par Feger de La Touche & Gautier et frères, concernant une expédition partant de Bordeaux à la Côte de Mozambique [41].

Les développements ci-après abordent la problématique et la polémique créée par des auteurs contemporains ayant relevé deux participations financières de Samuel Demissy à des armements négriers opérés pour le premier par son cousin Samuel Pierre Meschinet de Richemond sur les Antilles avec *La Bonne Société* et pour le second par Fleuriau frères & Thouron sur Saint-Domingue avec *Le (Het) Kayserlick Zeepart* devenu *Le Bellecombe*. À l'unanimité, à partir de la mention du nom de Samuel Demissy fils figurant sur les documents, leur verdict est simple et sans appel : il est flashé, et démontré qu'il participa à la traite des Noirs [42]. Il convient d'éclairer ces faits.

### 7.2.- La participation au capital de *La Bonne Société*

Les manuscrits se rapportant à l'expédition désastreuse du navire négrier *La Bonne Société* sont conservés aux archives municipales de La Rochelle. Les historiens les consultent régulièrement. Ils en sont friands, car l'intérêt de ces documents réside dans la longue lettre d'instructions que les armateurs du navire *La Bonne Société* Samuel Pierre Meschinet de Richemond & Jean-Jacques Garnault avaient rédigée pour instruire le capitaine Gabriel David des modalités selon lesquelles il devait mener la campagne de traite en Afrique pour y acheter les captifs, puis les revendre à Saint-Domingue.

Une contribution exceptionnelle a été apportée par deux universitaires britanniques : Amanda Gregg, du Middlebury College et Anne Ruderman de la London School of Economics. Elle a été publiée dans la revue de la London School of Economics and Political Science, Economic History Working Papers, n° 333, sous le titre Cross-Cultural Trade and the Slave Ship the *Bonne Société* : Baskets of Goods, Diverse Sellers, and Time Pressure on the African Coast.

Si intéressante que soit cette analyse qui scrute les moindres détails de l'expédition de *La Bonne Société*, nous ne nous y référerons que marginalement. Car, ce qui nous

---

[40] Il suffit de se reporter au Répertoire des expéditions négrières françaises au XVIIIe siècle de Jean Mettas pour s'en persuader, Tome second, ports autres que Nantes [Bordeaux, La Rochelle, Isle de France].

[41] AD/17, 41 ETP 34, f°118, vue 123/309, montant assuré 20 000 livres, signée le 25 février 1786, enregistrée le 18 mars 1786.

[42] *La Bonne Société* : Commentaire dans BR 40 B de la Médiathèque Michel Crépeau se référant au document de AD/17 B 784.

importe est de connaître les raisons de la présence de Samuel Demissy dans le pool des personnes intéressés à l'armement du navire, une société de fait, celle qui a réuni les premiers fonds nécessaires afin de monter cette expédition négrière.

Il est clair que Samuel Demissy, juste à son premier retour de l'Isle de France en 1782 à La Rochelle, n'avait pas encore adhéré formellement aux valeurs morales qui firent de lui un ardent, malheureusement temporaire, défenseur des Amis des Noirs en 1789. Revenu avec des fonds de l'Isle de France, se considérait-il obligé de prêter de l'argent à ses proches. Samuel Pierre Meschinet de Richemond qui le sollicita, époux d'Henriette Boué[43] est son cousin. Demissy entre son retour de l'Isle de France et son second voyage pour cette destination fut parrain de leur enfant Samuel Louis, né le 10 juin 1783. Samuel Michel David Meschinet de Richemond père de Samuel Pierre, était l'époux d'Anne Élizabeth Demissy la sœur de Samuel Pierre Demissy père (septième génération). Même si la faillite de la société créée entre Samuel Michel David Meschinet de Richemond et de Samuel Pierre Demissy (père) avait eu des effets radicaux d'allégement sur la bourse ce jeune homme revenu de l'Isle de France pourvu abondamment de piastres, la solidarité familiale paraissait être un maître-mot. Car, jamais Samuel Demissy ne prêtera un sol à quiconque ou prendra une part d'assurance, *a fortiori* pour des tiers qui organisent la traite à La Rochelle ou ailleurs.

La préservation des relations familiales pouvait peser dans les prises de décisions. Qui, sinon De Richemond fils & Garnault l'aîné armèrent à partir de La Rochelle le navire *L'Indien* [44] pour le compte de Samuel Demissy qui se trouvait encore à l'Isle de France écrit Elsa Guery en 1997 dans son mémoire de maîtrise soutenu à Poitiers[45]. Ce navire quittera Port-Louis le 8 novembre 1781. On ne sait pas si Samuel Demissy réceptionna les marchandises amenées par *L'Indien,* car de son côté Auguste Toussaint, l'archiviste mauricien ne fait aucune mention de l'arrivée de *L'Indien* à Port-Louis à l'automne 1781.

Deux ans plus tard, De Richemond fils & Garnault sont les initiateurs de cette campagne de traite de *La Bonne Société*. Demissy qui participe au tour de table pour 6/96 en est un acteur médiat, comme le constructeur Le Page à La Rochelle, comme tous les corps de métiers liés à l'armement et au négoce, comme tous les producteurs d'articles de pacotille d'eau de vie etc. qui vont se trouver concernés dans le processus d'achat de captifs africains. Non, personne à La Rochelle en 1783 ne paraît s'arrêter à de quelconques considérations pour savoir si son argent ou le produit de son travail va participer au commerce de la traite.

---

[43]Les affaires en famille ne sont pas nécessairement les meilleures : Pierre Boué figura parmi les plus importants créanciers de la faillite de Samuel Pierre de Missy père et de Michel David Meschinet de Richemond : vingt-neuf mille quatre cent cinquante-quatre livres dix-sept sols.
[44] Soumission du 23 août 1781, AD/17 B 259, vue 347/505, f°173.
[45]Pierre Samuel Meschinet de Richemond : la vie d'un armateur rochelais au XVIIIème siècle (1740-1807) - mémoire de maîtrise / Elsa Guerry. AD/17, 69 J 71.

## Samuel de Missy (1755-1820), armateur rochelais sur l'océan indien

Samuel Pierre Meschinet de Richemond et Jean-Jacques Garnault l'aîné, étaient négociants notamment avec l'Europe du Nord, armateurs à destination de Saint-Domingue et des Mascareignes, raffineurs de sucre et pratiquaient la traite des Noirs. Le père de Jean-Jacques Garnault n'avait rien à voir avec le milieu marin. Il était orfèvre. Son autre fils, Henry Isaac était marchand horloger. Jean-Jacques Garnault en 1779 visita Brest pour acheter à la marine royale des bâtiments d'occasion. En 1782, il intervint pour le compte de P.B Robert pour retirer de MM. Albert et Jean Antoine Marie Borgnis Desbordes à Brest des sucres en pain raffinés venus par le navire *L'Ostende*.

Les deux négociants avaient armé *La Belle Henriette* de 180 tonneaux le 18 septembre 1780 pour Saint-Domingue. Samuel Pierre de Richemond et Jean-Jacques Garnault dit l'aîné se rendirent acquéreurs d'une maison et d'une raffinerie appartenant à Jean Thouard [46]. Samuel Pierre Meschinet de Richemond avant de se mettre en société, semble-t-il dès 1778 avec Jean Jacques Garnault était déjà armateur en son nom. Il avait armé en propre *Le Mars* de 250 tonneaux pour Saint-Domingue en 1778. Ce navire repartit en 1781 au nom des deux associés pour l'Isle de France. Par son deuxième mariage, aussi très facilitateur d'opérations de négoce réciproques, Samuel Pierre Meschinet de Richemond s'unit à Hambourg en 1768 à Henriette Boué fille de Pierre Boué. Parvenaient à la ville hanséatique les commandes de navires, de mâts et de bois pour Lorient ou Brest souvent pour le compte de la Compagnie des Indes. On dit qu'Hambourg vu naître ses premiers chantiers navals grâce à la venue des huguenots Boué.

Samuel Pierre de Richemond vendit en 1780 son navire *Le Zadig,* capitaine Laville, à Augustin Gerbier. Le 22 février 1783, Samuel Pierre de Richemond et Jean Jacques Garnault l'aîné chargèrent plusieurs marchandises pour le compte de Romberg et Cie négociant à Ostende sur le navire *Le Henry et Ferdinand de Bruxelles*. En 1784, Samuel Pierre de Richemond fit seul, charger sur le navire *De Goode Hoppe* pour le compte et les risques de Romberg et Cie deux cent unes pièces d'eau de vie [47]. Tout comme les Admirault, tout comme Samuel Demissy fils, ils seront pris modérément dans la faillite du banquier Louis Vincens en 1783 auquel recouraient nombre de négociants ou armateurs rochelais protestants qui se traduisit par une remise de 58 % des créances principales [48]. Mais la cause de leur déconfiture provint de la suspension de

---

[46] AD/17, 2C 1783, 2 mars 1781.
[47] AD/17, 2C 1784, 1780.
[48] AD/17 2 C 1787, procuration des deux au banquier Pierre Charles Lambert, rue Vieille-du-Temple près l'égout, pour représenter Samuel Pierre de Richemond et Jean-Jacques Garnault l'aîné à l'assemblée des créanciers.

la facilité que Pierre Charles Lambert[49] mettait à leur disposition, car lui-même était en difficulté financière[50]. Le banquier conclura un traité avec ses créanciers[51].

*La Bonne Société* était un brigantin de 300 tonneaux acheté le 16 mai 1783 à La Rochelle par Samuel Pierre de Richemond et Jean-Jacques Garnault l'aîné en association depuis le 28 juin 1781 sur la base de trente-six mille livres (trente-sept mille livres) à Cadieu négociant à Port-au-Prince, qui était aussi peut-être Receveur principal des droits de M. l'Amiral au Port-au-Prince et à Jean-Baptiste Gauthier négociant de Marseille, auteur par ailleurs d'un très estimé <u>Traité de commerce</u> écrit vers 1780. La première cession des parts d'intérêt fut partielle. Cadieu en conservait un tiers. Richemond et Garnault acquéraient le reste pour 24 666 livres 13 sols et 4 deniers. Le capitaine du navire, Gabriel David était muni d'une procuration de Cadieu pour en permettre le transfert devant les notaires rochelais. En avril 1783, Jean-Jacques Garnault se plaignait du travail qui restait encore à fournir :« *Nous travaillons en conséquence et beaucoup. Aussi La Bonne Société souffre. Il y a bien des choses qui pressent (...) point de bois pour finir les futailles, point de fer et mille autres articles à presser* » [Elsa Guery, op.cit.]. Les travaux de charpenterie furent terminés pour l'été, car la soumission de la *Bonne Société* fut acceptée par l'Amirauté le 3 juillet 1783[52].

Puis les intéressés au navire *La Bonne Société* furent réunis par Richemond & Garnault pour rassembler les fonds propres de l'expédition sur la base d'une valorisation de 330 000 livres. Ceci impliquait une nouvelle répartition des parts et modifiait la géographie initiale en faisant des nouveaux venus des acquéreurs des parts de Meschinet & Garnault, Cadieu conservant son tiers d'intérêt.

Le 5 juillet 1783, alors que Samuel Demissy n'avait pas encore formalisé son engagement, De Richemond & Garnault déclarèrent : «Nous soussignés

---

[49] En 1763, Pierre Charles Lambert est employé chez M. de Beaujon, receveur général des fermes à La Rochelle, demeurant rue Saint- Honoré, AN/ Y 4856 B.
[50] AD/17, E 446. 5 avril, clos le 12 août 1786, Traité entre MM. Samuel Pierre de Richemond & Jean Jacques Garnault & leurs créanciers : « Sur convocation de lettre circulaire et rassemblés à la maison de Jean Jacques Garnault, lesdits sieurs Samuel Pierre de Richemond et Jean Jacques Garnault ont représenté auxdits sieurs & créanciers qu'ayant eu un crédit chez le sieur Pierre Charles Lambert à Paris [épouse Suzanne Étiennette Morisset], il fut suspendu par des événements malheureux au mois d'août 1784. Qu'ayant fait l'examen de leurs affaires, ils en donnèrent communication à MM. leurs créanciers qui s'assemblèrent le 17 septembre suivant » [...]. Il fut convenu qu'ils demeureraient à la tête de leurs affaires avec leurs adjoints : Jean Perry, Dumoustier de Frédilly et Guibert [...]. Ils ont fourni à leurs créanciers deux répartitions de 15 % chacune. Les créanciers leur accordent le temps nécessaire pour le reste.
[51] AN/ Y 5448 A 5 décembre 1786, Homologation d'un contrat d'abandon.
[52] AD/ 17 B 259, f° 200, vue 206/312.

reconnaissons que chacun des sous-nommés et intéressés dans le navire & cargaison *La Bonne Société*, capitaine David armé par nous pour la côte d'Angole, comme suit, savoir : M. Cadieu, au Port-au-Prince pour 32/96,- M. [Charles Louis] Duperré, trésorier des Invalides, 13/96- MM. Fleuriau frères et Thouron 8/96- M. Demissy fils 6/96 [53], M. Baffiniac & Cie au Cap-Français 6/96- M. Bertrand à Saint-Malo 3/96- MM. Weis & fils de cette ville 3/96- M. Wilkens 3/96 - et nous, De Richemond & Garnault pour 22/96. Certifié & approuvé à la seconde ligne des intéressés les treize quatre-vingts seizièmes de M. Duperré (Charles Louis) ; À La Rochelle le 5 juillet 1783, De Richemond & Garnault.

Le 8 juillet 1783, Samuel Demissy acheta à De Richemond & Garnault des parts d'intérêt représentant 1/15 du total (6,66%), soit 20 000 livres. Il s'engagea à les payer par des billets, le premier au 1$^{er}$ mars 1786 pour 2 000, puis 3 000, 3 500, 2 400, 2 500 et 400, s'acquittant au comptant de 6 200 livres. Ce même jour le navire partit pour son expédition avec deux chirurgiens à bord : Pierre Gareau et Joseph Bossuet de Nantes.

Les marchandises à destination des intermédiaires africains comprenaient surtout des textiles en provenance de l'océan indien : guinées, indiennes, chasselas, bajutapeaux, neganepeaus, tapsels, coupis, korots, cochelis, fauttes, nicannés, chilas bayettes, pagnes de soie et aussi des fusils, de la poudre, des sabres, de l'eau-de-vie marchande et de l'eau-de-vie pure, des sacs de plomb, des barres de fer, des cannettes, des plats d'étain, des couteaux, des miroirs, des perles de verre ou d'émail utilisées pour la fabrication des colliers ou des bracelets de pacotille.

Il y eux deux polices enregistrées par Delaire l'aîné, secrétaire de la Chambre de commerce : celle garantie par les vingt-huit souscripteurs pour une valeur assurée de 88 000 livres et l'autre souscrite par De Richemond et Garnault auprès de la Compagnie de Nantes par l'intermédiaire de Pelletier Dudoyer & Carrier le 4 septembre 1783 couvrant un risque de 53 000 livres.

Une prime de six pour cent payable six mois après la terminaison de la campagne garantissait aussi la valeur des marchandises à hauteur de 120 600 * 120 % soit 145 300 livres [54]. Elle fut rédigée comme suit : *Police d'assurances sur marchandises et effets, Nous assureurs soussignés, promettons & nous obligeons envers vous, MM. De Richemond et Garnault d'assurer & assurons les sommes par chacun de nous ci-dessous déclarées sur la totalité des marchandises qui composent la cargaison de La Bonne Société qui nous est bien connue commandée par M. G. David [...], navire actuellement armé dans l'avant-port de cette ville d'où il se rendra dans nos rades où celles de nos environs pour y faire prendre son chargement, ensuite à la côte d'Angole en Guinée pour y faire la traite des Noirs en un ou plusieurs ports, de là aux îles de*

---

[53] Deveau dans La Traite Rochelaise, page 41.
[54] AD/17, ETP 31 f° 200, enregistré le 6 avril 1784, *La Bonne Société*.

*relâche, y faire de l'eau et rafraîchir ses Nègres & les porter ensuite à l'Amérique dans quel quartier que le capitaine jugera de faire sa vente* [...]. Montant de la prime 145 300 livres, souscrite en 29 signatures. Le nom de Demissy ne figure pas sur cette liste.

Le syndicat des souscripteurs des polices d'assurance concerna nombre d'intéressés dans les ports du Royaume et pratiquement tous les négociants de La Rochelle sauf Demissy : Compagnie d'assurance du Havre représentée par Garesché, MM. Le Bouvier et fils à Rouen, pour notre compte (Richemond et Garnault), Fleuriau frères & P. Thouron, Hermann Wilkens et Pierre Raboteau, Nicolas Schaff, Jean Perry, Ranjard père et fils & Cie, Le Fort, Jean Denis pour I.P, Legrix, Thouron l'aîné, Charles Ranson, Maubaillarcq pour lui et ami, Vivier pour la Chambre d'assurance de Nantes, Vivier, Nicolas Suidre pour le compte de MM. Quentin & Cie de Saint-Malo, Daniel Garesché pour MM. Foache Begouen Demeaux & Cie du Havre, pour M. Hermitte [ Raymond Mathieu] de Marseille, pour moi et ami, E Seignette pour compte de B & moi, Dumoustier de Frédilly, E. Joly, De Stockar & d'Ebertz, G. Souchet pour M.F Jacques Guibert pour H.L, Jacques Guibert pour moi et ami, Marc Antoine Lefebvre pour son compte, pour C.B et pour C.R, E & J Rasteau pour la Chambre d'assurances de Nantes à la direction de M. Rosier, Donnadieu,

*La Bonne Société* parvint à son lieu de traite situé à Louango en novembre 1783. La police d'assurances portant sur marchandises à acquérir « dans nos rades » et pouvant être substituées fut dressée le 30 mai 1783[55], mais seulement enregistrée le 6 avril 1784. *La Bonne Société* ne drainait pas moins de 29 souscripteurs. La valeur de chaque Noir serait indemnisable sur la base de 600 livres. Ceux qui seraient décédés, infirmes ou jetés dans la mer, pris sur le compte d'avaries.

L'expédition connut de graves difficultés, car les Noirs se révoltèrent en avril 1784 et l'obligea à mouiller à la Martinique pour se sauver et y rester car déclaré par expertise impropre à la navigation.

L'assurance refusa d'indemniser les souscripteurs estimant que les clauses de la police n'avaient pas été respectées. Une sentence de l'Amirauté du Fort-Saint-Pierre de la Martinique la condamna. Deux experts qui visitèrent le navire le 15 et 26 juillet 1784 estimèrent que la réparation coûterait plus cher que la valeur du navire. Un acte d'abandon fut envoyé aux assureurs en mars 1785. Conformément à la clause compromissoire contenue dans la police qui prohibait toute saisine d'un tribunal ou cour d'État, des arbitres furent nommés. Du côté des armateurs, Demissy fils fut nommé le 11 janvier 1786 et un règlement indemnitaire des deux primes payées par les assureurs de Nantes se fit le 15 mai 1786, de 8 305 livres 18 sols et 3 deniers

---

[55] AD/17, ETP 31 f° 200.

éclatés entre les intéressés au navire. Avec ses 6/96ᵉ Demissy reçut 396 livres 2 sols et 8 deniers.

Six ans plus tard, Samuel Demissy s'évertuait à récupérer la prime d'introduction des Noirs (Une lettre du 3 mai 1792 fait état d'une demande remontant à 7 ans). Il aurait dû être versé initialement 150 livres. Or les intéressés au navire *La Bonne Société* n'avaient été payés que 94 livres et 15 sols par tête de Noir introduite, soit 37 710 livres 10 sols ce qui correspondait à l'introduction de 400 Noirs. Samuel Demissy écrivait à l'administration qu'il restait 55 livres et 5 sols à recouvrer, soit 21 989 livres 10 sols sur la base d'un calcul portant sur 396 Noirs.

7.3.- La participation au capital du Het Kayserlick Zeepart

Le nom de Samuel Demissy figura aussi parmi les intéressés dans le navire *Le (Het) Kayserlick Zeepart* armé par Fleuriau frères & Thouron pour se rendre sur la côte d'Angole afin d'entreprendre une campagne de traite.

Jean-Michel Deveau, dans Le commerce rochelais face à la Révolution. Correspondance de Jean-Baptiste Nairac (1789- 1790), La Rochelle, Rumeur des Ages, page 100, publié en 1989, par la rédaction d'un commentaire ambigu, ne laisse entrevoir qu'une implication indirecte, jamais frontale, de Samuel Demissy dans la traite « dont le commerce lui est familier ». Son propos contient néanmoins un anachronisme, car l'évocation par l'auteur de parts d'armement forcément prises à son retour de l'Isle de France à La Rochelle apparaissent comme avoir précédé les campagnes familières qu'il aurait pu mener antérieurement de l'Isle de France sur la côte Mozambique, donc avant 1782. Au demeurant, les archives mauriciennes ne mentionnent aucune activité d'armement pour le commerce d'Inde en Inde qui aurait pu déraper en traite de sa part à partir de Port-Louis.

*Le (Het) Kayserlick Zeepart* était censé voyager sous la bannière d'Ostende[56], port franc des Pays-Bas méridionaux ressortissant au Saint-Empire. Son nom signifie en vieux flamand *Le Cheval de Mer impérial*, synonyme d'Hippocampe impérial.

Les parcours du *Het Kayserlick Zeepart* rebaptisé *Le Bellecombe* sont complexes à retracer en raison de cette dualité d'appellations.

---

[56]Installé lui-même à Ostende Frédéric Romberg qui ne possédait pas moins de 153 navires développa l'armement [https ://www.rtbf.be/article/le-commerce-des-esclaves-a-fait-la-fortune-de-ce-belge-au-18e-siecle-11070435] impérial à partir de 1780. Il s'établit en 1783 à Bordeaux d'où partirent de nombreux navires impériaux sous le nom de Henry Romberg Bapst reprise par Georg Christoph Bapst. Celle-ci arma à partir de 1785 plusieurs navires pour faire la traite sur la côte de Mozambique. Dans les années 81 et 82, nombre de polices d'assurance sur corps, mais aussi sur effets et marchandises prises à La Rochelle [AD/17, ETP 31 et 32], concernèrent des navires sous pavillon ostendais.

Les capitaines Jean Boulanger et Antoine Viault en prirent le commandement successivement.

Samuel Demissy porta intérêt seulement au *Bellecombe* à partir de 1784, année où il embarqua de nouveau à La Rochelle pour rejoindre les Mascareignes.

Les soumissions à l'Amirauté et les polices d'assurances de la Chambre de Commerce sont suffisamment nombreuses afin d'apprécier la mesure de cet engagement.

En 1782 *Le Zeepart* se dénommait déjà dans certains documents *Le Bellecombe*. Le conflit avec l'Angleterre touchait à sa fin et la protection du pavillon impérial devenait superflue. Dans le registre d'enregistrement des certificats de jauge des bâtiments de l'Amirauté de La Rochelle se trouve en date du 6 février la preuve que le billet de jauge délivré par le jaugeur juré fut produit par Boulanger le capitaine du navire *Bellecombe* de 300 tonneaux. Il prouva qu'il avait payé les droits [57].

Une contribution figurant dans <u>Rochefort et la mer : À la découverte de l'Afrique noire par les marins français (XVe-XIXe siècle)</u> - *Université francophone d'été, 1998, page 57,* laisse entendre que « *Le Zeepart* redevint le *Bellecombe* de La Rochelle, non pas en 1782 mais seulement en avril 1783 lorsque la nouvelle de la paix [avec l'Angleterre] parvint à Gabinde (Cabinda) où il chargeait 736 captifs », avant donc que les Portugais n'y établissent un fort en 1784 pour s'y réserver le commerce.

La configuration des ponts du *Zeepart impérial* fut probablement modifiée à La Rochelle par le chantier Lepage pour assurer des campagnes de traite sur l'Afrique : Achat du navire, renable ( ?) et mâture, mise à l'eau suivant le marché passé avec Page (Lepage) frères constructeurs : 66 000 livres dont détail : payé à MM. Page frères pour le surhaussement de la batterie, prolongation des gaillards etc. 3 000, payé 144 journées d'apprentis employés tous à la carène du navire : 677 livres 2 sols [58].

Une première soumission fut enregistrée à l'Amirauté de La Rochelle le 6 novembre 1782 pour le *(Het) Kayserlick Zeepart* de 350 tonneaux [en marge *: Le Zeepart de La Rochelle armateurs MM. Fleuriau frères et P.Thouron pour la côte d'Angole*], «*pour aller à la Côte d'or chargé de marchandises*», sans mentionner comme cela était la cas dans nombre d'autres soumissions « *pour faire la traite des Noirs* » et sans indiquer une destination finale telle Saint-Domingue ou la Martinique»[59]. Elle pourrait correspondre à l'expédition mentionnée plus haut dans les travaux de l'Université francophone d'été.

Un acte passé le 9 novembre 1782, atteste encore de la présence de ce navire de 300 ou 350 tonneaux à La Rochelle. Jean Boulanger et René Gabriel [Le Moël] de

---

[57] AD/17, B 245. f° 118, N° 201.

[58] Médiathèque Michel Crépeau MSS 2295, f° 55, Compte d'achat du *Zeepart impérial*, capitaine Boulanger expédié pour la côte d'Angole- 75 583 livres et 4 deniers, non daté, mais nous avançons celle de 1782.

[59] AD/17 B 259 6 novembre 1782, f° 182 verso, vue 366/505.

Kerfraval[60] capitaine et second capitaine du navire impérial Le Zeepart contractèrent une obligation à la grosse aventure avec le sieur Charles Valette négociant en cette ville pour employer en diverses marchandises [61].

Jean Mettas reconnaît bien cette première expédition sous ce nom dans son Répertoire des expéditions négrières françaises au XVIII<sup>e</sup> siècle [310/2332, capitaine Jean Boulanger, départ 27 novembre 1782 ou 28 janvier 1783, portant sur 725 Noirs vendus à la Martinique, retour à La Rochelle le 13 mars 1784.

En novembre 1783, le navire fut identifié et assuré sous le nom de Zeepart comme revenant d'un voyage de Saint-Domingue à La Rochelle, conduit par le capitaine Boulanger où furent chargées par MM. Mesnier & Chaudruc pour le compte d'Étienne Joly diverses marchandises, assurées pour 4 000 livres [62]. Plus d'un an s'était écoulé entre le départ et le retour. Il y avait eu largement le temps de faire une campagne de traite.

Par une police du 31 décembre 1783, Le Bellecombe ci-devant Le Zeeapart Impérial fut assuré pour ses marchandises et effets à savoir 1 200 piastres par Fleuriau frères &Thouron pour les risques allant du Cap-Français à La Rochelle[63].

En février 1784 Le Zeepart n'était pas encore revenu des Antilles à La Rochelle[64].

Peu après son retour, les armateurs Fleuriau frères et Thouron présentèrent une autre soumission le 24 juillet 1784 à l'Amirauté de La Rochelle[65] désignant un chargement de marchandises pour faire la traite des Noirs et permettre au Bellecombe d'aller à la côte d'Angole en Guinée sous le nouveau commandement du capitaine Antoine Viault.

Le (Het) Kayserlick Zeepart alias Le Bellecombe repartit donc de La Rochelle pour une seconde expédition sur l'Afrique pour faire la traite des Noirs le 2 août 1784[66]et revendre les captifs à Saint-Domingue.

Une police d'assurances fut dressée le 30 juin 1784 et enregistrée le 3 juillet 1784, à l'initiative de Fleuriau frères & Thouron, capitaine Antoine Viault, couvrant les risques sur « marchandises » dans un voyage destiné à la Côte d'Angole pour faire la

---

[60] On retrouve René Gabriel Le Moël de Kerfraval, commandant le navire L'Aurore armé par Dumoustier de Jarnac, parti de La Rochelle le 8 avril 1786 et le navire Les Trois Frères de 600 tonneaux dont le propriétaire et l'armateur était Nicolas Supiot aîné. Ce navire avait pour destination l'Afrique [AD/17, B 259, page 230, f° 31 recto, vue 464/505, soumission du 10 mars 1788]. Voir aussi : AD/17 41 ETP 34, f° 167, vue 173/309, expédition conduite par Kerfraval sur L'Aurore pour la rivière du Vieux Galbar, puis vente des captifs à Saint-Domingue

[61] AD/17, 2C 1786 n° 8 du neuf octobre 1782, Daviaud, notaire à La Rochelle.

[62] AD/17, 41 ETP 31 f° 143, police conclue le 12 novembre 1783, enregistrée le 14 novembre 1783.

[63] AD/17, 41 ETP 31, f° 154, 21 décembre 1783, réitéré par f° 174, 29 janvier 1784.

[64] AD/17, ETP 31 f° 174. Le Bellecombe capitaine Boulanger. Un chargement de piastres a été fait par le sieur Jallant, lieutenant dudit navire. Enregistré le 17 février 1784.

[65] AD/17, B 259, f° 200 verso- absence de mention en marge – vue 402/505.

[66] AD/17 41 ETP 23 f° 29 Fleuriau, et f°43 Garreau.

traite des Noirs et de là aller aux îles françaises de l'Amérique, valeur assurée 207 000 livres. La couverture du risque se terminait à terre avec la vente des Noirs. La part de Fleuriau frères & Thouron armateurs se montait à 54/64[67]. Cette part d'intérêt dans les marchandises s'avérait supérieure à celle déclarée le 20 juin 1784 pour réunir les fonds nécessaires au lancement de l'expédition (voir *infra*), ce qui pourrait laisser planer un doute de la part de certains intéressés sur l'orientation négrière donnée au voyage du *Bellecombe* par Fleuriau frères & Thouron.

Une autre police d'assurances portant sur les seuls risques que les marchandises chargées à La Rochelle destinées à la Côte d'Angole, pour servir à l'achat de captifs (valeur 700 livres, argent de France sans distinction de sexe ou d'âge) pouvaient courir fut signée le 2 août 1784 pour 11 500 livres. Fleuriau frères & Thouron y étaient de nouveau mentionnés pour un intérêt de 54/64. Venaient aussi au bénéfice de la police leurs intéressés[68].

Jean Mettas, n'a pas ignoré cette autre expédition dans son <u>Répertoire des expéditions négrières françaises au XVIIIᵉ siècle</u>. Le *Zeepart Impérial* est devenu le *Bellecombe* : 336/2358, arrivée à Malimbre (Malimba dans l'actuel Cameroun) octobre- départ février 1785 – Parvient au Cap-Français le 22 avril 1785 – 540 Noirs furent transportés - Retour à La Rochelle le 31 août 1785- durée de la campagne 12 mois et quatre semaines.

Cette campagne est de plus confirmée à la date susmentionnée de la soumission dans la <u>Revue de Saintonge et d'Aunis</u> article, signé E.G, volume 17, page 353, où il est fait état d'un armement du *Bellecombe* de 300 tonneaux pour Angola, capitaine A. Viault[69] le 24 juillet 1784, concomitamment avec le départ de la corvette *L'Alerte* de 16 tonneaux, mêmes armateurs, même destination, capitaine Le Moël de Kerfraval.

Une liste des intéressés à l'armement du *Bellecombe* sur l'Afrique fut établie en deux temps. En juin 1784, la répartition se fit sur la base de fractions de 1/ 64ᵉ. En juillet 1784 par suite de légères modifications des intéressés dans la répartition, les parts furent établies sur la base de 1/128ᵉ[70]. M. Deveau dans <u>La Traite rochelaise</u>, 6. *Les*

---

[67] AD/17, 41 ETP 32, f°60, vue 63/308.
[68] AD/17 41 ETP 32 f° 94, vue 98/308, 4 août 1784.
[69] La destinée de ce capitaine fut aussi celle d'un représentant de la Chambre de commerce, AD/17 41 ETP 220/6720 : Lettre par laquelle messieurs Rasteau, Viault et Admirault font connaître que l'abolition de la traite intéresse trop la ville de La Rochelle pour qu'ils ne s'en soient pas occupés : ils s'en sont entretenus avec quelques députés de l'Assemblée qui n'ont pas dissimulé "les affreux inconvénients" de cette mesure, mais qui ne doutent pas non plus qu'elle ne soit adoptée.
[70] Une déclaration du 20 juin 1784 de MM. Fleuriau frères et Thouron à l'occasion de l'expédition du *Bellecombe* pour la Guinée, navire chargé de différentes marchandises pour aller faire la traite des Noirs, capitaine Antoine [Raymond] Viault 350 (300) tonneaux, armé par Fleuriau frères et Pierre Thouron propriétaires du navire, indique qu'ils ont intéressé les sieurs Hippolyte (Henry) Romberg Bapst et Cie à Bordeaux, 2/64,- Giraud et Raimbaud de Nantes 2/ 64,- Étienne Joly, Benjamin Fleuriau, d'Ebertz, J.

## Samuel de Missy (1755-1820), armateur rochelais sur l'océan indien

*armateurs sont-ils esclavagistes ?* page 41, évoque un intérêt de 3/44 dans le *Zeepart* pour Samuel Demissy au lieu de 4/64$^e$ ou 8/128$^e$ dans *Le Bellecombe, soit 6,2 %* selon nos sources. Quel que soit la bonne fraction, il est évident que cette part d'intérêt n'avait pas vocation à conférer un droit majeur sur l'organisation de la campagne du navire.

Les dates d'établissement des deux listes des intéressés au *Bellecombe* coïncident avec un second départ de Samuel Demissy présumé en mai 1784 sur *L'Insulaire* de 220 tonneaux, ci-devant le *Duc d'York* pour l'Isle de France.

Dans cette liste des intéressés au *Bellecombe* figure Garreau, oublié majeur de la Municipalité de La Rochelle lors de la commémoration des vingt ans de la loi Taubira. On sait qu'en 1784, Samuel Demissy se rendit une nouvelle fois à l'Isle de France. Il n'est donc pas exclu que son père avec lequel il était en société ait décidé seul et arrangé cette prise de participation. Ce dernier avait été réhabilité à la fin de l'année 1782.

Samuel Demissy ne pouvait probablement pas répondre négativement aux sollicitations de MM. Fleuriau frères L.B et G. & Pierre Thouron. À l'Isle de France, Samuel Demissy avait représenté à distance les intérêts de ces négociants rochelais. Pour preuve, le 11 novembre 1782 fut établie, la soumission du navire *La Créole* de 85 tonneaux, armé par Pierre Thouron dont les marchandises furent consignées à M. Demissy son représentant à l'Isle de France [71] signée par Fleuriau frères et P. Thouron (mention maçonnique).

Le financement de l'expédition qui eut lieu probablement en 1784 montre que le compte d'achat armement, mise-hors, vivres & assurances du navire *Het Keyserlick Zeepart* capitaine Jean Boulanger expédié pour la côte d'Angole en Afrique, commissions comprises s'élevait à 436 000 livres [72]. Pour Samuel Demissy, il s'agissait d'un engagement de 26 000 livres, somme appréciable.

Rétrospectivement, on apprend par ailleurs qu'en 1782, Viault conduisit *Les Trois Cousins,* armé à Nantes le 15 septembre 1781 par MM. Fleuriau frères Louis Benjamin et G. & Pierre Thouron, avec un chargement d'effets pour le roi, lequel navire dans

---

Carayon, aîné, veuve Fleuriau chacun pour 2/ 64,- Garreau frères pour 1/64 Dumoutier de Fredilly 4/64, Demissy fils 4/64 (et non 3/44 comme l'écrit J.M Deveau dans La Traite rochelaise), Michel Poupet 3/64. Fleuriau frères et Thouron apparaissent pour 36/64. Un peu moins d'un mois plus tard, le 15 juillet 1784 la répartition entre les intéressés est légèrement modifiée : Demissy fils reste à 4/64, soit 8/128$^e$. Fleuriau frères et Thouron accroissent leur part de 36/64 (72/128) à 81/128 par la suite de la défection de Giraud et Rimbaud de Nantes (4/128) de la réduction des parts de Gabriel Thouron (1/128), de Stockart et d'Ebertz (1/128) de la veuve Fleuriau née Admirault (1/128), de Poupet(2/128) et de Hippolyte (Henry) Romberg Bapst. On note une participation nouvelle de 1/128 pour la veuve Graveraud. De même pour Rasteau. 4/128.

[71] AD/17, B 259 f°183 recto, vue 367/505.
[72] Médiathèque Michel Crépeau, MS 2295, fol. 55 à 61.

son compte de désarmement du 24 janvier 1785 fera mention d'un fret en retour du *Zeepart Imperial* de 8 316 14 1[73].

### 7.4.1- Samuel de Demissy, planteur

Il existe pour en décider, ni document prouvant que Samuel Demissy a eu une qualité de planteur, ni écrit l'infirmant. C'est tout simplement un procès à charge fait à sa mémoire où toute possibilité d'échange sur ce point avec la municipalité de La Rochelle et l'association locale Memoria a fait l'objet d'une fin de non-recevoir.

Reprenons le récit de sa venue à l'Isle de France. Débarquant à quinze ans du *Marquis de Narbonne* à Port-Louis avec peut-être, car la famille semble déjà avoir soucis financiers, quelques objets ou marchandises pour les revendre avec profit aux habitants de l'île et se constituer un fonds de caisse, la préoccupation première de Samuel Demissy n'était sans doute pas de développer une caféterie, ni une sucrerie. Saint-Domingue s'y prêtait beaucoup mieux. Où d'ailleurs aurait-il appris les rudiments de ces métiers ? Il était plus compétent en tant que marin que cultivateur.

Même sans fonds, il aurait été possible que le jeune Samuel Demissy puisse racheter la terre d'un colon qui fortune faite au moment de son arrivée voulait repartir pour la Métropole. Il l'aurait payée à terme, c'est à dire sur trois, cinq ans et même davantage, ce qui était de pratique courante. Mais, il n'existe aucune trace, ni aucune allusion dans les actes se rapportant aux affaires de Samuel Demissy à la possession d'habitations. Si tel avait été le cas, une ou plusieurs « habitations » se seraient situées sur l'Isle de France et à la rigueur sur celle de Bourbon, où fortune faite pendant son séjour à l'Isle de France, Samuel Demissy aurait réinvesti ses capitaux. La flexibilité de la colonie vis-à-vis des lois, laquelle venait d'être rendue par la Compagnie des Indes au roi, pourrait laisser penser qu'âgé de moins de vingt-cinq ans il aurait pu passer valablement une transaction devant notaire. Une émancipation faite par ses parents avant de s'embarquer le permettait peut-être.

Bien au contraire, nous savons grâce aux actes notariés de Leroux de Cinq Noyers conservés par l'ANOM, qui correspondent aux dernières années de séjour dans l'île que Samuel Demissy était seulement un citadin de Port-Louis, demeurant dans le quartier du port, à proximité des demeures d'autres négociants, et en mitoyenneté de celle de Paul Pierre D'Arifat. Au cas, comme peuvent le laisser penser certains historiens, où il aurait possédé une habitation à Saint-Domingue, son patronyme ne figure pas parmi les descendants des 12 000 ayants-droits qui ont été indemnisés par Charles X.

---

[73] Médiathèque Michel Crépeau, MSS 2297, fol. 153.

Samuel de Missy (1755-1820), armateur rochelais sur l'océan indien

7.5.-Samuel Demissy traitant à l'Isle de France ?
L'hypothèse mérite d'être débattue car elle est présumée par de nombreux historiens.

7.5.1.- Participation directe à la traite
On livrera au lecteur cette analyse magistrale de Rafaël Thiébaut, « Construire une base de données sur la traite des esclaves dans l'océan indien », Esclavages & Post-esclavages journals open edition, qui opère une distinction fondamentale entre la traite atlantique et la traite de l'*oceanus indicus*. « *La traite des esclaves dans l'océan indien présente des caractéristiques bien différentes de la traite transatlantique. Elle se démarque par la diversité des cargaisons : les esclaves ne constituaient qu'une partie de celle-ci, car Madagascar fournissait également une quantité importante de vivres (riz et bœufs, notamment). Elle se distingue en outre par la complexité des réseaux commerciaux multidirectionnels dans la zone. Ainsi, les lieux d'embarquement et de débarquement étaient les points de transit des esclaves quittant l'Afrique orientale pour être conduits aux Mascareignes en passant par Madagascar. La présence de marchands africains et asiatiques était ici très importante* ».

On qualifiait la traite de la Compagnie des Indes sur les côtes africaines de l'océan indien et à Madagascar de « volante », car elle ne s'accompagnait pas nécessairement d'installations locales qui pouvaient servir de relais.

Loin donc de notre part, d'ignorer qu'il existait à l'Isle de France comme à Saint-Domingue des habitations où étaient employés des esclaves jusqu'à leur épuisement final. Les Français se les procurèrent d'abord à Madagascar puis allèrent au Mozambique qui fut de loin préféré à l'île rouge à partir de 1770, même pour alimenter les lointaines colonies françaises d'Amérique. Les Mozambicains étaient préférés aux Malgaches, car plus productifs et moins rebelles. Ils étaient «de haute taille, beaux et bien proportionnés » et avaient la réputation de faire d'excellents esclaves. En 1769, on estimait le nombre total des asservis à 45 000. « Il y avait quatre espèces d'esclaves à l'Isle de France dont la variété était nécessaire pour la division qui règne heureusement entre ces castes et qui empêchait les conspirations si dangereuses pour les colonies et leurs habitants[74] ». Une arrivée de 1 400 par an est avancée par Pascal Briost dans Espaces maritimes au XVIII<sup>e</sup> siècle, page 112, Atlantide 1997.

Les captifs étaient amenés à Zanzibar, Quiloa, Ibio, à Madagascar ou Tamatave. Après négociations, ils étaient ensuite embarqués dans des bateaux négriers qui se rendaient à l'île Bourbon où les activités agricoles étaient développées. Les îles

---
[74] ANOM, COL-C4-25, 1769, Correspondance Îles de France et Bourbon, Conseil Supérieur.

organisèrent jusqu'à deux expéditions par an sur le Mozambique. Le navire *Le Breton* de Nantes stationna six mois dans les rades négrières du Mozambique. Puis à la fin du XVIIIe, il était de notoriété qu'à peu près tous les armateurs des îles expédièrent des navires pour la traite des Noirs, même encore à destination de Madagascar.

Dumas, gouverneur de l'Isle de France du 14 juillet 1767, au 27 novembre 1768 ne fut pas satisfait des esclaves ramenés de Madagascar ou du Mozambique [75], car à l'Isle de France un certain nombre d'esclaves était déjà affecté au service du roi. Il écrivait : « *Nous avons 5 à 600 noirs Guinées - Il serait facile de s'en pourvoir si on ordonnait au commandant de Gorée d'en avoir toujours cent à prêts à embarquer - sans cela obligation de traiter à Mozambique; traite coûteuse et toujours incertaine selon la disposition du gouverneur portugais - on ne peut employer les noirs de Madagascar dans le port à cause de la proximité avec leur patrie et danger qu'il y a à ce qu'ils enlèvent les embarcations - on peut les confier aux mozambiques mais ceux de Guinée valent infiniment mieux et coûteront bien moins au Roi* ».

Il y avait en effet à l'Isle de France une classe d'esclaves que l'on appelait « esclaves du roi » employés à la voirie ou aux travaux publics. Ils étaient logés, nourris par le gouvernement et en cas de maladie soignés par les officiers de santé. En cas de guerre, certains montaient sur les bâtiments du roi. Leur nombre avait été estimé par le gouverneur Bellecombe à 3 ou 4 000. Ils étaient parfois loués à des particuliers. Inversement, des planteurs tel Paul Pierre de La Bauve d'Arifat ami de Samuel Demissy « prêta » les siens lors des campagnes de Suffren contre les Anglais. Il semble que les plus méritants aient été affranchis et dotés de terres.

Le 2 janvier 1778, l'état des esclaves du roi à Port-Louis portait sur 3 084 individus répartis comme suit :
1 732 noirs, 765 négresses Les 765 négresses sont à peu près en état de travailler mais s'occupent de leurs enfants, 349 négrillons, 238 négrittes 349 négrillons et 238 négrittes également jusqu'à 9 à 10 ans ne sont pas employés
Sur les 3 084 têtes de noirs, il y a 381 qui sont infirmes ou hors de service.

Le 30 septembre 1781, la traite négrière pour Madagascar fit l'objet d'une adjudication en faveur d'Oury & Le Roux de Kermoseven. Mais le contrat fut dénoncé en 1783. En 1787, on constatait que les habitants de l'Isle de France pouvaient faire la traite partout à Madagascar. Comment ne pas penser que Samuel Demissy ait pu faire des petites expéditions de traite pendant son séjour de 1771 à 1782 à l'Isle de France, malgré la prohibition du gouverneur et de l'intendant ?

---

[75] ANOM- COL –C4-17, 1767 Correspondance générale, M. Dumas, Truth & Justice vol 4.

# Samuel de Missy (1755-1820), armateur rochelais sur l'océan indien

Tous les schémas de traite pouvaient être imaginés et d'autant plus que les navires créoles par leurs dimensions modestes pouvaient faire ce trafic de manière discrète. Mais, on n'improvisait pas dans un tel commerce. En ce qui concerne celui de Madagascar, celui qui était à portée de mains des créoles, Rafael Thiébaut, dans Chronique de l'histoire maritime publication de la société française d'histoire maritime n° 78 juin 2020 – Traite des esclaves et commerce néerlandais et français à Madagascar ( XVIIᵉ et XVIIIᵉ siècles), pages 47 et 48, le rappelle : « *En réalité l'achat des esclaves était une activité chronophage qui demandait beaucoup de patience et une stratégie bien développée* ». Il souligne : « *Les interactions entre Malgaches et Européens sont beaucoup plus que des simples échanges commerciaux. Les Européens trouvent à Madagascar des situations politiques compliquées et ils doivent se fier à des intermédiaires locaux afin de pouvoir exercer le moindre commerce. De leur côté pour les souverains malgaches les relations commerciales avec les Européens sont à la base de leur pouvoir économique et donc politique* ».

Les recherches extensives d'Auguste Toussaint menées à partir des registres de la Cour royale de Port-Louis puis de l'Amirauté, permettent de certifier qu'aucun navire armé par Samuel Demissy n'a eu pour destination négrière Madagascar ou le Mozambique.

Rares sont déjà les navires mentionnés par Auguste Toussaint ayant effectué des expéditions au long cours incorporant des opérations de traite et ayant été recensés dans les registres de Port-Louis. L'historien mauricien dans son ouvrage La Route des Îles, S.E.P.V.E.N Contribution à l'Histoire maritime des Mascareignes, armements au long cours 1773[76]- 1810, examen que nous arrêterons en 1782 année de retour de Samuel Demissy à La Rochelle, ne mentionne que trois navires ayant cette qualification : *Le Boynes*, 21 septembre 1774, capitaine Michel, Saint-Malo, *L'Espérance,* parti de Lorient le 5 mai 1774 et arrivé à Port-Louis le 19 septembre 1774, capitaine Jean Robineau (Robinot) des Moulières, armé par Foucauld de Lorient et *La Bouffone* 16 novembre 1776, capitaine Deschiens de Kerulvay.

Ces données n'incorporent pas les mouvements de cabotage des négociants îliens qui pouvaient accompagner leur commerce d'Inde en Inde d'un chargement léger d'esclaves. Aussi se faut-il pencher sur l'histoire locale de l'esclavage. Soixante-douze négociants étaient recensés à Port-Louis dans le dernier quart du XVIIIᵉ siècle. Le Rapport de la Truth & Justice Commission nomme ceux qui étaient concernés par les traites négrières. Il se réfère aux travaux d'Allen : Closnard, Cloupet, Collique, Drieux,

---

[76]L'Amirauté était une cour ou un tribunal institué en France en 1681 pour décider de toutes les questions d'intérêt maritime. À l'Isle de France ses pouvoirs furent d'abord dévolus à la Cour de juridiction royale instituée en 1773.Elle gérait à partir de 1773 les déclarations d'arrivées, les congés de navigation, le registre des actes de grosse, les polices d'assurances et autres contrats maritimes, les listes de passagers arrivés et partis, les rôles d'équipage de navires de l'état et des particuliers, Documents divers sur la guerre de course série OB, OC et F des Archives de Mauritius.

Geoffriou, De La Rochelle (de La Rochette ?), Le Blanc, Rolland, Le Bouchet, Le Bourdé, Dahuy, Solminiac, La Corte, Laurent Raphaël, d'Hotman et Vally. Morice était investi dans le commerce d'esclaves avec Zanzibar.

Cependant le Rapport de la Truth & Justice Commission tome 4, page 14, mentionne que leurs chercheurs n'ont pas recoupé les informations qui pourraient provenir des minutes notariales : « *Unresearched as yet are the notarial records recording slaves and purchases of slaves* [77] ». Qui se lancera à en faire le dépouillement juste pour conclure que Samuel Demissy entre 1771 et 1782 a été un négrier ?

Il s'agit là d'un faux problème, car le double des minutes notariales de l'Isle de France se trouve aux Archives nationales d'Outre-mer (ANOM) à Aix-en-Provence. Celles concernant les actes de Le Roux de Cinq Noyers, notaire auquel Samuel Demissy confiait ses opérations ont été consultées aux fins de l'élaboration de cet ouvrage.

Pour la période suivant la cessation des hostilités avec l'Angleterre, l'interdiction de la traite frappa pendant trois ans (1$^{er}$ janvier 1782- 1$^{er}$ janvier 1785), les expéditions sur côte de l'est de Madagascar. Une ordonnance du 11 avril 1782 signée à Port-Louis par le vicomte de Souillac et Chevreau défendait « *pareillement à tous capitaines ou commandants de vaisseaux particuliers, d'aborder à Madagascar dans les lieux désignés dans l'article précédent, excepté dans le cas d'un besoin urgent, tel que celui de faire de l'eau ou du bois, et celui d'y prendre des vivres et autres rafraîchissements pour les équipages des vaisseaux, ou d'abattre en carène s'il y a lieu, mais dans tous ces cas, il leur est expressément défendu d'y acheter des esclaves, des troupeaux et du riz pour cargaison, et d'y faire des salaisons, sous les peines portées par la présente ordonnance* ».

À partir de 1785, avec la restauration du privilège de la Nouvelle Compagnie des Indes, seuls les négociants îliens eurent toute latitude pour organiser la traite d'esclaves sur l'océan indien. Samuel Demissy demeurait alors à La Rochelle et se trouvait comme tout métropolitain soumis à l'interdiction de faire la traite, réservée à la Compagnie des Indes, laquelle pouvait cependant par permis l'autoriser.

Le texte énonçait :« *Il ne pourra être entrepris directement d'Europe, par les particuliers, aucune traite de noirs à Madagascar ou ailleurs au-delà du cap de Bonne-Espérance, que sur les* permissions *qui seront accordées gratis par ladite Compagnie*

---

[77] Les archives de Maurice (MNA) possèdent la collection complète des déclarations d'arrivées et des congés de navigation 1773 (année de la remise de l'île au roi par la Compagnie des Indes) à 1810. Les déclarations diverses contiennent toutes les types possibles de contrats portant sur des navires, tandis que les congés de navigation concernent les ordres donnés aux navires. Cependant les minutes notariales qui pourraient porter sur des achats ou ventes d'esclaves n'ont pas encore fait l'objet de recherches. En ce qui concerne les Affiches, Annonces et Avis Divers, les archives de Maurice ne contiennent que trois années : 1773 à 1776 qui permettent de connaître les dates de l'arrivée des navires. En fait la Mauritius Commercial Bank posséderait les années manquantes, mais en restreint l'accès.

*des Indes <u>dans le cas où elle ne ferait pas elle-même ladite traite</u>; et néanmoins il sera permis aux habitants nationaux et domiciliés aux îles de France et de Bourbon, d'y armer et expédier leurs navires pour la traite des noirs à Madagascar et sur les côtes orientales d'Afrique au-delà du Cap de Bonne-Espérance, soit pour les besoins des dites îles, soit pour les transporter dans les colonies françaises de l'Amérique, en se munissant de passeports de la Compagnie des Indes, lesquels ne pourront leur être refusés, et seront délivrés sans frais à leur première réquisition [...]».*

Cette disposition explique les armements négriers de Bordeaux et d'autres ports sur l'océan indien.

7.5.2.- Le commerce indirect de traite

On vise par là une activité de négoce portant sur des fournitures de marchandises et de denrées. Pour une part importante, il s'agissait de tissus et vêtements achetés en Inde, destinés soit aux Mascareignes soit aux colonies françaises de l'Amérique. Les tissus constituaient après les épices le second pilier du commerce des Indes. Les historiens ont déduit de l'approvisionnement de Samuel Demissy en guinées bleues destinées aux Colonies d'Amérique sa qualité de traitant, même pour certains directement.

Tout part de cette déclaration qu'il fit en 1790 aux directeurs de la Chambre de commerce :« *J'ajouterai encore si l'on pouvait douter de la pureté de mes vues relativement à la traite des Noirs qu'il ne serait pas de mon intérêt qu'elle fût supprimée, puisque indépendamment de quelques sommes qui me sont dues à Saint-Domingue, j'ai pour un capital assez majeur de toiles que cette traite peut seule déboucher. D'ailleurs, mes rapports avec les armateurs de Guinée ajoutent à cet intérêt* »[78].

Les guinées sont des pièces de toile de coton de 13 à 14 aunes de long [14 mètres, 40 centimètres à 16 mètres 80 centimètres], sur trois pieds et quart de large [un mètre]. On les différenciait de la pinasse qui n'était qu'une toile médiocre, n'étant destinée qu'à l'usage de la traite, ou à faire les vêtements des nègres des colonies. [...]. L'exportation des guinées bleues était un article de la plus grande importance pour toutes les nations qui avaient des établissements et des rapports suivis de commerce avec l'Indoustan [79]. Pondichéry monopolisait la production des guinées bleues et cotonnades fabriquées et teintées à l'indigo.

Les toiles de Guinée de l'Inde étaient expédiées dans les ports européens en balles pressées de 700 kg[80]. Au début de la Révolution, la Constituante, discutait d'un projet de décret retenant le port de Lorient comme retour obligé des marchandises, et

---

[78] AD/17 41 ETP 0220 6718 f° 220, page 42.
[79] Legoux de Flaix, <u>Essai historique, géographique et politiques sur l'Indoustan avec le tableau de son commerce,</u> tome 2, 1807, p. 132-138.
[80] Cahiers d'études africaines 173-174, 2004.

écrivait dans un article 14 que les Guinées bleues et les toiles rayées à carreaux provenant dudit commerce pourront être importées mais à la charge du renvoi ou d'être employées au commerce d'Afrique.

### 7.6.- Le mythe de l'esclave heureux

Les esclaves auraient été mieux traités à l'Isle de France qu'à Saint-Domingue. Il n'en est rien. Le faire valoir direct aurait-il modifié la relation maître-esclave ?

À l'île Maurice « l'historiographie coloniale élitiste décrivit la période française comme une Arcadie heureuse où l'esclave était bien traité et aimait ses maîtres, alors que le marron n'était qu'un vulgaire bandit qui sabotait le bel ouvrage de construction d'une terre française en mer indienne[81] ».

Karl Noël historien mauricien de la colonisation écrivit en ce sens [82] : « [Cet esclavage à l'Isle de France] *n'est en aucune manière comparable à celui des Antilles où la traite négrière avec ses horreurs a marqué de façon dramatique le statut des esclaves aux Antilles [...]. Les maîtres inhumains furent rares [...]. Le système patriarcal y était pratiqué par les maîtres avec une certaine bonhomie. Les noirs ne haïssaient pas leurs maîtres et, en dépit du système odieux qui les asservissait, leur étaient souvent très attachés* ». Les sources de l'auteur proviendraient de l'ouvrage de l'archiviste d'Unienville, Statistiques de l'Ile Maurice.

Les archives de l'île de La Réunion contiennent quelques documents clivants sur le terrible sort fait aux marrons pendant la concession à la Compagnie des Indes : État de la somme que la Compagnie des Indes doit payer à Jean-Baptiste Wilman pour récompenser d'avoir tué un marron – Saint-Denis - 1755 - Dossier relatif à la récompense d'un esclave dû par la commune à Paul et Louis Payet pour avoir tué une négresse dans les bois. Saint-Pierre - 1756. On ajoutera pour l'Isle Bourbon, cet incroyable « don » d'esclaves : 1758 - État des esclaves accordés à divers habitants de Bourbon en paiement des vivres et rafraîchissements fournis aux vaisseaux de l'escadre d'Aché.

Il suffit de se reporter aux Mémoires de Bernardin de Saint Pierre, Lettre XII, pour douter de la bonté généralisée des planteurs l'égard de leurs esclaves : « *On les débarque tout nu avec un chiffon autour des reins. On met les hommes d'un côté, &*

---

[81]Les enjeux actuels des débats sur la mémoire et la réparation pour l'esclavage à l'île Maurice Laval Jocelyn Chan Low Laval Jocelyn, page 406.
[82]Noël Karl. La condition matérielle des esclaves à l'Île de France, période française (1715-1810). In : Revue d'histoire des colonies, tome 41, n°144-145, troisième et quatrième trimestres 1954. pp. 303-313.

## Samuel de Missy (1755-1820), armateur rochelais sur l'océan indien

*les femmes à part avec leurs petits enfants qui se pressent de frayeur contre leurs mères. L'habitant les visite partout & achète ceux qui lui conviennent. Les frères, les sœurs, les amis, les amants sont séparés ; ils se font leurs adieux en pleurant, et partent pour l'habitation. Quelquefois ils se désespèrent ; ils s'imaginent que les blancs les vont manger ; qu'ils font du vin rouge avec leur sang, & de poudre à canon avec leurs os. Voici comme on les traite. Au point du jour, trois coups de fouet sont le signal qui les appelle à l'ouvrage. Chacun se rend avec sa pioche dans les plantations où ils travaillent presque nus à l'ardeur du soleil. On leur donne pour nourriture du maïs broyé, cuit à l'eau, ou des pains de manioc ; pour habit un morceau de toile. À la moindre négligence on les attache par les pieds & par les mains fur une échelle. Le commandeur, armé d'un fouet de poste, leur donne sur le derrière nus, cinquante, cent, & jusqu'à deux-cents coups. Chaque coup enlève une portion de la peau. Ensuite on détache le misérable tout sanglant ; on lui met au cou un collier de fer à trois pointes, & on le ramène au travail. Il y en a qui sont plus d'un mois avant d'être en état de s'asseoir. Les femmes sont punies de la même manière. Le soir de retour dans leurs cases, on les fait prier Dieu pour la prospérité de leurs maîtres. Avant de se coucher ils leur souhaitent une bonne nuit* ».

Après son premier retour de l'Isle de France, Samuel Demissy ne fit pas de mystère de la bonté qu'il donna aux Noirs qui l'entouraient. Dans quelque colonie que ce soit, la relation avec des Noirs domestiques n'avait rien à voir avec celles des Noirs attelés aux travaux des champs ou des ateliers de sucre. Certes en 1781 à la veille de quitter l'île Samuel Demissy fit preuve de générosité à l'égard de Marie-Louise, noire libre, épouse de Joseph Naissant, en lui faisant une donation.

Il fit embarquer Louis Augustin un jeune Africain qui fut son serviteur et l'amena de Port-Louis à La Rochelle à une date que l'on peut supposer être le 8 novembre 1781.

Le statut des personnes nées esclaves aux colonies procédait de textes qui au fur et à mesure du temps avaient de la peine à s'articuler. Certains n'étaient pas applicables aux Mascareignes. Ceux pour la province de l'Aunis relevaient du bon vouloir du parlement de Paris qui n'avait pas enregistré la déclaration du roi de 1738. Un nouveau texte négocié paraît-il avec le parlement de Paris était paru en 1777 sur la police des Noirs[83]. Mais cette réglementation était contraire aux principes généraux du droit : « *En touchant le sol du Royaume, toute personne quitte son statut d'esclave*

---

[83] Déclaration du roi, du 9 août 1777 concernant la police des Noirs : » Nous sommes informés aujourd'hui que le nombre des Noirs s'y est tellement multiplié, par la facilité de la communication de l'Amérique avec la France, qu'on enlève journellement aux Colonies cette portion d'hommes la plus nécessaire pour la culture des terres, en même temps que leur séjol1r dans les villes de notre royaume surtout dans la Capitale y cause les plus grands désordres ; & y lorsqu'ils retournent dans les Colonies, ils y portent l'esprit d'indépendance & d'indocilité, & y deviennent plus nuisibles qu'utiles ».

». Cette maxime immémoriale avait été rappelée par Antoine Loysel dans les *Institutes coutumières*, Livre 1 article 6, qui écrivait : « *Toutes personnes sont franches en ce royaume et sitôt qu'un esclave atteint les marches d'icelui, se faisant baptiser, il est affranchi* ».

À La Rochelle personne ne semblait ému par la présence de Noirs. François Henry Harouard de Saint Sornin employait un cuisinier noir qui d'ailleurs retourna de lui-même en Louisiane. Aimé Benjamin Fleuriau ramena une flopée d'enfants naturels qu'il avait eus à Saint-Domingue. Il fut le géniteur de huit enfants biculturels dont cinq rapatriés en France. Il possédait un esclave nommé Hardy qu'il ramena également.

Samuel Demissy, fit comme de nombreux Américains qui avaient ramené en métropole leurs esclaves hommes femmes ou enfants. Il ne recourut pas la procédure de l'affranchissement qui en toute rigueur aurait dû se faire à l'Isle de France[84] et le *statu quo* de Louis Augustin comme une personne sans existence légale aurait pu perdurer jusqu'à son décès. Le 28 avril 1784, Samuel Demissy « étant sur son départ pour les Isles de France et de Bourbon » après avoir fait baptiser Louis Augustin, il passa devant notaire un acte de demande de liberté et déclara le 14 mai 1784 devant Pierre Étienne Louis Harouard lieutenant-général de l'Amirauté de La Rochelle qu'il lui donne sa liberté mais « *entendons cependant que la liberté ci-dessus n'aura lieu et ne vaudra que dans les colonies et que si ledit Louis Augustin revient en France, il sera assujetti aux ordonnances et déclarations du roi concernant la police des Noirs* »[85].

C'était un bricolage auquel plus d'un s'adonnait. L'acte fut enregistré à l'Amirauté[86]. Ne pas se conformer à la législation pouvait causer aux « maîtres » de sérieux tracas si l'esclave arrivait à se rebiffer. Les relations entre Noirs amenés en Métropole et leurs maîtres pouvaient donner lieu à des contentieux. Il y eut des cas où ils exigeaient

---

[84] De manière cursive La Société des Amis des Noirs 1788-1789, Marcel Dorigny – Bernard Gainot, Éditions UNESCO / Edicefdé (traces de Missy) a pu écrire : Une tradition non confirmée par des sources certains affirme qu'il procéda lui-même à l'affranchissement des esclaves (non, un seul et ce n'était pas un affranchissement de celui qu'il avait amené lui-même en 1782, la date de son retour à La Rochelle).

[85] AD/17 B233, pages 80/86 et 81/87, vues 160 et 161, 14 mai 1784.

[86] AD/17, B 233 14 mai 1784, page 81 (vue 71) par-devant Harouard. Demissy est sur son départ pour les îles de France et de Bourbon et voulant donner la liberté à son noir Louis Augustin âgé de 25 ans natif de la Côte du Mozambique des marques de satisfaction, il lui aurait accordé sa liberté ainsi qu'il appert l'écrit sur parchemin timbré le 6 de ce mois et voulant donner à cet acte toute la force et l'authenticité qu'il est nécessaire et dont il est susceptible il requiert qu'il nous plaise ordonner l'enregistrement sur le présent registre (vue 72) page 61, pour avoir recours au besoin et que ledit Augustin puisse s'en prévaloir toutefois et quantes (autant de fois), avec la condition qu'il ne pourra s'en prévaloir que dans les colonies françaises et que dans le cas où il reviendra en France il sera assujetti aux déclarations et ordonnances concernant la police des Noirs.

leur liberté et de sus une rémunération pour leurs services, car un esclave ne saurait être rémunéré par son « maître ».

Quatorze ans plus tôt Poupet avait défrayé la chronique non pas à La Rochelle qui devait peu se soucier de la condition des Noirs qui y avaient débarqué, mais à Paris. Son « serviteur », Roch qu'il voulait maintenir dans un statut d'esclave demanda sa liberté. Poupet la lui avait refusée continuellement pendant huit ans. Roch réussit cependant à traduire Poupet devant la Table de marbre de l'Amirauté. Pierre Paul Nicolas Henrion de Pansy, après une plaidoirie brillante fit condamner Poupet, parce que son maître en l'amenant en France avait négligé d'accomplir les formalités alors prescrites par les lois pour le maintien de l'esclavage en terre franche. Cette affaire fit l'objet d'une publication au Journal encyclopédique de 1770, tome 4, partie III, 3 juin.

**Chapitre VIII.- L'apogée des armements de Samuel Demissy**

Signé le 6 février 1778, le Traité d'alliance et de défense avec les Treize Colonies des États-Unis marqua l'entrée en guerre de la France contre l'Angleterre. De ce fait la navigation pouvait réserver des surprises. Cette année-là, il partit cependant des ports du Royaume onze navires de Particuliers, deux pour la Chine, deux pour Pondichéry, et le reste pour l'Isle de France. Trois furent pris par les Anglais. En 1779 il ne se réalisa que deux expéditions de navires pour l'Isle de France pour le compte du roi. De même en 1780, dix-sept navires armés pour le compte du roi partirent de Lorient et de Nantes, un seul de Saint-Malo, avec pour destination unique l'Isle de France. On peut penser qu'ils voyagèrent en convoi et sous escorte.

En 1781, les négociants jugeant que le risque d'une prise de leurs navires par les Anglais était atténué, ou bien ayant réussi à faire couvrir celui-ci par des assurances, peut-être même à Londres, armèrent pour l'océan indien. *Le Grand Serpédor* de Bordeaux de 500 tonneaux, commandé par La Fourcade fut le seul bateau à être pris par l'ennemi. Ces expéditions quelque peu téméraires se faisaient dans le cadre du régime de pleine liberté de navigation au-delà du Cap de Bonne-Espérance de l'Édit de 1769, hormis l'obligation de retour à Lorient. Les navires des Particuliers avaient souvent pour destination première l'Isle de France. De là, ils pouvaient aller où bon leur semblait pour faire le commerce d'Inde en Inde si les marchandises à ramener n'étaient pas en magasin à Port-Louis. Cette année-là Admirault fréta *Le Brisson* réquisitionné pour le compte du roi. Pierre Samuel de Richemond et Jean-Jacques Garnault se lancèrent dans des expéditions purement commerciales avec *L'Indien* (40 tonneaux) et *Le Mars* (300 tonneaux). Jacques Bourillon fit de même avec *Le Baron de Montmorency* (263 tonneaux).

En 1782, année où Samuel Demissy revint de l'Isle de France pour débarquer à La Rochelle, Fleuriau frères [Paul-Marie-Benjamin & François-Anne Aimé Gabriel] et Pierre Thouron armèrent la goélette *La Créole*, (80 tonneaux) capitaine Jean Robin, en désignant Samuel Demissy comme consignataire des marchandises, bien qu'il fût déjà sur la route de retour de l'Isle de France vers Lorient[1]. Joachim de Baussay et Gabriel Thouron envoyèrent *La Néréide*, de 400 tonneaux, chargée d'affaires pour le roi[2]. Ils armèrent aussi *L'Archiduc* de 650 tonneaux qui partit de La Rochelle le 29 septembre 1782 désarma à Lorient le 25 mars 1786, l'un des derniers bénéficiaires

---

[1] Ceci ne devait pas poser de problèmes majeurs, tous pouvoirs ayant été donnés par Samuel Demissy à Louis Léchelle pour agir en son nom à Port-Louis.

[2] AN/MAR/C/7/19 dossier 77, Baussay (Pierre Joachim de), armateur de La Rochelle. 1783-1794. Présentation du contenu Demande concernant les frais de réparation de son navire *La Néréide*, frété au gouvernement en 1782.

du régime de liberté de commerce d'Inde en Inde après avoir atterri sur la Côte de Mozambique, puis à Pondichéry et enfin à Madras (Chennaï). En dernier lieu *La Johanna-Cecilia*, de 260 tonneaux, navire de Trieste, armateurs Samuel Pierre de Richemond et Jean Jacques Garnault qui fit voile pour les Isles de France et de Bourbon.

En 1783, Samuel Demissy laissait encore à ses compatriotes rochelais la voie presque entièrement libre pour aller faire du commerce d'Inde en Inde. Emmanuel et Nicolas Weis & fils et Jean Lanusse dit l'aîné se mirent dans la boucle, les premiers avec une expédition négrière sur la Côte Mozambique avec *La Jolie Henriette de Ribeaucourt*, de 700 tonneaux, navire de Trieste et le second avec *Le Bonhomme Richard* de 560 tonneaux[3]. On ne sait quelle destinée Samuel Demissy donna à *La Jeune Créole* que l'on voyait lui appartenir en 1783 selon le calendrier des armateurs.

En 1784, Fleuriau frères [Paul-Marie-Benjamin & François-Anne [Aimé]-Gabriel] & Pierre Thouron armèrent pour les Indes *Les Deux Mariés*, de 300 tonneaux, capitaine Daniel Savary. Ils le revendirent à Samuel Demissy à l'issue de la campagne.

Le rétablissement du privilège exclusif de commerce de la Compagnie des Indes, eut pour effet de rendre moins attractifs les voyages sur l'Inde

Il fut laissé au commerce particulier un délai de vingt-quatre mois à compter de la création de la nouvelle Compagnie pour terminer les expéditions en cours, constatées par la date de chargement des marchandises.

Richemond & Garnault[4] et Fleuriau frères & Pierre Thouron veuf de Marianne Angélique Admirault, se retirèrent du commerce de l'océan indien en butte à trop de soucis financiers. Le tropisme négrier des armateurs de La Rochelle profita de l'octroi d'une prime de 40 livres par tonneau de jauge aux bâtiments qui se destinaient à la traite des nègres, en vertu d'un arrêt du conseil du 26 octobre 1784 pour renouer à la pratique du commerce triangulaire.

---

[3] La filiation entre *Le Duc de Duras* ancien navire de la Compagnie des Indes déclaré durant sa possession du port de 1 000 tonneaux et celle du *Bonhomme Richard* qui fut sa nouvelle dénomination est difficile à suivre.

[4] Traité entre Richemond & Garnault avec leurs créanciers [AD/17, 3 E 994] commencé le 5 avril 1786, terminé le 12 août 1786. Les créances s'élèvent à 571 200-13-9. Pierre Charles Lambert est créancier pour 39 901-1-8. Il leur sera fait une remise de 58 %. Samuel Pierre de Richemond proposera durant la Révolution aux créanciers de solder en assignats sa part de dette non réglée. Il semble même que la situation d'insolvabilité ait été constatée antérieurement si l'on en juge par la demande d'un sauf-conduit AD/17 41 ETP 148/384. Meschinet de Richemond & Garnault avaient déjà cédé à Pierre Charles Lambert le 26 juin 1784 leurs intérêts dans le *Baron de L'Espérance* de 280 tx 85 000 lt, même date *Le Montgolfier* 260 tx construit par Lepage 60 000 lt, même date *Le Ballon* 30 000 lt, AD/17, B 5747. Le coup de grâce pour Fleuriau frères qui passèrent à l'Isle de France sera donné en 1790 avec une perte de plus d'un million de livres.

## Samuel de Missy (1755-1820), armateur rochelais sur l'océan indien

La voie de l'océan indien allait être seule exploitée de manière récurrente à partir de 1784 par Samuel Demissy.

Demissy fit-il partie des armateurs particuliers très critiqués par la Compagnie des Indes, qui leur reprochait de n'être que des transporteurs pour le compte des Anglais avec lesquels ils signaient des traités d'affrètement ? Ils se chargeraient de rapporter à Lorient leurs marchandises, de les y vendre sous leur propre nom, et d'en faire repasser le prix en Angleterre. Le prix du fret et la commission, tels étaient les bénéfices de ces entreprises. N'était-ce pas comme cela que les Provinces-Unies avaient connu leurs périodes de gloire ?

Hormis de 350 tonneaux pour *L'Atlas* et 500 tonneaux pour *Le Henry Quatre*, les autres navires que Samuel Demissy arma furent de port moyen, de 100 à 250 tonneaux. Il organisa onze campagnes avec des navires différents, sauf trois fois avec *Le Neptune* et deux fois avec *Le Henry Quatre*.

D'une manière générale, tous les négociants essayaient de s'affranchir du poids de la réglementation. Avant que le privilège de la Compagnie des Indes ne soit rétabli, un manuscrit, conservé à la Médiathèque de La Rochelle [5], décrit les moyens de se jouer du paiement des droits d'entrée sur les marchandises à payer aux Fermiers-généraux lors de leur introduction dans les ports autorisés du Royaume : Le navire partira de Cadix. On vendra les vins et les corderies à l'Isle de France qui procureront une partie du nécessaire pour acheter des guinées bleues et des toiles sur la Côte de Coromandel. Il faudra se munir de lettres de crédit émises par les meilleures maisons de Madras tant pour y jouir de la facilité de pouvoir tirer sur l'Europe et pouvoir négocier les traites tirées sur l'Isle de France. Les marchandises seront débarquées à Hambourg ou Ostende, à moins que l'on revienne en France, après avoir pris la précaution de changer le nom du navire pour d'autant mieux dépayser les curieux

L'intensité des armements de Demissy sur l'Isle de France laisse présumer de la nécessité de mobiliser des ressources financières importantes, même si le coût d'une mise-hors pour transporter des marchandises se révélait inférieur à celui d'une mise-hors pour armer un navire négrier. Le rapport serait d'un à quatre.

La problématique du financement des armateurs particuliers sur l'Inde fut abordée par Charles Hernoux devant les Comités de Commerce et d'Agriculture le 18 mars 1790[6]. Le député de Dijon tenait à répondre à l'objection de la Compagnie des Indes qui affirmait qu'elle seule possédait les capitaux nécessaires à la réalisation des expéditions. Un négociant qui veut « suivre » le commerce de l'Inde est obligé de faire une seconde et même quelquefois une troisième expédition. Mais pour les en décourager comme le font les porte-paroles de la Compagnie des Indes qui fixent le coût d'un armement d'un seul vaisseau à deux millions, pourquoi ne serait-il pas de

---

[5] Mss 2287, daté de 1783.
[6] Archives parlementaires, page 221.

cinq, six, sept ou huit cent mille livres. Alors la mise dehors en supposant trois expéditions ne sera que d'un million cinq cent mille livres à deux millions quatre cent mille livres. Et certainement il est un très grand nombre de maisons françaises qui peuvent suffire à de pareilles avances.

Il est difficile de savoir exactement comment Samuel Demissy finança ses expéditions. Au début son pécule rapporté de l'Isle de France constitua l'amorce nécessaire. Il est probable que la plupart des armateurs protestants souscrivirent à des parts d'intérêt dans le capital de ses navires. À cela il fait ajouter la participation importante de Charles Louis Duperré qui intervint pour le financement du *Neptune* et de *L'Atlas*, lequel confondait volontiers les fonds collectés pour le compte du roi avec sa cassette personnelle. Ce que l'on appelle aujourd'hui le crédit fournisseur devait former une partie des ressources, sommes remboursables au retour de la campagne en argent provenant de la vente publique des marchandises à Lorient. Enfin les banquiers à Paris, comme Charles Vincens, ou Pierre Charles Lambert pouvaient compléter les fonds nécessaires, sinon d'autres car les signatures de Mallet, Tourton & Baur figurent souvent dans les archives rochelaises.

Quelle que soit l'importance de la fortune rapportée par Demissy de l'Isle de France en 1782, celle-ci s'avérait *a priori* insuffisante à financer des opérations qui se succédaient chaque année, qui se chevauchaient et dont le profit ne pouvait se constater que plusieurs années après. Demissy écrit le 4 janvier 1787 à Charles de La Croix, marquis de Castries qu'il a « en ce moment trois navires employés à l'approvisionnement de l'Isle de France ».

Pour conduire ses navires dans ces mers aussi lointaines, Demissy s'attacha souvent la fidélité de capitaines de religion protestante, mais sans doute pas autant que Garesché le fit avec Paul Hardy, époux de Marie Anne Pauline Seignette, qui fit plus de dix campagnes pour le compte de cet armateur.

Des noms de capitaines de navires armés par Demissy ressortent à plusieurs reprises des archives : Boutet, Jean Henry Knell, mais surtout Jonathan Webb. Ce citoyen américain né le 22 avril 1758 à Salem (Massachusetts), aurait dû en 1784 conduire *L'Insulaire* à l'Isle de France. Il aurait dû y mener aussi *L'Atlas* en 1786, mais sans doute sollicité par d'autres armateurs, nous pensons à Garesché, cela ne se réalisa pas. Samuel Demissy et Jonathan Webb restèrent longtemps en relations après qu'il fut nommé capitaine pour assurer son ultime expédition, celle du *Henry Quatre* pour faire le commerce d'Inde en Inde.

Webb sembla tirer son épingle du jeu de manière autonome pendant la Révolution. Le 3 brumaire an VI, devant Daviaud, il vendit à Charles Trouvé Deriolle trois casserons de terre à L'Houmeau. Le 28 nivôse an VII, il acheta à François Lepage le brick *La Céres* ci-devant *Le Chatier*\* avec ses apparaux pour 3 000 francs.

En l'an IX, Samuel Demissy acheta pour le compte de Webb un petit bateau de 125 tonneaux dénommé *La Rebecca* qu'il paya un peu plus de 3 000 francs.

Samuel de Missy (1755-1820), armateur rochelais sur l'océan indien

On ne vit pas Samuel Demissy le 7 février 1809 au mariage à La Rochelle de Jonathan Webb avec Marie Thérèse Philippine Daviaud. La jeune femme épousait un gaillard d'un mètre 76, aux yeux bleus, à la tête et menton rond, marqué d'une une envie à la joue gauche[7]. Jacques Garesché âgé de 35 ans et Jacques Marie de Beauséjour de L'Houmeau comptèrent parmi les témoins. Le 17 août 1824 Jonathan Webb comptait parmi les signataires des témoins au mariage de la fille cadette de feu Demissy, Louise Laure qui épousait Jacques Édouard Conquéré de Monbrison.

Samuel Demissy développa aussi une activité qui serait peut-être l'équivalent moderne de celle de courtier ou de commissionnaire en assurance pour le compte d'armateurs de Bordeaux, de Nantes, de Marseille ou de l'étranger. Cet aspect n'est rapporté dans aucune biographie.

En 1783, il semble qu'il intervint pour faire assurer trois navires portugais : *A nossa senhora do Monte de Carmo*, capitaine De Souza, qui allait de l'Isle de France à Canton, *A nossa senhora dos Prazeres* et *O Santo Antonio*, capitaine Antonio Pereira, pour un voyage de Canton à Lisbonne, laissant penser qu'il aurait pu prendre des parts d'intérêt dans ceux-ci.

Le 1er août 1786, il arrangea une police pour le compte de M. Lamaletie négociant bordelais pour la couverture du risque sur corps d'un navire chargé de marchandises coloniales en retour du Cap-Français jusqu'à Bordeaux. Il s'agissait du *Gustave Adolphe*, capitaine Marc du Havre [8]. Ce n'était pas fortuit. Un autre Lamaletie qui était devenu l'un des principaux négociants armateurs de l'Isle de France avait pu accueillir le jeune Samuel de Missy, en 1771 lors de son débarquement du *Marquis de Narbonne*.

Le 1er septembre 1786, il arrangea la couverture du risque sur le corps de la corvette *Le Sextius*, capitaine Duval, pour le compte de MM. Bigaud, Poulard et Cie de Marseille. Bigaud était le fils d'un cuisinier d'Aix-en-Provence et Poulard était Lyonnais. Le risque fut souscrit par Maubaillarcq, Lefebvre, Guibert et Perry pour 20 000 livres, pour destination du navire à la Côte d'or puis les îles françaises de l'Amérique, une expédition négrière qui ne troubla pas Samuel Demissy en tant que courtier[9]. À l'issue de celle-ci, on ne revit jamais Samuel Demissy monter de telles opérations en courtage associées au commerce triangulaire, ce dont il était parfaitement conscient puisque la rédaction de la police le mentionnait expressément.

Il opéra de même pour le compte des chargeurs Latuillière, Saint Eloy, Estèbe de Bordeaux pour les marchandises expédiées sur le navire *Le Noir*, anciennement

---

[7] Passeport n° 464, 12 novembre 1807.
[8] AD/17, 41 ETP 23, assurance sur corps, folio 210 et 217, couverture 20 000 et 6 000 livres, uniquement placée auprès des armateurs rochelais.
[9] AD/17, 41 ETP 23, assurance sur corps, f°211, enregistré le 6 septembre 1786.

*L'Africain* par Lamaletie négociant de Bordeaux pour aller à Port-Louis pour un montant de 118 000 livres. Ce navire se trouva à l'Isle de France le 9 juin 1787[10].

En 1787, Samuel Demissy s'entremit pour le compte de Guiliano Ricci de Livourne et pour compte des intéressés pour assurer un tiers sur corps et deux-tiers sur facultés depuis La Rochelle à hauteur de 220 000 livres, les [Gli] *Serenissimi Reali Archiduci di Toscana* capitaine Cappi, toscan[11] d'un port d'environ 600 tonneaux de sortie de Marseille à Livourne & de là aux côtes de Coromandel & Bengale & de retour à Livourne, permis de toucher à Cadix. La prime est de 9%, libre au vaisseau d'aller à la côte de Malabar au lieu de l'escale du Bengale, libre encore d'aller en Chine en augmentant la prime et les marchandises de retour des côtes de Coromandel et du Bengale.

Samuel Demissy intervint de nouveau le mois suivant pour faire assurer moyennant une prime de 7% soit un montant de 18 500 livres y compris la prime de prime sur le même navire, donné pour 500 tonneaux, en huit signatures dont Souchet pour 6 000 livres, Jolly[12], Ranjard, les sommes déclarées sur piastres d'aller et marchandises qui seront chargées en retour, de sortie à Cadix, de là à la côte de Malabar & de retour à Livourne[13] pour le chargement de poivre et autres marchandises selon l'estimation qui en sera faite sur la base de 120 livres tournois, et de montants déterminés pour valoriser les autres marchandises : salpêtre, toiles bassetas, garan et mahmoudis, casses et mousseline, les guinées bleues et blanches[14], bétilles, basin de Gondelour tarlatanes, mouchoirs de Mazulipatam.

Il fut l'intermédiaire des négociants de Livourne Guiliano Ricci, en 1787 et Jean et David Baux de Marseille,[15] associés à Guiliano Ricci, en 1788 pour ce dernier afin de faire assurer à La Rochelle des navires faisant voile depuis Marseille ou de Livourne à destination de l'Isle de France et des Indes[16]. L'obligation de retour à Lorient était une

---

[10] AD/17 41 ETP 35 f°291, le *Le Noir* capitaine Boulbar, 28 décembre 1786.

[11] AD/17 41 ETP 35 f°274, enregistré le 25 février 1787.

[12] Étienne Jolly fut marié à Suzanne Liège.

[13] AD/17, 41 ETP 36, Police d'assurance sur marchandises et effets signé le 21 mars 1787, enregistré le 27 mars 1787, f° 108.

[14] Encyclopédie : [Fortuné Barthélemy de Félice, volume 22, page 539], Guinée, toile de coton blanche plutôt fine que grosse qui vient de Pondichéry ; la pièce est de vingt-neuf à trente aunes de longueur [33,147 à 34,2 mètres] sur sept-huitièmes de largeur [1 mètre]. Il y a des guinées stufs, [trucs de Guinée] rayées, blanches, bleues qui n'ont que trois aunes et demi de long [4 mètres] sur deux-tiers [0,75 mètres] de large. Ces toiles sont bonnes pour la traite qui se fait sur les côtes d'Afrique ; c'est ce qui les fait appeler guinées. Signe de grand luxe chez les Africains [The word of cotton, Richard L. Roberts, page 54.]

[15] AD/17, 41 ETP 33 f° 107 8 juillet 1785, De Missy d'ordre des armateurs de Marseille Jean et David Baux fait couvrir l'expédition dudit navire *Le Chêne Impérial* parti de Marseille en 1785 retourné à Lorient le 22 mai 1787.

[16] Expédition le 18 mai 1786 de Livourne par la maison de commerce Julien (Guiliano) Ricci et les frères Audibert de Marseille, pour les Indes Orientales. Le *Saint-Charles* est armé de 26 canons et embarque 100 hommes d'équipage. Sa cargaison comporte notamment 30 caisses de corail travaillé. Ricci est l'un des

absurdité économique pour les armateurs des ports méditerranéens. Elle se voyait alors contournée en affrétant des navires impériaux d'Ostende, de Livourne et même suédois. On sait que bon nombre de navires étrangers frétés par des Marseillais, comme Jacques Rabaud, Solier Martin & Salavy déchargèrent à Nice ou même Villefranche qui étaient des ports francs étrangers, pour post-acheminer les marchandises jusqu'à Marseille. La cité phocéenne avait besoin de mousselines de l'Inde pour assurer son commerce privilégié avec le Levant. Les navires des neutres ou ceux des régnicoles qui armaient sous de tels pavillons, se jouaient des contraintes imposées aux négociants de la Métropole par les Édits du Conseil d'État en ne chargeant pas dans les possessions du roi de l'océan indien. De plus l'attraction de Port-Louis pour les vaisseaux de tous pays se renforça comme port d'escale ou de relais pour le commerce sur l'océan indien ou vers la Chine à la suite de la publication d'un arrêt du Conseil d'État du roi du 27 mai 1787 qui permit l'admission en franchise des bâtiments étrangers au Port-Louis en l'Isle de France, moyennant déclaration de départ et d'arrivée et acquittement tant à l'importation qu'à l'exportation un droit d'un demi pour cent.

Il fut entremetteur d'assurance pour couvrir à hauteur de 8 200 livres les risques des marchandises consistant en eau de vie et vin chargées sur le navire *L'Amiral* allant de Bordeaux à Port-Louis pour le compte de Latuillière, St. Eloy Estèbe & Cie.

Loin de penser que les marchandises que Demissy expédia et ramena de l'Inde ne furent chargées que par les bateaux qu'il arma en propre. Une police d'assurance sur marchandises et effets témoigne du fait qu'il recourut à d'autres navires : Nous assureurs obligés promettons & nous obligeons envers vous M. Demissy fils faisant pour le compte de, d'assurer & assurons les marchandises qu'ont fait charger pour votre compte MM. Latuillière, St. Eloy Estèbe, Guillaume Estèbe & Cie de Bordeaux [...] pour aller dudit lieu de Bordeaux au Port-Louis Prime trois et demi, montant assuré 118 000 livres fait le 28 décembre 1786 enregistré le 14 janvier 1787 souscrit en 21 signatures dont 35 000 de la Compagnie du Havre représentée par Garesché[17].

### 8.1.- L'Insulaire
1784 vit la première expédition de Samuel Demissy par *L'Insulaire,* navire de 220 tonneaux qu'il arma pour les Isles de France et de Bourbon. Il pourrait s'agir d'un bâtiment pris aux Anglais car il se nommait antérieurement *Duke of York* (*Le Duc*

---

principaux négociants de la ville. Il a reçu en 1782 de la part de l'Empereur du Saint-Empire le titre de consul général pour les mers de Toscane.

[17] AD/17 41 ETP 35 f°291 Le *Le Noir* capitaine Boulbar.

*d'York)*. On doute du fait que ce soit ce cutter de 4 canons construit en 1763 et vendu en 1766 à des particuliers[18].

L'annonce de son armement prochain parut dans Affiches, Annonces et Avis divers du samedi 24 avril 1784. *L'Insulaire* fit voile de La Rochelle à la mi-juin ou même un peu plus tard. Samuel Demissy présenta lui-même la soumission devant le Lieutenant-général de l'Amirauté le 6 juin 1784. Il déclarait pour ce navire un port de 200 tonneaux environ chargé de marchandises permises[19]. C'était *a priori* le capitaine Jonathan Webb, (et non John Otton Webb comme s'obstine à l'écrire Garnault[20]), qui devait le commander. Un mois auparavant une assurance sur corps avait été souscrite pour un montant de 60 000 livres, ce qui donne une approche de la valeur du bateau.

Il est possible que Samuel Demissy pour son bref retour à l'Isle de France ou à l'Isle Bourbon en 1784 se soit embarqué sur *L'Insulaire* accompagné de Louis Augustin, Noir, son serviteur originaire du Mozambique.

La souscription de la police d'assurances sur marchandises et effets [21] ne fournit qu'une approximation de la valeur du chargement, étant rappelé que tout chargeur pouvait ne pas chercher à couvrir la totalité du risque et que les assurances leur laissaient en principe une part résiduelle à leur charge. La police fut signée le 6 mai 1784, enregistrée le 2 juin, pour couvrir les risques à hauteur de 84 000 livres : principaux souscripteurs les compagnies du Havre et de Nantes, lui-même 8 000 livres pour son compte, Chorel & Ozanne de Nantes, M. Kelguier de Saint-Malo, puis Fleuriau frères, Jacques Guibert etc. Elle autorisait des « échelles», c'est à dire des escales même pour faire des opérations de négoce « d'Inde en Inde » sur la route de La Rochelle aux îles de France et de Bourbon. On se trouvait encore pour très peu de temps sous un régime de liberté de navigation des navires des particuliers au-delà du Cap de Bonne Espérance.

Le navire mouilla à Port-Louis le 28 novembre 1784, capitaine Lafontaine selon ce qu'écrit Toussaint dans La Route des Isles et non Jonathan Webb comme l'avance Garnault. Il fit probablement pendant toute l'année suivante du commerce d'Inde et Inde, mais se révéla incapable de retourner en Métropole par suite d'avaries. Transférer le bénéfice des opérations en France n'était pas un problème. Des sacs de pièces, conservés en attendant par Louis Léchelle négociant à Port-Louis pouvaient

---

[18] Warships in the Age of Sail 1714-1792: Design, Construction, Carreers, page 392 Rif Winfield, Seaforth Publishing.

[19] AD/17, B 259, 6 juin 1784, f° 200, page 199/200, vue 401.

[20] AD/17, Notaire Hérard. Mariage de Jonathan Webb, 11 février 1809 avec Marie Élizabeth (sic) Daviaud. Arch.mun. La Rochelle, passeports n°2987, 22 messidor an VIII, taille 1 m 88... Passeport 12 septembre 1807, registre n° 464, 46 ans né à Salem, États-Unis d'Amérique, 1 m 78. Et aussi : AD/17 3 E 35/46 16 juin 1830 et AD/17 3 E 35/47 27 décembre 1830.

[21] AD/17 41 ETP 32 f°33.

être confiés à un capitaine d'un autre bateau, ou remis au capitaine d'un prochain navire qui serait armé par Samuel Demissy.

Le 22 mai 1786 Louis Léchelle fils[22,] subrécargue (super-cargue) pour le vaisseau, en vertu d'une procuration passée devant Touraille, notaire à Port-Louis le 20 janvier 1785 le vendit dans des conditions aventureuses à des acheteurs portugais : Lauriano Bomjardin Martin agissant en société avec François Da Silva Braga [Bragues]. Le navire devait aller à Lisbonne chargé de marchandises.

*L'Insulaire* mouillait à Port-Louis passablement endommagé. L'état dans lequel il se trouvait pose la question de l'origine des avaries. Il est fort possible qu'il ait subit des dommages consécutifs à la survenance d'un ouragan sévère[23].

Il ne fut arrêté qu'un prix de vente très modeste : 15 000 livres en billets de la colonie équivalentes à 12 500 livres tournois. Samuel Demissy ne perçut jamais cet argent, car les acheteurs portugais plutôt que de le verser déclarèrent réaliser des travaux nécessaires pour lesquels ils n'avaient pas le premier sou. Les Portugais obtinrent du vendeur par compensation un prêt à la grosse pour refaire les équipements. Son montant s'éleva à 12 500 livres à 15 % avec hypothèque prise sur le bateau et sa marchandise dont 116 balles de café chargées à bord qui appartenaient à Demissy.

Peu après l'arrivée de *L'Insulaire* dans la Mer de paille, l'équipage dont la solde n'avait pas été payée par les armateurs insolvables, fit saisir le navire, tant et si bien que Samuel Pierre Demissy resta créancier des Portugais. Il pressa le Consul de France ainsi que ses correspondants à Lisbonne, les négociants huguenots David de Purry, Joseph Mellish et Gérard Devisme d'intervenir auprès des autorités pour son compte [24]. Sans résultat. L'affaire fut portée devant le Provedor de la Casa da India (Maison des Indes). Le Provedor plaça sous séquestre les balles de café. Le litige ne fut jamais réglé puisqu'au décès de Samuel Pierre Demissy on retrouva dans ses papiers un document nommé « <u>Mémoire de fonds qui lui sont dus au titre de l'Insulaire dont le recouvrement aurait dû être fait par [David de Purry] [Joseph] Mellish et [Gérard]</u>

---

[22] <u>Recueils de notes généalogiques réunies [...]Sarré Gaston btv1b10085167v</u>. Gallica.
[folio 47] Louis ou Jean Louis L'Echelle, né à La Rochelle, fils de Jean-Baptiste négociant armateur et de Marie-Anne de Coignes (Coigne) époux de Charlotte-Pauline de Boucherville fille de Louis René de Boucherville ancien capitaine au régiment de l'Isle de France marié à Charlotte Drouet, des mêmes folio 48, marié en premières noces à Françoise Athanase Chenard de La Giraudais née à Saint-Malo, fille de François Chenard, officier de vaisseau du roi [mort sur *L'Espérance* en 1776, capitaine de brûlot] et de Catherine Dorval et en secondes noces aux Pamplemousses le 27 mars 1792 à Laurence Blanchard née à Saint-Malo, fille de Louis Blanchard capitaine de vaisseaux de commerce et de Jeanne Marguerite Granom.
[23]<u>Revue coloniale organe des intérêts agricoles industriels commerciaux maritimes scientifiques et littéraires des Deux Mondes </u>rue Christine Paris, deuxième série tome VII mention page 117 d'un ouragan violent en 1784 à Port-Louis.<u>The History of Mauritius </u>(1507-1914) Samuel Blunt De Burgh Edwardes, page 26 1921, East and West Ltd., 3 Victoria St., s.w.1 London qui désigne ce même millésime.
[24]Les séjours de David de Purry à Lisbonne http ://www.montmollin.ch/pub/DavidPury.pdf,il préfère, peu après son installation à Lisbonne, fonder lui-même, sous la raison sociale Purry, Mellish & Devisme, une maison d'importation de diamants et de bois du Brésil, amassant ainsi rapidement un beau capital.

<u>Devisme négociants à Lisbonne tant sur le navire que sur le produit de 116 balles de café sous séquestre, le tout s'élevant à 9 166 francs1820[25] </u>».

Pis encore, on voit que pour récupérer le navire et vendre les balles de coton, il dut verser neuf mille cent soixante-six livres seize sous pour les gages de l'équipage par lui payés et vingt-huit mille sept cent cinquante livres pour les frais de grosse (justice).

Il est douteux qu'avec toutes ces péripéties, le premier armement de Samuel Pierre Demissy pour les Indes ait été une franche réussite.

8.2.- L'Espiègle

Il y a peu à dire sur l'armement du brick *L'Espiègle,* ci-devant *La Suzanne Louise,* capitaine Jean Robin (Roblin), du port de 130 tonneaux destiné aux Isles de France et Bourbon.

Ce navire passa entre plusieurs mains. D'abord celles de Poupet & Guymet. Puis celles de De Richemond & Garnault qui l'employèrent à la pêche à la morue sur le Grand banc ou celui de Saint Pierre, capitaine Fidèle Foucaud avec retour à Bordeaux ou La Rochelle. Une police sur corps signée le 9 mars 1784[26] s'y rapporte.

Richemond & Garnault désirant résoudre leurs problèmes financiers à l'amiable, vendirent au banquier Pierre Charles Lambert à Paris leur participation que l'on peut imaginer majoritaire dans *L'Espiègle*. Ce fut donc le financier parisien qui le vendit ou le loua par charte-partie pour une campagne unique sur l'Isle de France.

Sa valeur ? Un renvoi à une autre police sur le navire laisse penser qu'il pouvait valoir une somme avoisinant 35 000 livres. Le corps fut assuré par Samuel Demissy [27].

La soumission à l'Amirauté présentée par M. Demissy « demeurant en cette ville » porte la date du 7 février 1785. Le navire était amarré dans l'avant-port.

Une police d'assurances datée du 4 janvier 1785 et enregistrée le 4 février pour couvrir les risques sur marchandises et effets à hauteur de 69 000 livres syndiquée entre treize signatures dont 20 000 pour la Compagnie du Havre, Perry, Rangeard, Guibert, Thouron, Dumoutier de Frédilly, Suidre etc, peut donner un éclairage sur les enjeux financiers de cette nouvelle expédition.

---

[25] « Plus une liasse intitulée note diverses mémoires pour une somme qui m'est due à Lisbonne dans laquelle il se trouve un mémoire relatif à une créance relative au navire *L'Insulaire* des recouvrements de laquelle M. Mellish & Devismes négociants à Lisbonne ont été chargés par ledit sœur Demissy et acte de ce dernier de laquelle il résulte qu'il avait à réclamer tant sur le navire *L'Insulaire* que sur le produit de cent seize balles de café, mis sous séquestre audit lieu de Lisbonne, une somme de neuf mille cent soixante-six livres seize sous pour les gages de l'équipage par lui payés et vingt-huit mille sept cent cinquante livres pour le montant des actes de grosse, tous les surplus des papiers contenus dans ladite liasse n'étant point susceptibles d'être examinés audit(illisible) conservés en mémoire comme renseignements cotés et paraphés de la lettre ».

[26] AD/17, 41 ETP 22 f° 79, vue 82/305, assurance sur corps + 1280 morues.

[27] 41 ETP 23, f° 67, vue 69/305 4 janvier 1785, enregistré le 28 janvier 1785.

Samuel de Missy (1755-1820), armateur rochelais sur l'océan indien

8.3.- L'Atlas
Ce navire changea plusieurs fois de nom. Il fut d'abord nommé le *(Het) Kayserlick Zeepart,* puis racheté par Fleuriau frères pour devenir *Le Bellecombe*. La référence constante à un port de 350 tonneaux en forme le trait d'union.

Il fut ensuite la propriété de Samuel Demissy qui le racheta à Fleuriau frères & Thouron ou à leurs syndics à la suite du dépôt de leur bilan le 25 (27) janvier 1785[28] qui pourrait bien n'avoir été qu'une liquidation amiable. L'association entre Fleuriau frères et Thouron conclue en 1781 devait jusqu'en janvier 1786, mais on dit qu'elle fut prolongée jusqu'en 1787. Il n'est pas exclu que Demissy ait eu *Le Bellecombe* en dation de paiement pour compensation de sa créance. Samuel Demissy changea alors le nom du navire en *Atlas*.

*L'Atlas* lui servit en 1786 pour mener une campagne unique sur l'Isle de France et à Bourbon depuis la Cabane Carrée, rivière de Rochefort en faisant escale au Cap-de-Bonne-Espérance. Alors qu'il était en armement <u>Les Affiches de La Rochelle</u> du 30 mars 1786, désignèrent Jonathan Webb pour en assurer le commandement. En fait ce fut le capitaine Pierre Darge Lalande qui conduisit l'expédition. La soumission du 27 mai précéda de peu le départ du 2 juin[29].

Grâce aux données figurant sur les contrats d'assurance sur corps et sur marchandises et effets, la valeur du bateau peut être estimée aux alentours de 50 000 livres et celle des marchandises à l'aller environ à 73 000 livres.

Charles Louis, l'aîné des enfants de Duperré, receveur à La Rochelle participa significativement au financement de la mise-hors.

Toussaint dans <u>La Route des Isles,</u> page 286, identifie *L'Atlas* comme un navire parvenu à Port-Louis le 28 septembre 1786.

Arrivé à l'Isle de France le navire subit les réparations nécessaires. Le capitaine Darge Lalande dit qu'il faisait continuellement de l'eau. Il fut doublé de cuivre et complété par d'autres travaux. Avant son départ pour la métropole une visite de contrôle et de l'état des vivres fut ordonnée pour prendre la mer[30].

*L'Atlas* fit retour à Lorient en mars 1787 mené par 34 hommes d'équipage et 7 passagers. La valeur couverte des marchandises assurées s'élevait à 188 800 livres. Il s'y vendit les marchandises chargées à l'Isle de France par le représentant de Samuel

---

[28] L'actif monte à sept cent seize mille livres neuf cent seize livres deux sols quatre deniers et le passif à un million quatre cent quatre-vingt-onze dix-huit sols, AD/17 2 C 1790, 25 janvier 1785.

[29] AD/17 soumission 27 mai 1786 B 259 f° 217, vue 438/505. Polices d'assurance sur marchandises et effets pour l'aller, AD/17 41 ETP 34, f°224, signée le 8 mai 1786 enregistrée le 10 mai 1786. – AD/17 41 ETP 34, f°299 31 mai 1786, signée le 31 mai 1786, enregistrée le 26 juin 1786, montant assuré 73 700 livres- [Police d'assurance sur marchandises et effets pour le retour, AD/17 41 ETP 36 f°95 signée le 14 mars 1787, enregistrée le 24 mars 1787.

[30] Extrait des minutes du greffe de la juridiction royale et d'amirauté de l'Isle de France à Port Louis du 28 novembre 1786, AD/56.

Demissy, Louis Léchelle, négociant d'origine rochelaise dont la famille avait compté parmi les négociants-armateurs de la ville [Héry, Tascher et Léchelle].

En septembre 1788, il subit en radoub au chantier Lepage des modifications, sur ordre de Thouron qui pourrait être devenu le nouveau propriétaire, les finances des Fleuriau devenant préoccupantes : 2 300 planches sapin en doublage venues de Wybourg ( Wyborg) en janvier dernier par le navire *Le Maximilien* au nom de Stockart & d'Ebertz entreposées au numéro 224, une futaille clous à construction pesant 186 livres venue de Dunkerque en janvier dernier par le navire *Le Jeune*, sieur Louis au nom de Lardeau père et fils entreposée au n° 214, deux mille de plomb venus de Rouen en août dernier par le navire *Les Deux Amis* spés.

On peut penser qu'il servit à faire de nouveau la traite négrière.

La fragilité de ce navire pourrait expliquer la décision de Demissy de s'en séparer.

8.4.- Le Neptune

Samuel Demissy entreprit trois campagnes sur l'Isle de France avec *Le Neptune*, la première 1785, la deuxième en 1787 et la dernière en 1788. Il en était propriétaire, mais on sait que l'aîné des vingt-deux enfants de Jean Augustin Duperré, receveur des tailles de La Rochelle, qui se prénommait Charles Louis, trésorier de l'extraordinaire des guerres, de l'artillerie et du génie et commis à la recette générale des finances de La Rochelle, lui prêta des fonds importants qui furent aussi destinés à l'armement de *L'Atlas*.

Le navire appartenait précédemment à Richemond & Garnault. Il s'était appelé *Le Montgolfier*. Construit par Le Page, il avait un port de 260 tonneaux. Le 10 avril 1784, Richemond & Garnault l'avaient envoyé à Bordeaux pour prendre un fret du roi afin de le porter à Cayenne et de là aller à Tobago et Saint-Domingue sous la conduite de Nicolas Gauvin, capitaine avec l'aide de Grégory subrécargue.

Le 26 juin 1784 une cession de ce navire pour 60 000 livres fut faite par Samuel Pierre Meschinet de Richemond en société avec Jean Jacques Garnault au banquier Pierre Charles Lambert. Le financier donna procuration à Samuel Demissy qui représentait ses intérêts pour ce qui lui était encore dû lors de la procédure ouverte le 5 avril 1786 et close le 12 août. Richemond & Garnault avaient bénéficié d'un crédit chez Pierre Charles Lambert à Paris qui avait été interrompu au mois d'août 1784 par un « événement malheureux » jamais explicité. Richemond & Garnault firent approuver un traité avec leurs créanciers qui leur accordèrent une remise de 5% de leurs créances soit 143 557 livres. Garnault ne voulut plus entendre parler d'affaires d'armement et décida de passer à Saint-Domingue.

## 8.4.1.- Campagne de 1785 pour se rendre à l'Isle de France et à l'Isle de Bourbon

L'avis de l'armement du *Neptune* parut le vendredi 19 août 1785 dans Les Affiches de La Rochelle, page 132. La destination mentionnée était l'Isle de France. Le capitaine Webb était désigné.

Demissy par soumission préalable auprès de l'Amirauté le 29 octobre 1785 obtint le congé nécessaire pour faire partir ce navire de 240 tonneaux avec permission de faire escale au cap de Bonne-Espérance[31]. Jacques Alexandre Boutet était désigné comme le capitaine[32]. Selon les Affiches de La Rochelle, *Le Neptune* quitta la cale de La Rochelle le 10 novembre 1785. Ce départ suivait de très peu celui de *L'Espiègle*, le 17 août de la même année.

Parti de l'Isle de France le 11 avril 1786 avec escales possibles probablement autorisées par la Nouvelle compagnie des Indes, le navire revint à Lorient le 17 septembre selon Les Affiches de La Rochelle du 22 septembre 1786.

Une fois encore les polices d'assurances permettent d'approcher les capitaux qui furent mobilisés pour mener à bien cette campagne.

Celle de l'assurance sur corps, signée le 19 octobre 1785, valeur assurée 51 000 livres[33].

Celles couvrant les risques sur marchandises et effets. Pour ce navire dont le tonnage de 240 tonneaux peut être considéré comme moyen, on ne trouve que deux polices d'assurances sur marchandises et effets qui marquent la mobilisation timide de la place de La Rochelle pour cette première expédition : E. Jolly qui assure pour 3 069 livres 10 sous de marchandises (12 novembre), douze mille neuf cent soixante-douze piastres effectives (10 novembre), quatorze signatures pour 100 500 livres : notamment par Garesché, Guibert, Rasteau (19 octobre 1785).

Demissy était cette fois-ci bien le propriétaire armateur du navire. Ceci ne voulait pas dire qu'il l'avait payé de ses propres deniers. On sait effectivement que ses armements pour *Le Neptune* et *L'Atlas* ont été largement financés par Charles Louis Duperré avant que ce dernier ne quitte La Rochelle pour demeurer à Paris. Il y décèdera le 12 septembre 1821, arrondissement ancien n°1.

Pour le retour de la première expédition toujours conduite par Alexandre Boutet depuis les Isles de France et de Bourbon, ramenant des marchandises de ces îles ou

---

[31] AD/17 B 259, vue 212.

[32] Il apparaît qu'il mit à profit cette campagne pour faire expédier sur *La Bretagne* des marchandises sur la métropole : [AD/17 41 ETP 35 f°122, 22 septembre 1786 La Bretagne, armement Corbun de Bordeaux 500 tonneaux, 10 canons, 77 hommes d'équipage] capitaine Boutet. Police d'assurance sur marchandises et effets Nous assureurs obligés promettons & nous obligeons envers vous M Demissy fils pour le compte du capitaine Boutet les marchandises de telle nature que ce puisse être qu'à dû faire charger pour compte dudit sieur Boutet soit à Pondichéry ou tout autre port de l'Inde M. [Jacques Jacob ] Dechézeaux ou tout autre à sa place reçu ou non reçu soit dudit lieu de Pondichéry ou tout autre port de l'Inde à Lorient avec permission de faire les relâches que le capitaine jugera nécessaires.

[33] AD/17, 41 ETP 23 f° 186, vue 133/305.

de l'Inde chargées sur *Le Neptune* par Louis Léchelle, mandataire de Demissy à Port-Louis à Lorient, on note une couverture au nom de L. Vivier pour un montant de 2 400 livres 25 août 1786, enregistré le 31 août. Bien plus significative est l'assurance prise le 23 août enregistrée le 31 août pour couvrir les avaries sur des cafés ou telles marchandises de l'Inde qu'à dû faire charger aux Isles de France et de Bourbon M. Louis Léchelle sur le navire *Le Neptune* capitaine Jacques Alexandre Boutet d'où il a dû partir en mai dernier au port de Lorient, montant assuré 105 000 fait le 23 août 1786, enregistré le 31 août, en quatorze signatures. Le plus gros souscripteur est Jean Perry, époux de Marguerite Meschinet de Richemond, 4 000 livres. Demissy s'auto assura pour 3 000 livres.

8.4.2.- Campagne de 1787 pour se rendre à l'Isle de France et à l'Isle de Bourbon
Avant de repartir sur les Isles de France & Bourbon par Bordeaux avec un autre capitaine nommé Gabriel Jacquelin Desplanes. *Le Neptune* passa le mois de mai au radoub au chantier Lepage. Plusieurs attestations destinées à exonérer de taxes les produits et matériaux employés à l'armement entreposés au numéro 184, permettent de se rendre compte de l'importance des travaux effectués. On employa 3 100 livres de fer venues de Stockholm par le navire *La Marianne Catherine*, capitaine Larne Jerberg, 3 582 planches venues de Saint-Martin, Isle de Ré par la barque *Le Dresseur*, 1200 livres de clous à construction venus de Saint-Valéry, 32 saumons de plomb pesant ensemble 4 600 livres, trois cent soixante-cinq feuilles de cuivre pesant ensemble 4 200 livres, une caisse de clous pesant 85 livres, quatre milliers de fer en feuillard venus de Bordeaux par la barque *La Jeune Élizabeth*, cent cinquante planches de pin venues de Saint-Esprit-les-Bayonne par la barque *Saint Antoine de Padoue*.

Le départ au printemps 1787 [soumission du 24 mai 1787] connut un incident sérieux. *Le Neptune* partit sans le sac de lettres pour l'Isle de France qui était resté au bureau de la poste à La Rochelle qui devait contenir la correspondance du roi. Gabriel Jacquelin Desplanes n'en fut pas tenu pour responsable, le directeur de la poste devant seul en être tenu (lettre du 12 juin 1787)[34]. L'affaire remonta jusqu'au ministre, le maréchal de Castries. Il fit connaître qu'il instruisait de ce fait M. le baron d'Ogny, directeur général des Postes, afin que ce dernier puisse donner des ordres précis pour qu'à l'avenir le service des lettres par mer se fasse avec toute l'exactitude qu'il exige (lettre du 25 juin 1787).

Le montant assuré le 16 juin 1787 pour couvrir les avaries communes, corps, quille, agrès, apparaux, ustensiles, vivres, avances à l'équipage canots, chaloupes, &

---

[34] La poste était tenue depuis des décennies par la famille Baudry. Mme Baudry de La Richardière épouse de Griffon prit la suite.

généralement toutes les appartenances et dépendances du navire fut légèrement inférieur à celui qui avait été retenu en 1785 : 40 000 livres contre 51 000.

Les chargements opérés par les négociants rochelais furent nombreux. De nombreuses polices l'attestent : Vingt-cinq mille six cent soixante-quinze piastres et demi fortes, assurées pour 108 700 livres; treize cent cinquante piastres fortes, assurées pour 7200 livres; soixante-sept barriques de vin assurées pour 7 000 livres; Tasché faisant pour compte de MM. Louis et Baptiste Léchelle piastres chargées ou à charger à l'adresse du sieur Louis Léchelle [négociant à Port-Louis à l'Isle de France] assurées pour 15 400 livres ; vins : montant assuré 16 000 livres; pièces d'eau de vie pour le Port-Louis Isle de France : montant assuré 23 500 livres; Perry 32 barils bray gras (goudron utilisé pour le calfatage des navires), 83 barils de fer similaire, Perry 112 caisses de vin, huiles en bouteille, Fleuriau : piastres assurées pour 24 000 livres.

Selon les données issues du site Navigocorpus, *Le Neptune* toucha l'Isle de France le 5 juin 1787.

8.4.3.- Campagne de 1788 pour se rendre à l'Isle de France et à l'Isle de Bourbon
Le capitaine Gabriel Jacquelin Desplanes conduisit la troisième expédition du *Neptune*. La soumission est datée du 5 août 1788 [35]. Le navire partit de La Rochelle le 28 août, toucha Le Cap en décembre et parvint à l'Isle de France le 9 janvier 1789.

Parti du Port-Louis de l'Isle de France pour Lorient le 1er avril 1789 (27 mars ?), il fut chargé de marchandises par Louis Léchelle et MM. Paul Marie Benjamin et François Aimé Gabriel Fleuriau négociants à Port-Louis[36], mais aussi pour le compte d'autres négociants comme M. Lamaletie à l'Isle de France ; des balles de coton destinées à Perry, quarante-deux balles de café Bourbon chargées et à charger pour venir des Isles de France et de Bourbon à Lorient, chaque balle de café étant estimée à cent livres tournois, cinquante balles et demi de café Bourbon pour M. de Richemond.

Avant son départ pour Lorient le navire avait été visité et avait été déclaré apte à naviguer [37].

Le voyage de retour se déroula mal. Le 27 avril 1789. *Le Neptune* commandé par Gabriel Jacquelin Desplanes, essuya une forte tempête au large du Cap-de-Bonne-Espérance qui fatigua beaucoup le navire, lequel subit des voies d'eau mouillant

---

[35] AD/17 B 259 vue 467/505.

[36]Deux fils de Paul Marie Benjamin Fleuriau, époux de Marie Charlotte Admirault : Paul Marie Benjamin et François Aimé Gabriel âgés de 27 et de 26 ans passèrent à l'Isle de France en 1788. Ils s'installèrent à Port-Louis où ils ouvrirent un entrepôt. Ils avaient fait auparavant de nombreux armements pour les Mascareignes les Inde la côte d'Angole et Saint-Domingue au sein d'une éphémère société qui dut déposer son bilan après cinq ans d'existence. Les deux frères devaient 275 000 livres et leurs principaux créanciers étaient Aimé Benjamin Fleuriau, MM. Fleuriau Paillet, David Thouron, D. Garesché, de Missy fils et Mme Veuve Paul Fleuriau.

[37] Extrait de la lettre de M. Jacquelin de Planne (sic), capitaine du *Neptune* à M. Demissy, armateur dudit navire, de Lorient le 29 février 1788 [1789], AD/56,10 B 56. AD/56 10 B 56, vue 170/424.

l'emballage ou même rendant impropres les balles de coton et de café destinées à divers particuliers. Le navire transportait diverses marchandises qui ne furent pas toutes abîmées.

Peu après son arrivée à Lorient le 11 août 1789 Gabriel Jacquelin Desplanes domicilié chez Lanchon frères, armateurs-négociants à Lorient déposa une requête auprès de l'amirauté de Lorient pour procéder au dressement du procès-verbal d'avaries.

Une attestation des officiers majors mariniers expliquant les circonstances des avaries fut signée par Gabriel Jacquelin Desplanes, de La Giraudais, Jean Henry Knell dit l'aîné, Garel de La Vieuxville, A. Clerc, Pierre Chilleau, Jean Bertrand Gautereau. Ils avaient réussi malgré tout à sauver la cargaison au lieu d'en jeter une partie à la mer pour alléger le bateau :« *Certifions que le 27 avril 1789 par 31° 2 de latitude et 28° de longitude méridien de Paris, les vents ayant porté ouest-sud-ouest avec grande violence, la mer étant extrêmement grosse, le temps ayant la plus mauvaise apparence le navire fatiguant considérablement, nous eussions jugé de mettre les pièces à l'eau, que nous avions été contraints de mettre au nombre de quarante barriques tant à l'avant que sur l'arrière et dans la coursive afin de remplir les engagements pris avec MM. Fleuriau frères et Louis Léchelle, nos correspondants audit lieu, ce que nous eussions point été contraints de ne point remplir au complet en ayant laissé dix à l'Isle Bourbon. Les susdits sieurs Fleuriau frères ayant contre notre attente et contre ce qu'ils nous avaient affirmé emballé des balles qui cubaient jusqu'à quarante pieds après n'en avoir offert au cubage pour le règlement que des balles de vingt-huit à trente-deux pieds, ce qui d'après un* (illisible) *examen nous a contraints à faire de préférence à False Bay [à l'est de la ville du Cap] qu'à l'île de Sainte-Hélène comme moins dangereuse et moins dispendieuse afin pour se pourvoir d'eau et de toile à voile afin de faire la réparation d'un hunier qui nous aurait défoncé la même nuit* ».

*Le Neptune* fut vendu à Élie et Jacques Rasteau pour la somme bien modeste de 18 000 livres payables à six mois. Ces derniers l'armèrent pour la Côte d'Angole et il partit de La Rochelle sous le commandement du capitaine Rodrigues le 21 septembre 1790 après avoir passé au radoub et acheté des menottes et des colliers (367 livres), versé une avance de trois mois à l'équipage (5 190 livres), ce qui avec les marchandises porta le montant de la mise-hors à 269 217- 4-11[38].

8.5.- Le capitaine Cook
La filiation du navire.

---

[38] AD/17 4 J 5119.

Samuel de Missy (1755-1820), armateur rochelais sur l'océan indien

8.5.1.- Les Deux Mariés
Le 6 avril 1784, Fleuriau frères et Gabriel Thouron s'étaient rendus acquéreurs pour le compte de divers intéressés d'un navire de 350 tonneaux qu'ils dénommèrent les *Deux Mariés*. Le vendeur paraît être un Nantais qui l'avait baptisé *La Bienfaisance*. Il pourrait s'agir de la société entre Giraud et Raimbaud. La transaction aurait porté sur 31 500 livres.

Giraud et Raimbaud étaient des armateurs négriers du port de Nantes. L'année précédente, ils avaient armé *La Jeune Aimée* de 150 tonneaux pour une expédition négrière sur la Côte d'Angole d'où ils avaient tiré 264 esclaves qu'ils revendirent à Saint-Domingue. Bénéfice de l'opération : environ 135 %[39].

Une première répartition des parts d'intérêt établie le 15 juillet 1784 présente les financeurs comme suit (bases 128) : Jolly 4/128, Dumoutier 82/128 ; de Stockart d'Ebertz 2/ 128, Carayon fils aîné 4/128, Veuve Fleuriau, née Admirault 2/128, (Paul Fleuriau marié à Marie Charles Admirault), Garreau 2/128, Demissy 8/128, Benjamin Fleuriau 6/128, Poupet 4/128, Rasteau 4/ 128, Élie et Jacques Rasteau 4/128, Thouron 1/ 128, veuve Gravereau 1/ 128 ; Fleuriau Frères et Thouron 81/ 128.

Une autre déclaration du 15 septembre 1784, qui pourrait être cependant avoir été la première, donne une répartition des parts d'intérêt moins divisée : Demissy fils pour 2/ 8, Giraud et Raimbaud de Nantes 1/8, Théodore Martel de Bordeaux 2/8, Fleuriau frères et Pierre Thouron 2/8 et Thouron l'aîné (Gabriel, ?) 1/8.

Le but avoué de cette acquisition était de pouvoir faire la traite transocéanique en allant d'abord à l'Isle de France décharger les marchandises chargées en métropole puis acheter les captifs sur la Côte du Mozambique et les vendre, soit au Cap de Bonne-Espérance, soit à Saint-Domingue[40].

Mais il semble que la campagne ne porta que sur un commerce d'Inde en Inde et non la traite, car le navire ne fut destiné que pour l'Inde et la Chine en demandant au capitaine Daniel Savary d'en assurer le commandement. Le bateau aurait pu quitter La Rochelle le 4 ou le 12 octobre 1784. Sa campagne se serait terminée le 1$^{er}$ septembre 1786. Fin 1785 ou début 1786, il aurait chargé à l'Isle de France.

Les Affiches de La Rochelle dans l'édition du 16 septembre 1785, page 148, annoncent l'arrivée du navire *Les Deux-Mariés* en provenance de l'Isle de France.

Les travaux d'Auguste Toussaint sur les années 1784, 1785 et 1786 ne mentionnent pas un quelconque mouillage à l'Isle de France. Quant à une implication dans la traite, Mettas n'en dit rien.

L'armement particulier vivait en 1784 ses derniers instants de liberté, et c'est la raison pour laquelle ce navire serait allé en Chine sans autorisation particulière.

---

[39] The Slave Trade, Hugh Thomas, Hachette UK, 12 nov. 2015.
[40] AD/17 41 ETP 23, 24 avril 1784.

C'est bien le sens de la soumission portée par Paul Marie Benjamin et François Aimé Gabriel Fleuriau & Pierre Thouron devant l'Amirauté le 4 octobre 1784 : *Deux Mariés*, capitaine Daniel Savary, 300 tonneaux expédié pour les Indes [41].

Le caractère purement matériel de cette campagne se voit confirmé par la police souscrite pour couvrir le voyage de l'Isle de France à Lorient : *Les Deux Mariés*- capitaine Savary- Police d'assurance sur marchandises et effets - Nous assureurs obligés promettons & nous obligeons envers vous MM. Fleuriau frères et Pierre Thouron autorisés par MM. Delaire Chamois & de Baussay vos adjoints d'assurer & assurons les sommes par chacun de nous ci-dessus déclarées, sur or et argent ou marchandises [...] chargées dans votre navire Les Deux Mariés, capitaine Savary [...] pour aller de l'Isle de France à Pondichéry, côte Coromandel & le retour en Europe jusqu'au port de Lorient où les risques finiront [...] Prime cinq et demi pour cent. Fait le 10 janvier 1786, enregistré le même jour, en vingt-deux signatures dont 35 000 lt pour la compagnie du Havre, Garesché, etc. Montant assuré 153 700 lt [42].

### 8.5.2.- Les Deux Mariés rebaptisés Capitaine Cook

Le 4 décembre 1786 (?)Samuel Demissy acheta à Fleuriau frères et Pierre Thouron en toute propriété *Les Deux Mariés* qu'il rebaptisa *Capitaine Cook*[43].

Il lui fit subir les réparations nécessaires d'avril à novembre 1787 au chantier Lepage[44]. On y employa notamment, dix mille dix planches sapin venant de Saint-Martin, 380 barres de fer pesant ensemble 24 338 livres, 27 paquets de fer feuillard employés aux pièces à eau barriques de vin quart et demi quart par Pierre Fraigneau tonnelier faisant ensemble 6 000 livres et 15 paquets de fer feuillard faisant ensemble six mille livres, 12 paquets de fer feuillard faisant ensemble trois mille livres, huit milliers soixante livres de fer et quinze cent planches de sapin venues de Stockholm.

Conduit par Charles François Mariette[45] capitaine de marine marchande [époux de Catherine Garaux, tous deux d'origine normande (Dieppe)], le navire appareilla de La Rochelle le 28 décembre 1787. La soumission à l'Amirauté avait été autorisée par Pierre Étienne Louis Harouard en présence du procureur du roi le 3 décembre 1787 pour les Isles de France et de Bourbon avec marchandises autorisées [46]. Elle visait la déclaration du roi d'avril 1717 et inutilement l'arrêt du Conseil d'État du 31 octobre

---

[41] AD/17 B 259, f°203 verso, vue 411/505.

[42] AD/17 41 ETP 34 f°5.

[43]Peut-on imaginer un rapprochement avec le Journal de Guienne n° 216, page 877, 4 août 1789 ? Navire *Le Duc d'York* de Londres, capitaine Francis Cook, chargé de plomb courtier M. Sauvay. Navire étranger entré dans le port.

[44] Affiches de La Rochelle, 18 juillet 1783, page 114, MM. Lepage frères ont un assortiment de bois de charpente comme soliveaux, chevrons et pièces portantes, autres pièces pour fût de treuil & baucheau.

[45]Navigocorpus donne pour ce navire : capitaine Moreille (sic) Charles.

[46] AD/17, B 259, f°227, vue 458/505.

1784. Le respect de ce trajet était impératif. Les particuliers de la métropole ne pouvaient armer que pour les deux îles, sans possibilité de faire du grand cabotage dans l'océan indien.

La valeur du navire ? Comme pour ceux que nous venons de voir, elle peut être approchée par la police d'assurance sur corps pour couvrir la navigation de La Rochelle aux Isles de France et Bourbon : 29 500 livres ce qui paraît très modeste pour un risque estimé à 85 000 livres [47], mais qui paraît bien en accord avec le prix de vente de Giraud et Raimbaud à Fleuriau frères & Thouron trois ans auparavant.

Le bénéfice de l'expédition pouvait-il reposer sur un simple aller-retour de marchandises entre la métropole et les îles ? Les marchandises embarquées furent assurées le 3 décembre 1787. La police d'assurances sur marchandises et effets porta sur vingt mille piastres chargées ou à charger sur le navire en couvrant le risque à 115 000 livres [48]. Manifestement cette expédition serait différente des précédentes. Il ne semble pas que des marchandises autres aient fait l'objet d'une police particulière de la part de Demissy. On peut penser que le navire portait du fret pour nombre de chargeurs autres, voire transportait des passagers.

*Le Capitaine Cook* ne parvient à l'Isle de France qu'au terme de sept mois de voyage. Certes, il était prévu qu'il puisse en toute légalité faire halte au Cap de Bonne-Espérance et des relâches, mais ce qui le retarda fut une suite de tempêtes qui endommagèrent le navire. Auguste Toussaint écrit dans une biographie consacrée à Charles Nicolas Mariette, Annales de Normandie, année 1977, pp 19-36, fils du capitaine du *Cook* que son arrivée seulement le 25 juillet fut entravée par plusieurs tempêtes causant des pertes de cargaison [49]. Il n'est pas exclu que son voyage aller lui permit de visiter par cas de force majeure les Côtes de Malabar et de Coromandel.

Toussaint ne le voit désarmé à Port-Louis que le 4 août 1788. On peut penser qu'il jeta l'ancre à Port-Louis le 25 juillet 1788. Il fut réarmé très vite aussitôt sous l'autorité de Louis Léchelle, négociant au port et correspondant de Samuel Demissy pour une expédition d'Inde en Inde, et ce en toute légalité, car Léchelle est un négociant îlien qui n'est pas bridé par le privilège d'exclusivité de la Nouvelle compagnie des Indes. Le navire partait alors de l'Isle de France le 19 août 1788. Une police couvrant le corps du navire fut signée à La Rochelle le 2 décembre 1788 ne couvrant le risque de 80 000 livres que pour 48 000 livres en onze signatures rochelaises [50]. D'autres polices pour les marchandises et effets ont dû être conclues ailleurs qu'à La Rochelle.

*Le capitaine Cook* appareilla le 19 août toujours commandé par Charles François Mariette pour Pondichéry, puis se rendit à Trincomalé (Ceylan), puis à Cochin qui était un comptoir hollandais et enfin à Mahé qui était un comptoir français. Il remonta la

---

[47] AD/17, 41 ETP 24 f°10, vue 13/307, 24 novembre 1787.
[48] AD/17, 41 ETP 37 f° 24, vue 26/305, fait le 3 décembre 1787, enregistré le 11 décembre 1787.
[49] Archives Maurice – Mauritius Archives- OB28/203 et 206.
[50] AD/17, 41 ETP 24, f°40, vue 45/307.

côte ouest pour toucher à Mangalore [Mangaluru] port du royaume de Mysore, puis encore plus au nord à Goa pour revenir à Port–Louis le 24 avril 1789 [51] et de là décharger à Lorient et éventuellement retourner à La Rochelle, car l'on ne sait pas ce que Demissy fit de ce navire qui ne lui servit qu'une fois. Armé par un négociant îlien, pareils mouvements de cabotage étaient parfaitement légaux.

Deux polices d'assurance font état de la couverture des risques : l'une enregistrée le 24 novembre 1787 pour couvrir les risques sur le corps du navire sur corps quille agrées ustensiles et avance à l'équipage et mise-hors de son départ de l'avant-port jusqu'à l'Isle de France, y compris toutes relâches nécessaires, lequel navire est bien connu pour aller de La Rochelle aux îles de France et de Bourbon sous-couvert par une assurance de tiers à hauteur de 29 500 livres pour un risque estimé à 85 000 livres souscrite par divers armateurs, négociants et particuliers, l'autre du 10 septembre 1788 pour 48 000 livres conclue le 2 décembre 1788, portant sur corps quille agrées ustensiles et avance à l'équipage prenant effet du 2 août 1788 pour aller de l'Isle de France d'où il devait partir le 19 août pour les Indes orientales et retour à ladite île souscrite par divers armateurs, négociants et particuliers.

8.6.- Le Nautile

Demissy arma le brick *Le Nautile* pour l'Isle de France à mi-1788. C'était un navire de faible tonnage : 80 tonneaux. Il ne s'en servit qu'une fois. L'employa-t-il en vertu d'une charte-partie ou s'en rendit-il acquéreur ? Autant de questions sans réponses à ce jour.

Avant de l'envoyer aux Isles de France et de Bourbon, il le fit réparer, comme le prouve cette attestation présentée à la Chambre de commerce : Nous soussignés P. Fraigneau & Moreau, maîtres-tonneliers avoir employé aux barriques à eau, barriques en tierçons d'eau de vie, barriques à vin, quart de salaison et goudron pour le navire *Le Nautile*, capitaine Knell pour l'Isle de France, la quantité de 4 508 livres [mot non lu] en feuillards venues d'Amsterdam en août dernier au nom de Paronneau jeune par le navire *La Jeanne Sonkjen*. À La Rochelle le 4 juin 1788, signé Moreau, Louis Fraigneau, de Demissy.

La soumission fut autorisée par l'Amirauté le 17 juin 1788[52]. Le navire devait être conduit par Jean Henry Knell[53]. Elle se référait à l'arrêt du Conseil d'État du 31 octobre 1784, concernant les armements pour les îles et les colonies françaises, article II, pour y déroger en se référant aux Lettres patentes du roi d'avril 1717 rendant tous armements possibles dans tous les ports si le navire dépasse 150 tonneaux.

---

[51] Archives Maurice- Mauritius Archives OB28/203 et 206.
[52] AD/17, B 259 f° 231.
[53] Né en 1763, AM La Rochelle12 fructidor an III, passeports 215/11.

La valeur du navire n'était pas élevée. On note une assurance sur corps de 28 000 livres. Il transportait des marchandises [54] pour 25 000 lt et pour 6 600 lt. Une autre couvre spécifiquement le chargement de six mille piastres d'Espagne pour 34 000 livres.

### 8.7.- Le Henry Quatre

Ce bâtiment à trois mâts du port de 500 tonneaux comme beaucoup de navires marchands aurait été construit par le chantier Lepage situé avec ses magasins le long des fortifications dirigé par Pierre et François Lepage à La Rochelle deux années avant sa liquidation qui sera loin d'être définitive à partir d'août 1790[55]. *Le Henry Quatre* croisa par deux fois au-delà du Cap de Bonne-Espérance : En premier lieu sous la conduite de Gouin en 1789 en droiture aux Isles de France et Bourbon, puis en 1791 par le capitaine Jonathan Webb avec Jacques Alexandre Boutet comme subrécargue, sous un régime presque totalement libéré des privilèges de la Compagnie des Indes. Ce contexte réglementaire évolutif explique la physionomie différente de ces deux armements.

On lui attribua 600 tonneaux, percé pour 8 tirants d'eau, chargé 14 pieds et non chargé 9 pieds, deux ponts, deux gaillards. Il portait un équipage de 41 personnes.

En tout état de cause, les développements qui vont suivre vont infirmer les propos de M. Laveau, qui a pu écrire : <u>Demissy faisait donc la traite en 1790-1791, alors que l'armateur prenait</u> [avait pris en 1790] <u>le parti des Noirs à Paris</u> (op.cit. page 97).

### 8.7.1.- Le Henry Quatre, première expédition

En décembre 1788, *Le Henry Quatre* était encore en radoub sur le chantier du maître-charpentier Pierre Michel Lepage. Navire construit ou remis à neuf ? Il y fut employé, sans que l'énumération qui suit puisse être limitative : 150 planches de pin venues de Saint-Esprit-les-Bayonne par le navire *Saint-Jean-Baptiste*, capitaine Darate; douze caisses contenant soixante feuilles de cuivre pesant ensemble 7 308 livres; un baril de clous pesant 550 livres, le tout venant de Bordeaux par la barque *Saint Étienne* au nom de M. Demissy; dix barils clous à construction pesant ensemble 7 776 livres venus de Dunkerque par le navire *Le Sylphide*, capitaine Lelong ; 1 950 planches sapin venues de l'isle de Ré, par la barque *Le Perle* venues par la barque *Le Dromadaire* 2 318 livres de clous à construction venus de Saint-Valéry par le navire *La Ville d'Amiens* en juin dernier au nom de Lardeau, père & fils ; 2 000 planches de

---

[54] AD/1 ETP 37 f° 165 f° 169, 12 juin 1788; AD/17, ETP 37 f° 183, 17 juin 1788.
[55] Dépôt du bilan le 22 décembre 1792, actif : 126 048-7, passif 282 112-10-11, maison de Pierre Lepage devant le bassin, maison de François Lepage rue Saint-Claude. On retrouve cependant en 1809 un Lepage procède avec Roux, voilier et Supiot, cordier à l'estimation du navire corsaire *Le Charles* expédié par MM. Garesché frères d'ordre de P. et J.L Baour frères et Cie de Bordeaux sous le commandement de Sébastien Plassard. AD/17 L 1045.

sapin venues de l'isle de Ré, par la barque *Le Perle*; dix milliers de fer venus de Stockholm par le navire *La Concorde* au nom de Paronneau jeune (Louis Charles).

L'armement étant bientôt terminé, Demissy le 6 avril 1789, déposait une soumission à l'Amirauté de La Rochelle pour permettre le départ, en faisant escale à Bordeaux, du navire le *Henry Quatre* doublé et chevillé de cuivre qu'il destinait aux Isles de France et de Bourbon avec relâches possibles, moyennant l'obligation de retour des marchandises au port de Lorient. Le capitaine Honoré Alexandre Gouin le commandait. La possibilité de faire du commerce avec les Indes par le seul canal de Port-Louis ne paraissait pas entravée par les événements qui se déroulaient à l'intérieur du Royaume. Au contraire la perspective de l'abolition du privilège de la Nouvelle Compagnie des Indes (de 1785), qui faisait l'objet de débats interminables devant l'Assemblée nationale constituante et de son Comité colonial[56], ne pouvait que renforcer ses espérances de durabilité, sinon d'expansion pour un tel commerce. Jean-Baptiste Nairac dans sa correspondance du 8 mai 1790 avec la Chambre de commerce de La Rochelle mentionnait qu'il attendait la décision des retours de l'Inde pour lancer une expédition en propre qui lui permettrait de désarmer à La Rochelle. Mais le 17 août 1791, dans une dernière lettre de Jean-Baptiste Nairac de Paris à la Chambre de commerce de La Rochelle, le député extraordinaire constata l'échec de la remise en cause obligée des retours de l'Inde Lorient qui conserve son privilège « Je me bornerai à vous dire qu'on n'obtiendra dans ce moment aucune exception sur les retours de l'Inde ».

Effectivement *Le Henry Quatre* entra dans la rivière de Bordeaux en mai 1789, commandé par Honoré Alexandre Gouin, chargé de pierres à bâtir et autres marchandises [57]. Cette première étape relevait d'un petit cabotage. Le chargement fut complété sur les quais du Port de la Lune.

La mise-hors du *Henry Quatre* s'était déroulée dans un contexte mouvementé bien sûr à Paris, mais aussi à La Rochelle. Samuel Demissy venait de prendre des responsabilités importantes dans la constitution du corps des Volontaires nationaux, tant et si bien qu'il a pu être écrit que le départ du *Henry Quatre* a pu être retardé de ce fait.

Une première police couvrait le risque d'avaries sur le corps du navire, les agrès, les apparaux, ustensiles et avances à l'équipage pour un montant assuré de 80 000 livres, partagée avec treize souscripteurs, la plupart protestants ou intervenants pour compte.

---

[56] Le 26 octobre 1790, Louis Torterue Bonneau député au conseil du commerce depuis 1781 apprenant le retour de Jean-Baptiste Nairac à La Rochelle demanda à la Chambre de pouvoir lui succéder en tant que député extraordinaire afin de prendre part aux travaux du Comité colonial du Comité du Commerce. Cette demande lui fut refusée.

[57] Journal de Guienne, n° 138, édition du 18 mai 1789, page 555, courtier M. Delmestre.

Une autre, souscrite de même à La Rochelle garantissait les risques sur marchandises et effets : Nous assureurs soussignés promettons et nous obligeons envers vous M. Demissy faisant pour s/c (son compte) assurer et assurons par chacun de nous ci-dessous déclarées cinq mille piastres d'Espagne chargées à Bordeaux sur le navire *Henry Quatre*, capitaine Gouin, reçu ou non reçu, pour aller de Bordeaux aux Isles de France et Bourbon, la piastre évaluée cinq livres dix sous[58].

*Le Henry Quatre* mouillait seulement le 12 février 1790 à Port-Louis selon Auguste Toussaint, op.cit. page 291.

Il faut donc comprendre la mention au travers d'une lettre de quatre pages, datée du 13 juillet 1790 écrite par le commerçant Nicolas Suidre à son beau-frère Louis Admirault, se rapportant au *Henry Quatre* « après neuf mois de traversée » comme étant celle de l'arrivée du navire à Port-Louis[59], car il fallait au moins trois mois pour en avoir connaissance par le retour d'un autre navire sur la métropole.

Le navire resta à Port-Louis semble-t-il le minimum de temps pour charger la marchandise en retour. On peut imaginer que Louis Léchelle, correspondant et mandataire de Samuel Demissy ait fait en sorte que la logistique dure le moins de temps possible, car l'arrivée du *Henry Quatre* avait été espérée plus tôt. On sait que le navire chargea à l'Isle de France ou à l'Isle Bourbon ce qui est plus vraisemblable, des balles de café, cette denrée ayant manifestement des débouchés immenses en métropole[60].

Le navire lors de son retour allait croiser au large de La Rochelle pour décharger ses marchandises. Demissy allait tenter de remédier à cette situation absurde.

Il essaya d'apitoyer les membres du Comité du commerce et de l'agriculture qui évoquèrent sa requête le 16 juillet 1790 : « *L'armateur du navire Le Henry Quatre parti de l'Isle de Bourbon a représenté au Comité que ce navire est arrivé dans la rade de La Rochelle dépourvu de câbles et d'ancres dans un état à ne pouvoir continuer sa navigation qu'avec grand danger. Il a demandé à être autorisé à ce que ce navire fût reçu et les marchandises débarquées à La Rochelle. Après diverses observations, le Comité a ajourné cette affaire jusqu'après le décret que rendra l'Assemblée nationale sur les retours d'Inde* ».

Persistance des refus

Le 29 janvier 1790, Chevalier, armateur à Rochefort remit un mémoire qui fut transmis à Charles Hernoux de Dijon, le 7 avril 1789 élu, député du Tiers aux États-généraux, élu par sa généralité de Bourgogne, l'un des 23 commissaires du Comité

---

[58] 41 ETP 38 *Le Henry Quatre* f° 137, 14 novembre 1789
[59] https://www.livre-rare-book.com/book/5472284/23869
[60] Avant la première expédition du *Henry Quatre*, Samuel de Missy avait fait venir par *Le Pacificateur* de Bordeaux capitaine le chevalier de Gressac onze cent quatre balles de café assurées pour 113 800 livres] AD/17, 41 ETP 3811 mars 1789 f° 50].

d'agriculture et de Commerce, composé de 32 membres créé le 2 septembre 1789, pour demander, malgré le privilège de la Compagnie des Indes, un permis d'armer un petit navire pour tâcher de se faire payer d'un vol considérable qui lui a été fait par des commissionnaires ou bien à l'Isle de France. Ce fut un refus. *Le Henry Quatre* revint donc au port de La Rochelle après avoir déchargé ses marchandises à Lorient. Il fallut que Demissy attende le début de l'automne pour toucher le produit de la vente de ses marchandises entreposées dans cette attente dans les magasins de la Compagnie des Indes à Lorient. La vente commença le 3 novembre 1790.

De retour à La Rochelle, à la demande de Demissy, le navire fut visité par Lepage, maître-charpentier et constructeur [61].

En 1790 un autre armateur rochelais se hasarda à aller aux îles de France et Bourbon : Il se nomme Jean-Baptiste La Roche, avec *La Bellone* de 350 tonneaux, soumission du 6 juin 1790 à l'Amirauté.

Ses marchandises furent probablement vendues par les Commissaires de la Compagnie de l'Inde à Lorient le 21 novembre 1791.

On n'a pas trace dans le manuscrit Ms 731-734 conservé à la Médiathèque Michel Crépeau de ventes de marchandises à Lorient provenant de la première expédition du *Henry Quatre* ou de la troisième du *Neptune*.

On sait qu'il se déroula une vente le 9 mai 1789 des marchandises du *Duras*[62], du *Le Noir*, du *Boullongne* et du *Duc de Vauguyon* avec paiement au 10 et 12 juin sur Paris et Londres, du *Comte d'Artois*, du *Comte d'Estaing* et du *Necker ;* une autre le 3 novembre 1790 où se pressèrent Admirault, Pourtalès, Galway, Puchelberg Jean-Antoine Longayrou, Carié et Cie, Le Hir, Lafontaine pour celles qui parvinrent sur *Le Boullongne*, *La Royale Élizabeth* , *Le Penthièvre*, *Le Ségur*, *La Louise Julie*, *Le Miromesnil*, *Le Tipo Sultant*, *Le Lambert*, *Le comte d'Artois*, *La Bretagne*, *L'Archiduc*, *L'Actif et Le Chêne* où une partie du chargement paraît avoir été consigné à Lanchon et Cie.

En mars 1790 furent vendues tout spécialement des marchandises consignées à l'adresse de Charruyer. La Chambre de commerce de La Rochelle fut prévenue par les commissaires de la Compagnie des Indes de la tenue des ventes pour le 21 septembre 1791. Une dernière eut lieu le 3 décembre 1793 pour des marchandises venues par *La Mannone* consignées au citoyen Périer.

---

[61] AD/17, 2 C 1799 21 juillet 1790, n°4 gauche, vue 138/204, Procès-verbal de visite du navire Le Henry Quatre fait à la requête du sieur Samuel Demissy négociant à La Rochelle par les sieurs Robin Frémon, Lepage et deux experts, passé devant Dubreuil (Paul Louis Dubreuil, greffier à la juridiction consulaire et greffier en chef de l'Amirauté

[62] Nous sommes toujours perplexes sur le fait que selon le portail Mémoire des Hommes le Duc de Duras serait devenu Le Bonhomme Richard.

### 8.7.2.- Le Henry Quatre, seconde expédition

À peine supprimée par un décret de 1790, la Compagnie des Indes se reconstitua comme compagnie particulière. Les privilèges anciens n'étaient pas transmis à cette nouvelle compagnie.

À l'assemblée générale des actionnaires, tenue le 19 décembre 1791, le président de la Compagnie, en rendant compte de la situation de la « société réduite à l'état d'une simple maison de commerce » constata le succès des opérations entreprises depuis la suppression du privilège.

Une motion fut déposée contre elle à la Convention pour des sommes prêtées à Louis XVI. Le 30 ventôse an II, les syndics et directeurs de la nouvelle compagnie des Indes furent mis en prison. La loi du 17 germinal an II ordonna, sous un délai de dix jours, le transfert au Bureau de comptabilité des papiers de la Compagnie des Indes et des fermes générales.

La loi du 24 messidor an III leva tous séquestres, saisies et oppositions établis sur les effets de la Compagnie. Les temps devenaient meilleurs. Des secours furent accordés par le gouvernement aux employés de la Compagnie réformés (an III), et les associés réunis signèrent une pétition pour être réintégrés dans leurs droits.

L'odyssée de la seconde expédition du navire *Henry Quatre* [63] dans un contexte réglementaire purgé de la plupart des prohibitions antérieures et qui n'imposait plus que le retour des marchandises à Lorient a été largement éclipsée par la place réservée à deux faits particuliers et connexes : celui de la présence sur le navire du jeune Victor-Guy Duperré et celui de Jacques Alexandre Boutet, ancien capitaine de la Compagnie des Indes, qui nommé subrécargue du *Henry Quatre* s'était vu déléguer par Samuel Demissy les pouvoirs nécessaires pour l'achat et de la vente des marchandises. On peut regretter que Louis Bastide dans une contribution intitulée <u>Un marin de La Rochelle au XVIIIe siècle Jacques-Alexandre Boutet</u> pages 405 à 417, figurant dans le <u>Bulletin de la Société de l'histoire du protestantisme</u>, volume n°5, 1912, paru également dans Les Affiches de La Rochelle, 31 janvier 1900, n'en ait reproduit que des extraits à partir des documents que lui a confié Camille Boutet, petit-fils de Jacques Alexandre Boutet.

La lecture des Instructions de navigation données à Boutet par Demissy est utile pour apprécier la personnalité de ce dernier, mieux connaître sa position sur le commerce des esclaves qu'il réprouve : Article 4 (des instructions) « *Mon intention est, et je* (Samuel Demissy) *tiens beaucoup à ce que vous préfériez le voyage de la Côte de Malabar à tout autre. Cependant si vos jugiez qu'il y eût du risque à donner cette destination au vaisseau, je vous laisse alors le maître d'y en substituer toute autre, exceptée celle pour la traite des Noirs. Aucun avantage, tel qu'il pourrait être, aucun motif quelconque ne doivent vous engager à faire un semblable commerce. Je verrais*

---

[63] AD/17, B 259 496/505.

*avec le plus grand chagrin une pareille spéculation et mon éloignement ou plutôt mon aversion pour cet abominable trafic est tel* (sic) *que j'y préférerais ma ruine. Au reste, vos principes sont d'accord avec les miens et je m'arrête sur ce chapitre* ».

Le déroulement de cette campagne fut exceptionnel, car Le Henry Quatre ne se rendit pas en droiture à l'Isle de France comme imposé lors des expéditions précédentes par le privilège exclusif de la Compagnie des Indes. La liberté de commercer au-delà du Cap de Bonne-Espérance avait été rendue aux Particuliers par les décrets de l'Assemblée nationale en date des 3 avril et 2 mai 1790 : La Constituante avait décrété que le commerce au-delà du Cap de Bonne-Espérance serait libre à tous les Français. Seule subsistait l'obligation très controversée de retour des marchandises à Lorient dont Samuel Demissy essaya une seconde fois de se libérer depuis Paris, en faisant intervenir Jean-Baptiste Nairac, qui lui répondit le 17 août 1791 « Je me bornerai à vous dire qu'on n'obtiendra dans ce moment aucune exception sur les retours de l'Inde ».

Un avis d'armement paru dans le Courrier de Lyon du mardi 25 janvier 1791, n° 21 annonçait le départ du navire en charge à La Rochelle Le Henry Quatre de 500 tonneaux doublé et chevillé en cuivre[64] dans le courant de mars prochain pour les Isle de France & de Bourbon. « Il prendra du fret et des passagers. S'adresser à La Rochelle à M. Demissy, armateur & à Paris à M. Bouffé le jeune, [Pierre Gabriel, banquier] rue de Cléry n°8». Le choix de Pierre Gabriel Bouffé dont la famille avait été liée aux Dangirard très présents à La Rochelle, actionnaire de la Caisse d'Escompte était mal à propos puisqu'il fut mis en faillite en février 1791 une dizaine d'années après son père et son frère aîné. C'est avec stupéfaction qu'on l'apprit à La Rochelle. Vingt-et-un négociants donnèrent leur procuration à Thouron pour les représenter à la procédure.

---

[64] Après quelques années et plusieurs expériences, on se rend enfin compte que le fer et le cuivre cohabitent très mal. La marine de guerre française se lamentait de voir ses vaisseaux presque toujours moins rapides que ceux des Anglais, inconvénient majeur lors des combats navals. En 1778, après s'être emparé d'un bateau anglais, on put l'étudier de près et découvrir la raison de ces performances supérieures : il est doublé de plaques de cuivre. Ce procédé présente de gros avantages : il protège la coque des navires contre les attaques de tarets, mollusques qui creusent des trous dans le bois et menacent la structure, mais surtout il empêche les coquillages d'adhérer à la coque, et de ralentir considérablement le navire en le privant de sa glisse. On adopte donc aussitôt cette technique, avec des feuilles de cuivre que l'on achète en Allemagne, à Hambourg, car de cuivre on ne produit alors en France qu'épingles et chaudrons. Ces feuilles, cependant, obtenues par martelage (et non laminage) sont irrégulières et fragiles. Il en faut presque deux mille, d'environ 2 m² chacune et de 75/100 mm d'épaisseur pour doubler un navire, fixées avec des dizaines de milliers de clous d'environ 35 mm, eux aussi en cuivre, pour éviter la corrosion par effet d'électrolyse. C'est dire l'importance du marché qui va s'ouvrir d'autant plus que la feuille de cuivre est un produit stratégique, donnant lieu à des marchés d'État.

Le départ se fit avec deux mois de décalage face aux prévisions. Selon Louis Bastide, *Le Henry Quatre* mit les voiles pour l'océan indien fin mai 1791[65]. La soumission pour ce deuxième voyage portait la date du 2 mai 1791. Il fallut peut-être nécessaire de laisser le temps à Boutet de démissionner de ses fonctions électives à l'Isle de Ré. Il était président de l'Assemblée du Tiers à Saint-Martin de Ré.

De son côté, Demissy donna la préférence à ses affaires particulières d'armement et une fois celles-ci réglées ne rejoignit l'Assemblée nationale constituante où l'attendaient ses devoirs de deuxième député suppléant de l'Isle de France. Ainsi Demissy remplaça tardivement Codère, décédé dans un naufrage à la pointe de Penmarc'h, car il ne fut admis que lors de la séance du jeudi 28 juillet 1791.

L'assurance sur corps du navire fut souscrite à Londres sur l'insistance de Louis Tessier d'origine huguenote, bien connu également des Admirault. Le banquier assureur était très exclusif dans ses relations avec les négociants armateurs rochelais protestants. C'est la raison pour laquelle on n'en retrouve pas trace dans les archives de la Chambre de commerce de La Rochelle aux références ETP 24.

Diverses polices sur marchandises et effets témoignent de l'importance de cette expédition.

- Nous assureurs soussignés promettons et nous obligeons envers vous M. Demissy d'assurer et assurons par chacun de nous ci-dessous la cargaison du navire *Henry Quatre*, capitaine Webb pour aller d'ici à l'Isle de France suivant le connaissement daté de jour, montant assuré 120 000 livres[66].
- Police d'assurances sur marchandises et effets Demissy faisant pour le compte des intéressés au navire le Henry quatre piastres et autres matières d'argent qui seront chargées sur le navire *Henry Quatre* pour aller d'ici aux Indes orientales et faisant escale à l'Isle de France : 59 000 livres[67].
- Chargement pour compte de tiers[68] : Police d'assurances sur marchandises et effets Demissy faisant pour le compte de M. Morel à l'Isle de Bourbon : 25 500 livres.
- Police d'assurances sur quatre caisses meubles, M. Demissy faisant pour le compte de M. Bigot [négociant à l'Isle de France : 1 800 livres[69].
- Police d'assurances sur marchandises et effets M. Demissy faisant pour le compte de MM. Pitot et (Couve de) Murville [négociants] à Port-Louis, Isle de France quatre cent soixante et onze piastres fortes d'Espagne pour aller d'ici à l'Isle de

---

[65] Acte de désarmement du navire le *Henry Quatre* du 14 mai 1791 du port de La Rochelle [SHM/RCF – 6P/ 1792)].
[66] AD/17, ETP 39 f° 49, 8 mai 1791 vue 50/305.
[67] AD/17, ETP 39 f° 54 8 mai 1791.
[68] AD/17, ETP 39 f° 50, 8 mai 1791.
[69] AD/17, ETP 39 f° 51, 8 mai 1791.

France, suivant connaissance de ce jour[70]. Par procuration du 11 avril 1791, Demissy était fondé de pouvoir de Couve de Murville[71].

- Police d'assurances sur marchandises et effets M. Turaud faisant pour M. Rambaud de Cognac 26 barriques de vin rouge de Saintonge[72].
- Similaire : Police d'assurances sur marchandises et effets mademoiselle Demissy (sœur de Samuel) piastres et autres matières d'argent : 9 370 livres[73].

Le parcours du *Henry Quatre* au-delà du Cap-de-Bonne-Espérance fut varié. Il croisa sur les Côtes de Malabar et de Coromandel, se rendit en Insulinde, et aurait même pu se rendre jusqu'à Canton si le subrécargue l'avait jugé opportun.

Selon Adrien d'Epinay, Renseignements pour servir à l'Histoire de l'Isle de France, page 316, cette campagne commença par un cabotage sur la Côte de Malabar. *Le Henry Quatre* se rendit à Surate et Bombay, puis s'arrêta à Calicut, fit une tentative de débarquement à Angedives au sud de Goa, et mouilla à Mahé, à Taichéry, à Mangalore et Alleypey. À Cochin, Boutet devait prendre 100 000 cauris des Maldives.

*Le Henry Quatre* poursuivit sa route sur la Côte de Coromandel pour rejoindre Pondichéry.

Il stationna par deux fois à l'Isle de France.

Samuel Demissy fit même charger par un capitaine nommé Joseph Boutet à l'Isle de France ou à Bourbon soixante balles de café sur *Le Trajan* selon un connaissement émis le 12 août 1791[74] : Montant assuré 6 000 livres. Toussaint recense ce navire qui mouillait à Port-Louis le 16 décembre 1792. Il provenait de Pondichéry[75].

Auguste Toussaint mentionne *Le Henry Quatre* le 6 septembre 1791, comme arrivé à Port-Louis le 6 septembre 1791. Il s'agit d'un premier désarmement après un voyage du double du temps habituel que s'il avait été fait en droiture.

On peut penser qu'après cette première halte à l'Isle de France, il se rendit à Achim dans l'île de Sumatra et de là à Batavia où le chargement du poivre mit un temps infini à se faire.

*Le Henry Quatre* revint aux îles de France et Bourbon.

Nous pensons qu'il revint directement des Indes hollandaises à l'Isle de France le 11 juin 1792, et non d'Allepey, port proche de Cochin sur la Côte de Malabar et port exportateur de poivre et de tissus du Kerala.

---

[70] AD/17, ETP 39 f° 53 15 mai 1791.
[71] AD/17 2 C 1800.
[72] AD/17, ETP 39 f° 60 18 juin et 1ᵉʳ juillet 1791.
[73] AD/17, ETP 39 f° 74 28 juillet 1791] f°74.
[74] AD/17 ETP 39 f° 81mai 1791 vue 82/305.
[75] Joseph Boutet originaire de Bourgneuf ou de Nantes naviguera par deux fois sur Le Faune qui fit deux campagnes sur l'Inde. Ce bateau appartenait à Marcorelles de Nantes. Il était armé par Henry de La Blanchetais [SHD Lorient- Mémoire des Hommes].

## Samuel de Missy (1755-1820), armateur rochelais sur l'océan indien

*Le Henry Quatre* arriva non sans difficulté en septembre (octobre, novembre) 1792 à Lorient où le navire se voyait encore obligé de décharger. Les cales étaient pleines de poivre et d'autres denrées et marchandises de l'Inde. Selon Louis Bastide *Le Henry Quatre* était évalué avec sa cargaison 411 875 lt- 1s 7d.

Le port de Lorient était dominé par la marine de guerre. La Marine s'était arrogé le droit d'occuper une partie des magasins de la Compagnie des Indes pour caserner ses troupes[76]. Dès lors en octobre 1792, quand arrivèrent 940 milliers de livres poids de poivre de la côte de Malabar par *L'Indien* (capitaine Dubois) et *Le Henry Quatre*, il fallut protester auprès de l'ordonnateur Gauthier pour mettre les marchandises en magasin, malgré le fait qu'une une convention passée entre la Nouvelle compagnie commerciale des Indes et la Marine permettait aux navires marchands d'aborder aux quais de Lorient, de décharger et de vendre des marchandises dans les anciens bâtiments de la Compagnie des Indes. En l'an V, la Marine avait même envisagé de s'approprier les magasins de l'ancienne Compagnie des Indes.

Les marchandises du *Henry Quatre* furent vendues le 3 décembre 1792 en les regroupant avec celles de *La Liberté-du-Commerce, Le Faune, La Bonne-Thérèse, Le Pondichéry, Le René-Marie, La Favorite, Le Gentil, L'Horizon, La Beauté, La Princesse-de-Piémont, Le Bengale, L'Illustre Suffren, L'Olympe* et *Le Français*

On sait qu'elles se composèrent en partie de garras et de baffetas pour 240 pièces environ de 76 toiles de Yanaon consignées à Jean-Antoine Longayrou, Carié et Cie, rue de Condé à Paris, de 150 pièces environ de Guinées blanches de Travancourt et en plus 110 pièces à la consignation de Lanchon frères, banquiers à Lorient, 200 pièces de chites de Surate et 37 pièces de guinées blanches.

Enfin l'odyssée du *Henry Quatre* n'est souvent connue que par la mention du futur amiral Duperré embarqué pour la seconde campagne de navigation. Louis Meschinet de Richemond, <u>Les Marins rochelais</u>, 1906, réédité par <u>Rumeur des Âges</u> 1983, page 225, on trouve ce passage : Mousse à seize ans dans la marine marchande Victor-Guy Duperré vingt-deuxième enfant issu du mariage de Jules-Augustin Duperré et de Marie-Gabrielle Prat-Desprez, il fit un voyage dans l'Inde sur le navire *Henry Quatre*. On raconte qu'à la sortie du port le capitaine Webb qui commandait le bâtiment ayant ordonné une manœuvre, le matelot qui l'exécutait tomba avec une blessure. Le très jeune Duperré s'élança dans la mature.

Il faut préciser que le jeune Duperré était selon le registre d'équipage (non consulté) à l'aller pilotin et au retour aide-timonier.

Dans un style onctueux si enclin au XIX$^e$ siècle à dresser le panégyrique des grands hommes, Frédéric Victor Chasseriau écrivit dans son ouvrage <u>Vie de l'amiral Duperré : ancien ministre de la Marine et des colonies,</u> page 12 : « *Dans le cours de cette*

---

[76]<u>Lorient ville portuaire, une nouvelle histoire des origines à nos jours</u>. Gérard Le Bouëdec, Christophe Cérino, PUR 2017

*longue et belle campagne, le jeune Duperré montra les plus heureuses dispositions pour la marine. Si bien que le capitaine Web* (sic) *déclara qu'ayant été malade, s'il eût pu choisir, il n'aurait pas hésité à lui confier le commandement plutôt qu'au second du navire* ».

La ville de La Rochelle édifia une statue à la mémoire de l'amiral Duperré. Il commanda l'armée navale lors de la prise d'Alger 5 juillet 1830. Le bronze provint de canons. Inaugurée le 17 octobre 1869, elle n'a pas changé d'endroit. Partie pour être fondue, elle échappa aux Allemands. Sur le piédestal figurent en cartouche deux reliefs en bronze réalisés par Émile Hébert ou son fils Pierre Eugène Émile que le vert de gris obscurcit quelque peu. Pour en apprécier les détails, il mieux vaut se rendre sur le site Aliénor où une photo montre le moulage en plâtre : Le jeune Duperré est sur le quai du port de La Rochelle. Il est embrassé sur le front par sa mère. Compte tenu de la situation désastreuse des finances de la famille Victor Guy Duperré n'eut d'autre choix que de s'embarquer dans la Marine.

Deux personnages masculins en arrière-plan à droite. Tout à droite, Demissy de face qui parle à Marc Antoine Alexis Giraud, beau-frère et curateur du jeune Victor Guy, ayant épousé Soulange Duperré, de profil et un jeune enfant (fils de M. Giraud) qui pleure dans ses mains. Le sculpteur se serait servi d'un tableau familial pour imaginer les traits de Samuel Demissy probablement celui qui figure dans les pages couleur de ce livre. À gauche, au fond, les tours de La Rochelle sont esquissées. Le bas-relief montre une allège où se trouverait le capitaine Webb et un matelot qui allait permettre de rejoindre *Le Henry Quatre* stationné plus loin en eau profonde.

### 8.8.- Part d'intérêt dans Le Chêne, navire Impérial

Les frères Baux armateurs et assureurs marseillais entretinrent des relations avec Samuel Demissy. Il prit un intérêt dans deux navires apparemment toscans. En premier lieu *Le Chêne,* navire impérial de 550 tonneaux, [Navigocorpus dit 330 tonneaux] capitaine Boulouvard, armé de Marseille le 1$^{er}$ mai 1785 armés par Jean et David Baux. *Le Chêne* fit route pour l'Isle de France en 1785 où il arriva le 14 décembre. Et ensuite, *La Gran Duchessa Maria Luisa* armée en association avec leur autre frère Marc Elisée y parvint en1788 [77].

Ces navires voyageaient sous pavillon toscan, bien que la plupart des sources les disent français. Ceci permit au *Chêne* de faire du grand cabotage dans l'océan indien, se rendre de Marseille au Bengale pour charger à Chandernagor, n'ayant pas à se soucier du privilège de la Nouvelle Compagnie des Indes rétabli le 3 juin 1785, imposé aux armateurs particuliers métropolitains.

Il existait une seule contrainte : « *Les bâtiments étrangers expédiés de Port-Louis avec des marchandises provenant du commerce de l'Inde ne pourront aborder dans aucun port du royaume sous peine de confiscation desdites marchandises & de trois mille livres d'amende, même de confiscation des bâtiments & du reste des chargements si la valeur des marchandises saisies excède la somme de trois mille livres, le tout applicable au bénéfice de la Nouvelle Compagnie des Indes* ».

*Le Chêne* retourna vers Lorient le 22 mai 1787 où il arriva le 6 novembre 1787 selon Navigocorpus.

Les risques pour l'expédition du navire impérial *Le Chêne* parti de Marseille capitaine Boulouvard, lui-même originaire de la cité phocéenne, furent couverts à La Rochelle par l'entremise de Samuel Demissy à une hauteur rarement égalée : 800 000 livres. Cela s'explique par le fait que l'assurance était mixte, 1/4 sur le corps de navire, 3/4 sur les marchandises [78]. Cette police fut complétée par une autre pour assurer à hauteur de 10 000 livres un chargement complémentaire à Cadix et Madère au bénéfice de Samuel Demissy.

---

[77] Le Voyage du capitaine Marchand : Les Marquises et les îles de la Révolution, De Odile Gannier, Cécile Picquoin Au vent des îles- 262 pages.
[78] AD/ 17, 41 ETP 33 f° 107 8 juillet 1785. AD/17, *Le Chêne*, 41 ETP 33 ; f°107, capitaine Boulouvard, 8 juillet 1785

Dumoustier de Frédilly, autre armateur rochelais prit également un intérêt dans *Le Chêne*. Ce fut pour une deuxième expédition. Il couvrit sa part de risques sur corps et marchandises 1/5 sur le corps de navire, 4/5 sur les marchandises, la totalité des intérêts étant évaluée de gré à gré à la somme de trente mille livres quoique la mise hors évaluée à 24 000[79].

Les preneurs de risques se bousculaient à La Rochelle. Pour le retour du *Chêne* en métropole, on dérogea aux principes sains de l'assurance. Le 4 janvier 1787, Samuel Demissy se fit assurer pour sa part d'intérêt de trente mille livres sur le corps et la cargaison du navire *Le Chêne* de Marseille[80], plus le bénéfice estimé de sept mille cinq cents livres, capitaine Boulouvard armé par Jean et David Baux pour venir de Chandernagor dans la province du Bengale à la côte de Coromandel et de là jusqu'à Lorient [81].

Nous avons moins de visibilité sur *La Gran Duchessa Maria Luigia*

Samuel Demissy s'intéressa le 22 mars 1788 à participer en pool à la souscription d'une police pour garantir le corps et les cargaisons du navire enregistré à Livourne *La Gran Duchessa Maria Luigia*, capitaine Camille Forientini, toscan, pour compte de Baux à Marseille et de Guliano Ricci pour aller de Marseille aux Indes orientales avec permission de toucher à Livourne et à Cadix pour désarmer à Livourne.

Pour le retour, il intervint également. *La Gran Duchessa Maria Luigia*, capitaine Camille Forientini, toscan, Maria Luisa Police d'assurance sur marchandises et effets nous assureurs obligés, envers vous M. Demissy faisant d'ordre de MM. Baux à Marseille pour le compte Guliano Ricci pour venir des Indes orientales au port d'Europe les marchandises composant ladite cargaison évaluées à quatre livres tournois, la roupie taux de prime cinq et demi pour cent montant assuré 20 500 fait le 10 novembre 1788 enregistré le 15 novembre 1788 signatures Garesché, Poupet, Souchet, Ranjard, Perry, Boulanger, Le Fevre[82].

Enfin, il organisa une couverture des risques similaire [83]pour *La Gran Duchessa Maria Luigia*, capitaine Camille Forientini, toscan, faisant d'ordre de MM. Baux à Marseille pour le compte Guliano Ricci de Livourne et de ses intéressés pour venir des Indes orientales au port d'Europe, la cargaison évaluée à quatre livres tournois, la

---

[79] AD/17, 41 ETP 36 *Le Chêne* f°18 29 décembre 1786.

[80] Deux ans plus tôt lors de l'expédition vers l'Océan indien Dumoutier de Fredilly pour son propre compte afin de couvrir les risques sur facultés en espèces ou piastres sur ce même navire armé par Jean et David Baux expédié de Marseille & destiné pour les Indes orientales souscripteurs Guibert, Dumoutier, Mauballarcq, signé le 6 juin 1785, enregistré le 16 juin 1785. [AD/17, Le Chêne 41 ETP 33, f°79, montant assuré 14 400 livres].

[81] AD/17 41 ETP 23, f° 245, vue 247/305.

[82] AD /17 ETP 37 f°252.

[83] AD /17 ETP 38 f° 64.

roupie, taux de prime 5 et demi pour cent montant assuré 50 000 fait le 12 mai 1789, enregistré le 12 mai 1789.

### 8.9.- L'affaire Lenormand

Le personnage central d'un contentieux avec Samuel Demissy qui dura trente ans fut Charles Louis Duperré fils aîné de Jean Augustin Duperré receveur des tailles à La Rochelle et de Marie Prat Desprez, lesquels eurent vingt-deux enfants. Ce n'est pas elle qui mourut en 1775 après la venue au monde le 20 février de leur dernier, Guy Victor futur amiral de France rue Dauphine en face de la grille du Museum, mais bien lui, six mois après, le 20 août.

Samuel Demissy n'aura pas connu Jean Augustin Duperré puisque celui-ci décéda pendant le temps qu'il était à l'Isle de France. En revanche, Charles Louis finança Samuel Demissy de retour de l'océan indien pour deux de ses expéditions maritimes.

Les biographes de la famille Duperré et notamment ceux de l'amiral Guy Victor Duperré sont fort peu diserts sur les turpitudes de ce fils aîné qui est dit avoir plongé la famille dans la plus grande misère financière. En l'an XII, la vente de la maison de la famille située rue Porte Nord, ci-devant rue Dauphine, confrontant aux ci-devantes Dames de la Providence s'effectua à l'initiative de dame Saint-Exupéry, Charles Saint Ours, Deyssautier, Suzanne Victoire Green de Saint Marsault [84] pour 16 200 francs [85].

La notoriété de la famille fut rehaussée par le dernier fils Guy Victor qui avait vingt ans de moins que Demissy. Il embarqua comme pilotin, et non mousse, pour le deuxième voyage du *Henry Quatre* armé par Demissy pour les Indes. Tous deux se retrouvèrent fortuitement ou non à Paris en 1792 après le massacre des Tuileries.

Peu après le décès de Jean Augustin Duperré, Marie Prat Desprez écrivit au ministre pour solliciter au profit de son fils aîné la survivance de l'office de receveur des tailles de son défunt mari qui était partagé avec d'autres receveurs généraux à La Rochelle. Il lui fut donné satisfaction, mais avec des garanties financières.

Par l'Édit de janvier 1782, Charles Louis fut pourvu de l'office de receveur particulier des finances de La Rochelle, exercice pair héréditaire, à la suite de Philippe Poujaud de Montjourdin. Puis il fut promu trésorier de l'extraordinaire des guerres, de l'artillerie et du génie et commis à la recette générale des finances de La Rochelle.

Il apparaît que la transmission de cette charge de receveur des tailles de l'élection de La Rochelle ne put se faire que moyennant le cautionnement de Marie Prat Desprez envers Jean François Maigret de Sérilly, trésorier général de la guerre pour la généralité, afin de garantir les engagements de son fils Charles Louis. Samuel

---

[84] Le patronyme complet de cette famille semble être Green de Saint Marsault de Châtelaillon.
[85] P. B. Coutant, La Rochelle, cahier n° 7, page 44.

Demissy manifestement proche de la famille Duperré, signa avec Daniel Garesché et l'avocat Pierre André Despéroux une attestation certifiant que les biens de la veuve Prat Desprez étaient toujours en sa possession et n'avaient pas changé de nature[86].

De fermes appuis de la part de Simon Emmanuel Julien Lenormand receveur-général des finances de La Rochelle en dernier lieu de Touraine et par Marie Sébastien Charles François Fontaine de Biré trésorier général de la guerre, élevèrent Charles Louis Duperré au rang de receveur particulier des finances, trésorier principal de la guerre, receveur-général des finances receveur-général des traites et trésorier des Invalides de la Marine à La Rochelle.

Cette promotion avait amené Charles Louis Duperré à vivre à Paris si l'on en juge par une procuration de Nicolas Suidre donnée à celui-ci pour faire valoir ses droits de créancier de Pierre Charles Lambert [87]. Il y décéda en 1821.

Des conventions de financement avaient été conclues entre Samuel Demissy et Simon Charles Louis Duperré. Elles portaient notamment sur les parts d'intérêts que Demissy lui avait cédées dans les navires *L'Atlas* et *Le Neptune*. Il ne s'était pas acquitté en totalité des financements promis. Duperré devait encore régler à Demissy 70 000 livres. À cette fin, Duperré fournit à Demissy une traite de ce montant sur Simon Emmanuel Julien Lenormand, anciennement receveur-général de La Rochelle puis de Tours où il avait repris la charge d'Harvouin, laquelle traite ne pouvait être encaissée qu'après règlement final des comptes d'armements des deux navires *L'Atlas* et *Le Neptune*. Lenormand accepta la traite sous réserve de ce que Demissy fasse les fonds à la liquidation des deux expéditions à Duperré au préalable, car il semble que Lenormand ait été aussi créancier de Duperré. Demissy négocia la traite qui fut payée par le receveur général des finances et en fit porter le montant dans la caisse du district. Une faillite fut ouverte au nom de Duperré : levée des scellés et inventaire le 22 octobre 1787. Les comptes arrêtés en l'an III reconnurent Demissy débiteur vis-à-vis de Duperré de 156 175 livres qu'il versa à la caisse du district le 14 prairial en III. Lenormand ayant été mis à son tour en faillite en 1792, et décédé le 28 prairial an VI 16, juin 1798), ce furent ses héritiers qui revendiquèrent l'attribution à leur profit de 70 000 livres[88].

---

[86] AD/17, 2 C 1791, vue 87/208, 5 septembre 1785.
[87] AD/17, 3 E 994, 5 mai 1786.
[88] Relations d'affaires entre Demissy et Duperré fils aîné. Demissy avait cédé des intérêts dans les navires *L'Atlas* et *Le Neptune*. A la suite de cette opération Duperré se trouvait débiteur vis-à-vis de Demissy de 70 000 francs (livres) sauf règlement de compte quant aux bénéfices faits ou à faire sur les deux bâtiments qui avaient été évalués à 156 175 francs : Cass. 16 mai 1809 sur cour d'appel de Paris. Duperré fournit une traite sur Le Normand, receveur général des finances de Paris, acceptée par ce dernier sous la condition que Demissy paraîtrait l'avoir acquittée en libération de Duperré. À cet effet Demissy s'engagea le 16 juillet 1787 vis-à-vis de Lenormand à faire les fonds avant l'échéance de la traite « Bon pour la somme de 70 000 francs que je paierai le 8 octobre prochain (1787) fixe à M. Lenormand et ce pour lui faire les fonds d'une traite de M. Duperré de pareille somme à mon ordre du 30 juin dernier (1787) à trois usances (à trois mois)

## Samuel de Missy (1755-1820), armateur rochelais sur l'océan indien

Il apparaît même que les tracas imposés par ce procès furent en 1798 la cause de la démission de Samuel Demissy de son poste de maire.

Il fut lu devant l'administration municipale de la commune de La Rochelle la lettre annonçant sa démission [89] : « *Citoyens et chers collègues. Des affaires majeures depuis longtemps en souffrance, un procès important à suivre et qui peuvent m'éloigner de cette commune pendant plusieurs jours ne me permettent plus de partager vos travaux et me font une obligation de vous donner ma démission administrateur municipal* ».

Ce litige qui fut un cauchemar fut résolu à l'amiable vingt ans plus tard par Demissy qui en prit l'initiative lors d'un séjour à Paris avec les héritiers Lenormand le 3 avril 1818 après des années de procédure devant les juridictions installées par la Révolution en remplacement de celles de l'Ancien régime[90]. Il fallut plaider à Paris[91], à Rouen[92], et même devant la Cour de cassation.

Le montant de la transaction avec les ayants-droits Lenormand fut arrêté à 100 000 francs. Demissy décéda deux ans après.

On ne sait pas combien il versa aux héritiers des Biré.

Cette affaire qui empoisonna la vie de Samuel Demissy est de nature à fragiliser l'image et la légende d'un ancien négociant revenu riche de l'Isle de France, ayant opportunément acquis des biens nationaux mais qui ne serait cependant décédé dans l'opulence, comme sa succession l'a prouvé.

---

à mon ordre ». Lenormand souscrivit le même jour cette reconnaissance en écrivant : J'ai reçu de M. Demissy la somme de 70 000 francs pour le compte de M. Duperré d'après ses ordres par sa lettre du 10 courant dont je créditerai le compte dudit sieur Duperré. Le 8 août 1787 Duperré fils aîné tomba en faillite. Le 18 Lenormand souscrivit une déclaration par laquelle il s'engagea à n'exiger le paiement du bon de 70 000 francs qu'autant que cette somme serait allouée au sieur Demissy par la masse des créanciers de la faillite de Duperré (Cass. 16 floréal an VII, 20 pluviôse an XI et 28 octobre 1807).

[89] AM La Rochelle, vendémiaire an VI- fructidor An VI, dossier 4 (4/9) vues 28 et 29, 28 ventôse an VI (18 mars 1798).

[90] Délibération du Conseil municipal, 25 juin 1790 : Concernant la faillite du sieur Duperré le Conseil municipal appuie auprès de l'Assemblée nationale une pétition de plusieurs Rochelais intéressés dans cette faillite à l'effet d'obtenir la révocation des arrêts inconstitutionnels du Conseil d'État et de la cour des aides de Paris par lesquels cette cour était substituée pour le jugement de cette affaire à une commission établie à cet effet La Rochelle en 1787, 25 juin 1790, AM/ LR 1 D1 1 001 45.

[91] AD/17, 4 J 2598, Mémoire pour M. de Missy ancien négociant à La Rochelle, chevalier de la Légion d'honneur, membre de la Chambre des Députés, audience de la Cour royale de Paris du 15 novembre 1814.

[92] AD/17, 371 J 146, de Paris 22 décembre 1808. Missy écrit à son cousin Meyer, courtier à La Rochelle : « Je vous remercie sincèrement mon ami de votre compliment sur l'admission de ma requête, ce qui n'est pas un procès gagné comme vous paraissez le croire mais c'était un préliminaire indispensable qui me laisse de grandes espérances, du moins on me l'assure ». AD/17, 371 J 146, de Rouen 8 mai 1811 Missy écrit à son cousin Meyer, courtier à La Rochelle : « Je vous remercie mon cher Meyer de vos souhaits pour le gain de mon procès. Il sera définitivement jugé vers la fin du mois. On me donne de grandes espérances mais elles sont souvent trompeuses. Il faut se soumettre d'avance aux événements ».

## Chapitre IX.- La lutte contre la troisième Compagnie des Indes, dite « de Calonne »

En 1785, la troisième Compagnie des Indes fut rétablie dans le privilège exclusif du commerce au-delà du Cap de Bonne-Espérance qui avait été accordé à sa prédécesseure, à l'exception de celui avec les Isles de France et de Bourbon qui demeura libre pour les armateurs de la Métropole, le commerce sur la Chine et l'Inde n'étant pas interdit pour les seuls armateurs des deux îles.

Dans les faits, cette prohibition allait se voir contournée sur le plan de la logistique par les Particuliers. Samuel Demissy, comme tout armateur ne pouvait expédier ses navires qu'à l'Isle de France. Port-Louis constituait le pôle concentrateur de l'océan indien, un hub dirait-on aujourd'hui, où arrivaient les marchandises provenant du cabotage des navires des négociants de l'Isle de France qui avaient toute liberté de commerce. Mais il fallait reconnaître que ce dispositif s'avérait peu commode, car il fallait que les arrivées de marchandises de l'Inde à l'Isle de France coïncident en temps avec la venue des navires de métropole, sauf à entretenir en magasins des stocks en quantité suffisante.

À tous les niveaux on essayait de détourner la réglementation. Par exemple, les capitaines et officiers des navires revenant de l'Inde qui mouillaient opportunément quelques jours à l'île de Groix avant de débarquer à Lorient comme le souligna Paul Nairac député de Bordeaux devant l'Assemblée nationale constituante, page 551 : « *Car je vous atteste que ce port* [le port de Groais (Groix)] *est le plus favorable aux versements frauduleux. Il est occupé par des hommes qui veillent sans cesse sur les signaux de la mer et qui volent au-devant des navires qui paraissent sur la côte pour en enlever les marchandises que l'on veut soustraire aux droits du roi, ou aux recherches d'un armateur* [1] ».

La Troisième Compagnie reprit très vite possession de l'espace maritime indien. La reconstitution de sa flotte ne posa pas de grandes difficultés, malgré le fait que celle

---

[1] La Compagnie des Indes & le Commerce particulier n'accordent point aux Capitaines & Officiers des navires la permission de rapporter des marchandises de l'Inde pour leur compte & malgré tous les engagements auxquels on les assujettit à cet égard & les précautions que l'on prend au retour pour les en empêcher, on peut être assuré qu'il n'est pas de navire, qui l'un dans l'autre, ne rapporte pour quatre à cinq cent mille livres de marchandises non permises & dont l'île de Groix favorise le débarquement. Les navires restent ordinairement deux à trois jours avant d'entrer dans le port de Lorient. C'est dans cet intervalle souvent prolongé à dessein que l'on débarque des marchandises que l'on introduit ensuite clandestinement. Cette introduction est tellement vraie & en même temps si considérable qu'il n'est aucun magasin à Lorient où l'on n'offre en vente pour des sommes majeures de marchandises de pacotille. J'estime qu'année commune, ces versements frauduleux font perdre au Trésor public près d'un million de droits.

de la compagnie précédente avait été rachetée sa plus grande partie par le roi et par la suite vendue ou cédée à des armateurs.

En un tour de force, la troisième compagnie réussit à armer sept vaisseaux à Lorient entre le 29 mars et le 16 avril 1786 : *La Reine* pour la Chine frétée par Nicolas Arnous des Saulsays (Dessaulsays)[2], *Le Maréchal de Ségur* frété aussi par Nicolas Arnous des Saulsays (Dessaulsays pour la Chine[3], *Le Miromesnil* pour le Bengale, *Le Baron de Breteuil* pour le Bengale, *Le Comte d'Artois* et *Le Maréchal de Casties*, transportant des effets et munitions, *Le Comte de Vergennes*, pour la côte de Coranmandel et Orixa.

En mai 1786, se déroulèrent les premières ventes de marchandises provenant du retour à Lorient des navires des armateurs particuliers dans le cadre du nouveau régime.

Lorient y retrouvait son compte. Une certaine euphorie s'était emparée des armateurs du port-ville et notamment de Nicolas Arnous des Saulsays, qui après avoir frété ses navires à la Compagnie des Indes continua son commerce lucratif avec celle-ci, en armant *La Royale Élizabeth* du port de 813 tonneaux qui partit de Lorient le 22 février 1787, passant par Cadix, relâcha à l'Isle de France pour se rendre aux Philippines, via Macao et Canton. Ce navire désarma à Lorient le 16 septembre 1788 [4]. Quatre religieux passagers furent débarqués à Macao. Pedro Vertriz y Castejon intendant roi d'Espagne aux Philippines, intendant de Cebù qui depuis Cadix via Canton arriva à Manille en décembre 1787. Enfin *La Bretagne* de 600 tonneaux, armée à Lorient le 22 mars 1788,[5].

Un régime de permissions permettait à certains armateurs métropolitains d'échapper à la rigueur du privilège d'exclusivité de la Compagnie pour aller croiser sur les Côtes Malabar, de Coromandel ou au Bengale et aussi en Chine moyennant probablement une contrepartie financière. Ainsi en fut-il pour *Le Saint-Rémy* armé à Lorient le 6 avril 1788 par Marc Antoine Fauvet par permission de la Compagnie des Indes du 25 janvier 1788, embarquant aux frais du roi Charles Joseph Darthé préfet apostolique des Isles de France et de Bourbon qui y parvint le 6 août 1788.

Permission, parce que ces navires transportaient des effets et passagers pour le compte du roi, ou bien autorisation donnée aux armateurs particuliers de faire le grand cabotage sur les côtes de l'Inde et se rendre au Bengale, ou encore un mélange des deux hypothèses, telle est la question qui ne peut être résolue que par la conduite de recherches précises.

Paul Nairac de Bordeaux obtint-il la permission provisoire qu'il sollicita le 14 mai 1787 non pas à la Compagnie mais auprès de M. le Contrôleur général pour envoyer dans l'Inde le vaisseau *L'Imposant*, alors en route pour l'Isle de France où il irait

---

[2] A.S.D.H.L-S.H.D 2 P 53-21.
[3] A.S.D.H.L-S.H.D 2 P 52-28.
[4] A.S.D.H.L-S.H.D 2 P 53-21.
[5] A.S.D.H.L-S.H.D 2 P 18-II-13.

recevoir des Anglais probablement au Bengale une cargaison qu'il rapporterait à Lorient et dont il ferait repasser les produits à Londres ? Il assura que ce début d'opération deviendrait la matière d'un « très-grand Commerce que la sagesse du Ministre doit concentrer dans le Royaume ».

Même avant la signature des articles préliminaires de paix[6] entre Français et Anglais, qui officiellement arrêtèrent les hostilités en mer, le commerce d'Inde redevint un sujet sensible, mais envisagé de manière positive[7]. Parmi les pays neutres, la Suède ne pouvait « rester spectatrice indifférente des efforts des autres puissances maritimes pour établir un commerce avantageux & solide dans les Indes orientales ». Le 2 mai 1782, Gustave III octroya à une nouvelle compagnie à charte un privilège d'exclusivité du commerce sur les Indes orientales[8]. Celle-ci prit la suite d'une compagnie jouissant du même privilège depuis le 6 juillet 1762 la Swenska Ostindiska Kompaniet SOC dont la charte de 1766 avait encore quatre ans à courir. Le bénéfice de cette dernière, constaté lors de son assemblée du 6 juillet 1782, atteignait seize tonnes d'or. Un dividende de cent rixdalers devait être distribué. Les navires partaient et revenaient à Gothenburg (Göteborg) où se vendaient publiquement les marchandises. Elle avait surpassé sa consœur danoise, la Dansk Ostindiske Kompani qui avait eu un moment deux comptoirs, l'un à Tranquebar (Tharangambadi) et l'autre près de Chandernagor : Sirangpour nommé aussi Frederick Nagor.

En 1787, à La Rochelle, les frères Nairac tentèrent en vain une expédition sur la Chine avec *Le Prince Wilhem,* de 900 tonneaux, acheté à Lorient et monté par un équipage suédois : Jean-Michel Deveau page 51, Le commerce rochelais face à la Révolution, correspondance de Jean-Baptiste Nairac 1789 1790, page 60.

Les navires impériaux de Trieste, de Livourne, ceux d'Ostende ou de la Prusse qui avaient servi pendant la guerre de prête-noms pour transporter les marchandises des armateurs particuliers français, voulurent armer au nom de leurs compagnies ou en leur nom propre. La Compagnie d'Ostende[9] dissoute en 1732 sur l'intervention de la France et de l'Angleterre se reforma d'abord au Danemark et plus tard à Trieste sous le nom de Compagnie d'Asie et d'Afrique, dite de Trieste à l'initiative de Guillaume

---

[6]La paix avec l'Angleterre : elle fut conclue entre Louis XVI, l'Espagne, les Provinces-Unies et Georges III le 3 novembre 1783. Ce traité faisait suite à la signature des préliminaires anglo-américains (30 novembre 1782) et franco-anglais (20 janvier 1783). On dit qu'il fut applicable à l'Isle de France le 19 mai 1784.

[7]Gazette de Leyde 14 février 1783, Les articles préliminaires de paix entre le roi et la Grande-Bretagne d'abord sortis à l'imprimerie royale viennent d'être publiés dans un supplément de la Gazette de France du mardi 4 février 1783.

[8]Fait non noté par Christian Koninckx, Cargaisons chinoises et indiennes au XVIIIe siècle : Le vaisseau «Fredericus» de la Compagnie suédoise des Indes orientales dans La Revue du Nord, année 1972, 213, pp.195-202 : Elle bénéficia de nombreux privilèges fiscaux, contre une redevance à la Couronne de 100 thalers par tonne de marchandise transportée. Malgré son échec colonial en Inde, la Compagnie suédoise réalisa de fructueux bénéfices grâce à ses comptoirs de Chine.

[9]Auguste Toussaint, Histoire de l'Océan indien, page 177.

Bolts un hollandais et du comte Charles de Proli, fils de Peirre Priuli, ancien directeur de la Compagnie d'Ostende, du baron Jean-Charles de Borrekens et de l'Anversois Dominique Nagel. Elle envoya Willem (Guillaume) Bolts à l'Isle de France en 1782. Elle déposa son bilan en 1783, peut-être à cause de la banqueroute dans l'île de Paul Pierre D'Arifat. Le comte de Proli fut mis en faillite cette même année-là.

Pendant deux ans le ministère entretint le flou sur le régime qui allait s'appliquer au commerce particulier sur l'Inde. Il avait tiré une première salve en interdisant en 1783 la destination sur la Chine aux particuliers, sauf autorisation expresse du roi. « *En même temps on a vu paraître un arrêt du Conseil d'État en date du 2 février qu'on peut regarder comme le fruit du rétablissement de la Paix[10]. Il concerne le commerce avec la Chine dont l'expédition est confiée à M. Grandclos Meslé. L'emprunt pour cette expédition a été rempli sur le champ. Grandclos Meslé en a seulement réservé quelques parties aux villes maritimes : Lorient, Nantes etc.* ».

Les demandes de privilèges refleurissaient. Le 2 août 1783 la Compagnie de la Guyane obtenait l'exclusivité de la traite sur le Sénégal. Nantes fut la seule ville à protester. La cité ligérienne eut gain de cause : le privilège se limita au commerce de l'ivoire et de l'or.

Vergennes secrétaire des finances depuis le 15 mars 1783 avec d'autres ministres avait autorisé au début de l'année 1784 une compagnie de négociants français à signer un accord avec la Compagnie anglaise des Indes (EIC) pour se procurer par l'intermédiaire du comptoir de Chandernagor toutes les marchandises du Bengale et lui ristournant dix pour cent de bénéfice[11]. Lors du passage en Conseil d'État Calonne, nommé Contrôleur-général depuis le 3 novembre 1783 et Ministre d'État le 18 janvier 1784 s'y opposa malgré la sympathie qui le liait à Gravier de Vergennes. En conséquence on fit partir un courrier à Londres pour suspendre cette négociation.

Charles-Alexandre de Calonne, après une carrière réussie dans l'administration provinciale, intendant des Trois Évêchés à Metz le 7 octobre 1766, puis à Lille, pour la Flandre et l'Artois en 1788, fut appelé par le roi le 3 novembre 1783 à la Chambre des comptes comme Contrôleur-général des finances pour sortir le pays de ses difficultés financières. On lui prête cette belle maxime : « *Si c'est possible, c'est fait ;*

---

[10] L'Angleterre semblait épuisée par cette guerre. Une nouvelle publiée dans la Gazette de Leyde le 7 mars 1783 relate une rencontre qui eut lieu à la taverne de Metmard à Hackney où M. Wicks prit la parole le 5 mars :- Que malgré les assertions de la dernière administration, la marine anglaise était dégénérée.- Qui avec une marine dégénérée et des taxes qui ne remplissent plus les dépenses annuelles, c'eut été une extravagance sans égale de continuer cette guerre dispendieuse et onéreuse .
Gazette de Leyde : 31 janvier 1783, préliminaires du 20 janvier 1783 entre la France, Sa Majesté Britannique l'Espagne, les Provinces-Unies sont comprises dans l'Armistice et les Etats-Unis accèdent à l'Armistice par des déclarations réciproques entre le ministre plénipotentiaire d'Angleterre et les ministres plénipotentiaires chargés de leurs pouvoirs & il aura lieu entre les Anglais et les Américains le même jour où il commencera entre les autres belligérants ; Un terme d'un mois est fixé pour cet échange.
[11] Gazette de Leyde 28 mars 1784 Leyde le 16 mars, Lettre de Paris.

*si c'est impossible, cela se fera* ». La guerre d'Amérique avait été un gouffre pour les finances : 2 milliards de livres, fournis par l'emprunt[12].

Calonne, ce personnage, protégé de Marie-Antoinette était précédé d'une fâcheuse réputation[13]. Jean Baptiste Nougaret a collationné plusieurs textes intéressants se rapportant à lui dans son ouvrage : Anecdotes secrètes du dix-huitième siècle, rédigées avec soin d'après la correspondance sécrète politique et littéraire pour faire suite aux Mémoires de Bachaumont[14] :- Du 4 novembre 1783 : Voilà M. de Calonne arrivé au poste qu'il brigue depuis longtemps. On sait que la reine le protégeait. On explique de diverses manières sa nomination au contrôle-général dans les circonstances actuelles. Un calembour est chez nous le premier effet que produit un grand événement : *Si celui-là* dit-on *n'a pas la voix du peuple, il en aura l'argent.* - M. de Calonne a été reçu hier à la Chambre des comptes comme Contrôleur-général des finances [...]. Il a fallu des lettres de jussion pour sa réception [...]. M. de Nicolaï [Premier président de la Chambre des comptes de Paris lui a dit] : « Vous entrez dans le ministère contre le vœu des magistrats et celui du public. Vous avez contre vous la prévention générale et belle tâche que d'avoir à la calmer par des opérations de sagesse et de bienfaisance fondées sur la justice et l'amour des peuples ».

Calonne fut très impliqué dans les discussions préparant la création d'une troisième Compagnie des Indes. Il y voyait aussi un moyen d'attirer les investisseurs et de faire rentrer de l'argent dans les caisses de l'État. Une fois autorisée, il déclara que «sa création était la plus belle chose au monde »[15].

Il prit la suite de l'éphémère et paraît-il apprécié de l'opinion, Henri Lefèvre d'Ormesson nommé Contrôleur général des finances le 28 mars 1783, favori du roi, empêtré dans les échéances des emprunts contractés pour soutenir la guerre d'Indépendance américaine. Par ailleurs Necker avait soutenu tant qu'il avait pu la deuxième Compagnie dans ses derniers soubresauts. Le banquier genevois avait le dessein de faire une nouvelle compagnie qui serait aussi financière, par le truchement d'un système de blanchiment d'argent alimenté par les Anglais particuliers du

---

[12] Michel Vovelle, La chute de la monarchie, 1787- 1792, Points Histoire, page 92.

[13] Jules Michelet, dans Histoire de France, Louis XV et Louis XVI l'accable, Équateurs poche : page 198, Calonne, nul plus charmant ministre. Il promet tout à tous. Il déclara qu'au rebours de Necker, il penserait aux fortunes privées, qu'il ferait plaisir à chacun. Son système neuf et ingénieux était de dépenser le plus possible. Des 100 millions qu'il emprunta d'abord, pas un quart n'arrive au roi. Il paie la dette des princes, les gorgea : 56 millions pour Artois, 25 pour Provence.

[14] Par P.J.B.N à Paris 1808, chez Léopold Collin, rue Gît-le-Coeur.1780-1786, page 197.

[15] Company Politics: Commerce, Scandal, and French Visions of Indian Empire in the Revolutionary Era, page 67, Élizabeth Cross Oxford University Press, 2023, note 1 page 229. Histoire du commerce français dans le Levant, Paul Masson, page Le monde du commerce, page 582.

Bengale en fraude de leur réglementation, récupérable par le paiement de lettres de change tirées par la France endossées à leur profit domiciliées aux caisses de Bourdieu un banquier huguenot installé à Londres. Aussi, si la stratégie de Necker et de Calonne différait sur de nombreux points, ce n'était pas le cas pour le commerce sur l'Inde et la Chine où devaient être restaurés les privilèges exclusifs.

Cette réglementation restrictive qui sera imposée aux Métropolitains avait fait naître un trafic de pavillons, car les étrangers n'étaient pas soumis aux mêmes contraintes. Auguste Toussaint dans son ouvrage La Route des Isles en examinant les seules archives de Port-Louis mit en évidence la fréquentation croissante du port par les étrangers : En 1783, sur 5 navires, un savoyard, un russe et un portugais; En 1784, sur 7 navires, quatre portugais, un prussien et un impérial ( Autriche ) ; en 1785, sur 7 navires, trois portugais, un impérial ; en 1786, sur 16 navires, trois danois, quatre hollandais, deux impériaux et deux portugais ; en 1787, sur 10 navires, un hollandais, un danois, deux anglais, un impérial, un espagnol.

Les Fermiers-généraux appuyèrent aussi la nomination de Calonne. Il les avait sortis d'un bien mauvais pas. Sous l'impulsion d'Ormesson, un arrêt du Conseil d'État du 24 octobre 1783 avait converti le bail du 19 mars 1780 en cours de validité de Nicolas Salazar en une régie à compter du 1$^{er}$ janvier 1784 et en remettait la direction aux Fermiers-généraux de Sa Majesté, dénommés « régisseurs ». Les Fermiers-généraux résistèrent et par arrêt du Conseil d'État du 9 novembre 1783 le bail de Nicolas Salazar resta en vigueur, *après avoir ouï le rapport de M. de Calonne* qui venait de succéder à d'Ormesson dont la démission avait été ordonnée par le roi le 2 novembre 1783.

Calonne, était entouré de personnes d'influence. On pointera ses relations avec le banquier suisse Isaac Panchaud, car les finances de l'État étaient sur la corde raide. Le négociant Jacques Alexandre de Gourlade avait rédigé un rapport confidentiel[16] « Pour vous seul Monseigneur », militant pour la création d'une nouvelle Compagnie avec monopole limité à l'Inde et la Chine. Gourlade était un ancien officier de la Compagnie des Indes, conseiller au Conseil supérieur de Pondichéry, armateur probablement millionnaire avec Bernier au port de Lorient. Peu avant la création de la Nouvelle Compagnie, le 20 mai, il avait obtenu par arrêt du Conseil que *Le Dauphin* armé pour la Chine et qui y était déjà parvenu, soit cédé par le roi à Bérard l'aîné et Périer. La transaction se fit pour 579 529 15 4[17]. L'expédition

---

[16] Gourlade : « Réflexions sur le commerce de l'Inde… pour vous seul Monseigneur », AN, Col. C2 108, fol 207-211.

[17] Arrêt du Conseil d'État du Roi, portant cession & transport à la nouvelle Compagnie des Indes, en toute propriété, du vaisseau *Le Dauphin*, expédié en Chine pour le compte de Sa Majesté, le 27 février dernier, à charge par elle de rembourser au Trésor royal les frais d'armement. Du 20 Mai 1785. A Paris, de l'Imprimerie royale, MDCCLXXXV, pièce in-4. *Le Dauphin* appartenant encore à la Marine royale avait été armé le 28 mars 1785 et était parti à destination de la Chine le 9 octobre 1785, en faisant une escale à Macao où il parvint le 28 septembre 1785. Il mouilla à Canton le 9 octobre 1785. Capitaine Maudez-Pierre Le Beau [Mémoire des Hommes S.H.D.L 2 P 53-22 pour le rôle d'équipage]. *Le Dauphin* propriété de la

de ce navire fut particulièrement réussie à tel point que le public jugeait que le prix de l'action devait s'en ressentir, ce qui ne se produisit pas cependant.

Deux grandes théories s'opposaient pour définir la mission de la nouvelle compagnie : celle de Gravier de Vergennes, lassé des guerres continuelles avec l'Angleterre, partisan d'une collaboration paisible avec l'EIC, sinon avec le Bengale aux mains des Anglais – celle de Castries voulant conserver au travers d'une Compagnie marchande dotée de privilèges avec un *imperium* sur la *mare indicus*.

Cette opposition d'opinions et d'intérêts, amenait les Chambres de commerce à rester silencieuses jusqu'en 1786 en espérant que par ces confrontations, le régime de liberté serait pérennisé.

En 1785, l'opinion ou plutôt les forces d'opposition avaient basculé résolument vers la remise en activité de la Compagnie des Indes. Le ver était dans le fruit depuis longtemps. En 1777, le directeur-général (Jacques Risteau) et M. de La Luzerne s'associaient déjà pour « *remettre sur pied un commerce exclusif dont ils s'étaient efforcés d'empêcher la destruction, mais qu'on regarde aujourd'hui comme le seul moyen de faire avantageusement le commerce des Indes dans le cas qu'à une compagnie dont l'administration sera exempte de tous les inconvénients qu'on a reprochés à l'ancienne* ».[18]

La troisième Compagnie reprit le privilège territorial de la Compagnie précédente[19] : « *Elle jouira du privilège de commercer seule à l'exclusion de tous autres sujets du roi, soit par terre, par caravanes ou autrement depuis de Cap de Bonne-Espérance jusque dans toutes les mers des Indes orientales côtes occidentales d'Afrique, Madagascar, les Maldives, mer Rouge, le Mogol, Siam, la Chine, la*

---

Compagnie des Indes serait reparti de Lorient le 22 décembre 1788 [S.H.D.L 2P 18-II.41 pour le rôle d'équipage]. Capitaine, Louis-Jean Duval Favereu.

[18]Courrier de l'Europe, de Paris le 8 août 1777, vue 515 et 516/836 :

[19]Arrêt du Conseil du roi du 14 avril 1785, suivi le 19 juin de l'homologation des statuts et règlement de la Compagnie des Indes.

*Cochinchine et le Japon, ainsi et de la même manière que la précédente Compagnie en a joui* »[20]. Elle fut subrogée dans les droits de sa prédécesseuse[21].

Le privilège de la nouvelle Compagnie des Indes fut qualifié « d'exclusif mitigé ». Les particuliers de la métropole pouvaient librement fréter des navires pour les Mascareignes (Isles de France et Bourbon). De là, ils achèteraient des marchandises rapportées des expéditions de particuliers des deux îles sur le Bengale ou des côtes de Coromandel ou de Malabar, l'Inde étant définie comme les mers orientales au-delà du Cap de Bonne-Espérance, à l'exception de la Mer Rouge, de la Chine et du Japon. Samuel Demissy pour ses expéditions sur l'océan Indien de 1785 à la Révolution ne put s'inscrire que dans ce cadre légal strict, armant à La Rochelle ou Lorient, mais désarmant toujours au seul port de Lorient.

Le nouveau statut comportait aussi une régression de liberté. Sur un rapport de Calonne entériné par un arrêt du Conseil du 10 juillet 1785 rendu peu de temps après la création d'une troisième compagnie des Indes, le monopole du commerce des toiles étrangères était réservé à celle-ci. Les prohibitions d'importation, confirmées par les arrêts de 1756 et de 1748 auxquels les lettres de 1759 avaient dérogé, étaient rétablies.

Les armateurs des deux îles ne subissaient pas trop de restrictions : « *Le commerce d'Inde en Inde restera libre pour les habitants desdites îles de France et de Bourbon, <u>sans néanmoins que ledit commerce puisse se faire par des navires partis d'Europe</u>, à moins qu'ils ne soient constatés appartenir en totalité à des habitants nationaux desdites Isles de France et de Bourbon, qu'ils y aient été déchargés et par eux expédiés de nouveau pour leur destination dans l'Inde, avec soumission de faire leur retour, désarmement et déchargement dans lesdites isles*».

---

[20]La Nouvelle compagnie était dépourvue de tout droit régalien sur les pays où s'exerçait précédemment le commerce de celle dont elle était chargée de poursuivre la liquidation Il lui était accordé d'entretenir sept comptoirs en Inde : Chandernagor au Bengale [Bengale ouest, Inde], lequel est le seul territoire à être enclavé dans les terres [Chandannagar aujourd'hui, situé sur la rive droite du Hoogly (Hugly) ], Pondichéry et Karikal, sur la côte de Coromandel, sur celle de Malabar à Moa à Mahé, à l'Isle de France, à Marseille, au Cap de Bonne-Espérance et à Lisbonne. Elle en avait la jouissance en contrepartie. Le roi s'engagea à la protéger par les armes contre toute attaque en lui fournissant officiers et matelots en cas de besoin. Le roi perdait les ressources provenant du paiement du droit d'induit. Son siège était à Paris rue de Grammont à l'Hôtel de Chalabre [à l'angle des rues Vivienne et Neuve-des-Petits-Champs [AN /III/Seine] Il lui était mis à disposition gracieusement par le roi. En juin 1789, la protection qui lui est assurée n'étant plus la même, elle se déplaça place Vendôme où elle loua des bureaux pour 7 000 livres par an.

[21]On entretint dans les textes la fiction de continuité entre la deuxième compagnie et la Nouvelle Compagnie : «Le privilège de la Compagnie des Indes et de la Chine, qui avait été suspendu par arrêt du conseil d'État du roi, du 13 Août 1769, continuera (sic) de demeurer sans effet à l'égard de ladite Compagnie, voulant Sa Majesté que la nouvelle association qui s'est formée avec son agrément, pour le commerce de l'Asie, soit et demeure subrogée pendant l'espace de sept années de paix à l'exercice dudit privilège, et qu'elle en jouisse sous la même dénomination». Les sept années passeront à quinze ».

## Samuel de Missy (1755-1820), armateur rochelais sur l'océan indien

Samuel Demissy faisait-il partie de ces îliens, titrés habitants nationaux des Isles de France et de Bourbon, malgré son retour à La Rochelle en 1782, et un bref séjour à l'Isle de France en 1784 qui auraient pu profiter de ce statut ? Cette qualité de « binational» que lui conservera l'assemblée de l'île pour la représenter à l'Assemblée nationale aurait pu être déterminante dans le lancement de ses expéditions à partir de Lorient ou La Rochelle pour les Isles de France et de Bourbon. On doute fort qu'il ait pu bénéficier de ce statut dérogatoire.

La traite soit à Madagascar ou sur les côtes orientales d'Afrique était réglementée, mais semble-t-il facile à réaliser du fait de la totale absence d'implication de la Nouvelle compagnie sur ce type d'activité. Il était prévu qu'en ce cas les particuliers s'y substitueraient moyennant permission.

Enfin, « l'administration générale était fixée à Paris, et le siège du Commerce fixé à L'Orient où se feront les armements, expéditions, désarmements et la vente de marchandises ».

À la demande expresse de la Chambre de Commerce de La Rochelle, Samuel Demissy fit chorus avec les délégués d'autres chambres pour s'opposer auprès des Ministres à Versailles aux privilèges de navigation et de commerce exclusifs dont la Nouvelle Compagnie des Indes venait de se voir dotée. Son expérience de négociant sur l'océan Indien de plus d'une décennie le désignait particulièrement pour se joindre à une telle mission.

La France ne fut pas à l'unisson pour ne plus obliger les navires revenant de l'Inde à désarmer à Lorient. Une adresse des négociants de Paris, Versailles, Lyon, Rouen, Caen, Grenoble, Aix, Montpellier, Nantes, Angers, Orléans, Blois, Le Mans, Dijon, Beauvais et autres venus pour acheter à Lorient des marchandises des Indes fut présentée à l'Assemblée nationale le 9 avril 1790 pour que les retours d'Inde se fassent toujours uniquement par Lorient, même si la liberté du commerce de l'Inde devait être décrétée[22].

### 9.1.- L'expédition conduite pour le compte du roi par Grandclos Meslé

Ce fut d'abord en interdisant inopinément le commerce avec la Chine, même pour les expéditions qui étaient en gestation, que l'autorité royale se manifesta brutalement. Les contrôleurs-généraux de Jean François Joly de Fleury de Lavalette et l'éphémère Henri Lefèvre d'Ormesson firent adopter cette mesure inique[23]. Calonne en assura l'exécution.

---

[22] BN n° 2635 f°26, Nouvelles acquisitions françaises, 2633-2637, Papiers du député Emmery.
[23] Lettre par laquelle M. d'Ormesson adresse à 'Messieurs de la juridiction consulaire' de Lorient 100 exemplaires de l'arrêt du conseil relatif à la prochaine expédition de commerce en Chine et 10 placards du même arrêt auquel le ministre demande qu'il soit donné toute la publicité convenable (25 juillet 1783), AD/17, 41 ETP 206/6352.

Par arrêt du 2 février 1783 le Conseil d'État du roi déclara, même pour les opérations en germe, surseoir aux permissions données par passeports qui pourraient être sollicitées par les armateurs particuliers, ressortant tant de la Métropole que des Isles de France et de Bourbon jusqu'à ce qu'il en soit autrement ordonné. Le laconisme de cette formulation laissait ouvertes toutes les hypothèses pour le futur et évitait dans l'immédiat toute contestation de la part des villes portuaires.

Cette expédition sur la Chine qui devait se faire pour le compte du roi, était confiée le lendemain par une ordonnance du 3 février 1783 au sieur Grandclos Meslé. Il avait pu participer à l'élaboration de ces deux textes. Il demeurait cette année-là le 14 février à l'hôtel de Russie, rue Richelieu. Il disposait d'un maillage de relations très important dont la moitié à Paris. En somme, ce Malouin était proche du pouvoir et des financiers.

Pour permettre la mise-hors des vaisseaux, Grandclos Meslé était autorisé à emprunter trois millions de livres[24]. On comprend que le roi l'autorisa à emprunter sous son nom trois millions de livres qu'il répartit entre les banquiersTourton et Ravel et Lecouteulx et Cie pour un million et demi de livres chacun.

Le schéma était vertueux. Les retours de marchandises vendues à Lorient serviraient à rembourser les prêteurs et selon le roi, le surplus servait à indemniser les créanciers de la deuxième Compagnie des Indes en cours de liquidation. Le Malouin Pierre Jacques Grandclos Meslé apparaissait comme le restaurateur du commerce sur la Chine, celui qui allait lui redonner une impulsion décisive pour le bien du Royaume dont les finances étaient en bien mauvaise posture.

Les liaisons entre les armateurs de Saint-Malo et les Compagnies des Indes étaient fort anciennes. Ils prirent le relais entre 1701 à 1719 d'une Compagnie qui avait pratiquement cessé d'armer sur l'Inde.

Cette attribution personnelle de privilège même consenti pour un temps déterminé fut considérée comme un scandale par la Chambre de Nantes[25].

La justification de ce revirement régalien ne faisait illusion à personne. L'argumentation du ministère était spécieuse, voire grossière. Il s'agissait de favoriser les plus fortunés. On était parti du postulat selon lequel les ports du royaume pourvoyaient de manière insuffisante ses habitants en marchandises de l'Inde et de la Chine pour la consommation intérieure et même pour la réexportation. Comment

---

[24] Copie d'une décision du contrôleur général du 4 octobre (1783) autorisant les députés du commerce à faire le recouvrement des soumissions qui ont été faites dans les ports de Bordeaux, Nantes et Marseille pour l'expédition de commerce en Chine, AD/17,41 ETP 206/6358.

[25]<u>Délibérations de la Chambre archives historiques de la Chambre de commerce de Marseille</u>, page 303 : séance du 7 mars 1783, Il a été fait lecture d'une lettre par laquelle les juges consuls de Nantes se plaignent du privilège qui vient d'être accordé aux sieurs Grand et Mellée (sic) de faire exclusivement le commerce de la Chine avec les vaisseaux qui leur seront fournis par le roi, Sa Majesté leur permettant, en même temps, d'emprunter trois millions pour fournir à l'expédition de cette entreprise et supprimer toute permission pour les armateurs particuliers.

pouvait-on raisonnablement estimer le volume de la demande étrangère pour des produits provenant de la Chine, mais aussi de l'Inde, car cette dernière destination était aussi mentionnée dans le texte ? S'agissait-il de favoriser un commerce interlope en contournant la réglementation anglaise ? Les motifs de l'arrêt déconsidéraient et culpabilisaient les armateurs particuliers en pointant leur inefficacité. « *Au regard des circonstances actuelles, si l'on s'en rapportait pour un approvisionnement aussi important à ses spéculations, on ne pourrait pas être assuré que ses entreprises fussent effectuées assez promptement pour que ses retours fussent effectués avant 1784, et qu'il serait plus avantageux et plus sûr d'en charger un armateur qui dirigerait les opérations pour le compte de Sa Majesté* ».

Pour mener sur la Chine cette expédition de 1783, le roi avait choisi un armateur parmi les plus riches qui aient existé, le sixième par sa fortune, mais aussi celui qui trempa le plus à Saint-Malo dans la traite négrière et peut-être aussi en France. Selon l'historien Alain Roman[26], sur 166 voyages en trente ans, on lui compta 35 expéditions de traite négrière et 30 voyages aux Antilles. En 1767, il entretenait quatre navires dédiés au commerce de la Traite[27].

Grandclos Meslé maîtrisait ces destinations sur lesquelles il opérait depuis 1773. Il avait organisé la campagne de *L'Américain* de 450 tonneaux qu'il avait armé en propre avec 67 membres d'équipage. Le navire partit de Lorient le 7 décembre 1773, revenant à Saint-Malo pour l'armement, relâchant à Cadix sans doute pour s'approvisionner en piastres lesquelles étaient incontournables pour le commerce, passant par Malacca pour aller en Chine, conduit par le capitaine Jean Pierre Le Fer de Chantelou. Il revint à Lorient le 12 juillet 1775 pour le déchargement de marchandises. Au total seulement 18 mois pour cette campagne.

En 1782, Grandclos Meslé demeurait un armateur actif pour son compte propre. Il fit partir de Saint-Malo le navire *Saint Esprit* de 440 tonneaux et 10 canons pour la Martinique et Saint-Domingue. En 1777, ce vaisseau avait servi à une expédition sur la Guinée.

Il fut enjoint à toutes les autorités de lui tenir la main. L'arrêt du 2 février 1783 fut communiqué le 14 du même mois au gouverneur de Souillac et à l'intendant de l'Isle de France Chevreau « en leur demandant d'avoir soin qu'il ne se fasse aucune

---

[26] Martin Gaston, Nantes au XVIIIe siècle : l'ère des négriers, 1931, réédition Karthala, 1993. Louis Skipwith La mémoire de l'esclavage en France, un processus douloureux de mis en forme, École Nationale Supérieure d'Architecture de Bretagne- Master 2 2021https ://www.letelegramme.fr/ille-et-vilaine/saint-malo/saint-malo-alain-roman-a-l-epoque-l-esclavage-etait-un-commerce-normal-12-05-2019-12281302.php

[27]Gazette du Commerce, 2 février1768, Liste des vaisseaux expédiés de Saint-Malo en 1767 : Grandclos Meslé arma de Saint-Malo pour la Guinée les navires *Le Mesny* de 300 tonneaux, capitaines Monville, Jallobert, *Le Supplément* de 100 tonneaux, capitaine Daniel Deslandes, *L'Américain* (Amériquain) de 400 tonneaux, capitaine Nicolas Villecollet, et *La Reine de Juda*, de 200 tonneaux, capitaine Dubuisson.

expédition pour cette partie de l'Asie ». Une autre missive fut adressée le 14 juillet 1783 à Pierre Charles François Vauquelin, consul à Canton « le pressant de faire tous ses efforts pour concourir au succès des opérations que le roi a confiées au sieur Grandclos Meslé ».

Plusieurs armateurs particuliers se trouvèrent pris en porte à faux, car le nouveau Règlement concernant la suspension des autorisations sur la Chine se trouvait applicable sur le champ. Il ne fallait pas que d'autres navires susceptibles de s'approvisionner simultanément à Canton viennent en concurrence avec les marchandises à rapporter par les armements de Grandclos Meslé.

On sait que Paul Pierre D'Arifat, négociant de l'Isle de France se trouva dans ce cas. Il déclara ne pas avoir connaissance de la nouvelle réglementation lui interdisant de faire partir ses vaisseaux sur la Chine. Ce fut sa seconde et dernière expédition. Elle lui fut fatale, car mal organisée avec un autre armateur de l'île : Pierre Collique.

Selon Louis Dermigny, Pierre Morin, négociant et armateur à Nantes propriétaire du *Tigre* du port de 1 000 tonneaux qu'il voulait expédier sur la Chine, fut stoppé dans son élan. Il fut bien mal récompensé de son zèle, car il s'était mis pendant les années 1780 et 1782 au service de Sa Majesté pendant la guerre d'Indépendance américaine. Ses navires avaient été même réquisitionnés. Deux étaient encore au service obligé du roi.

*Le Tigre* avait été construit pour faire les voyages à destination de la Chine. Morin l'avait fait doubler de cuivre pour l'y envoyer sitôt la paix conclue. Le 27 février 1783, il supplia semble-t-il vainement le roi de lui accorder une permission en dérogation à l'article 3 de l'arrêt du Conseil du 2 février 1783, en lui faisant valoir que son expédition ne pouvait « qu'apporter l'abondance du thé qu'Il désire avoir en son Royaume ». Morin souhaitait lever l'ancre vers le 15 ou 20 mars, passer prendre des piastres à Cadix et accoster en Chine avant la mousson. À défaut d'autorisation, il prédisait que ces dépenses immenses deviendraient pour lui un objet de ruine[28].

Il en fut de même pour Lavaysse, armateur de Lorient, qui avant la signature des préliminaires de la paix, avait formé le projet d'un armement pour la Chine. On estima d'abord que le projet de Lavaysse[29] ne se trouvait pas en concurrence avec l'expédition de Grandclos Meslé autorisée par le roi en février 1783, et que ce particulier la réaliserait en 1784. Mais un doute surgit, au cas où le sieur Grandclos Meslé viendrait à être chargé des mêmes expéditions dans les années suivantes.

D'autres négociants sollicitèrent des permissions particulières : les frères Chaurand de Nantes pour *Le Louis* de 800 tonneaux, Ferrand et Lazé de Lorient, Lapotaire et

---

[28]Le Sagittaire parti de Brest le26 janvier 1784, pour l'Isle de France commandé par Morin.

[29]Peut-être s'agit-il de MM. Lavaysse & Puchelberg [Jean Léonard Puchelberg] qui avaient projeté d'abord d'envoyer un vaisseau de 1 000 tonneaux sous pavillon neutre, artifice que le retour de la paix rendait inutile.

Samuel de Missy (1755-1820), armateur rochelais sur l'océan indien

Vallée de Lorient également pour des navires allant de 700 à 900 tonneaux. Ces derniers venaient de terminer une campagne sur l'Inde en ayant chargé de Lorient *Le Vesta* de 180 tonneaux et 8 canons le 12 décembre 1781, et le ramenant à son port de départ pour son désarmement le 14 août 1783.

Pour réaliser cette expédition sur la Chine autorisée par le roi, Grandclos Meslé arma quatre vaisseaux d'un port total cumulé d'environ 2 500 tonneaux qui firent voile sur Wamphoa (Wamphou).

En premier lieu, *Le Mulet,* flûte ou gabarre de la Marine royale de 500 tonneaux portant 18 canons ayant pour capitaine Duclos Guyot, partit de Rochefort le 29 mars 1783 directement pour la Chine et désarma à Lorient le 12 juin 1784.

Ensuite, la frégate de la Marine royale qui fut donnée par le roi à Grandclos Meslé *La Méduse* du port de 600 tonneaux et armée de 6 canons appareilla de Lorient le 5 avril 1783, capitaine Lunel-Dumesny aussi directement pour la Chine et qui fut désarmée à Lorient le 23 mai 1784.

En troisième lieu, la frégate de la Marine royale *La Driade ou Dryade* du port de 800 tonneaux qui fit voile de Saint-Malo le 5 avril 1783 directement pour la Chine, capitaine François Fouqueu Des Moulins et désarma à Lorient le 24 mai 1784.

Enfin, *Le Sensible* qui était aussi une frégate de la Marine royale, de 600 tonneaux et dotée de 10 canons, capitaine Bernard La Gourgue, partit probablement de Lorient le 13 avril 1783 également pour la même destination et désarma dans ce même port le 1er août 1784. On dit que les quatre navires échangèrent du plomb, des tissus et payèrent avec des piastres la soie, la porcelaine et les ballots de thé qu'ils achetèrent. Cependant les piastres manquèrent. Il en fallait 3 499 pour le Consulat, mais il ne put se les procurer.

Ce fut un échec total. Ainsi le roi qui avait compté sur les bénéfices de cette expédition pour rembourser les créanciers non encore indemnisés de la deuxième Compagnie des Indes en fut pour ses frais. Dans le langage choisi de cette fin de siècle, on présenta la situation comme suit : « *Des circonstances imprévues ont empêché cet objet. Elle présente un déficit considérable. Il est attribué à deux causes. La première est l'établissement que le gouvernement chinois a fait de dix marchands ou hanistes qui sont devenus les maîtres des prix d'importation ou d'exportation. La seconde est la concurrence de quarante-deux vaisseaux de différentes nations qui se sont trouvés dans le même moment dans le port*[30] » [de Canton] et qui luttaient chacun contre l'autre devant les marchands chinois pour charger un maximum de marchandises.

---

[30] En 1783, il y avait à Canton ou Whampou les quatre vaisseaux frétés à l'île de France par M. d'Arifat : *Le Pacifique, Le Comte-de-Saint-André, L'Hippopotame* et *L'Astre de l'Europe*. Ils étaient arrivés le 31 décembre 1783, des Anglais de l'East Indian Company, mais aussi des particuliers de ce pays, des Danois de leur compagnie royale L'Asiatisk Kompagni, des Suédois, des Impériaux (Autriche, probablement Trieste), des Hollandais, des Espagnols et des Portugais de Macao selon la liste dressée par Viellard consul

Pendant la Révolution, alors qu'on débattait encore sur l'existence même de la troisième Compagnie des Indes, on revint sur le déroulement de cette affaire.

Les <u>Archives parlementaires</u> du 21 avril 1790 confirmèrent une perte comprise entre près d'un million à un million quatre cents livres : « Suivant un premier état de chargement des quatre bâtiments expédiés M. Grandclos Meslé démontra un déficit 1 473 874 -16 -7 en partant des prix de vente présumés ; mais un autre état dans lequel il a pris pour base les prix de vente de mai 1784, la perte n'est évaluée « qu'à » 972 940 livres ».

L'armement de Chine en 1784-1785 arriva en Europe avec 45 % de pertes. La Chine avait été approchée par une foultitude de vaisseaux venant de l'Isle de France portant le pavillon impérial de Trieste qui firent concurrence.

Il n'avait donc servi à rien d'imposer une orchestration des campagnes par une exclusivité donnée aux vaisseaux du roi ou à ses représentants en confisquant toute possibilité d'initiative de la part des armements particuliers, argument dérisoire puisque l'on avait aucune autorité sur la venue des vaisseaux étrangers à Whampou. Ce schéma était absurde.

Tira-t-on une leçon de cet échec ?

Par arrêt du Conseil d'État du 27 février 1785 un seul navire le *Notre-Dame du Carmel,* capitaine Pierre Tonnelier, de 500 tonneaux fut autorisé à appareiller le 6 avril 1785 pour la Chine. Il ne se rendit qu'à Pondichéry et fit des haltes à Anjouan, au Bengale et à Chandernagor. Il était armé par Grandclos Meslé (*contra* : Gourlade, Bérard, directeur de la Compagnie des Indes et Périer), sans aucun doute à leurs risques et financés par eux. Il portait 49 hommes d'équipage, 10 passagers et 10 canons de 8 balles[31].

9.2-. L'expédition conduite avec l'association des villes maritimes

Le roi fut bien avisé de mettre en place un nouveau dispositif, partant d'une organisation plus transparente et équitable pour permettre de mener une deuxième expédition sur la Chine, en associant cette fois-là plus largement, selon le vœu de

---

à Canton le 10 – 12 janvier 1784. L'Esprit des Gazettes, tome neuvième 1784, (205) - *La Méduse* ancienne frégate qui avait été donnée à M. Grandclos Meslé pour le commerce de l'Inde & *La Dryade* sont revenues de la Chine : elles sont le plus triste tableau du commerce de ce pays. Elles ont laissé à Canton 41 navires, tant français, qu'anglais, hollandais, danois, suédois, impériaux &c. Le thé y était plus cher a cause de cette concurrence qu'il ne l'est dans le marché de l'orient, en sorte que par cette première expédition de M. de Grandclos Meslé les actionnaires perdront au moins quarante pour cent de leur mise, excepté ceux qui ont placé à la grosse. Les autres navires qui reviennent de Chine n'auront pas été plus heureux. Au départ du courrier, il en paraissait quelques-uns sous Groix. Tout le thé de la Chine est pour ainsi dire en Europe. L'on s'attend à ce que son prix tombe considérablement, aujourd'hui que les Hollandais, les Danois et nous, serons obligés de mettre dans les marchés tout ce qui était en magasin.

[31] AD/56, 10 B 18 ; 1er avril 1785.

Castries, à son financement les négociants des villes maritimes pour qu'ils en retirent les profits qui paraissaient à portée de main.

Comme il fallait faire de nouveau une exception à la prohibition de l'arrêt du 2 février 1783, le roi « toujours dans l'attente la forme la plus convenable et la plus utile, d'exercer le commerce de l'Inde et de la Chine », décida que l'expédition prochaine pour la Chine, ne serait faite ni pour son propre compte, ni pour celui d'un ou plusieurs intéressés privilégiés. « *Son intention était que les villes maritimes de son Royaume puissent en profiter, en limitant néanmoins cette opération de manière à prévenir les effets d'une trop grande concurrence, et en écartant d'un autre côté toute idée d'exclusif personnel ou de préférence particulière* ». Le favoritisme accordé à Grandclos Meslé ne devait pas se répéter. Trois députés devaient se rendre à Paris pour prendre les engagements nécessaires avec l'administration et « concerter entre eux les opérations ».

Une lettre du 6 février 1783 du Contrôleur-général M. Joly de Fleury parvint à la Chambre de Bordeaux à laquelle furent joints vingt-cinq exemplaires de l'arrêt du Conseil du 2 février concernant le commerce sur la Chine « pour en donner connaissance aux commerçants que cet objet peut intéresser ». C'était la forme la plus consensuelle possible pour permettre à un plus grand nombre de négociants de profiter de retombées du commerce sur la Chine[32].

Le 21 juillet 1783 par arrêt du Conseil, signé à Versailles par le maréchal de Castries fut autorisée la création d'une association de particuliers pour entreprendre une nouvelle expédition sur la Chine. Le capital à souscrire au travers des chambres de commerce qui servaient d'intermédiaires pour le placement des titres fut fixé à six millions de livres : 1 200 actions d'un nominal de 5 000 livres. Étaient assignés : 400 titres pour Marseille[33],- 320, pour Bordeaux qui y souscrivit le 9 août,- 80, pour La Rochelle[34],- 80, pour Le Havre, - 140, pour Nantes, - 90, pour Lorient, - et enfin 90, pour Saint-Malo. À La Rochelle, le secrétaire de la Chambre de commerce, Thomas

---

[32]AD/33, 299/566, 13 février 1783, attribuée par les AD/33 à M. Joly de Fleury.

[33]14 septembre 1783, distribution de 400 actions pour l'expédition de Chine. Il y aurait eu 33 souscripteurs parmi lesquels Jean et David Baux. Inventaire des archives historiques de la Chambre de commerce de Marseille. Par délibération du 9 mars 1877, la Chambre de commerce a confié la rédaction de cet inventaire à M. Octave Teissier, (1825-1904). 1878. https ://gallica.bnf.fr/ark :/12148.- Pour Bordeaux : AD/33, C 4265 : « Au Contrôleur général : la souscription pour l'expédition de Chine a été couverte en un instant par les négociants assemblés et un plus grand nombre d'actions eût été nécessaire (12 août 1783)».

[34]MM. Paul Nairac et fils aîné, de Bordeaux, informent les actionnaires du commerce de Chine à La Rochelle qu'ils ont été chargés, par le député de Bordeaux, de recevoir le montant de toutes les soumissions qui ont été faites à La Rochelle pour l'expédition de commerce en Chine. Ils prient en conséquence les actionnaires rochelais de donner des ordres à leurs commettants pour que ceux-ci leur comptent la valeur des 80 actions qui regardent la ville de La Rochelle, à moins qu'ils ne jugent à propos de la leur remettre directement ou à M. Nairac l'aîné, député à Paris, en papier dont le terme ne puisse pas excéder 30 jours. AD/17, 41 ETP 206/6359, 25 octobre 1783.

Delaire était chargé de distribuer à la bourse les bulletins de vente. Samuel Demissy ne compta pas au nombre des souscripteurs, sans doute trop pris par les dépenses d'armement de L'Espiègle de 130 tonneaux, capitaine Jean Robin et du Neptune de 240 tonneaux, capitaine Jacques-Alexandre Boutet.

Si le nombre des 1 200 actions de 5 000 livres destinées à former le capital de l'Association n'était pas rempli à l'arrivée des trois députés qui devaient se rendre à Paris « pour prendre les arrangements avec l'administration & concerter entre eux les opérations », ils seraient autorisés à compléter les fonds nécessaires à l'expédition [35]. La souscription se clôturait le 1$^{er}$ septembre.

Des négociants du Havre qui manifestement avaient des doutes sur le succès de l'opération firent assurer leur investissement de cinq actions à La Rochelle. Ils s'entremirent discrètement avec Fleuriau frères et Pierre Thouron et De Stockart et d'Ebertz [36]. D'autres comme Lacoudrais, Baudry et Leprévost étaient peu convaincus de la réussite de la seconde expédition de Chine de 1783. Ils rechignaient à souscrire les 80 actions qui avaient été réservées aux négociants havrais[37].

Les souscriptions de ces actions dont le nominal était élevé de 5 000 livres rebutaient cependant bon nombre de bourses. Pourtant on n'avait pas encore connaissance du désastre de l'expédition précédente de M. Grandclos Meslé. À Bordeaux, ceci constitua un obstacle. Les bonnes intentions ne furent pas toujours suivies d'exécution et le ministère dut enjoindre aux chambres de réaliser la part d'actions qui leur avait été attribuée[38].

---

[35] Gazette nationale, 15 août 1783, page 292.

[36] AD/17, ETP 32 f° 8 Le Sagittaire, Le Triton et La Provence, Police d'assurances sur marchandises et effets. Nous assureurs soussignés, promettons & nous obligeons envers vous MM. faisant pour compte de qui il appartiendra d'assurer & assurons sur un intérêt de cinq actions formant la somme de vingt-cinq mille livres [ En fait, 10 000 pour Fleuriau frères et Thouron et 15 000 pour De Stockart et d'Ebertz pour compte de Mme Veuve Jean Ferray et Massieu au Havre sur l'expédition de trois vaisseaux ci-après portant sur le corps quilles agrès apparaux ustensiles à l'équipage armement et marchandises de quelque nature qu'elles puissent être composant les cargaisons et généralement la mise sur toutes les appartenances & dépendances des vaisseaux nommés pour aller de Brest & Lorient en Chine : Le Sagittaire commandé par (non précisé), Le Triton commandé par (non précisé) – La Provence commandée par (non précisé) pour aller de Toulon en Chine et retour, vendre traiter & négocier lesdites cargaisons […].La présente assurance est faite à huit pour cent de prime [ Fait à La Rochelle, le 28 avril 1784 ; Enregistré le 3 mai 1784].

[37] Ces Messieurs du Havre. Négociants, commissionnaires et armateurs de 1680 à 1830, Édouard Émile Didier Jean Marie Delobette, université de Caen, 2005, thèse HAL science 2008, page 1732.

[38] AD/33, C 3685. AD/17, 41 ETP 206/6358. Le Contrôleur-général autorise le 4 octobre 1783 les députés du commerce à faire le recouvrement des soumissions qui ont été faites dans les ports de Bordeaux, Nantes et Marseille pour l'expédition de commerce en Chine. AD/17, 41 ETP 206/6360, Lettre du 5 novembre 1783, par laquelle MM. Paul Nairac et fils aîné, informent la Chambre de commerce de La Rochelle que […] relativement à l'expédition de commerce en Chine, le Ministre vient d'écrire aux directeurs de la chambre de commerce de Guyenne (Bordeaux) pour leur donner l'ordre d'assembler les actionnaires et de leur faire connaître que le désir du roi est que le montant de toutes le soumissions soit versé sans délai.

## Samuel de Missy (1755-1820), armateur rochelais sur l'océan indien

À La Rochelle, Emmanuel et Nicolas Weis furent ceux qui s'en firent délivrer le plus. Ils semblaient au faîte de leur succès. Ils dominaient le commerce de La Rochelle. Ils y étaient les représentants de la Nouvelle compagnie des Indes [39]. Messieurs Weis donnaient tous les jeudis un concert au siège de leur société où étaient accueillis les négociants protestants [40]. Ils armaient coup sur coup des navires comme *Le Rochelais* en droiture pour Saint-Domingue, ou bien pour la traite : *La Belle Pauline* à la côte d'Angole, *L'Iris* pour la même destination, *Le Nouvel Achille* pour la Côte d'or, *Les Treize Cantons,* encore pour la Côte d'Angole.

Les Weis en souscrivirent trente-sept, soit un déboursé de 185 000 livres, en deux fois : 27 + 10). D'après Claude Laveau op.cit. page 217, leur fortune provint aussi du commerce des grains. Ils le démontrèrent pendant la Révolution grâce à leurs relations avec l'Europe du Nord, sans doute avec Dantzig. Ils créèrent une maison de banque à Paris qui fit une faillite de 75% [en 1792], ce qui ne les empêchera pas deux ans plus tard de rouler carrosse.

Les autres souscripteurs furent servis plus modestement : Daniel Garesché : vingt ; Jean-Baptiste Nairac cinq ; J. Carayon l'aîné : cinq, Goguet qui armait à ce moment-là *Le Meulan* pour la côte d'Angole : deux. D'autres négociants s'arrangèrent pour n'en acheter qu'une seule. Ils durent le regretter *a posteriori* : Étienne Ranjard; Benjamin Giraudeau; Jacques Guibert; Le Grix; Bernon & Garreau, de Baussay; Garnault aîné; G. Souchet; Stockar & d'Ebertz et Henri Le Conte. Le quota des quatre-vingts actions réservées pour La Rochelle fut atteint de cette façon-là[41]. Rasteau ne souscrivit rien, plutôt intéressé par l'expédition des *Trois Frères* sur la Guinée, Vivier pas davantage, ni Fleuriau frères, pas même Du Moustier de Fredilly et Du Moustier de Jarnac qui armaient pour la Côte d'Angole et pour finir, Van Hoogwerf et Poupet & Guymet s'en désintéressèrent, trop occupés par le déroulement de leurs opérations de traite triangulaires.

Cette association de négociants fonctionna comme une petite démocratie. Les actionnaires choisirent trois députés (synonyme de mandataires) pour superviser les opérations. Ils élurent- Jean-Baptiste de Luynes, député de Nantes et représentant de Saint-Malo, de Lorient et du Havre, - en date du 1$^{er}$ septembre 1783, Paul Nairac dit l'aîné, député de Bordeaux, qui représentait aussi les souscripteurs de La Rochelle en lui adjoignant cinq commissaires chargés de correspondre avec celui-ci, et - Joseph Miraillet (fils), député de Marseille.

Le souverain fournit *gratis* trois vaisseaux de 1 200 à 1 500 tonneaux pour l'expédition de 1783 à 1784 : *Le Sagittaire, Le Triton* et *La Provence,* à la seule

---

[39] AD/17 ETP 34 f° 204, 24 avril 1786, *Le baron de Breteuil.*
[40] Boula Etemad, page 527 ; Investir dans la traite. Les milieux d'affaires suisses et leurs réseaux atlantiques, ouvrage collectif Les Huguenots de l'Atlantique.
[41] AD/17, 41 ETP 206/6353.

condition du remboursement des dépenses que pourrait faire le Département de la Marine.

Les fonds collectés auprès des actionnaires des villes portuaires permirent l'armement en marchandises sur Canton de ces trois bâtiments prêtés par le roi : *Le Sagittaire, La Provence* de 64 canons *et Le Triton*. Ils étaient affrétés par le subrécargue Pierre François Roze, assisté de deux anciens membres du Conseil de Canton : Trollier et Thimotée[42]. *Le Sagittaire*, après avoir réparé ses mâts endommagés par la foudre, partit de Brest le 18 (26) janvier 1783, pour l'Isle de France commandé par Morin[43]. *La Provence qui* devait partir entre le 15 et le 20 février n'appareilla que le 2 mars 1783 et *Le Triton* parti aussi avec un mois de retard le 20 mars 1783, commandé par Dordelin pour la Chine[44]. Les navires furent chargés de piastres pour un montant équivalant à 738 250 17. Une partie était destinée au consulat de Canton. Ils chargeaient à l'aller pour environ 900 000 livres de marchandises d'un débouché très courant pour la Chine.

Le Relevé de vaisseaux et frégates construits ou armés à Lorient, avec les dates de leurs voyages, 1766-1790, de l'amirauté de Lorient [45], indique que ces trois navires se retrouvèrent à Lorient, puis partirent ensuite pour Rochefort et de là sur la Chine.

*Le Triton*, mis en chantier en 1769 à Lorient commandé par Alain Dordelin parvint à Lorient le 3 juillet 1783, puis fit voile le 20 août 1783 pour Rochefort. Il est supposé par ailleurs venir de Brest où il était attaché depuis le 19 février 1778. Il en fut de même pour *Le Sagittaire,* capitaine Maurin parti en août pour Rochefort et retourné à Lorient le 3 juillet 1787 pour terminer *in fine* ponton.

Il a pu être avancé que *La Provence* aurait été expédiée de Toulon selon Claude Joseph Trouvé : Essai historique sur les États généraux, volume 2, page 601, ou même de Marseille selon Hardouin de La Reynerie. Le congé de l'amirauté de Lorient indique que ce navire, commandé par Macel parvint aussi à Lorient et partit pour la Chine le

---

[42] Ports, routes et trafics, numéro 18, parties 3 à 4, page 1029, Armand Colin.

[43] Après le débarquement des marchandises pour leur vente à Lorient, *Le Sagittaire* serait retourné à Rochefort le 9 septembre 1785.

[44] AD/17 41 ETP 33 f°221, *Le Pondichéry* capitaine Beaulieu Leloup. Police d'assurance sur marchandises et effets : Nous assureurs soussignés, promettons & nous obligeons envers vous M. Jacques Guibert, stipulant par ordre et pour compte de MM. Pitot frères et Cie, d'assurer & assurons les sommes par chacun de nous ci-dessus déclarées de vingt-quatre mille livres papier monnaie & trois mille deux cents piastres assurées par lesdits sieurs Pitot frères & Cie la première somme à M. Dayot fils aîné, et la seconde à M. Morin de La Sablière, le tout chargé à Port-Louis, Isle de France sur le navire français *Le Pondichéry*, capitaine Beaulieu Le Loup (ou tout autre à sa place) pour le voyage de Chine et retour audit lieu de l'Isle de France où les risques finiront […], 36 000 livres, prime quatre et demi pour cent. Fait le 16 décembre 1784, enregistré le 24 décembre 1784 en neuf signatures dont Ranjard, Gareshé, Fleuriau frères, Thouron, Perry, Souchet etc.

[45] AD/56, 10 b 21, vue 4/6.

10 août 1783. Ce fait est confirmé par le Relevé de vaisseaux et frégates construits ou armés à Lorient avec la date de leurs voyages 1766 - 1790[46].

Le 9 juillet 1785, il se disait que le retour des trois navires était incessant. On avait idée de l'état de chargement des trois vaisseaux auquel était venu se joindre *Le Pondichéry*. Ils devaient rapporter toutes sortes de thés : « Bouy, Camphou, &. d'une valeur 3 millions de livres, des étoffes, des porcelaines ». Paul Nairac partit donc pour Lorient assister aux opérations de débarquement[47].

Un état du chargement des vaisseaux de la Chine, *Le Triton*, *Le Sagittaire* et *La Provence* arrivés à Lorient le 3 juillet 1785, publié dans l'édition du Journal général de France du 9 août 1785, fait l'inventaire des marchandises achetées : Thé bouy, 2 418 542 livres, thé camphou, 403 763 livres, thé camphouy 281 938 livres, thé faotchon 20 294 livres, thé pekao 13 452 livres, thé vert supérieur 402 216 livres, thé vert thonkai 55 750 livres, thé heysvin 274 630 livres ; nacre de perle : 33 804 livres, schine 46 750 livres, rotins longs 58 204 livres, cannelle 56 450 livres, rhubarbe 17814 livres, Soie écrue 7 288 livres, toiles de Nankin 175 760 pièces, étoffes de soie & porcelaines diverses.

L'administration fut rigoureuse[48]. Les comptes d'armement d'expédition et de cargaison furent dressés après le départ des trois vaisseaux et mis à la disposition des actionnaires, signés par les trois députés. Lors du retour des trois navires à Lorient, et après leur désarmement et la vente de leurs cargaisons, les députés dressèrent le résultat de l'expédition pour déterminer le dividende à verser.

Le rapport de Nairac et de De Luynes, Miraillet ayant préféré rester à Paris, fut très favorable : « *La vente a été faite d'une manière avantageuse & les recouvrements de fonds l'ont suivie. Ces recouvrements ont procuré la rentrée de la majeure partie des actions. Les autres paiements ont été faits en papier sur l'Étranger à diverses échéances ainsi qu'en papier sur Paris, à des termes plus ou moins éloignés que l'usage a introduit dans les paiements réputés Comptant. La remise des fonds est attribuée à Paul Nairac de Bordeaux, expédition du 27 novembre 1785* ».

Après le recouvrement du montant des cargaisons, les trois députés firent aux actionnaires la répartition des sommes qui provinrent de cette expédition[49].

---

[46] AD/56, 2 Mi 110 R 4.

[47] AD/17 41 ETP 8, 15 juillet 1785. Lettre de Nairac l'aîné de Bordeaux, député des actionnaires dudit lieu et de La Rochelle pour l'expédition de Chine de 1784. Ladite lettre en date du 9 de ce mois pour participer à l'arrivée à Lorient des vaisseaux *Le Triton*, *La Provence* & *Le Sagittaire* & l'attente de peu du *Pondichéry* ainsi que l'état de chargement des vaisseaux. Il a été fait et signé une lettre d'avis de réception pour M. Nairac.

[48] On ne sait pourquoi M. de Montigny du Timeur demanda à la Chambre de commerce de La Rochelle en sa qualité d'actionnaire majeur de l'expédition de Chine de bien vouloir convoquer une assemblée. AD/17, ETP, 206/6357.

[49] AD/17, 41 ETP, 11 mai 1785, vue 206/6369. L'état des soumissions a été clos par les directeurs et syndics de la chambre de commerce le 26 août 1783. Il est suivi : 1°- d'une attestation par laquelle les actionnaires

Une lettre du bordelais Paul Nairac[50] expédiée de Lorient à l'adresse de la Chambre de commerce de La Rochelle du 21 octobre annonça que le produit de la vente des thés le 17 octobre 1785 et jours suivants en retour de l'expédition de 1784 approchait les dix millions trois cent mille livres[51]. Mais quelques étoffes de soie ne trouvèrent pas preneur. Le paiement des ventes se fit de la manière accoutumée pour les étrangers : par lettres de change sur Londres, Amsterdam ou Hambourg. Les Anglais furent très présents à la vente publique.

Cette opération semble avoir été une réussite[52].

La liquidation des comptes de l'expédition traîna jusqu'en 1787, repoussant le versement des dividendes aux actionnaires.

Quand il fut question de répartir entre les souscripteurs les bénéfices de l'expédition, Paul Nairac qui représentait les intérêts de Bordeaux et La Rochelle proposa de réserver sur 10 930 livres qui revenaient aussi aux souscripteurs de ses villes une somme de 2 286 pour les pauvres[53].

Bordeaux découvrit un nouveau marché.

À sa libération de l'Isle de France, à la suite de la faillite D'Arifat, Robert Pitot s'installa à Bordeaux quai des Chartrons. Il s'appuya sur Couve de Murville, Carrier de L'Écluse et aussi sur Jean Peltier pour relancer ses affaires vers l'Isle de France, ce qui

---

reconnaissent avoir reçu de M. Delaire, secrétaire de la chambre de commerce, les certificats des soumissions pour lesquelles ils sont compris dans le susdit état ; 2°- d'une deuxième attestation par laquelle lesdits actionnaires reconnaissent qu'il a été délivré à chacun d'eux par le même M. Delaire un exemplaire imprimé du compte général de l'emploi fait par messieurs les députés de Marseille, Nantes et Bordeaux de la somme de six millions dans l'expédition pour la Chine en conformité de l'arrêt du conseil d'état du roi du 21 juillet 1783".

[50]Paul Nairac sera nommé directeur à la Chambre de commerce de Guyenne le 1er mai 1788.

[51]AD/ 17 41 ETP 8, 28 octobre 1785, vue 15/238, feuille n° 11, verso. AD/17, 41 ETP 8, vue 10/238, feuille n° 7, recto, 2 septembre 1785. D'une lettre du sieur Dussault de Lorient du 26 août pour adresser à la Chambre de la part des députés des actionnaires de l'expédition de 1783 pour la Chine, 40 exemplaires de l'annonce de la vente qui se fera à Lorient le 17 du mois prochain (octobre). Il a été arrêté qu'il serait distribué ces exemplaires aux actionnaires de cette ville & qu'il serait en affiché un dans la salle publique. Il a été fait & et signé une réponse pour en marquer la réception. Il a été arrêté de marquer réception de cette lettre & le sieur Delaire s'est chargé de la communiquer en bourse aux souscripteurs pour cette expédition & de leur distribuer les bulletins de la vente des thés, reçus avec ladite lettre.

[52]AD/17, ETP 8, 16 décembre 1785, vue 21/238, feuille 17, verso, la Chambre assemblée à la manière accoutumée, il a été donné lecture de la première délibération, ensuite d'une lettre de M. Nairac [Paul] député de Bordeaux et de La Rochelle pour l'expédition de Chine de 1784 [...] avec un aperçu du résultat de cette expédition signé dudit sieur & de M. de Luynes député [pour les actionnaires de l'expédition] de Nantes, de quoi il a été communiqué aux signataires souscripteurs pour ladite expédition & comme M. Nairac annonce son prochain passage pour cette ville, il n'a pas été nécessaire de lui répondre.

[53]AD/17, 41 ETP, vue 206/6369, 18 mars 1786 : répartition de 46% aux actionnaires de l'expédition de Chine et réservation "sur l'un pour mille que les adjudicataires donnent ordinairement aux pauvres, la somme de 571 livres 10 sols pour être distribuée à ceux de La Rochelle. Paul Nairac prie la Chambre de commerce de tirer cette somme sur lui et d'en faire la distribution de concert avec ses actionnaires".

incita Peltier et Michaud à diriger leurs deux derniers navires négriers vers le Mozambique :
- *Le Comte d'Angevillier*, 1 000 tonneaux, commandé par Alexandre Heguy, partit de Nantes, le 3 mars 1786. Reparti du Mozambique avec 863 Noirs, il arriva au Cap avec 588 captifs, soit 275 morts ! Il désarma à Lorient le 5 décembre 1787, après avoir coulé dans le port. Le voyage aura duré 20 mois et une semaine.
- *Le Breton*, 1 093 tonneaux, commandé par Jean Nicolas Guesdon, parti de Lorient le 22 décembre 1786. Passa par l'Isle de France, puis fila sur le Mozambique. Malgré une révolte, le Breton repartit avec 820 Noirs, il n'y en eut plus que 630 au départ du Cap de Bonne-Espérance, ce qui suppose des ventes sur place. Arrivé le 25 mars 1788 à Saint-Marc, il fut de retour à Nantes le 21 septembre 1788.

9.3.- Du naufrage du *Calonne* à la disgrâce de Charles Alexandre de Calonne
La troisième compagnie fut créée par autorisation du roi le 14 avril 1785 grâce au puissant appui de Charles Alexandre de Calonne, contrôleur général des finances et ministre d'État, nommé le 3 novembre 1783. On avait divergé sur sa mission ou sa fonction. Calonne et Charles Gravier de Vergennes, ministre des Affaires étrangères, voulaient qu'elle soit une arme pour lutter « contre l'influence envahissante des Anglais ». Charles Eugène Gabriel de La Croix de Castries, secrétaire d'État à la Marine était partisan d'une autre stratégie. Il engagea des négociations à Londres à l'effet de sécuriser le privilège exclusif de la troisième Compagnie des Indes de France par la signature d'un traité avec la compagnie anglaise. Le choix de Calonne s'imposa. Ces pourparlers qui n'eurent pas de suite, même s'il se traduisirent même par la remise d'un « pot de vin » de 1 500 livres [sterling ?] [200 000 livres tournois ?] à l'un des directeurs de l'East Indian Company [54]. Le comte Stanislas de Clermont-Tonnerre, lors de débats parlementaires à l'Assemblée nationale du 2 avril 1790 évoqua sans donner plus de détails un accord passé pour une durée de deux ans entre la compagnie française et les Anglais[55].

Le vaisseau *Le Calonne* sombra corps et biens à la fin de 1787 au large des côtes portugaises. Il provenait de la flotte vendue par le Roi dont la Nouvelle Compagnie des Indes s'était dotée immédiatement après son autorisation qui permettait de constituer une flotte opérationnelle de onze navires [56]. Le désastre ne suscita pas de

---

[54]Company Politics : Commerce, Scandal, and French Visions of Indian Empire in the Revolutionary Era, page 67, Elizabeth Cross Oxford University Press, 2023. Voir également: Calonne, 1734-1802, Pierre Jolly, Plon; Trading with the Enemy : Britain, France, and the 18th-Century Quest for a Peaceful World Order John Shovlin Yale University Press, 2021.
[55]Archives parlementaires, Assemblée nationale, 2 avril 1790, page 521.
[56]Ils se nommaient : *Le Dauphin*, 700 tonneaux ; *Le Calonne*, 50 tonneaux, *Le Boullogne*, 240 tonneaux, *La Reine*, 925 tonneaux, *Le maréchal de Ségur*, 517 tonneaux, *Le baron de Breteuil*, 529 tonneaux, *Le*

compassion de la part des gazetiers pour les familles des disparus, pour ces très jeunes mousses et marins, pour l'équipage, mais permit à quelques facétieux de publier un pamphlet bon compte sur le sombre avenir de Calonne.

*Le Calonne*, d'un port de 400 (350) tonneaux, fit voile de Lorient le 1er août 1785, commandé par le capitaine Jean-Jacques Neaux à destination de Pondichéry, transportant des marchandises dont des piastres, des soldats passagers, des effets et munitions pour le compte du gouvernement. Il fut affrété par Emmanuel et Nicolas Weis négociants de La Rochelle pour le compte de la Nouvelle Compagnie des Indes [57]. La valeur du navire et de sa cargaison se montait à 150 000 livres et douze souscripteurs se joignirent auprès des Weis pour supporter la prime à hauteur de 63 200 livres. En ce même mois d'août, lors de la halte à Cadix où il chargea les piastres, *Le Calonne* fut obligé de radouber à l'arsenal du Trocadéro et de s'alléger d'une partie de sa cargaison pour effectuer des réparations dans son doublage. Il joignit Pondichéry le 12 janvier 1786. À son retour de campagne d'Inde, ayant chargé à Moka où Neaux mourut le 10 avril 1786, François Marin Dumoulin lui succéda. *Le Calonne* fit un crochet par Pondichéry. Les Weis firent entièrement couvrir par dix-sept souscripteurs rochelais les risques du voyage de retour à hauteur de 100 000 livres : 1/6 pour le corps, et 5/6 pour le café, du chargement par des allèges à Moka jusqu'au déchargement à Lorient [58]. Le vaisseau sombra corps et biens le 12 février 1787 devant la lagune de Santo André dépendante de la paroisse de Santiago do Casem, près de Sines au Portugal. 32 personnes furent sauvées et 27 périrent dont le capitaine. La cargaison consistant en 1 397 balles de café de Moka fut perdue[59].

Aussitôt, un railleur tirait parti du funeste événement : « *Le navire Le Calonne, du nom de son capitaine, Marin qui a peu de connaissance, mais hardi, entreprenant, ne doutant de rien, allant à des terres inconnues, où il prétendait trouver des mines d'or à exploiter, a fait naufrage au Cap de Bonne-Espérance & a perdu toute la cargaison*

---

*Miromesnil*, 529 tonneaux, *Le marquis de Castres*, 492 tonneaux, *Le comte d'Artois*, 567 tonneaux, *Le comte de Vergennes*, 319 tonneaux et *Le comte de Provence*, 822 tonneaux. En 1789, on lui reconnaissait 15 vaisseaux : 7 en mer et 8 à Lorient. *Le baron de Breteuil* fut armé par Emmanuel et Nicolas Weis pour le compte de la Compagnie des Indes, capitaine Grolleau pour aller de Lorient à Chandernagor au Bengale. Une police garantissant les effets et les marchandises fut souscrite par les Weis à La Rochelle pour couvrir un risque de 100 000 livres [AD/17, 41 ETP 34, f° 204, vue 211/309. *Le Boullogne* fut armé par Emmanuel et Nicolas Weis pour le compte de la Compagnie des Indes, capitaine Adam, pour aller de divers ports au Bengale jusqu'à Lorient. Une police garantissant les effets et les marchandises fut souscrite par les Weis à La Rochelle pour couvrir un risque de 107 100 livres [AD/17, 41 ETP 35, f° 126, vue 128/304, salpêtre à part.

[57] AD/17, 41 ETP 23 f°124, 24 septembre 1785, assurance sur corps 63 200 livres.
[58] AD/17, 41 ETP 23 f°220.
[59] A.S.D.H.L-S.H D, 2 P 17-I-29.

*qu'il portait en échange. Personne ne le plaint, & tout le monde, au contraire, rit de son aventure. Comme son équipage était composé d'aventuriers semblables à lui, peu délicats sur les moyens de faire fortune, à quelque prix que ce soit, on n'a pas pris pitié de lui* ».

Ce désastre matériel augurait du désastre moral dont Calonne fut frappé deux ans plus tard. Ce ne fut pas seulement parce qu'il avait favorisé les intérêts de grands négociants soutenus par des compagnies financières au détriment des armateurs et des manufacturiers des étoffes pour ressusciter une nouvelle compagnie des Indes que sa chute fut brutale[60]. Il prônait des réformes structurelles très audacieuses. Une largesse « royalement contrôlée » [Michel Vovelle, page 93] : 23 millions de livres pour payer les dettes du comte d'Artois, 14 millions pour le comte de Provence complètent ce tableau contradictoire.

9.4.- Les remous suscités par l'autorisation donnée à la Nouvelle Compagnie de 1785

La Nouvelle compagnie était dominée par des financiers. La répartition du capital initial n'est pas connue. En revanche Elizabeth Cross (op.cit, page 67) a parfaitement identifié le nom des souscripteurs des actions qui doublèrent le capital, des banquiers comme Girardot, Haller, Delessert, Van den Hyver, John Lambert, pour environ les trois-quarts, les directeurs pour environ un sixième.

Le Souverain n'était pas sans savoir qu'un coup de force avait été monté avec le concours de la finance française et étrangère. Comme la deuxième Compagnie avait été une mine d'ennuis pour l'État, il se plaça au-dessus de la mêlée, en confiant par un arrêt du 31 décembre 1785 à son Conseil d'État statuant en dernier ressort, la résolution des litiges à venir : « *Sa Majesté a jugé nécessaire de donner à des Commissaires de son Conseil* [d'État] *la connaissance des contestations qui pourraient intéresser ladite nouvelle Compagnie, ainsi qu'elle l'avait attribuée pour les*

---

[60]Jules Conan, La dernière Compagnie des Indes, Paris, 1942, p.41 texte adapté] : 30% du capital est détenu par des investisseurs suisses, dont les deux- tiers par des Genevois. Parmi les actionnaires français, les Parisiens sont les plus nombreux. En province « ce sont les villes sièges des correspondants qui se distinguent » et, parmi elles, Lyon où se trouve l'un des gros actionnaires, Guillaume Couderc et André Passavant, autrefois correspondants de la deuxième Compagnie, qui détiennent 106 actions. Autres actionnaires lyonnais connus qui ont eux aussi un rapport avec le commerce des Indes et celui des toiles en particulier : Henry Scherer, le banquier de Saint-Gall, déjà intéressé dans les armements Solier et Rabaud à Marseille et dans ceux de Bérard et Pourtalès et Cie à Lorient, qui possède 100 actions en 1790 ; Georges Chaillet, correspondant, puis associé de Pourtalès et Cie, qui en détient 12 en 1793. À Marseille comme à Lorient, la création de la troisième Compagnie des Indes orientales ne décourage pas les armateurs privés qui continuent, en s'appuyant toujours sur les mêmes réseaux financiers à armer pour les Mascareignes, mais sous pavillon étranger. Solier et Cie en 1788 et 1789, envoient aux Indes, sous pavillon savoyard, *Le Prince de Piémont* et *Le Roi de Sardaigne*, dans lesquels sont intéressées six maisons lyonnaises. Autre source : Solier, Martin Salavi et Cie furent négociants à Marseille. Ils armèrent un vaisseau du nom de Conservateur dont l'appellation avait été changée en Roi de Sardaigne. - Le roi disgracia Calonne le 8 (10) avril 1787. Il partit alors pour Londres en août.

*contestations concernant les privilèges et droits de l'ancienne Compagnie des Indes. Ouï le rapport du sieur de Calonne [...], le roi étant en son Conseil, a renvoyé et renvoie la connaissance desdites contestations par-devant les sieurs de Boulogne & Le Noir, conseillers d'État & les sieurs Colonia, Blondel & Boullogne de Nogent[61], maîtres des requêtes pour les juger en dernier ressort au nombre de trois au moins [...]. Sa Majesté ordonne que toutes significations seront valablement faites à ladite Compagnie, à son hôtel à Paris* ».

Comme du temps de Law, les actions firent l'objet d'un agiotage intense par le truchement de contrats à terme pourtant interdits même hors-bourse. La France avait entretenu une réglementation répressive qui la plaçait d'ailleurs dans un état de sous-développement financier[62]. Un agriculteur fut même condamné par le parlement de Paris pour avoir acheté à terme des grains à vil prix.

La valeur notionnelle des contrats dépassa le nombre d'actions physiques. À l'échéance des contrats nombre d'intervenants furent pris dans un *corner* et ne purent supporter leurs pertes.

Face aux ravages causés par cet agiotage ultérieur important sur les actions de la Nouvelle Compagnie, par arrêt du 29 décembre 1787, le roi nomma une commission pour examiner les affaires de la Compagnie des Indes.

---

[61]Arrêt du conseil d'État du 3 mars 1787 qui nomme le sieur de Boullongne de Nogent, conseiller d'État ordinaire, pour être chargé, en qualité de commissaire de Sa Majesté de la suite des affaires concernant la Compagnie des Indes, établie par arrêt du 14 avril 1785, fort de la satisfaction que son père avait donnée pour la libération de la deuxième Compagnie. Arrêt du Conseil d'État du Roi, qui nomme le sieur de Boullongne, Conseiller d'État ordinaire & conseiller au conseil royal des finances & au Conseil royal du Commerce, pour être chargé, en qualité de Commissaire de Sa Majesté, de la suite des affaires concernant la Compagnie des Indes, établie par arrêt du 14 avril dernier. Du 15 mai 1785. A Paris, de l'Imprimerie. En 1786 Nomination de trois commissaires au Comité pour les affaires de la Compagnie des Indes relative au commerce national ; Blondel, Boullogne de Nogent et Colonia 1786-1787.

[62]Marchés à Amsterdam- Dictionnaire de Savary. Dans le commerce qui se fait à Amsterdam on distingue trois sortes de marchés : le marché conditionnel, le marché ferme et le marché à options qui tous les trois ne se font à terme ou à temps. Les marchés conditionnels sont des marchés qui se font des marchandises que le vendeur n'a point en sa possession, mais qui sçait qui seront déjà achetées ou chargées pour son compte par les correspondants qu'il a dans les pays étrangers, lesquelles il s'oblige à livrer à l'acheteur une certaine quantité de marchandises au prix et dans les temps dont ils sont demeurés d'accord. Ces contrats se vendent et se revendent sans aucun endossement ni garantie lorsqu'ils sont signés par des marchands bons et connus.

En 1769, Le parlement de Paris trouva un coupable en la personne de Sauvageot, boulanger à Vaugirard. En juin 1768 il avait acheté une partie de la récolte de blé encore sur pied à un cultivateur de Gennevilliers, le dénommé Béné. Le prix du terme était estimé en fonction des prix à pareille époque les années précédentes, correction faite de l'effet de la mauvaise récolte qui s'annonçait. Le blé devait être livré après la moisson faite, soit fin juillet début août. La transaction ne lésait pas le cultivateur, le prix ayant été fixé en fonction du prix prévalant sur le marché en juin. Elle n'était pas ruineuse, ni usuraire pour celui-ci du fait de vil prix convenu puisque le Parlement se préoccupait de la hausse du prix du froment sur les marchés. Fort de son pouvoir le Parlement ordonne l'enfermement de Sauvageot à la prison de For-l'évêque, dont on ne sait s'il n'en est jamais ressorti.

## Samuel de Missy (1755-1820), armateur rochelais sur l'océan indien

Les années de liberté étaient difficiles à effacer des souvenirs des négociants des villes maritimes, encore que des armateurs comme la famille Admirault à La Rochelle ou La Rochette à l'Isle de France virent dès 1779 leurs navires réquisitionnés par le roi pour servir à la guerre souvent comme transports, payés à un fret qui ne pouvait être négocié. Les affrètements d'autorité étaient payés au début 300 livres par tonneau. À partir de 1781 ils s'élevèrent à 160 livres pour l'Amérique du Nord et 350 pour l'Inde sous escorte. Ces tarifs furent revus en baisse à la paix[63]. Les paiements tardèrent à venir, tant et si bien que plusieurs armateurs furent acculés à la faillite. Ainsi l'âge d'or du commerce sur les Indes pendant la suspension du privilège exclusif de la deuxième Compagnie des Indes commença en 1770 et se termina en 1778 quand les hostilités reprirent avec l'Angleterre. C'est une légende de dire que le bonheur des années du commerce libre dura 12 ou même 15 ans.

Bien renseignée sur ce qui se tramait dans les bureaux des ministres, mais court-circuitée au niveau du bureau du commerce, la chambre de Marseille ouvrit les hostilités même avant celle de Bordeaux en produisant un Mémoire avant même que l'arrêt du Conseil du 14 avril 1785 portant constitution de la Nouvelle Compagnie ne soit publié. « *Il y a actuellement en voyage ou en armement une quinzaine de vaisseaux de Marseille seule, sans compter l'expédition de Chine. On ne croit pas que la Compagnie des Indes dans sa splendeur eût expédié plus de douze à quinze vaisseaux par an* ».

Marseille, port franc et ayant le monopole du commerce du Levant organisait même en son port des ventes de produits des Indes, ce qui *a priori* ne devait porter que sur des produits réexportés[64].

La chambre de Bordeaux [65] apprit « *le 16 juin 1785 que la Chambre de Commerce de Marseille avait envoyé un Mémoire aux ministres. Il a été délibéré de lui écrire pour lui demander communication de ce Mémoire ; savoir d'elle en même temps le parti*

---

[63]AD/33, 12 mai 1785, C 4258, feuille 216 recto 429/566, Il a été fait lecture d'une lettre de M. le maréchal de Castries du 29 avril dernier par laquelle il marque à la Chambre qui lui a mandé par sa précédente du 28 juillet 1783 que le fret des navires qui avaient été retenus à l'Isle de France et obligés de continuer leur voyage dans l'Inde sans que les conditions de leur nouvel affrètement aient été arrêtée serait payé à raison de 45 livres par tonneau par mois, du jour que les capitaines avaient reçu ordre de tenir leurs bâtiments prêts à partir jusqu'à leur retour à l'Isle de France. Ce ministre fait observer que les renseignements qui lui sont parvenus depuis cette lettre lui font distinguer deux époques qui déterminent une différence essentielle dans les conditions d'affrètement que la première comprend tout le temps pendant lequel la guerre en Inde a nécessité d'employer les navires de commerce jusqu'au mois de mai 1783 et dure autant qu'il a été nécessaire de recourir aux mêmes moyens pour transporter des munitions à Trinquemale et pour ramener à l'Isle de France une partie des troupes qui se trouvaient dans l'Inde. Il ajoute que le fret de 45 livres par mois sera alloué sans difficulté aux armateurs de la première époque, mais qu'il ne sera passé à ceux de la deuxième époque qu'un fret au voyage de 175 livres. Faire part de ces dispositions aux armateurs qui seraient intéressés.
[64]Courrier de l'Europe 14 février 1783, de Paris, page 128.
[65]AD/33 C 4258, 435/566, feuille 219, recto.

*qu'elle se propose de prendre ; si elle fera de nouvelles représentations et lui marquer qu'en ce dernier cas la Chambre travaillera de son côté à en faire, et qu'elle invitera en concours avec les autres chambres à imiter leur exemple, parce que cette unanimité rendra les réclamations plus fortes ».*

Le Mémoire de Bordeaux visait à faire annuler une simple décision ministérielle du 27 février 1785, donc dépourvue toute autorité par absence de Lettres patentes, registrées par le parlement donnant à la Nouvelle Compagnie une permission tacite de s'approvisionner en marchandises dans les ports de l'Europe, d'acheter des toiles blanches et des toiles peintes (indiennes) à l'étranger pour les revendre en France. La Compagnie entretenait des représentations à Londres, Lisbonne et Copenhague qui lui servaient à cet effet. Les fabricants français étaient donc menacés par ces importations qui longtemps avaient été prohibées. La manufacture des toiles peintes de Colmar avait remporté semble-t-il le procès qui l'opposait à la Compagnie[66]. Cette dernière contestait la décision. C'était choquant, car les toiles de l'étranger étaient interdites à l'importation, la Nouvelle compagnie en détenant le monopole.

Pour s'y opposer un Mémoire de 98 pages de Pierre Louis Lacretelle, André Blondé[67] « Mémoire à consulter et consultation par Lacretelle et Blondé pour les négocians faisant le commerce des marchandises des Indes contre la nouvelle compagnie des Indes Paris 1786» fut imprimé chez Lottin le 1er février 1786. Lacretelle s'appuya sur une consultation d'éminents jurisconsultes pour démontrer qu'il était dans la nature des lois de permettre aux particuliers de former opposition à l'enregistrement des Édits et Déclarations. Elle était issue des travaux du 18 août 1780 de MM. Blond, Bois de Maisonneuve, Duvert d'Emalleville, Piet Duplessis, Moussu, Caillère de L'Etang, Piales, Target, Blondel et Tronson du Coudray. La Compagnie répliqua en engageant d'excellents avocats : Louis Eugène Hardouin de La Reynerie et Pierre Jean Baptiste Gerbier.

Les assauts de taille pour obtenir la disparition de la nouvelle Compagnie des Indes furent aussi lancés par le port de Bordeaux où une association formée par les

---

[66] Daniel Charles Trudaine, directeur du Conseil royal du commerce avait chargé l'abbé Morellet en 1757 de traiter contradictoirement avec les marchands, les fabricants et les chambres de commerce du royaume la question la question des toiles peintes. L'abbé Morellet convint qu'il valait mieux fabriquer des toiles peintes en France, plutôt que de continuer à les recevoir de l'étranger. Il fit paraître, en 1758, Des Réflexions sur les avantages de la libre fabrication et de l'usage des toiles peintes en France pour servir de réponse aux fabricants de Tours, Rouen etc. Mémoires qui ont eu comme résultat un arrêt du Conseil établissant cette liberté.

[67] Consultation pour les négociants faisant le commerce des toiles de coton, mousselines, toiles peintes &c, dans les villes de Paris, Versailles, P.Bernier & alia Lyon (Antoine Faure), Bordeaux(Pochet), Rouen (Soyez & Frémont), Tours (Revil), Châlons-sur Saône, (Berthaud), Troyes (Petit de La Pairière), Dijon (Audry) et Besançon (Jounane et Peigné) et Mémoire à consulter contre la Nouvelle Compagnie des Indes, signé Pierre Louis Lacretelle, André Blondé, 1er février 1786, Paris imp.de Couturler. A/N, 4 Fm 15847.

négociants-armateurs de la cité aquitaine se mobilisa au début de l'année 1786 [68]. Il semble que ces premières réclamations furent portées le 11 mai 1786 auprès de la Chambre de commerce de Guyenne par l'armateur Lathuillière[69], Bassas, que nous n'avons pas réussi à identifier et Pierre Granié éminent spécialiste du droit maritime porteurs de réclamations individuelles d'armateurs du port Bordelais [70] en la priant de la diffuser aux autres chambres du Royaume.

Le 19 mai 1786, la Chambre de commerce de Marseille réitéra ses prétentions auprès de Calonne et du maréchal de Castries.

Pour les armateurs particuliers, il n'y avait pas non plus à attendre grand-chose du secrétariat d'État à la Marine plutôt favorable au monopole d'une Compagnie. Le secrétariat d'État à la Marine fut confié le 13 octobre 1780 à Charles Eugène Gabriel de La Croix, marquis de Castries, proche de Jacques Necker. Mais Castries se révéla être un ardent défenseur des intérêts des armateurs particuliers. Il y resta jusqu'au 24 août 1787 et fut remplacé par Armand Marc, comte de Montmorin Saint-Hérem qui fit long feu, tout comme son successeur si l'on exclut l'éphémère passage d'Arnaud de Laporte du 11 au 16 juillet 1789.

En séance du 29 novembre 1786, la Chambre de Commerce de Bordeaux fit lecture d'une lettre de M. le maréchal de Castries qui annonçait qu'il avait transmis la copie du mémoire de la Chambre à l'exception du Mémoire qu'elle a adressé à M. le contrôleur-général sur le privilège exclusif de la Compagnie des Indes. Il lui annonça qu'il avait déjà transmis à ce Ministre les représentations de plusieurs chambres de commerce [...] qu'au surplus « l'arrêt du Conseil du 21 octobre qui en doublant les fonds de la Compagnie proroge à 15 années la durée de son privilège, lui fait craindre que de nouvelles représentations soient superflues »[71].

En clair, le capital de la Nouvelle compagnie avait été multiplié par deux. Ceci permettait de faire venir de l'argent de l'étranger. Les investisseurs y étaient d'autant plus intéressés que leur placement était plus que doublé sur la durée.

Ce fut une bataille de mémoires.

En réponse, et pour la défense de la Compagnie parurent en 1787 : <u>Idées préliminaires sur le privilège exclusif de la Compagnie des Indes</u>, Paris 1787 I br *in* 4°signée des Administrateurs & des Commissaires nommés par les Actionnaires ; & de toutes les autres pièces, & Mémoires, qui lui ont été administrés pour lui servir d'Instruction - Défense provisoire. C'était une apologie du monopole signée par neuf commissaires : Louis Monneron, Jacques Jean Lecoulteux du Molay, Vanderhyver

---

[68] AD/17, 41 ETP 256/ 8256.

[69] Lathuillière fut associé à Lamaletie à Bordeaux. Ils armèrent le navire *Saint-Jacques* annoncé au retour dans <u>Annonces Affiches et Avis divers de Bordeaux</u> du 23 mars 1769, page 51.

[70] AD/33, C 4258, 477/ 566.

[71] AD/33, C 4258, folio 259, vue 503/566.

père, Piquet Dangirard, Boyd, Boscary, Delalanne, Duclos Dufresnoy avec les administrateurs de la Compagnie.

Avec la collaboration des Chambres de commerce [voir infra] au cours des années 1787 et 1788, l'Abbé André Morellet fit imprimer un plaidoyer de 140 pages intitulé « Mémoires relatifs à la discussion du privilège de la nouvelle Compagnie des Indes» - chez Demonville. Un ou deux députés extraordinaires, mais sûrement au moins avec celui de Marseille, envoyés par leur chambre pour briser le privilège exclusif de la Nouvelle compagnie, l'assistèrent. Il s'était illustré vingt ans auparavant par un Examen de la réponse de M.N** au Mémoire de M. l'Abbé Morellet sur la Compagnie des Indes, Chez Desaint, 1769 - 151 pages.

Le désir de la Nouvelle Compagnie d'étendre davantage son commerce paraissait sans fin. Son appétit de pouvoir était insatiable. Le maréchal de Castries s'obligea à répondre le 28 janvier 1787 aux directeurs de Bordeaux sur l'absence de fondement d'un abandon des Isles de France et de Bourbon par le gouvernement à la Nouvelle Compagnie[72].

Paul Nairac le 14 mai 1787 adressa au Contrôleur général un Mémoire pour obtenir l'envoi en Inde du vaisseau L'Imposant, en route pour l'Isle de France. Vaine tentative.

Un Mémoire fut rendu par les sieurs Haller de Girardot, auparavant de la banque Necker, et de Jean Louis Lecoulteux La Noraye chargés par le roi en son conseil au mois de mars 1787 de la liquidation de l'agiotage sur les actions de la Nouvelle Compagnie des Indes suivi d'un état des pièces remises à M. de Rochefort par MM. Haller et de La Noraye et l'abbé d'Espagnac, depuis le 8 août 1787 et de pièces justificatives. Un arrêt fut rendu le 29 décembre 1787.

Une Consultation pour les actionnaires de la Compagnie des Indes pour demander le maintien de la Compagnie fut déposée par Louis Eugène Hardouin de La Reynerie, Gerbier, de Bonnières « délibéré par nous anciens avocats au parlement de Paris le 20 février 1788 », Paris, imprimerie de Lottin, 1788 in 4°, 103 pages.

En 1790 parut un autre Mémoire pour défendre l'existence même de la Compagnie des Indes, défendu par Le Coulteux du Mollay (Molay), Greffulge (Greffulhe), Boyd, Dangirard, Piquet, Le Coq, commissaires des actionnaires de la Compagnie des Indes, ne voulant pas laisser le commerce national sur l'Inde et la Chine à la cupidité de certains armateurs.

Même, les habitants de l'île de France et de l'île Bourbon « réclamèrent » en 1790 contre le privilège exclusif de la Compagnie des Indes[73].

La Nouvelle Compagnie des Indes fut supprimée le 3 avril 1790, après que le Comité du commerce de l'Assemblée nationale eût rendu son rapport auquel Hernoux au nom du Comité d'agriculture et de commerce contribua largement. M. de La

---

[72]AD/33, C 4258, folio 260 recto, vue 577/ 566.
[73]AN/ D/XXIX/96-D/XXIX/97, Dossier 208-209, 1790.

Jacqueminière proposa en consentant à la destruction de la deuxième Compagnie des Indes, l'établissement d'une association libre pour le commerce des Indes. L'abbé Maury se fit l'avocat du commerce privilégié auquel Calonne avait fourni un Mémoire sous son ministère remis par Dupont de Nemours, très contraire à la Compagnie. Ainsi le citant, Maury était en pleine contradiction. La compagnie resta la possession de ses actionnaires jusqu'en 1792.

Elle n'en finit pas de se liquider. Le comte Begouën en 1814 fut nommé commissaire à la liquidation de la Compagnie des Indes avec Martin d'André fils qui s'adjoignent à Lecoulteux de Canteleu, Rodier, Mallet aîné et Bondeville.

9.5.- Députés ordinaires *versus* Délégués du commerce dits aussi Députés extraordinaires : Le Tellier de Bordeaux.

Elizabeth Cross, dans son ouvrage Company Politics, Commerce, Scandal, and French Visions of Indian Empire in the Revolutionary Era[74] a parfaitement décrit le lobby des chambres de commerce mené contre le rétablissement d'une Compagnie des Indes privilégiée en envoyant leurs députés extraordinaires, et parfois le député ordinaire, cas de celle de Marseille, à Versailles et à Paris. On n'avait soufflé mot de la création d'une nouvelle compagnie aux députés ordinaires des chambres siégeant au Conseil du commerce (Cross, page 120).

C'est la Chambre de Commerce de Guyenne qui initia le processus. La cité burdigalaise affichait désormais une position de leader par le nombre des expéditions qu'elle lançait sur l'océan Indien. Elle n'avait pratiquement rien armé sur cette destination après le traité de Paris signé 1763 et encore très peu sous le régime de fausse liberté résultant de l'Édit de suspension de 1769.

Le 17 décembre 1774, la Chambre de commerce de Guyenne avait déjà écrit à François Fargès de Polisy, ancien Intendant de justice, police et finances de Guyenne, puis intendant du commerce et intendant des finances en donnant les raisons qui suivent : « *Les négociants de Bordeaux se livreraient avec empressement au commerce de l'Inde, si leurs vaisseaux avaient la liberté de venir faire leur désarmement à Bordeaux et n'étaient pas tenus d'aller le faire au port de l'Orient* ».

Scandalisés par la mainmise des capitalistes sur la Nouvelle Compagnie des Indes, les négociants de Bordeaux établirent un projet de lettre au roi Louis XVI. Il figure au numéro du 30 janvier 1787 de la Gazette de Leyde : « *Sire. Le commerce de la plus riche partie du monde vient d'être accordé à une compagnie qui n'a pas les moyens suffisants pour l'exploiter. Ce privilège resserre la navigation que vous vouliez étendre : il borne le commerce maritime que vous vouliez agrandir ; il enchaîne l'industrie que vous vouliez exciter. Il diminue les consommations de l'agriculture et des fabriques que vous vouliez encourager. On a exclu gratuitement tous les armateurs de la*

---

[74] Elizabeth Cross, Oxford University Press 2023; The Merchants' Campaign, pages 119 à 125.

*participation à un commerce qui leur appartenait, que votre Auguste Prédécesseur leur avait rendu en 1769 & dont ils sont les agents les plus naturels. Vous aviez eu, Sire, la sagesse de faire réserver mille actions pour le Commerce. À peine l'arrêt d'établissement de la Compagnie a-t-il paru que toutes ont été accaparées dans la Capitale. Vos armateurs de Bordeaux n'ont pu en obtenir au pair, quoiqu'ils en aient demandé sur le champ. Ces actions répandues & presque concentrées sur la Capitale ont donné lieu au même agiotage désordonné que Vous avez voulu réprimer par l'arrêt de Votre Conseil du 7 août 1785[75]. Un esprit de lucre et d'intérêt s'est emparé de toutes les conditions. Votre Capitale a été remplie d'agioteurs qui se sont disputé les dépouilles du commerce maritime, comme à Rome on se disputait celles de Corinthe et de Carthage. Tous les ordres de l'État pour ainsi dire se sont laissé entraîner par ce délire presque général. Enfin l'action primitive de 1 000 livres a été vendue à presque 1 800 livres et plus[76].*

*Nous supplions Votre Majesté de renvoyer le commerce aux lieux qui lui ont été assignés. Les ports de mer, voilà la patrie des négociants. Pourquoi une compagnie de commerce au milieu de la Capitale ? Les affaires maritimes & de l'Inde ne peuvent-elles plus conduites que par des financiers, des rentiers & des capitalistes résidant à Paris ? Et condamnera-t-on les armateurs nombreux qui peuplent vos villes de Bayonne, Marseille, Bordeaux, La Rochelle, Nantes, Lorient, Saint-Malo, Rouen, Le Havre, Dunkerque à n'être plus que les témoins & les victimes des usurpations faites sur le commerce maritime, leur véritable domaine.*

---

[75] Arrêt du Conseil d'État qui renouvelle les ordonnances et règlements concernant la Bourse et proscrit les négociations abusives, ou marchés à terme illicites ; Article 7 : Déclare nuls Sa Majesté les marchés et les compromis d'effets royaux et autres quelconques que se feraient à terme et sans livraison desdits effets ou sans le dépôt réel d'iceux [...]. Devant l'inefficacité de ce texte : Arrêt du Conseil contre l'agiotage à la Bourse, Versailles, 22 septembre 1786 : Extraits « Les défenses portées par l'arrêt rendu en son Conseil le 7 août 1785 ont à la vérité anéanti l'usage de ces compromis illusoires [...]. Mais l'intérêt toujours ingénieux à s'affranchir de ce qui le captive a trouvé moyen d'éluder le Règlement qui interdit tout marché d'effets royaux ou publics, sans livraison ou dépôt réel des objets vendus [...] ».

[76] L'abbé d'Espagnac mit un plan à son profit à l'occasion du doublement du capital de la Compagnie en 1786 pour devenir propriétaire d'un montant significatif des actions des Indes et manipuler les cours. Des négociants de Bordeaux n'en purent obtenir au comptant qu'en déboursant 1 800 livres, alors que le nominal était de 1 000 livres. L'abbé conclut des contrats à terme avec un groupe de spéculateurs portant sur 45 653 titres tant vers la fin de 1786 qu'au commencement de 1787, alors que le capital était de 40 000 nouvelles actions au pair de 1 000 livres. En asséchant le marché, il le squeezait et forçait les vendeurs à découvert à dénouer à l'échéance les contrats sur la base du cours comptant avec pertes quand le cours de l'action avait fortement monté. Ce plan d'agiotage malsain fut dénoncé et l'abbé fut sanctionné et exilé à Montargis le 18 mars 1787. L'abbé d'Espagnac grand-vicaire du diocèse de Paris, avec Barroud ancien notaire, le comte Seneff ; Pyron agent d'affaires du roi avaient uni leurs forces. Ils réussirent entre septembre 1786 et mars 1787 à s'emparer des 40 000 actions qui formaient le capital de la Nouvelle compagnie des Indes et de 5 653 actions de la deuxième compagnie dite de Law. Ils forcèrent les vendeurs à découvert à racheter en mars 1787 ? les actions de la Nouvelle compagnie au prix de 1 600 livres.

## Samuel de Missy (1755-1820), armateur rochelais sur l'océan indien

*Ces armateurs sont tous prosternés aux pieds de Sa Majesté. Ils réclament ensemble un commerce qui leur appartient. Ce sont leurs aïeux qui ont fondé ce commerce & non ceux qui se sont partagé leur patrimoine. Veuillez, Sire, nous rendre l'héritage de nos pères. C'est alors que les Armateurs de votre ville de Bordeaux acquerront des moyens pour élever des édifices [...] ».*

La Chambre de Bordeaux ne se contenta pas de beaux écrits. La même année, elle poussa ses consœurs à envoyer un député extraordinaire à Paris pour profiter ensemble d'éventuelles opportunités d'interdiction de la Nouvelle compagnie à l'occasion du changement de Ministre et en intervenant auprès des responsables du Commerce.

L'un des lieux où se décidait la politique du Commerce était le Bureau pour les affaires du commerce. Il dépendait du Conseil d'État dont il constituait une commission extraordinaire. On le dénommait également : Conseil royal du Commerce[77]. À sa tête, quatre Conseillers d'État : Feydeau de Marville, honoraire, doyen du Conseil, Louis Bénigne Bertier de Sauvigny, Antoine Jean-Baptiste de Montyon, lequel n'aspirant qu'à revenir au Conseil d'État, avait été, sans conviction, intendant de la Marine de Rochefort et de la généralité de La Rochelle entre les années 1773 et 1775 à l'époque où les Admirault lançaient leurs navires sur l'océan indien. Enfin de Cotte tout récemment promu au Conseil d'État. Huit maîtres des requêtes complétaient le tableau. S'y joignaient, lorsque les affaires concernaient leur administration, les secrétaires d'État et le contrôleur général des Finances, donc Calonne nommé en 1783, le lieutenant-général de Police, Louis Thiroux de Crosne qui succéda en 1785 à Jean Charles Pierre Lenoir proche de Calonne et l'intendant précité de la généralité de Paris, Louis Bénigne Bertier de Sauvigny ayant succédé à son père en 1776.

En outre, quand il s'agissait d'affaires intéressant leurs fonctions, les députés du Commerce, les députés des Fermes et les Inspecteurs généraux du Commerce étaient invités à participer aux séances.

L'institution des députés ordinaires du commerce fut antérieure à celle des Chambres de commerce. Le statut des députés du Commerce fut défini par un arrêt du 29 juin 1700[78]. « Douze des principaux marchands négociants du royaume ou qui auront fait longtemps le commerce, deux étant pris à Paris, et un dans chacune des

---

[77] AD/17, 3 E 1 1780, 13 décembre 1773, Sureau bail à Lefèvre. Bail rue de L'Escale.
[78] L'attitude et l'efficacité des députés ordinaires du commerce a fait l'objet d'une analyse remarquable de l'archiviste Jean Auguste Brutalis dans une introduction d'un inventaire des AD/33, précédant l'exposé de l'activité de la Chambre de commerce de Guyenne. Ces propos pourraient sans doute être complétés par la consultation des avis des Députés au Conseil et au Bureau du commerce, AN, F 12 722 et 723, 1784-1787 et F 12 692.La première Chambre de Commerce fut celle de Lyon ; son arrêt de constitution est du 20 juillet 1702. Les chambres de Rouen et de Toulouse furent autorisées en 1783, celle de Montpellier en 1704, Bordeaux, 1705, La Rochelle, 1710, Lille le 31 juillet 1714 et Bayonne le 15 janvier 1726.

villes de Rouen, Bordeaux, Lyon, Marseille, La Rochelle, Nantes, Saint-Malo, Lille, Bayonne, Dunkerque », plus un député pour l'ensemble du Languedoc. Être désigné par la Chambre était insuffisant. Le choix devait convenir en dernier lieu au Souverain[79].

En 1786, Joseph Marion, député ordinaire nommé par ses pairs en 1746[80], représentait Paris probablement temporairement, et aussi Saint-Malo - Antoine Du Bergier, nommé par sa Chambre en 1763, représentait Bordeaux.- Nantes, François Drouet, consul en 1770 et ultérieurement juge en 1785 depuis 1771,- Lorient, Godin, qui tenait une maison d'armement missionné par les commissaires de la ville,- Marseille, Guillaume de Rostagny élu en 1772 (1773),- Saint- Malo, Jolly de Pontcadeuc, en remplacement de Joseph Marion et de Moreau de Maupertuis depuis 1768,- Languedoc, Du Vidal de Montferrier à compter de 1776,- Lyon, François Tournachon, depuis 1779, suite à la mort de M. Pernon,- Jacques de (sic) Torterue-Bonneau syndic de la Chambre le 25 mars 1739, désigné comme député ordinaire par ses pairs en 1777, après le décès à Paris le 20 décembre 1776 en exercice de Charles Théodore Sureau, ancien maire de La Rochelle[81],- Les Flandres, le Hainaut et le Cambrésis (Lille et Dunkerque), depuis 1784, Pascal François Joseph Gosselin. Le tout nouveau venu était Édouard Boyetet élu par Bayonne en 1782, ci-devant chargé des affaires de la marine et du commerce à Madrid, nommé Inspecteur-général pour le Midi. Saint-Domingue et la Guadeloupe. Ils étaient supposés assurer une représentation permanente. Se réunissant à l'origine une fois par semaine, les députés ordinaires du commerce se rassemblaient les mardis et vendredis matin chez Louis Paul Abeille, secrétaire général du Conseil du Bureau du Commerce et inspecteur-général honoraire des Manufactures. Il était aussi membre de la Société d'agriculture de Paris.

Le projet de constitution de la Nouvelle Compagnie n'aurait pas dû échapper à l'attention des députés permanents du Conseil du commerce. Selon Elizabeth Cross, on ne leur avait pas demandé leur avis. Mais la présence des députés[82] avait-elle un

---

[79]Le choix des Chambres devait être validé par Sa Majesté. Quand le député de Bordeaux décéda en 1763, plusieurs candidats se manifestèrent : Roche, Lafore et Dubergier. Ce dernier l'emporta auprès du Souverain. Dubergier était de santé fragile. De 1783 à 1784 il fut contraint de revenir à Bordeaux. Il fut de nouveau malade en 1785. Dans les derniers temps ses relations épistolaires avec la Chambre de Guyenne devinrent de plus en plus rares. Le commerce (sic) lui retira son mandat en juillet 1790 ; Jean Auguste Brutalis op.cit.

[80] Piou qui fut député à l'origine en 1717 fut payé trois mille livres. Marion, payé de 1745 à 1765 trois mille livres chaque année pour son traitement de député. Deux Marion ont été députés.

[81]Affiches de La Rochelle, Sureau vente de maisons rue de L'Escale et rue Saint-Léonard, du 16 novembre 1781, page 182. Député ordinaire du commerce, il fut remplacé au cours de ses fonctions par le député d'une autre ville. Aucune trace du décès de Sureau aux Archives de Paris, boulevard Sérurier. Se reporter également à AD/17, 41 ETP 82/1849, Lettre de Mme. Sureau du 24 décembre 1776 : mort de M. Sureau.

[82]Jean Auguste Brutalis, Inventaire sommaire AD/33. La situation des députés était très mal définie [...]. Ils sollicitaient par exemple leurs congés. À plusieurs reprises, la Chambre tenta de faire d'eux des agents

quelconque poids ? En tout cas Calonne prétendit avoir recueilli leur accord à l'unanimité. À ce propos, selon Samuel Demissy [83], le Contrôleur-général mentit effrontément au roi. C'était une infamie. Il n'y avait pas davantage à attendre une quelconque sympathie du parlement dont les conseillers étaient favorables à la Nouvelle compagnie[84].

Il était tout à fait possible que les Députés ordinaires des villes se soient inclinés devant le Contrôleur-général sans même à avoir à hocher la tête. Devant les représentants de la Couronne composés de maîtres des requêtes et de Conseillers d'État, ils ne pesaient pas grand-chose par le fait que leurs voix n'étaient pas délibératives. Mandataires des villes, il leur arrivait de se déconsidérer en ne pensant qu'à l'intérêt particulier et uniquement pécuniaire de ces dernières. Exemple : Telle colonie menaçait de famine et les bateaux pour acheminer les vivres manquent. Le roi demandait alors aux navires neutres de lui porter secours. Les villes ripostèrent en dénonçant un nouveau commerce ouvert aux étrangers. Autre exemple : Le roi ouvrit les ports des colonies aux Anglo-américains au début 1785. Nouveau tollé.

Pour leur tranquillité et le bonheur de vivre à Paris aux frais de leurs Chambres, il valait mieux se ranger du côté des ministres. D'ailleurs tant Jacques Torterue-Bonneau de La Rochelle que Raymond Dubergier le député de Bordeaux, essayèrent sans succès en 1790 de faire proroger leurs mandats. En fait le désaccord était le plus souvent total entre les députés ordinaires du Commerce et les Chambres. Ces places étaient des sinécures et on y mourait en charge[85]. En 1756, la Chambre de commerce de Guyenne avait parfaitement résumé la problématique, se récriant sur « la lâcheté

---

de l'administration [...]. Ainsi en 1743, C.. expliqua qu'ils ne pouvaient pas défendre contre le bien public les revendications d'une province. Il arriva aux députés de céder, et ce fut une faiblesse répréhensible : le Conseil [royal] du Commerce ayant l'examen des questions contentieuses [...]. Cause de conflits [...]. La Chambre reprochait aux députés leur indifférence : la Capitale offre bien des distractions, et les questions d'affaires sont parfois si fastidieuses [...]. Les députés se heurtaient aussi à ces difficultés de détail qui usent les plus fortes volontés : c'étaient des reproches violents d'un ministre, ou des visites répétées de personnages constamment invisibles ou encore un séjour inutilement prolongé dans les antichambres de Versailles [...]. À ces difficultés multiples, il convient d'ajouter une foule de froissements venant soit du refus du député de prendre à la séance la place qui lui était destinée, soit du ton insuffisamment respectueux de ses lettres [...]. Les relations ne tardèrent pas à être tendues entre la Chambre et le député. C.. n'était pas en place depuis deux ans quand lui revient que la Chambre voulait le remplacer. Peu après, les juges et consuls de Saint-Malo ne trouvaient pas d'expressions assez amères pour flétrir les députés et les accusaient de ne tenir « aux villes du commerce que par les gages qu'ils en retirent &.»

[83]Lettre écrite de Paris le 28 septembre 1787.

[84]AD/33, C 4265 : Letellier, député extraordinaire de Bordeaux en 1787 sur la fourberie de Calonne : " Qu'est-ce donc que le Conseil d'un État où un seul homme peut, sur une fausse assertion, faire commettre la plus grande des fautes ? " Si on ne se met pas en garde contre l'astuce, le Conseil dépend d'un homme, et s'il manque de probité, tout est perdu ».

[85]Quénet Maurice. Un exemple de consultation dans l'administration monarchique au XVIIIe siècle. In : Annales de Bretagne et des pays de l'Ouest. Tome 85, numéro 3, 1978. pp. 449-485.

avec laquelle les députés (ordinaires) sacrifiaient le Commerce à l'avidité des Fermiers ».

Bordeaux recevant le 20 mai 1786 une lettre de MM. de Nantes du 14 constata que le commerce de Nantes était déterminé d'intervenir dans l'affaire de réclamation contre le privilège exclusif de la Compagnie des Indes, à l'effet de quoi il a nommé MM. De Nantes ses commissaires naturels [...]. Ils ajoutèrent qu'ils avaient informé les chambres [...] qu'ils pensaient qu'il conviendrait de charger M. de Lacretelle déjà avantageusement connu par son excellente consultation sur cet objet et la rédaction de la requête au roi au nom du commerce de France [...][86]. Les jurats bordelais prirent le relais, et envoyèrent un mémoire à Bayonne, Marseille, Rouen, Lorient, Nantes, Dieppe et Saint-Malo dont ils reçurent un accusé de réception entre fin octobre et mi-novembre 1786.

Réunir toutes les chambres pour entreprendre une action commune constituait une gageure pour lutter contre le monopole du commerce sur l'Inde, sauf liberté d'armer pour l'Isle de France à partir de l'un des ports autorisés, mais avec obligation de désarmer à Lorient. Toutes les villes maritimes n'étaient pas sur le même pied d'égalité[87]. Cette singularité fut surmontée, et d'ailleurs les députés de Marseille et de Lorient se révélèrent fort actifs, sinon pour Marseille le plus actif avec de Guillaume Antoine Marie de Rostagny[88]. A priori, Samuel Demissy qui devait être désigné faisait pâle figure devant Rostagny, avocat et fils d'avocat, nommé le 24 septembre 1786 Conseiller d'État par brevet, face au bouillonnant Jacques Le Tellier de Bordeaux, futur maire de la ville sauf erreur ou encore vis-à-vis du commerçant et économiste lyonnais d'origine neuchâteloise François Tournachon qui avait été aussi la même année nommé Conseiller d'État par brevet.

Deux ans plus tard[89] Jean-Baptiste Nairac qui représentait La Rochelle au sein du Comité extraordinaire des députés extraordinaires des manufactures et du

---

[86] AD/33, 14 mai 1786, C 4258 vue 480/566, page 241, verso.

[87] Trois d'entre elles bénéficiaient de privilèges : Marseille pour le commerce du Levant, au surplus port franc, tout comme Dunkerque. Lorient avait été récemment promu port-franc.

[88] AD/ 33, C 4357, Lettre de Letellier à la Chambre de Guyenne, 2 juin 1787 et AD/ 44, C 625, Lettre de Michel à la Chambre de Nantes, 1er juin 1787, citées par Elizabeth Cross.

[89] Les sources de l'histoire du Comité des députés extraordinaires des manufactures et du commerce de France (1789-1791), J. Letaconnoux, revue d'Histoire Moderne & contemporaine, année 1912, page 36. Voir également, chapitre XIII, page 339, Le commerce rochelais Garnault op.cit. Ce comité de députés extraordinaires qui eut peine à se mettre en place, comme le fit remarquer Jean-Baptiste Nairac prit le titre de « Députés extraordinaires des manufactures et commerce de France » et par circulaire du 7 octobre 1789 à toutes les compagnies commerciales et manufacturières exposa sa mission. La tâche était difficile. Nairac quitta Paris en août 1790. Ses lettres s'arrêtent au 26 août. La Chambre de La Rochelle continua de correspondre avec le Comité des députés extraordinaires jusqu'en octobre 1791. Admirault et Rasteau seront élus députés le 5 novembre 1791 par le commerce de La Rochelle pour offrir à l'Assemblée nationale les moyens de réprimer les troubles des Colonies. La députation extraordinaire des manufactures et du commerce de France de Jean-Baptiste Nairac envoyé par la Chambre le 9 juillet 1789 qui parvient à

commerce de France (1789-1791)[90], se désolait des nominations opportunistes notées pour Marseille et pour Bordeaux :« [Pour Marseille], cette place s'est bornée à charger son député ordinaire, [Guillaume de Rostagny] à la représenter. Il est fort douteux qu'il veuille s'unir à nous ; ces Messieurs ont des principes et un esprit de corps particuliers. Il faut dans le moment une députation extraordinaire et nombreuse, laquelle n'exclura ni le concours, ni le secours des députés ordinaires ». «Le député de Bordeaux [Raymond Dubergier] n'était vraiment pas celui que l'on attendait, car il avait été nommé par sa Chambre, et le Commerce protestait contre cette nomination ». Même le député de La Rochelle aurait voulu se mettre dans la boucle : « M. Torterue-Bonneau, député ordinaire du Commerce avait cru devoir demander, non la place de M. Nairac, mais sa nomination comme député extraordinaire afin d'avoir son entrée au Comité (Comité de commerce et de l'agriculture) ». Elle lui fut refusée, Jean-Baptiste Nairac étant toujours en place.

En 1787, la Chambre de Bordeaux adopta une stratégie qui ne la mettait pas en opposition frontale avec le sieur Raymond Dubergier, son député permanent (dit ordinaire) au Conseil du commerce à Paris. Des schémas d'interventions similaires avaient été expérimentés dans le passé. En 1781, pendant la guerre d'Indépendance américaine on avait missionné des délégués exceptionnels de commerce des villes afin de plaider devant les ministères la cause d'armateurs menacés de saisies de leurs vaisseaux par le roi s'ils n'acceptaient pas les conditions tarifaires du fret imposées par la Marine royale. Et cette opération réussit. Si le nouveau mouvement partait de toutes les villes, tout le monde et personne ne serait responsable des froissements éventuels avec les députés permanents.

Les chambres les unes après les autres sur l'initiative de celle de Nantes suivie de celle de Bordeaux envoyèrent chacune au printemps 1787 à Paris un député

---

Versailles le 13 août, 14 août à Paris ? formant le 10 octobre avec ses co-députés une délégation. Au total 26 villes finiront par mandater entre un et cinq députés chacune, soit 46 en tout. Les députés passent aussi par le Comité de commerce et d'agriculture composé de 35 députés. Griffon y siège. 7 octobre titre députés extraordinaires des manufactures et du commerce de France.

[90]Le Comité des Députés extraordinaires des Manufactures et du Commerce de France fut créé dès juillet 1789 à l'initiative de la Chambre de Commerce de Nantes. De nature strictement privée à son origine, il était composé des représentants des principaux ports et des quelques villes de manufactures comme Amiens, Elbeuf, Sedan, Mende... Son rôle consistait à défendre les intérêts du Commerce et des Manufacturiers lors de l'élaboration des lois. Il obtint un statut officiel auprès des Comités de Commerce et d'agriculture de l'Assemblée Constituante. A partir du 8 octobre 1789, avec voix consultative, il fut admis à assister aux séances de l'Assemblée et aux travaux de ses Comités spécialisés en matières commerciales, agricoles puis coloniales. Marcel Dorigny, Les bières flottantes des négriers, Université de Saint-Etienne, page 16, note 27.

extraordinaire[91]. Comme précisé antérieurement, il semble bien que Marseille missionna son député permanent Guillaume de Rostagny [92].

La chambre de La Rochelle fut moins pressée que les directeurs et syndics de Haute-Guyenne. Elle leur répondit le 20 avril 1787 qu'elle différait pour quelque temps sa réponse[93]. Mais la pression des autres chambres se renforça. Lorient n'attendit pas et même avait déjà fait partir son député extraordinaire. Le 4 mai Bordeaux et Nantes étaient sur le point de faire partir les leurs[94].

Le mouvement prit de l'ampleur. La chambre de Bordeaux lut en séance onze lettres de MM. les juges consuls et directeurs des villes de Lorient, Nantes, Bayonne, Dunkerque, Marseille, Lille, du Havre Saint-Malo, Rouen, La Rochelle, et Toulouse par lesquelles ils lui faisaient part de leurs dispositions au sujet de la députation qu'elle leur a proposée. « *La chambre convaincue de voir toutes les chambres de commerce à adopter le plan de solliciter par leurs députés le rétablissement de la liberté du commerce de l'Inde, quelques-uns nommés ad hoc, elle ne peut trop se hâter de nommer le sien [...]. Considérant le zèle et les talents dont M. Le Tellier aîné a fait preuve dans les différentes places qu'il a remplies avec distinction, elle a unanimement délibéré de le nommer pour son député à Paris* »[95] [...].

Le Havre déclina semble-t-il. Bordeaux apprit le 7 décembre 1786 que ses députés ne pourraient faire cause commune avec ceux des autres villes, « sur ce que certaines circonstances les en empêchent ».

Le Tellier fut muni d'instructions et partit avec des lettres de créances : pour chacun des Ministres, M. le maréchal de Richelieu, M. le maréchal de Mouchy, M. l'archevêque de Bordeaux qui le reçut effectivement, M. le premier président, M. le procureur général du parlement de Bordeaux, M. l'intendant, M. Boyetet inspecteur-

---

[91]Letaconnoux J. Les sources de l'histoire du Comité des députés extraordinaires des manufactures et du commerce de France (1789-1791). In : Revue d'histoire moderne et contemporaine, tome 17 N°5, septembre-octobre 1912. pp. 369-403 ; XVII, page 24. Les formations de député extraordinaires furent courantes. Il en vint à Paris de tous les points du royaume de 1789 à 1791 chargés des missions les plus diverses : suivre la division administrative du Royaume, pour réclamer le chef-lieu du département ou la possession d'une administration quelconque.

[92] Né à Marseille le 14 août 1733, mort à Gisors le 25 septembre 1820, avocat, nommé député de Marseille au bureau du Commerce le 19 novembre 1772 au 23 mars 1791, Conseiller d'État par brevet le 18 octobre 1786, lié au milieu des négociants marseillais par sa mère.

[93]AD/33 C 4258 24 avril 1787 vue 531/566 folio 267 recto et verso. MM. de La Rochelle applaudissent à l'idée de nommer un député à l'effet de solliciter auprès des Ministres la liberté du commerce de l'Inde. Mais ils paraissent indécis sur le choix du moment et ils pensent qu'il conviendrait d'attendre le moment où la stabilité ministérielle serait revenue où ce qui peut rester de partisans d'appui à la Nouvelle Compagnie des Indes sera diminué et affaibli.

[94]AD/17 41 ETP 8, 20 avril 1787- AD/17 41 ETP 8, 4 mai 1787. Michel, celui de Nantes partira le 18 mai.

[95]AD/33, C 4258, 10 mai 1787, vue 538/566, folio 270 verso.

général du commerce et M. Raymond Dubergié[96] le député ordinaire. Il emporta divers paquets ainsi que le Mémoire de M. de Lacretelle du 1er février 1786 et celui de la Chambre sur le privilège de la Nouvelle Compagnie des Indes[97].

Tournachon fut le député extraordinaire de Lyon ; Michel celui de Nantes ; Godin celui de Lorient ; De Rostagny celui de Marseille. Jean Bernard Burgalat ne partit que début juin de Toulouse, tout comme Samuel Demissy de La Rochelle.

Juge consul élu le 1er mai 1770 à la Chambre de Bordeaux, Jacques Le Tellier, écuyer, prit donc la route pour Paris en mai 1787. Mission, en tant que délégué extraordinaire : – Avec ceux de neuf autres villes, profiter du départ de Calonne pour renégocier le statut de la Compagnie des Indes, obtenir la suspension de ses privilèges, voire sa suppression pure et simple. Sans Calonne, la Nouvelle compagnie des Indes paraissait vulnérable. L'autorité burdigalaise décrivit à son délégué extraordinaire le 26 avril le cadre de la mission : « *Les réclamations du commerce contre la Nouvelle compagnie des Indes ont été jusqu'ici infructueuses parce que la protection du ministre qui l'avait établie et qui voulait soutenir son ouvrage a étouffé le cri de la Nation. Mais aujourd'hui que ce ministre n'est plus en place elle a perdu son meilleur et peut-être son unique ami* ».

La Chambre avait prévenu Le Tellier. Mais elle avait aussi informé son député du commerce de la démarche commune des Chambres. Elle se montrait floue sur la capacité de son député ordinaire siégeant au bureau du Commerce depuis 24 ans, Raymond Dubergier (du Bergier) à apporter la contradiction au Ministère[98]. Pour aplanir la tension qui n'allait pas manquer de s'élever avec le deuxième ténor des députés ordinaires qui devait savoir tout mieux que tout le monde, la Chambre rappela à Le Tellier les bons principes de la diplomatie : « *Nous vous invitons à ne pas vous étonner de la diversité des opinions. Dans une Capitale, il faut que chacun raisonne. On n'y approfondit rien et le plus souvent la curiosité et l'intérêt particulier sont les seuls privilèges dont on se plaît à tirer les conséquences* ».

Le Tellier devait se retrouver au sein d'une commission générale *ad hoc* composée de tous les députés extraordinaires missionnés par leurs Chambres de commerce : Marseille (de Rostagny), Rouen, Lyon, Montpellier, Dunkerque, Toulouse (Jean Bernard Burgalat), La Rochelle (Samuel Demissy), Lorient, Le Havre. Comme cette formation tardait à se constituer Bordeaux exigea au préalable que les villes soient au complet pour commencer quoi que ce soit. La sourde rivalité entre Nantes et

---

[96]La présence de la famille Dubergier à la Chambre de Guyenne est impressionnante. Directeurs : Clément, 1734, Antoine, 1736, Raymond, 1737, Pierre, 1746, Alexis, 1736, 1751, Raymond, 1765, Pierre, 1765, Constantin. Raymond, député du commerce demeurait rue Saint- Honoré près de l'Hôtel de Noailles, près les Jacobins.

[97]AD/ 33 C 4258, 16 mai 1787 vue 539/566.

[98]AD/ 33 1787 p 117, 12 mai 1787 Dubergier Antoine sous toutes réserves, car les Dubergier ont été plusieurs à être juges et consuls à la Chambre de Commerce de Guyenne. Ce fut une famille d'armateurs.

Bordeaux fut mise en sommeil. Le 23 juin 1787 Samuel Demissy ne s'était toujours pas rendu à Paris, la Chambre de Bordeaux manifesta sa surprise auprès de celle de La Rochelle. Demissy avait pourtant promis de partir pour la Capitale le 10 juin 1787. Les Chambres considéraient que la venue de Samuel Demissy était indispensable, en raison de sa longue présence à l'Isle de France : deux séjours dans les Mascareignes, l'un de près de douze ans, jusqu'en 1782 et un bref aller et retour en 1784, lesquels étaient supposés lui conférer une bonne maîtrise des arcanes du commerce de l'Inde.

Dynamique, le député de Bordeaux se montra remarquablement actif dans l'accomplissement de sa mission. Sa personnalité révéla un ingénieux caractère qui lui permettait d'avoir accès de manière surprenante à la porte des décideurs. Le temps lui était compté. Il laissait à Bordeaux ses affaires.

Dès son arrivée à Paris, il rendit compte. Le 2 juin, il écrivit « *qu'il a jusqu'à présent recueilli peu de fruits par la lenteur qu'il éprouve et la difficulté de se réunir avec les autres députés, soit de rencontrer les personnes auxquelles il aura à faire* ».

Naturellement, Raymond Dubergier reçut Jacques Le Tellier froidement. « *Il ne m'a pas paru trop disposé à seconder mes démarches* » écrivit ce dernier. Celui de Rouen le reçut de la même façon (29 mai 1787). Mais au terme d'un mois de présence dans la Capitale, les relations entre le député ordinaire et le député extraordinaire s'améliorèrent : « *M. Dubergier paraît moins blessé de ma présence* (26 juin 1787). Le 14 juillet, Le Tellier pense qu'il est en bonne intelligence avec lui ». « *Dubergier promet de méditer les Mémoires de la Chambre* ». Mais il pense que les délégués extraordinaires ont de faux espoirs : « *Vous et le commerce entier avez épuisé la matière, sauf cependant pour M. [Paul] Nairac qui ne cesse dit-on d'envoyer des mémoires particuliers aux Ministres* ». Le délégué extraordinaire bordelais ne fut pas éconduit par Calonne. Le Tellier lui « *représenta que plusieurs d'entre nous étaient députés extraordinaires, éloignés de leurs affaires. Il répondit qu'il ne nous avait pas fait venir* ». Le Tellier se flatta d'avoir remis à Louis Charles Auguste Le Tonnelier de Breteuil, conseiller d'État, conseiller d'État ordinaire, ministre et secrétaire d'État membre de l'Académie des sciences, maréchal de camp une lettre de la Chambre de commerce. Il fut paraît-il écouté. Mais il eut pour toute réponse : « *Je verrai cela Monsieur* ». Breteuil, proche de Calonne avait signé les arrêts du Conseil concernant la Compagnie des Indes, son avènement (14 avril 1785), celui du doublement du capital et la prorogation du privilège de 7 à 15 ans (21 septembre 1786).

Le 12 juillet 1787, Le Tellier écrivit à sa Chambre que la discussion était sur le point de s'engager avec la Compagnie des Indes qui avait fait travailler à un Mémoire de trois avocats pour réfuter la demande du Commerce. Il ignore si les Lettres-patentes ont été enregistrées par le parlement de Paris. Il prévient qu'on sait qu'il se fait des armements pour l'Inde dans différents ports du royaume sous pavillon étranger. Il y a même à Bordeaux un armement pour l'Inde sous pavillon anglais. C'était un moyen facile de détourner les prohibitions de l'Édit de 1785. Les pavillons d'Ostende, de

## Samuel de Missy (1755-1820), armateur rochelais sur l'océan indien

Trieste ou de Livourne flottèrent à l'Isle de France, et de là firent le commerce d'Inde en Inde.

La mission des députés extraordinaire se doubla alors de représentations contre les vingt-quatre paquebots expédiés par le roi portant la poste et des passagers. Cette mesure arrêtée par le Conseil du roi le 14 décembre 1786 portait atteinte aux intérêts des armateurs[99]. Douze paquebots étaient prévus : huit pour les Amériques et les Etats-Unis d'Amériques et quatre pour les Isles de France et de Bourbon.

Le Tellier et sans doute Rostagny le délégué de Marseille avaient pris contact avec l'abbé Morellet qui à leur demande allait se remettre à l'ouvrage un peu moins de dix ans après avoir obtenu avec succès la suspension du privilège perpétuel de la deuxième Compagnie des Indes. Étonnant personnage, plus connu comme économiste et encyclopédiste, abbé malgré tout, habitué des salons et notamment de celui de la comtesse d'Houdetot née La Live de Bellegarde, il avait achevé de faire imprimer en 1769 une partie du Dictionnaire du commerce en cinq volumes qui n'aurait pas été terminé. L'affaire n'avait pas été simple. Il avait bénéficié à titre d'avance d'une pension du gouvernement de 8 000 livres par an qui avait été diminuée au fur et à mesure des souscriptions. Ainsi Morellet rendit 2 000 livres, mais *in fine* les regagna du double, soit à 4 000 livres sur les économats. Il avait aussi publié en juin de la même année un Mémoire sur la situation actuelle de la Compagnie des Indes, qui lui valut une réponse rapide par Jacques Necker, fin août 1769. En 1787, il sembla en effet que ce soit le député de Marseille, de Rostagny qui passa des jours et de nuits entières souvent à la campagne de l'abbé Morellet pour lui permettre de publier en temps voulu un nouveau Mémoire contre la Nouvelle Compagnie des Indes. L'abbé exigea des négociants de Bordeaux qu'ils le fassent imprimer à leurs frais en 1 000 exemplaires[100] après avoir sollicité une reconnaissance, non pas en

---

[99]AD/17, 41 ETP 162/4428, 1er février 1787 : les prieur et juges-consuls de Saint-Malo demandent à la chambre de commerce de La Rochelle de protester avec eux contre le nouvel édit qui établit 24 paquebots royaux, cette mesure portant "une atteinte cruelle" au commerce. AD/17, 41 ETP 162/4429, 17 février 1787 : Lettre par laquelle les juges et consuls de Nantes signalent les inconvénients qui leur paraissent devoir résulter des règlement et arrêt du conseil d'état du roi des 14 et 25 décembre 1786, concernant l'établissement des paquets-bots (sic) pour les Indes Orientales et Occidentales et la fixation des ports de lettres à des taux qu'ils jugent excessifs. Les signataires demandent à la chambre de commerce de leur faire connaître si elle serait disposée à faire des représentations à ce sujet aux ministres intéressés. AD/17, 41 ETP 181/5243, 28 août 1787 : Lettre par laquelle M. de Missy, député du commerce de La Rochelle, fait connaître le résultat de ses démarches à Paris concernant la suppression du privilège de la compagnie des Indes et l'établissement de vingt-quatre paquebots destinés à la navigation des colonies.

[100]AD/33, 29 mai 1788 folio 14 verso, vue 28/150 : Il a été fait lecture d'une lettre de M. Le Tellier par laquelle il informe la Chambre de Guyenne que M. Godin de Lorient & lui de la visite chez M. de Rostagny pour relire le Mémoire en réplique de M. l'abbé Morellet & de se fixer sur les corrections avant de le livrer à l'impression, soit qu'elle doit avoir lieu avant ou après décision de l'affaire. M. Le Tellier dit même qu'il ne pourra pas être question de cette impression attendu le peu de dispositions des députés des villes.

caisses d'excellents bordeaux, une barrique de Laffite de l'année 1784 qui lui étaient proposés, mais en espèces sonnantes (29 mai 1787). Le 2 octobre 1788, la Chambre de Bordeaux approuva en séance le cadeau de 6 600 livres offert par les députés de onze chambres à l'abbé Morellet, auteur d'un Mémoire pour la liberté du commerce de l'Inde. On dit que la collaboration de Burgalat député de Toulouse fut décevante à tel point que sa participation était inutile.

Le 23 juillet 1787, Le Tellier paraissait bien optimiste : « *L'affaire de la Compagnie des Indes sera expédiée in petto* ». Il se trompait. Il dut encore rester à Paris. Le Mémoire intitulé Titres d'idées préliminaires sur le privilège exclusif de la Compagnie des Indes parut et servit à la défense de la Compagnie.

Un arrêt du conseil du 29 octobre porta nomination d'une commission pour prendre connaissance de l'établissement actuel de la Compagnie des Indes et des effets de son privilège exclusif. Bayonne et La Rochelle redoutèrent la lenteur avec laquelle il devait être étudié et le 29 novembre 1787 firent demander par Bordeaux, qu'aucune prorogation de délai ne soit admise.

Le Tellier avait toujours confiance. Une de ses lettres du 7 février 1788 donna les espérances les plus flatteuses du renversement prochain de la Cie des Indes. Il la réitéra en ces mêmes termes le 10 avril.

L'alliance de la finance et du ministère firent craindre le pire[101]. Bordeaux relate :« *Il a été fait lecture d'une lettre de M. Le Tellier par laquelle il informe la Chambre des mouvements que se donnent les administrateurs de la Compagnie des Indes pour la faire maintenir. Que dans ces objets ils avaient fait faire par un homme intrigant l'offre au Ministre de quatre millions de livres pour la création de quarante mille nouvelles actions pour que le Ministre balance ; Que cela pourrait retarder le jugement de l'affaire ; Qu'on paraît disposé à la renvoyer au mois de septembre. M. Le Tellier ajoute que le Journal de Paris qu'il vient de vérifier, annonce sous la date du 27 mai 1788 un arrêt de franchise des Isles de France et de Bourbon* ». Ceci ne faisait pas moins que d'envisager le doublement du capital de la Compagnie fixé à vingt millions lors de sa création, dont 14 millions sont proposés en souscription publique sous la forme de « portions d'intérêts » puis déjà doublé par arrêt du Conseil du 21 septembre 1786 pour s'élever à quarante millions de livres[102].

---

Plusieurs sont absents, et il n'est pas juste que cette impression soit à la seule charge de Bordeaux, Lorient [...].

[101] AD/33, 12 juin 1788, folio 15, vue 29/150 recto.

[102] Les douze administrateurs (directeurs) : Pierre Bernier, Louis Georges Gougenot, Guillaume Sabatier, Jacques Dodun, Jean François Moracin de Pondichéry, Etienne François Demars (de Mars), Jacques Alexandre (de) Gourlade, Montessuy, Thomas Simon Bérard l'aîné, Bézard, Augustin Périer et J.J. Bérard le cadet à Lorient eurent pour obligation de détenir chacun 500 actions de mille livres par une prise ferme de 6 millions.

Le député extraordinaire de Bordeaux informa sa Chambre le 1er juillet qu'il a appris d'un des administrateurs de la Compagnie des Indes que Monsieur Albert rapporteur avait enfin donné parole que l'affaire serait jugée le 19 juillet 1788 et que le jugement serait connu le 20[103].

Le Tellier par laquelle informa la Chambre que « l'exposé de l'affaire de la Compagnie des Indes était fini qu'il ne restait plus que l'examen & la *illisible* [*vérification ?*] des pièces qui doit avoir lieu le 27 juillet, d'où il conclut que le jugement ne peut pas tarder. Il regrettait la perte du baron de Breteuil qui a donné sa démission. Il fut heureusement remplacé par M. de Villedieu « *déjà très instruit de l'affaire & que cet ancien intendant de Rouen, n'est pas favorablement disposé pour la Compagnie*[104] ».

Le 25 août 1788, Étienne Charles Loménie de Brienne, archevêque de Toulouse succédait au Conseil royal des finances à Calonne. Il décida de lancer un emprunt de 420 millions de livres. Quant à la problématique de la Compagnie des Indes, les espoirs des chambres de commerce furent rapidement déçus. Il ne prit aucune décision et même retarda le passage au Parlement. La Chambre de commerce de Guyenne lui fit des remontrances sur un ton assez aigre : « *Monseigneur* [105], *les chambres de commerce du royaume croyaient toucher à ce moment heureux où votre religion suffisamment éclairée sur le vice de l'établissement du privilège exclusif de la Compagnie des Indes allait faire prononcer le Conseil [d'État] sur son renversement, lorsqu'elles ont appris que dans l'assemblée des actionnaires, on a lu des lettres ministérielles par lesquelles elle était invitée à produire sa défense [...]. Nous n'avons vu dans cette invitation que l'esprit d'égalité qui vous dirige : vous avez encore voulu entendre les actionnaires, parce qu'il ne vous suffit pas sans doute d'être persuadé du préjudice immense qu'a fait à la nation la concession d'un privilège exclusif [...]. Ils se sont enfin déterminés à nommer des Commissaires qui dans l'embarras qu'ils éprouvent à produire une défense, chercheront à profiter du bénéfice du temps par le retardement du temps qu'ils y apporteront. Nous croyons, Mgr devoir vous supplier à ce sujet de fixer l'époque à laquelle la défense des actionnaires doit être produite afin que le commerce ne perde pas de temps précieux qui lui reste pour préparer les expéditions qu'il projette [...]. La saison s'avance. L'espérance de cette liberté a déterminé déjà plusieurs projets d'entreprises pour l'Inde. Si le court délai qui reste pour les préparer se passe dans l'incertitude, les commerçants dont les intentions sont connues feront leurs spéculations dans des ports étrangers* ».

---

[103] AD/33, 17 juillet 1788, folio 16 verso vue 32/150.
[104] AD/33, 31 juillet 1788, folio 17 verso vue 34/150.
[105] AD/17, 41 ETP 259/8702, Lettre de la chambre de commerce de Guyenne le 13 novembre 1787 adressée au Ministre, copie faite à la Chambre de l'Aunis.

Forte de son soutien par Calonne la Compagnie se montra brutale avec les négociants pour imposer coûte que coûte son privilège et ne pas livrer les marchandises à leurs propriétaires provenant du commerce particulier. En effet le vicomte de Souillac et Narbonne contestaient l'*imperium* de la Compagnie faute d'enregistrement de Lettres patentes par le parlement de Paris. Ils faisaient de la résistance et délivraient des permissions particulières aux négociants. À l'arrivée en métropole la Nouvelle compagnie fit saisir les marchandises. La Compagnie fut déboutée : « *Il a été fait lecture d'une lettre de M. Lambert contrôleur général député de Lorient par laquelle il mande qu'il peut annoncer aux négociants de Lorient que les marchandises des Indes arrivées jusqu'à ce moment par des vaisseaux expédiés de l'Isle de France et de Bourbon avec les permissions de MM. de Souillac & de Narbonne seront rendues aux propriétaires ou en consignation à la charge seulement de se conformer pour ce qui concerne les droits d'entrée aux arrêtés & règlements intervenus à ce sujet, notamment à l'arrêt du 26 avril 1786*[106]. *Cet arrêt ne s'étant pas trouvé dans la collection des arrêts de ladite année, la Chambre a délibéré d'en demander un exemplaire au sieur Nyon imprimeur à Paris […]. Cet arrêt a été envoyé le 26 juin par le sieur Nyon, imprimeur* (du parlement) *et communiqué à la Chambre qui en a pris connaissance le 3 juillet. Le 13 novembre 1788, il fut fait lecture d'une lettre de M. Godin négociant de Lorient par laquelle il adressa à la Chambre copie de la dépêche que lui avait envoyée M. Charles Claude Guillaume Lambert contrôleur général en fonction depuis août 1787 relative aux saisies faite par la Cie sur le Commerce particulier. Il a joint à sa lettre copie de celle que M. de Rostagny député de Marseille lui a écrite du 13 octobre pour l'instruire de la suite de l'affaire* ». Une ordonnance de Blondel intendant des finances et premier commis imposa la mainlevée le 22 janvier 1789.

Demissy donna à la Chambre de commerce lecture d'un arrêt du Conseil par lequel Sa Majesté en permettant la vente et la livraison desdites marchandises réservait cependant à la Compagnie la liberté d'en tenir leur valeur comme séquestre.
Le moral de Le Tellier flancha. Il demanda en août un complément d'argent pour ses frais. Le 28 août, il se décida à rentrer à Bordeaux considérant qu'il s'était acquitté de sa mission. Il se rendit à la Chambre le 6 octobre disposé à apporter tous les éclaircissements nécessaires.

Le Tellier sera revenu à Bordeaux après plus d'un an d'absence[107], fatigué de démarches inutiles et impuissant face au mur des grandes compagnies financières qui maintenaient l'État hors-d'eau. Il présenta une note de frais élevée, non compris les

---

[106]AD/33, 3 juillet 1788 vue 30/150 folio 15 verso. Chambre de Bordeaux le 19 juin 1788.
[107]Il y a lieu de penser que ce séjour se termina à l'automne 1787.

cadeaux à l'abbé André Morellet, atteignant 26 000 livres. 10 000 livres lui avaient été données en acomptes. Peut-être une partie de celle-ci avait-elle servi à forcer les portes des bureaux des Ministres, capacité il est vrai qui en avait étonné plus d'un. Le trésorier Grignet quatrième consul de la Chambre de Guyenne lui fit quelques difficultés pour l'indemniser (16 septembre 1787). À titre de comparaison, les frais dont Samuel Demissy demanda le 22 septembre 1787 le remboursement pour sa députation extraordinaire s'élevèrent à 3 367 livres 18 sols et 10 deniers. Mais son séjour à Paris fut beaucoup plus bref.

9.6.- Samuel Demissy, député extraordinaire du commerce de La Rochelle (Paris, juin 1787 - octobre 1787)

En 1787, par une lettre introductive à une supplique à M. Guéau de Reverseaux, intendant, la Chambre de Commerce soulignait le désarroi des armateurs de La Rochelle tout en exagérant l'importance de l'implication de ses membres dans le commerce sur l'océan indien et écrivait [108] : « *Du commerce de l'Inde. En rendant à ce commerce la liberté dont il jouit, on l'a tellement restreint par l'obligation de faire les retours dans le port de Lorient qu'on interdit en quelque sorte aux autres places les moyens d'y prendre part. Les négociants doivent diriger leurs affaires eux-mêmes, obligés d'en rapporter à des commissaires ou de se déplacer. Il en résulte des inconvénients et des frais qui les rebutent et les éloignent de cette branche. Ces progrès auraient certainement doublé depuis la Liberté [de 1769] si chaque place eût pu diriger soit le départ soit le retour de son expédition, celle de La Rochelle surtout y eût trouvé un avantage considérable*[109]. *C'est celles de toutes jusqu'à ce moment a formé le plus d'entreprises*[110]. *Elle possède actuellement sept vaisseaux occupés à ce commerce, dont trois à mille à douze cents tonneaux et deux de quatre cents et deux*

---

[108] AD/17, 41 ETP 10, vue 17/184.

[109] Pendant la période de Liberté les armements des Bretons aux Mascareignes furent très nombreux. « Depuis la suppression du privilège exclusif de la deuxième Compagnie des Indes jusqu'à son rétablissement 101 navires sortirent des ports bretons. 54 venaient de Lorient, 30 de Nantes, 14 de Saint-Malo, 2 de Brest, un de Vannes. Les armateurs étaient des négociants du pas : Benjamin Dubois, Deshayes Harrington, Louvel, Potier des Landes Ruault de Coutances, ou bien des colons qui avaient conservé des attaches dans leur ville natale : Alexandre Guyot Du Clos, lieutenant de port à l'Île de France, armateur du Duc d'Orléans en 1789, Jacques Gilbert de l'Île Bourbon fils d'un constructeur de navires de Saint-Malo. <u>Les Bretons aux Îles de France et de Bourbon Henri Bourde de La Rogerie</u>, 1934.Rennes : La Découvrance, 1998.

[110] La Rochelle dans ce panorama fait figure de nain. Le port atlantique occupe une place discrète ou marginale, que vient conforter la lecture d'un autre document ]à partir duquel on ne peut que confirmer la faiblesse des armements de la ville portuaire sur la seule Isle de France : <u>Armements du port de La Rochelle pour l'Isle de France</u> [AD/17, 41 ETP 283/7275 ; 1773 : un navire, port de 490 tonneaux ; 1774, deux navires, ports cumulés de 1 130 tonneaux ; 1775, deux navires, ports cumulés de 1 250 tonneaux ; 1776 ; un navire d'un port de 120 tonneaux ; 1783, deux navires, d'un port cumulé de 640 tonneaux et enfin 1784, deux navires d'un port cumulé de 320 tonneaux.

*de deux cent cinquante*[111] *qui peuvent former un capital de six à sept millions où sont aisément\* ce qu'une circulation de cette étendue ferait du bien à la place de La Rochelle. Elle est obligée de l'abandonner au port de Lorient. Cette branche n'a rien rajouté à son bien-être. Elle est perdue pour le public et ne rend qu'à quelques individus qui la cultivent, mais qui sont obligés d'en partager les frais avec les habitants de Lorient. À juger par les progrès actuels de ce commerce à La Rochelle, de ceux qu'ils auraient pu faire s'il eût été entièrement libre ou eût pu espérer qu'il aurait remplacé le Canada et la Louisiane, et fait peut-être oublier ces pertes, il est certain que la place de La Rochelle est celle qui possède le plus de vaisseaux particuliers pour l'Inde déjà rodés\* avec des habitudes, avantage bien considérable pour ce commerce, elle en eût attiré à elle la plus forte portion. On a cessé de représenter au gouvernement la nécessité de rendre au commerce de l'Inde toute sa liberté pour lui donner l'activité et les accroissements dont il est susceptible, mais les réclamations de la Bretagne et du port de Lorient ont prévalu sur le reste du Royaume et on a sacrifié le bien général à des vues particulières*[112]. *Les changements qui viennent de se faire dans le ministère* [Loménie de Brienne remplaça Calonne le 1er mai 1787, lequel a été renvoyé le 8 avril] *doivent faire espérer que des représentations seraient plus favorablement accueillies. La place de La Rochelle a le plus grand intérêt d'obtenir qu'elle puisse verser chez elle les retours de ses expéditions des Indes. C'est un objet que sa chambre de commerce à l'honneur de recommander particulièrement à la bienveillance de M. l'intendant* ».

Dès la fin avril 1787, la détermination des chambres de commerce de Nantes et de Guyenne était connue à La Rochelle. Toutes deux allaient dépêcher un député à Paris

---

[111] On ne retrouvera pas dans les armements effectués de La Rochelle ou de Lorient pour le compte de négociants de La Rochelle la trace de trois navires de 1 200 tonneaux jusqu'en 1787. Les navires marchands qui présentèrent le plus gros tonnage son ceux qui demeurèrent dans l'océan Indien pour être armés en guerre puis après la Paix revenir à la fonction de navires marchands ou de transport. Ils appartenaient aux Admirault : *Le Brisson*, 700 à 800 tonneaux, *les Trois amis* 600 tonneaux, *Le Maurepas* 700 tonneaux. Ceux de Samuel Demissy virent leur tonnage s'étager en 60 tonneaux jusqu'à 500 tonneaux exceptionnellement. Il y eut aussi *La Revanche* de 250 tonneaux, capitaine Robin armé pour les Indes armé par Pierre Thouron.

[112] L'atelier de l'historien, François Jégou : l'établissement des faits année par année https ://un-historien-a-lorient.fr/12-latelier-de-lhistorien-francois-jegou-recolement-faits-annee-annee/4/

« La liberté du commerce de l'Inde a été l'objet d'un mémoire des Directeurs du commerce de la province de Guyenne, et sur lequel est intervenu un avis des députés du commerce, comme aussi un mémoire de la Communauté de Lorient contre cette liberté. Le maire de Lorient vient d'y faire une réplique qui démontre que le commerce de l'Inde ne doit point s'assimiler aux autres ; que les principes en sont différents ; qu'on ne peut pas mettre en parallèle les opérations suivies et combinées d'une Compagnie qui avait le privilège exclusif pour ledit commerce à celui de divers armateurs, ne pouvant avoir entre eux aucun accord sur leurs expéditions ; que l'expérience confirme tous les jours l'erreur où l'on est tombé en détruisant la Compagnie, que ce commerce enfin ne peut réussir que par un ensemble d'opérations. Malgré la force des raisonnements et des faits allégués par l'auteur, le génie du ministère est constamment opposé à cette liberté, qu'il réclame inutilement ».

pour obtenir des Ministres à Versailles la suppression du privilège de la Compagnie des Indes. Pour Lorient, qui était aussi d'accord sur cette démarche commune, il semble que leurs juges consuls et commissaires aient envoyé à leur député M. Godin[113] qui était déjà à Paris, les instructions nécessaires pour y pourvoir.

L'accord unanime des Chambres, en tout cas celle de La Rochelle pour le départ de son délégué extraordinaire n'était pas encore acquis. La chambre aunisienne avait bien reçu en avril une lettre de MM. les directeurs de la Chambre de Guyenne que Du Moustier avait semble-t-il rapportée du port de Bordeaux. Avant toute chose la Chambre voulait avoir l'avis des autres négociants, car à part les Admirault et Samuel Demissy, il n'y avait pratiquement aucun armateur sur l'océan indien[114].

La Chambre de La Rochelle avait atermoyé. Parfaitement d'accord pour envoyer un député en mission spéciale à Paris, au vu des difficultés rencontrées par Calonne qui présageaient la nomination d'un nouveau ministre, elle répondit aux autres chambres le 28 avril qu'elle se ralliait à la proposition de la Chambre de Bordeaux et annonça qu'elle enverrait un député à Paris, « *mais elle désire attendre que la stabilité ministérielle soit revenue* » (26 avril).

Le 12 mai 1787 Bordeaux informa La Rochelle, lui dit qu'ils avaient envoyé Le Tellier à Paris et leur demandèrent le nom de celui qui sera retenu pour représenter La Rochelle. En fait le choix de La Rochelle était déjà arrêté depuis quelques jours.

Samuel Pierre Joseph David Demissy ne fut pas candidat pour devenir ce délégué extraordinaire. Il n'était pas membre de la Chambre de commerce. C'est son père qui y avait siégé. Ce dernier y était encore mentionné de manière comme ancien syndic lors d'une séance qui se tint le 17 août 1786, car il décéda le 28 octobre 1786. Après Demissy fils fut mentionné comme simple négociant. Ces deux indications ne figurent plus dans le procès-verbal de la Chambre du 31 août 1787[115]. Il fallait prendre une décision sur le champ. Samuel Pierre Joseph David Demissy fut désigné à l'unanimité lors de la séance spéciale du 7 mai, pour assurer la représentation de La Rochelle en vue de la suppression du privilège de la Nouvelle Compagnie - signé Carayon, Perry, Jolly, Chamois &.[116]. Après tout, ce choix était fondé, car les autres Chambres

---

[113] Ses descendants se nommeront Godin de L'Epinay : AD/19, 76 j 12, Fonds Gallimard, fonds Godin de Lépinay.

[114] AD/17 41 ETP 8, 19 mai 1786 feuille 34 recto, vue 37/ 238. Par lettre de la même compagnie [MM. Les directeurs de la Chambre de Guyenne] & de même date touchant le privilège de la Nouvelle Compagnie des Indes avec une lettre des commissaires choisis par la place de Bordeaux pour réclamer contre ce privilège. Ces lettres ont été remises à M. Dumoustier [de Frédilly] qui a été prié d'en communiquer aux négociants de cette ville intéressés au commerce de l'Inde & demander leur avis sur ce privilège pour ensuite statuer.

[115] AD/17, 41 ETP 8, vue 44/238 et ETP 8, vue 72/380.

[116] AD /17, 41 ETP 8, vue 65/ 238- 7 mai 1787.

demandaient seulement l'envoi d'un négociant ayant une expérience sur le commerce au-delà du Cap de Bonne-Espérance sans préciser d'autres qualités nécessaires.

Comme Bordeaux avait déjà marqué son accord pour l'envoi d'un député extraordinaire, La Rochelle fit de même, « ledit arrêté conforme aux sentiments de MM. les négociants de cette place intéressés au commerce de l'Inde »[117].

Deux membres sortirent de la salle où se tenait l'assemblée de la Chambre pour aller interroger Samuel Demissy chez lui rue de L'Escale qui se situait à deux pas. Ils revinrent avec son accord. Sa date de départ était fixée au 10 juin prochain. Cela l'arrangeait. Il devait dénouer le contentieux avec Lenormand en juillet sans doute à Paris. Il avait armé l'année précédente *L'Atlas* pour l'Isle de France lequel avait fait voile le 2 juin 1786. *Le Neptune* de 240 tonneaux qu'il avait racheté aux Admirault venait de partir pour une nouvelle campagne sur l'Isle de France le 24 mai 1787 sous le commandement de Gabriel Jacquelin Desplanes.

Montaudoin (Jean Daniel, peut-être), l'un des plus grands négociants de Nantes annonça le 19 mai 1787 que Saint-Malo et Lorient se joignaient au mouvement.

Nantes n'était pas non plus à court d'idées pour contrecarrer la politique de Calonne. Dans une lettre adressée à La Rochelle du 20 mai 1787, les juges et consuls de la chambre ligérienne préconisèrent le recours aux services de l'avocat Lacretelle pour faire tomber le privilège exclusif de la Nouvelle Compagnie. Mais Lacretelle était intervenu l'année précédente.

La question de l'inutilité de la Nouvelle compagnie des Indes ressurgit à la Chambre le 20 juillet 1787 [118]. La Rochelle ne peut que suivre le mouvement des autres places de commerce.

Moins disert que Le Tellier, Samuel Demissy fait seulement le point avec les directeurs de La Rochelle en août[119]. S'ajoute à la contestation du privilège exclusif

---

[117] AD/17, 41 ETP 8, 2 juin 1786 feuille 36 recto, vue 39/238.
[118] AD/17, 41 ETP 10, 20 juillet 1787 Mémoires, vue 161 /184 : Les chambres & les principales villes de commerce du royaume se sont réunies pour demander la suppression de la nouvelle Compagnie des Indes. Elles ont démontré par des principes généralement reconnus le tort que cet établissement faisait au commerce. Il serait donc superflu de s'étendre beaucoup sur une question qui paraît aujourd'hui ne devoir plus en faire une. Sans parler des inconvénients résultants des privilège exclusifs en ce qu'ils accentuent entre les mains que quelques-uns seulement les avantages que tous devraient partager. On ne peut pas dire que la nouvelle Compagnie n'aura jamais à beaucoup près des moyens suffisants pour tirer le commerce de l'Inde, le même parti qu'en retirent toutes les places du royaume lorsqu'elles seront admises à le faire [...].
[119] AD/17, 41 ETP 181/ 5243, 28 août 1787.

de la Nouvelle compagnie, l'affaire des vingt-quatre paquebots affrétés par le roi pour la poste des colonies et les passagers qui s'y rendent ou qui en reviennent. « *Le silence que j'ai gardé depuis l'instant où je suis venu remplir les fonctions dont vous m'avez chargé n'a été occasionné que par l'impuissance de vous annoncer le moindre succès dans les démarches faites pour la suppression du privilège de la Compagnie des Indes & de l'établissement des vingt-quatre paquebots [...]. Le parlement de Paris ayant paru vouloir se charger de la cause des négociants pour la suppression des vingt-quatre paquebots il fut décidé dans une assemblée de MM. les Députés que nous ne ferions rien auprès des Ministres & que nous laisserions agir la Cour mais les circonstances actuelles tenant tout en suspens* [page 2] *il est difficile de statuer sur l'issue de la bonne volonté du Parlement à défendre nos intérêts [...]. Il fut remis par MM. les Députés les premiers jours de juin dernier un Mémoire sommaire pour la réclamation de cette liberté. La Compagnie après avoir fait attendre deux mois donna enfin sa réponse dont la faiblesse ne peut que fortifier nos espérances. C'est à cette réponse que nous répliquerons par un Mémoire très détaillé [...]. Je désire Messieurs que le succès soit l'issue de nos démarches. Je serais pour lors bien dédommagé du sacrifice que je fais de mon temps et de mes affaires qui exigeraient à La Rochelle une présence de mes affaires mais je ne le regretterai jamais chaque fois qu'il m'aura conduit à être utile à mon pays et à mes concitoyens* ».

Le 25 septembre, il fait part à la Chambre de l'avancée des travaux[120]. Mais, ses affaires ne lui permettent pas de rester davantage à Paris, car l'armement du *Capitaine Cook* pour l'Isle de France est prochain. « *[...]. Notre second Mémoire contre la Compagnie des Indes étant enfin achevé [...], nous remettrons vendredi prochain ce travail aux Ministres [...] et il est à croire qu'ils ne se prononceront pas de suite sur cette liberté, la Compagnie ayant été prévenue qu'elle pouvait faire sa troisième expédition à laquelle même elle travaille [...]. Absent de mes affaires depuis bientôt trois mois Messieurs et l'expédition de mon navire Le [Capitaine] Cook rendant ma présence indispensable considérant d'ailleurs qu'un plus long séjour à Paris pour l'objet qui m'a appelé ne peut y être d'une grande utilité [...] j'ai donc l'honneur de vous prévenir que d'après ces motifs, je me dispose à retourner incessamment à La Rochelle [...]*.

Le 28 septembre[121], Samuel Demissy n'a pas encore quitté Paris et envoie aux directeurs de la Chambre les nouvelles qui suivent : « *[...] Le Mémoire contre la Compagnie des Indes a été bien accueilli par les ministres, et la manière avec laquelle MM. de Breteuil et [Loménie] de Brienne nous ont répondu fortifie nos espérances,*

---

[120]AD/17, 41 ETP 181/5244.
[121]AD/17, 41 ETP 181/5245.

*mais qu'il est à craindre en raison de la guerre menaçante que la décision n'éprouve quelque retard. L'infâme Calonne[122], avait eu l'impudence, à ce que nous a dit M. de Breteuil, d'assurer au Conseil du roi et cela vingt fois, que la [Nouvelle] Compagnie des Indes n'avait été formée que du consentement unanime du commerce. Il ne nous a pas été difficile de désabuser M. de Breteuil. Je ne pourrai vous expédier que par prochain courrier notre Mémoire[123] en attendant que je vous en remette moi-même en plus grande quantité. Nous avons eu dans l'abbé Morellet qui en est l'auteur, un défenseur précieux* ».

De retour à La Rochelle, Demissy n'en continua pas moins de lutter contre la Compagnie. Il fut le destinataire d'une lettre du comte de Puységur envoyée de Versailles le 26 janvier 1788 qui lui indiquait que l'affaire de la Compagnie des Indes allait être incessamment réglée [124]. « *Je viens de déclarer aux Directeurs de la Compagnie que fatigué de leurs délais s'ils ne présentaient pas à quelques jours les productions qu'ils ont annoncées je ferais rapporter l'affaire et elle sera enfin jugée* ». Cet optimisme partagé à l'époque par Le Tellier fut bien vite contrecarré.

En 1789, Samuel Demissy paraît avoir pris la plume peut-être avec l'aide d'autres négociants pour publier un bref Mémoire intitulé Liberté du commerce de l'Inde[125] : « *Le commerce de l'Inde accordé exclusivement à une Compagnie en une propriété ravie à tous les Français. Les ministres qui en ont disposé ainsi & qui ont surpris au Roi l'agrément du privilège de cette Compagnie, l'ont jugé de même. Rien ne prouve la manière clandestine avec laquelle cet établissement odieux a été formé & sanctionné par eux. Nous sommes donc fondés à réclamer & nous réclamons la restitution de ce commerce [...]. Pendant la durée de quinze années de la liberté, une multitude de négociants de capitaines de commerçants de toute espèce ont acquis suffisamment*

---

[122]Jules Michelet a écrit Histoire de France Louis XV et Louis XVI- Équateurs poche 2008 page 168. :Calonne, nul plus charmant ministre. Il promet tout à tous, déclara qu'au rebours de Necker, il penserait aux fortunes privées, qu'il ferait plaisir à chacun. Son système neuf et ingénieux était de dépenser le plus possible. Des cent millions qu'il emprunta d'abord, pas un quart n'arriva au roi. Il paya la dette des princes, les gorgea de 56 millions pour le seul comte d'Artois, 25 pour Monsieur [page 262] Calonne fut un danseur qu'on chargea pour un temps de roi de théâtre [...]. Ce parleur, ce bavard à qui l'on croyait tant d'esprit. [Mirabeau père] l'appela de son nom : un niais.
[123]Il a été envoyé à la chambre par M. de Missy revenu de Paris cette semaine plusieurs exemplaires relatifs à la discussion du privilège de la nouvelle Compagnie des Indes avec la réplique aux observations aux administrateurs de cette Compagnie rédigée par M. l'abbé Morellet au nom des députés de Marseille, Rouen, Lyon, Montpellier, Dunkerque, Bordeaux, Toulouse, La Rochelle, Nantes, Lorient, Le Havre. Ces Mémoires ont été donnés à lire circulairement. Signé : Haché, Poupet, Delaire, Rondeil.
[124]AD/17, 41 ETP 181/ 5247.
[125]AD/17 41 ETP 70/751, 24 février 1789. Ce document n'est pas signé. (2 folios seulement disponibles sur le site des archives).

*de ces connaissances pour opérer convenablement & ne pas avoir à redouter le plus d'expérience prétendue ou détracteur de la liberté qui en eux-mêmes ont pris leurs agents dans les diverses classes que nous venons de nommer [...]. Il est juste [page 2] qu'on y ajoute la liberté de faire venir nos vaisseaux en retour de l'Inde de la Chine & des îles de France et de Bourbon dans tel port du Royaume que nous croirons convenable à nos intérêts puisqu'on n'oserait nier que l'obligation de les faire arriver au port de Lorient exclusivement soit une gêne intolérable [...]. Ces inconvénients ne sont pas les seuls que produit la gêne dont nous nous plaignons [...]. Elle met encore l'armateur dans l'impuissance d'employer son navire à son gré puisque forcé d'entrer au port de Lorient d'y séjourner un temps indéfini, cet armateur ne peut statuer sur l'époque du retour au port de l'armement & se trouve souvent dans la nécessité de fréter ou d'acheter un autre vaisseau pour consommer l'opération à laquelle il avait d'abord destiné le sien [...] ».*

Jean-Baptiste Nairac, député de La Rochelle à Paris annonça dans une lettre du 27 mars 1790 envoyée à la Chambre de Commerce que le commerce avec l'Inde était libre au-delà du cap de Bonne-Espérance.

Samuel de Missy (1755-1820), armateur rochelais sur l'océan indien

**Chapitre X.-La Révolution et suite...**
Reconstituer la vie de Samuel Demissy au cours de la période révolutionnaire constitue une entreprise redoutable, tant le paysage politique et l'environnement économique furent sujets à de nombreux changements. La Révolution amena progressivement Demissy comme pour la plupart des négociants de La Rochelle à mettre fin aux expéditions maritimes lointaines. Au début de cette nouvelle ère, il croyait cependant à la pérennité de son activité, puisqu'à fin mai 1791 il armait le *Henry Quatre* qu'il confiait au capitaine américain Jonathan Webb pour un second voyage désormais libéré du joug de la Compagnie des Indes dans l'océan indien[1]. Les années suivantes, il continua à s'intéresser ponctuellement à des opérations impliquant des navires de faible ou moyen tonnage.

Lorsque l'on se penche sur le processus de déroulement de la Révolution dans des grandes villes comme Nantes ou Bordeaux, on est frappé par l'absence d'événements de même ampleur toutes proportions gardées à La Rochelle qui, malgré la férule jacobine, ne versa pas le sang de ses habitants.
Jacob Lambertz protestant et négociant en grains et cognac, dans une lettre du 29 avril 1793 écrit : « *Ce jour à deux heures du soir on a fait usage pour la première fois de la guillotine. C'était un habitant du côté de Fontenay qui était domestique dans une cabane du côté de Marans qui a cherché à enrôler du monde pour les révoltes de Vendée* ». Des prêtres vendéens furent massacrés au port de La Rochelle. Sauf erreur, les victimes de la Révolution à La Rochelle se comptent sur les deux doigts de la main.
Samuel Demissy eut le sentiment que sa vocation le conduisait à s'impliquer de manière croissante dans les affaires publiques de sa ville et le bien-être de ses habitants. Dès le mois de janvier 1789, il fit partie d'une société de bienfaisance composée à son origine de seize commissaires[2] où l'on retrouva des protestants comme Michelin (de Mauzé ?), Pierre Roy des Voiliers, (Vincent) Blachon (pasteur), époux de Marie Michelin. Il en fut trésorier et recueillait à son domicile rue de L'Escale les versements des souscripteurs. Tout don était bienvenu, même les sommes les plus modiques. Mais on ne pouvait devenir membre de la Société de bienfaisance qu'en versant vingt-quatre livres. Cette organisation se languissant, Samuel Pierre

---

[1] Webb Jonathan né en 1758 à Salem, Nouvelle-Angleterre, est porté sur la liste des capitaines de La Rochelle à partir de 1785. En 1790 il commande *Le Henry- Quatre,* dont Demissy est armateur, à destination des Indes. En 1794, Webb passe comme capitaine dans la marine de guerre et il y fait 11 mois et 20 jours de service.
[2] Les curés des cinq paroisses, Morin, avocat, Roy, avocat, Seignette, assesseur au tribunal, Perry père négociant, Carré de Candé, lieutenant particulier au présidial, le vicomte de Malartic, époux Fleuriau, Garreau l'aîné négociant, Toutant de Beauregard, chirurgien, de Chassiron, trésorier de France, Jean Paul Bétrine et Demissy, négociant et trésorier.

Meschinet de Richemond, son cousin concourut à la création d'une Société des Amis de la Constitution le 16 août 1790 qui dut provoquer la disparition ou l'effacement de la société de bienfaisance. Cette autre société était à l'origine une sorte de club de la bourgeoise mercantile destiné à protéger et faire comprendre les articles de la Constitution du 3 novembre 1789 mais son activité s'étendait à d'autres objets, telle en 1791 la construction du canal de Niort : <u>Projet général de navigation de La Rochelle à Paris</u>.

La bourgeoisie protestante soutint pleinement les idées de la Révolution et concourut par les impôts payés à sa réussite[3]. En 1790, elle y contribua à 84 %.
Samuel Demissy fournit une preuve de sa solidarité avec les plus démunis. La famille Valin se trouvait dans le dénuement le plus total. Ces malheureux qui se trouvaient dans cette situation descendaient du grand juriste René Josué Valin qui avait épousé Marie Françoise Pichard. De ce mariage étaient nés deux enfants dont Pierre Josué Barthélemy marié à Madeleine Henriette Gastumeau en 1747. Pierre Josué Barthélemy Valin fut avocat et procureur du roi de l'Amirauté et on le vit cosigner pratiquement toutes les décisions aux côtés du lieutenant-général Pierre Étienne Louis Harouard. Le couple eut neuf enfants, le dernier se prénommant Josué Benoist Marie Valin. Samuel Demissy se porta caution hypothécaire avec tous ses biens le 17 mars 1789 avec Henry Barthélemy Gastumeau, « américain », marié à Marie Madeleine Langlois de Chancy, demeurant rue Juiverie, à hauteur de 25 000 livres pour toutes sommes qui pourraient être dues par Josué Benoist Marie Valin fils, demeurant rue Monconseil pour les droits non versés qui pourraient être dus à l'Amiral de France[4]. Josué Benoist Marie Valin serait décédé à Paris en 1818 mais les fiches de l'état civil reconstitué ne l'identifient pas.

Samuel Demissy faillit faire un faux pas. L'administration de la Caisse d'Escompte dont Charles Vincens qui, de contrôleur en était devenu directeur, lui proposa en 1790 de distribuer librement les billets de la Caisse dans la province. Il se serait agi d'une nouvelle expérience de monnaie fiduciaire. Il s'en ouvrit à la Chambre de commerce qui le 12 mars 1790 s'y opposa fermement en précisant que déjà la seule annonce de la circulation accroîtrait considérablement la rareté du numéraire et le

---

[3] <u>La Bourgeoisie protestante de La Rochelle</u>, <u>Revue d'Histoire moderne et contemporaine</u> Société d'histoire moderne, page 489.

[4] La consistance de biens immobiliers de Samuel Demissy à cette date pose un vrai problème. Rue de L'Escale, il est locataire de Nairac. Il n'est que débirentier de celle de la rue Porte-Neuve, n° 10. Aussi incroyable que cela paraisse cet armateur n'a pas réussi à se constituer un patrimoine immobilier à partir de ses expéditions de navires sur l'Isle de France entre 1782 et 1789. C'est pourquoi on peut douter de leur rentabilité. Les adjudications de biens nationaux achetés avec un versement de 56 000 livres qu'il avaient empruntées à un tiers, lui redonnèrent du souffle.

discrédit. Le souvenir de la banqueroute de Law était toujours présent dans les esprits. « *Nous sommes dans le cas* de vous prier, de ne donner aucune publicité *de ne point laisser percer la commission qui vous est offerte. Nous sommes fondés à craindre qu'elle ne répandît la terreur parmi le peu de spéculateurs et de capitalistes qui font usage de leur argent* [5] ». Cette initiative aurait été sans lendemain. En 1792, Cambon fit supprimer le droit d'émettre des billets au porteur et à vue dans le but d'empêcher la concurrence entre billets privés et d'État. Le 24 août 1793, un décret ordonna la suppression de la Caisse.

10.1.- Les députés du Tiers état de la sénéchaussée de La Rochelle aux États généraux
Samuel Demissy comptait parmi les soixante-neuf membres du Tiers état de la sénéchaussée de La Rochelle. Il apparaît avoir participé à corps perdu à la mise en place des nouvelles institutions. D'abord, à la nomination des députés de l'Aunis aux États généraux, mais aussi à la rédaction des Cahiers de doléances. Samuel Pierre de Richemond[6], cousin de Demissy en témoigne dans une lettre écrite le 14 mars 1789 à un certain M. Peltier de Paris : Membre de nombreuses commissions, Demissy avait à peine le temps de prendre ses repas[7].

La convocation du roi du 8 août 1788 avait invité les Trois ordres à se réunir pour le 1$^{er}$ mai 1789 à Versailles. La date au 27 avril fut avancée un moment, puis on retint le 5 mai 1789. La première réunion en assemblée se tint à l'hôtel des Menus-Plaisirs. Ensuite, les députés se réunirent à Paris à la Salle des Manèges des Tuileries le 9 novembre 1789. Convergèrent 1 165 députés, moitié pour le Tiers état et moitié pour la noblesse et le clergé réunis.

L'assemblée des trois ordres de la généralité d'Aunis et de Saintonge fut convoquée à Saintes pour le 26 (27) mars 1789 afin d'élire les députés aux États généraux. Le 5 mai 1789, pour la sénéchaussée de La Rochelle, elle donna deux titulaires et trois suppléants pour le Tiers état. Pierre Étienne Lazard Griffon de Romagné, conseiller du roi, maître ordinaire en la Chambre des Comptes de Paris, lieutenant-général en la sénéchaussée et siège présidial de la ville et gouvernement de La Rochelle, président, Charles Jean Marie Alquier[8] procureur du roi au bureau des finances, premier avocat du roi en la sénéchaussée, maire et colonel de la ville de La Rochelle, et trois

---

[5] AD/17, 41 ETP 18, page 341.
[6] Samuel Pierre Meschinet de Richemond, fils de Michel Samuel Meschinet de Richemond, négociant et d'Anne de Missy, tous deux de religion réformée, baptême le 29 janvier 1740, parrain Pierre Rullet jardinier, marraine Anne Planchot, femme de Pierre Rullet, AD/17, page 237, colonne 1.
[7] Lettre de Richemond en annexe aux Lettres de Missy, 1789, Éphémérides de Jourdan, page 26, Lettre à M. Peltier de Paris, 14 mars 1789.
[8] Ne pas confondre avec son frère N. Alquier qui sera juge au tribunal de La Rochelle.

suppléants : Jacques Alexandre Boutet, capitaine au long cours de la marine marchande, syndic de la ville de Saint-Martin, île de Ré, aussi protestant [9], Pierre Charles de Ruamps, lieutenant des canonniers-garde-côtes, cultivateur et Jean-Baptiste Nairac, négociant à La Rochelle. La noblesse choisit le vicomte Ambroise Eulalie de Maurès de Malartic, lieutenant-colonel, commandant du bataillon de garnison de Poitou, chevalier de Saint-Louis, ancien maire de la ville et pour suppléant Louis Gabriel Ancelin de Saint Quentin de Chambon. Le clergé : Charles Jean-Baptiste Pinnelière, curé de Saint-Martin-de-Ré avec Jean Denis Deleutre curé d'Aytré comme suppléant.

10.2.- Les Cahiers de doléances

La rédaction des Cahiers de doléances devait être achevée pour début mars 1790. Une brochure écrite par l'abbé Sieyès pouvait servir de guide. Il circulait aussi un modèle de l'avocat Thouret.

Le bailliage de La Rochelle et de l'île de Ré et le bailliage secondaire de Rochefort qui recouvraient 110 paroisses servirent de circonscription pour la rédaction. Participèrent 270 hommes pour le Tiers, lesquels devaient avoir plus de vingt-cinq ans ou avoir leur nom porté dans la liste des contribuables. Ce nombre d'électeurs fut réduit environ au quart, soit 70 (69) hommes.

Neuf commissaires furent nommés dont Samuel Demissy pour assurer la rédaction des plaintes et doléances : Jean Baptiste Nairac, Pierre Henri Seignette, Joachim de Baussay, Jean Perry, Pierre André Despéroux, Pierre Morin, Jacques Drouhet, et Augustin Béraud,

Pour le Tiers, les cahiers « primaires »[10] devaient se fondre en un seul document afin de le présenter à l'Assemblée générale des députés du Tiers état et de tous les bourgs voisins et communes de la sénéchaussée et délibérer sur une rédaction définitive.

La Chambre de commerce de La Rochelle travailla aussi de son côté. Samuel Demissy répondit à l'appel de Jean Perry directeur de la Chambre de commerce le 20 février 1789 pour nommer des commissaires pour travailler à l'avance sur le cahier des plaintes doléances du commerce. Le monde était divisé en cinq branches : l'Amérique et l'Afrique, avec Daniel Garesché, l'Inde avec Samuel Demissy, le commerce extérieur et territorial avec [Jean ?] Robert et Jacob Lambertz, la pêche avec Denis. Jean-Baptiste Nairac et Joachim de Baussay assuraient la coordination.

---

[9] Il embarquera comme subrécargue pour le compte de Samuel Demissy sur le second voyage en 1791 du *Henry Quatre* conduit par le capitaine Jonathan Webb.

[10] On a retrouvé plus d'un siècle après un cahier de doléances des apothicaires rédigé le 26 février 1789 Maurice Soenen, Revue de l'histoire de la pharmacie 1914, DOI : https ://doi.org/10.3406/pharm.1914.1253

Samuel de Missy (1755-1820), armateur rochelais sur l'océan indien

Le 28 février 1789 lors d'une assemblée générale tenue à la Chambre de commerce Samuel de Demissy, Jean Perry, Pierre Joachim de Baussay, Jean Baptiste Nairac, Daniel Garesché et [Jean-Baptiste ?] Roudes furent nommés pour représenter la Chambre de Commerce à la séance de lecture des Cahiers[11].

Les juristes eurent le dernier mot et Samuel Demissy ne possédait pas cette qualité. Aussi, le 2 mars on choisit MM. Charles Jean Marie Alquier, le maire en exercice, Louis Benjamin Seignette, assesseur au présidial, Despéroux, conseiller au présidial, Jean Perry, négociant, Drouhet notaire, Nairac négociant, Lacoste et Raoult avocats pour finaliser la rédaction des cahiers de doléances des diverses corporations et n'en former qu'un seul pour être porté à l'assemblée du bailliage.

Dans le Cahier de doléances du Tiers de la ville La Rochelle comprenant quatre-vingt-treize articles arrêté le 4 mars 1789, cosigné par quatre-vingts représentants du Tiers[12] le même jour, furent bien reprises les revendications de la Chambre de commerce de La Rochelle portées antérieurement aux ministres en 1787 par Samuel Demissy député extraordinaire envoyé à Paris :

LXIII.- *Les députés demanderont également l'abolition des privilèges exclusifs en tout genre de commerce et d'industrie, comme aussi contraires au progrès du commerce et à la perfection des arts qu'à l'intérêt de chaque individu.*

LXXV.- *Les députés demanderont la révocation de l'arrêt du 14 avril 1785, qui a créé une nouvelle compagnie des Indes et de celui pour l'admission des étrangers dans les Isles de France et de Bourbon*[13].

LXXVI.- *Ils solliciteront la liberté à tous armateurs pour l'Inde de faire revenir leurs bâtiments dans tels ports qu'ils jugeront à propos, et d'y faire entreposer les marchandises de leurs cargaisons qui ne peuvent être vendues dans le royaume.*

---

[11]Jean-Michel Deveau page 51, Le commerce rochelais face à la Révolution, correspondance de Jean-Baptiste Nairac 1789-1790, page 70.

[12]J. Perry, Seignette, Macault du Doret, Henri Lecomte, F. Seguy, Gilbert, Liège, Rasteau, E. Joly, Boutet, Gastumeau, Valin, Collet, Grée, Giraud, Morin, Roudès, de Baussay, Jean-Baptiste Nairac, Daniel Garesché, Rondeau, Villefon, Demissy, Lavillemarais, Despéroux, Desbains, Sourisseau, Béraud, Faure, Hérard, Drouhet, Delavergne, Morin, Jacob, Gabaude, Toutant-Beauregard, Dergny, Robert, Pavie, Chauvet, Court, P.J Garreau, Jean Ranson, Bergeron, Pierre Charles Mesturas, L. J. Pinet, J. Debessé, Flotard, Baugé, Dardignac, Dardignée-Rivière, Gairaud, Busson, Michault, Bouffard père, Popelineau, Drouhot, Millot, Lambert- Proux, Bouet, Boursier, G. Beignet, Renoulleau, Espagnac, Dezilles, Defeïole, Gilbert de Gourville, Michel Poupet, Alquier, Boutet des Touches, Pichon, Beaupré, Macaut, de La Porte, de La Coste, Lardeau, Tasché, J. Denis, Billaud, Guillemot et Despéroux.

[13]Le cahier de doléances, remontrances et instructions de la ville et comté de Nantes, destinées à être portées aux États généraux convoqués à Versailles pour le 27 avril 1789, [ AD/44, C 580] exprime une formulation plus directe : article 102, les privilèges exclusifs attribués à des particuliers et à des compagnies pour l'exploitation des objets de commerce, étant contraire (s) au droit de propriété, seront proscrits et abolis par une loi formelle, notamment la Compagnie des Indes, la Compagnie du Sénégal et la Compagnie du Bénin.

LXXVII.- *Les députés, demanderont qu'il soit garanti par les États-généraux que désormais aucun privilège de commerce, dans quelque partie du monde que ce soit, ne puisse être accordé sans le consentement de la nation.*
Le décret du 3 avril 1790 répondit à ces vœux multipliés en supprimant la Compagnie des Indes.

Pas un mot ne fut écrit sur l'abolition de la traite et de l'esclavage[14].
163 cahiers de doléances sur 522 de la région de La Rochelle ont récemment fait l'objet de recherches au travers de la mise en œuvre du programme PORTIC « Ports et Technologies de l'information et de la communication ». Ils démontrent que la question de la traite n'y est pas évoquée. Celle de la défense des intérêts coloniaux n'apparaît que dans le Cahier de doléances du Tiers état de la ville de La Rochelle dont les représentants envoyés à Versailles « *demanderont la révocation de l'arrêt rendu au conseil du roi, le 30 août 1784,* [qui a élargi l'exclusif mitigé, introduit en 1767, en facilitant l'approvisionnement des colonies par les navires étrangers dans des conditions restrictives précises]. *L'admission de navires étrangers aux colonies provoqua les protestations de toutes les chambres du commerce de France concernées par le commerce colonial, car le négoce français refusa toute concurrence concernant le commerce étranger dans les colonies* ».
En fait, outre les négociants et la Chambre de commerce, toute la ville était favorable à la pérennité du système esclavagiste existant. « *Le corps de ville informé qu'une motion devait être présentée à l'Assemblée nationale pour la suppression de la traite des Noirs, persuadé que si elle était adoptée, la plus grande partie des branches du commerce maritime en serait anéantie, que ce serait la ruine de nos manufactures et qu'on ne saurait calculer l'étendue des malheurs qui s'ensuivraient*[15][...] ». La Chambre de commerce écrivait le 4 septembre 1789 à Nairac son député extraordinaire à Paris : « *On s'attend ici comme ailleurs à la motion ou aux motions que seront faites pour abolir la traite des Noirs & cette attente cause de vives inquiétudes* ». Nairac lui répondit : « *M. le comte de Mirabeau n'a point encore fait sa motion. Il ne renonce cependant pas à la faire, mais je crois qu'elle sera très*

---

[14] Jacques de Cauna : Quand les Cahiers de doléances de Bordeaux, Mont-de-Marsan et Ustaritz réclamaient l'abolition de l'esclavage https ://www.baskulture.com/article/quand-les-cahiers-de-dolances-de-bordeaux-mont-de-marsan-et-ustaritz-rclamaient-labolition-de-lesclavage-3866

En 1789, sur 482 Cahiers de Doléances des bailliages principaux du territoire du Royaume, 440 restent silencieux sur le sujet de la servitude des Noirs. Parmi la quarantaine d'autres restante qui l'évoquent, on en trouve : pour le Tiers-État, une douzaine demandent l'abolition de la traite et 4 celle de l'esclavage, 8 le réprouvant mais avec prudence ; pour la noblesse, respectivement 3, 2 et 7, et pour le Clergé 8, 4 et 4. Beaucoup proviennent de Paris et de ses environs et le font à la suite de la suppression du servage. Mais la noblesse et le clergé de Versailles n'en disent mot, alors que le Tiers y évoque très précisément les mesures graduelles à prendre pour étudier « la possibilité et les moyens de supprimer ce fléau ».

[15] Éphémérides historiques de La Rochelle, page 543.

*mitigée, c'est à dire qu'elle présentera les choses de manière à ne point porter l'attention sur la traite des Noirs mais plutôt sur le régime auquel ils sont soumis dans les colonies ».*

Le 14 octobre 1789 la Société des Colons franco-américains créée à La Rochelle pour correspondre avec le Club de Massiac de Paris nomma ses premiers officiers : Aimé Benjamin Fleuriau de Touchelongue, Bonneau, Seignette, Gastumeau, [Benjamin] Auboyneau, Pierre Jean Van Hoogwerf, Lessenne. Les protestants qui étaient les négociants les plus actifs s'y retrouvaient. Elle s'organisa comme suit : Jean Antoine Carré de Saint Gemme, président, le chevalier de Romefort qui avait épousé Marie-Adélaïde Fleuriau, vice-président, François Liège, Auditeau jeune, Benjamin Gastumeau, Bonneau, B. Auboyneau, Beger [ Bonneau ?] de Saint Mesmes, Pierre Jean Van Hoogwerf au nom d'une partie des héritiers Belin des Marais, Chevallier, Du Chaffault, le chevalier de Meynard, Meynard, Paillet-Faneuil, Origny, Roy aîné, François Henry Harouard de Saint Sornin. Seignette et Gastumeau furent nommés secrétaires. La présence de propriétaires fonciers catholiques comme les petits-fils d'Antoine de Meynard indivis avec François Henri Harouard de Saint Sornin, possédant deux « habitations », l'une dans la plaine du Nord de Saint-Domingue et l'autre dans l'anse de L'Acul paraît constituer une exception d'opportunité, tout comme celle de Jean Antoine Carré « l'aîné » (de Saint Gemme). L'absence de Pierre Étienne Louis Harouard du Beignon autre indivisaire, s'explique soit pas le fait que son frère le représentait aux assemblées de la Société des Colons, soit que sa position de lieutenant civil et criminel de l'Amirauté ne lui permettait pas de prendre une telle position. En bref, un concentré du négoce rochelais auquel venaient se joindre les propriétaires d'habitations de Saint-Domingue. Samuel Demissy a dû se sentir bien isolé par ses convictions.

Des noms importants n'y figuraient cependant pas : Garesché, Admirault, Goguet, Rasteau, Vivier, Nairac ou encore Carayon qui ne possédant pas nécessairement de biens aux Antilles ne se sont pas associés à ce mouvement.

Cette société fut prise de « terreur » les 24 et 28 novembre 1789 à l'idée que Mirabeau pourrait déposer une motion devant l'Assemblée constituante abolissant l'esclavage et contre la traite [16]. L'information leur était parvenue par Jean-Baptiste Mosneron, député de Nantes farouche partisan d'un *statu-quo* vis-à-vis de la condition des Noirs.

---

[16] Jean-Michel Deveau, La Rochelle et l'Afrique de 1789 à 1792, page 97, in La Rochelle Ville frontière : « On est convenu d'envoyer [...] et de lui [Société des Colons français à Paris] faire part d'une lettre de M. Monneron [...] sur une motion que doit faire M. de Mirabeau sur l'abolition de la traite des Nègres. On témoigne au Comité toute la terreur que cette nouvelle a inspiré tant aux colons qu'au commerce avec lequel on est convenu de se réunir pour prévenir ce coup affreux ».

Mirabeau si redouté sur ce sujet pourrait s'être prononcé sur l'esclavage devant l'Assemblée nationale[17]. Cette affirmation est à mettre au conditionnel, car les membres du Club de Massiac usèrent de tous les moyens pour qu'il ne prenne pas la parole sur ce sujet devant les parlementaires. S'il le fit, ce qui semble peu probable, ce fut d'une manière qui put grandement décevoir Samuel Demissy, car il fit prévaloir de manière grossière les intérêts de l'économie sur la morale. Ce texte constitue la première annexe à la séance de l'Assemblée nationale du 8 mars 1790, page 76 : <u>Opinion sur la pétition des villes de commerce et sur la traite des Noirs par M. le vicomte de Mirabeau.</u> Il ne fut jamais inséré au <u>Moniteur</u> et n'aurait été lu qu'au Club des Jacobins le 1$^{er}$ mars 1790.

La Société des Amis des Noirs y apparaît incroyablement malmenée. Alors que Clarkson qui en fut membre avait entretenu des relations suivies avec Mirabeau, le tribun écrit : « *Que prétendent donc ces Amis des Noirs, ces ennemis de la France, qui veulent exposer à une mort presque sure les planteurs de nos colonies, qui veulent réduire à l'inaction, plonger dans la misère cette foule d'ouvriers, de matelots d'artisans, de négociants, de capitalistes, d'agriculteurs même que le commerce des colonies occupe, enrichit, rend heureux ? Ceux qui veulent sacrifier cette multitude de Français à des principes dont ils ont fait une sorte de religion qu'ils croient sans examen, qu'ils appliquent sans réflexion, comme une secte superstitieuse appliquerait des dogmes ? […]. En revanche, je demanderais aux Amis des Noirs quel est ce sentiment inconnu de nos Pères qui en nous attachant aux hommes en général, nous permet d'oublier ces liens les plus sacrés qui nous unissent à nos concitoyens ? Je leur demanderai si la philanthropie est le roman ou l'hypocrisie du patriotisme et je leur conseillerai d'être moins philosophes pour être meilleurs Français* ».

Malgré tout, Samuel Demissy fut de ceux qui honorèrent Mirabeau lors de son décès.

10.3.- Les Volontaires nationaux

Le 30 juillet 1789, la Chambre de commerce de La Rochelle s'était inquiétée de l'agitation constatée parmi les habitants de la ville et avait exprimé le désir de pousser à la constitution de milices bourgeoises. Elle avait missionné MM. Collet, Peyrusset, Paul Garreau et Samuel Demissy pour porter cette demande à l'Hôtel de ville.

Mais Samuel Demissy ne suivit pas cette voie. Il se forma à La Rochelle un corps qui prit le nom de Volontaires nationaux. Pour mieux comprendre l'origine de ce corps,

---

[17] Initialement la motion sur la liberté des Noirs devait être présentée par le duc de La Rochefoucauld. Les menaces grandissant à l'égard de Mirabeau, celui-ci déclara qu'il préférait se confronter directement à ses opposants.

retournons-nous vers Lorient[18] où fut formé le 17 juillet 1789 un corps de volontaires nationaux qui était un corps de milice mobile constitué spontanément pour veiller à l'intérieur et à l'extérieur de la Ville, en un moment où la nouvelle des évènements de Paris et la prise de la Bastille mettait la population en effervescence. La plupart des jeunes gens des meilleures familles de Lorient entrèrent dans la formation de ce corps de volontaires nationaux dont les services furent agréés par la Commune.

Ce corps comprenait un effectif de quatre cents hommes divisés en dix compagnies commandées chacune par un capitaine nommé à l'élection. Son uniforme était l'habit à revers, bleu de roi, doublé de blanc, collet et parements roses, boutons blancs timbrés d'un soleil.

Samuel Demissy s'y impliqua entièrement. La Garde nationale qui paraît correspondre en tout ou partie aux grenadiers bourgeois, procédait de l'ancienne milice bourgeoise soucieuse de préserver l'ordre établi. Le vicomte de Malartic, député de la noblesse aux États généraux en était colonel. De même Goguet de La Sauzaie eut cette qualité. Une autre compagnie tenta de se créer à La Rochelle : Il aurait pu s'agir d'un bataillon dit d'Henri IV composé de citoyens âgés de plus de 50 ans.

L'engagement de Samuel Demissy procédait d'une conviction quasi-familiale. Il avait rejoint en 1776 pendant son séjour à l'Isle de France la Compagnie des volontaires de Port-Louis. Il en fit partie jusqu'en 1782, année de son retour sur la Métropole. Son père, Samuel Pierre Demissy, fut aussi capitaine de la deuxième compagnie de Volontaires, celle d'Aunis en 1759, commandée par le lieutenant-capitaine Bouzitat de Sélines constituée pour parer à la menace d'un débarquement de la flotte anglaise qui menaçait La Rochelle.

L'adhésion des protestants de La Rochelle au corps de Volontaires nationaux ne semble pas avoir comporté la même signification que dans le Midi de la France où les catholiques avaient pu penser que la forte mobilisation des protestants dans le cadre des gardes nationales « était une machination protestante destinée écraser les catholiques[19] ». Il s'agissait néanmoins d'une revanche sur la prohibition faite pendant trop longtemps aux protestants d'accéder aux carrières militaires jusqu'au texte constitutionnel du 24 décembre 1789 qui y mit fin[20]. Il est cependant clair que

---

[18] Histoire de la fondation de Lorient de François Jégou, Études Historiques et Religieuses du Diocèse de Bayonne- 5° année- 8° livraison- Août 1896.

[19] La Garde nationale, enjeu politique et religieux dans le Midi de la frontière confessionnelle, Valérie Sottocasa. In : La Garde nationale entre Nation et peuple en armes : Mythes et réalités, 1789-1871 paragraphe 20 A Rennes : Presses universitaires de Rennes, 2006.

[20] Maslow Armand Laura. La bourgeoisie protestante, la Révolution et le mouvement de déchristianisation à La Rochelle. In : Revue d'histoire moderne et contemporaine, tome 31 N°3, Juillet-septembre 1984. pp. 489-502, page 493, Il faut se souvenir que cet Édit de Tolérance, insuffisant et constituait pour la bourgeoisie protestante un rappel de vexations associées à la monarchie. De ce fait, il

la Révolution ne mit pas un terme aux affrontements entre catholiques et protestants de Nîmes et de Montauban. À Nîmes, le 13 juin 1790, il fallut l'intervention de la Garde nationale de Montpellier pour sauver des catholiques. Quatre mille protestants le 10 mai 1790 fuirent Montauban sous la menace de la Garde nationale de Bordeaux qui réunit quinze cents hommes.

À Paris, où il séjourna, Samuel Demissy assista pendant des journées semble-t-il, aux longs débats de l'Assemblée constituante à la fois tumultueux et bruyants car la voix de l'orateur était souvent couverte par celle de ses pairs ou celle en provenance des tribunes, grâce à Griffon député du Tiers qui lui procura un laissez-passer lui attribuant la qualité de député exceptionnel. Il fut témoin *de visu* de l'adoption de ce texte fondateur de décembre 1790 qui donnait l'égalité de droits aux protestants.

Le corps municipal arrêta le 12 juin 1790 que la milice bourgeoise serait incorporée à la Garde nationale. Le 26 juin 1790 une querelle opposa les électeurs des anciennes milices bourgeoises aux Volontaires nationaux. Les Volontaires nationaux leur dénièrent la possibilité de nommer des représentants pour assister à la fête de la Fédération.

Le 14 juillet 1790, où à six heures du soir les Volontaires nationaux prirent le poste de guet de l'Hôtel de Ville de La Rochelle[21], ils nommèrent leurs officiers : Fleury Lavergne en second, le baron de Cointes major, Honoré Rondeau et Bragneau, porte-drapeaux, Samuel Demissy, Thouron, Vivier, [Paul Jean Hyacinthe] Jouanne de Saint Martin, Faure, Tayan, de Beaussay, [Pierre] Lepage aîné et Bouguereau, chacun capitaine de l'une des neuf compagnies. Leur drapeau fédératif fut béni par Mgr de Coucy, en présence du maire.

Il fallait désormais recruter les jeunes gens qui désiraient rejoindre le corps. Ce processus se déroula entre le 11 août 1789 et le 5 septembre Samuel Demissy put inviter le corps de ville à la première prise d'armes des Volontaires nationaux pourvus d'un uniforme en règle.

Le régiment de Sarre du nom d'une ville en Nouvelle-France, anciennement La Ferté-Senneterre en garnison à La Rochelle depuis 1784, déployait en accord avec la milice bourgeoise sa présence vis-à-vis de la population. Ses officiers avaient donné en juillet 1789 un dîner à plusieurs négociants. M. de Verteuil, lieutenant-général se félicitait de la parfaite harmonie qui régnait à La Rochelle, s'affligeant à la nouvelle des troubles qui éclataient dans tant d'endroits du Royaume. Le 24 août, jour de la saint Louis ce fut à la Chambre de commerce d'offrir le dîner à la garnison et au corps entier de la Sarre. Les convives étaient au nombre de 1 200. Toutes les allées étaient couvertes de toiles, ce qui formait une tente immense.

---

contribua à créer ou à raviver un désir de se démarquer du royalisme, et ce, à une époque où, pour d'autres raisons, les marchands protestants étaient profondément affectés par le chaos de l'Ancien Régime.

[21]AD/17, supplément série E, EE. 9.

Un peu partout, soldats et sous-officiers se dressèrent contre leurs ci-devant officiers.

La quiétude qui avait régné au sein du régiment de Sarre ne dura pas. Malgré le fait qu'il restât, tant qu'il le pût, attaché aux valeurs de la Royauté, des rixes éclatèrent en son sein.

Par le <u>Courrier de la Gironde</u> du 27 janvier 1792 on apprit ce qui suit. « *Une lettre écrite de La Rochelle, lue à la Société des Amis de la Constitution (de Bordeaux) nous apprend que cette ville a failli devenir le foyer d'un nouveau complot des ennemis de la Patrie. Trois cents prêtres séditieux s'y étaient réfugiés. Le régiment de la Sarre qui y est en garnison avait été séduit : chaque jour la Garde nationale y était insultée. Le courage qu'a déployé la Municipalité a déconcerté cette nouvelle trame. Il a fallu cependant des efforts soutenus et multipliés pour rétablir la sûreté publique. La Garde nationale s'est emparée de tous les postes. La nuit la ville a été illuminée. La Municipalité a demandé trois fois inutilement à M. de Verteuil, lieutenant-général, le renvoi du régiment de la Sarre. Enfin elle a déclaré que s'il ne se hâtait pas de le faire partir, elle marcherait à la tête des citoyens et irait l'attaquer à force ouverte dans les casernes. M. de Verteuil a donné l'ordre de départ mais les places voisines ne veulent pas recevoir ce régiment gangréné. On se proposait de le faire passer à l'îsle de Rhé, mais les braves insulaires à cette nouvelle ont braqué tous leurs canons sur leur rivage* ».

Forcé de partir par le maire, Verteuil quitta la place de La Rochelle le 22 janvier 1792. Son régiment devint le 51*ème* de ligne.

Le 27 septembre 1789 [22], Samuel Demissy fut nommé capitaine de la première compagnie qui aurait comporté 400 hommes. Le lendemain [23] le baron de Cointes, Demissy, Thouron et Moullière, députés des Volontaires nationaux de La Rochelle invitèrent le Corps de ville à assister le mercredi 30 dans l'église Notre-Dame à la bénédiction de leurs drapeaux par Jaucourt, le curé qui avait bien donné du souci au chapitre de Saint-Barthélemy, ainsi qu'à la prestation de serment sur la place du château. Monsieur de Romefort[24] s'y fit reconnaître commandant-général des volontaires. Il prêta et fit prêter le serment décrété par l'Assemblée nationale du 10

---

[22] Furent nommés : le chevalier de Romefort, marié avec Mlle Fleuriau [Marie-Adélaïde] commandant-général ; Fleury de La Vergne, commandant en second ; le baron de Cointes, major ; H. Rondeau et Bragneau, porte-drapeaux ; et Demissy, Thouron, Vivier, de Saint-Martin, Faure, Tayau, de Baussay, Lepage aîné et Bouguereau, capitaines-commandants des neuf compagnies de cent hommes au complet.

[23] Archives municipales La Rochelle FRAC 17300 BB33 page 62 verso, vue 75, et suivantes, 3°. Pour Jean-Michel Deveau page 51, <u>Le commerce rochelais face à la Révolution, correspondance de Jean-Baptiste Nairac 1789 1790</u>, page 51, ce fut devant Maillé (duc de Maillé) et Moussi, (sic) lieutenant du roi.

[24] Marie-Adélaïde Fleuriau (22 mai 1766- 1833) mariée à Charles-Pierre Pandin de Romefort, chevalier, lieutenant-colonel au régiment d'Agenois sans postérité. En 1813, Pandin de Romefort sera directeur du chenal de Périgny.

août dernier « *Officiers, sergents et caporaux, nous jurons bien fidèlement de bien servir pour le maintien de la paix avec les citoyens et contre les perturbateurs* ».

La Constituante décréta le 12 juin 1790 que tout citoyen actif en état de porter les armes devait servir au sein de la Garde nationale. Dans toutes les villes du Royaume venaient d'éclore des milices bourgeoises[25].

L'Assemblée nationale ne voulant reconnaître pour Gardes nationales que les corps de Volontaires nationaux amena la municipalité de La Rochelle à forcer la milice bourgeoise à déposer ses drapeaux dans l'église cathédrale, ce qui fut fait le 13 juillet 1790 et le lendemain elle prêta le serment fédératif avec le régiment de la Sarre.

Au travers de la lecture de deux lettres du 13 et 24 juillet 1790 du négociant Nicolas Suidre adressées à son beau-frère Louis Admirault[26], résidant à Paris chez M. [Charles] Vincens, rue Saint Joseph[27], Louis Vincens son père ayant demeuré rue Vivienne, proposées il y a quelque temps à la vente par le libraire Guimard à Nantes et retranscrites par lui, on peut entrevoir la tension qui exista entre les Grenadiers nationaux et les Volontaires nationaux conduits par Demissy, lequel fut à deux doigts

---

[25] Lettre de Jean-Baptiste Nairac de Rennes le 28 juillet 1789. État de MM. Les officiers de la milice bourgeoise de La Rochelle, AD/ 17, 41 ETP 69/627. AD/17, 41 ETP 77 845 :Lardeau, négociant, major,- Crespin, négociant, aide-major,-Texier, orfèvre, aide-major,- Barbet, procureur, sous aide-major,- Plessis sous aide-major, Lambert, agréeur, capitaine,- Hérard, procureur, capitaine,-Sourisseau, capitaine,-Collet, marchand-épicier, capitaine,-Boussu, procureur, capitaine,-Masson, marchand-épicier, capitaine,- Daviaud, notaire, capitaine,- Béraud, procureur,- Le Bouc, procureur, capitaine,- Fillon, aîné tonnelier et marchand de vin,- Lespinas, marchand, capitaine,- Fournial marchand-miroitier,- Guilloton, postulant au conseil, capitaine,- Boussu, procureur, capitaine,- Masson, marchand-épicier, lieutenant,- Le Mire, courtier, lieutenant,- Thevenet, marchand-pelletier, capitaine,- Guyot, marchand-orfèvre, capitaine,- D'Enfer, procureur, lieutenant,- Charruaud, procureur, capitaine,- Bouhier, procureur, lieutenant,- Pinet, orfèvre, lieutenant,- Grasset de La Garde, marchand drapier, lieutenant,- Boisrobert, marchand-mercier,- Bareiller, notaire, lieutenant,- Magué, procureur, lieutenant,- Roy, fourbisseur, lieutenant,- Daviaud, notaire, capitaine,- Héron, marchand-garnisseur, capitaine,- Fraigneau, marchand- graisseur et épicier, capitaine,- Fillon jeune, marchand-garnisseur,- Boucher, notaire, capitaine.

[26] Marie-Madeleine Admirault, née le 17 avril 1722 La Rochelle, †14 novembre 1787 Paris, sœur de Louis Gabriel, fut mariée en premières noces à Pierre-Antoine Lelarge, financier, contrôleur des guerres, contrat chez Lecourt, notaire à Paris, en date du 17 septembre 1746 et à la suite du décès de celui-ci le 27 janvier 1747 [AN Y 19, page 2425] à Louis Vincens, contrat chez Nicolas de Ribes le 14 janvier 1750 [AN/ MC ET XCIII 3, 17]. Louis Vincens, marchand de soies d'origine nîmoise [père : Louis Vincens, procureur au siège présidial de Nîmes et receveur général du prince de Conti], avait été négociant à La Rochelle puis banquier à Paris, associé un temps au banquier suisse Johann Gottlieb Bertschinger. Il fit une faillite retentissante en 1783 qui contribua à la chute de la société créée entre Richemond et Garnault à La Rochelle et les força à vendre toute leur flotte. Il décéda rue Saint-Joseph le 11 octobre 1790. Enfant : Charles Vincens, 1757-1796 Directeur de la Caisse d'Escompte X Élizabeth Pauline Gastebois, 1755-1830. Voir également : https ://gw.geneanet.org/pdelaubier ?lang=en&pz=catherine&nz=fabre&p=louis&n=vincens.

[27] Une lettre fut adressée de La Rochelle à Louis Admirault chez M. Vincens, banquier, rue Saint-Joseph à Paris, par Jacques Guibert (AD/17, 4 J 4331 f° 232, 22 novembre 1789) ; une autre par Nicolas Suidre écrite de La Rochelle le 10 novembre 1792, à MM. Louis Admirault et Rasteau chez M. Vincens, rue Saint-Marc n° 5. Ils avaient été envoyés en députation extraordinaire.

de ne pas participer à la fête de la Fédération : «*Le 14 juillet* [1790]. *Nous électeurs de La Rochelle donnons grande journée demain. Dieu veuille que tout se passe dans l'ordre qu'il y a lieu d'espérer. Monsieur Demissy s'est décidé à aller voir la fête. Tout est arrangé dans le Militaire, les grenadiers déposent leurs drapeaux à la cathédrale à midi, et la remise à la place aux Volontaires* [de la] *garde-nationale avec tous les autres corps pour célébrer cette grande journée* ». Le 24 juillet : « *On ne sait pas encore si M. Demissy aura accepté sa nomination* ».

Les milices bourgeoises formées de corporations différentes furent pressées par la Constituante en août 1790 de se réunir en un seul corps, de servir sous le même uniforme et de suivre le même régime[28]. Les citoyens qui voulaient jouir du droit d'activité ainsi que leurs fils âgés de plus de 18 ans devaient s'inscrire sur une liste.

Le 2 janvier 1791, lors d'une cérémonie clôturée par un *Te Deum* où l'on célébrait le respect du roi et des lois, M. Demissy était présent et commandait la Garde nationale[29].

Il fut selon certaines sources, grenadier de la Garde nationale d'octobre 1792 à mai 1793, capitaine de mai 1793 à messidor an III (juin - juillet 1795), sergent des grenadiers de l'an VI (1798) à l'an VII (1799) et simple grenadier de l'an XIII à l'an XIV (1805 à 1806).

La Garde nationale fit bénir les drapeaux de ses cinq bataillons le 28 mai 1792. L'église des ci-devant Augustins fut saccagée dans l'après-midi et le lendemain ce fut le tour le couvent des Ursulines et celui des Hospitalières.

10.4.- Le déplacement à Paris pour la remise du don patriotique de 7 108 livres

Il fallait secourir l'État. Les dons et offrandes patriotiques étaient alors en pleine vogue à compter du milieu de l'été 1789. C'est à qui se distinguerait et ferait l'objet d'une mention dans le compte-rendu des débats. L'Assemblée nationale voyait chaque jour sur son bureau s'accumuler des bijoux, de la monnaie et de la vaisselle d'argent apportés par les citoyens ou par les députations. Les rentrées d'impôts en 1789 accusaient une grande faiblesse[30]. Neuf mois après le décret du 6 octobre 1789 décidant de la répartition de la contribution patriotique sur les 40 911 municipalités, 28 000 se trouvaient en retard, 5 448 avaient déposé leurs matrices et seulement 2 560 rôles étaient définitifs et se trouvaient en recouvrement [31]. Le 14 septembre

---

[28] Galisset, cours de droit français ou recueil complet des lois tome 1 page 124.

[29] AD/17, 41 ETP 8, f° 201.

[30] La contribution patriotique du quart des revenus avait été organisée par le décret du 6 octobre et la proclamation du roi du 9 du même mois de 1789. Elle portait aussi sur l'argenterie, les bijoux et les espèces gardées en réserve pour 2,5 % de leur valeur. Mais il s'agissait dans un premier temps d'une obligation morale présentée comme une simple avance de fonds à l'État.

[31] Taine, Les origines de la France contemporaine, page 454, L'Assemblée constituante et son œuvre, Bouquins, Robert Laffont.

1790, la Commune de La Rochelle le constatait. Le Conseil général de la Commune fut convoqué à cet effet pour le 22. Au total, selon Hippolyte Taine, les dons patriotiques y compris les boucles d'argent des députés dont il sera question ci-après, rapportèrent 361 587 livres.

À Paris où semble-t-il ce fut le premier exemple, l'élan des dons patriotiques paraît avoir été déclenché par l'initiative du district des Blancs-Manteaux qui dès le 29 août 1789 décida de l'ouverture d'une souscription patriotique et volontaire[32]. On rattacha à ces gestes généreux la spontanéité avec laquelle des femmes ou des filles d'artistes se délaissèrent de leurs bijoux devant l'Assemblée nationale. Cette démarche citoyenne légendaire est cristallisée dans une estampe conservée aux Archives Nationales où il est écrit : « *Le 7 septembre 1789 vingt-et-une dames épouses ou filles d'artistes en députèrent onze d'entre elles qui se transportèrent de Paris à Versailles pour offrir sur l'autel de la patrie les bijoux qui leur servaient d'ornement. Elles retracent ainsi parmi nous les vertus de l'ancienne Grèce et de l'ancienne Rome* ».

Bien entendu, La Rochelle ne voulut pas être en reste. Samuel Demissy fut désigné par les officiers municipaux pour remettre à Jean Sylvain Bailly, président de l'Assemblée nationale le produit des boucles d'argent et des bijoux que les volontaires nationaux de La Rochelle avaient recueillis. Il ne s'agissait pas moins que d'une mission officielle qu'il prolongea plus que de mesure, s'intéressant à bien d'autres objets.

Il ne partit pour Paris que le 7 novembre. Il eut pendant son séjour dans la Capitale cette réflexion *: Quel dessein peut-on avoir en lâchant que j'avais une mission à Paris relative aux volontaires nationaux.* Ce don patriotique fut augmenté des fonds que la neuvième compagnie avait rassemblés pour faire un repas de corps qui n'eut donc pas lieu. Le cumul atteignit 7 108 livres, 17 sols et 6 deniers. Demissy les offrit « sans appareil » le 21 novembre 1789, en remettant seulement une lettre de change tirée sur Thouron à La Rochelle et domiciliée sur un banquier de Paris (Tourton & Ravel). On lui délivra un reçu et on inscrivit cette remise sur le registre des dons patriotiques. Les Gazettes firent peu de cas de l'événement, ce qui chagrina notre Rochelais. De plus Demissy ne lut pas devant l'Assemblée constituante la lettre que les Volontaires lui avait confiée, la trouvant mal rédigée, comme si Jean Baptiste Cavazza imprimeur et futur journaliste à La Rochelle aux <u>Affiches de la Rochelle, ou Journal de la province d'Aunis</u> en avait été l'auteur.

Le don des Volontaires de La Rochelle survint après bien d'autres. Mais le fait qu'il provint en grande partie de boucles d'argent, ce qui faisait l'originalité de La Rochelle

---

[32]Actes de la Commune pendant la Révolution, volume 2, Sigismond Lacroix, page 98, [BN, Lb, 40/233, 6p.in 8°]. Pour l'estampe, Bibliothèque Gallica ARK btv 69440807/f1.

## Samuel de Missy (1755-1820), armateur rochelais sur l'océan indien

en même temps qu'Issoudun qui avait eu la même idée, mais que les journaux attribuèrent seulement à l'ingéniosité de la cité du Bas-Berry, émut *a posteriori* les députés de l'Assemblée constituante. Pour inciter les élus à troquer leurs boucles d'argent contre des boucles de cuivre, on dit que Michel François d'Ailly représentant de Chaumont-en-Vexin interrompit en séance Necker qui était en train de développer son projet de banque nationale. Dans les rues de Paris on se mit à arrêter ceux qui en portaient encore. Il y aurait eu au total pour un million de livres correspondant au produit de la refonte des boucles d'argent.

Le 6 février 1790, Charles Jean-Marie Alquier député de l'Aunis offrit également pour le compte des grenadiers formant la troisième compagnie de la Garde nationale un don patriotique de 302 livres, 12 sols et 2 deniers sous la forme d'un bordereau. Il provenait des boucles d'argent de leurs souliers, portées à la fonte de la Monnaie de La Rochelle.

Le don patriotique de La Rochelle correspondait à un beau geste. Mais il était sans commune mesure de celui que Lorient fit par l'intermédiaire de son député l'armateur Joseph Delaville-Leroulx qui le 3 octobre 1789 venait de verser au Trésor 303 000 livres[33].

Bien plus tard, à La Rochelle on observa la remise d'autres dons patriotiques, tels celui très intéressé des anciens juges du Tribunal de commerce qui rédigèrent le 17 juillet 1792 une adresse à l'Assemblée législative demandant le rétablissement d'un tribunal de commerce.

Du fait de son absence de La Rochelle, Samuel Demissy ne put rien faire pour s'opposer à un affront que lui firent certains négociants ou armateurs rochelais, peut-être même des frères en religion, qui eut pour cause la révélation de son appartenance à la Société des amis des Noirs. Les armateurs négriers étaient pourtant en majorité protestants.

Samuel Demissy avait postulé de La Rochelle et avait été admis par correspondance à la Société des Amis des Noirs à la mi-1789, sous réserve de l'acquittement de sa cotisation[34]. Le montant à verser était significatif et se trouvait être un facteur de sélection pour filtrer les nouveaux adhérents. Un tableau imprimé circula dont Demissy contesta la véracité, daté du 16 juin révélait sur huit pages le nom des

---

[33] Gérard Le Bouëdec, Annales de Bretagne et des Pays de l'Ouest, 2017.

[34] Assemblée tenue par M. Clavière le 16 juin 1789 : Le secrétaire a fait lecture d'une lettre de M. de Missy, armateur à la Rochelle, par laquelle il demande à être admis comme membre de la Société en payant la souscription de 48 livres, et même davantage s'il est nécessaire. Le Comité s'est empressé de recevoir et de faire agréer à la Société une personne qui manifestait autant de zèle et autorisé le secrétaire de répondre au nom de la Société à M. de Missy pour l'informer de sa réception en lui envoyant les règlements de la Société. Collection Chatillon, Bibliothèque Mazarine.

membres. Le nom de Demissy y figurait à la fin[35]. Un autre livret intitulé <u>Tableau des Amis des Noirs pour l'année 1789</u>, détaillait sa composition en officiers, membres du Comité, et de ses 94 membres. Il y avait bon nombre de Fermiers généraux, d'aristocrates et même celui de l'évêque de Chartres (n°41). Le nom de Demissy n'y était pas reporté [https ://books.google.fr/books].

La Société des Amis des Noirs avait été fondée le 19 février 1788, rue Française, sous la direction de Jacques Pierre Brissot de Warville (anglicisation du nom du hameau de Ouarville où il naquit), avec le banquier genevois Étienne Clavière, Jean-Louis Carra, actif au club des Jacobins, Antoine Marie Cerisier, journaliste, Mirabeau, Lafayette, Nicolas Bergasse, B. Duchesnay et le Gef Izarn, dit le marquis de Valady et probablement François Xavier Lanthenas, docteur en médecine. Elle essaima assez rapidement parmi les plus grands noms de la société. Sa présence constitua un effet d'entraînement puissant. Brissot s'imposera comme le meneur des Jacobins, mais en sera exclu en octobre 1792.

Tout a été dit sans preuve sur la participation de Samuel Demissy à la Société des Amis des Noirs[36]. Un historien a pu même écrire qu'il avait fondé une branche des Amis des Noirs à La Rochelle [37]! Il est à La Rochelle le correspondant de Mirabeau et il y fonde la Société des Amis des Noirs [...].

Samuel Demissy participa à Paris tout au plus pendant son séjour à quatre assemblées des Amis des Noirs qui se tinrent à la fin de l'année 89 et au début 90 : 24 novembre, 29 décembre 1789, 3 janvier 1790 et 8 janvier 1790. Il démissionna lors de la dernière. Il y côtoya les plus beaux esprits, notamment Lavoisier et fut probablement envoûté par ces esprits exceptionnels. Il n'y connut peut-être pas Mirabeau, car le tribun était absent aux quatre assemblées où il parut. Il y rencontra cependant Thomas Clarkson qui avait fondé outre-manche *The Committee for Effecting the Abolition of the Slave Trade*. Les deux hommes avaient sympathisé. Clarkson avait été admis à la Société des Amis des Noirs lors de la séance du 21 août 1789. On dit que l'Anglais ne retira aucune retombée de ses relations avec la Société des Amis des Noirs et qu'il dut essayer de persuader les députés de l'Assemblée en les rencontrant individuellement.

Yves Benot[38] écrit que l'année 1789 fut en matière coloniale, particulièrement décevante. Face aux ambiguïtés de Brissot, entre autonomisme colon et atténuation

---

[35] n° 91/99, AN/ AD, XVIII, C 115.

[36] <u>La Société des Amis des Noirs 1788-1789,</u> Marcel Dorigny – Bernard Gainot, Editions UNESCO / Edicefdé, note 499 : Selon Isabelle Lesage, « Samuel de Missy aurait fondé une société des Amis des Noirs à La Rochelle Il faut néanmoins souligner l'originalité de la présence aux Amis des Noirs d'un armateur possesseur de terres dans une colonie d'esclaves ».

[37] Notice biographique sur Samuel Demissy rédigée dans le <u>Dictionnaire biographique des Charentais</u> par Claudy Valin.

[38] Yves Benot, <u>Les Lumières, l'esclavage, la colonisation,</u> textes réunis et présentés par Roland Desné et Marcel Dorigny, Paris, Éditions la Découverte, 2005, 327 p., ISBN 2-7071-4702-8, pages 185-188.

de l'esclavage, aux timidités de l'abbé Grégoire, qui posa seulement le problème de la représentation des sangs-mêlés, Mirabeau eut la hardiesse de poser le problème de l'économie esclavagiste dans toute son ampleur et de préconiser une réorientation de l'économie française vers le marché intérieur [...]. Les Amis des Noirs s'en tinrent à un système économique inchangé, débarrassé de ses tares morales que sont la traite et l'esclavage.

Tant que son adhésion à la Société des Amis des Noirs ne fût pas révélée[39] à La Rochelle, Samuel Demissy resta considéré comme l'interlocuteur naturel de la Chambre de Commerce. M. Goguet président du Comité permanent de la province d'Aunis lui écrivit à Paris le 21 novembre 1789 pour que La Rochelle soit désignée comme chef-lieu du département[40]. La division du territoire en départements fut ordonnée par un décret du 22 décembre 1789, et qu'ils fussent créés au nombre de soixante-quinze à quatre-vingt-cinq. Jean-Baptiste Nairac député extraordinaire du commerce de La Rochelle, déposera le 6 février 1790 un mémoire devant l'Assemblée constituante tendant à faire choisir cette ville pour chef-lieu de département.

Non seulement les armateurs et négociants avaient été mobilisés par la Chambre de commerce pour s'opposer à l'abolition de l'esclavage, mais aussi les citoyens sans aucun doute par ces derniers, car ce modèle économique faisait vivre tout La Rochelle. De ce fait, l'opinion ne pouvait que se montrer intransigeante sur toute perspective qui remettrait en cause l'esclavage. Le 27 novembre 1789, la Chambre de commerce fit imprimer la copie d'un mémoire portant sur la traite des Noirs pour distribution aux citoyens, ledit « *mémoire ayant été jugé très positif et répandre des lumières infiniment utiles à ce moment* »[41]. Le 15 janvier 1790, elle avait donné à lire circulairement une lettre de MM. les syndics de la Chambre de commerce de Normandie contenant deux exemplaires de l'adresse de leur municipalité à l'Assemblée nationale contre le système de l'affranchissement des Nègres. On comprend que l'un ou plusieurs des armateurs, ayant l'esprit rageur sinon vengeur, aient entrepris cette croisade pour faire plier Demissy et le salir aux yeux de ses pairs armateurs et négociants d'autant plus qu'il était absent de la ville.

À Bordeaux, le représentant de l'illustre famille Laffont de Labedat, André Daniel lutta sa vie durant pour la cause des Noirs. Son père avait été anobli pour le bienfait pour le royaume de ses activités négrières. André Daniel demanda dès 1776 qu'il soit sursis au servage en Guyane et prononça le 25 juillet 1788, lors d'une séance devant l'Académie un <u>Discours sur la nécessité et les moyens de détruire l'esclavage dans les colonies</u>. Il fit partie des Amis de la Constitution de Bordeaux.

---

[39] Il en fut de même de la considération que portaient les Rochelais à M. de Cointes, major des Volontaires nationaux. :« Depuis que l'on a su [qu'il] était un Ami des Noirs, il avait beaucoup perdu dans l'esprit de nos concitoyens », lettre n° VII de Missy à Richemond, du 16 décembre 1789.
[40] AD/17 41 ETP 18 323/355.
[41] AD/17 ETP 8, page 163, vue 167/238. AD/17 ETP 8, page 167, vue 172/238.

En 2020, lors de l'hommage fait à la loi Taubira qui avait 20 ans, la municipalité de La Rochelle a focalisé sur l'esclandre qui eut lieu lâchement à la Bourse de La Rochelle en décembre 1789 dont souffrit Demissy quand il l'apprit à Paris. Le terme de « tollé» choisi bien plus tard par l'archiviste Louis Meschinet de Richemond a été retenu pour immortaliser le passé de Samuel de Demissy [42] sur la plaque de rue du quartier de La Genette et le stigmatiser à jamais. Cette approche est par trop réductrice, sinon caricaturale. Michel Crépeau, l'emblématique maire de La Rochelle en préfaçant en 1987 un ouvrage destiné à commémorer le bicentenaire de la Révolution française écrivait : « *Mais aussi, comment ils* [les Rochelais] *ont vécu l'adhésion du rochelais de Demissy à la Société des Amis des Noirs créée par Mirabeau, une société dont l'objectif premier était l'abolition de l'esclavage. Et comment les vestes du meilleur drap peuvent se retourner, dès lors que de gros intérêts sont en jeu* [43]» […].

Non, M. Crépeau, ce n'était pas aussi simple. Vous avez retourné une veste avec un effet de manche. Il ne s'agissait pas que de maintenir à flot la seule fortune des armateurs, mais de pérenniser des relations commerciales qui allaient du fabricant de clous ou de biscuits de mer au charpentier ou au fabricant de voiles, aux portefaix, permettant à des équipages de se lancer sur la mer, aussi important aujourd'hui pour une Municipalité que de soutenir le secteur du B.T.P pour donner un élan à une ville, en construisant le port des Minimes ou plus récemment la passerelle de la Gare nonobstant les quelques travailleurs immigrés qui n'y auraient pas leurs papiers.

Sous la pression populaire, Demissy ne révéla pas sa démission à ses pairs des Amis des Noirs lors de la séance du 8 janvier 1790. Le procès-verbal se borna à déclarer : « *M. de Demissy a fait part au Comité qu'un pamphlet intitulé* Découverte d'une conspiration contre les intérêts de la France, fait contre la Société des Amis des Noirs[44], *a occasionné la plus grande sensation à La Rochelle, où ses possessions et sa famille ont connu le plus grand danger par l'effervescence du peuple* [45]». À l'examen, on observe une certaine dramatisation de la situation de la part de Samuel Demissy. Sa famille ? - Il était célibataire ; Son père était décédé en 1786, sa mère Anne Fraigneau passera de vie à trépas en 1788. Il n'avait qu'une sœur Henriette Élizabeth,

---

[42]C'est le petit-fils de son cousin Samuel Pierre Meschinet de Richemond, Louis de Richemond, qui au XIX e siècle qui employa le mot " tollé". Ce substantif a été repris par Jean Michel Deveau, dans son ouvrage La Traite Rochelaise, page 41. C'est encore ce mot dont s'est servi en 2020 la municipalité de La Rochelle sur la plaque de rue modifiée pour ranger Samuel de Missy du côté de ceux qui ne respectent pas leurs engagements.

[43]La Rochelle dans la Révolution – Comité municipal du Bicentenaire de la Révolution française – Ville de La Rochelle, juillet 1989, Préface Michel Crépeau, Aubin, imprimeur Ligugé.

[44]Page 13 de ce document, il était écrit : « Allez trouver vos Municipalités ; observez-les bien. S'ils étaient des traîtres parmi les membres qui le [la] composent, s'ils étaient des Amis des Noirs, & peut-être en est-il, que les scélérats soient punis ». Le tableau annexé mentionnait le nom de 35 personnes sans Missy.

[45]Bibliothèque Mazarine, Registre de la Société instituée à Paris pour l'abolition de la traite des Nègres Collection Docteur Marcel Chatillon (2002), page 159.

célibataire (elle mourra en 1796). Ses biens ? - La maison de la rue de l'Escale (actuellement rue Nicolas Venette) où il demeurait lui était louée par Jean-Baptiste Nairac. Sa seule propriété virtuelle par la conclusion d'un contrat de rente était la maison de la rue Porte-Neuve n°10 (12, et 12 bis rue de L'Escale actuelle). Ses navires : Le *Capitaine Cook* venait de désarmer et le *Henry Quatre* anciennement les *Deux-Amis* était prêt à mettre voile pour son premier voyage à l'Isle de France où Louis Léchelle issu de la diaspora rochelaise l'attendait pour le charger de marchandises et de produits issus des comptoirs de l'Inde ou de chez les Anglais au Bengale. À cette époque, Demissy comptait sans doute plus de dettes qu'il ne possédait de biens, ne serait-ce que par les sommes qu'il devra à Duperré aîné et qu'il dut régler bien tardivement aux ayants-droits de cette créance : les héritiers Lenormand et de Biré[46]. Le fils aîné de Duperré avait largement financé les armements de *L'Atlas* et du *Neptune*. Il tomba en faillite le 25 juin 1787. Samuel Demissy allait devoir composer avec Simon Emmanuel Julien Lenormand et les héritiers Biré qui étaient créanciers du fils aîné de Duperré.

La rupture fut donc consommée entre Samuel Demissy et les Amis des Noirs. Dans la deuxième adresse qu'Étienne Clavière fit parvenir à l'Assemblée nationale, à toutes les villes de commerce, aux colonies, à toutes les Sociétés amies de la Constitution le 10 juillet 1791 (seconde édition, Gallica), il nomma les principaux défenseurs des hommes de couleur : MM. Grégoire, Pétion, Robespierre, Tracy, La Fayette, Dupont [de Nemours] Roederer, Barrère, Sieyès, Boissy d'Anglas, Regnault de Saint-Jean-d'Angély, Lanjuinais, Monneron député de l'Isle de France [écrit Mosneron qui était un Nantais farouchement opposé à l'abolition], Biauzat, Gombert, Lucas et Bouchotte. Samuel Demissy, le second député suppléant de l'Isle de France avait quitté les Amis des Noirs, alors que Pierre Antoine Monneron continuait à soutenir cette cause.

Au début de son séjour, dix lettres furent envoyées de Paris par Samuel Demissy à son cousin Samuel Pierre Meschinet de Richemond à La Rochelle. Il y en eut d'autres, mais le petit-fils de Meschinet de Richemond ne les trouva pas ou jugea inutile de les éditer.

---

[46]Lenormand et Biré l'avaient assigné devant le tribunal du deuxième arrondissement de Paris avec tous les créanciers du failli Duperré. AD/17, 3 E 998, 5 juin 1790 Samuel de Missy demeurant rue de L'Escale Daniel Garesché demeurant rue Porte-Neuve, Philibert Pichon receveur de la ville rue Gargoulleau, Alexis et Jaques Bouffard architectes, Francois Seguy directeur particulier de la Monnaie, Jacques Millot serrurier, Charles Robien Sellier, Pierre Chevallier père maître menuisier Jean Emmanuel Chevallier fils sculpteur. Il est donné à Pierre Morin leur représentant avocat au parlement auprès du présidial l'autorisation de se transporter à Paris pour se pourvoir auprès du Conseil du roi pour obtenir la révocation de l'arrêt sur requête surpris à la requête de Sa Majesté (référé) par MM de Biré et Le Normand le 4 avril 1790 [...] confirmer dans toutes ses formes les oppositions et saisies faites au nom des constituants entre les mains de la ci-devant Commission et du séquestre des fonds de la faillite du sieur Duperré.

La première fut écrite le 13 novembre 1789. Demissy rédigea la dernière [n° 10] le 26 décembre 1789. Demissy n'y mentionnait aucun retour prochain à La Rochelle.

Il faut dire que l'archiviste Louis de Richemond choisit peut-être d'en arrêter là la publication. Son ancêtre Samuel Pierre Meschinet de Richemond et cousin de Demissy était un homme brillant mais peu chanceux dans les affaires. Il était économiste et il fut le premier secrétaire des Amis de la Constitution de La Rochelle dont la première séance fut présidée par le doyen d'âge des assistants, Girard de Villars, ancien avocat du roi au présidial de La Rochelle. Paul Collet et Gabriel Garreau semblaient en être les représentants. La Société était bien sûr, comme celle de trois cents villes de France, affiliée à celle des Amis de la Constitution de Paris qui tenait ses séances dans le couvent désaffecté des Jacobins. Une délégation de celle-ci, composée de Gabriel Garreau et Girard se déplaça à La Rochelle le 14 janvier 1791.

Samuel Pierre Meschinet de Richemond fut membre du Conseil de commerce rochelais et du Conseil municipal jusqu'à son décès. Si les deux cousins partageaient la même admiration pour La Fayette, au point que Richemond demanda à Demissy de lui faire peindre à Paris un portrait du commandant de la Garde nationale, les deux hommes s'opposaient sur l'initiative prise par la Société des Amis des Noirs dont Demissy martèle dans sa correspondance qu'il soutient leur cause. Le portrait de La Fayette que Demissy rapporta n'était plus ressemblant. Le peintre s'était basé sur un modèle qui avait été peint au retour d'Amérique de La Fayette, à savoir un jeune homme de vingt-deux ans, débarqué le 6 février 1779 à Lorient.

Samuel Pierre Meschinet de Richemond écrivit un article assez balancé sur les effets dévastateurs découlant de l'arrêt possible de la Traite des Noirs. Sa contribution parut dans les Affiches de La Rochelle du 24 novembre 1789. Elle était parfaitement dans la veine du Corps de ville et de la Chambre de commerce. Demissy fut dans l'ignorance du contenu de la seconde adresse que la Chambre de La Rochelle envoya le 2 décembre 1789.

Samuel Pierre Meschinet de Richemond sollicita Demissy pour que sa contribution déjà publiée dans les Affiches de La Rochelle, soit reproduite dans une gazette nationale. Richemond avait déjà fait parvenir le texte à Mirabeau. Demissy prétendit qu'il ne put y donner suite : « Vous connaissez mes principes » et que de toutes façons cet article trop long n'intéresserait pas le rédacteur. À la stupéfaction de ce dernier, cet article présenté comme écrit anonymement – et toujours qualifié comme tel par les Historiens - parut dans la Gazette Nationale ou Moniteur Universel du lundi 7 décembre 1789 sous le titre de Lettre d'un citoyen de la Rochelle à M. le comte de Mirabeau- 24 novembre 1789[47].

---

[47]Lettre de Missy à Richemond, de Paris le 26 décembre ; n° IX : Votre lettre à M. de Mirabeau a été insérée dans la Gazette nationale. Je ne sais qui vous a rendu ce service, mais je l'y ai lue. Cette feuille est

## Samuel de Missy (1755-1820), armateur rochelais sur l'océan indien

Demissy émit des réserves sur son contenu [Lettre n° VI du 8 décembre 1789] : « *Que dans la première comme dans la seconde*[48] [adresse de la Chambre de commerce à l'Assemblée nationale], *il y a des choses qu'on ne devait dire, ni avoir l'intention de faire. Je vous ai déduit dans ma dernière* [5 décembre] *les motifs qui m'ont empêché d'envoyer votre lettre au rédacteur du journal. Vous ne devez avoir aucun regret parce qu'indépendamment des assertions fausses dont la méchanceté avait chargé les Amis des Noirs, je ne puis vous répéter que le journaliste ne l'aurait pas insérée dans sa feuille* [...]. Dans une lettre précédente, celle du 5 décembre, n° V, Demissy écrivait à son cousin : « [...] *Vous avez d'autres moyens de donner de la publicité à votre lettre. Je vous prie de répandre qu'il est faux et de toute fausseté qu'on ait eu l'intention de faire pourvoir les colonies par les étrangers* [...]. [Les Français auraient arrêté la traite et les besoins auraient été satisfaits par les pays étrangers]. *Il est tout aussi faux* [...] ». Absurde aussi était l'affirmation complotiste selon laquelle que la Chambre de commerce affirmait que la motion de M. de Mirabeau fût soutenue par tous les orateurs de l'Assemblée et dix mille hommes armés.

Comme il fallait s'y attendre de la part d'une ville portuaire où bon nombre d'armateurs menaient encore des campagnes de traite[49], la prise de position de Samuel Demissy ne fut du goût ni des élus du Corps de ville, ni des directeurs et syndics de la Chambre de Commerce. Cette dernière envoya le 2 décembre 1789 cette lettre à l'Assemblée constituante : « *Si au premier aspect le commerce de la traite épouvante l'Humanité, il n'en est pas moins vrai qu'il* [l'esclavage] *est l'aliment de nos riches colonies, et que c'est par lui que s'opère le change de nos marchandises manufacturées contre les productions coloniales & que sa prohibition soudaine serait un mouvement convulsif qui amènerait tous les genres de malheurs* » [Lettre n° VI]. En ville, son cousin de Richemond l'informa que l'on avait beaucoup parlé de son engagement au Cercle [des Amis de la Constitution[50]] relativement aux Africains. Il lui

---

de deux pages in-folio à l'instar des papiers anglais. J.M Devau dans La Traite Rochelaise l'attribue de manière erronée à Samuel de Missy, page 43.

[48]AD/17, 41 ETP 220 MS 6717 : Lettre adressée à Nosseigneurs de l'Assemblée nationale, 2 décembre 1789.

[49]Les armateurs rochelais se gavaient encore d'expéditions négrières : 19 septembre 1789, soumission de Dumoutier de Frédilly pour le navire *La Victoire* de 827 tonneaux qui alla à la côte d'Angole avec un chargement de marchandise pour faire la traite des Noirs ; 14 novembre 1789, Guibert, navire *Les Deux Amis* 402 tonneaux pour la Côte d'or; 11 janvier 1790 *Le Comte de Puységur*, 1 253 tonneaux pour la Côte d' or, un tonnage jamais vu pour La Rochelle, avec un chargement de marchandises pour faire la traite des Noirs.

[50]Initialement la Société dite des Amis de la Constitution de La Rochelle fut créée au printemps 1790 pour se pénétrer de l'étendue et des bornes des droits de l'homme social, de s'instruire de la lettre et de l'esprit de Constitution française, et généralement de tout ce qui se rapporte à la Révolution, dans l'intention de contribuer à en assurer le succès. On dit qu'elle doit son existence à l'éditeur Chavet et l'éditeur imprimeur libraire Vincent Cappon. On relève aussi les noms de Ballain, Garnier, de La Coste et Dergny. Les séances

répondit – « *Que m'importe. Quand je ne serai animé que de l'amour du bien, rien ne m'arrêtera [...]* ». Il agissait comme ses ancêtres protestants le firent vis-à-vis des papistes, sur la seule base de ses convictions. C'était un combat.

Si la cause de Samuel Demissy n'était pas considérée comme juste ou rationnelle, ses amis n'approuvaient pas le traitement indigne qu'il avait subi de la part d'un ou de plusieurs cabaleurs qu'il côtoyait probablement. Demissy sortit furieux de cet incident, envisagea de ne plus retourner vivre à La Rochelle. Il se ravisa un mois plus tard : « *Je n'ai pas besoin, Messieurs, de me faire violence pour continuer à habiter parmi vous, et si j'ai eu un instant une idée contraire, elle a été l'effet d'une sensibilité que vous ne sauriez désapprouver*[51] ».

Les officiers des volontaires nationaux apprenant l'incident tinrent à lui exprimer leur sympathie et leur solidarité par une lettre du 16 janvier[52]. « *Ces propos sont ignorés de votre Compagnie, mais pourquoi vous en affecter ? N'avez-vous pas l'estime*[53] *de ceux qui la composent, de vos concitoyens et le témoignage de votre cœur ? Si un sentiment d'humanité vous a engagé à écouter les Amis des Noirs, il ne peut que vous honorer, mais vous avez perdu l'utilité du projet au moment où vous avez vu son effet compromettre le bonheur de la patrie et l'état de vos concitoyens. Ce sacrifice fait à votre sensibilité ajoute à vos vertus. Votre Compagnie en sent tout le prix et elle s'empresse de vous le témoigner* ».

Depuis Paris, Jean-Baptiste Nairac[54] avait essayé de résoudre cette querelle épineuse. Il bénéficiait d'une certaine indépendance d'esprit et pouvait jouer le rôle d'arbitre. Il n'avait pas armé à partir du port de La Rochelle depuis une soumission à l'Amirauté en date du 8 février 1783 pour le navire *L'Heureux* de 140 tonneaux allant à l'Isle de France et à Bourbon.

En suivant de près les travaux de l'Assemblée constituante, il attendait qu'elle invalide le dispositif concernant la Compagnie des Indes pour armer en propre un

---

se tinrent à l'origine dans la maison de Samuel Pierre de Richemond, son premier secrétaire (anciennement chapelle des Carmélites). La société se livra à des études sur le canal de Niort. Après le décès de Mirabeau, elle proposa aux sociétés patriotiques d'ériger à la gloire de ce grand homme. En 1791, le Moniteur écrivait : La Rochelle 1er juillet – La Société des Amis de la Constitution tient de fréquentes séances. Les citoyens s'y portent en foule et viennent s'y pénétrer de cet amour de la patrie, devenu la première, l'unique passion de chaque individu Cette société accueillit un certain Parant, venant de Paris, ancien horloger qui devint « l'idole des plus ignobles terroristes et l'effroi des citoyens honnêtes ». Meschinet de Richemond fut suspecté de modérantisme. À partir de 1792, la Société des Amis de la Constitution prit le nom de Société des Amis de la liberté et de l'égalité. Monge ministre de la Marine s'dressa à elle le 31 décembre 1792. Lequinio envoyé de Paris accorda à la Société rochelaise des Amis de la liberté et de l'égalité l'exclusivité de la représentation de l'opinion publique en fermant le Cercle le Salon [AN/ AF II 33 art. 1er]

[51] Lettre de Missy du 20 janvier 1790 publiée dans les Affiches de La Rochelle ou Journal de la province d'Aunis n° 6, 5 février 1790.
[52] Affiches de La Rochelle 1789 page 192.
[53] Samuel de Missy figure sur une liste des membres d'une société de bienfaisance du 5 janvier 1789.
[54] Nairac demeura à Paris du 19 juillet 1789 au 17 août 1790.

navire semble-t-il en droiture sur l'océan indien. Mais tous savaient bien que son frère aîné Paul Nairac armateur à Bordeaux comptait parmi les négriers les plus actifs. Aussi, Jean-Baptiste Nairac prit-il la plume le 9 janvier 1790 pour défendre la cause de Samuel Demissy [55]. Il tempéra : « *Il est inconcevable que pour un, propos vague, destitué de preuves on ait oublié dans un moment tout ce que M. Demissy a de bien. C'est une ingratitude qu'il devait éprouver moins que personne. Elle l'affecte profondément et je crains que sur le coup qu'elle porte, elle ne nous fasse perdre un excellent citoyen. S'il vous est possible Messieurs de faire au nom du commerce une démarche auprès de M. Demissy, je la croirais parfaitement juste, car enfin on lui a fait injure et injustice et c'est au corps particulier auquel il appartient à le consoler par des témoignages d'estime. M. Demissy est en effet de la Société des Amis des Noirs, mais c'est une erreur de son cœur qui ne peut être traitée comme un crime. Chacun est le maître de ses opinions et si la politique condamne celle des Amis des Noirs, l'humanité est forcée de lui rendre les hommages à bien des égards. Au reste M. Demissy de plus de moins dans cette société n'y fait absolument rien, il n'a signé aucun mémoire. Il n'a rien dit ou fait pour elle, et son existence y a été absolument passive. Il prend le parti de s'en retirer. C'est celui que prennent beaucoup de membres. Cette société attaquée de tous côtés est au moment de s'anéantir absolument […]* ». En réponse le 15 janvier Goguet et Tasché regrettant l'incident, déclarèrent être « *fâchés de ne pas avoir été au-devant, mais nous ne pouvions pas prévoir que cette information aurait été exagérée comme elle paraît l'avoir été* » […]. Une tempête dans un verre d'eau ?

La correspondance de Jean-Baptiste Nairac se termine le 26 août 1790. Elle est complétée par celle d'Admirault Louis et Jacques Rasteau députés le 5 novembre 1791 par le Commerce de La Rochelle pour offrir à l'Assemblée les moyens de réprimer les troubles dans les colonies.

Richemond fut mis à contribution par Demissy qui prolongeait compte-tenu de l'attaque lâche dont il avait été l'objet son séjour à Paris. Ce dernier voulait que la copie de sa lettre de protestation adressée à la Chambre de commerce soit placardée dans la salle de la Bourse, dans le lieu même où l'incident se produisit. Le 29 janvier 1790, il fut signifié à Richemond une fin de non-recevoir à sa requête, « *Cette Compagnie [la Chambre] n'étant point dans l'usage de faire afficher les lettres qu'elle reçoit* ». La Chambre ajouta « *le ton que vous avez pris dans la lettre que vous avez adressée à la Chambre de commerce n'a point influé dans sa délibération […].* « *Mettre cette imputation [dans l'Affiche où il est dit que les Noirs capturés sont indignement traités à bord des vaisseaux et dans les colonies] dans un lieu que fréquentent journellement des armateurs, des capitaines & des propriétaires serait réveiller bien mal à propos une sensation assoupie qui par les soins de la Chambre l'a*

---

[55] Lettre du 9 janvier 1790 AD/17, 41 ETP, 69/660, page 2/4.

été d'une manière dont M. Demissy doit être satisfait. M. Demissy doit l'être en outre par tous les témoignages d'attachement et de considération que l'on sait lui avoir été donnés par un très grand nombre de ses concitoyens. Nous n'avions jamais entendu dire que M. Demissy ait fait, ni signé, ni présenté de Mémoire contre la traite des Noirs. Le seul reproche dont nous ayons connaissance, c'est de s'être engagé dans une Société dont le seul but tendait à détruire le seul commerce de cette ville et à ruiner un grand nombre de ses amis. On y a été sensible et on l'a manifesté. On vient d'apprendre de même avec plaisir que M. Demissy s'était retiré de la Société des Amis des Noirs. Ce qui pourrait rester de l'impression du moment sera bientôt étouffé par la considération et par l'estime qu'il a toujours su se concilier [...] ».

Samuel Demissy prolongea son séjour dans la Capitale jusqu'en avril 1790. Il se peut qu'il ait été logé chez le fils du banquier Louis Vincens, Charles, son parent, rue Saint-Joseph, une petite rue parallèle aujourd'hui à la rue Réaumur, non loin de la rue Vivienne où étaient les bureaux du financier, son père. La famille Vincens accueillait volontiers ses cousins et amis protestants de La Rochelle [56]. Demissy en évoqua le nom dans une lettre adressée à son cousin Samuel Pierre Meschinet de Richemond[57]. Louis Vincens devait être malade et décéda en octobre 1790.

Goguet, le maire écrivit à Jean-Baptiste Nairac député extraordinaire du Commerce envoyé à Paris le 25 avril que « *M. Demissy doit être satisfait de l'accueil qu'il a reçu de son corps & de ses autres concitoyens* ».

Il semble que Demissy, sans doute meurtri par la cabale dont il avait été l'objet, resta à Paris de sa propre volonté. Léopold Delayant dans son ouvrage Histoire des Rochelais racontée à Julien Meneau page 206, écrit de manière énigmatique que Samuel Demissy se trouvait à Paris en 1789 pour participer en commission aux travaux relatifs à la prochaine tenue des États-Généraux. En revanche il est prouvé qu'il assista indépendamment aux séances de l'Assemblée nationale. Pierre Griffon de Romagné le député titulaire du Tiers aux États généraux lui procura un billet de député extraordinaire pour assister aux séances en tant que spectateur. Il s'y rendit parfois de 9 heures le matin jusqu'à 3 heures de l'après-midi. Sans doute était-il grisé en côtoyant dans la Capitale tant de personnes en vue, écrivains, journalistes.

Demissy rencontra d'Obenheim qui fut décrit comme un de ses anciens camarades par l'annotateur des Mémoires de la marquise de Rochejacquelein, Prosper de Barante un temps préfet de la Vendée. En note de bas de page des Mémoires, il dit

---

[56]1786, procuration par le sieur Samuel Pierre Joseph Demissy fils demeurant en cette ville au sieur Vincens fils banquier à Paris pour agir. Le 8 dudit mois ?
[57]Lettre IV, du 28 novembre 1789, troisième paragraphe, Société de géographie de La Rochelle, Lettres inédites d'un armateur rochelais, publiées par [Louis] de Richemond, Siret, La Rochelle 1884].

avoir appris de Demissy qu'il pensait que d'Obenheim était venu à l'armée vendéenne comme espion de la Convention et de l'Angleterre[58].

Avant que Jacques Necker muni des passeports de rigueur ne quitte Paris le 8 septembre 1790, avec son épouse, Étienne Gaillant, Dubois et Bertrand, pour retourner en Suisse et se trouve entravé dans son voyage par les autorités d'Arcis-sur-Aube[59] et Vesoul, Samuel Demissy eut le privilège d'être invité le 20 décembre 1789 à dîner chez lui. Il y avait une cour nombreuse. Il le trouva morose et bien fatigué.

Demissy fut sans doute obligé de se rendre à Lorient au début de l'été 1790 pour assister au désarmement et mettre en magasin la cargaison du *Henry Quatre* qui avait fait voile en avril 1789 en droiture comme le stipulait la réglementation pour les Isles de France et Bourbon. Le navire rentrait après 9 mois de traversée[60]. Demissy n'avait pu obtenir de permission de l'Assemblée nationale pour désarmer son bâtiment à La Rochelle[61] anticipant peut-être que les discussions en cours à l'Assemblée pourraient confirmer la dérogation à l'obligation de retour de l'Inde au port de Lorient.

Demissy donna mandat à son cousin Samuel Pierre Meschinet de Richemond pour signer à sa place le 27 juillet 1790 un <u>Mémoire commun des armateurs de La Rochelle afin de protester contre le maintien par décret de l'Assemblée nationale du 19 juillet 1790 de l'obligation de retour de l'Inde des navires faisant le commerce de l'Inde et des îles de France et de Bourbon à Lorient</u> étendue désormais à Toulon, demandant aussi d'atténuer les droits sur les cafés, cotons en laine, indigos, poivre, cauris et thé alors que le commerce avec l'Inde avait été rendu libre par celle-ci le 3 avril – 2 mai 1790[62].

---

[58]Au début de la Révolution, Alexandre Magnus d'Obenheim se montra admirateur de la plupart des dispositions prises par l'Assemblée nationale. Il exprima ses vœux pour mettre fin aux abus et réviser le fonctionnement des armées. Il présenta nombre d'idées sur le corps de génie. Il en réprouva les excès étant plutôt du parti des Girondins. Après avoir en vain combattu aux côtés des Vendéens tenus en échec au Mans qui l'avaient pris comme ingénieur, d'Obenheim se débarrassa des papiers qui pouvaient le gêner et se présenta aux Républicains comme un prisonnier échappé des armées vendéennes Lorsque la Royauté fut rétablie, il se déclara comme l'un de ses partisans.

[59]Retenus prisonniers à Arcis-sur-Aube, il fallut une intervention de l'Assemblée nationale pour qu'ils puissent poursuivre leur route : Séance du samedi 11 septembre. Une motion faite au département de l'Aube pour délivrer des mains de la famille de M. d'Authon (sic) à Arcis-sur-Aube [Imprimerie du Père Sans Gêne, rue Perdue, (N. Lb 39 9359).

[60]Lettres de Nicolas Suidre à Louis Admirault son beau-frère résidant à Paris chez M. Vincens rue Saint Joseph, du 13 juillet 1790 : le navire *Henri IV* [parti en avril 1789 (soumission du 15)] est arrivé à La Rochelle après 9 mois de traversée. Manuscrit proposé à la vente par la librairie Guimard à Nantes.

[61]Nairac, lettre du 17 juillet 1790 L'affaire des retours de l'Inde doit se terminer tous les jours et se remet sans cesse. M. Alquier l'a très bien défendue, mais le parti de Lorient est si considérable […]. M. Demissy a sollicité la permission de désarmer son bâtiment [*Le Henri IV*] à La Rochelle. S'il l'obtenait ce serait un grand préjugé pour l'affaire générale.

[62] AD/17, 41 ETP 181/5257 27 juillet 1790.Signée : Demissy et Richemond, Bastard, Benoît, Bougereau, Callot, Collet, d'Ebertz, Fraigneau, Garreau, Guibert, Jacques, Guillemot, Langlais, Lardeau père et fils,

Demissy fut probablement présent à La Rochelle pour revendre pour la somme de 18 000 livres *Le Neptune* aux sieurs Étienne Isaac Rasteau et Jacques Rasteau, car cette transaction se conclut à la mi-1790, les nouveaux propriétaires sollicitant un congé à l'Amirauté pour aller faire la traite avec le capitaine Rodrigues à la Côte d'Angole, permettant au navire de partir de La Rochelle le 21 septembre 1790[63].

On ne revit pas Samuel Demissy à la Chambre de commerce lors des élections du 24 novembre 1791 où Paul Collet et Étienne Louis Rangeard[64] furent élus à la place de Tasché et de Jacquelin.

### 10.5. – Les biens nationaux

Le 10 octobre 1789, Talleyrand, évêque d'Autun et député, proposa à l'Assemblée constituante siégeant à Versailles de nationaliser les biens de l'Église de France, à charge pour l'État de subvenir à l'entretien du clergé. Le décret de l'Assemblée constituante du 2 novembre 1789 plaça les biens du clergé « à la disposition de la nation ». On les évalua à 3 milliards de livres : environ dix fois le montant du budget annuel du Royaume.

La vente des biens nationaux, en premier lieu ceux de l'Église, dits de première origine, puis ceux des émigrés, dits de seconde origine, répondit à deux préoccupations : d'abord celle de faire adhérer les acquéreurs aux nouvelles institutions de la République, puis accroître la circulation monétaire par la création de monnaie fiduciaire qui devait coexister avec l'ancienne monnaie en argent.

Talleyrand donnait l'exemple et proposait les biens de son évêché d'Autun en règlement de la dette publique. En décembre 1790 une émission d'assignats de 400 millions en coupures de 1 000 livres fut décidée pour alimenter la Caisse de l'extraordinaire. Mais l'opération rencontra peu de succès. Le 5 mai 1791, il y eut une émission de 1 200 millions de livres en coupures de 5 livres.

Jouer contre la stabilité des papiers-monnaies était un exercice où tous pouvaient sortir gagnants, et ce d'autant plus quand les incertitudes politiques et sociales s'annonçaient fortes.

---

Lefebvre Marc Antoine, Maubaillac, Papineau, Pavie, Poupet & Guimard, Ranjard, Rasteau, Richard, Robert, Rodrigue, Roudeau, Suidre, de Tanderbartz, Texier, Thouron, Van Hoogwerf, Villaneau, Weisse, Wilkens.

[63]AD/17 4 J 5119, Compte rendu du 4 novembre 1790 fait par E et J Rasteau frères à MM. les intéressés à l'achat, armement, cargaison et mise hors du navire *Le Neptune*, capitaine Rodrigue destiné pour la traite des Noirs à la côte d'Angole, parti de nos rades les 21 septembre 1790. Achat du navire à M. Demissy payable à 6 mois : 18 000 livres, radoub 13 300-14 – 6, fers, menottes et colliers : 367, Avances trois mois à l'équipage 5 190 ce qui fait au total pour la mise hors 269 217.

[64]Ranjard ou Rangeard fut mis en faillite le 29 prairial an VI, lésant nombre de banques parisiennes, comme Mallet, Sélines, Enfantin frères et Meschinet fabricant de tabac.

## Samuel de Missy (1755-1820), armateur rochelais sur l'océan indien

La défiance à l'égard de la monnaie fiduciaire avait pu servir d'expérience à Samuel Demissy pour l'assurer de bénéficier de cette opportunité. Pendant le temps de sa résidence à l'Isle de France, il avait pu souffrir des vicissitudes qui affectaient l'usage du papier-monnaie dans le commerce. Ce procédé « n'avait jamais été considéré comme un supplément équivalent aux espèces », obligeant les administrateurs des îles « à payer les marchandises au service de Sa Majesté beaucoup au-dessus de leur valeur réelle en argent[65] ».

Plus récemment, des mesures semblables prises par Necker n'avaient pas eu d'effet. La Caisse d'escompte qui rachetait les lettres de change provenant de l'exercice du commerce fit long feu.

Comme la monnaie-papier ne pouvait avoir de valeur intrinsèque, l'assignat avait reçu le statut de monnaie. Le 17 avril 1790, on le gagea sur les biens de l'Église.

La Constituante décida que l'on vendrait des biens nationaux jusqu'à parvenir à une récolte de fonds égale à 400 millions. Mais l'Assemblée décida par décrets des 26, 29 et 9 juillet 1790 que tous les biens nationaux pouvaient être adjugés.

La commune de La Rochelle fit une demande pour acheter pour huit millions de livres de biens domaniaux ecclésiastiques.

Le décret du 14 mai 1790 prescrivait que la vente des biens du clergé se ferait par adjudication dans le chef-lieu et par devant le directoire du district de la situation des biens. Les enchères publiques interviendraient après deux publications dont la publicité se faisait par voie d'affichage. À l'issue de cette dernière, l'adjudication définitive devait avoir lieu sous un délai d'un mois.

Les textes qui ont régi la vente des biens nationaux sont d'une extrême complexité. Bernard Bodinier et Éric Tessier en le soulignant dans leur ouvrage, L'événement le plus important de la Révolution : La vente des biens nationaux, bibliothèque de l'Histoire révolutionnaire, page 38, font remarquer que les études réalisées sur ce sujet n'ont pas été importantes en ce qui concerne la Charente-inférieure.

Au surplus ces recherches ou études n'ont reposé que le critère spatial du département de Charente-inférieure pour en apprécier l'importance. Or un personnage comme Daniel Garesché, négociant et armateur se rendit maître de nombre de biens du clergé à L'Hermenault en Vendée en premier lieu en 1791 et même en 1796, alors qu'il avait fait faillite en 1792[66]. À l'inverse, le négociant niortais

---

[65] Édit du roi de mars 1781 ordonnant la suppression de papier-monnaie aux Isles de France et Bourbon.
[66] Procès-verbaux de ventes, 25 juin-15 juillet 1791, AD/85 1Q 584-2 : PV n° 12, L'Hermenault : le château et ses dépendances, dépendant de l'évêché de La Rochelle, vendus à Daniel Garesché, négociant armateur à La Rochelle, le 28 juin 1791.- PV n°14 L'Hermenault : une métairie, des terres, dépendant de la cure, vendues à Pierre Châtelain, négociant à Fontenay-le-Comte, pour Daniel Garesché, négociant à La Rochelle, le 6 juillet 1791. Procès-verbaux de ventes, 21 juillet-28 octobre 1791, AD/85 1Q 548-3 : PV n°25

Thomas Main fit d'importantes acquisitions de biens de première origine en Charente-inférieure.

Les données issues des travaux tous azimuts des historiens qui se sont penchés sur les épisodes de ventes des biens nationaux à La Rochelle, *a fortiori* sur l'implication de Samuel Demissy dans ce processus, sont souvent rapportées de manière confuse, voire contradictoires, car les archives de la série Q, malgré le très complet inventaire, ne sont pas faciles à analyser. Demissy fut sans doute celui qui s'empara le plus largement des biens nationaux adjugés à La Rochelle. La mise de fonds était très faible et le reste se payait à tempérament. Pourtant, même pour la fraction qui se paya en espèces, il recourut au prêt d'un tiers, signe que le dénouement de ses opérations d'armement n'avait pas conduit à générer les immenses profits espérés. Il bénéficia d'années pour s'acquitter en monnaie dévaluée de ses dettes. La liquidation de l'un de ses comptes n'intervint qu'en 1808.

10.5.1. Les biens acquis par Samuel Demissy

Samuel Demissy se porta soumissionnaire dès 1791. En 1792, où ses achats furent les plus importants lors des séances des 9 et 23 mars, il fut obligé de confier les enchérissements à son cousin Samuel Pierre Meschinet de Richemond[67] pour le représenter lors des adjudications, puisqu'il fut immobilisé à Paris pour remplir son mandat de député de l'Isle de France qu'il assura entre le 28 juillet 1791 jusqu'à septembre 1792.

Demissy fut bien inspiré de ne pas participer ultérieurement à l'adjudication de biens privés dits de seconde origine. Il avait été trop proche des anciens nobles et la revente de biens ecclésiastiques qu'il fit se passa souvent avec eux. Dans son ouvrage intitulé Histoire politique et parlementaire des départements de la Charente et de la Charente-Inférieure : de 1789 à 1830, note (3) page 453, Eugène Réveillaud écrit : « *Les émigrés, en beaucoup de provinces, grâce à la complaisance des enchérisseurs qui se retiraient dès qu'un ancien propriétaire faisait racheter des terres sous un nom supposé, rentraient non seulement en France, mais dans la possession de leur patrimoine avec de faibles sommes vu l'agiotage sur les papiers publics qui permettaient de se procurer les papiers à vil prix [...]* ».

---

: maison abbatiale et métairies en dépendance, dépendant de l'abbaye de Saint-Maixent, vendues à Daniel Garesché, armateur à La Rochelle, le 2 septembre 1791. Ventes n° 357-366 ; 19-22 thermidor an IV, AD/85 1Q 240-9 : PV n° 360 L'Hermenault : un corps de bâtiment, appartenant au clergé, vendu à Daniel Garesché négociant à La Rochelle, le 21 thermidor an IV (6 août 1796).

[67]Samuel-Pierre Meschinet de Richemond, né à La Rochelle le 8 janvier 1740, décédé le 28 août 1807 armateur, trésorier des vivres de la guerre, manufacturier, membre du Conseil de commerce, du conseil municipal de La Rochelle, de la Société d'agriculture.

Samuel de Missy (1755-1820), armateur rochelais sur l'océan indien

Les ventes de biens nationaux à La Rochelle connurent un franc succès auprès des bourgeois ou même de paysans peu fortunés. On omet de dire que le marquis Chertemps de Seuil, seigneur de Charron y prit sa part. Un Noble faisant main-basse sur des biens du clergé ! La mise à prix pour enchérir selon les calculs d'un historien s'éleva à 4 034 460 livres. Les adjudications rapportèrent 7 857 483 livres.

Même des personnes en situation financière difficile se portèrent acquéreuses des biens et des domaines. Et pour cause : les ventes placées sous le régime des dispositions des 14 et 17 mai 1790 n'imposaient un paiement que d'un douzième payable au comptant, les onze douzièmes n'étaient exigibles par annuités égales plus intérêts au denier vingt dans les 12 ans de l'adjudication[68]. Claude Lavau a pu écrire que Jean Rigaud, acheteur par adjudication des biens de l'abbaye de Charron pour 320 000 livres ne paya que 12 % comptant et le reste augmenté de 10 015 d'intérêts définitivement liquidés en 1815.

La réglementation évolua. Adolphe Thiers dans son ouvrage consacré à La Révolution, volume VII, page 422, prend l'exemple des biens des Pères de La Merci à Charenton qui en 1795 furent vendus pour trois fois leur valeur de 1790 et payables en assignats de 1795 qui ne cotaient que 6 % de leur valeur, ce qui aboutissait à ne les payer réellement qu'autour d'un cinquième de leur valeur de 1790. Le bénéfice de telles dispositions fut bien vite connu, l'administration étant submergée de soumissions.

Plus d'un siècle après, le chanoine Lemonnier[69] écrivit que les négociants et avec eux toute la bourgeoisie urbaine de La Rochelle opérèrent une vraie razzia sur les biens nationaux, « véritable compensation économique et politique au déclin du commerce». Lefèbvre dans son ouvrage intitulé La vente des biens nationaux, Revue d'histoire moderne, 1928, repris dans Études sur la Révolution française, P.U.F, Paris 1963, a souligné le rôle politique de ces achats qui de la part des nouveaux propriétaires exprimaient ainsi leur confiance dans le gouvernement révolutionnaire. Les protestants de La Rochelle toutes proportions gardées achetèrent plus de terres que tous les non-protestants réunis. Ils avaient acquis un dixième de la superficie entre le 17 décembre 1790 et le 17 décembre 1798.

Les armateurs figuraient parmi les principaux acquéreurs du district écrivait l'archiviste Olga de Saint Affrique à l'occasion de la célébration du bicentenaire de la

---

[68]Plus tard, par décret du 12 prairial an III, 31 mai 1795 le processus d'enchères fut supprimé, mais il fallait libérer le paiement en trois mois. On put aussi se faire adjuger sans enchère en se soumettant à payer par assignats 75 fois le revenu des baux de 1790 ou à défaut de bail cinq fois le montant de la contribution foncière de 1792. De nouvelles modifications intervinrent à partir de 1796.

[69]Pierre Lemonnier, La propriété foncière du clergé et la vente des biens ecclésiastiques dans la Charente-Inférieure, Revue des questions historiques 1906 pp. 137-152. Également cité dans : De la propriété foncière du clergé et de la vente des biens ecclésiastiques dans la Charente-Inférieure, pages 87-88, Richemond, Bulletin de l'histoire du protestantisme, Société de l'Histoire du protestantisme n° 56, 1907.

Révolution. Et Claude Lavau d'ajouter : « Tous les noms connus défilent, même ceux de négociants ayant fait de mauvaises affaires[70]. Les protestants se montrèrent très présents lors du déroulement des procédures d'enchères ». Pensait-il à Samuel Pierre Meschinet de Richemond qui concourait pour son cousin Samuel Demissy et aussi de manière modeste pour ses propres intérêts ?

La vente de biens de première origine se déroula selon les modalités du régime défini en 1790 le 28 janvier 1791 et prit fin le 31 janvier 1793. 8 796 journeaux* (sic) [71], soit 2 932 ha changèrent de propriétaire. Le chanoine Lemonnier dans la <u>Revue des questions historiques</u> dressa en 1906 la liste des dix-huit plus gros acquéreurs des biens du district de La Rochelle. Les biens qui avaient changé de mains totalisaient 1 446 hectares 5 ares 39 centiares. Dans cet inventaire, il nomma Demissy pour 370 ha ce qui paraît peu, Thibaudeau de Villedoux, fermier, 137 hectares 32 ares, Augonnard de La Rochelle, négociant 132 hectares.

En 1792, devant le district de La Rochelle, pendant que Samuel Demissy participait aux travaux de l'Assemblée nationale en sa qualité de deuxième suppléant de la députation de l'Isle de France, Samuel Pierre Meschinet de Richemond se déplaçait aux séances d'adjudication des biens nationaux, pour saisir une bonne occasion non seulement pour lui-même, mais en fait pour placer les offres de son cousin Samuel Demissy. Les appétits de ce dernier étaient énormes. Il venait de terminer son dernier armement celui de la seconde expédition du *Henry Quatre*, et semble-t-il le résultat devait en être plus que satisfaisant. En 1793, il proposera avec romantisme à la municipalité 150 000 livres pour assurer les subsistances de la ville. Pour notre part, nous estimons que cette fanfaronnade fut bien audacieuse car rien ne prouve que les campagnes maritimes de Samuel Demissy l'aient rendu richissime.

Samuel Demissy aurait bénéficié d'une aide de 52 000 livres d'un certain M. de Camuzat dont une fille épousa Henri Charles Armand Cadoret de Beaupréau qui manifestement avait de l'argent à placer. Rappelons qu'il s'en ouvrait le 20 septembre 1791 à son commis Bouteiller : « *Dîtes-lui que M. Foucauld doit lui remettre par ce courrier le récépissé des 52 000 livres qu'il m'a comptées pour lui. M. Camuzat vous rendra ce récépissé pour lequel il faudra lui passer un contrat de rente à 3 % l'an franc de toutes retenues et l'hypothèque sur la terre de Richebonne* »[72].

Samuel Demissy se porta également acquéreur dans la ville du jardin des sœurs de la Providence qu'il revendit peu avant son décès.

---

[70] <u>La Rochelle dans la Révolution</u> – Comité municipal du Bicentenaire de la Révolution française – Ville de La Rochelle, juillet 1989, Préface Michel Crépeau, Aubin, imprimeur Ligugé. Olga de Saint Affrique, page 69 et Claude Lavau.

[71] On retiendra l'équivalence de 0,3422 ha pour un journal (pluriel « journeaux ») conformément aux travaux de Camille Gabet : <u>Les mesures agraires sous l'Ancien Régime en Aunis</u>.

[72] AD/17, 3 E 999, pages 2 et 3.

Les terres et prés adjugés à son profit au nord du département jouxtaient les méandres de la Sèvre niortaise, tant à l'ouest vers Charron, près de l'actuel Pont du Brault, qu'à l'est de Marans.

Des recoupements effectués à partir des minutes notariales se rapportant à la revente des prés et marais par les héritiers à la succession de Samuel Demissy permettent de calculer *a posteriori* la consistance de ces biens fonciers acquis. Sur cette base on parvient à une surface de 436 hectares auxquels il faut rajouter 253 ha qui furent aliénés en 1819 pour permettre la construction du canal de Taugon, soit une surface de 689 hectares acquise pendant la Révolution, sans compter les petites opérations d'allers-retours.

Cette conclusion provient des données du tableau figurant *infra* « Tableau des biens vendus » relatif aux ventes passées par Amélie et Louise Laure Demissy et de leurs ayants-droits.

Au printemps 1792, Demissy se rendit acquéreur de la métairie de Richebonne. Elle relevait de la ci-devant abbaye de Saint-Michel-en-l'Herm. L'inventaire Nouvelle Aquitaine, dossier « Ferme de Richebonne » mentionne que ce bien fut acquis par Jean Rigaud et Philippe Cappon qui furent des prête-noms le 19 mars 1792 qui se la firent adjuger pour 200 000 livres. La métairie figurait encore aux données du cadastre en 1820, au nom de Samuel Pierre Demissy et de Marie Louise Esther Liège.

La cabane de Richebonne avait à elle seule selon nos recherches une surface initiale de 485 hectares. Très vite 103 hectares et 11 ares furent cédés au nom des deux héritières pour effacer les dettes de Samuel Demissy. Une première revente se fit avec Paulin Mariocheau de Bonnemort et porta sur 4 carrés de prés naturels et un quéreux d'une superficie de 32 ha 20 a 99 ca le 23 mars 1821 pour 30 000 francs payés comptant. La deuxième avec François Gabriel Admirault marié à Élizabeth Carayon porta sur 2 carrés de prés naturels d'une surface de 24 ha 50 a 32 ca, intervenue le 31 mars 1821 pour 20 000 francs. Celle à Joseph Antoine Baruel de Beauvert, receveur des droits de navigation demeurant à Marans concernant 7 pièces de prés de 47 ha 39 a et 80 ca [73]rapporta le 29 octobre 1823 la somme de 40 000 francs.

On sait au travers de l'opération qui fut passée avec Paulin Mariocheau de Bonnemort et son épouse Marie Constance Caubois de Cheneuzac que 267 hectares de terres labourables demeuraient encore la propriété des filles de Samuel Demissy car elles furent affectées en garantie de la vente pour se protéger d'une annulation de la vente, faute de ratification par Louise Laure lorsqu'elle deviendrait majeure. Au cours de la première moitié du XIXe siècle, les héritières et ayants droits paraissent avoir vendu ces prés et marais pour 633 730 francs.

---

[73] Références cadastrales : n°28, 29 dites Les Grandes Missottes de 12 ha, 21 a, 30 ca ; n° 34 de 10 ha, 39 ca ;70 ca ; 36 bis, 16 ha, 82 a, 90 ca ; Les Petites Brandaises, n° 41, 43, 8 ha, 65a, 90 ca.

Retrouver pour Samuel Demissy ces éléments est complexe. Personne n'est vraiment d'accord. L'abbaye de la Grâce Notre-Dame ou de Charron[74], a souvent été dénommée à tort « Abbaye de la Grâce-Dieu », car il existait en Aunis deux abbayes dont l'appellation était proche : l'abbaye de la Grâce-Dieu de Benon et l'abbaye de Charron, fille de cette dernière. Ce qui en subsiste est un lieu appelé aujourd'hui La Grâce de Dieu et consiste dans une ancienne chapelle sans esthétique particulière dont les fenêtres ogivales de la nef sont murées.

Une autre confusion possible provient du fait que Samuel Demissy était intervenu à l'adjudication de la Grâce-Dieu de Benon comme mandataire de Thomas Jean Main. Ainsi Claude Lavau écrit dans Le Monde Rochelais, page 222, « Le plus gros lot porte sur l'Abbaye de la Grâce-Dieu, s'étalant sur 250 hectares, soit plus de 700 journaux, achetée pour 350 400 livres [303 500, prix d'estimation] par Samuel Demissy pour le compte de Thomas Jean Main de Niort ». D'autres sources, par exemple celle du portail internet des propriétaires actuels, mentionnent un prix d'adjudication de seulement 20 000 livres. Ce bien national fut vendu le 25 février 1791. Le 7 décembre 1883, la propriété dépourvue de l'église qui était démolie fut acquise par le négociant en cognac Louis Godet de La Rochelle. On peut imaginer que la raison du déplacement de Samuel Demissy à Niort[75], fut de dénouer avec Thomas Main les opérations d'adjudication où il avait prêté son nom pour le compte de ce manufacturier niortais.

Une transaction effectuée le 4 floréal an VI, soit le 23 avril 1798, indiquant que Samuel Demissy se rendit acquéreur pour le compte d'Arnaud Desbois manufacturier de tabac à La Rochelle d'une petite garenne plantée de chênes et ormeaux située près de la cabane de Badaron près de Charron pour 23 000 francs, révèle la complexité de ces opérations[76].

Toujours en l'an VI, il acheta à la Nation un magasin situé Porte de la Jetée vis-à-vis du carénage dans la ville de La Rochelle pour la somme de 126 000 livres[77]. Pour cela il sollicita l'aide financière de tiers. Weis & Bramino en furent locataires pour 1 200 francs l'an. Mais durant leur bail, dans la nuit du 15 au 16 frimaire an XI, soit les 6 et 7 décembre 1802, le magasin fut incendié. Bramino voulut rompre le bail en rapportant les clefs à Demissy, ce que ce dernier refusa[78].

---

[74] Archives historiques de la Saintonge et de l'Aunis 1883, Cartulaire de l'abbaye de la Grâce Notre-Dame ou de Charron en Aunis par Louis de Richemond.
[75] Passeport n° 3131 du 1er juin 1793.
[76] AD/ 17 3 Q 14 433.
[77] AD/17, 3 Q 14 433 bis.
[78] AD/17, 3 E 16/4, 30 floréal an XI, n°124 (Rondeau).

Samuel de Missy (1755-1820), armateur rochelais sur l'océan indien

Samuel Demissy « rafle coup sur coup » [Claude Lavau, ibid.p.223] 1°- « les terres de la Grâce-Dieu[79] [ce sont celles de l'abbaye de Charron] pour 130 500 livres ». Selon les renseignements fournis ailleurs, leur consistance aurait été de 485 ha et le prix aurait été de 200 000 livres. Claude Lavau parlant de Rigaud annonce par ailleurs 320 000 livres 2°- 77 journaux de marais [environ 26 ha] 56 de terres à Andilly 3°- en mars 1792, la ferme de Cossé [métairie de Cosse] dans les municipalités de Charron et de Marans, comprenant 209 journaux [71 ha] de terres labourables 60 [21 ha] journaux de marais mouillés possédée par le ci-devant évêque de La Rochelle [possédée par les religieux de l'abbaye de Charron] estimée non compris les droits corporels 60 000 livres. Il se la fait adjuger le 9 mars 1792 pour 91 500 livres. 4°- Le 9 mars 1792, la métairie de Saint-Léonard (Saint Léonard des Chaumes, ordre de Cîteaux, filiation de l'abbaye de Pontigny) située dans la municipalité de Marans et consistant environ en 37 journaux [12 ha 50 ares] de terres labourables et environ de 45 journaux [15 ha] de marais desséchés, 3 journaux de marais, granges et servitudes pour la somme de 32 700 livres à Samuel Pierre Meschinet de Richemond pour compte de [Samuel] Pierre Joseph Demissy négociant à La Rochelle [80]. Claude Laveau énonce que ces quatre acquisitions se firent sur le pied de 427 000 livres. Manquent cependant à l'appel 234 700 livres. On parviendrait à 630 hectares, près du double de l'estimation du chanoine Lemonnier.

On sait cependant que par le registre des transcriptions de la Conservation des hypothèques, n° 19 f° 62, case 212, au nom de Demissy que la métairie de Cosse à Marans fut vendue le 10 thermidor an XI (23 juillet 1803) pour la somme de 48 000 francs, que la cabane de Montifaud à Charron le fut pour 21 000 francs le 12 ventôse an XII (3 mars 1804) et que le 2 pluviôse an XII (23 janvier 1804) des prés le furent à Charron pour 23 000 francs. Une transaction de 1 500 francs sans doute initiée du temps du vivant de Samuel Demissy se dénoua en 1826. Elle portait sur une levée du canal de La Banche.

La cabane de Richebonne et celle de la Haute-Pré situées à Charron contenant selon notre évaluation 377 hectares, furent vendues à partir de la Restauration par les deux filles de Samuel Demissy. Il faut ajouter pour recalculer la superficie initiale 108 hectares cédés du vivant de Samuel Demissy pour le percement du canal de Taugon

---

[79]AD/17, Q, art.113, 23 mars 1791 n° 276 Meschinet et de Missy- Métairie Saint Léonard 32 700 note des domaines nationaux pour lesquels les enchères seront ouvertes le vendredi 14 janvier 1791 à 9 heures du matin ; la maison terres et dépendances de l'abbaye de la Grâce-Dieu [aujourd'hui sur la carte IGN 1329 ET : La Grâce de Dieu près du Moulin de La Branche] le tout estimé par expert ou évalué d'après les baux à 399 747 l 5 s, soumissionnaire M. Demissy.

[80]Mention divergente : AD/17, Q art. 113, n° 3, 9 mars 1792, 14 000 livres. Pour la métairie de Saint-Léonard. Peut-être s'agissait-il du prix d'estimation ?

soit 485 hectares équivalents à 649 journaux. Tout ceci n'est cependant qu'une approximation, car il est fait référence ci-après à des procès-verbaux d'adjudication qui paraissent incomplets.

Dans les minutes de l'étude Hérard[81] qui se rapportent à l'inventaire des meubles et effets de feu Samuel Demissy, on lit : E.- Plus une autre liasse intitulée titres de propriété de la Haute-Prée contenant deux procès-verbaux d'adjudication consentis par les administrateurs composant le Directoire du ci-devant district de La Rochelle en faveur dudit feu sieur Demissy le neuf mars mil sept cent quatre-vingt-douze enregistrés le dix-sept dudit mois, le premier de cinq cent dix-huit journaux [173 ha] de prés en plusieurs carrés situés sur la commune d'Andilly[82], le second de trois cent quinze journaux [185 ha] situés dans ladite commune, formant la Haute-pré à laquelle liasse sont joints 1° le décompte arrêté en exécution de l'arrêté du gouvernement du 4 thermidor an XI par le Directeur de l'enregistrement du quatre thermidor an XI par le directeur de l'enregistrement et du domaine national, en date du 13 juillet 1808 signé Vassal portant que ledit décompte a été vu et certifié par l'administration de l'enregistrement & des domaines et que par conséquent acquéreur est parfaitement quitte envers le Trésor public du prix de son acquisition, sauf à lui à se pourvoir en liquidation pour excédent du paiement de la somme de quatre mille neuf cent treize francs, soixante et un centimes par lui payés de trop, & le décompte de l'adjudication des trois cent dix-huit journaux [108 ha], arrêté le 30 avril mil huit cent huit ».

Dans les mêmes minutes de l'étude Hérard [83], on relève : De l'autre part une liasse intitulée « prés de Richebonne », papiers et renseignements, une autre « Haute-pré »

---

[81] AD /17, 3 E 35 44.
[82] Confirmation : 1°- Citoyenne Billoteau veuve d'Henry Voix qui a acquis une créance nationale de 3 000 livres en vertu de la loi du vingt-cinq thermidor sur 518 journaux de prés et plusieurs carrés situés dans la commune d'Andilly & possédés ci-devant par l'abbé de la Grâce-Dieu laquelle créance lui fut vendue par la district le 1ᵉʳ frimaire an second ladite créance faisant partie d'une somme plus importante payée à la Nation par le citoyen Demissy de cette commune acquéreur des prés et carrés susdits par la vente à lui faite desdits objets par procès-verbal du 9 mars 1792 vieux style (signé Dély et Despéroux). 2.- AD/17 3 E 35 44 vente Montbrison et Lafont d'un bien qui leur appartient en indivision à Alphonse de Saint Exupéry 18 mai 1829*- André Jacques Lafont qui réside à Paris rue de Provence n° 21 membre de la Chambre des députés donne pouvoir à Magloire André François Boullé de La Rochelle tuteur de ses deux enfants Louise Amélie Lafont et André Charles Henri mineurs par leur mère défunte Amélie Demissy et 2¨Louise Laure sa belle-sœur dûment autorisée par son mari tous deux vivant au château de Montbrison commune de Saint-Michel canton d'Auvillars 4 500 francs les titres de propriété du sieur Demissy n'ont pu être remis 21 ha 87 ares environ appelés Pré-Martin et relais du Guimbut* près de Marans dont ils sont séparés par le canal de Taugon faisant partie autrefois de la cabane de Richebonne adjugés devant le tribunal de district le 9 mars 1792.
[83] AD /17, 3 E 35 44. Inventaire des meubles et effets de la succession de Samuel Pierre Joseph de Missy, où il est décédé le 3 octobre, vivant colonel de la garde nationale et chevalier de la Légion d'honneur, en cinq séances à la requête de Marie Louise Esther Liège, Hérard enregistré le 23 septembre 1820.

quittance et contributions, une autre intitulée Haute-prée [acquise le 9 mars 1792], actes de ferme, une autre en prés à Charron 1819, une autre intitulée quatre cents journaux [136 ha] ou environ de prés, commune de Richebonne, commune de Charron détachés de Richebonne. Puis, L.- De l'autre part, contenant l'expédition du procès-verbal de l'adjudication consentie en faveur dudit feu Samuel Pierre Joseph Demissy par le Directoire du ci-devant district de cette ville le 26 mars mil sept cent quatre-vingt-onze de la métairie de Richebonne située sur la commune de Charron donné en dot par le sieur Demissy à la dame Lafont [...] moins trois cent quatre-vingt-huit journaux de prés [ 31 ha] qui ont été séparés depuis mil huit cent neuf par le canal de Taugon[84] [...] à laquelle expédition se trouve également joint le prix de ladite adjudication. Arrêté le 30 avril 1808.

Pendant la Révolution ou même peu après, Samuel Demissy revendit des biens nationaux.
Ceci complique encore l'estimation des biens acquis.
Un pré sur la commune de Marans, dépendant de l'abbaye de Saint-Michel-en-L'Herm, comme la minute du notaire Rousseau [85] l'atteste, fut revendu au couple Chassiron-Jouin de La Tremblaye : Vente par Samuel Pierre David Joseph Demissy à Françoise Marguerite Élizabeth Jouin (de) La Tremblaye épouse de Pierre Charles Martin (de) Chassiron agriculteur à La Rochelle d'une pièce de pré appelée le Dijollet contenant treize journaux (4 ha environ) situés sur la commune et prés Marans moyennant quarante mille livres à lui adjugée par procès-verbal du district du 26 mars 1791 enregistrée le 28 dudit dépendant de la ci-devant abbaye de Saint-Michel-en-l'Herm.
Le 18 thermidor de l'an III, Samuel Demissy rétrocéda à Louis Léger Lavech, époux de Jeanne Loze, demeurant à Jarzé près de Baugé en Maine-et-Loire, originaire de Saint-Domingue, la cabane de la métairie de Saint-Léonard, située à Marans, Ce dernier revendit pour 19 000 francs les bâtiments et les terres s'y rapportant à Louis Ferdinand de Besse, lieutenant de vaisseau époux de Justine Taillerie le 18 novembre 1810[86]. Ce bien fut revendu les 13 et 14 septembre 1840 par les époux Lavech à la veuve Arzac Seignette pour 33 000 francs.

---

[84] Napoléon par décret pris à Bayonne du 23 décembre 1808 résolut de conforter la navigabilité de la Sèvre niortaise en supprimant nombre de méandres et en codifiant le gabarit des écluses. Il s'agit probablement de la vente faite par Samuel de Missy le 1er floréal an VIII aux intéressés au défrichement du marais de Taugon où lors de l'acte il était représenté par Louis Benjamin Fleuriau de Bellevue, 370 francs ; notaire Hérard.
[85] Vente le 6 messidor an III (24 juin 1795) AD/ 17, 3 Q 9871 Saint-Michel-en-L'Herm.
[86] Source : Enregistrement- Vente par Louis Léger Bertrand Lavech et Marie Anne Léger demeurant commune de Jarzé représentés par Pierre David Samuel Joseph De Missy, chevalier de l'Empire, membre de la Légion d'honneur et du Corps législatif demeurant à La Rochelle en vertu, reçu de Guyot notaire audit Baugé le 1 er fructidor an VIII [ 19 août 1800], enregistré le 7, à M. Pierre Louis Ferdinand de Besse aspirant

Une partie des biens de la métairie de Richebonne fut rétrocédée aux Macault le 12 fructidor an VIII par Samuel Demissy agissant comme directeur des marais d'Andilly.

En l'an XII, le domaine de Montifaud (Montifaut, Charron) fut vendu par Demissy à la veuve Chertemps du Seuil[87].

Une fois adjudicataire, Samuel Demissy conclut à la fin de 1792 des baux avec divers fermiers : 29 novembre 1792 ferme à Hurtaud et le 10 décembre 1792, ferme à Robine et Boisseau, sans que l'on sache s'ils étaient les précédents exploitants et où se situent les biens affermés. On note un renouvellement de bail sur la métairie de Richebonne : enregistrement 24 fructidor an VIII, par Samuel Demissy à Nicolas Raffeneau cultivateur à Puyravaux [Puyraveau], commune de Chaillé [Chaillé-les-Marais] d'une maison et métairie appelée Richebonne commune de Charron acte reçu par Daviaud, notaire le 5 frimaire an V, commencé le 5 germinal suivant, moyennant onze mille cinq cents francs[88]. Dans les Archives départementales sous la référence 3 E 1000 année 1792, sont mentionnés différents baux concernant des pièces de terre du domaine de la Haute Prée à Andilly, bien acquis de la Nation. De même pour la ferme de la métairie de Cosse à Marans.

Lors de l'inventaire après décès de Samuel Demissy on releva que le montant des fermages échus au 25 décembre 1819 se montait à 14 111 francs, ce qui ne peut constituer une base d'évaluation raisonnable des revenus procurés à Samuel Demissy par la mise à bail de ces prés et marais du nord du département. En effet, il ne s'agit que des fermages échus et non réglés. La réalité a dû être bien supérieure[89]. Sur la base de rendements de 3% ou environ le produit des fermages en provenance des terres et marais pourrait être estimé à 24 000 francs par an.

---

seconde classe de la marine impériale demeurant ordinairement à La Rochelle [...] et à Toulon, accepté [...] par demoiselle Marguerite Rosalie de Besse sa sœur demeurant à la Rochelle en vertu de sa procuration au rapport de Juglart notaire à Toulon le premier mars [...] de la Métairie ou cabane appelée Saint-Léonard située commune de Marans, consistant en bâtiments, grange servitudes terres labourables, marais desséché et autre, le tout trente-quatre ares, quatre centiares, moyennant la somme de dix-neuf mille francs, passé devant Hérard notaire à La Rochelle, le 18 novembre 1810.

[87] AD/ 17, 3E 1011.

[88] A titre de comparaison, mais ici on a les surfaces exactes, par acte passé devant Hérard le 5 mars 1818, références AD/ 17, 3 E 35 30, Etienne Charruyer mit à bail à Jacques Foucaud époux de Magdeleine Prouteau demeurant à Marans, 170 hectares 68 ares et 16 centiares composés par la métairie de Vendôme et la cabane de Hute pour 5 000 francs l'an.

[89] On note que lors de la revente de la cabane de la métairie Saint-Léonard les 13-14 septembre 1840 que le bail de 1 200 livres avec Jacques Delagroix fut reconduit. La rentabilité foncière pouvait donc se situer à un peu moins de 4 %. Donc à partir des fermages échus le recalcul de la valeur du foncier lors du décès de Samuel Demissy pouvait s'élever aux alentours de 35 000 francs. La plus grande partie avait été acquittée ponctuellement encore qu'il était d'usage de payer à la Saint-Michel.

Samuel de Missy (1755-1820), armateur rochelais sur l'océan indien

**Total des surfaces revendues par les héritières et les ayants-droits** : estimation 436 hectares. Observation est faite qu'Amélie l'aînée des filles avait reçu en dot 267 ha de la cabane de Richebonne que les ventes figurant dans le tableau ci-dessous ne portent que sur 118 ha à Richebonne, qu'il lui en reste donc 118 ha ainsi que les 19 ha de terres à la Haute-Pré. C'est une autre voie pour estimer la superficie des terrains acquis par Samuel Demissy à 436+118+19, soit 573 ha, hectares auxquels il faut rajouter 253 ha qui furent aliénés en 1819 pour permettre la construction du canal de Taugon, soit une surface de 826 hectares acquise pendant la Révolution, sans compter les petites opérations d'aller et retour qui pourraient bien nous mener à 1 000 hectares.

Yannis Suire dans son ouvrage Le Marais poitevin pense que le tout a pu avoir été acquis pour 600 000 livres. C'est un chiffre probablement très près de la vérité.

**Tableau des biens vendus**

| Date | Vendeur | Acquéreur | Objet | Montant en francs | Mandataire |
|---|---|---|---|---|---|
| 1821/03/22 | Louise Laure / Amélie Lafon | Mariocheau de Bonnemort | Ancienne métairie de Richebonne : Charron : 32 ha | 30 000 | Marie Louise Esther Liège |
| 1821/04/26 | Louise Laure / Amélie Lafon[381] | Admirault/ Carayon | Ancienne métairie de Richebonne : Charron :24 ha | 20 000 | Marie Louise Esther Liège |
| 1823/10/29 | Louise Laure / Amélie Lafon | Barruel de Beauvert, receveur des droits de navigation, dt. Marans | Cabane de Richebonne dépendante de l'abbaye de Saint-Michel en L'Herm : 47 ha | 40 000 | Marie Louise Esther Liège |
| 1829/05/18 | Louise Laure/ Lafon | Saint Exupéry | Richebonne ( 15 ha ?) | 14 500 | Bouyer avocat, avoué |
| 1836/02/07 | Louise Laure/ Lafon | Poultier / Seignette | Maison, rue Porte Neuve, n° 10. | 45 000 | Adolphe Oudart André Bouyer, négociant |
| 1837/12/21 | | | | 750 | Non consulté |
| 1842/03/26 | Louise Laure | Barbeyrac Saint Maurice | Pièces de prés à la Haute-Pré, Andilly (20 ha ?) | 20 557 | Charles Vincent, dr.marais de Taugon |
| 1842/03/26 | Louise Laure | Charles Côme de Laroque Latour – Marie Augustine de Trimond- M&Mme de Laroque Latou | Pièces de prés à la Haute-Pré, Andilly – 25 ha. | 95 389 | Charles Vincent, dr.marais de Taugon |
| 1847/02/04 | Louise Laure, Lafon/ Suzanne Bibiane Sophie Liège X Pierre François Gigaux, dt. LR | Adjudication à François Florentin Renaud | 12 aires de marais salants aux Portes. | 14 150 | Suite au décès de Germaine Julie Henriette Suzanne Liège X Paul Louis Auboyneau |
| 1854/07/21 | Louise Laure | Jacques Lazare Triou, ptre.dt aux Ormeaux, Villedoux | Pièces de prés à la Haute-Pré, Andilly – 10 ha. | 16 000 | Franck Auboyneau, |

Un acte de partage fait au château de Monbrison fut dressé le 11 août 1838 entre Louise Laure de Missy et André Jacques Lafont agissant en son nom et en celui de son fils Charles Henry portant sur diverses pièces de pré à Andilly-les-Marais portées au cadastre section A ( n°s 18 à 36). Il s'agissait de rétablir l'égalité de traitement entre Amélie et Louise Laure de Missy, étant donné que l'ainée des filles avait reçu des biens en avance d'hoirie. Il fut déposé aux minutes de M$^e$ Morin notaire à La Rochelle par Charles Vincent, directeur gérant des marais de Taugon demeurant à Courçon où chacun des indivisaires se partagèrent environ 120 hectares qui dans l'acte furent valorisés sur la base de 17 000 francs pour chacun.

10.5.2.- Les biens nationaux acquis par Samuel Louis Meschinet de Richemond
Samuel Pierre Meschinet de Richemond (né en 1740) fut sans doute la personne la plus proche de Samuel Pierre Joseph David Demissy (né en 1755). Les deux familles avaient noué des liens étroits à la génération précédente. Avec l'autorisation de son père, Samuel Pierre Demissy (né en 1717) quitta Marennes pour rejoindre son beau-frère Samuel Michel David Meschinet de Richemond à La Rochelle (né en 1714) qui avait épousé en 1738 Marie Anne Élizabeth Demissy . Ce duo s'adonna au négoce, arma sur le Canada et victime de vicissitudes, les unes liées à la conjoncture les autres provenant du mauvais choix de contreparties commerciales, fit faillite et s'en sortit en concluant un traité avec ses créanciers avec abandon de 75 %.

La génération suivante vit l'arrivée de Samuel Pierre Joseph David Demissy qui à la faveur d'opérations réussies pendant son séjour à l'Isle de France entra dans la légende en indemnisant en principal et en intérêts la partie de la dette de son père Samuel Demissy et celle de son oncle de Meschinet de Richemond qui avait été abandonnée par les créanciers (Annexe III).
De retour de l'Isle de France Samuel Demissy ne s'allia pas en affaires comme cela s'était produit à la génération précédente. Alors que Samuel Demissy était encore à l'Isle de France, Samuel Pierre Meschinet de Richemond s'était mis en société vers 1778 avec Jean-Jacques Garnault époux de Suzanne Dechézeaux, ce dernier armant déjà des navires en son nom. Tous deux s'adonnèrent à des opérations de négoce et notamment armaient pour la traite négrière, malgré leurs profondes convictions évangéliques.

Richemond & Garnault furent des armateurs malheureux. Ils arrêtèrent leurs activités conjointes, le banquier Lambert ne les suivant plus. Ils cédèrent progressivement leurs actifs. Si l'assurance prise sur leur navire *L'Illustre Voyageur* capturé par les Anglais leur rapporta plus que le profit espéré, la perte d'un autre navire en 1784 renforça encore plus la nécessité de liquider leur association.

Samuel de Missy (1755-1820), armateur rochelais sur l'océan indien

De plus, il était survenu la faillite à l'automne 1783 du banquier Louis Vincens à Paris[90], trésorier des guerres. Les deux négociants tentèrent d'éviter le dépôt de bilan. Dans un premier temps, sous le contrôle de leurs créanciers, ils évoluèrent à l'intérieur de la ligne de crédit que Lambert, un banquier d'origine rochelaise lui-même de situation fragile à Paris leur octroyait. Lambert suspendit ses facilités en août 1784. Une assemblée des créanciers se tint le 17 septembre 1784 : Samuel Pierre Meschinet de Richemond et Jean-Jacques Garnault resteraient à la tête de leurs affaires, mais ils s'adjoindraient Jean Perry, Dumoustier de Frédilly et Jacques Guibert. Cette solution se justifiait pour faire rentrer les créances en retard de paiement par ceux qui connaissaient le mieux leurs débiteurs. Cette mesure fut vaine, car les créances notamment celles dues par les colons de Cayenne s'avérèrent sans espoir. Finalement un traité fut signé avec les créanciers dont faisait partie Samuel Demissy. Le passif net qui s'élevait à 571 200- 13-9 fut forfaité à 12 %. La société commune fut dissoute le 2 mai 1786 et le bilan fut déposé le 7 juin au greffe de la Chambre de commerce[91].

Garnault envisagea de partir à Saint-Domingue. Meschinet de Richemond resta donc seul à honorer les engagements conjoints de la société disparue. Il y consentit à condition que Garnault reste toujours solidaire des engagements passés. Les deux associés furent obligés de vendre leurs biens personnels : Exactement comme cela s'était passé pour Samuel Demissy père et Samuel Michel David Meschinet de Richemond, mais sans qu'à l'horizon apparaisse un sauveur familial qui puisse rembourser les créanciers et les préserver du déshonneur des faillis. À la faveur des soubresauts monétaires de la Révolution, Samuel Pierre Meschinet de Richemond se proposa de rembourser 29 032- 10-4 en assignats qui était la partie restante encore due à ses créanciers. Il adressa une Pétition aux juges du Tribunal de commerce de La Rochelle [92].

C'était un personnage qui pesait à La Rochelle. Ses contacts avec Benjamin Franklin furent suffisamment avancés pour qu'il propose que La Rochelle devienne un port-franc pour le commerce avec les États-Unis.

Le couple Samuel Pierre David Meschinet de Richemond-Henriette Boué eut à souffrir du décès de cinq enfants sur neuf mis au monde. Parmi les trois qui restèrent :

---

[90]Pierre Samuel de Richemond et Jean Jacques Garnault : pouvoir donné pour l'assemblée des créanciers du banquier Louis Vincens à Paris AD/17, 2 C 1787, Crassous le 4 novembre 1783.

[91]Le navire *Le Prévost de Langristain* fut vendu à Calcutta et les fonds importés au Bengale par le consignataire de l'Isle de France, et ramenés par *L'Impromptu*, armé par Garreau. Ceci s'accorde mal avec le fait qu'il devait partir pour Saint-Domingue en décembre 1784, armé par Garesché (Affiches de La Rochelle 12 novembre 1784, n° 46). Il apparaît que Pierre Charles Lambert fut tout compte fait le plus gros créancier avec 339 901-1-8. L'intérêt de 8/96 dans *La Reine de Golconde* fut abandonné à Vivier le 4 octobre 1784 ; celui du *Ballon* fut vendu à Lepage frères pour 4 925 livres le 22 décembre 1784.

[92] 4 vendémiaire an IV AD/17, L 1045.

Marie Anne Alexandrine née le 27 septembre 1771 qui épousa Rodolphe Samuel Meyer courtier de navires et interprète 18 mars 1802 dont elle eut onze enfants ; Perette Henriette Fanny née le 7 janvier 1781 baptisée le lendemain, mariée à 27 mai 1811 à Jean- Baptiste François Claude de L'Angle et Samuel Louis.

Malgré le décalage d'âge, Samuel Demissy fut très lié avec Rodolphe Samuel Meyer. Sa fille Louise Laure de Missy entretint avec Marie Anne Alexandrine Meschinet de Richemond - Meyer une correspondance régulière.

Samuel Pierre Meschinet de Richemond se rendit adjudicataire de trois biens dont la valeur était bien modeste en comparaison de ceux acquis par son cousin Samuel Demissy : la maison ci-devant conventuelle des Carmes, église, cour jardin pour 26 000 livres, une maison située rue des Carmes 4 000 livres, une maison située Saint-Jean du Pérot 1 250 livres [93]. La chapelle qui était devenue un entrepôt des douanes servit à la société des Amis de la Constitution Samuel Pierre Meschinet de Richemond fut nommé secrétaire et y tint les séances.

Les Carmes devaient aussi abriter la manufacture de tabacs que Meschinet avait envisagé de placer. Le fit-il avec un certain Touas qui établit une manufacture de tabac à La Rochelle le 9 mars 1791 ? La Rochelle comme un nombre de ports limitativement désignés était autorisé par décret de cette année-là à importer du tabac en feuilles ou du tabac fini en provenance des Etats-Unis d'Amérique, des colonies espagnoles de l'Ukraine ou du Levant.

Il acquit également la Régie des domaines de Rochefort par devant le Directoire de Rochefort le 27 prairial an III.

Samuel Pierre Meschinet de Richemond fut désigné arbitre le 12 fructidor an XII avec Tasché dans une instance opposant Frédéric Séverin à Koepke de Brême[94].

Il fut conseiller municipal du 13 prairial an XII jusqu'à son décès en 1807.

10.6.- L'élection par défaut de Samuel Demissy comme député de l'Isle de France à l'Assemblée nationale, du 28 juillet 1791 à fin septembre 1792.

Cette nomination n'aurait dû jamais se concrétiser. Elle fut la conséquence d'un naufrage.

Les soubresauts de la Métropole furent connus à l'Isle de France avec le décalage naturel de trois mois environ provenant de la durée de navigation. Le 31 janvier 1790 Gabriel de Coriolis de Limaye, lieutenant de vaisseau, commandant le paquebot n° 4, parti de Bordeaux le 27 octobre 1789, porta à M. Ravenel capitaine du port, la nouvelle que la famille royale avait été conduite par le peuple le 5 octobre 1789 à Paris. L'équipage du navire, assez agité portait la cocarde tricolore. La fermentation

---

[93] AD/17, Q 118, article 112.
[94] AD/17, L 1045.

gagna immédiatement les soldats de l'île qui ne voulurent pas être payés en papier monnaie. Elle s'étendit à la population. Des cocardes tricolores furent distribuées en pacotille aux habitants. Thomas, comte de Conway, royaliste convaincu, gouverneur général depuis le 14 novembre 1789 semblait dépassé. Il quitta l'île le 29 juillet 1790.

Les habitants obtinrent l'autorisation de réunir une assemblée générale de la Colonie qui fut installée le 27 avril afin de nommer les députés à siéger à l'Assemblée nationale. Le 5 mai, on décida qu'il fallait présenter les doléances des îliens et surtout s'opposer au projet de Pierre Victor Malouet député du Tiers de Riom qui voulait abandonner l'île dont l'entretien était jugé trop onéreux. Le 1er juillet, deux représentants furent désignés par les commandants de chacun des huit quartiers de l'île : Charles Alexandre Honoré Colin, avocat en parlement demeurant à Port-Louis et Antoine Codère, ancien conseiller au Conseil supérieur de l'Isle de France.

Lors de ses séances du 12 et 14 mai 1790, l'Assemblée Coloniale de l'île adjoignit aux deux députés titulaires douze suppléants. Ces derniers furent choisis de préférence hors de l'île selon le vœu d'Antoine Chauvet l'un des membres de l'Assemblée Coloniale qui avait combattu le projet de les retenir parmi les résidents de l'Isle de France. Il avait déclaré de manière prophétique : « Nous courons le risque de manquer notre objet, attendu que tous les vaisseaux peuvent périr »[95]. Les noms de Pierre Antoine Monneron et de Samuel Demissy furent approuvés.

Les pouvoirs aux deux premiers titulaires habitant l'Isle de France étaient donnés jusqu'à la fin de la législature actuelle et celle qui suivrait pour deux ans. La première assemblée coloniale céda la place à la seconde le 11 juillet 1791. La Convention par son décret du 23 août 1792 confirmera le nombre de deux députés titulaires siégeants. Il y aura deux suppléants.

Il y fut arrêté unanimement que les deux députés titulaires seraient autorisés à former un comité avec ceux de Bourbon et de Pondichéry pour tout ce qui concerne leurs intérêts communs. Ils se voyaient payés de quinze mille livres par an jusqu'à leur retour.

Antoine Codère, originaire de Pézenas, avait été nommé le 1er juillet 1766 conseiller au Conseil supérieur à l'Isle de France du temps de l'administration de la Compagnie

---

[95] Liste des députés et des suppléants élus à l'Assemblée constituante de 1789, Armand Brette, Société de l'histoire de la Révolution française Décret 12 février 1791 – Isle de France, douze suppléants : 1. Monneron (Pierre Antoine), 2. Missy (Samuel Pierre David Joseph de) négociant à Nantes (sic), 3. Cossigny [de Palma] (Joseph François Charpentier de), 4. Chauvet (Antoine), électeur de la paroisse du Port du Nord-Ouest (Port-Louis), 5.- Le Blanc (Jacques), électeur des Pamplemousses, 6. Yvon (...) électeur de Port-Souillac, 7.- Fleury, (le chevalier Louis François de), colonel du régiment de Pondichéry, 8. Rabaud [de Marseille] (Jacques), négociant armateur demeurant à Marseille, 9, Broutin (Pierre Michel), 10. Gouly (Marie Benoît Louis) médecin à Port-Louis, 11. Pigeot de Saint Valéry (Isidore) ancien assesseur au Conseil supérieur de l'Isle de France, électeur des Pamplemousses, 12. Magon de La Villebague (René Marie Julien), capitaine d'infanterie, colon du quartier des Pamplemousses, lieu-dit Rivière-du-Rempart.

des Indes. Il fut désigné ensuite commissaire pour juger des délits de police et aussi commissaire pour le Tribunal terrier jusqu'au 2 décembre 1772 quand fut installé le nouveau Conseil supérieur de juridiction royale. Il venait d'être élu membre de l'Assemblée Coloniale pour le canton (quartier) de Plaines Wilhems.

En 1787 Charles Alexandre Honoré Collin débarqua à l'Isle de France. Cet avocat reçu à Aix le 10 mai 1781 prêta serment le 16 janvier 1788 dans l'île. Il venait d'être élu membre de l'Assemblée Coloniale pour le canton (quartier) de Port-Louis. Le 14 mai 1790 Collin avait été élu président de l'Assemblée générale de l'Isle de France en remplacement du vicomte César Louis d'Houdetot[96] dont le mandat était venu à expiration le 27 avril 1790.

Les deux députés titulaires embarquèrent de Port-Louis le 4 novembre 1790 pour Lorient avec leur secrétaire M. de Bisson, sur *L'Amphitrite,* un bateau de Marseille, commandé par Monnier, après avoir été ovationnés sur le port par les habitants. L'équipage et les passagers se composaient de 108 personnes dont trente passagers (cinquante) dont les deux députés. Collin et Codère étaient munis d'instructions précises écrites le 27 octobre 1790 pour agir à l'Assemblée nationale.

Mais le vaisseau fit naufrage au large de Brest, se brisant sur des rochers en vue de la pointe de Pennmarch le 22 janvier 1791 [dans la nuit du 22 au 23 janvier].

Fait sordide, trois personnes se retrouvèrent sur le rivage. Les Bretons en massacrèrent une, et les deux autres furent laissées dans un triste état.

Joseph Laville [ Delaville] - Le Roux [-Leroulx], député de Lorient à Paris apprit la terrible nouvelle par une lettre de la municipalité du port. On peut penser qu'il en fit communiquer les termes à Pierre Antoine Monneron[97] qui allait venir aux droits du titulaire disparu devant l'Assemblée nationale.

---

[96]Colin était le parrain de France d'Houdetot, premier enfant du second mariage du vicomte d'Houdetot avec Marie Joséphine Céré. Charles-Ile-de-France d'Houdetot, dénommé le plus souvent « France », comte d'Houdetot. Il est né le 6 juillet 1789, au Port-Nord-Ouest (anciennement Port-Louis dans l'Isle de France). Il s'engage très tôt dans la marine. Novice et mousse le 20 août 1803, il est à la bataille de Trafalgar le 21 octobre 1805. Il passe à l'armée de terre. Il est fait lieutenant, chef d'escadron en 1817. Il fait les campagnes d'Allemagne et de Russie. Louis–Philippe le choisit comme aide de camp dès la Restauration. On le dit marié à Marie-Louise-Julie Tastes. Il est député à la Chambre des députés sous la monarchie de Juillet. Il est nommé Grand-croix de la Légion d'honneur le 22 avril 1840. Il est membre de l'ordre de Charles III d'Espagne, de l'ordre du Christ du Portugal et Grand-officier de l'ordre de Léopold. Il décède le 27 octobre 1866 à Carlepont chez sa nièce Césarine Amable Louise Graffenried de Villars. Certaines sources disent de manière erronée qu'il est décédé à Paris le 8 octobre 1866. La cérémonie a lieu à l'église de la Madeleine. Enfant : une fille adoptée : Marie-Frédérique Wilhemine, née le 13 mars 1842, mariée le 4 juin 1863 à Jules-Volsi Saulnier né le 29 juillet 1828 à Paris, fils de Louis-Volsi Saulnier né à l'Isle de France le 21 septembre 1797 et de Constance Barbé. Entre Lumière et Ombre- Frédéric-Christophe d'Houdetot et Madeleine Masseron-1778-1870- Jean Hesbert, éditions Guénégaud.

[97]Pierre Antoine Monneron (1747-1801) épousa le 25 novembre 1786, à Port-Louis (île de France), Aurore de Laumur, fille de Michel de Laumur (1730-1794), ancien aide de camp de Lally-Tollendal et ancien

Samuel de Missy (1755-1820), armateur rochelais sur l'océan indien

On ne sait si Pierre Antoine Monneron et Samuel Demissy furent consultés pour figurer sur la liste des suppléants. Leur nom avait été porté sur la liste des députés et suppléants le 1er juillet 1790. Pierre Antoine Monneron avait armé à l'Isle de France, mais plus récemment il avait joué le rôle d'un représentant officieux de la France de 1785 à 1788 auprès de l'ennemi juré des Anglais en Inde le sultan du Mysore : Tipou [Tippou] Sahib. Ce prince l'avait même convaincu d'accompagner ses ambassadeurs auprès de la Cour, ce qui se fit en 1788. Ils furent ramenés en Inde par le comte Henri de Macnamara chef d'escadre et commandant pour le roi des forces navales au-delà du Cap de Bonne-Espérance venu faire radouber à Port-Louis la frégate *Thétis*. Ce dernier périt à l'Isle de France sous la barbarie révolutionnaire.

Pierre Antoine Monneron, le 9 février 1791 annonça au président de l'Assemblée qui était l'abbé Grégoire, l'envoi des pièces officielles pour justifier de son mandat : « Je croirais manquer à la confiance dont la Colonie m'a honoré, si je différais de vous présenter les pièces qui justifient qu'elle m'a nommé député suppléant et M. Demissy second député suppléant pour la représenter à l'Assemblée nationale à défaut de MM. Codère et Collin. Je joins ici une lettre et un certificat de M. [Charles Pierre] Claret de Fleurieu [ministre et secrétaire d'État de la marine] [à M. de Cossigny] [98]qui confirme que ces députés ont eu le malheur de périr dans le naufrage du vaisseau *L'Amphitrite* ».

L'abbé Henri Jean-Baptiste Grégoire, membre du Comité des vérifications présenta le 12 février 1791 un rapport qui permit de valider le remplacement des deux députés titulaires de l'Isle de France décédés par Monneron et Demissy premier et deuxième suppléants.

On retient que Pierre Antoine Monneron fut admis à l'Assemblée constituante ce même jour. Le lendemain il prêta serment et Mirabeau qui présidait le désigna improprement en remplacement de M. Collin, décédé comme député de l'Isle de

---

commandant de Calicut. La fortune d'Antoine aurait approché des 25 millions de livres. Il s'était associé avec l'un de ses frères dans l'immense manufacture de tabac de l'Hôtel de Longueville où ils ses frères et lui avaient investi des sommes importantes, une mauvaise spéculation sur le théâtre des Bouffons, des pertes essuyées avec la maison Le Normand, des armements exagérés pour l'Inde et une spéculation fausse de médailles en cuivre de la valeur de 2 et 5 sous ont occasionné l'engorgement de la maison de banque : <u>Courrier extraordinaire</u> ou <u>Le Premier arrivé</u> 4 avril 1792, pages 7 et 8. Le 4 avril 1792 MM. Monneron frères furent obligés de suspendre leurs paiements.

[98]Les Cossigny : - Jean François de Cossigny officier du génie, envoyé par le roi en qualité d'ingénieur en juillet 1731 pour faire un rapport sur les ressources de l'île. - Le deuxième est Joseph-François Charpentier de Cossigny de Palma du nom d'une habitation qu'il possédait à Plaines-Willhems, vendue au vicomte d'Houdetot, fils du précédent.-Le troisième est David Charpentier de Cossigny cousin de Joseph-François et neveu de l'ingénieur. Il fut gouverneur de l'Isle de France du 26 août 1790 à juin 1792.Une dépêche du ministre de la Marine datée du 25 février 1791 est adressée au gouverneur de l'Île de France. Elle annonce que les suppléants Monneron et Demissy ont fait valoir leurs droits et avaient été admis à l'Assemblée nationale.

France et des Indes Orientales. Cette confusion spatiale a été relevée par A. Brette dans sa contribution à La Révolution française[99]. Car il y eut deux autres Monneron députés à cette même Assemblée : Jean Louis Monneron, titulaire désigné le 19 septembre 1790 par suite de la démission de Philibert Augustin Bernard de Beylié et de Joseph de Kerjean, et Charles Claude Ange Monneron, député d'Annonay. Les colonies ne distinguaient pas l'affiliation de leurs députés à l'un des trois ordres, noblesse, clergé et Tiers état.

Par miracle, les instructions que Colin et Codère avaient par devers eux avaient pu être retrouvées parmi les débris de *L'Amphitrite*. L'Assemblée coloniale assurait l'Assemblée de la volonté des îliens de se conformer aux lois qui n'étaient pas abrogées et manifestaient leur « attachement inviolable aux décrets de l'Assemblée nationale sanctionnés par le roi, voilà leur catéchisme et leurs lois ». C'était là une démonstration sans appel de l'attachement des îliens aux normes en vigueur, notamment à la souveraineté royale.

Après la disparition de Collin et de Codère, fut établie la liste des suppléants suivante, en vertu du décret du 12 février 1791 I. Pierre Monneron- II. Demissy - III. Cossigny de Palma-IV. Chauvet – VI. Yvon- VII. Le chevalier de Fleury- VIII. Babaud de Marseille – IX. Broutin – X. Gouly – XI. Pigeot de Saint Valéry- XII. Magon de La Villebague [a. Colin b. Codère].

Les personnalités de Monneron et Demissy, choisis à six mille lieues pour assurer une commodité de représentation de l'Assemblée coloniale dans la Métropole sur la base de leur activité passée de négociants à l'Isle de France portait à faux en ce qui concernait leurs propres opinions sur l'abolition de la traite ou la situation des Noirs dans l'Isle de France.

On attribue à Pierre Antoine Monneron un vibrant plaidoyer qu'il déploya devant l'Assemblée le 13 mai 1791 en faveur des Gens de couleur, afin qu'ils soient à égalité de droits avec les Blancs : « *l'Isle de France est peuplée d'affranchis, de mulâtres et surtout par un très grand nombre de Gens de couleur dont les uns ne portèrent jamais les chaînes de l'esclavage et les autres comptent des ancêtres libres au-delà d'un siècle* ». La paternité conjointe est faussement attribuée à Samuel Demissy, car ce dernier ne rejoignit l'Assemblée que plus tard.

Demissy remplaça tardivement Codère, ne fut admis que lors de la séance du jeudi 28 juillet 1791. Ainsi, il apparaît que Monneron et Demissy ont siégé au maximum deux mois ensemble car Monneron démissionna en septembre 1791.

En octobre 1791, la Constituante envoya deux commissaires aux Isles de France et Bourbon à charge de maintenir l'ordre et la tranquillité publique.

---

[99] Revue d'histoire contemporaine, vérification des pouvoirs à l'Assemblée constituante, page 26.

Anne Joseph Maurès de Malartic releva le 16 juin 1792 David Charpentier de Cossigny du gouvernement. Il arriva à l'Isle de France par la frégate *La Fidèle* accompagné de quatre commissaires dont Jacques François Le Boucher et Daniel L'Escalier pour l'Isle de France. Il resta fort longtemps à la colonie, car il demanda vainement à être remplacé. Il y mourut en 1800.

Les frères Monneron subissaient pour avoir plaidé la cause des libres de couleurs, les attaques les plus virulentes des colonialistes de Saint-Domingue. Pierre Antoine Monneron fut la cible d'attaques qui avaient pour but de salir la réputation de son frère Louis et de lui-même. Il fut contraint de faire imprimer le 1$^{er}$ septembre 1791 et publia avec sa qualité de député de l'Isle de France un Mémoire en défense contre Berthelmot et subsidiairement Arthur Dillon, député de la Martinique à l'Assemblée nationale. Berthelmot l'accusait ainsi que son frère Jean Chrysostome Janvier, avec lequel il était en société à l'Isle de France de s'être approprié dans des conditions avantageuses les biens de Paul Pierre D'Arifat pour le tiers de leur valeur. La vente de l'établissement de D'Arifat à Monneron avait été faite sur le pied de 255 000 livres. De plus Pierre Antoine Monneron était accusé d'avoir tenté de favoriser à l'Isle de France l'envoi de commissaires à lui complaisants Vaudran, Vata et Melon, et s'opposer à celui de [Le] Boucher. Il s'en défendit n'en ayant que parlé avec le Ministère et conféré à ce sujet avec son collègue Demissy [100].

Monneron siégea seul pendant cinq mois, et il n'est pas du tout sûr que les propos qu'il tint devant l'Assemblée sur la condition des Noirs aient été du goût des élus de l'Assemblée coloniale. Quant à Samuel Demissy, si les colons de l'Isle de France avaient été au courant de son adhésion à la Société des Amis des Noirs, peut-être qu'ils l'auraient rayé de la liste des suppléants.

En tout cas, et les historiographes de Maurice comme Albert Pitot, Auguste Toussaint et Doojendraduth Napal et les archivistes d'Unienville sont unanimes à confirmer que l'Assemblée coloniale constatant que l'un et l'autre n'avaient donné de leurs nouvelles quant à l'exécution de leur mandat devant l'Assemblée nationale, fit partir le sieur d'Adhémar chargé de remontrances dans la perspective de prendre le relais de Monneron qui devait démissionner ou devait être remplacé. L'Assemblée Coloniale envoya des instructions précises à Monneron et Demissy par la frégate *La Méduse* qui repartait de Port-Louis le 1$^{er}$ août 1791[101].

---

[100] P. Didot l'aîné 1791 BN LK 9 168 P 87/2318 numérisé sous Gallica. Lescalier, Le Boucher, Tirol et Dumorier commissaires civiles à l'Assemblée coloniale de l'Isle de France furent envoyés au titre de la loi du 22 août 1791 et du 11 janvier 1792 à l'Isle de France pour y maintenir l'ordre et la tranquillité publique et veiller à l'exécution des décrets de l'Assemblée nationale.

[101] La mention de ce qu'en juin 1791 Louis Guérin d'Adhémar, juge de paix des Plaines Wilhems, capitaine dans les régiments de l'île Bourbon et de l'île de France aurait été nommé le 22 juin par les îliens, député à l'Assemblé permanente surprend. Il serait parti en France le 1er juillet 1791 par le navire *La Méduse*. Il serait revenu de la métropole embarquant à Lorient le 26 mars 1792, débarquant à Port-Louis le 23 juillet.

Ce n'est pas pour autant que le siège vacant de Monneron fut remplacé tout de suite. Il fallut attendre l'arrivée en février 1792 de Joseph François Charpentier de Cossigny dit « de Palma », nom de son habitation dans le quartier des Plaines Wilhems.

À la suite du départ de Monneron, Demissy se joignit au député de l'Isle Bourbon[102] pour porter conjointement les représentations des deux îles auprès de l'Assemblée nationale et des autorités.

Le mandat de Samuel Demissy à l'Assemblée nationale s'accomplit le temps du déroulement de la seconde campagne sur l'Inde qu'il lança avec le navire le *Henry Quatre*. Il siégea au total à l'Assemblée nationale pendant 15 mois, une fois que le vaisseau partit comme l'atteste la soumission devant l'amirauté de La Rochelle du 2 mai 1791 où il comparait en personne[103] pour un embarquement effectif à la fin du mois. De même ses affaires le rappelèrent à La Rochelle quand *Le Henry Quatre* navire armé par Demissy revint décharger dans des conditions difficiles à Lorient en octobre 1792.

Joseph François Charpentier de Cossigny fit tout ce qui lui était possible pour rassurer ses mandants de l'Isle de France afin de contrecarrer les projets favorables aux gens de couleur[104]. L'Assemblée coloniale fut résolument contre le projet de libérer les esclaves.

En janvier 1792, Cossigny (de Palma), troisième suppléant dans l'ordre, remplaçant de Monneron, aurait ouvert avec Demissy un bureau au 81, de la rue Mirabeau (appellation portée à la suite du décès de Mirabeau, car il y habitait au 42, actuellement Chaussée-d'Antin) où ils travaillèrent intensément pour défendre les intérêts de l'Isle de France, notamment le 29 avril 1792, obtenir de la part du Comité de l'Assemblée nationale : du numéraire, des renforts de troupes : que le montant des troupes destinées à la défense des colonies soit porté à 10 498, et que pour l'Isle de France il soit de 3 130 hommes et en vaisseaux, en prévision d'une guerre contre l'Angleterre et des sièges pour l'Isle de France à la Convention. Plus tard Marie Benoît Louis Gouly qui figurait en dixième position sur la liste officielle de 1791 et Jean Jacques Serres dont le nom n'y était pas recensé, ce qui prouve de nombreux désistements, furent élus le 15 février 1793 députés de l'Isle de France à la Convention Nationale. Leur vaisseau *La Pauline* fut pris par les Anglais le 16 septembre 1793. Ils y siégèrent du 5 octobre 1793 jusqu'en 1797.

---

D'Adhémar déclina le siège en septembre. Aucune trace de cette tentative ne figure dans son dossier à l'ANOM.
[102] Elle prendra le nom d'île de La Réunion le 19 mars 1793.
[103] AD/17, B 259, page 505.
[104] L'esclavage à l'Isle de France (Île Maurice), de 1715 à 1810, Karl Noël Éditions Two Cities Paris, Archives Port-Louis art. 100, pp.141 et suiv.

## Samuel de Missy (1755-1820), armateur rochelais sur l'océan indien

En son absence de La Rochelle, Samuel Demissy avait confié ses affaires à son « cher » Bouteiller[105].

Il lui écrivit :

« Paris le 20 septembre 1791 : Je vous ai demandé de tenir un brouillard. Ce n'est que pour vérifier l'exactitude de celui que je tiens ici. Il n'y a pas de nécessité urgente.

Ne faîtes aucune poursuite pour le billet de M. Chalons de 75 livres. Je sais qu'il est ici, car je l'ai vu il y a trois semaines. Mais il doit être retourné à La Rochelle. Ne vous fatiguez pas à aller demander à M. [Jean Paul] Bétrine les 100 livres qu'il me doit[106]. Laissez écouler quelque temps. Je suis un peu étonné de ce qu'un Ministre du Saint-Évangile soit aussi peu exact ; ces Messieurs ne valent pas mieux que les autres. Il y a longtemps que je m'en doute [...]. Vous aurez sans doute prévenu MM. Monneron que vous avez annulé la traite de 7 224 livres sur eux. C'est nécessaire. M. Mailfaire [Augustin Laurent, receveur des Fermes pour les traites[107]] vous a-t-il tenu compte de 21 livres qu'il me doit pour un mandat que je lui ai fourni avant mon départ sur M. Vincens [page 2].

Prévenez encore Lefebvre que M. de Colincourt [Caulincourt] de La Meslière* me paraît décidément être un escroc. Il conviendrait de prendre les mesures nécessaires pour savoir qui il est. Cet homme a fait beaucoup de dettes à La Rochelle et en apparence à plusieurs personnes. Il s'est en outre introduit dans plus d'une maison honnête. Dîtes à M. [Jean Baptiste] Nairac que j'ai parlé de nouveau à M. Fréteau, ce qu'il m'a répondu devoir remettre les pièces qui lui ont été adressées à M. [Paul] Nairac l'aîné à qui il a dû dire en même temps ce qu'il en pense. Voyez M. de Cammuya [ Camuzat* ?]. Faîtes-lui mes amitiés et dîtes-lui que M. Foucauld doit lui remettre par ce courrier le récépissé des 52 000 livres qu'il m'a comptées pour lui. M. Camuzat* vous rendra ce récépissé pour lequel il faudra lui passer un contrat de rente à 3 % l'an franc de toutes [page 3] retenues et l'hypothèque sur la terre de Richebonne [acquise comme Bien national]. Vous compterez au district ces 50 000 livres à valoir sur mon acquisition. Cela fait on vous remettra toutes les pièces qui la

---

[105] AD/17 3 E 1000 ; 4 janvier 1792 décharge Demissy à Payneau Charles Borommé Payneau orfèvre et Jean Ourse Hyacinthe Ouvrard aussi orfèvre Samuel de Missy étant à Paris, son commis Bouteillé leur a fait compter 17 496 livres 19 sols 12 deniers que Missy avait touché de la succession de Marie Élizabeth de Berneghem droits de la demoiselle Payneau. Voir également AD/17 3 E 999.

[106] Jean Paul Bétrine fut pasteur de l'Église de Nantes et le 8 novembre 1775 reçut sa vocation des anciens et diacres des Églises du pays d'Aunis. Il abjura sa foi protestante. Il siégea dès octobre 1789 à la Société de bienfaisance. Il fut l'un des fondateurs de la Société des Amis de la Constitution qu'il présida en 1791. A ce titre et dans ce Cercle on parla beaucoup de l'engagement de Missy dans la Société des Amis des Noirs. Notable de la commune il était désigné en 1793 comme agent national et nommé en nivôse an II dans la Commission des îles du vent.

[107] Les traites ou douanes étaient des droits à l'exportation ou à l'importation des marchandises, perçus non seulement pour le commerce avec l'étranger, mais pour le commerce de province à province et même de ville à ville.

concernent. On a décrété hier que la législature actuelle finira le 30. Mais je ne suis pas certain si les députés des colonies ne passeront pas à la suivante.

Mes amitiés à ma sœur et beaucoup de choses à mes amis. Dîtes à M. Camuzat* que j'ai reçu sa lettre il y a peu de jours. Je lui écrirai dans peu relativement aux 20 milles qu'il veut placer. MM. Richemond & [Nicolas Delahaye ?] Dumeny recevront ce qu'ils m'ont demandé par la diligence qui partira lundi.

Le 4 janvier 1792, alors que Demissy se trouvait à Paris, la famille Peyneau de leur profession orfèvres résidant aux Sables d'Olonne reconnut avoir reçu du commis Bouteiller la somme de 1 796 livres 19 sols et 9 deniers que Samuel Demissy s'était vu remettre à Paris devant M$^e$ Péan de Saint Gilles, somme qui correspondait à la part revenant à la famille Peyneau dans la succession de Marie Élizabeth de Beringhen dont le testament avait été déposé le 3 mai 1789.

Quand Demissy repartit à La Rochelle pour « affaires importantes », il allait se marier le 5 septembre avec Louise Esther Liège, Joseph François Charpentier de Cossigny pour l'en excuser écrivit à l'Assemblée coloniale le 16 septembre 1792 que « *M. Demissy a continué de remplir jusqu'à présent les fonctions de député de l'Isle de France auprès de l'Assemblée nationale avec un zèle qui ne s'est pas démenti* ». En revanche, les biographes mauriciens Harold Adolphe et J. Raymond d'Unienville, écrivirent que Samuel Demissy rejoignit l'Assemblée nationale comme député de l'Isle de France depuis juin 1791 jusqu'à septembre (août) 1792, que celui-ci fit montre d'une présence des plus discrètes, car il ne s'exprima pas notamment sur la question très controversée de l'esclavage dans les colonies. Et pour cause, dans son cœur, il demeurait inconditionnellement l'ami des Noirs. Michel Broutin succéda à Demissy. Broutin était encore présent aux côtés de Joseph François Charpentier de Cossigny en juin 1793.

Pendant son séjour à Paris, Samuel Demissy écrivit à son cousin Samuel Pierre Meschinet de Richemond. Cette correspondance a fait l'objet en 1884 d'une publication posthume par Louis Marie Meschinet de Richemond archiviste départemental de la Charente-Maritime. Dix lettres du 13 novembre 1789 au 29 décembre 1789 à son cousin Meschinet de Richemond ont été reproduites : <u>Lettres inédites d'un armateur rochelais.</u>

10.7.- Mairie de La Rochelle : Occasion manquée de 1790 et retour en 1795
10.7.1.- Les élections de 1790
À l'aube de la Révolution, La Rochelle était dotée d'une communauté de ville où le maire était choisi par le roi parmi trois candidats présentés par le Corps de ville. Charles Jean Marie Alquier avait été nommé par brevet le 10 mai 1788 pour une durée de deux ans. Comme il fut élu en mars 1789 député de l'Aunis aux États généraux, Jean Gilbert de Gourville fut appelé à lui succéder.

Samuel de Missy (1755-1820), armateur rochelais sur l'océan indien

Le 12 novembre 1789, l'Assemblée constituante décida de modifier le régime applicable aux municipalités. Le nom de commune se substitua à celui de paroisse[108]. L'administration des villes fut confiée à un corps municipal composé d'un maire et d'officiers municipaux appuyés par un Conseil général de notables qui tous deux réunis formaient le Conseil général de la commune. Ce dernier était élu au suffrage censitaire par une assemblée primaire.

Pour une ville comme La Rochelle dont la population était comprise réglementairement entre 10 et 25 000 habitants, la loi du 14 décembre 1789 autorisait la nomination de douze officiers municipaux y compris le maire. Il fallait y ajouter vingt-quatre notables qui sont en quelque sorte l'équivalent de nos conseillers municipaux actuels. Le corps municipal se composait de trois officiers municipaux dont le maire (les adjoints au maire actuels). Le bureau était une formation réunissant le tiers des officiers municipaux y compris le maire, chargée de tous les actes d'exécution. Les deux autres tiers se dénommaient le Conseil. Il fallait ajouter l'intervention du Conseil général des notables quand sa présence était souhaitée par le maire. Étaient électeurs les hommes âgés de 25 ans, payant une contribution directe de la valeur de trois journées de travail qui prouvait leur qualité d'actif, n'étant pas dans un état de domesticité. Ce régime prit effet en janvier 1790 et cessa en octobre 1793.

L'élection du premier magistrat de la ville se faisait à la majorité absolue des votes exprimés par les assemblées des électeurs réunies par districts. Celle des autres membres du Conseil municipal était soumise au scrutin de liste double, proposant un choix de postulants du double des officiers municipaux à élire. Ces assemblées ponctuelles étaient dissoutes lorsque les élections étaient terminées.

Les élections se déroulèrent à La Rochelle du 18 au 23 janvier 1790. La ville se trouvait partagée en cinq districts dotés chacun d'un président élu, tenant compte de la géographie des paroisses dont l'importance était la suivante : Notre-Dame, 780 maisons, Saint-Barthélemy, 710 maisons, Saint-Sauveur, 648 maisons, Saint-Jean du Perot, 488 maisons et Saint-Nicolas, 486 maisons. Demissy se trouvait être compris dans les citoyens actifs du district de Saint-Barthélemy. Des assemblées de section avaient été convoquées dès le 14 novembre 1789. On vota dans les cinq églises. Lambertz estime qu'il ne s'y rendit pas la sixième partie des votants. Dès le 18 janvier Denis Joseph Goguet, catholique anobli[109], directeur de la Chambre de commerce fut

---

[108] Sylvie Denis, page 15 dans La Rochelle dans la Révolution – Comité municipal du Bicentenaire de la Révolution française – Ville de La Rochelle, juillet 1989, Préface Michel Crépeau Aubin, imprimeur Ligugé.

[109] Joseph Denis Goguet électeur de la noblesse. Son père Denis avait acquis une charge de secrétaire du roi en 1769 et le château de La Sauzaie situé sur la commune de Saint-Xandre. Il avait armé Le Sartine pour faire la traite des nègres en 1789. De 1772 à 1789, on le trouve armateur des navires : Le Dahomey, Le Pyrrha, La Ville du Prince, Le Sartine, La Victoire, Le Marquis de Voyer, Le Postillon, Le Glaneur, Le Meulan, Le Lutin, pour la Guinée et Saint-Domingue.

élu maire à la majorité absolue avec 61% des voix. Il fallut attendre le 25 pour que l'on connaisse le nom des onze autres officiers municipaux : Daniel Garesché, Perry père, Collet père, Pierre Joachim de Baussay, Jacques Chamois, l'abbé Jean-Baptiste Souzy, Jean-Baptiste Mirlin, curé de Saint-Barthélemy, Joseph Chaize, Drouhet, notaire, Laurent (?) Tasché, négociant, Massias, noble. Jacob Lambertz écrivit : « Voilà quatre protestants, Daniel Garesché, Jean Perry, Joachim de Baussay, François Elie Chamois, officiers municipaux et salua le processus : « Personne ne pouvait croire à cette possibilité il y a un an ».

La fonction de maire était bénévole, donc non rémunérée. Elle était chronophage et mettait le maire en position de responsabilité face à ses électeurs. Aussi, Denis Joseph Goguet refusa-t-il en premier lieu cet honneur[110]. Il se laissa convaincre néanmoins par une « députation de la ville » [groupe de citoyens] et accepta son élection. Tous prêtèrent serment le 25 janvier 1790.

Ce processus électoral s'était déroulé alors que Demissy était resté à Paris. Tout indique qu'il n'a pas cherché à briguer cet honneur à ce moment-là. D'ailleurs, il ne semble pas que son nom ait figuré sur la liste. Le professeur de rhétorique, Édouard Dupont pense qu'il s'est trouvé là une occasion manquée pour lui de devenir maire de La Rochelle, mais qu'elle fut ratée en raison de son implication pour la cause des Noirs et des remous que cela avait causé. Il écrit : page 558 de son ouvrage <u>Histoire de La Rochelle</u> chez Mareschal, imprimeur de la préfecture, 1830 : « *Un citoyen distingué* [M. Demissy] *qui en toute autre circonstance eût disputé la place de maire et se fût assurément trouvé en tête des officiers* [page 559] *municipaux fut repoussé de toutes les catégories parce qu'on avait appris qu'il s'était affilié à la société des Amis des Noirs à Paris où il avait été porter le don des volontaires nationaux* ». Et d'autres d'en déduire « *Cette démarche lui coûta la mairie lors des élections de 1790* ». Peut-être fut-il déclaré paria par les Rochelais, puisqu'il ne fut pas même désigné notable[111] ni membre du Tribunal de district. Il ne devint maire de la ville que cinq ans plus tard, en mai 1795.

L'une des principales tâches, antérieurement dévolues à l'ancien intendant Guéau de Reverseaux, fut d'assurer les subsistances de la ville et de les mettre en magasin. C'était pour le pain un problème récurrent car La Rochelle avait estimé des années

---

[110]<u>Night the Old Regime Ended, August 4, 1789, and the French Revolution.</u> Michael P. Fitzsimmons, Penn State Press, novembre 2010.

[111]Les 24 notables par ordre de suffrages Poupet, courtier d'eau-de-vie, Sabourin, ancin fermier des Messageries, Pavie, négociant, Peyrusset (Peyrusse), Pellier (Pellié), Renoulleau, de Chassiron, Lespinas, J. Ranson, Roudès, Lanusse aîné (négociant), Joly aîné, Chauvet imprimeur, Busson, Paronneau, Pinasseau, Pinet, orfèvre, Desly, Thomas, maître-menuisier, Darbellet, (Darbelle) Robert apothicaire, Paul Garreau, Millot (Millot), maître serrurier et Jaucourt, curé de Notre-Dame. Jean Aimé de La Coste président du tribunal de district de La Rochelle ; autres Alquier, Seignette, Billaud père et Grissot nommés pour six ans.

durant qu'il était plus avantageux d'acheter la farine de blé à l'étranger plutôt que dans les provinces voisines. Les terres de l'Aunis ne pouvaient pourvoir aux besoins de la population car majoritairement plantées de vignes. Le négociant Jacob Lambertz craignit un catapultage des cargaisons commandées par les négociants en provenance des États-Unis et commandées par le Comité des subsistances créé en septembre 1789 sous la caution du Conseil général et de la mairie, avec le produit de la moisson prochaine[112]. Un temps trop pluvieux donna raison aux négociants. Claudy Valin écrit que Daniel Garesché officier municipal n'avait pas su gérer la grande émeute frumentaire de 1790[113]. Quelques années plus tard, en 1793, Joseph Marie Lequinio envoyé du peuple ordonna à des propriétaires fonciers d'arracher de leurs vignes pour y développer la culture du blé. Qui sous l'Ancien-régime aurait osé pendre une telle décision ?

En avril 1790 un premier navire débarqua des États-Unis chargé de 2 400 barils de farine. En 1791, deux autres suivirent. En 1792, trois, quatre en 1793 et 1794. L'apogée fut atteint en 1795 avec treize et en 1796 avec vingt-deux arrivées. Ces commandes auraient été à l'initiative de François Gabriel Admirault membre du Consistoire, trésorier des Invalides de la Marine depuis 1787, d'Étienne Charruyer, de David Garesché, de Michel Poupet et de Conrad Achille Weis qui servit d'intermédiaire pour le Comité des subsistances. Samuel Demissy n'en fut pas. Sans nul doute, il n'avait jamais posé de jalons avec des correspondants aux États-Unis.

L'abbé Jean-Baptiste Souzy président du Comité de subsistance tranquillisé par le déroulement apaisé des premiers jours de la Révolution s'avisa de faire valoir aux négociants étrangers ou français tout l'intérêt que le déchargement et le stockage des céréales au port de La Rochelle même celles destinées à être acheminées vers d'autres provinces pourrait présenter. Il fit publier dans la <u>Gazette nationale</u> du 11 décembre 1789, page 506, un avis bien optimiste : *Le Comité de subsistances de La Rochelle, informé que plusieurs négociants de différentes parties de l'Europe se proposaient d'envoyer des grains en France & que ces négociants ont été retenus par la crainte que les cargaisons fussent pillées par le Peuple, crainte suggérée par des personnes mal intentionnées, fait prévenir les négociants & capitaines étrangers, de quelque partie du monde qu'ils soient que leurs vaisseaux & cargaisons de grains & de farines jouiront dans le port de La Rochelle de toute sûreté et liberté; qu'il ne sera apporté aucun trouble au déchargement, emmagasinement, s'ils jugent opportun d'emmagasiner, ni à la vente, le Comité ayant pris les mesures nécessaires pour s'assurer ne cas de besoin (ce qui n'est pas à présumer puisqu'il n'y a eu aucun trouble dans cette province), des secours & de la main-forte des troupes nationales & de celles*

---

[112] Lettre 30 avril 1790.
[113] <u>Un maire de La Rochelle sous la Révolution</u>, Persée.

*de la garnison*. 17 novembre 1789, Signé Souzy, chanoine de la cathédrale, président du Comité, Morins, avocat, commissaire et secrétaire du Comité.

Six mois plus tard, ce discours placide fut pulvérisé par les crises frumentaires qui se succédèrent dans le Haut et le Bas-Poitou. Le 18 mai 1790 un attroupement avait voulu s'approprier deux cents tonneaux de blé que Necker avait fait venir de Dantzig par *Le Prince Wilhem* pour pallier l'insuffisance des subsistances du Bas-Poitou. Au port, les manifestants voulurent s'approprier la cargaison. Garesché adjoint au maire s'interposa. Il fut menacé ainsi que ses biens.

En décembre 1790, Paul Garreau au nom du Comité des subsistances fit venir du blé de Rouen à La Rochelle sur le navire *La Jeanne Charlotte,* capitaine Alexandre Desjardin, valeur trente mille cinq cents livres [114].

Le conseil municipal fut renouvelé par moitié en novembre 1790. Le premier scrutin se déroula le 14 novembre 1790, sans parvenir à une majorité absolue de 217 voix. Au troisième tour Denis Joseph Goguet fut réélu maire et Daniel Garesché devint le premier officier. Goguet se démit de ses fonctions de maire en juillet 1791 et aussi de celles de la Chambre de Commerce. Il ne put plus soutenir la cause des prêtres réfractaires. Après avoir tenté d'apaiser une réunion tumultueuse où il fut brutalisé le 26 juillet 1791, Goguet démissionna le lendemain. Il jugeait qu'il avait perdu la confiance des Rochelais. Le 16 novembre Garesché lui succéda après huit scrutins.

Le 14 janvier 1792 Daniel Garesché offrit par une lettre adressée au président de l'Assemblée nationale une contribution patriotique de 50 000 livres pour subvenir aux frais de guerre. Son propos était nourri d'affection : « *Cette somme est à la disposition de l'Assemblée nationale. L'acceptation qu'elle voudra bien en faire me procurera la plus douce des jouissances*[115] ».

Quatre négociants d'importance, dont lui-même et son prédécesseur Denis Joseph Goguet tombèrent en faillite peu après à cause de l'effondrement de l'économie de Saint-Domingue. Benoît Jullien dans l'ouvrage collectif <u>Les Huguenots de l'Atlantique,</u> Les Garesché, page 479, attribue la cause de la faillite de Daniel Garesché à la confiscation de son navire *Le Reverseau* par la municipalité de Port-au-Prince et l'impossibilité de récupérer les barriques de sucre attendues en paiement des centaines d'esclaves qui formaient la cargaison humaine du bateau négrier. Cette situation incommode le fit démissionner le 30 mai 1792. Mais il reprit ses affaires et peu après remboursa ses créanciers. L'année suivante Garesché fut retenu à Paris par ordre du Comité de sûreté générale de la Convention du 5 avril 1793 pour s'expliquer

---

[114] AD/17, 41 ETP 38 f° 287.
[115] 16 janvier 1792 n° 16, <u>Gazette Nationale ou Moniteur universel</u>.

auprès de la Convention nationale pour la poursuite d'une affaire importante soumise à l'examen et la discussion du Comité de la Marine[116].

Le 2 février 1791, la Chambre de commerce fit arborer le pavillon national tricolore hissé par Carayon doyen des négociants sur *Le Tigre*, de 300 tonneaux appartenant à Jacques Guibert. Le navire partit quelques jours plus tard pour l'Isle et Côte de Saint-Domingue (soumission du 9 février), peu avant que la plaine du Nord ne s'embrase du fait de la révolte des Noirs. À l'issue de cette cérémonie Samuel Demissy invita la municipalité et le Commerce à participer à un *Te Deum* à Saint-Sauveur.

Le 2 avril 1791, les funérailles grandioses qui furent organisées à la mémoire de Mirabeau à Saint-Eustache et à l'église Sainte-Geneviève rebaptisée Panthéon eurent leur réplique à La Rochelle en 1791.

Il se pourrait même que Samuel Demissy puisse avoir été l'un des premiers à être prévenu de la mort de ce grand tribun par une missive envoyée personnellement depuis Paris. Il demanda qu'un hommage soit rendu. Le conseil d'administration de la Garde nationale dont il était commandant, arrêta que pour manifester ses regrets à cet illustre patriote, elle porterait le deuil pendant 8 jours.

Le Conseil municipal de La Rochelle emboîta le pas. Sur le réquisitoire de Jean Aimé de La Coste procureur de la Commune, le Conseil général de la commune (équivalent au Conseil municipal) arrêta « une prise de deuil pour huit jours à commencer de dimanche prochain dix de ce mois [d'avril] pour la mort de M. Mirabeau survenue le 2 avril 1791. Il déclara : « Considérant que les talents sublimes qu'a déployés M. Mirabeau dans les travaux de l'Assemblée nationale, son attachement à la Constitution française dont il était un des principaux coopérateurs, la manière héroïque avec laquelle il a défendu la liberté et les droits de la Nation [ .]. Tous les citoyens sont invités à se conformer au présent arrêté. Signé : Denis Goguet (négociant), Daniel Garesché (négociant), Jean Perry (négociant), Pierre Jérémie* Garreau (négociant), Jacob Chaize (?), Étienne* Jolly, Jacques Drouhet (notaire), Perrusset, Jean* Robert, Sabourin, Busson (maître-boucher), Étienne Pavie (libraire) ».

Le jour même de la célébration à Paris des funérailles de Mirabeau, Samuel Demissy fit partir son navire *Le Henry Quatre* pour effectuer une seconde campagne dans

---

[116]Son château de L'Hermenault anciennement demeure d'été de Mgr. François Joseph Emmanuel de Crussol d'Uzès, près de Luçon, dont il avait fait abattre une aile, était devenu le quartier général de l'ennemi de la République fut complètement saccagé. Le 11 (12 juin) 1793 lors de l'attaque victorieuse de Bernezais, douze hommes furent tués, soixante mules et mulets vingt-deux chevaux quarante ou cinquante bêtes à corne, des grains et un nombre considérable d'effets. Une autre aile du château fut abattue pendant la canonnade. Trente prisonniers furent libérés. Bien que le château appartienne à un républicain, Bernezais se servit au passage. Il dépouilla sans vergogne la demeure de ses meubles et effets qui furent vendus à l'encan et en perçut le prix.

l'océan indien. La précédente aurait dû avoir été fructueuse, mais plus encore la nouvelle expédition s'inscrivait dans le cadre d'une totale liberté de navigation au-delà du Cap-de-Bonne-Espérance et promettait une rentabilité jamais connue. Des consignes très détaillées furent données au subrécargue Boutet quant à ses choix de navigation et d'achats de marchandises.

Trois mois plus tard, Samuel Demissy se rendit à Paris en tant que deuxième député suppléant de l'Isle de France à l'Assemblée constituante pour rejoindre Pierre Antoine Monneron. Il siégea donc du 28 juillet 1791 et jusqu'à mi-août 1792, peut-être de manière discontinue. Malgré lui, il s'éloigna de la vie rochelaise et manqua sans doute des occasions de s'inscrire dans les instances dirigeantes de la cité ou du nouveau département. À défaut, il aurait pu participer aux sociétés populaires rupelliennes qui par décret de novembre 1791 de l'Assemblée législative avaient le « droit de s'assembler et de former entre eux [elles] des sociétés libres », à charge de ne pas troubler l'ordre public.

Ainsi il n'arriva pas à temps à Paris pour voir approuver le versement de 50 000 livres voté en juin 1791 pour subvenir aux travaux déblaiement des travaux du port de La Rochelle.

En son absence de La Rochelle, il ne put non plus s'inscrire dans l'élan de solidarité qui inspira six négociants rochelais se proposant d'armer leurs navires en transport de troupes afin de secourir les colons de Saint-Domingue en proie aux révoltes des esclaves[117]. Compte tenu de ses convictions vis-à-vis des Noirs, il se serait trouvé en porte-à-faux. Louis Admirault offrit les services du *Bon père* propre au transport de 200 hommes, Goguet *Le Sartine,* 500 hommes, Guibert, *Le Puységur,* 500 hommes, Garesché, *Le Forcalquier,* 500 hommes, les susdits bâtiments susceptibles d'être expédiés sous quinze jours, de Baussay, *Le Duc de Normandie,* 200, pour partir dans un mois, Jean Lanusse, *Le Bonhomme Richard,* 600, pour partir sous deux mois. Rien de tel de la part de Demissy car *Le Henry Quatre pour* son second voyage avec chargement de marchandises avait fait pour l'Isle de France et de Bourbon en mai 1791[118].

Samuel Demissy ne vit pas la transformation qui s'opéra en 1792 dans l'administration de la ville de La Rochelle, car il se trouvait à Paris, au moins jusqu'en août 1792 pour honorer sa désignation de deuxième député suppléant de l'Isle de France.

Deux tentatives d'homicide eurent lieu le 6 février 1792 contre Jean-Baptiste Mirlin ancien curé de Saint-Barthélemy et Jaucourt ancien curé de Notre-Dame auxquels on

---

[117] AD/17, 41 ETP 8, 226/258, f°222, séance du 4 novembre 1791.
[118] AD/17, B 259 496/505, 2 mai 1791.

envisageait de « décerner les honneurs de la lanterne ». Le 28 mai, les Rochelais se mobilisèrent en masse avec nombre de soldats pour débusquer les prêtres réfractaires considérés comme des ennemis de l'intérieur, soi-disant cachés dans la chapelle des Augustins. Ils continuèrent leur quête des suspects en direction du couvent des Ursulines et de celui des Saintes-Claires.

Le 30 mai 1792, un arrêté pris en commun par le Conseil général de la Commune et le Directoire du district de La Rochelle ordonna à tout curé réfractaire de quitter La Rochelle dans les trois jours[119].

Y-avait-il surenchère de la part des négociants protestants afin de se prémunir des vents mauvais propulsés par des citoyens en proie à une jalousie ou à un règlement de comptes. Leur générosité ostentatoire envers la commune ou l'État pouvait-elle constituer une protection ? Parmi les premiers contributeurs, c'est Daniel Garesché qui domina le plus. Le 14 janvier 1792, il offrit en guise de nouvelle contribution patriotique à la Nation une avance gratuite de 18 000 livres, puis une autre de 50 000 livres. Mais cette même année, Demissy se distingua à son tour, contribuant au premier emprunt forcé de l'an I pour le montant le plus élevé : 25 280 lt, Joachim de Baussay, 19 502 lt et Robert Callot 19 837 lt, qui à eux trois assurèrent presque totalement l'emprunt forcé[120]. Pour l'emprunt forcé du 19 frimaire an IV [10 décembre 1795] sur les citoyens aisés de la République, Demissy apparut comme un contributeur moyen. Les citoyens étaient divisés en seize classes. Le montant « prêté » même en assignats dépendait de l'estimation de la fortune qui déterminait la taxation. Les plus fortunés Morisson, Harouard de Saint Sornin, Weis père et Gilbert des Borderies dont le patrimoine était estimé à 500 000 lt, 700 000 lt, 500 000 lt furent taxés pour le premier à 6 000 livres et pour les trois autres à 3 000 lt. Demissy dont la fortune était estimée par certains à 450 000 livres fut taxé à 1 200 livres. Cette même année Samuel Demissy apparut encore comme un prêteur de fonds à la ville. Sur les 206 000 livres dont elle avait besoin, il lui prêta 30 000 livres à 3 % pour deux ans.

De nouvelles élections municipales furent organisées. Le premier tour eut lieu le 10 juin 1792. Les voix se portèrent sur Paul Charles Robert, maître en pharmacie. Il se récusa. François Dély fut élu au troisième tour de scrutin. Il mit en place les matrices de contribution mobilière pour assurer l'équilibre des finances de la commune, lesquelles avaient été décidées par la Constituante le 13 janvier 1791, mais qui tardèrent à se mettre en place dans bon nombre de départements. Il veilla à ce que

---

[119] Les développements ci-après sont inspirés d'Un maire de La Rochelle sous la Révolution : François Dély (Montauban 1737-La Rochelle 1796), Claudy Valin, Persée.

[120] Les protestants français pendant la Révolution, Olga de Saint Affrique, page 142 in La Rochelle Ville frontière.

la population soit nourrie, et n'hésita pas à évoquer la rouerie des boulangers. Les meneurs du mouvement populaire attisaient le peuple en lui parlant de la cherté du pain. Dély fut réélu à une très grande majorité le 2 décembre 1792.

Le Corps législatif décida le 10 août de suspendre le roi et de retenir la famille royale en otage dans des lieux plus sûrs.

À Paris, Samuel Demissy et le jeune Victor Guy Duperré se retrouvèrent près des Tuileries le 10 août 1792, ou bien l'un des jours suivants, ce qui paraît plausible. Les Sans-Culottes parisiens aidés de Volontaires brestois et marseillais venaient de s'emparer et de saccager le Palais où le roi et sa famille demeuraient après avoir été ramenés de Versailles. Six cents Suisses et bien d'autres personnes venaient d'être massacrés. Nos deux Rochelais furent consternés par ce carnage qui venait de se produire.

À La Rochelle la Société des Amis de la Liberté et de l'Égalité choisit son parti et offrit 1 246 livres pour les veuves et les orphelins du 10 août.

Samuel Demissy aurait assisté le 13 août 1792 à leur départ de la famille royale depuis le couvent des Feuillants pour être conduite au Temple. Elle était escortée par Pierre Louis Manuel, procureur de la Commune, et Pétion, maire de Paris. Arthur Young narra aussi l'épisode. Le roi lui laissa l'image d'un homme « gras ». Quant à la reine, elle avait fort mauvaise mine.

Très vite, un décret du 12 août 1792 de l'Assemblée nationale constituante ordonna de créer de nouveaux collèges électoraux pour les départements. Il devait siéger autant de députés à la Convention nationale qu'il y en avait à l'Assemblée législative. En Charente-inférieure les assemblées primaires de canton pour l'élection des collèges électoraux se mirent en place dans le mois. Celle de La Rochelle, qui recouvrait la ville et le canton fit voter 119 électeurs dont 49 nommés par le canton. L'assemblée finale pour la désignation des onze députés du département se tint du 2 au 4 septembre à La Rochelle, laquelle ville et canton n'obtint qu'un siège attribué au juge de paix Marc Antoine Alexis Giraud[121] époux d'Agathe Soulange Duperré, sœur aînée du futur amiral [122]. À Paris, Giraud fut membre actif du Comité de commerce

---

[121] Giraud noté en 1789, habitant rue de L'Escale n° 614, procureur du roi en la maréchaussée, sa femme, un enfant et deux domestiques. Au même numéro est domiciliée sa belle-mère, madame veuve Duperré.

[122] Les onze députés à la Convention, André Antoine Bernard, déjà membre de l'Assemblée législative, Jean Jacques (de) Bréard l'aîné, maire de Marennes, ancien président, Joseph Eschasseriaux l'aîné, ancien membre de l'Assemblée législative Joseph Niou de Rochefort ancien membre de l'Assemblée législative, Pierre Charles Ruamps ancien membre de l'Assemblée législative ; Jacques Garnier procureur-général du département, Marc Alexis Giraud, juge de paix à La Rochelle en 1790, Pierre Charles Étienne Gustave Dechézeaux négociant à La Flotte, Pierre Augustin Lozeau de Soubise, ancien suppléant à l'Assemblée législative, Jacques Sébastien Dautriche de Saint-Jean d'Angély et Vinet Pierre Étienne de Pons (Saint-Ciers). Quatre suppléants Eschasseriaux jeune Jean Réné, médecin ancien suppléant à l'Assemblée législative, Desgraves Georges, négociant à Saint Pierre d'Oléron, ancien suppléant à l'Assemblée

de la Convention formé le 2 octobre 1792. Il fut l'auteur de cinq rapports, réflexions et projets de décrets qui furent imprimés par ordre de la Convention dont un sur l'amélioration des laines, un autre sur la nécessité de rapporter la loi du maximum, et encore un sur les subsistances, sujet important s'il en était.

De retour de Paris, Samuel Demissy s'unit en septembre 1792 avec Marie Louise Esther Liège, fille de Pierre François Liège, négociant, membre du bureau de Paix de la ville et de la citoyenne Anne Esther Auboyneau. Le contrat de mariage fut signé devant Daviaud et Roy le 5 septembre 1792 [123]. La demoiselle reçut 10 000 livres en avance d'hoirie. Qu'il y ait des enfants ou non, elle disposerait d'un préciput de 50 000 livres. Le futur époux fournira le logement [situé rue de L'Escale, numéroté 7 à l'époque] et l'ameublement et fera toute la dépense de la maison des futurs et de leurs domestiques. Il donna à titre de douaire une rente de 2 000 livres et déclara que ses revenus annuels s'élevaient à huit mille livres. On peut ajouter que pour le calcul des impôts pendant la Révolution, il déclara qu'il possédait un carrosse, un cabriolet, deux chevaux et employait deux hommes et quatre femmes.

Marie Louise Esther Liège était décrite selon son passeport comme ayant une taille d'un mètre 679, ayant le front découvert, les cheveux et sourcils noirs, les yeux noirs, un nez bien fait, une bouche moyenne, un menton rond et un visage rond[124]. Le futur, selon les passeports qu'il sollicita se présentait comme un homme d'un 1 mètre 788, le front large, les cheveux et sourcils châtains, les yeux bleus, le nez long, la bouche moyenne, le menton rond, la barbe châtain et le visage ovale[125].

De nombreuses familles de négociants ou non, mais en tout cas fortunées s'associèrent à l'heureux événement. Le temps de la proscription de Samuel Demissy était bien terminé. Peut-être par l'absence de certains grands armateurs négociants lors de la signature du contrat chez le notaire, comme David Garesché, Rasteau ou même Louis Admirault dont l'absence ne s'explique pas compte tenu des liens tissés dans les décennies précédentes, pourrait-on remonter avec lui la filière du ou des inspirateurs de la cabale menée contre Samuel Demissy à la Bourse à la fin de 1789.

Le contrat de mariage atteste de la présence d'Henriette Élizabeth Demissy, sœur célibataire du futur, Samuel Pierre Meschinet [de Richemond] son cousin et son épouse Henriette Boué, des frères et sœurs issus de germain de Samuel Louis (benjamin des enfants issus du second mariage avec Henriette Boué, Marie (Anne) Henriette Élizabeth (aînée issue du premier mariage avec Sara Gauvin), Marie Anne Alexandrine ( troisième enfant issue du premier mariage avec Sara Gauvin), et

---

législative, Jean-Augustin Crassous de Médeuil, de La Rochelle, siège par ailleurs comme député de La Martinique, Guérin Henri Paul, juge de paix d'Aulnay.
[123] AD/ 17, 3 E 1000.
[124] AD/17, 2/I/5/17.
[125] AD/17, 2/I/5/14.

Henriette Perette (quatrième enfant issue du second mariage avec Henriette Boué) Meschinet [de Richemond]. On note la signature du chevalier de Romefort, celle de son épouse Marie-Adélaïde Fleuriau de Romefort.

Du côté de la future, Marie Suzanne Bernon, son aïeule, veuve de François Liège, ses sœurs Sophie Suzanne Bibiane et Henriette Suzanne Julie, Marie Anne Suzanne Liège, sa tante paternelle, veuve de Benjamin Fleuriau[126], Charles Pierre de Pandin de Romefort et Adélaïde Fleuriau son épouse, des membres des familles [de] La Pommeraye[127], Voutron, Dumoustier, Rabotteau, Ranson, Seignette, les deux frères Harouard, Pierre Étienne Louis Harouard du Beignon et François Henri de Saint Sornin (mention maçonnique) et leurs épouses, Auboyneau [Anne Esther ?], [Moyne] du Vivier, Giraudeau, Weis.

Dans cette France révolutionnaire le pouvoir n'appartenait plus aux corps constitués mais aux représentants en mission, aux sociétés populaires et aux comités révolutionnaires qui incarnaient les idéaux de la minorité agissante. À chacun de ces organes revenait un rôle spécifique : les représentants détachés de Paris étaient les missionnaires politiques de la Convention nationale. Les sociétés populaires tout particulièrement celles affiliées au Club des Jacobins, telles les Sociétés des Amis de la Constitution devenues les Sociétés des Amis de la Liberté et de l'Égalité, étaient chargées de débattre, d'exiger d'exalter, et aussi de désigner à l'épuration, à la prison ou à l'échafaud les contre-révolutionnaires. Les Comités révolutionnaires - dits aussi de surveillance - agissaient comme leur bras séculier. Leur action dépassait fréquemment les bornes fixées par la loi révolutionnaire[128].

La Rochelle fut prise dans l'étau des *missi-dominici* de la Convention à partir de septembre 1793 et du zèle de la Société des Amis de la Liberté et de l'Égalité qui de la hauteur des Lumières passées avait plongé les esprits dans les Ténèbres. De ce fait, la municipalité fut contrainte d'emboîter le pas. La Raison remplaça la Religion. Le 17 novembre 1793, le Conseil général de la commune décida de nommer des commissaires pour adopter un plan de prédication morale et de patriotisme assuré par un citoyen chaque jour de décade. L'église Saint-Sauveur était devenue le Temple de la Vérité. Il ne fut plus question de prêche ou de messe.

---

[126]Malgré son veuvage Marie Suzanne Liège, veuve d'Aimé Benjamin Fleuriau, belle-sœur de Samuel de Missy, fut active en affaires. En 1789, elle fit venir de Port-au-Prince des balles de café pour 50 000 livres chargées par Jean-Baptiste Duliépevre son procureur un temps de l'habitation à Saint-Domingue associé à Hyacinthe Da Sylva, destination Bordeaux- En 1790, elle fit charger à Port-au-Prince par Augier Marie Leremboure qu'elle avait désigné comme procureur pour 10 000 livres de sucres consignés à J. R Ferry au Havre sur *L'Atlas* capitaine Desmoulins – En août 1790, diverses marchandises sur le navire *Le Duc de Saint Aignan*, capitaine La Brière.

[127] Une Suzanne Liège épouse Élie de La Pommeraye, avocat.

[128] Adapté de Carrier et la Terreur nantaise, Jean-Joël Brégeon, page 100- Tempus- Perrin.

Samuel de Missy (1755-1820), armateur rochelais sur l'océan indien

Dans ces années-là, Samuel Demissy commença à faire partie du registre des notabilités qu'il ne quittera jamais plus. Il fut administrateur de l'Hospice-général de 1793 jusqu'à 1795 (messidor an III)[129]. Les conseils municipaux s'étaient vu confier l'assistance par la loi du 25 mai 1791 instituant les comités de bienfaisance chargés de distribuer l'aide à domicile. Il s'engagea dans le Comité de surveillance non sans y côtoyer de dangereux personnages.

Les représentants du peuple en mission

En septembre 1793, deux représentants du peuple, Joseph Marie Lequinio député du Morbihan et Joseph François Laignelot [130]élu à Paris, furent envoyés par le conventionnel Barrère en mission pour cinq mois dans les départements de Charente-inférieure, Vendée et Deux-Sèvres. Ils étaient investis des pouvoirs les plus étendus. Ils choisirent Rochefort pour le siège de leurs opérations, à savoir prendre toutes les mesures nécessaires pour la sûreté des ports de Rochefort et de La Rochelle et surveiller tout ce qui est relatif au service de la Marine et de ses ports. Il s'agissait d'éviter que les ports de l'Atlantique ne deviennent un nouveau Toulon. Le port méditerranéen était tombé entre les mains du commodore Hood pour y rétablir la monarchie. Les Anglais en prirent possession sans aucun combat le 24 août 1793.

Face aux situations chroniques de disette, le 10 brumaire an II (31 octobre 1793) Lequinio préconisa d'arracher les vignes pour planter du blé. Pour les propriétaires ce n'était plus le même profit. Puis Laignelot parti, Lequinio s'occupa à La Rochelle de renforcer le patriotisme des citoyens et unir leurs efforts aux sociétés populaires. Il demeura à La Rochelle jusqu'au 15 pluviôse an II (3 février 1794), et même davantage si l'on en croit certains écrits.

Dès son arrivée le 13 septembre 1793, constatant des troubles hostiles à la Société des Amis de la Liberté et de l'Égalité, Lequinio destitua quatre fonctionnaires. Le 18, il exigea immédiatement de la municipalité la fourniture d'une garde armée. Le 28, il remplaça les autorités de district en démettant Boutiron, président, Massias vice-président, Hérard avoué et Jean Perry négociant apparenté à Demissy de leurs fonctions administrateurs. Laignelot et Lequnio réorganisèrent la garde nationale,

---

[129]À la Révolution, l'hôpital général Saint-Louis perd une grande partie de ses revenus après l'abolition, le 4 août 1789, des droits féodaux et des privilèges. En 1790, les hôpitaux sont confisqués aux congrégations religieuses. La municipalité de La Rochelle saisit alors les différents hôpitaux de la ville et décide de les rassembler en un seul établissement. Par décision municipale du 4 germinal an II (24 mars 1794), l'hôpital protestant et l'hôpital Saint-Étienne sont annexés à l'hôpital général. Alors que l'Assemblée nationale constituante avait exclu de la vente des biens nationaux les biens des hôpitaux, la Convention les nationalise par décret du 23 messidor an II (11 juillet 1794).

[130]Succédèrent à Laignelot et Lequino, en janvier 1794 Gezno [Claude- Mathieu Guezno de Botsey, député du Finistère] et Topsent originaire de Quillebeuf qui furent remplacés en octobre 1794 par Charles Auguste Blutel. Quatre cent vingt-six conventionnels furent envoyés en mission de 1793 à 1795,

renouvelèrent le Comité de surveillance. On peut penser que Samuel Demissy fut de ceux qui furent évincés.

### La Société des Amis de la Liberté et de l'Égalité
Elle intervenait tous azimuts. En offrant ses services à la municipalité pour assurer les visites domiciliaires pour évaluer la quantité de blé qu'il y avait chez les particuliers, elle affermissait sa connaissance de la vie privée des citoyens et surveillait l'administration municipale dans accomplissement de sa tâche. Elle dénonçait les personnes qu'elle jugeait suspectes. Elle avait un œil sur la délivrance des certificats de civisme.

La Société des Amis de la Liberté et de l'Égalité déposa le 31 décembre 1792 une pétition auprès de la municipalité pour permettre la tenue de quatre foires annuelles dans la ville.

Jean Augustin Crassous de Médeuil dit « Crassous » à la tête de la Société des Amis de la Liberté et de l'Égalité, précédemment désignée sous le nom des Amis de la Constitution avec le concours de Jean Parant (Parent), un horloger venu de la Capitale s'étaient imposés à la municipalité dont le maire était toujours François Dély qui, vigilant sur la conduite de la commune, faisait siéger ses conseillers pratiquement tous les jours. Jean Parant, sans culotte, originaire de Marseille (Paris) aurait participé aux massacres de septembre 1792. Cet homme ambitieux et violent était détesté par les gens de raison. Crassous et Parant étaient aux ordres de Jacques Nicolas Billaud-Varenne[131] qui entendait jacobiniser sa ville natale. Ils formaient un tandem redoutable. Parant distillait la haine et propageait l'inquiétude ainsi que les faux bruits, tels que les acheteurs de grains qui les gardaient pour les vendre aux Anglais, et Crassous mettait ces actions en forme à Paris.

### Le Comité de surveillance
Ainsi Samuel Demissy, Jean Augustin Crassous et Jean Parant se retrouvèrent ensemble au sein du nouveau comité révolutionnaire dont les fonctions équivalaient à celui du Comité de Salut public de Paris qui se nommait à La Rochelle Comité de Surveillance. Il fut élu en juin 1793 avec Grasset, Jean Baptiste Nairac, Bouyer, Lacoste (Laforte), Jean Parant, Joseph Auguste Crassous, Busson, Camuzat, Gautier, Viault, Buely (Bucly)[132]. Au sein de celui-ci, Crassous et Jean Parant furent chargés de désigner les suspects. Marc Antoine Jullien sous la présidence de Ganet fils poursuivit cette tâche en 1794.

---

[131] Jacques Nicolas Billaud dit Varenne célèbre sous le nom de « Billaud-Varenne », baptême 23 avril 1756, avocat, déporté à Cayenne, † 13 juin 1819, Mornes-Charbonnière, Port-au-Prince.
[132] Comité de Salut Public créé le 6 avril 1793, 12 membres puis 11.

Samuel de Missy (1755-1820), armateur rochelais sur l'océan indien

Le Conseil municipal eut le courage de refuser à Jean Parent la délivrance d'un certificat de civisme. « Le 24 vendémiaire an III [15 octobre 1794], un certificat de civisme fut refusé à l'unanimité des membres des élus municipaux à Parant (Parent) attendu que le pétitionnaire a constamment chercher à influencer, à dominer, à diviser et à agiter les citoyens de cette commune, à imprimer la terreur, qu'il a été reconnu d'ailleurs pour immoral et pour avoir abusé des pouvoirs qui lui ont étaient confiés »[133]. Jean Parant regagna Paris, mais fut immédiatement incarcéré à la prison de La Force.

Le commissaire des guerres nommé en janvier 1793 Marc-Antoine Jullien, né le 10 mars 1775, fils de Jullien de la Drôme député robespierriste, appelé à Paris par Barrère et Robespierre du Comité de Salut Public le 4 août 1793 se rendit le 10 septembre 1793 comme agent du Comité avant d'arriver à La Rochelle d'abord au Havre, puis à Cherbourg, Saint-Malo, Brest. Il disposait d'un budget de 12 000 livres. Sa mission : prendre des renseignements sur l'esprit public, le ranimer dans les villes où il passait, éclairer le peuple, soutenir les sociétés populaires, surveiller les ennemis de l'intérieur, déjouer leurs conspirations et correspondre exactement avec le Comité de salut public. Il pouvait requérir l'assistance des autorités constituées et l'emploi de la force publique après y avoir été autorisé par les représentants du peuple, et de son propre chef dans le cas où il serait urgent d'agir pour le salut de la République. Après La Rochelle, où il ne fit pas trop de mal, il poursuivit son déplacement vers le Sud, et commit avec Tallien les pires exactions à Bordeaux. Il fit monter sur l'échafaud deux cents personnes. Il envisagea ainsi de faire construire une vaste guillotine à quatre lames pour des exécutions plus rapides Nonobstant les circulaires du Comité de Salut public, le patriotisme des Bordelais n'avait cessé de faire ses preuves de sa générosité. Du 1$^{er}$ novembre 1793 au 14 mars 1794, la ville de Bordeaux avait fait don à la République de 2 134 680 livres en argent ou en assignats. Les nobles non passés par l'échafaud paient pour leur survie des sommes extravagantes. Le maire François Armand de Saige qui d'ailleurs avait milité pour la cause des Noirs, qui était devenu le représentant de la Garde nationale en 1789 respecté de tous est exécuté le 23 (25) octobre 1793. Les confiscations et expropriations permirent d'envoyer 100 millions à Paris[134]. Après Bordeaux, il gagna les départements bretons. Puis il revint à La

---

[133] AM/ LR 1 D1_9_001_047.
[134] C'est l'année noire de la terreur : 400 prisonniers sont enfermés au fort du Ha dont François-Armand de Saige, maire de Bordeaux, l'avocat Romain de Sèze, défenseur du roi Louis XVI et de nombreux prêtres réfractaires. La guillotine est installée Place Dauphine (actuelle Place Gambetta). Les députés girondins, tels qu'Elie Guadet ou encore Eugène de Thiac, le parent du futur architecte du palais de justice sont exécutés. 500 prêtres et moines leur succèdent en 1794.

Rochelle par Tours après avoir eu le dessein de faire rappeler Carrier de Nantes à Paris[135].

Le Comité de La Rochelle fut même subventionné par Paris. Après que le Comité de Salut public arrêta qu'il serait donné à la Société des Amis de la Liberté et de l'Égalité séante aux ci-devant Jacobins de Paris rue Saint-Honoré la somme de cent mille livres à prendre sur les cinquante millions mis à la disposition du Comité, sur proposition de Robespierre il en fut distribué à diverses Sociétés des Amis de la Liberté et de l'Égalité dont à celle de La Rochelle pour 3 000 livres le 25 brumaire an II [15 novembre 1793].

L'arsenal répressif avait été mis en place à La Rochelle. Il se décomposait en un Comité de sûreté générale qui était contrôlé par un Comité de surveillance qui aurait dû s'appeler Comité de Salut public, créé par la loi du 21 mars 1793, où siégeaient initialement douze citoyens élus, chargé d'établir et de surveiller les étrangers, de contrôler la délivrance des certificats de civisme par les officiers municipaux ou les sociétés populaires que devaient obtenir tous les fonctionnaires publics, de procéder à des arrestations, de surveiller la maison d'arrêt des Dames-Blanches, de procéder à des visites domiciliaires, de déférer les suspects ou dénoncés comme tels au Tribunal révolutionnaire.

Le 26 mars 1793 sur réquisition tant du Conseil général (Conseil municipal) que des commissaires de la Convention nationale, il fut procédé à une rafale d'emprisonnements : Harouard de Saint Sornin, ami de Samuel Demissy, Gilbert des Borderies, Carré de Candé, Carré des Marais, Charpentier de Longchamp [Lecharpentier de Longchamps], Beaudry de La Richardière. Ils devaient être transférés à Rochefort. À ceux-ci furent adjoints Augustin Bridault, Maucouard, Macault, Bernard etc.

Le Comité de surveillance fut aussi responsable de l'emprisonnement de 87 suspects entre octobre 1793 et fin mars 1794. Au début, ils furent retenus aux Dames Blanches puis par la suite transférés à Brouage[136]. Jean Perry ancien directeur de la Chambre

---

[135] 10 septembre 1793 Le maire de La Rochelle prévint le conseil que hier dans l'après-midi, le citoyen Jullien membre de la Commission exécutive de l'instruction publique s'est présenté à la maison commune et a demandé un passeport pour continuer sa route de La Rochelle à Paris, motivant sa demande sur ce que sa commission qui devait lui servir de passeport étant signé de Robespierre, Couthon et Saint Just tous trois membres du Comité de Salut public tous trois reconnus comme des scélérats et des traîtres, il ne croyait pas pouvoir produire cette pièce sur les lieux de son passage. Il fit exécuter bon nombre de Girondins réfugiés à Bordeaux. Le 3 août après Thermidor, il renia Robespierre.

[136] La Terreur imprévisible, La Révolution en Aunis et Saintonge, Richard Ballard, Le Croît Vif, 2012, page 124.

de commerce et protestant fut détenu aux Dames-Blanches. Il était apparenté à Samuel Demissy par son épouse Marguerite Meschinet de Richemond.

Parant fut envoyé à La Flotte dans l'île de Ré à la demande de Billaud-Varenne pour faire arrêter le 6 novembre 1793 l'ancien député Pierre Charles Daniel Gustave Dechézeaux.

Avant de partir pour le département de l'Aisne pour résoudre le problème des subsistances, Lequinio élargit lui-même les 16 principaux détenus des Dames-Blanches. Tous les suspects à Brouage furent libérés. Par la suite en février 1795, les prisons de Brouage s'ouvrirent. Celles de La Rochelle furent souvent remplies. Mais aucune tête rochelaise ne tomba. Les officiers municipaux visitaient quotidiennement les prisons pour veiller à ce qu'il n'y ait rien de contraire à la justice et à l'humanité.

Notons qu'à Nantes la ville avait connu toutes les formes de justice politique. Le tribunal révolutionnaire ne suffisant pas, on lui avait ajouté les commissions militaires, sensiblement plus expéditives. Pas assez au goût de Carrier et du Comité qui avaient cru bon de recourir aux exécutions sans jugement et en particulier aux noyades [137].

La défaite de Pont-Charrault

L'attention qui aurait dû être portée sur La Rochelle par le pouvoir central avait pu être détournée par le souci de mater les révoltés de la Vendée toute proche. L'insurrection dans les paroisses du ci-devant Bas-Poitou avait éclaté au printemps 1793. Une séance de recrutement de soldats volontaires de la République se tint dans la cathédrale et réunit deux-cent soixante hommes. Ils furent incorporés à plusieurs formations et partirent pour la Vendée le 14 mars au matin. Les Bleus furent écrasés dont nombre de ces volontaires rochelais. Alors que des survivants parvinrent à La Rochelle le 20 mars, les gémissements des familles des disparus générèrent une immense colère. Elle frappa en retour le général Marcé puis des prêtres réfractaires de Vendée.

Le 11 mai 1793 la Société des Amis de la liberté et de l'Égalité de La Rochelle adressa au Tribunal révolutionnaire de Paris une dénonciation contre le général Marcé dont elle demanda la tête car il avait sacrifié les troupes de la République lors de l'embuscade tendue Pont-Charrault le 19 mars 1793 aux troupes de la République par les paysans insurgés de Vendée. Il fut interrogé par le Tribunal révolutionnaire par le juge Antonin Roussillon, en présence de l'accusateur public Fouquier-Tinville, le 26 juillet 1793 qui reprit mot pour mot la dénonciation de la Société des amis de la liberté et de l'égalité de La Rochelle.

---

[137] Jean-Joël Brégeon, page 143.

Les prêtres réfractaires de Vendée

Samuel Demissy sauva-t-il des prêtres réfractaires de Vendée de la vindicte populaire ? C'est ce que laisse entendre Olga de Saint Affrique en écrivant que lors des journées de mars 1793 deux protestants essayèrent de s'interposer. La revue de l'Aunis de la Saintonge et du Poitou[138] se veut plus précise : *Missy fut au nombre des citoyens courageux qui couvrirent de leur corps les prêtres menacés par la rage populaire et qui luttèrent obstinément jusqu'au moment où leur défense devint inutile en présence du nombre et de la fureur des assaillants.*

Le 21 mars 1793 quatre prêtres réfractaires, Charles Cornuault, ancien curé de Noireterre, Christophe Violleau ancien curé de La Chapelle Gaudin, Hullé de Largeasse et Augeard de Noirlieu, sur ordre de Joseph Augustin Crassous de Médeuil, nommé en 1792 juge et commissaire national auprès du tribunal de district, fils de Pierre Joseph Crassous notaire, furent extraits de la maison d'arrêt de La Rochelle pour être embarqués pour l'île de Ré, à partir probablement de la cale de la Chaîne. Il fallait encore attendre quatre heures avant que la mer ne soit haute. Une foule hostile de quatre cents personnes s'y était attroupée. Parmi celle-ci, Joseph-Honoré Darbelet, fabricant de perruques, l'huissier Mathieu Barbet, la femme Moreau, le tonnelier Pierre Bertrand, le matelot Bellouard, et Marianne Marsillat veuve Lambert dit « Faillofay » voulurent venger la mort des tués à Pont-Charrault deux jours auparavant. Le commandant Thouron laissa faire. Darbelet massacra les quatre prêtres dans la salle des gardes de la Tour de la Chaîne. Ce serait ce jour-là que nombre de personnes dont le maire François Dély et selon d'autres Samuel Demissy tentèrent sans résultat de faire revenir à la raison la foule. Le lendemain le 22 mars, un chasse-marée en provenance de l'île de Ré accosta à La Rochelle. Il amena trois prêtres : Jacques-Pierre Douche (Dauché), André Verge, missionnaires de la société de Saint-Laurent-sur-Sèvre et l'abbé Malherbeau d'Aytré. Seul Malherbeau aurait été sauvé.

Le comportement des protestants

Les protestants n'étaient nullement à l'abri des menaces sous le prétexte qu'ils avaient beaucoup souffert pendant l'Ancien régime. Ils offrirent lors d'une cérémonie civique trois vases d'argent qui servaient à leur culte. Un arrêté de Lequinio [voir *infra*] de Saintes en date du 1$^{er}$ nivôse an II (1$^{er}$ décembre 1793) attaqua « les ci-devant ministres protestants (qui s'imaginant) s'imaginent que leur culte ayant été un peu moins chargé d'inepties que celui des ministres catholiques, ils peuvent élever leur crédit sur la ruine des autres [Olga de Saint Affrique] ». Jean-Paul Bétrine qui

---

[138]Revue de l'Aunis de la Saintonge et du Poitou, volume 10, 25 septembre 1869, page 122 [avec une erreur quant à la destination Oléron pour île de Ré].

avait été nommé pasteur le 8 novembre 1775, mais qui avait abjuré sa foi, devint administrateur du district le 3 avril 1793, puis président du Comité de surveillance révolutionnaire le 24 brumaire an III [14 novembre 1794]. Il sauva la vie de Charpentier de Longchamp et de plusieurs autres catholiques. Robespierre était tombé le 26 juillet.

Même si Samuel Demissy n'apparaissait pas un ennemi de la Révolution, il lui fallut obtenir depuis le 1$^{er}$ février 1792, loi promulguée le 28 mars, un passeport pour se déplacer. Il n'en abusa pas :- N° 3131 1$^{er}$ juin 1793 pour Samuel de Missy, âgé de 37 ans, taille de cinq pieds six pouces pour se rendre à Niort,- un autre même année n° 5150 pour aller à Saint-Savinien,- Celui portant le n° 8875 âgé de 38 ans lignes sourcils et cheveux châtains pour aller à Rochefort,- n° 2010 an IV, âgé de 41 ans (soit en 1796) taille de 5 pieds 6 pouces, cheveux & sourcils châtains, yeux bleus, nez long, bouche moyenne, mention rond, front rond visage long pour aller à Saintes,- 6312, 9 novembre 1798 âgé de 42 ans taille de 5 pieds 6 pouces, cheveux & sourcils châtains, yeux bleus, nez long, bouche moyenne, mention rond, front rond visage long pour aller à Saintes,19 brumaire an VIII- 14445 du 28 floréal an VII de la République française [17 mai 1799], profession de propriétaire, 43 ans 1 mètre 788 front large cheveux et sourcils châtains yeux bleus nez long bouche (non lu) menton rond barbe châtain visage ovale inscrit sur la liste des citoyens sous le n° 4347 allant à Rochefort- Passeport 2294 du 24 messidor an VIII de la République française [13 juillet 1800], profession de propriétaire, 45 ans 1 mètre 788 front large cheveux et sourcils châtains yeux bleus nez long bouche moyenne menton rond barbe châtain visage ovale inscrit sur la liste des citoyens sous le n° 934 allant à Marans probablement pour aller sur ses terres de l'ancienne métairie de Richebonne.

Louis de Richemond dans la <u>Revue de l'Aunis et de Saintonge et du Poitou</u>, page 126, volume 10, fait de Samuel Demissy la description suivante : Son portrait a été peint plusieurs fois et gravé dans la collection des représentants à l'Assemblée constituante. Sa physionomie franche et ouverte indique la bienveillance et l'affabilité. Le front est élevé, les yeux bleus, grands et intelligents, le nez aquilin, la bouche petite. Charles Toussaint Labadye avait dessiné la plupart des portraits des 1145 députés titulaires de la Constituante, tous de profil, dans une posture conventionnelle.

Jusqu'à ce que les archives familiales nous soient ouvertes, c'était la seule image de Samuel Demissy disponible.

Comme les passeports circulèrent plus vite que les papiers à destination, les tracasseries de cette institution s'atténuèrent et l'on peut penser que les personnes d'un rang élevé, notamment les représentants de la Nation, comme l'était de Demissy, en furent exemptés pour se rendre à Paris et en revenir.

Devant tant de dangers et d'incertitudes, entre septembre 1793 et octobre 1794 un tiers de la population quitta la ville.

Samuel Pierre de Richemond demanda à la municipalité l'autorisation de déplacer son domicile à Thairé d'Aunis.

Des affaires de commerce en forte diminution

Pendant ces années on vit Samuel Demissy, négociant patenté s'occuper encore de diverses d'affaires de commerce mais le grand commerce hauturier avait disparu. Samuel Demissy tenta d'armer cette année-là *Le Bonnet Rouge,* navire corsaire de 22 canons. Pendant sa construction, un drame se produisit. Le 25 mai pendant que 50 ouvriers travaillaient au chantier Lepage, le navire étant couché sur le côté pour être doublé de cuivre, les câbles se rompirent et le navire chavira du côté où se trouvaient trois ouvriers qui périrent sous le poids. Le registre des débats du Directoire de district de La Rochelle indique dans la page 133 que Samuel Demissy avait vendu en[139] 1793 une corvette au port de Rochefort, mais comprenant que La Rochelle avait besoin des canons, il les enleva. Il ne fut payé de ceux-ci qu'avec retard et demanda un dédommagement. Il vendit aussi *Le Suffren* au Havre pour 56 00 livres.

La Convention dominée par les Girondins déclara la guerre à l'Angleterre et aux Provinces-Unies le 1er février 1793. De ce fait, la Nouvelle Compagnie des Indes suspendit pour une durée indéterminée ses expéditions sur l'Inde, et les cinq navires qu'elle projetait d'expédier pour une campagne s'étendant sur les années 1793 et 1794, *Le Tigre, Le Gange, L'Indus, La Société* et *L'Euphrate,* dont deux le *Ravensworth* et le *Lansdowne* étaient d'anciens navires acquis de l'East Indian Company, ne partirent jamais[140]. Après le 9 thermidor an II (27 juillet 1794), le fret pour les marchandises de l'Inde ordinairement payé 150 francs le tonneau, passa à 400 et les assurances de 5 à 6% montèrent à 50 ou 60%[141]. La situation économique et financière de la France apparaissait tellement périlleuse qu'elle ruinait les espoirs de tout commerce d'importation des produits de l'océan indien. Demissy eut la sagesse de jeter l'éponge.

La liquidation de la seconde expédition du *Henry Quatre* revenu d'une croisière dans l'océan indien en octobre 1792 lui laissa sans doute des profits importants, puisque pour faire face aux problèmes de subsistances de La Rochelle rendus publics par une circulaire de la municipalité, il proposa le 4 août 1793 de faire une avance à la ville de 150 000 livres, mais non effective de suite : seulement 25 000 au comptant et 125 000

---

[139] AD/17 3E 1001.
[140] Company Politics, Elizabeth Cross, Oxford University Press, 2023, Notes on a scandal, page 154.
[141] Thiers, La Révolution française, tome VII, page 43.

à terme par souscription de bons à échéance qu'il paierait à fin septembre, octobre et novembre. Cette somme était considérable. Était-ce là l'encaissement des ventes faites à Lorient lors du retour du *Henry Quatre*. Il accompagna cette offre de propos généreux, marquant un dévouement et un désintéressement pour sa Cité dans un style quasi évangélique affecté de pureté de sentiments : « *Vous n'avez pas besoin de me rassurer sur la rentrée de cette somme. S'il était possible qu'elle fût compromise, ce qui réduirait de beaucoup ma fortune et l'idée d'avoir été essentiellement utile à mes concitoyens me servirait de dédommagement* ». Était-ce un viatique pour échapper à l'ardeur du Tribunal révolutionnaire bien qu'il fit déjà partie du Comité de surveillance établi en juin 1793. Plus tard, en 1795, ses avances à la commune furent assorties d'un taux d'intérêt.

Samuel, premier enfant de Samuel Pierre David Joseph Demissy et de Marie Louise Esther Liège naquit le 13 septembre 1793 à 8 heures du soir. Il décéda le 28 août 1794 à 2 heures du soir.

L'année 1794 fut fertile en fêtes civiques à La Rochelle. Le 18 février 1794 on planta un arbre de la Liberté et on dansa. Le 28 on célébra le premier mariage civique. Le 22 floréal an II (11 mai 1794) la Société populaire fêta le printemps en l'associant à deux mariages civiques. Au même endroit on honora le 17 août les laboureurs.

Cette liesse apparente se combinait avec un renforcement de la répression. Les tribunaux révolutionnaires avaient été institués en 1793 pour connaître des affaires concernant les atteintes à la liberté, l'égalité, la sûreté de la République ou tout complot visant à rétablir la royauté. Ils jugeaient en premier et dernier ressort avec exécution dans les vingt-quatre heures. La loi du 22 prairial an II (10 juin 1794) simplifia à l'extrême la procédure : pas d'audition de témoins, pas de défenseur. Compétence exclusive fut attribuée à compter du 27 germinal an II (16 avril 1794) au seul profit du Tribunal révolutionnaire de Paris.

Samuel Demissy obtint son certificat de civisme de la part de l'administration municipales le 18 brumaire an II [142]. Il servait à établir que l'on n'avait pas émigré, à prouver une bonne conduite morale et fiscale, à accéder à des emplois publics, à sortir de prison etc. Se l'être vu refusé aux termes du décret du 17 septembre 1793 décret relatif aux gens suspects, faisait rentrer une personne dans la catégorie des suspects. La mandature de Louis Jacques Pinet fut encombrée de sollicitations de certificats de civisme. On en accorda même à un Duperré sans qu'on puisse aujourd'hui savoir s'il s'agissait du fils aîné ou du benjamin. Certains certificats furent refusés à cause de l'hostilité du demandeur à l'égard de la Révolution et d'autres pour le comportement tiède ou la perte de civisme du postulant.

---

[142] 8 novembre 1794, AM/ LR, 1 D1 0007 001 048 vue 43/48.

Pour soutenir la guerre, la Société des Amis de la liberté et de l'Égalité lança le 29 floréal an II (18 mai 1794), un appel urgent à ses consœurs des ports de France pour faire parvenir à La Rochelle des vieux canons, des boulets, et de la ferraille, lui adresser le plus d'hommes qui pourraient être embarqués, et recommander les hommes qui pourraient assurer le commandement des bateaux.

Après la chute de Robespierre le 27 juillet 1794 (9 thermidor an II) Charles Auguste Blutel conventionnel rouennais arriva en novembre à La Rochelle partisan des thermidoriens. Louis Jacques Pinet remit ses pouvoirs de maire à la nouvelle administration.

Samuel Demissy fut intéressé au négoce rochelais en 1794 en acquérant ou armant *Le Washington* et aussi *L'Oiseau*.

10.7.2.- Après Thermidor

Lors des élections municipales de juin 1795, Samuel Demissy obtint la majorité au premier tour par 233 voix sur 301 votants. Le nouveau Conseil général de la commune fut installé le 9 juin 1795. Y figuraient Samuel Demissy, Jean Perry, et Louis Admirault. Il se fit cependant tirer l'oreille pour occuper la place de maire. Pourtant Thermidor était passé. Il succéda à Louis Jacques Pinet nommé d'office le 24 ventôse an II (14 mars 1794) par l'envoyé de Paris Lequinio, ce qui sembla poser des problèmes, puis forcé par un autre commissaire, Topsent le 5 floréal an II, (24 avril 1794) à la suite d'un refus d'accepter cette fonction, de juin 1794 à mai 1795.

Mais tout fut remis en question quelques mois plus tard.

Le 18 fructidor an III (4 septembre 1795) la commune de La Rochelle faisait proclamer puis accepter par les assemblées primaires la Constitution de l'an III, 5 fructidor an III, [22 août 1795] qui établissait le Directoire. La Garde nationale était réorganisée et la Société populaire fermée. Il fallut donc revoter pour adapter le Conseil municipal à la nouvelle constitution de l'an III. Le Conseil général de la Commune fut remplacé par l'Assemblée de l'administration municipale de La Rochelle. Le nouveau maire se dénommait président de l'administration municipale de La Rochelle. Rien de mieux que de consulter les registres de délibérations de la municipalité pour s'en rendre compte[143].

---

[143] Aujourd'hui vingt-huit prairial l'an troisième [16 juin 1795] de la République française de la commune de La Rochelle, avons paraphé le présent registre contenant cent quatre-vingt-quatorze feuillets celuy ci non compris pour servir à la transcription des délibérations, procès-verbaux, résultats arrêtés aux assemblées du Conseil général de la commune de La Rochelle. Signé Demissy, maire.

Aujourd'hui, Neuf vendémiaire, l'an cinquième [30 septembre 1796] de la République française une et indivisible, Nous Samuel Pierre David Joseph Demissy, présides de l'administration municipale de commune de La Rochelle, avons cotté et paraphé le présent registre contenant cent quatre-vingt-seize feuillets, celui-ci non compté pour servir à la transcription des délibérations, procès-verbaux, résultats arrêtés aux assemblées de l'administration municipale de la commune de La Rochelle. Signé Demissy, président.

Il y eut de nouvelles élections et sans surprise et le 31 octobre 1795 le nom de Samuel Demissy sortit dès le premier tour obtenant la majorité. La nouvelle administration municipale fut installée le 20 brumaire an IV (10 novembre 1795) et son premier acte fut de choisir Demissy pour président. Raboteau siégeait en tant que commissaire. Barret était le secrétaire en chef. Suivaient Bon, Danglade et Garnier.

Au-delà de cette mutation sémantique, la fonction de président de l'administration municipale marqua un réel changement par rapport à celle de maire de la mandature qui venait de se terminer en faisant de celui-ci un véritable agent subordonné au pouvoir de l'État délégué à la commune. Le gouvernement adjoignit un commissaire exécutif chargé de surveiller les municipalités de canton et affirma la subordination de cette administration à celle du département et aux ministres (articles 191 et 193 de la Constitution du 5 fructidor an III (22 août 1795) du Directoire).

Cette forme d'administration municipale subsista jusqu'à la Constitution qui établit le Consulat [22 frimaire an VIII, 13 décembre 1799].

Pour en terminer avec l'omnipotence de la Convention, le pouvoir législatif se partagea dans la nouvelle Constitution entre deux chambres : le Conseil des Cinq-Cents qui avait l'initiative et votait les projets de lois et le Conseil des Anciens qui approuvait ou les rejetait et proposait les éventuelles modifications constitutionnelles. Deux-tiers des représentants à ces nouvelles chambres provinrent d'anciens conventionnels. Ici nous divergeons avec Eugène Réveillaud qui dans son ouvrage Histoire politique et parlementaire des départements de la Charente et de la Charente-inférieure page 517 mentionne Samuel Demissy comme député de la Charente-Maritime au Conseil des Cinq-Cents. Il n'aurait pu l'être à l'origine de la création des Cinq-Cents. On ne le voit pas non plus siéger dans cette assemblée dont les membres avaient un mandat de trois ans. Demissy ne fit pas non plus partie de ces députés des Cinq-Cents ou des Anciens qui le 5 nivôse an VIII servirent à composer le Corps législatif du Consulat. Réveillaud est le seul à faire état de cette qualité.

Amélie Demissy naquit le 23 janvier 1795 à 6 h trois-quarts du soir. Elle se mariera le 2 février 1816 au colonel Lafont, officier de la Légion d'honneur chevalier de Saint Louis, directeur à La Rochelle de l'artillerie à la Garde-royale (gentilhomme de la Religion réformée) natif de Layrac près d'Agen, Lot-et-Garonne.

Bureau de correspondance

---

Aujourd'hui cinq vendémiaire l'an sixième de la République française une et indivisible, [26 septembre 1797], Nous Samuel Pierre David Joseph Demissy, président de l'administration municipale de la commune de La Rochelle, avons cotté et paraphé le présent registre contenant cent quatre-vingt-six feuillets, celui-ci non compté pour servir à la transcription des délibérations, procès-verbaux, résultats arrêtés aux assemblées de l'administration municipale de la commune de La Rochelle. Signé Demissy, président.

L'une des dernières décisions du maire Louis Jacques Pinet avait été de nommer Samuel Demissy au Bureau de correspondance, organe local pour travailler avec le Conseil du commerce de Paris[144].

La position qu'y tint Samuel Demissy fut importante si l'on en juge par l'éclat que Garnault lui donne dans de la biographie qu'il lui consacra en mentionnant sa présidence à ce bureau.

Les négociants Jean-Baptiste Nairac et Isaac Rasteau firent partie en l'an II de l'Agence commerciale de La Rochelle chargée par le Comité de Salut public de recenser les denrées coloniales. Par la suite le Comité de Salut public ne voulut pas se limiter à un seul recueil de statistiques.

Le Bureau de correspondance fut créé en ventôse an III [mars 1795] à La Rochelle pour éclairer le Bureau du Commerce de Paris sur l'état du commerce. C'est à Samuel Demissy qu'en incomba la présidence selon un procès-verbal du 17 avril 1795. : « *Aujourd'hui 28 germinal de la République française [17 avril 1795] sur les 16 minutes décimales, les citoyens convoqués pour former ladite commission convoqués par le citoyen Demissy se sont assemblés dans l'une des salles hautes de la Bourse* [afin de choisir entre eux au nombre de six, ceux qu'ils jugeront les plus propres à entretenir une correspondance avec le Bureau de Commerce[145] établi par le Comité de salut public]. *Le citoyen Demissy a été invité à en remplir les fonctions* [de président]. Celles de secrétaire ont été confiées au citoyen Delaire. Signé Demissy, Robert Callot, Rasteau et illisible[146].

L'année débuta le 21 janvier 1796 pour le président de l'administration municipale de La Rochelle qu'était Samuel Demissy par une cérémonie qui dut lui inspirer une certaine répugnance. Certes les protestants admettaient la monarchomachie mais de

---

[144] Le 28 germinal an III (17 avril 1795, AD/17 ETP 8, page 230, vue 233/238), les négociants et manufacturiers furent convoqués à la salle haute de la Bourse par Samuel de Missy qui en avait reçu l'ordre par Louis Jacques Pinet, maire afin que soient nommés six représentants les plus aptes à entretenir une correspondance à Paris avec le Bureau du commerce créé le 4 ventôse an III où Jean-Baptiste Nairac participe, lequel a succédé au Conseil du Commerce créé le 14 vendémiaire an I. Furent élus Samuel de Missy lui-même, Robert aîné, Delaire, Callot, Rasteau et Paul Collet. Dans l'intérêt et la prospérité du commerce. État du commerce et moyen de le faire refleurir.

[145] Un bureau du commerce avait été créé par la Convention, ou plus exactement reconstitué, pour examiner, comme l'avait fait le bureau de l'ancien régime, les mémoires relatifs au commerce, correspondre avec les villes de commerce. Le Bureau de commerce est chargé : « 1° de l'examen des mémoires et projets concernant tous objets de commerce ; 2° de correspondre avec toutes les villes de commerce pour connaître l'état des manufactures ; 3° de la proposition des différents modes d'encouragement et de secours à accorder aux établissements nouveaux et à tous projets tendant à tendant à l'avantage du commerce ; 4 ° de la proposition d'un nouveau Code commercial simple et adapté aux principes de la Révolution [...].

[146] Procès-verbal des séances la Commission de correspondance avec le Bureau de commerce établi près le Comité de Salut Public.

là à raviver la fin tragique d'un souverain qui avait payé par sa tête et celle de femme sa dette au peuple français, il y avait un abîme. Le combat était terminé avec le roi. La Royauté renversée. Mais tel était le poids du passé. Le Directoire avait bien aussi instauré une fête le 27 et 28 juillet commémorant la chute de Robespierre.

La fête du 2 pluviôse 21 janvier dite fête de l'anniversaire du dernier roi des Français instituée par la loi du 21 nivôse an IV ( 9 janvier 1796) devait se dérouler comme suit : <u>Article premier</u> des délibérations du Directoire exécutif « En exécution de la loi du 21 nivôse an III de la République portant que <u>la juste punition du dernier roi des Français</u> sera célébrée par toutes les communes de la République et par toutes les armées de terre et de mer, tous les fonctionnaires publics de chaque canton, présidents officiers municipaux agents de commune, adjoints, juges des tribunaux civils et criminels, juges de paix, assesseurs, notaires, en un mot tous ceux qui sont salariés par la République se réuniront le 1$^{er}$ pluviôse, jour correspondant au 21 janvier dans le chef-lieu du canton ou de chaque commune formant à elle seule un canton et là en présence du peuple, ils déclareront qu'ils sont sincèrement attachés à la République qu'ils vouent une haine éternelle à la royauté :- Je jure haine à la royauté et à l'anarchie ; je jure attachement et fidélité à la République et à la Constitution de l'an III-».

Le premier pluviôse de l'an quatrième (21 janvier 1796) de la République française une et indivisible, sur les deux heures de l'après-midi, Demissy, Bon, Danglade, Garnier, Armand Desbois et Joussomme, président et administrateurs de l'administration commune de La Rochelle, Raboteau, commissaire provisoire du Directoire exécutif près ladite administration et [Alexis] Barret aîné secrétaire de ladite administration se réunirent dans une salle de la maison commune pour y célébrer la fête du 21 janvier 1793 en exécution de la loi du-vingt-un nivôse de l'an III.

Le président de l'administration municipale de La Rochelle, Samuel Demissy faisant droit au réquisitoire du Commissaire provisoire du Directoire exécutif dit : « *Citoyens je n'ajouterai rien au discours que vous venez d'entendre. La haine du despotisme, l'amour de la patrie, le dévouement de la République, tels sont les sentiments qu'il exprime et qui sont sans doute ceux de la présence du peuple que nous sommes sincèrement attaché à la République, que nous vouons une haine éternelle à la royauté* ».

Il y eut d'autres fêtes : Celle de la jeunesse se déroula dans la salle des séances de la mairie. S'inscrivirent des jeunes gens ayant au moins 16 ans et soumis au service de la Garde nationale.

Lyrique, Samuel Demissy « [Il] *félicita ceux que leur adolescence venait d'appeler à la sûreté du foyer et la paix intérieure et ceux qu'une raison plus mûre appelait à acquérir le plus beau droit du citoyen français, aux lois leurs organes, à la République ses mandataires* ».

D'autres allaient suivre. Celle des époux le 29 avril où face à la baisse de la natalité et du décalage observé pour les mariages : 28 ans pour les hommes, et 26 et demi pour les femmes, la supériorité démographique de la France s'amenuisait. Celle des Victoires le 29 mai, celle de l'Agriculture qui eut bien lieu en messidor an IV (juillet 1796) avec la présence d'Élie Louis Seignette président du district et Danglade, Bon, Desbois, Garnault, Garnier Jousseaume et Raboteau administrateurs de la commune, celles des Vieillards le 27 août, et le 22 septembre, la fêta anniversaire de la République.

Le salut des négociants rochelais face au marasme économique dans lequel la Révolution les avait plongés parut passer par un rebond sous les auspices des autorités, similaire à celui que Samuel Demissy avait vécu quinze ans plus tôt à l'Isle de France : la guerre de course. Une première loi du 31 janvier 1793 autorisait les citoyens français à armer en course. La supervision était dévolue au secrétaire d'État de la Marine, qui envoyait des lettres en blanc, - rédigées comme les anciennes Lettres de course ou de Marque de la royauté-, après les avoir signées, aux directoires des districts maritimes, qui les délivraient à leur tour sur leur responsabilité. La course s'inscrivait dans le cadre d'un embargo sur les puissances alliées en excluant toutefois les navires de Hambourg et des villes hanséatiques. Ces dispositions revirent le jour par décret du 23 thermidor an III, [10 août 1795] qui l'élargit à la possibilité à tous les citoyens d'armer en course pour courir sur les bâtiments ennemis. L'étude la plus développée se trouve dans la thèse de Nicole Charbonnel sur les frères Chegaray corsaires armateurs à La Rochelle. Ils parurent connaître des succès avec leurs navires : en l'An V, *Le John John,* navire américain pris par *La Mouche* de La Rochelle, An VI : *L'Edward* navire anglais pris par *L'Abeille* de La Rochelle, An VII, *Lord Nelson* pris par *L'Abeille* de La Rochelle.

Ce sont ces bonnes nouvelles qui incitèrent peut-être Samuel Demissy, non pas à se lancer dans la guerre de course en l'an VI, mais à s'intégrer dans son fonctionnement en achetant un grand magasin le long du carénage pour la somme de 126 000 francs qui était loin d'être symbolique. Il attendait un retour sur investissement par les redevances locatives qu'il pourrait en retirer.

Quel crédit accorder à Louis Meschinet de Richemond qui dans Les Marins rochelais, La Rochelle et Niort 1906, réédité par Rumeur des Âges 1983, page 122, écrit que les années 1796 et 1797 virent les Fizel, Levasseur, Knell, Lau, Desperoux sortir du port de La Rochelle et faire éprouver de terribles échecs à l'ennemi. Car le résultat fut catastrophique pour Fraigneau Rasteau et Noël. Seuls Pierre Antoine et Thomas En tout cas la chance ne sourit ni à Garesché ni à Jean Henry Knell, si l'on en juge par la lecture de la London Gazette du 11 novembre 1797. Déclaration du capitaine H.

Samuel de Missy (1755-1820), armateur rochelais sur l'océan indien

Digby : *Sir, His Majesty's ship, Aurora, River Tagus, sept. 17, 1797. I have to acquaint you that I captured, on my way to Lisbon on the 15 th instant, L'Espiègle a French privateer brig, mounting fourteen guns and fifty men, from La Rochelle, commanded by Jean Henry Knell; had taken in the morning a Portuguese brig, bound to Oporto, which she had sent to St.Lucar.*
    Le citoyen G. Garesché fut chargé par son père de se rendre à San Lúcar en Espagne, à l'embouchure du Guadalquivir pour récupérer la prise portugaise faite par son corsaire *L'Espiègle*. Il obtint un passeport pour se rendre dans ce pays [147].

    On sait que pour Gabriel Thouron les profits de la guerre de course malgré des succès initiaux où en l'an IV les navires portugais le *São Bento* puis *L'Ana* avaient été pris par *Le Coureur* de La Rochelle conduits peut-être par Paul Collet, en l'an V *L'Ann* navire anglais pris par *Le Renard* de La Rochelle, se transformèrent en pertes. Le 4 floréal an VII [23 avril 1799], les créanciers furent sommés de produire le détail de leurs revendications. Les Fonderies de Romilly [sur-Andelle] fondées en 1782 par M. Camus de Limare, rue Neuve-des-Mathurins n° 278, comptèrent parmi les plus gros parmi ceux-ci. Jonathan Webb fut pris pour 4 637- 85 [148]. Thouron qui prit la succession de Samuel Demissy avait démissionné de l'administration municipale le 24 juin 1798. Un négociant armant en course résiliait ainsi son poste de maire mais on sollicitait le 20 et 23 frimaire an VIII [11 et 14 décembre 1799] l'un des frères Chegaray. Il pourrait s'agir d'Antoine qui avait dirigé la maison de commerce Chegaray frères et Cie. Ce dernier refusa. Chegaray fut donc simple administrateur municipal le 20 frimaire an VIII [11 décembre 1799]. Il en faisait toujours partie en 1811.

    Samuel Demissy élu président de l'administration municipale le 10 novembre 1795, avait été réélu au terme de sa première mandature. C'est au milieu d'un second mandat que de manière surprenante que président de l'administration municipale il informa ses pairs le 28 ventôse an VI (18 mars 1798) de sa décision de mettre fin à son mandat. Thouron fut désigné pour le remplacer, mais sa situation financière rendue désastreuse par les infortunes des expéditions de course le firent remplacer par Paul Louis Dubreuil, ancien greffier en chef de l'Amirauté et de la juridiction consulaire dont le maintien comme président de l'administration connut quelques soubresauts. On voit qu'il fut en fonctions depuis le 28 fructidor an VI (14 septembre 1798) et aurait dû partir le 22 prairial an VIII (11 juin 1800), mais il fut suspendu en juillet 1799.

---

[147] AM/ LR, 18 brumaire an VI [ 8 novembre 1797.
[148] AD/17, L 1039 - 1044.

Samuel Demissy précéda-t-il l'envoi au Conseil municipal de cette lettre qu'il écrivit par une quelconque annonce ?

« *Citoyens et chers collègues.*

*Des affaires majeures depuis longtemps en souffrance, un procès important à suivre et qui peuvent m'éloigner de cette commune pendant plusieurs jours ne me permettent plus de partager vos travaux et me font une obligation de vous donner ma démission administrateur municipal.*

*J'avais cependant différé de prendre ce parti, mais nous touchons au 1$^{er}$ germinal et cette époque impose à ma délicatesse de laisser à nos concitoyens le choix de celui qui devra me remplacer.*

*Il eut été satisfaisant pour moi Citoyens et chers collègues d'atteindre le terme pour lequel j'avais été nommé mais par les circonstances particulières dans lesquelles je me trouve et je suis persuadé que vous me rendrez justice à la légitimité de mes motifs.*

*C'est avec le regret le plus sincère que je vous quitte citoyens et chers collègues. La confiance dont vous m'avez donné tant de marques et l'union qui n'a cessé de régner entre nous, me laisseront un souvenir précieux des fonctions que j'ai exercées avec vous.*

*Je crois avoir acquis des droits à votre estime mais si à ce sentiment cher à tout bon citoyen, je pouvais me dire avoir réuni votre amitié, il ne me resterait rien à désirer.*

*Recevez, mes chers collègues, l'assurance de mon éternel attachement. Salut, Respect et amitié. Signé Demissy* ».

On dit que le Conseil exprima « sa consternation en se voyant forcé de se séparer d'un homme vertueux dont on ne peut approcher sans se sentir meilleur ».

Il s'agissait bien évidemment des soucis provenant de la faillite de Simon Emmanuel Julien Lenormand lui-même créancier du fils aîné de Duperré, prénommé Charles Louis.

Samuel Demissy revint aux affaires municipales après le coup d'État militaire des 18 et 19 brumaire an VIII (9 et 10 nov. 1799). Il en fut membre et installé le 20 frimaire an VIII 11 décembre 1799- 23 frimaire an VIII 14 décembre 1799.

Une première tentative pour le nommer sous-préfet de La Rochelle le 11 germinal an VIII [1$^{er}$ avril 1800] échoua. La préfecture de la Charente-inférieure était à Saintes. Samuel Demissy en refusant sans doute poliment, honora cependant cette fonction jusqu'à ce qu'Auguste Prévost de Sansac de Traversay, ancien officier de la Marine prenne sa suite le 24 floréal en VIII [15 mai 1800]. Il est donc inexact d'écrire comme le fait Eugène Réveillaud dans son ouvrage Histoire politique et parlementaire des départements de la Charente et de la Charente-inférieure, page 349, réédité en 1987, qui reproduit le texte de Dupont, Histoire de La Rochelle, pp. 588 et 589, que Samuel Demissy fut sous-préfet de La Rochelle de 1802 à 1803. Une note de Martine François,

Samuel de Missy (1755-1820), armateur rochelais sur l'océan indien

Pascal Even- dernière mise à jour le 22 avril 2020 - précise bien que Sansac de Traversay fut nommé sous-préfet de la Rochelle du 15 mai 1800 (24 floréal an VIII) jusqu'au 8 juillet 1802.

Éléonore, troisième enfant qui naquit le 23 décembre 1800, décédera le 27 février 1801.

**1801**
Charles quatrième enfant, né le 24 février 1801 à 8 heures du matin, décéda le 27 novembre.

L'an IX 15 pluviôse (5 février 1801) vit l'élection des citoyens Demissy et Jean Baptiste Régnier l'un comme président l'autre comme secrétaire du Conseil municipal.

Le poids des obligations officielles n'était pas encore si pesant pour qu'il abandonne ses activités épisodiques de négociant. Samuel Demissy intervint dans une opération compliquée d'achat de navire pour le compte de Jonathan Webb, le capitaine qui assura la seconde croisière du *Henry Quatre*. En voici des extraits :

*Du dix-neuf messidor an IX, [8 juillet 1801], vente d'un brick anglais par Garesché frères négociant au commerce patenté demeurant à La Rochelle stipulant pour et au nom du citoyen Alexandre Bredet l'un des armateurs de course de Brest au citoyen Samuel Pierre Davis Joseph Demissy, négociant patenté à La Rochelle du brick nommé La Rebecca de cent vingt-cinq tonneaux ou environ amarré dans ce port, prise anglaise avec tous ses agrès et apparaux pour la somme de trois mille deux cents cinquante francs* - devant Hérard notaire.

*Du dit jour déclaration faite par le citoyen Samuel Pierre David Joseph Demissy, négociant patenté à La Rochelle que le brick ci-devant par lui acquis par l'acte enregistré plus haut est pour et au profit du citoyen Jonathan Webb capitaine de navire citoyen des États-Unis et natif de Salem état du Massachussetts, à présent à La Rochelle.*

Cet acte est suivi d'un autre le 19 brumaire an X vente d'un brick anglais [18 novembre 1801] : *Citoyen Samuel Pierre David Joseph Demissy, négociant en cette ville patenté à La Rochelle l'an neuf au citoyen Tavernier fils négociant à Bordeaux accepté par le citoyen Weis de La Rochelle du brick nommé La Rebecca de cent vingt-cinq tonneaux ou environ prise anglaise avec tous ses agrès et apparaux pour la somme de huit mille francs obtention des lettres de francisation qui en sera fait.* Devant Hérard, le 9 de ce mois.

**1803**
Samedi 26 novembre 1803 le <u>Journal de Francfort</u> écrivit que Sénat dans sa séance d'avant-hier avait nommé M. Demissy sous-préfet à La Rochelle, membre du Corps

législatif. La nouvelle était datée de Paris 21 novembre, soit bien le 27 brumaire an XII [19 novembre 1803].

L'échéance de son mandat au Corps législatif procéda de règles compliquées et fluctuantes. Toujours est-il qu'il devait sortir en 1805 si sa réélection ne se voyait pas confirmée. Il s'y maintint au total onze années.

La session du Corps législatif commençait chaque année le 1$^{er}$ frimaire (21- 22 novembre) et ne durait que quatre mois, sauf convocation extraordinaire, ce qui permettait à Samuel Demissy de prendre de nouveaux engagements pendant les huit mois restants. En juillet 1803, il fut nommé président de canton. Il siégea jusqu'en janvier 1813.

**10.8.- Empire**

Louise Laure naquit, rue de L'Escale, n°166, le 2 février 1804, à 8 heures le soir pendant une session du Corps législatif à laquelle Samuel Demissy était présent. La déclaration devant l'officier de l'état-civil fut à l'initiative de Jacques Goujaud Bonpland chirurgien demeurant rue de L'Escale. Le premier témoin fut le grand-père maternel Pierre François Liège, 73 ans. Le deuxième témoin, Raoul Benjamin Auboyneau, grand-oncle maternel, 53 ans.

Samuel Demissy fut nommé une seconde fois sous- préfet le 19 messidor an XII [8 juillet 1804].

Le 2 décembre 1804, en tant que membre du Corps-législatif, il fit partie des invités à la cérémonie du Sacre et du Couronnement de LL MM l'Empereur Napoléon et de l'Impératrice Joséphine. 11 frimaire an XIII 2 décembre 1804 fait dans l'église métropolitaine de Paris

Le cortège partit à huit heures du palais Bourbon sous la direction de Fontanes.

Il y avait Fleuriau de Bellevue de La Rochelle en tant que président de canton de La Rochelle.

Samuel Demissy fut candidat à son renouvellement au Corps législatif désigné par le collège des électeurs le 29 ventôse an XII (octobre 1805).

Vinrent les deux années suivantes des échanges de correspondances avec son cousin par alliance, le courtier Rodolphe Samuel Meyer.

Rodolphe Samuel Meyer malgré la différence d'âge, fut intime de Samuel Demissy. Sa famille était originaire de Blankenbourg. Il épousa le 28 août 1796 Marie Anne Alexandrine Meschinet de Richemond, fille de Samuel Pierre David Meschinet de Richemond, née le 27 septembre 1771 décédée le 9 décembre 1864. Meyer fut négociant, puis courtier de navires. Il exista un moment une société Bouley & Meyer courtiers patentés et interprètes. Ce couple eut onze enfants[149].

Par chance les lettres qui lui furent adressées par Samuel Demissy surtout centrées sur l'année 1807 sont conservées aux Archives Départementales de la Charente-Maritime.

Le cousin de Samuel Demissy et beau-père de Rodolphe Samuel Meyer, Samuel Pierre David Meschinet de Richemond semble ne s'être jamais remis de ses déboires financiers avec Jean-Jacques Garnault quand ils étaient en société. Il avait par la suite tout essayé, manufacture de Tabac, achat de quelques biens nationaux, arbitrage entre commerçants. Cet homme qui fut trésorier de la Société des Amis de la Constitution qu'il hébergea dans les locaux des Carmes qu'il avait acquis pendant la Révolution, laissa une succession obérée. Le 27 septembre 1807 Demissy écrit à Meyer : « *Vous devez maintenant, mon ami, connaître la situation des affaires de votre pauvre beau-père. Vous devez être fixé sur le montant de ses dettes. Quel arrangement comptez-vous faire ? J'ai de lui un billet de 1 000 francs mais cet objet ne doit pas vous tourmenter. Il n'en est pas de même d'un autre billet de 2 100 francs au 3 novembre fixe que je lui ai endossé pour faciliter la négociation. Je n'ai pas de fonds disponibles pour le retirer* ».

La fatalité poursuivait cette famille. Dans cette même lettre Samuel Demissy évoquait la situation au moins moralement délicate du fils de son cousin : « Il n'y a tant qu'à présent aucun moyen d'échange ni d'avancement pour (Samuel Louis, né à La Rochelle le 10 juin 1783 [† 1868] cousin issu de germain, fils de Samuel Pierre, décédé en 1807, aspirant de marine du roi, âgé de vingt-deux deux ans, qui en tant que prisonnier de guerre, libéré sous serment sans doute par les Anglais, était interdit de navigation). Il subit le triste sort de tous ses camarades qui se trouvent comme lui prisonniers de guerre. Le jeune Fleuriau malgré quelques protections n'a pu rien obtenir. Le fils de Chassiron n'a pas été plus heureux.

Demissy évoquait nouveau cette situation difficile dans une lettre du 27 septembre 1807 : « *Je suis vivement affecté depuis longtemps de l'état d'inactivité de* [Samuel Louis] *Meschinet. Il est sans doute cruel pour lui et pour ceux qui s'intéressent à lui de le voir passer ainsi sa jeunesse mais je ne vois pas de moyens étant lié à la Marine et prisonnier de guerre de lui faire suivre dans le moment une carrière* ».

Tout s'arrangea. Samuel Louis devint lieutenant de vaisseau le 22 août 1821, capitaine de corvette le 12 septembre 1832 et fut retraité officier supérieur de la Marine, le 1er janvier 1835 après 35 ans de service. Il eut sa pension de légionnaire le

---

[149] Dans l'Annuaire de la Charente-inférieure de 1839, on trouve mention de R.S , interprète pour les langues du Nord, demeurant rue Cloche-perce n° 15, et de Eug. Meyer, interprète pour les langues anglaise, allemande, hollandaise, danoise, suédoise, espagnole et portugaise, ibid.

1ᵉʳ janvier 1860. Il épousa Marie Catherine Élie Pichez [1801-1839], mariage du 5 octobre 1837 qui lui donna un seul fils Louis Marie de Richemond né à Rochefort le 4 janvier 1839, lequel fut un archiviste talentueux. Il décéda le 6 août 1868.

La correspondance entre Demissy et Meyer se poursuivit à propos de deux créances que Samuel Demissy détenait sur la succession de Samuel Pierre de Richemond et dont les héritiers devaient maintenant s'acquitter.

Dans une lettre adressée à M. Meyer à La Rochelle, du 6 octobre 1807, il écrit : « *J'ai trouvé joint, mon cher Meyer, à votre lettre du 15 de ce mois, le billet souscrit sous la date du 3 courant, par vous, votre femme* [Marie Anne Alexandrine Meschinet de Richemond née le 27 ou septembre 1771 décédée le 9 décembre 1864, se maria le 28 août 1796 à Rodolphe Samuel Meyer], *Meschinet Richemond & Fanny de Richemond, de la somme de 2 100 livres, payable à quatre mois à mon ordre. Je vous le retourne inclus revêtu de ma signature* [Perrette Henriette Fanny Meschinet de Richemond née le 7 janvier 1781 décédée le 2 juin 1854 épousa le 27 mai 1811 Jean-Baptiste François Claude de L'Angle écuyer, chevalier de Saint-Louis chef de bataillon d'état-major, auteur de publications scientifiques].

« *Je n'aurais pas pensé que les dettes de votre pauvre beau-père* [Samuel Pierre Meschinet de Richemond, décédé le 29 août 1807] *se fussent élevées à 28 000 livres. Je les aurais crues moindres : de 8 à 10. Comme vous je ne pense pas qu'il y en ait d'antérieures à la Révolution. Alors il ne peut convenir pour vous d'accepter la succession sous bénéfice d'inventaire car il vous en coûterait des frais et vous auriez ensuite le désagrément d'un éclat qu'il est bon d'éviter. D'ailleurs je vois qu'en propriété seulement, ce même[150] aux prix modiques du jour, il y a grandement de quoi payer les engagements qu'il a laissés. Cependant, il convient de réaliser pour les éteindre et ne pas vous grever davantage, par les intérêts qui accroîtraient rapidement la somme que vous devez.*

Enfin le métier de Meyer qui était celui de courtier intéressait Demissy associé au processus législatif, pour ce qui sera le futur article 87 du Code de commerce. Il ne faut pas oublier que Demissy s'était improvisé à son retour de l'Isle de France courtier en assurances maritimes.

18 juillet 1807, Demissy écrivit *: Les trois premiers livres du Code de commerce ayant été donnés au Tribunat pour les examiner, M. de Chassiron me les prêta à mon arrivée, et n'ayant pas trouvé la démarcation entre les divers courtiers assez clairement établie je lui ai donné une note pour la communiquer à ses collègues lorsque ce Code sera présenté au Corps législatif. Si on a eu égard à mes observations dans le cas contraire je les reproduirai et j'en parlerai à M. R[151]* ».

---

[150] Il fait allusion à la vente des biens acquis pendant la Révolution et notamment des Carmes, car le logement de Thairé ne semblait pas promis à la vente.
[151] Meyer Rodolphe ?

Le 22 décembre 1808 Demissy écrivit de Paris à son cousin Meyer,: « *Je ne suis pas moins sensible à vos félicitations sur mon élection de candidat pour le Corps législatif. Ce témoignage de confiance de la part de mes concitoyens m'a infiniment flatté, d'autant que s'il y a eu quelques opposants, ils étaient comme vous l'observez, en bien petit nombre. Au reste il est naturel que chacun cherche à servir ses intérêts ou ceux de la personne qu'il affectionne*[152] ».

Sortant le 31 décembre 1808 comme député au Corps législatif, il se déclara candidat à son renouvellement et s'inscrivit comme tel en 1808. Lors de la séance du 2 mai 1809 présidée par Talleyrand, son mandat de député de Charente-inférieure lui fut renouvelé avec trois autres députés de la Charente-inférieure, dont Admirault maire de la commune de La Laigne.

L'armement en course restait toujours d'actualité. Un prospectus parut le 21 novembre 1809 invitant à participer à l'armement en course de la goélette La *Levrette* par Alexandre Lambert et Jean Baptiste Robin à La Rochelle commandé par Knell l'aîné[153] ami de Samuel Demissy : 8 canons 36 hommes coûtant mise hors forfait 50 000 livres actions de mille livres, rémunération armateurs 3 % sur le produit net des prises capitaine 2 % et 3 % sur le produit net sur les 2/3 revenant aux intéressés.

Il fut décoré de la Légion d'honneur par l'Empereur, le 30 janvier 1810[154].

10.9.- Restauration

Le 4 avril 1814, le Corps législatif adhérant à l'acte du Sénat avait reconnu et déclaré la déchéance de Napoléon Bonaparte. Pour autant le mandat de Samuel Demissy au Corps législatif ne devait pas être remis en cause par l'article 75 de la Charte du 4 juin de la Première restauration. Cette disposition stipula que les membres du Corps législatif continueraient à exercer leurs fonctions jusqu'au renouvellement d'un cinquième des députés, ce qui devait se faire au plus tard en 1816. Samuel Demissy continua donc à siéger à la Chambre basse qui avait pris l'appellation de Chambre des députés des départements, jusqu'au 20 mars 1815. Tous les députés de la nouvelle chambre royale prêtèrent serment de fidélité et obéissance au roi. Samuel Demissy s'y soumit le 19 novembre 1814. Mais là s'arrêta sa carrière de parlementaire.

En honorant sa mémoire sa veuve parla de sa carrière à la Chambre des députés.

Napoléon Bonaparte pendant les Cent jours prit le parti de dissoudre Chambre des députés des départements pour former une nouvelle Chambre des Représentants.

---

[152] AD/ 17 371 J 146.
[153] Son fils paraît avoir été Urbain Knell, aussi capitaine de navire marié à Julie Paronneau, fille de Louis Charles Paronneau AD/17 3 E 35 29, 14 juin 1817.
[154] Portail Léonore : LH//727/16, encore que son patronyme soit mal écrit.

Après les Cent-jours et à l'issue d'élections tendues qui se déroulèrent dans un climat de Terreur blanche où notamment treize protestants furent massacrés à la veille du scrutin à Nîmes, elle reprit son nom de Chambre des députés des départements. Elle fut composée des membres du dernier Corps législatif dont on avait « éloigné les hommes les plus recommandables par l'indépendance de leurs opinions ».

Girouette comme tant d'autres. Samuel Demissy avait prêté le serment juratoire de haine éternelle contre la Royauté, avait eu foi en l'Empereur et lui avait prêté serment de fidélité. Dans une lettre adressée au courtier conducteur de navires Meyer le 18 juillet 1807, il écrivait : *Livrons-nous donc à l'Espérance de voir notre Patrie dans une situation heureuse ce sera l'ouvrage du grand homme qui nous gouverne*. Mais il tournera royaliste.

Il devait à l'Empereur sa Légion d'honneur. Par chance les Cent-jours ne l'avaient pas mis en défaut. Il avait prêté serment à Louis XVIII. Il ne s'était pas privé le moment venu de signer ou de cosigner des adresses de félicitations, d'amour, de respect ou d'admiration. Qui aurait pu croire qu'il siègerait au Palais-Bourbon à côté d'une cohorte de marquis et de comtes qu'il avait méprisés sinon haïs dans le passé ? Il signera plus volontiers de Missy que Demissy. Ses filles seront des de Missy.

Non réélu à la Chambre basse, mais conservant un temps un pied-à-terre à Paris, rue des Petits-Augustins, n°17, Samuel Demissy devint membre du Conseil municipal de La Rochelle par ordonnance du roi du 30 décembre 1814. Il fut renouvelé pour moitié. « *Louis par la grâce de Dieu roi de France et de Navarre à tous ceux qui ces présentes verront Salut. Sur la proposition du ministre de l'Intérieur, nous avons nommé et nommons les personnes ci-après désignées aux fonctions de membres du Conseil municipal de la ville de La Rochelle en remplacement de celles qui en sont sorties en exécution de l'article 81 du Règlement du 19 fructidor an X : Étienne Charruyer, négociant Goujaud-Bonpland chirurgien, Michel Simon médecin, Plessis Julien Pierre, avoué, Boutet-Destouches, président du tribunal civil, Jacques Achille Maubaillarcq négociant Jean Baptise Samuel Pellier (père) négociant, Texier (aîné) Jean, marchand- droguiste Ranson (père) marchand de draps, Viault André Robert, propriétaire, Seguy Jean, Gobert François, directeur de la Monnaie, Jousseaume Jacques Isaac, propriétaire, Demissy Samuel Pierre David Joseph, Casimir Basile, médecin Bruma, percepteur des contributions médecin, Filleau Jacques Auguste négociant* ». On voit que par son placement en fin de la liste Samuel Demissy ne fut pas désigné pour assurer un rôle déterminant.

La détermination du chef-lieu de la Charente-Inférieure avait fait polémique pendant quelque temps devant l'Assemblée constituante. Jean Baptiste Nairac fut envoyé en 1790 comme député extraordinaire de la Chambre de Commerce de La

Rochelle afin de faire désigner La Rochelle comme siège de l'administration sur le Département. L'Assemblée constituante ne put trancher le différend, adopta le projet de décret le 16 septembre 1790 et décida que « l'assemblée du département de la Charente-inférieure se tiendrait à Saintes pour la première fois et qu'elle alternerait ensuite entre les villes de La Rochelle, Saintes et Saint-Jean-d'Angély » à moins que dans le cours de la première session l'assemblée du département ne propose une autre disposition définitive.

La création de 83 départements fut arrêtée le 15 février 1790, avec Saintes désigné comme chef-lieu, jusqu'à ce que Napoléon en décide du contraire.

Invités à La Rochelle, les Rochefortais Romme, procureur de la commune, Langardière, Lemoyne et de Broussard ne cosignèrent pas la pétition que les cinq districts de La Rochelle avaient préparée pour que La Rochelle soit le chef-lieu de département. Le Conseil général de la ville de Rochefort s'assembla et vota une adresse à l'Assemblée nationale pour solliciter la réunion de l'Aunis et de la Saintonge et pour demander que le siège en soit alternativement à La Rochelle, Rochefort et Saintes[155].

La Rochelle dut beaucoup à Napoléon Bonaparte. Un décret daté du 19 mai 1810 de Bruges, ne justifiant aucunement cette décision, transféra de Saintes à La Rochelle le siège de la préfecture de la Charente-Inférieure. L'Empereur était passé deux ans auparavant à La Rochelle et avait fait cette promesse à ses habitants. Les efforts du maire Garreau et l'influence de Regnaud de Saint-Jean-d'Angély furent déterminants. Le ministre de l'intérieur Jean Pierre Bachasson de Montalivet mit en œuvre cette décision.

Ainsi le sort de la préfecture de la Charente-inférieure fut décidé à l'opposé de ce qui fut opéré pour le département de la Vendée. Le 25 mai 1804, soit seulement sept jours après sa proclamation en tant qu'empereur, Napoléon décida par décret, de transférer la préfecture de la Vendée de Fontenay-le-Comte, située au sud du département, vers La Roche-sur-Yon, bien plus centrale et se trouvant à une journée de cheval au plus des limites de la Vendée.

La capitale de la Saintonge voulut profiter en 1814 du rétablissement des Bourbons pour reprendre la fonction de chef-lieu dont par Napoléon Bonaparte avait privé Saintes sans aucune justification.

Samuel Demissy en 1814 reprit ce combat quand Louis Nicolas Lemercier de Saintes voulut faire revenir le chef-lieu dans sa ville.

Le baron Paul Garreau maire de La Rochelle entreprit des démarches « à l'effet de mettre sous les yeux de son Excellence [le ministre de l'Intérieur] les grands moyens qui s'opposaient à ce que la ville de Saintes obtienne comme elle le sollicitait la

---

[155] Histoire de la Ville et du Port de Rochefort (Tome 2), EDR/ Éditions des régionalismes, EDR sarl – 17160 Cressé, Jean-Théodore Viaud, Élie-Jérôme Fleury, page 118.

translation du chef-lieu de la préfecture » avec l'appui de MM. Le chevalier de Marville et Louis Isaac Seignette et de MM. Demissy et Admirault [Jean-Louis[156]] membres de la Chambre des députés et M. de Chassiron, membre de la Cour royale des comptes, Fleuriau de Bellevue[157] et Charles Vincens, députation qui s'était formée pour demander à Sa Majesté Louis XVIII le maintien de la Rochelle comme préfecture. Cette députation extraordinaire déposa un mémoire auprès du ministre de l'Intérieur le 8 novembre 1814.

Saintes renouvela en 1818 sa demande de redevenir préfecture. L'affaire fut portée par le comte Lemercier, pair de France devant la Haute cour. Tous se mobilisèrent à La Rochelle pour faire échouer cette nouvelle tentative : Jean-Baptiste Maximilien Titon receveur-général de la Charente-inférieure, de Chassiron père et fils, le général Lafont, commandant le matériel de l'artillerie (futur gendre de Demissy), de La Garde (gendre de feu Samuel Pierre Meschinet de Richemond), Saint Hillaire Filleau ancien secrétaire de la préfecture auxquels s'adjoignirent le maire de Meynard et Louis Admirault le député pour déposer les mémoires[158]. Samuel Demissy n'était plus convié pour participer systématiquement aux questions engageant l'avenir de la ville. Il n'était plus député. Du côté de Saintes, une délégation de personnalités obtint audience auprès du roi le 1$^{er}$ février 1819. Elle se composait de Boscas (de) Real, maire de Saintes, Baudry et Jean Joseph Jouneau membres de la Chambre des députés [...].
Le 29 juillet 1815, Samuel Demissy fit partie du collège d'arrondissement et fut nommé président de La Rochelle.

Le mariage d'Amélie sa fille aîné se célébra l'année suivante. Le futur, de religion protestante était un général en poste à La Rochelle, beaucoup plus âgé que l'épousée.
Devant Christophe Joseph Victor chevalier de Cairon-Clerville, premier adjoint au maire de La Rochelle se scella le 29 février 1816, l'union d'Amélie de Missy 21 ans, née le 10 pluviôse an VI à La Rochelle [29 janvier 1798] avec André Jacques Élizabeth de Lafont âgé de 37 ans, né à Layrac, près d'Agen, Lot-et-Garonne, le 22 février 1779. Le marié avait participé à plusieurs campagnes napoléoniennes en Prusse orientale et en Autriche. Il fut fait officier de la Légion d'honneur, chevalier de l'ordre royal et militaire de Saint Louis, colonel de la Garde royale, directeur de la garde du matériel

---

[156] Jean Louis Admirault à l'occasion de son élection au corps législatif de l'Empire réunit 131 voix sur 149 votants et 296 inscrits. Il adopta les principes de la Révolution quoiqu'avec modération. En 1809 il fut nommé maire de La Laigne et porté au Corps législatif.
[157] Louis-Benjamin Fleuriau de Bellevue né à La Rochelle le 23 février 1761 y décédé en 1852, conseiller général s'occupait de géologie. Il fut élu député le 13 novembre 1820 et prit place dans la majorité royaliste.
[158] Observations sommaires sur la proposition faite à la Chambre des Pairs le 9 mai 1818 de transférer la préfecture de la Charente inférieure de La Rochelle à Saintes par Charles de Meynard.

## Samuel de Missy (1755-1820), armateur rochelais sur l'océan indien

de ce corps[159]. Seize ans séparaient les futurs époux. Du côté du marié, seul le père, Moïse de Lafont, ancien mousquetaire de la garde du roi, veuf d'Élizabeth Saunders était présent. Du côté Demissy, bien sûr Samuel Pierre Joseph David et Marie Louise Esther Liège parents de la mariée, et la famille la plus proche : Samuel Louis Meschinet de Richemond, cousin issu de germain, fils de Samuel Pierre, décédé en 1807, enseigne de vaisseaux du roi, âgé de trente-deux ans, qui en tant que prisonnier de guerre, libéré sous serment sans doute par les Anglais, était interdit de navigation, Pierre François Gigaux, procureur du roi près la Monnaie de La Rochelle, âgé de quarante-trois ans, oncle par alliance de l'épouse du côté maternel, Jean Louis Torterue Bonneau de Grolleau, propriétaire, ancien officier commensal de la chambre du roi, ancien capitaine de canonnier, garde côte, âgé de cinquante-huit ans, Gabriel Joseph Thinée Massias, écuyer, Major de la Garde nationale de La Rochelle, chevalier de la Légion d'Honneur, ancien capitaine de l'artillerie à cheval de la Garde, âgé de vingt-neuf ans, époux de Louise Rose Sophie Torterue-Bonneau. On relève sur l'acte les signatures de la sœur d'Amélie, Louise Laure qui se mariera huit ans plus tard avec Jacques Édouard Conquéré de Monbrison, de Joseph Benoît Dalmas, préfet de Charente-inférieure, [Charles Pierre Pandin de] Romefort époux de Marie-Adélaïde Fleuriau, des époux Delangle : Jean Baptiste François Claude de L'Angle et Perrette Henriette Fanny née Meschinet de Richemond, sœur de Samuel Louis Meschinet de Richemond, enseigne de vaisseaux du roi évoqué plus haut.

La consultation du contrat de mariage signé deux jours auparavant permet de réaliser que devant notaire l'assistance des parents, amis du côté de la mariée et officiels fut bien fournie.

Le contrat de mariage d'Amélie avec André Jacques Élizabeth Delafont (sic, Lafont) se signa avec Hérard le 27 février 1816[160]. Le tout La Rochelle se pressait pour accompagner les futurs mariés et leurs parents respectifs dans l'accomplissement de cette formalité. Côté de la mariée branche paternelle : Samuel Louis Meschinet de Richemond, enseigne de vaisseau, Marie Anne Alexandrine Meschinet de Richemond

---

[159] André Jacques Élizabeth Lafont puis de Cavaignac né le 21 février 1779 à Layrac, généralité de Bordeaux, puis Lot-et-Garonne. Elève sous-lieutenant à l'école d'artillerie de Châlons, nommé lieutenant en second le 6 prairial en VIII etc... Il se trouva à Iéna, Eylau et Friedland en 1809, et se fit remarquer a Wagram. Le 9 juillet, nommé officier de la Légion d'honneur, puis élevé à la dignité de baron d'Empire le 15 août suivant. Il revint à Paris, où il resta les années 1810 et 1811, fit partie de la Grande année de Russie en 1812, devint major dans la ligne le 23 septembre de la même année, et colonel le 23 juillet 1813. Pendant la campagne de Saxe, puis fut fait prisonnier de guerre au commencement de l'invasion en 1814. Il fut fait chevalier de Saint-Louis le 6 janvier 1815, il donna sa démission pendant les Cent-Jours. Il fut nommé colonel-directeur du matériel d'artillerie de la garde royale en 1816. Député du Lot et Garonne lors des événements de juillet 1830, il fit valoir ses droits à la retraite. Une ordonnance royale du 28 août, en admettant provisoirement sa demande et le plaça dans la position de disponibilité. Retiré définitivement le 27 octobre 1831, il mourut le 30 décembre 1844 à Layrac châtelain de Cavaignac.

[160] AD/17 3 E 35 27.

et son mari Rodolphe Samuel Meyer, Perrette Henriette Fanny Meschinet de Richemond épouse de Jean-Baptiste François Charles Delangle. Côté branche maternelle Sophie Bibiane Liège avec son mari Pierre François Gigaux, commissaire du roi de l'Hôtel des Monnaies de La Rochelle, Henriette Suzanne Liège accompagnée de son mari Paul Louis Armand Auboyneau. Les Fleuriau étaient aussi présents : Adélaïde Fleuriau et son mari Pierre Pandin de Romefort, Louis Benjamin Fleuriau membre du Conseil et du Collège électoral de la Charente-Inférieure. Marie Anne Bernon veuve de Joachim de Baussay, les Garreau ; les Texier ; les Meynard, Henriette de Montbron née Harouard, Alexandrine Drouyn de Lhuys ; Vivier, Bouscasse, Tanderbaratz, Paillet Vincens. Côté du marié, peu de monde, sinon Antoinette Charlotte Pauline Alexandrine Dumas, épouse de Jean-Louis Torterue Bonneau, ce qui pourrait expliquer ce mariage et Gabriel Joseph Massias. Les officiels étaient présents : le maire, les conseillers à la préfecture.

Samuel Demissy se montra généreux. Il dota sa fille en avance d'hoirie de terrains situés et de prés naturels à la cabane de Richebonne affermés en 1810 à Marie Anne Guibert veuve Jacques Fournier, d'une superficie de 267 ha, 13 ares soit 782 journaux valorisés à 120 000 francs[161], puis 19 ha de terres à la Haute Pré d'Andilly soit 56 journaux estimés à 36 000 francs et enfin lui donna la petite maison rue Dompierre dont il avait hérité de sa sœur Henriette qui l'avait acquise de Samuel Pierre Meschinet de Richemond et Henriette Boué en 1793, marquée pour 8 000 francs, soit 164 000 francs au total qui diminuaient son patrimoine.

Amélie mourut à Paris sept ans après s'être mariée[162]. Elle décéda rue de Provence, quartier de la Chaussée-d'Antin. Peu de mois avant son propre décès Samuel Demissy avait séjourné chez sa fille Amélie. La cérémonie religieuse se fit-elle à Saint-Sulpice comme certaines sources le font croire ou à l'ancienne église Sainte-Marie près de la Bastille. Elle eût de son union avec le général deux enfants dont un seul survécut.

Le patrimoine de Samuel Demissy s'accrut de 25 ares de marais situés près du Liégeon abandonnés aux créanciers de Paul Borel vendus à la requête des marchands Rahou et Verron à la suite d'un jugement du tribunal civil de Marennes du 16 janvier 1816.

10.10.- Décès de Samuel Demissy
Le 11 août 1820, peu de temps avant son décès, Samuel Demissy vendit aux sœurs de Saint Joseph de La Providence un grand jardin et divers bâtiments situés rue Porte

---

[161] Le bail fut reconduit le 24 août 1825 pour une durée de sept ans, moyennant 7 000 francs par an par André Jacques Élizabeth Lafont qui participa à l'acte pour une durée de sept ans, moyennant 7 000 francs par an, AD/17, 3 E 35 38.
[162] Amélie de Missy décéda rue de Provence n° 21, le 23 décembre 1823 [Archives de Paris3 E D 422 vue 13/ 51] Paris IIe (ancien arrondissement Chaussée-d'Antin, Faubourg-Montmartre, Feydeau-Palais Royal).

du Nord n° 7, laquelle rue fut nommée Dauphine sous l'Ancien-régime et deviendra l'actuelle rue Albert 1er. Les Sœurs chassées de leur couvent en 1792 qui avait été vendu par adjudication comme bien national en partie à Demissy avaient pu revenir à La Rochelle à la faveur de dispositions prises du temps du Consulat de Napoléon par la loi du 11 floréal de l'an X. Elles logeaient depuis le 10 janvier 1809 dans un petit bâtiment situé dans la même rue.

Ce ne fut pas une grande transaction. La vente aux Hospitalières de la Providence se fit pour 6 000 francs. Elle portait sur un grand jardin de 39 ares et divers bâtiments situés sur la rue. Demissy s'en était rendu propriétaire par adjudication du 12 pluviôse an X (31 janvier 1798)[163]. Le précédent propriétaire était François Desmeury depuis 1794[164]. Pour mener à bien cette signature, Samuel Demissy et son épouse étant à Paris très probablement chez leur fille aînée Madame Lafont, demeurant rue de Provence, établirent une procuration devant le notaire parisien Beaudesson dont l'étude était rue Montmartre n° 60, le 2 mai 1820 à Julien Pierre Plessis, avoué ami de la famille.

Par la suite les Sœurs complétèrent la reconstitution de leur ancien patrimoine en rachetant à Jean Guérin jardinier trois petites maisons et un jardin mitoyen. Le vendeur s'en était reconnu propriétaire le 22 mai 1813 par acte passé avec Guillaume Dupuis tailleur d'habit et Marie-Louise Desmeury le 9 ventôse an II, 20 février 1794. Les Sœurs payèrent 10 000 francs et devant le notaire versèrent 6 000 francs au comptant.

Le 3 octobre 1820, la mort surprenait Samuel Demissy dans son logement de la rue de L'Escale n°3 à La Rochelle. Il n'y pas trace dans les archives du notaire Hérard d'un quelconque testament. La succession fut *ab intestat*. On peut présumer que cette mort fut subite.

L'acte est ainsi rédigé : Décès de Mr Samuel Pierre Joseph Demissy époux de dame Marie Louise Ester Liège, L'an mil-huit-cent vingt, le trois du mois d'octobre sur les deux heures du soir, par-devant nous André Toussaint Viault premier adjoint au maire de La Rochelle [juge au Tribunal de commerce] & par lui délégué par arrêté du dix-huit août mil huit cent seize pour remplir les fonctions d'état-civil de la commune de La Rochelle, canton (idem) département de la Charente-inférieure, sont comparus M. Louis Benjamin Fleuriau de Bellevue, membre du Conseil général du département âgé de 48 ans demeurant à La Rochelle qui dit être cousin du défunt et Pierre François Gigaux commissaire du roi près la Monnaie de cette ville demeurant à La Rochelle qui dit être beau-frère du défunt, lesquels nous ont déclaré que M. Samuel Pierre Joseph

---

[163] La Rochelle, rue Albert 1er, P.B Coutant, cahier n° 7, page 37.
[164] AD/17, 351 33.

David Demissy [165], colonel de la Garde-nationale de cette ville, ex législateur, chevalier de l'ordre royal de la Légion d'honneur et membre du Conseil municipal de cette ville est décédé ce matin à minuit moins un quart en cette même ville, rue de L'Escale n° 3 (anciennement n°605, aujourd'hui rue Nicolas Venette], âgé de 64 ans, né à La Rochelle, de son vivant époux de Marie Louise Esther Liège, fils de Mr Samuel Pierre Demissy négociant et de dame Marie-Anne Fraigneau, décédés et ont les déclarants signé le présent acte, après qu'il leur en ait été fait lecture. Signé Fleuriau de Bellevue, Gigaux, Viault.

Comme Samuel Demissy n'avait pas fait de testament, les biens meubles et immeubles allèrent tous à ses filles Amélie et Louise Laure. Les objets furent déclarés à l'administration comme suit : 41 735,52 pour les meubles et 15 000 pour les immeubles et les droits furent payés le 8 mars 1821[166].

Tout La Rochelle fut en deuil. Une notice nécrologique en fit état : *Hier du 6 courant (octobre 1820), la Garde-Nationale en corps, les Autorités civiles et militaires etc. ont rendu les honneurs funèbres à feu Samuel Pierre Demissy, chevalier de l'ordre-royal de Légion d'Honneur et Colonel de la Garde-Nationale de cette ville. Peu d'hommes ont fourni une carrière plus honorable que celle dont nous déplorons la perte. Successivement maire, sous-préfet, Législateur, dans toutes les circonstances de sa trop courte existence, il s'est constamment montré homme juste, intègre, éclairé, charitable ne connaissant aucun obstacle lorsqu'il s'agissait utile à ses concitoyens, à ses semblables, d'appuyer leurs demandes et de défendre leurs droits. Modèle de piété filiale, bon époux, excellent père, ami sûr et fidèle, enflammé pour l'amour de son pays, Samuel-Pierre Demissy emporte dans la tombe bien des regrets mérités d'une famille désolée, ceux de ses concitoyens auxquels il laisse l'exemple de ses vertus et surtout ceux des indigents, qui n'ont jamais élevé vers lui une voix suppliante.*

S'ensuivirent les formalités d'usage habituelles. Le général André Jacques Élizabeth Lafont, veuf d'Amélie de Missy et Marie Louise Esther Liège tutrice légale de Louise Laure donnèrent procuration à Jacques César Toutant percepteur à vie des contributions directes à Marans le 23 novembre 1820 pour gérer tous les biens fonciers ruraux situés au nord du département. Ils furent bien avisés de le faire, car Guérin, Valentin et Ardouin, fermiers n'étaient pas à jour de leurs loyers[167]. Sans doute très affectée Marie Louise Esther mandata Julien Pierre Plessis avoué et

---

[165] Samuel Pierre Meschinet de Richemond 1740-1807 Armateur à La Rochelle. Trésorier des guerres. Membre du Conseil de commerce et du Conseil municipal de La Rochelle (Charente Maritime X premières noces le 22 décembre 1763 avec Sara Gauvain, en deuxièmes noces le 15 février 1768 (Hambourg) avec Henriette Boué.

[166] Table des successions et absences (1791- 1969), AD/17, n° 44, 3 octobre 1820.

[167] AD/ 17, 3 U 347, audience du 26 septembre 1822.

membre du Conseil municipal et ami pour la représenter au Conseil de famille le 21 octobre 1820.

Marie Louise Esther Liège découvrit une situation assez compliquée. L'inventaire des papiers et effets dressé le 14 novembre 1820 constata un actif de 41 735,53 francs à rapprocher d'un passif de 113 436,20, soit un déficit de 71 700, 67 francs. Samuel Demissy devait par billet souscrit 52 750 francs à une dame Schalk ( Schmaltz ?) à Paris que nous n'avons pas réussi à identifier et 50 000 francs par le fait d'emprunts auprès de divers négociants de La Rochelle. Il s'était engagé le 19 mars 1809 par un cautionnement de 24 000 francs en faveur de l'administration générale des postes aux lettres de la France, pour garantir les fonds détenus par la directrice de la poste aux lettres Élizabeth Josseau, veuve d'Honoré Delestre, puis une hypothèque de 20 000 francs au profit de Jean Étienne Garnault employé aux bureaux de la Marine à Rochefort, garantissant un prêt sans échéance.

Un acte passé devant Hérard le 8 avril 1820 [168] mentionnait également un engagement au profit d'Henri Joseph Étienne Garnault, ce dernier consentant à ce que l'inscription hypothécaire prise par lui le 4 mars 1819 soit partiellement radiée et ne porte plus sur les anciens magasins de Samuel Demissy achetés en 1798 qui se situaient quai du carénage et sur le jardin vendu aux dames de la Providence. L'inscription demeurait sur tous les autres biens dont Samuel Demissy était propriétaire et notamment sur la maison rue Porte-Neuve.

| Volume | Article | Date d'inscription | Conventionnelle ou judiciaire | Créance | Radiation |
|---|---|---|---|---|---|
| 54 | 56 | 17/09/1815 | CV (Postes) | 24 000 | 8/12/1827 |
| 58 | 46 | 20/01/1817 | Judiciaire. | 130 691,30 | 20/04/1819 |
| 69 | 428 | 24/11/1818 | CV (Garnault père) | 12 170 | 30/06/1821 |
| 66 | 529 | 29/01/1819 | Judiciaire | 224 383,24 | 13/04/1820 |
| 67 | 446 | 2/3/1819 | CV (Garnault fils) | 25 920 | Perpétuel |
| 89 | 99 | 9/3/1825 | CV | 24 000 | 8/10/1827 |
| 106 | 198 | 4/2/ 1829 | CV | 25 920 | Perpétuel |

La consultation du registre de la conservation des hypothèques qui comporte un volet recensant les hypothèques conventionnelles et judiciaires (n° 19 f° 62, case 212) est loin d'être vierge de toute inscription prise sur les biens de Samuel Demissy. On peut s'interroger sur les raisons pour lesquelles un personnage supposé aussi fortuné a pu être conduit à emprunter des fonds auprès de Garnault et de son fils, alors qu'il n'exerçait plus aucune activité commerciale. Encore plus intrigantes sont les hypothèques judiciaires, d'un montant monstrueux, qui frappèrent ses biens. On ne peut y voir la patte des héritiers Lenormand et Biré. On sait combien Demissy versa aux Lenormand pour mettre fin à leurs poursuites mais on ne dispose d'aucun

---

[168] AD/17, 3 E 35- 32.

renseignement sur ce que les Biré reçurent. En tout état de cause cette affaire fut réglée avant son décès si l'on en juge par l'affirmation qui est faite à ce sujet dans l'inventaire réalisé en novembre 1820.

Par la constitution de dot en avance d'hoirie à sa fille aînée Amélie lors de son mariage en 1816, il avait restreint sa marge de manœuvre de 164 000 francs. Voulant sans doute protéger son patrimoine dans la perspective d'un beau mariage de sa seconde fille, il ne pouvait se résoudre à vendre les terrains et marais qu'il possédait en lisière de la Sèvre. Il trouva cependant une solution à ce problème avant son décès. Néanmoins l'inscription d'Henri Joseph Étienne Garnault fils fut renouvelée sur les biens de Louise Laure au terme de dix ans de son existence.

La veuve de Samuel Demissy ne perdit pas de temps. Avec l'accord d'Amélie sa fille aînée et de son gendre le colonel Lafont, se portant fort de la ratification des actes par sa fille Louise Laure à sa majorité, Marie Louise Esther Liège vendit en mars 1821, des carrés de pré de l'ancienne cabane de Richebonne provenant de l'ancienne abbaye de Saint-Michel-en-l'Herm, d'une surface de 56 ha pour 50 000 francs. Pour garantir les acheteurs d'une remise en cause de cette vente par sa fille lorsqu'elle deviendrait majeure, elle hypothéqua en leur faveur les 267 ha de terres labourables avec leurs bâtiments qui lui restaient libres de la métairie de Richebonne ainsi que 9 livres de marais salants jusqu'à 10 000 francs à Loix qui lui appartenaient en propre.

Des biens subsistaient en indivision entre les deux filles de Samuel Demissy. Cette situation entraînait de graves inconvénients. Aussi Jacques Édouard de Monbrison, demandeur chargea-t-il l'avoué Julien Pierre Plessis, licencié en droit de saisir le tribunal d'instance de La Rochelle[169]. André Jacques Élizabeth Lafont figurait comme défendeur : Nul n'était obligé de rester en indivision. Aussi le 12 avril 1825, le tribunal ordonna-t-il de faire nommer des experts aux fins de savoir si les biens étaient partageables. Il s'agissait, 1° de prés et de marais situés dans les communes de Charron et d'Andilly, pour lesquels trois experts furent nommés : Toutant, ci-devant percepteur, Jean Lalère, tous deux de Marans, et Lefebvre, commis greffier à La Rochelle, 2° de la maison située rue Porte-Neuve n° 10, experts nommés Henry Gasteau, Esprit Comairas et Burgaud, tous trois entrepreneurs d'ouvrages, 3° Pour les marais situés près du Liégeon, trois experts également : Guirin, avoué, Richard et Dubois tous trois demeurant à Marennes. Lors de l'audience du 19 juillet 1826 après avoir ouï les rapports des experts, le partage fut homologué et l'acte déposé devant Hérard notaire.

---

[169] AD/17, 3 U 348, page 28, f° 658.

Plus tard, de son côté, André Jacques Élizabeth Lafont, veuf d'Amélie de Missy, concluait sur les biens dotaux qui avaient été attribués à son épouse, un bail portant sur les 266 ha de la métairie de Richebonne avec Anne Guibert veuve de Jacques Fournier pour 7 000 francs par an le 24 août 1825.

Marie Louise Esther Liège ne put demeurer seule dans la maison de la rue Porte-Neuve. Louise Laure avait obtenu l'accord de son époux pour qu'elle vienne habiter avec eux au château de Monbrison à Saint-Michel, canton d'Auvillar dans le Tarn-et-Garonne quand Louise Laure et son mari décidèrent de s'y installer définitivement.

Le 18 septembre 1834, Louise Laure écrivit de Monbrison à sa cousine Mme Meyer que sa mère était affaiblie : « Ce n'est guère un spectacle réjouissant pour les enfants »[170].

Après une diminution de ses forces, elle s'y éteignit le 21 septembre 1837 à 70 ans[171] : déclarants Jacques Édouard Conquéré de Monbrison et Antoine Labau (signature maçonnique) décédée au château de Monbrison, signé Bourgeas, maire.

Une lettre expédiée de Layrac en Lot-et-Garonne par André Jacques Élizabeth Lafont de Cavaignac au baron Jean-Marie Alexandre César Chaudruc de Crazannes rue Corail à Montauban, inspecteur conservateur des monuments et arts rappelle cet événement : « *Je te fais part mon cher ami en notre nom comme en celui de la famille Monbrison de la mort de Madame de Missy qui a eu lieu le 21 courant* [21 septembre 1837]. *Elle était en réalité morte depuis longtemps et quoique ce coup ait affligé sa fille* [Louise Laure]. *Il est impossible de ne pas louer Dieu en cette occasion. Nous nous sommes rendus Henri et Louise à la cérémonie de l'inhumation* [172] [...].

Marie Louise Esther Liège laissa quelques biens à ses héritiers. De sa mère elle avait hérité de parts sur la forge de Luchapt sur les frontières de la Marche.

Louise Laure tourna définitivement la page de La Rochelle. Ni son mari, ni elle ne se déplacèrent chez le notaire pour vendre la maison de la rue Porte-Neuve et son contenu le 7 février 1836 à Frédéric Poutier négociant et Louise Marceline Seignette. Ils donnèrent procuration à Adolphe Édouard et André Bouyer avoué. L'acte décrit l'état de la maison au moment de la vente : une grande maison à La Rochelle, rue Porte Neuve n° 10 consistant en une vaste cour d'entrée autour de laquelle sont les bâtiments composant ladite maison et à la suite un jardin ayant issue sur le rempart confrontant dans son ensemble au levant à ladite rue Porte-Neuve, du midi à la

---

[170] AD/17, 371 J 164.
[171] AD/82, Saint-Michel, 1837 9/40 n° 13.
[172] AD/17, 177 J, article 1.

maison des héritiers Puyberneau, du couchant au rempart de la ville et du nord à la maison de M. Dor[173].

Il parut cette annonce dans l'Écho Rochelais du 25 février 1836 : Vente pour cause de départ. Le jeudi 25 février, dans une maison occupée ci-devant par Mme veuve Demissy, rue Porte-Neuve n°10 [12, 12 bis rue Réaumur], il sera procédé par le ministère de C. Bouyer, commissaire-priseur, à la vente au plus offrant de tous les meubles qui garnissent ladite maison, consistant en lits, fauteuils, canapés, commodes, cotonnades, bureaux, faïences, porcelaines, batteries de cuisine, verroterie, livres de marine et autres. La belle bibliothèque de Samuel Demissy comprenant notamment les trente-six volumes de l'Encyclopédie, les œuvres de Voltaire, éditions de Kehl, celles de Jean-Jacques Rousseau édition de Genève en trente-trois volumes, les Discours et Lettres de Mirabeau et même un Dictionnaire de la noblesse en quinze volumes etc. avait dû être cédée après le décès. Avec cette autre vente de 1836 se dispersèrent sans doute bon nombre de documents accumulés pendant les décennies de négoce de Samuel Demissy. C'est la raison pour laquelle sa mémoire est si difficile à reconstituer.

Il est probable que l'emplacement de la maison de la rue Porte-Neuve n°10 devenue le 12 et le 12 bis, rue Réaumur connut vraisemblablement deux séries de mutations pour laisser place à sa physionomie actuelle et se présenter aujourd'hui comme une construction bien frustre qui ambitionne d'être le pastiche d'un hôtel particulier[174]: une première survenue en 1824 s'analysant comme une simple augmentation de surface, mais considérée par l'administration fiscale comme une reconstruction permettant de partager la jouissance des lieux entre le jeune ménage Conquéré de Monbrison et la présence de Marie Louise Esther Liège[175] et une seconde intervenant à la fin peut-être à partir de 1882, quand Élisa Seignette qui avait succédé aux Conquéré de Monbrison dans la possession de celle-ci fut remplacée par le sénateur Pierre Léonard Hippolyte Barbedette.

---

[173] Elle avait appartenu à M. Samuel Pierre Joseph David Demissy par suite de l'acquisition qu'il en avait faite d'Antoine Exuper Bruslé habitant de Saint-Domingue, de Thérèse Louise Nicollet, de Julie Angélique Nicollet et de Mme Jeanne Louise Ingrand née 17 décembre 1760 épouse de M. Maximilien Henri Houiller de Villedieu né le 17 mars 1758 décédé le 1er décembre 1797 Fontenay-le-Comte et de M. Pierre Bruslé curé de Marsais arrondissement de Fontenay-le-Comte, en date du 7 janvier 1784, moyennant une rente au denier vingt de 30 000 livres amortie à moitié par M. de Missy. Enregistré pour 45 000 francs, 12 février 1836 reçus en espèces au comptant.

[174] Nommé **abusivement** par Jean Louis Mahé ancien bibliothécaire à la Médiathèque de La Rochelle, « Hôtel de Missy » dans son ouvrage Hôtels particuliers de la rochelle, Geste Editions. 2021.

[175] AD/17, 3 P 2992, n° plan 11, f° matrice cadastrale 232, revenu 975, « reconstruite ». Cadastre Section EM, 3495 W 2715, 123-124/

Samuel de Missy (1755-1820), armateur rochelais sur l'océan indien

Sur le mur ouest de la cour du 12, 12 bis rue Réaumur subsiste l'inscription École technique communale qui correspondait à la présence de l'École privée commerciale Fraisse Bente, (lycée professionnel), ouverte le 9 janvier 1967 et fermée le 31 août 1991. La Grand'cour est à usage de parking. C'est une copropriété. Le jardin a aussi fait l'objet d'une division parcellaire.

L'état de dégradation de cet ensemble est tel que le Plan de sauvegarde et de mise en valeur de La Rochelle a pour ambition de supprimer une annexe en briques fort disgracieuse située au bout du jardin le long des remparts abattus.

Des historiens locaux, Jean-Louis Mahé et Yann Werderfroy dans leur bel ouvrage intitulé Hôtels particuliers de La Rochelle ont eu la prétention de dénommer ce lieu : Hôtel particulier de Missy. C'est un anachronisme total.

Ainsi il n'y a pas que les plaques de rues qui posent un problème à La Rochelle.

Samuel de Missy (1755-1820), armateur rochelais sur l'océan indien

**Annexe I.- Généalogie**
Génération 1 :
Jean Demissy, fils Richard

Génération 2
Richard Demissy
Richard épousa Marguerite Couyer (Cruyer) à Marayne (Marennes ) le 28 avril 1560. Il décéda le 6 août 1596, son épouse le 20 janvier 1600
Le couple Richard et Marguerite eut huit enfants :- Marie (Marye) baptisée le 7 février 1561 à l'église de Marennes,- **Jacob** né le 11 (ou 15) septembre 1562 baptisé à l'église de Marennes[1]†(inventaire des meubles le 11 avril 1624),- Jean né le 19 décembre 1564, baptisé à l'église Marennes[2]- Daniel né le 26 juin 1567 à Jaccopolis-sur-Brouage[3] baptisé en la paroisse d'Hiers au lieu accoutumé pour l'exhortation,- † 3 juillet 1567, enterré au cimetière d'Hiers,- Abigay née le 1er août 1568 baptisée à Hiers, † 5 octobre 1568,- Pierre né le 20 juin 1572 baptisé en l'église réformée de Marennes,- un fils et une fille : Isaac[4] et Judith nés le 15 septembre 1576.

Génération 3
Jacob Demissy né le 11 (ou 15) septembre 1562

Génération 4
«Jacques cy-aprés mentionné et mari de Marie Robert et décédé à Brouage en 1623 ou 1624, ce que j'en puis juger par l'inventaire de ses meubles fait audit lieu le 11 avril 1624» [ Folio-3].
Quatre enfants naquirent de cette union.
« Mémoire des enfants qu'il a plu à Dieu de donner à M. Jacques Demissy marchand apothicaire & Marye Jalleau sa femme » [Folios 6 et 7].
Jacques Demissy épousa en premières noces Marie Robert. Quatre enfants naquirent de cette union :- 31 décembre 1627, naissance de **Marye,** baptisée au temple de Marennes le 4 janvier

---

[1]Garnault écrit : le 30 janvier 1565, Jean de Missy, fils de Richard de Missy et de Marguerite Cruyer, fut baptisé au temple de Marennes ; c'était vraisemblablement, une ancêtre de Barthélémy Cruyer, seigneur des Palus, l'un des personnages les plus importants de Marennes, en 1689, marié avec Jeanne-Chasseloup de Laubat.
[2]Garnault dit : Jean, baptisé au Temple de Marennes le 30 janvier 1565, tout comme André Letellié dans Mémoire d'un réfugié Jacques Fontaine, Bulletin des archives de la Saintonge, 1er janvier 1888, page 436. Selon Letellié le lieu de baptême était une des salles de la comtesse de Marennes.
[3]Fondée vers 1555 par Jacques de Pons, sur le dépôt du lest laissé par les navires fréquentant depuis plus de 1000 ans le golfe de Saintonge. Jacopolis sur Brouage avait, avant tout, vocation à être une place de commerce. Babel où l'on parlait toutes les langues, riche et prospère, la ville devient un enjeu stratégique tel, que protestants et catholiques se la disputent jusqu'à ce que le Roi lui-même décide de l'incorporer à son propre domaine. https ://www.brouage.fr/les-visites/
[4] Garnault : Isaac de Missy marié à Anne Martineau de La Rochelle le 17 juillet 1629 (ce millésime paraît être incorrect) sauf mariage préalable au Désert.

1628.- 12 octobre 1629, **Anne**, baptisée à Soubise (pas d'indication de date) – [Folio-7]17 septembre 1731, **Marye** baptisée à Soubise.- 2 avril 1633, baptisée à Soubise-22 avril 1633, **Marguerite**, [ Folio-7] « Le vingt deuxième d'avril 1633 est née une fille audit de Missy sur les 10 heures du matin & a été baptisée à Soubise & présentée au baptesme par Joan Jalleau son beau frère & sa sœur Marguerite Demissy & l'on nommée Marguerite[5] ».

Seconde union : [Folios 8 et 9].

« Mémoire des enfants qu'il a plu à Dieu de donner à messire Jacques Demissy en son deuxième mariage avec Suzanne L'Hommedieu » [mourra le 10 juin 1667 à 56 ans et sera enterrée au cimetière de La Tremblade, décédée d'une pierre dans la vessie d'une forme longue et cornue qui a pesé « ung once et demye» qui s'est formée dans son rein gauche, Folio-12], fille de défunt noble homme Abraham L'Hommédieu, l'un des pairs de [ la commune ] de La Rochelle, qu'il a épousée à La Rochelle [en 1636] ».

Le couple Jacques-Suzanne eut trois enfants :- A.10 décembre 1637, **Isaac**, baptisé au temple de Soubise,- B. 27 novembre 1638,- Jacques, lieu de baptême non-mentionné,- C. 3 août 1640, Suzanne, baptisée le 23 mars 1647, lieu de baptême non-mentionné, en l'église de Soubise ? [elle épousera M. Gallard, maître chirurgien, d'Aulnay en Poitou [Folio-16], décédée le 4 ou 6 décembre 1670, enterrée dans le cimetière d'Aunay (Aulnay) en Poitou]-

31 août 1631, baptême par maître Vincent, d'Élisabeth, fille de Charles de Lespine et d'Élisabeth Du Missy (ou de Missy). Parrain : Daniel Bonnin; marraine : Marie Demissy.

Génération 5
27 novembre 1638, † 15 avril 1753
Isaac Demissy, baptisé au temple de Soubise, - 27 novembre 1638,

« Le 19 de juin 1661, moy Isaac Demissy, marchand droguiste ay epouse Esther Rullier[6], fille du sieur Estienne Rullier, maître chirurgien à la Rochelle et de Esther Bauleau et epousé ung dimanche au soir en l'église de La Rochelle par Mr Flan, l'ung des pasteurs de ladite église » [Folio-11].

« Mesmoire des enfants qu'il a pleu a Dieu de donner a Isaac Demissy et a Esther Rullier[7] sa femme demeuranz en la ville de Marayne en Xaintonge ».

---

[5][folio 10] : le 13 de septembre 1654, monsieur Tessandier natif de Pont (Pons) a espouse Marguerite de Missy ma sœur de père en léglise de La Rochelle ung dimanche au soir, ont esté espousé par Mr D'Aillé ministre de la Ste Esglise. AD/ 17 Cote I 39 1649 – 1667, Vue 304/ 55 Le dimanche 13 du mois ont été épousés par M. Daillé Alexandre Tessandière et Marguerite Demissy. [Sœur de père : celle qui est née de même père et de même mère qu'une autre personne [Dictionnaire de l'Académie française, page 751, volume 2, 6 ᵉ édition, 1885].

AD/17, Cote I 39 AD/17 Vue 205/ 559, 1655, Baptême Alexandre Tessandière fils d'Alexandre Tessandière et de Marguerite Du (sic) Missy, parrain Estienne Rullier, marraine Suzanne L'Hommedieu. Il est né le quatrième du mois (4 août 1655), baptisé par M. Drelincourt.

[6]Vraisemblablement décédée en 1701 en janvier. Le scripteur qui paraît être son fils Samuel, se lamente de ne pas avoir été auprès d'elle pour son décès, étant lui-même à Bordeaux en boutique. Elle est enterrée dans le jardin de Madame Thomas.

[7][ folio 13] Le septième de juin 1667, Monsieur Etienne Rullier, père de ma femme est décédé à Lafont âge de 64 à 65 ans, a été enterré au cimetière de la Ville Neuve à La Rochelle [...] et après la mort a été ouvert, il s'est trouvé avoir la vessie toute éclatée, ce qui lui causait ses grandes douleurs.

## Samuel de Missy (1755-1820), armateur rochelais sur l'océan indien

Ce couple eut 8 enfants [Folio-11] :- **A.**- le 4 février 1663,- **Esther,** baptisée en l'église de Marennes par Mr. Crespin l'un de nos pasteurs [Garnault et Letellier écrivent : présentée au temple de Marennes, le 18 février 1663], parrain Estienne Rullier, maître-chirurgien à La Rochelle et Suzanne L'Hommédieu, nos père et mère,-[ Folio-12], **B.**- 27 juin 1665,- **Anne Suzanne**, baptisée en l'église de Marennes par M. Loquet[8], pasteur [Letellier et Garnault écrivent : présentée même temple, le 5 juillet 1665], parrain Théodore Le Conte, mon cousin germain et par Anne Rullier, sœur de ma femme [Folio-13], **C.**- 18 septembre 1667,- **Isaac,** baptisé le 2 octobre dans cette église par Mr Crespin l'un de nos pasteurs, décédé le 17 novembre 1669, parrain Issac Faneuil, marchand-orfèvre, marraine Madame Rullier, ma belle-sœur. **D.**- 29 mars 1669 – **Elie,** baptisé le 4 avril par M. Crespin, parrain le père, et la marraine Anne de Missy [ sa fille], [ Folios 14 et 15. **E.**- 3 avril 1670,- **Moïse,** baptisé par Mr Loquet l'un de nos pasteurs le 24 avril, parrain Moïse Larqué [adjoint aux enquêtes du siège royal de Brouage], marraine Renée Rullier, sœur de ma femme + 28 février 1676, enterré dans le cimetière de Marennes], [ Folio-16] **F.** 8 octobre 1671,- **Isaac,** présenté au baptême le 9 décembre 1671, parrain M. Isaac Meschinet, maître chirurgien, marraine Mme Rullier Beauleau, sœur de ma femme, mort noyé en octobre 1684 sur un bateau qui a sombré en quittant Saint-Martin-de-Ré pour l' Angleterre[9], mention du 20 octobre 1784 [Folio-19]. **G.**- **Enfant mort en bas-âge**, 16 décembre 1674, baptisé à Marennes le 20 janvier 1775 [ ce paragraphe est rayé, Folio-17 ]. **H.**- 16 décembre 1674, **Charles,** baptisé le 26 décembre par M. Loquet l'un de nos pasteurs, parrain Charles Gallard, maître-chirurgien à Aunay en Poitou, marraine Esther de Missy, ma fille. **I.**- 18 septembre 1677, **Samuel**, baptisé le 26 septembre par M. Crespin l'un de nos pasteurs, parrain Samuel Voyer, marchand orfèvre et par Joanne* Quibri* femme de Jacques Chauveau, marchand. [Folio-19] **J.**-3 décembre 1678, **fille non nommée**, décédée subitement le 6 décembre chez la Mithouard qui n'a pas pu avoir le baptême.

A part une mention de la rouerie d'Isaac de Missy, constatée lors d'une vente à Fontaine réfugié en Angleterre, une indication nommant Isaac Demissy apothicaire en 1639 à l'occasion de l'inventaire de sa boutique atteignant un montant de 500 livres se trouve dans l'ouvrage de E. et J. Vigé sur Brouage, t. 2, p. 205. Il y a lieu de penser qu'il s'agit plutôt de Jacques Demissy, son père marchand apothicaire marié à Marye Jalleau, car Isaac a été baptisé en 1638.
Ces données ne concordent pas avec celles figurant sur un tableau de famille [AD/17 ; 371 J 145] qui donnent à Isaac et Esther Rullier les enfants suivants Paul, Henri, Marie et Manon.

---

[8]Olivier Loquet ministre à Marennes, époux de Marie Gabiou, fut arrêté sous le motif d'avoir exhorté son église à la persévérance. Il fut mis en prison à Brouage et à La Rochelle, puis libéré. En 1684, un jugement frappa Loquet d'une amende de douze livres. La même année il fut ordonné que le Temple de Marennes soit démoli. Loquet se réfugia en pays étranger.

[9][folio 19] Le 20 octobre 1684, Mon fils Isaac âgé de 13 ans s'est embarqué à Saint-Martin-de-Ré pour aller en échange à Lynbridge * en Angleterre afin d'y apprendre la langue, mais Dieu en a disposé autrement ayant permis que le vaisseau où il était se soit perdu à la mer par un extraordinaire mauvais temps qui a fait après leur départ si bien qu'on a jamais eu de nouvelles dudit vaisseau, non plus des gens qui étaient dedans. Le maître s'appelait Samuel Storck et c'est un nommé William Bettin Anglais dudit lieu de Lynbridge qui emmenait nos enfants [illisible demoiselle Élisabeth Haysham [illisible] dudit lieu.

Génération 6.

Samuel Demissy né 18 septembre 1677 + 15 avril 1753

[Folio-23] Samuel Demissy négociant et Marianne Chaillé[10] née le 12 octobre 1682 se sont mariés le 17 octobre 1706, un vendredi matin, devant le curé Moulin église de La Clisse (village près de Saintes) « sans avoir rien exigé de nous ». Il en sera différemment lors du mariage dans le Désert, c'est à dire dans la clandestinité, de leur fils Samuel Pierre avec Marie Anne Fraigneau, où celui-ci se fera rançonner d'une somme énorme par un curé cupide et de la région de Bazas.

Marianne était fille de Jean Chaillé sieur de Malleville paroisse de Saint-Romain- de Benet [marchand au lieu d'Arvert] Fouilloux.

« Leur union dura 28 ans et demi».

Marianne Chaillé.

[Folio-29] « Du 11 juillet 1735, Ce jour là lundi vers les 3 heures du matin Marianne Chaillé, ma femme, âgée de 52 à 53 ans est décédée*. Nous avons resté ensemble pendant 28 ans et demi auquel temps Dieu l'a retirée à Lui. Elle a été enterrée dans le jardin de son père, maison de Monsieur de feu Jacques Chaillé et se trouve auprès de son père, oncle et tante[11] ».

Ajouté par Samuel Pierre fils de Samuel : « Âgée de 51 ans, 8 mois & 29 jours, étant née le 12e octobre 1683 & n'a laissé d'enfants que Marie Chaillé, ma tante, fille majeure ».

« Jean Chaillé, avocat au parlement de Bordeaux, époux de mademoiselle Bourgeois grand-père maternel de Samuel Demissy décéda le ( ?) janvier 1737 dans sa maison rue du Temple, enterré dans le jardin d'icelle à côté de Mr. Jacques Chaillé de Monrolland son frère & de Marianne Chaillé ma mère, sa fille et n'a laissé d'enfants que Marie Chaillé ma tante fille majeure. [Écriture de Samuel Pierre, Folio-29]».

[Folio-30] Samuel Pierre de Missy, son fils écrit : Le 15 avril 1753, jour des Rameaux, est décédé mon très honoré père Samuel Demissy dans sa maison au présent bourg de Marennes située dans la grande rue. Ma sœur Marianne Élizabeth Demissy ni moi Pierre Samuel Demissy seuls enfants qu'il laissé de son mariage avec Marianne Chaillé n'avons pu avoir la consolation de nous trouver auprès de lui pendant ces moments […].

Car sur 12 enfants, deux seulement ont survécu.

A.[Folio-23] **A.** 8 août 1707 à Marennes, **Isaac Jean** du nom de ses deux grands-pères (Jean Chaillé et Issac de Missy). Parrain : M. (de) La Roche Longchamps (une partie de cette famille avait déjà abjuré), marraine Jean Pineau femme du Mardelin, [Folio-24] décédé (date d'annonce) le 9 novembre 1708, âgé de 15 mois, enterré aux limites de l'église de Marennes.

**B.** [Folio-24] 9 novembre 1708, **fille sans prénom,** baptisée en l'église de Marennes.

---

[10][folio 40] le 19 septembre 1762 est décédée entre cinq et six heures du matin, demoiselle Marie Chaillé ma tante âgée de soixante-treize ans, 26 jours & a été enterrée dans son jardin à Malleville [paroisse de Saint-Romain de Benet] dans le dernier carré gauche de l'allée du milieu qui va d'un bout à l'autre, et son mortuaire a été passé par Girardeau notaire royal à Pisany.

Samuel de Missy (1755-1820), armateur rochelais sur l'océan indien

**C. [Non répertorié au livre de famille]** AD/17 230 19 BMS vue 3/40 : 9 janvier 1710 a été baptisé **Samuel** né d'hier fils illégitime de Samuel Demissy marchand absent et de Marie Chaillé nouveaux convertis non mariés a été parrain Jean Arnaud clerc de cette église et Anne Tounet qui n'a su signer, signé en la minute Fougeaire prêtre vicaire, Boubrie Arnaud.

**D.** [Folio-24] 25 janvier 1713, **Marie Anne ( ou Marianne) Élizabeth** baptisée dans la grande église de Marennes le 28 dudit mois. Parrain, le président de Fort, marraine Mme de Vignemon Faneuil, sa cousine[12] Cette Marie Anne Élizabeth se mariera avec Samuel Michel David Meschinet de Richemond[13].

**E.** [ Folios 25 et 26 ] 9 janvier 1714, **Esther Manon** baptisée dans la grande église ( de Marennes) le 10 janvier, parrain Martin de Bonsonge, décédée le 9 mars âgée de deux mois].

**F.** [ Folio-25] 7 octobre 1715 ] l'on l'a nommée **Manon Esther**, le parrain et la marraine sont les deux enfants de Mr Richer La Roche. Elle décède le 16 avril 1717, âgée de 22 mois.

**G.** [Folio-26] 7 mars 1717 fille non nommée dans le livre de famille, baptisée dans la grande église le 9, le parrain et la marraine sont Mr Chaillé et Mme Roland oncles et tantes, baptisée le jeudi 11 par i*llisible* gentilhomme. Elle serait aussi morte BMS 11 mars 1717, **Judith,** née le 9 de ce mois parrain et marraines Michel Monnier domestique et Marie Rebille * ne sait signer.

**H.**[Folio-26] 22 août 1718 garçon Son nom est **Pierre Samuel** son parrain est parrain Pierre Bineau fils de Mr Bineau médecin, sa marraine est mademoiselle Des Prises ? illisible baptisé le 31 août. Confirmé par Folio-47.

**I.** [Folio-26] 26 novembre 1719 **Jean,** parrain M. Chaillé de Marville marraine ? (décédé).

**J.** [Folio-27] 4 novembre 1721 garçon, **Jean Isaac**, baptisé le 9 dans la grande église Saint Pierre de Saintes parrain Jean Jousselin marraine Marie Senné, passé de la vie au trépas, pas d'indication de date [voir aussi AD/17, BMS 1720 1730 vue 24/384].

---

[12]Le 4 février 1695, Me Josué Joslin, sieur de Vignemon, avocat en la cour, conseiller du roy et maire perpétuel de la ville et communauté de Marennes, âgé de 25 ans, épouse à l'église de Marennes demoiselle Elisabeth Faneuil- Marie-Anne-Elisabeth Demissy épousa, le 20 septembre 1738, Samuel-Michel David Meschinet de Richemond, armateur à la Rochelle, fils de Samuel-Joseph Meschinet de Richemond, armateur, et de Suzanne Oüalle. Son mariage avait été célébré par Pierre-Louis Montfort curé d'Annezay, qui expia, sur les galères, le crime d'avoir été charitable. Marie-Anne Élisabeth décédera le 30 janvier 1779 à Thairé-d'Aunis ayant 86 ans.

[13]Chez Samuel Pierre Meschinet de Richemond [époux d'Henriette Boué sa seconde épouse mariage le 15 février 1768, fils de la sœur de Samuel de Missy, prénommée Marie Anne Élizabeth mariée avec Samuel Michel David Meschinet de Richemond se tiennent les séances des Amis de la Constitution. Il en est secrétaire. Garnault est le président. Meschinet naquit en 1740 ancien armateur trésorier des vivres de la guerre. Il fut élu capitaine des volontaires pendant l'insurrection de Vendée qu'il contribua à réprimer. Membre du Conseil du commerce le 14 prairial an IX, officier municipal à Thairé il refusa la mairie à laquelle il avait été nommé. Il fut élu conseiller municipal de La Rochelle et garda ce mandat du 13 prairial an XII à sa mort le 28 août 1807. L'objet des Amis de la Constitutif était de prémunir le peuple contre les erreurs que ne cessent de répandre les ennemis de la chose publique, de déjouer les intrigues qui peuvent porter atteinte à la liberté que le pays venait de recouvrer : Histoire politique et parlementaire des départements de la Charente et de la Charente-Inférieure par Eugène Réveillaud de 178 à 1830 page 220 Réveillaud note bas de page.

K. [Folio-28] 7 novembre 1722, **Marie Élizabeth,** baptisée le 9 en l'église Saint Pierre de Saintes, parrain Jean Guyon praticien marraine Élizabeth Tardy. Notre pauvre enfant Marie Élizabeth est passée de la vie au trépas à cinq heures du matin le jeudi 5 novembre 1726 [ voir aussi AD/17, BMS 1720 1730]

L. [Folio-30] 3 août 1724, **Charles Isaac** baptême le 4, parrain Martin de Bonsonge, marraine Marie-Anne (Guilhem de) Pitou « Le 3 août 1724 ma femme est accouchée le jeudi à six heures du matin d'un garçon et a été baptisé le 4 du mois. ».

Son fils Samuel Pierre transcrit les circonstances de son décès

[Folio-30] « Le 15 avril 1753, jour des Rameaux est décédé mon très Honnoré Père, Samuel Demissy [.] notre très honnorée Mère n'avons pû avoir la consollation de nous trouver ( page 31) auprès de Luy dans ces derniers moments ni ayant eû d'intervalle du commencement de sa Maladie à sa Mort que, sept à huit heures de temp & et par conséquent trop peu, pour que nous Eussions pû en avoir avis et nous rendre de La Rochelle lieu de notre résidence ici, ce qui nous a été un surcroy d'affliction & me faire regretter tout le temps de ma Vie de n'avoir pas fixé ma demeure auprès de ce digne Père, qui cependant avait été consantant a la malheure pour moi à ce que je forme ma demeure & Sociétté avec mon Beaufrère Meschinet de Richemond dans la Susditte ville suivant le raport qui m'a été fait, c'est d'un coup de sang qu'il est mort mais je pense differament & croy, que c'est la Suppression des hemorouydes aux qu'elles il êtoit sujet & qui ordinairement fluoient abondamment qui l'amis au tombeau ; vu que ce sans n'ayant plus eû son cours par la voÿe ordinaire est remonté tout à coup à la poitrine, & a été acceleré par une saignée de bras qu'on lui fit contre son sentiment & mal à propos à mon avis ce qui l'Etouffa tout a coup ( page 32) au lieu que si on le leut Seigné au pied peut-être n'en serai je pas privé ? Mais telles a été sans doutte la volonté du Seigneur qui n'a pas Jugé à propos de me laisser jouir plus longtemps de la Consollation de posséder ce digne Père, & l'a retiré dans sa Gloire à lage de 75 ans sept mois moins a trois Jours, êtant né le 18 septembre 1677 & a été Enterré dans le Jardin de la Maison de Mes Grands Peres & Oncles Chaillé à costé deux & de feu ma mère, dans le Bout du Jardin vers le Midy. Le Seigneur Dieu tout Puissant, veuille me faire vivre avec autant de probité & d'honneur & me rejoindre à Luy dans son Saint Paradis, quand il le jugera à propos ; Amen ; à Dieu Père fils & Saint Esprit, soit honneur, Gloire & Puissance au Siecle des Siècles. Amen.

<u>Génération 7.-</u> Samuel Pierre Demissy 27 août 1718- 28 octobre 1786 (inhumé le 30)

Samuel Pierre fut membre du consistoire pendant trois années. Il quitta sa charge le 3 décembre 1763 : « Moi ancien de cette église au Désert suis sorti ce jour de charge après l'avoir exercée trois années consécutives par la grâce de Dieu et ayant fait la récapitulation des membres qui la composent, j'ai trouvé qu'il y en avait sept cent vingt-six environ non compris diverses familles qui ne sont pas réunies au gros quoique depuis dix ans nous ayons eu quelque consolation à nos âmes de temps à autre et que nous et que nous en jouissions encore par une faveur du Tout Puissant ».

[Folio-33] Mémoire des enfants qu'il a plu au Seigneur de donner à Samuel Pierre Demissy et à Marie-Anne Fraigneau : (1) un garçon 30 octobre 1755 ( **Samuel Pierre Joseph**)- (2) un garçon 27 octobre 1756 : **Jacques Isaac** [Folio-34] ( Garnault dit Jacques Paul et le fait naître le 25 septembre 1756),- (3) une fille, **Marie Esther** [Folio-38] née le 30 octobre 1758 (ou 28 ou 31

Samuel de Missy (1755-1820), armateur rochelais sur l'océan indien

octobre 1759, décédée le 6 juillet 1764, âgée de 5 ans 6 mois 8 jours- (4) une fille **Henriette Élizabeth** [Folio-39] 28 octobre 1759, baptisée le 30 (idem Garnault pour le baptême), (sera inhumée le 27 fructidor an IV de la République, soit le 13 septembre 1796, âgée de 36 ans et onze mois dit Garnault )-( 5)[ Folio-41] **Marie Élizabeth** née le 2 mars 1761 à Puilboreau chez la nourrice Ranverseau, enterrée dans le cimetière de Dompierre le lundi mars soit 7 jours plus tard le 9 mars ( Garnault dit 4 mars 1761 peut-être s'agit-il de la date du baptême ).

Cette énumération est peut-être incomplète car l'archiviste Garnault fait état de la naissance d'une fille qui ne figure pas dans le livre de famille : Marie-Anne-Élizabeth de Missy, baptisée à Saint-Barthélemy, le 9 novembre 1757, laquelle a dû mourir à la naissance ou peu après celle-ci.

Pierre Samuel décède le samedi 28 octobre 1786, deux ans avant que son épouse Anne Fraigneau ne quitte ce monde à son tour.

Génération-. 8.- Pierre Samuel Joseph David 30 octobre 1755- 3 octobre 1820

Il l'introduit comme ses prédécesseurs : [Folio-51 Mémoire moi Samuel Pierre David Joseph Demissy fils de Samuel Pierre (le 8ème depuis Jean Demissy) demeurant à La Rochelle

Samuel Pierre Joseph Demissy né le 30 octobre 1755, baptisé à Saint-Barthélemy par André Épinay oratorien le 31, né du mariage légitime entre Samuel Pierre Demissy négociant et Anne Fraigneau, son parrain Jacques Pépin, natif d'Andilly, sa marraine Anne Pépin, native de ladite paroisse d'Andilly, et ont déclaré ne savoir signer, le père de l'enfant a signé avec nous.

Son mariage : Aujourd'hui sept novembre mil sept cent quatre-vingt-douze nous Pasteur soussigné [Betrine], avons donné la bénédiction nuptiale au citoyen Samuel Pierre David Joseph Demissy négociant fils majeur et légitime de défunt Samuel Pierre Demissy négociant et Marie Anne Fraigneau demeurant en cette ville paroisse St Barthélemy, d'une part et la citoyenne Marie Louise Esther Liège[14].

Enfants nés de mon mariage [ Folios 51 et 52]

Samuel né 13 septembre 1793 à 8 heures du soir, décédé le 28 août 1794 à 2 heures du soir
Amélie née 23 janvier 1795 à 6 h ¾ du soir, mariée le 2 février 1816 à M. le colonel Lafont officier de la [Folio-52] Légion d'honneur chevalier de Saint Louis, directeur de l'artillerie à la Garde-royale (gentilhomme de la Religion réformée) natif près d'Agen, Lot-et-Garonne.
Charles, né 24 février à 8 heures du matin, décédé 27 novembre 1801.
Éléonore, née 23 décembre 1800, décédée 27 février 1801.

---

[14]Acte du 5 novembre 1792 Mariage Demissy Liège AD/ 17 3 E 100 (Daviaud).

Louise Laure, née le 2 février 1804, à 8 heures le soir, mariée à Jacques Édouard Conquéré de Monbrison contrat passé en la maison de dame veuve de Missy le 17 août 1824[15].

Il y a d'abord le décès de sa tante (fille de Samuel sixième génération) Marie Anne Demissy épouse de Samuel Michel David Meschinet de Richemond décédée à Thairé à l'âge de 66 ans (née en 1721) qui contribue à remplir les pages du Livre de famille.

Il ne dira rien sur les circonstances des décès de trois de ses enfants : Samuel qui devait porter ce prénom depuis trois générations, Charles qui rappelait l'illustre père de César de Missy et Éléonore :[ Folio-50] La Rochelle 27 fructidor an IV de la République – [13 septembre 1796].

Enfin, il rend hommage à sa sœur : Aujourd'hui mardi 19 septembre à 6 heures 30 du matin est décédé ma sœur, [Henriette Élizabeth Demissy [16], âgée de 36 ans, 10 mois. Reçois ici chère et digne amie le tribut des regrets que je dois à tes vertus et au tendre attachement dont tu n'as cessé de me donner des preuves. Adieu Demissy.

---

[15]Les signatures sont nombreuses. Outre celle de la mariée Louise Laure Demissy (toujours écrit sans particule) de son futur époux Jacques Édouard Conquéré de Monbrison, des parents Louise Esther Liège et Paul Georges Conquéré de Monbrison, marié avec Jeanne Olympe Philippine Rigail absente, figurent les signatures de (l'acte les décrit de manière plus précise) Gigaux-Liège, Lafont, Gilbert de Gourville, Nathalie Gigaux ; Auboyneau, Bonneau de Grolleau, Catherine Auboyneau, Dumas Bonneau de Grolleau, Bernon, Bernon veuve de Baussay, J.B. Delangle, P.J Carayon, Richemond Meyer, de Richemond, J.P.Plessis, Raboteau Seignette, veuve Dor née Thouron, Weill née Bernon, Carayon-Vincens, Saint Estève de Saint Sornin, Jonathan Webb (capitaine), Texier, Paul Garreau, Saint Sornin de La Roque, Delavergne Latour, Harouard de Montbron, Saint Sornin de Maynard. AD/17 3 E 35/37.

[16]Acte de notoriété d'Henriette Élizabeth Demissy « décédée fille à La Rochelle et qu'on n'a pas fait d'inventaire », signé par Samuel Meschinet de Richemond, Thouron, Weiss, Regnier, Joseph Monge, enregistré le 6 messidor an VI.

**Annexe II.- Mémoire de MM. Les directeurs et syndics de la Chambre de commerce de la ville de La Rochelle- 1769**
Messieurs

Le commerce des grandes Indes sagement abandonné aux particuliers a laissé un moment l'espoir renaître l'état florissant du commerce à La Rochelle[1]. C'est un des ports de France où il a fait les armements les plus considérables pour cette partie. Les armateurs pénétrés du désir d'en retirer tous les avantages possibles & de les faire rejaillir sur leurs compatriotes, ont la douleur de voir leurs entreprises contrariées par la loi qu'on leur impose de faire leur désarmement à Lorient & porter dans des mains qui leur sont étrangères un des fruits les plus réels de leur industrie. Jouissant en entier de leurs émulations demandons avec justice qu'il soit permis aux armateurs pour l'Inde de faire leur retour de leurs cargaisons de thé, café, cauris et toutes autres espèces de marchandises dans l'entrepôt de La Rochelle oui elles seront vendues toutes aussi avantageusement qu'à Lorient, certitude qui ne peut être combattue d'après le calcul de chaque négociant, qui ne peut pas jusqu'à un certain point sacrifiée ses intérêts particuliers au bien de la patrie. De nouvelles entreprises naîtront sous cette auspice (sic). Le gouvernement tirera un très grand avantage de diviser cette circulation dans différents ports du Royaume. Il en résulte qu'un plus grand nombre de sujets auront l'occasion de s'instruire et contribuer plus aisément aux moyens économiques qui peuvent rendre ce commerce plus utile à l'Etat & aux particuliers. Les frais immenses qui précèdent la vente des marchandises des Indes pour les bénéfices* seront moins considérables & rouleront sur nous-mêmes. Cinq cents maisons inoccupées dont le roi ne tire aucun vingtième dans lequel nombre est quinze raffineries sans travail (établissement immense) distribuées en magasin propres à toutes sortes de marchandises deviendront nécessaires soit aux (page suivante) étrangers soit aux citoyens rappelés dans leur patrie par la perspective d'y travailler utilement dans tous les états. Le cultivateur vendra plus promptement sa denrée & avec plus d'avantages ; le nombre d'étrangers que ce commerce attirera dans nos murs auront des besoins réels & l'occasion d'en porter différents objets. Le négociant verra augmenter chaque branche de son commerce, tous les accessoires du luxe, le comestible, les achats pour le compte étranger, l'expédition des marchandises, l'accroissement de la navigation, l'occasion heureuse de la spéculation l'avantage d'amortir par soi-même majeure partie des cargaisons pour Guinée. Les revenus des octrois doubleront & la ville se verra à même de suffire à ses dépenses sans fouler le public. Les matelots (cette classe d'hommes si utiles à l'Etat) trouveront un nouveau moyen de faire des élèves dans les gabarres de transport qu'il sera dans la nécessité d'augmenter les ouvriers en tout genre ; les manœuvriers verront une

---

[1] AD/17 41 ETP vue 181/ 5332.

perspective plus heureuse & les moyens à espérer de supporter les charges sous lesquelles tous sont prêts à succomber dans cette malheureuse ville qui a perdu les trois-quarts de son commerce & qui se voit déchoir chaque jour.

On vous supplie Messieurs, instamment de porter au pied du trône ces représentations respectueuses en les animant de tout le zèle & et toutes les connaissances qui vous sont particulières pour faire recevoir favorablement le vœu public si utile & essentiel à notre malheureuse patrie.

Signatures lisibles de : Belin, Admirault, Ranjard Rasteau Jouanne Saint Martin, Robert frères,Charles Ranson, Debesse l'aîné, Charles Vallée Voix (mention maçonnique ), Boulanger et fils, P.B Robert, Paul Fleuriau,J. Thouron, van Schellebeck Carayon et fils, Giraudeau, Lainé, de Tandebaratz, Blanchet, Quenet, Meschinet de Richemond fils, Noordingh Domus & Allard, Allard Belin, Papineau, Roudé ( mention maçonnique) Joly, Seignette, Augustin Mascaux Emmanuel Weis & fils.

Samuel de Missy (1755-1820), armateur rochelais sur l'océan indien

**Annexe III.- Réhabilitation par le parlement de Paris pour Samuel Michel David Meschinet de Richemond & Samuel Pierre Demissy**

30 décembre 1782 - Extrait des registres du parlement (document familial)

Fait en parlement le vingt mai mil sept cent quatre-vingt-trois.

Vu par la Cour les lettres patentes du roi données à Versailles le trente décembre mil sept cent quatre-vingt-deux signées « Louis » et plus bas « par le roi Amelot » et scellées du grand sceau de cire jaune obtenues par Samuel David Michel Meschinet de Richemond et Samuel Pierre Demissy ci-devant négociants en compagnie à La Rochelle par lesquelles pour les causes y contenues ledit seigneur roi a remis restitué et rétabli ces impétrants ( page 2) en toute bonne renommée ainsi qu'ils y étaient avant le contrat en forme de traité passé entre eux et leurs créanciers le vingt-six mil sept cent soixante-treize, sans qu'il puisse à l'avenir dudit contrat né du bilan qu'ils avaient précédemment déposé, rester aucune note contre eux ni leur être fait aucun reproche les ôtant et levant ledit seigneur roi avec défenses de leur méfaire ni médire en leurs personnes et biens si aucuns ils ont, sous prétexte desdits contrats et dépôt de bilan (page 3) à peine d'amende et de tous dépens dommages et intérêts pourvu toutefois que lesdits créanciers des impétrants ayant été entièrement dotés faits et payés tant en principaux qu'intérêts ainsi qu'il le paraît par un acte passé entre eux le vingt-deux juillet mil sept cent quatre-vingt-deux attaché sous le contre scel des dettes lettres patentes ainsi qu'il est parlé au long* contenu desdites lettres patentes à la cour adressante vu ensemble ledit contrat passé devant Frédureux Dumas ( page 4) et son confrère notaires royaux à La Rochelle le 3 juin mil sept cent soixante-douze et jours suivants jusqu'au vingt-six juin mil sept cent soixante-treize et attaché sous le contre scel desdites lettres patentes pour lequel appert que sur la représentation faite par les impétrants du bilan par eux déposé au greffe de la juridiction consulaire de La Rochelle tant de leurs dettes actives et passives que des pertes qu'ils avaient souffert dans leur négoce et sur (page 5) demande faite par eux d'être déchargés de leurs engagements ou abandonnant la totalité de leurs créances et leur accorder une remise proportionnée à leurs facultés actuelles en leur donnant un délai suffisant pour le paiement de ce à quoi lesdits créanciers se restreindraient Claude Étienne Belin négociant à La Rochelle tant pour lui que pour les intéressés en une créance de onze mille huit cent trente livres [en dix billets à leur nom], Théodore de La Croix (page 6) et Jean Perry négociants créanciers d'une somme de huit cent quarante-quatre livres dix-sept sols, Suzanne Belin veuve de Jean Journet négociant à La Rochelle créanciers d'une somme de dix-huit cent cinquante-deux livres [en un billet à leur nom], Madeleine Belin, veuve de Nicolas Guyon créancière d'une somme de dix-sept cent livres, Anne Garreau, veuve du sieur Goudart négociant à La Rochelle créancière d'une somme de mille livres, Jean Esturmy maraîchin à La Rochelle (page 7) créancier d'une somme de douze cents livres, le sieur Fleurisson marchand à Oléron stipulant par les fondés de ses pouvoirs [Pierre Jérémie et Elie Garreau frères] créancier d'une somme de deux mille cinq cent soixante-onze livres dix sols quatre deniers, Louis Descombes demeurant à Arvert stipulant par le fondé de sa procuration créancier [Pierre Raboteau, marchand] d'une somme de deux mille six cent trente-trois livres treize sols dix deniers, Jacques Guibert négociant à La

Rochelle et le sieur Berthomé créanciers d'une somme de (page 8) dix-sept cent quatre-vingt-treize livres neuf sols ; Pierre Hotessier, négociant à Nantes stipulant par le fondé de sa procuration, (Allard Belin) créancier d'une somme de cinq mille quarante une livres neuf sols trois deniers, Pierre Boué négociant et fils à Hambourg stipulant par le fondé de sa procuration (Jean-Baptiste Nairac), créancier d'une somme de vingt-neuf mille quatre cent cinquante-quatre livres dix-sept sols, (Anne) Marguerite Labbé, veuve de Louis Torterue Bonneau créancière d'une somme de sept cent quatre (page 9) quatre-vingt-onze livres quatorze sols, Abraham Bernard négociant à La Rochelle créancier d'une somme de trois mille six livres quinze sols, André Bernon négociant à La Rochelle, créancier d'une somme de trois mille neuf cent cinquante-trois livres cinq sols onze deniers, le jeune [ Samuel Pierre] Meschinet de Richemond fils négociant à La Rochelle agissant pour la veuve Tassin et fils banquiers à Paris créanciers d'une somme de dix mille six cent quarante livres huit sols (page 10), [Pierre Victor Lemire, capitaine de navire créancier d'une somme de trois mille cinq cent quarante livres huit sols et six deniers], Jean Garnault maître-horloger à La Rochelle créancier d'une somme de deux mille quatre livres dix sols, Catherine Duqueray veuve de François Louis Cazenove capitaine d'infanterie demeurante à La Rochelle, créancière d'une somme de quatre mille cinq cent quatre livres cinq sols, Marie Élizabeth Demissy épouse séparée quant aux biens dudit David Meschinet de Richemond, l'un des impétrants, créancière d'une somme de treize cent quatre-vingt une livres dix-neuf sols un denier (sur son frère Samuel Pierre de Missy), Étienne Augier et fils (page 11) aîné négociant à Charente (Tonnay-Charente) stipulant par le fondé de leur procuration créanciers d'une somme de douze mille vingt-trois livres six sols six deniers, le sieur Moreau (négociant) demeurant à Paris, stipulant par le fondé de sa procuration, créancier d'une somme de deux mille sept cent soixante-seize livres sept sols dix deniers, le sieur Belliard ( Baillard) capitaine au régiment de Vivarais stipulant par le fondé de sa procuration (Jean Reybaud, prêtre de l'Oratoire), créancier d'une somme de mille livres (page 12) Jean-Jacques Sievert négociant à Hambourg stipulant par le fondé de sa procuration [ Samuel Pierre] Meschinet de Richemond fils, créancier d'une somme de cinq cent cinquante-quatre livres dix sols le sieur Masseau de La Croix négociant aux Verettes, Côte de Saint-Domingue, stipulant par le fondé de sa procuration (Jean Perry, négociant) créancier d'une somme de neuf cent une livres seize sols et le sieur Manget bourgeois de Nantes tant qu'exerçant les droits d'Éléonore Dieu le Fit des Barres sa femme que faisant pour les co-héritiers et stipulant par le fondé de sa (page 13) procuration créancier d'une somme de sept cent soixante-huit livres trois sols, tous ces dits créanciers formant ensemble une masse de **cent sept mille neuf cent quatre-vingt-sept livres** treize sols quatre deniers préférant de laisser lesdits impétrants à la tête de leurs biens et affaires seraient réunis pour leur faire remise gratuite pure et simple de soixante-quinze pour cent de leur créances principales et du total des frais et intérêts (page 14) qui pourraient leur en être dus, promettant de ne leur faire par la suite aucune pétition ni demande de ladite remise et réduisant leurs dite créances principales à vingt-cinq pour cent payables dans six mois et l'autre moitié dans un an et en conséquence auraient fait et donné auxdits impétrants mainlevée pure et simple de toute saisie-arrêt, saisies exécutions, oppositions et scellés apposés et auraient consenti qu'ils jouissent de leurs effets et de la liberté de ( page 15) leurs personnes, un acte du vingt-deux juillet mil sept cent quatre-vingt-deux signé Abraham Bernard, Pierre Rabotteau porteur de pouvoir de Louis Descombes Darvert, Luc Charles Bernier Michel Guillotes l'ainé, Jacques Michel Ganet, Pierre Jean Van Hoogwerf Marie Élizabeth Belin

## Samuel de Missy (1755-1820), armateur rochelais sur l'océan indien

et porteur de sa procuration et de celle de ses cohéritiers, Jean Guibert tant pour lui que pour le sieur Berthomé Agathe Lemire comme héritière dudit sieur Lemire l'aîné son (page 16) son frère, Jean Jacques Henri Isaac Garnault héritiers du sœur Garnault leur père, Pierre Jérémie Garreau l'aîné fondé de pouvoir de son père et de la veuve Goudal, Pierre Jérémie et Elie Garreau fondés de pouvoir des frères Fleurisson, L'Hotessier de Nantes représentant le sieur Bouteiller Jean Louis Pavie, Simon Albert François Joseph Catonnier mari exerçant les droits de Thérèse Albert sa femme héritière de feu sœur Albert (page 17) leur oncle André Bernon, Catherine Du Quercy veuve du sieur Cazenove Jean Perry faisant pour sa société Théodore de La Croix et Jean Perry, Louis Torterue Bonneau héritier de sa mère et faisant pour ses cohéritiers Jacques Jousseaume fils représentant Jean Esturmy Marie-Madeleine Belin, veuve de Jean Guyon, Jean Reybaud représentant le sieur Belliard Etienne Auger et fils représentant le sieur Sievert d'Hambourg les sieurs Richemond et Garnault porteurs de pouvoirs des sieurs (page 18) Boué et fils d'Hambourg et des Veuves Tassin et fils de Paris, la Veuve Admirault &et fils aîné laissant faisant pour le sieur Vincent de Paris Jean Perry faisant pour les héritiers (Dieulefit) Des Barres, Mauget Masseau de La Croix et Bonneau de Saint-Domingue, Richemond et fils comme seul héritier de sa mère et ledit sieur Van Hoogwerf porteur de pouvoir et faisant pour le sieur Jeunet héritier de Suzanne Belin, veuve de Jeanne Jeunet sa mère, tous créanciers ou représentant les créanciers desdits impétrants pat lequel (page 19) acte ils auraient déclaré reconnaître quoique suivant le traité passé entre lesdits créanciers et lesdits impétrants le vingt-six juin mil sept cent soixante-treize, les créanciers n'eussent rien à répéter des principaux et intérêts de leur créance au-delà des vingt-cinq pour cent auxquels ils s'étaient réduits et qui leur ont été payés par lesdits impétrants, cependant le sieur Samuel Demissy fils et neveu des dits impétrants étant passé aux Isles de (page 20) France, aurait destiné les premiers fruits de ses travaux à payer auxdits créanciers la remise qui avait été accordée à son père et à son oncle de soixante-quinze pour cent des dites créances et des intérêts et frais, que dans cet esprit, il avait adressé à son père des fonds pour remplir son projet, mais que des circonstances particulières n'ayant pas permis de le réaliser aussitôt, ledit Demissy fils était retourné en France et que y étant arrivé il s'était (page 21) empressé de réunir lesdits créanciers pour leur réitérer que son intention était d'acquitter tout ce qui leur était dû par son père et son oncle et qu'à cet effet il avait réellement payé à chacun d'eux soixante-quinze pour cent dont ils avaient fait remise sur les créances principales ensemble tous les frais et intérêts qui ont couru jusqu'à présent dont lesdits créanciers donnent quittance pure et absolue et tiennent quitte ces dits impétrants, reconnaissant en outre que ledit paiement ( page 22) a été libre et volontaire de la part du dit Demissy fils et qu'ils ne le doivent qu'à sa probité et sa délicatesse et consent que lesdits impétrants soient rétablis dans leur bonne renommée.

Vu aussi la requête présentée à la Cour par lesdits impétrants à fins d'enregistrement des lettres-patentes, conclusions du procureur général du roi, ouï le rapport de Mr François Emmanuel Pommyer conseiller[1] : tout considéré, la Cour ordonne que lesdits lettres patentes seront enregistrées au (page 23) greffe d'icelles pour jouir par les impétrants de leurs effets et

---

[1] Conseiller du Roi en sa Cour de Parlement et Grand Chambre.

contenu et être exécutées selon leur forme et teneur aux charges clauses et conditions y portées y dites lettres patentes.

Fait en parlement le vingt mai mil sept cent quatre-vingt-trois.
Collationné Robin

Voir également : Traité[2] entre le sieur Samuel Michel David Meschinet de Richemond et Samuel Pierre Demissy négociants en société de cette ville et le sieur Claude Étienne Belin négociant en cette ville Théodore de La Croix et autres créanciers par lequel ils se contentent de vingt-cinq pour cent de leurs créances montant à cent sept mille neuf cent quatre-vingts : Six mille neuf cent quatre-vingt-treize et dix-huit sols.

Lettres de réhabilitation enregistrées du 31 décembre 1782 enregistrées au greffe de la juridiction consulaire le 4 juin 1783.

---

[2] AD/ 17 2C 1770.

## Annexe IV.- Relations entre Ronsin, La Rochette, Lamaletie et Admirault

Les Admirault qui ne se déplacèrent jamais aux Mascareignes semble-t-il désignèrent MM. La Rochette et Ronsin pour pourvoir à leurs affaires relatives aux expéditions de l'Inde et de la Chine et le retour des marchandises sur la Métropole.

Les archives d'Aix-en-Provence détiennent un exemplaire de la Convention qui fut passée en 1772 entre les Admirault avec ces deux hommes où il apparaît que tout ce que pouvait entreprendre Ronsin devait être autorisé par La Rochette :

« Mr Ronsin[1] s'embarquera sur le vaisseau *Le Brisson* Son passage à la table sera à la charge de l'armateur ainsi que le fret de deux malles et une barrique de vin qu'il emporte avec lui [article 1] ; Il tiendra à l'île Bourbon le magasin[2] tant en gros qu'au détail pour le compte de M. Admirault et fils, sous la direction de M. [Alexandre Hilaire de] La Rochette[3] subrécargue du vaisseau *Le Brisson* à qui il comptera toutes ses recettes et ses dépenses [article 2] ; M. de La Rochette versera dans ledit magasin telle quantité qu'il jugera à propos de marchandises tant d'Europe que d'Asie qui proviendraient des cargaisons du *Brisson* et d'autres navires [article 3] ; M. Ronsin ne pourra se charger d'aucune vente ou achat étrangers à M. Admirault qu'après en avoir pris le consentement de M. de La Rochette [art 8] ; M. Ronsin après avoir tenu le magasin de M. Admirault pendant trois ans pourra revenir avant mais à ses propres frais ».

Les premiers capitaux engagés pour les campagnes du *Brisson* servirent à acquérir en 1771 des terrains et des bâtiments au Port-Louis. Ils furent revendus en tout ou partie à M. de La Rochette[4] puis à François Despaux chirurgien-juré.

En 1782, après le décès de Pierre Gabriel, son fils François Gabriel Admirault dit l'aîné faisant pour la société de commerce Veuve Admirault & fils, confirma les pouvoirs sur les affaires sur

---

[1] ANOM /7 DPPC 8359.
[2] AD/17 B 231, page 21, vue 22/ 205, 10 de décembre 1772 registres de Majesté : convention entre Mr Admirault et fils avec MM. de La Rochette [Alexandre Robert Hillaire de La Rochette subrécargue du vaisseau *Le Brisson* en 1776] et Ronsin au sujet d'un magasin qui sera établi à l'île Bourbon.
[3] Alexandre Hilaire de La Rochette embarqua sur *Le Brisson* en tant que passager (n° 112) et débarqua à l'Isle de France le 30 mars 1774 [A.S.H.D.L – S.H.D, 2 P 45-II-11].
[4] ANOM 7 DPPC 8357, 7 juillet 1776, Pierre Gabriel Admirault et autres ont acquis des terrains à Port Louis : Vente à François Despaux chirurgien juré au Conseil supérieur de l'île demeurant rue de la Corderie d'un terrain rue de la Corderie contenant 56 toises 2 pieds et les maisons en bois qui sont construites dessus. Le terrain appartient aux intéressés et armateurs du *Brisson* Jean André La Maletie subrécargue 29 janvier 1771 par acte de vente passé au profit de La Rochette le 14 septembre 1774 devant Loustau, précédents propriétaires : Jean-Baptiste Hugon dit Dubois et son épouse Josèphe Diard le 25 janvier 1771 et par la concession du terrain par MM. les chefs de la colonie le 23 dudit mois comme ayant fait des augmentations aux frais et aux dépens de l'armement.

les Mascareignes à Étienne Ronsin[5] négociant, non pas à Lorient comme cela a pu être écrit, mais aux Isles de France et de Bourbon [6].

---

[5] Le 3 janvier 1783, Ronsin fut sollicité avec les plus importants négociants de l'ile : Dubucq, d'Arifat, Pitot frères, Oury, Barbier et Fortier et Louis Joseph Pigeot de Carcy pour recueillir son avis sur la valeur de six noirs « beaux et sans défaut » dont la mise à prix alla de 1 800 à 3 000 livres.

[6] AD/17 2 C 1785, vue 212/225, 10 août 1782 : Procuration François Gabriel Admirault l'aîné pour compte de la société de commerce Admirault et fils à M. Ronsin leur représentant aux îles de France et de Bourbon pour recevoir. Il semble qu'il fût plus à Bourbon qu'à l'Isle de France.

## Annexe V-. L'esprit des journaux français et étrangers
Volume 7 (neuvième année), juillet 1780, imprimé en Belgique, pages 361 et 362.

M. [...] de, négociant à La Rochelle, chargé d'une famille nombreuse, envoya dans les Indes, un de ses fils âgé de moins de quatorze ans. Bientôt, il éprouve dans ses affaires des malheurs qui les dérangèrent et comme on ne pouvait en accuser que la fortune, il fut plaint sans cesser d'être estimé. Mais ce fils sorti de la maison maternelle, à l'âge où l'homme n'est encore qu'un enfant, qui n'avait pas été témoin des larmes de sa famille et cette douleur affreuse qui oppresse un négociant, homme de bien dans ces moments désastreux, avait cependant formé le dessein généreux de réparer les maux dont il avait été informé et dans son âme a dû pendant dix ans être profondément pénétré [...].

Il a dû mener une vie spartiate et de vivre de privations pour remplir le vœu de son cœur. L'opiniâtreté de son travail et son économie lui ont formé un capital qu'il a chargé presque entier (80 000 livres) dans le navire *Le Brisson* pour payer les dettes de son père et lui donner quelque aisance[1]. La fortune n'a pas contrarié cette belle action et ce vaisseau vient d'arriver à Lorient, sans risques et sans assurance.

Malheur aux pères, malheur surtout aux enfants qui seraient insensibles à cet acte généreux de piété filiale et qui froids admirateurs n'aimeraient pas, sans le connaître, le vertueux jeune homme qui donne ce noble exemple de tendresse et d'honneur.

---

[1] Lettre de Garnault du 16 avril 1780 « Je suis enchanté du bonheur qu'a eu le jeune Demissy. L'action qu'il a fait sic) envers son père est bien belle et bien rare. Il m'en reviendra quelque chose de ces 50 mille livres. Je vous prie de faire mon compliment à M. de Missy en l'assurant de mon respect ».

**Annexe VI. – État des vaisseaux du roi armés au commerce particulier**

État des vaisseaux appartenant précédemment à la Compagnie des Indes prêtés par le roi tout armés au commerce particulier

Au total 18 vaisseaux : source consultation Cie des Indes, page 39.

| En 1770 | Le Pondichéry, Le Duras (ancien Duc de Duras, deviendra Le Bonhomme-Richard) La Digue, Le Penthièvre, Le Massiac, Le Triton. | |
| --- | --- | --- |
| En 1771 | Le Dauphin, Le L'Averdy ( ou Laverdy), Le Brisson. | Le Brisson sera cédé à Admirault de La Rochelle. Le Gentil (astronome) voyage sur Le Dauphin |
| En 1772 | L'île de France | |
| En 1773 | Le Castries ( ou maréchal de Castries, Le Beaumont, Le Praslin. | |
| En 1774 | Le Gange. | |
| En 1775 | La Normande, Le Bordelais, La Bricole | |

Samuel de Missy (1755-1820), armateur rochelais sur l'océan indien

### Annexe VII.- Passager Pontavery du *Brisson*

Sur *Le Brisson* s'était embarqué en 1770 un passager peu ordinaire qui se déplaçait aux frais de M. de Bougainville, capitaine de vaisseau. Les Archives du service historique de la Défense[1], le nomment Poutavery et le font figurer dans la liste des passagers sous le n° 96. C'était un Tahitien que Bougainville avait fait monter à bord de son vaisseau *La Boudeuse* à l'issue de son séjour dans l'île sa Nouvelle-Cythère, en avril 1768. Il l'avait convaincu de venir en France avec lui pour qu'il soit présenté au roi. Ce noble personnage avait accepté sous la condition d'être ramené dans sa patrie au terme d'une année. On l'appelait aussi Majoa, Aoutourou, Aotourou, Ahtoru ou Ahu Toru.

Le 23 octobre 1770 parvenait à Port-Louis de l'Isle de France le vaisseau *Le Brisson* avec cet habitant de Tahiti qui avait été la coqueluche de tout Paris. Le subrécargue du *Brisson*, le sieur de Lamaletie avait été chargé de veiller avec la plus grande attention sur ce passager un peu original. Il apportait aussi les ordres du Ministre de février 1770 : « *J'ai fait embarquer, Monsieur, sur le vaisseau Le Brisson, le nommé Poutavery que M. de Bougainville a amené en France. L'intention du Roi est qu'il soit transporté dans l'île de Tahiti, sa patrie* ». Le Ministre avait expliqué que faute d'argent à consacrer à cette opération, il faudrait trouver un armement privé qui puisse combiner cette mission de service public avec une opération commerciale. À défaut, pour financer un armement, Bougainville offrait les 35 000 livres qu'il avait investies dans les forges de l'Isle de France.

Lors de l'escale à Port-Louis du *Brisson*, Poutavery serait transbordé sur un autre navire armé en partage avec Bougainville qui prenait ainsi en charge les frais de retour du Tahitien dans sa patrie. Des instructions avaient été données à l'intendant Pierre Poivre d'armer un ou plusieurs autres navires à destination de Tahiti. *Le Mascarin* du port de 450 tonneaux fut mis à disposition par le roi et *Le Maréchal de Castries* qui était une frégate de 350 tonneaux par Marc Joseph Marion Du Fresne, négociant à l'Isle de France et ancien officier de la Compagnie des Indes.

Une année plus tard, le 18 octobre 1771, la flûte du roi *Le Mascarin*, et ayant sous ses ordres le navire particulier *Le Maréchal de Castries*, aux ordres de Marion-Dufresne appareillèrent. Poutavery s'embarqua sur *Le Mascarin*. Dans les cales différents outils, tant pour la culture que pour toutes espèces de travaux, des toiles de l'Inde et des graines de toute espèce, propres à semer pour en faire des présents aux chefs tahitiens, ainsi que des animaux les plus utiles, propres à multiplier leur espèce dans les îles de la Mer du Sud, car ils ne s'y trouvent pas. Les deux vaisseaux firent voile de l'Isle de France le 18 octobre pour se rendre au Fort-Dauphin à Madagascar et de là aller à Tahiti. Poutavery mourut à terre le 6 novembre de la petite vérole, car une épidémie de variole éclata. Du Fresne continua seul le voyage qui devait assurer sa fortune. Il fut massacré avec vingt-six de ses compagnons par les Maoris de Nouvelle-Zélande le 12 juin 1772.

---

[1] S.H.D.L 2 P- 44.

## Annexe VIII.- Lamalétie

Un autre passager ou plutôt un groupe de passagers embarqués sur *Le Brisson* était important. Car il est probable que Samuel Pierre dirigea ses premiers pas dès sa descente du *Marquis de Narbonne* en 1771 vers Jean André Lamalétie (La Maletie ou Lamalestie) négociant bordelais qui avait tenu une maison de négoce en Nouvelle-France. Il vivait à Québec entre 1741 et 1758. Il étendit son activité sur Montréal avec son cousin bordelais Jean Baptiste Dupuy. À la Nouvelle-France il représentait aussi les intérêts des Lamalétie demeurés à Bordeaux[1], du Rochelais Joseph Simon Desherbert de Lapointe. Comme ce pays n'appartenait plus au roi depuis 1763, il assurait en quelque sorte sa reconversion dans l'espace de l'océan indien.

Ce Lamalétie-là était fortuné et venait de vendre en 1770 à Bréthoux, avocat au Parlement le château du Pian à Bouliac avec vastes dépendances et moulins à vent et à eau aux confins du Médoc.

Mais outre le fait que nous retrouvons un autre Lamalétie embarqué sur *La Sirenne* (ou *Sirène*) appartenant aussi à Admirault qui parvint à Port-Louis au même moment, le rôle d'équipage de 1770 du *Brisson* atteste non seulement de la présence du déjà nommé Jean André ayant 50 ans, mais aussi de son épouse Marie Benet et de leur fils François Lamalétie[2], se voyant attribuer pour eux trois le numéro de passager unique 83, avec les renseignements suivants : origine Bordeaux, subrécargue passager.

La famille Lamalétie fera souche à l'Isle de France. On voit un Lamalétie participer à l'Assemblée coloniale de l'Isle de France le 5 thermidor an VIII. Il en est le secrétaire. Notables au XIXe siècle cette famille est toujours présente à l'Île Maurice. Son patronyme s'écrit aujourd'hui uniformément Lamalétie.

---

[1]On note : Journal de Guienne 1786 N° 321 1281 ; navire en chargement du 15 novembre 1786, navire *Le Noir* allant à l'Isle de France du port de 300 tonneaux armateur et courtier M. Lamaletie, habitant rue des Fossés de l'Intendance. Adresse déjà repérée en 1767. En 1787, on note un Lamaletie demeurant rue des Menuts.

[2]Avec beaucoup de prudence, les données suivantes sont fournies : Jean André Lamaletie, marchand de Bordeaux, né le 7 janvier 1718 à Bordeaux paroisse Saint-André fils de Louis François bourgeois et ancien consul de la juridiction consulaire cette ville (nommé le 5 mai 1724) et de Marie-Anne (Anne) Benet (Bennet) mariés le 19 février 1715 à Bordeaux, paroisse Saint-Michel. Voir également AD/17 3 E 1852/folio 124-130. (1771-1800) http ://www.biographi.ca/fr/bio/lamaletie_jean_andre_4F.html, Dictionnaire biographique du Canada, Volume IV. Se reporter également au Dictionnaire des familles de Bourbon 1665 – 1810, Tome II G à M page 14688 L. J Camille Ricquebourg Imprimerie de La Manutention Mayenne 1983, Lamaletie Louis fils de Jean André Lamaletie négociant à Port-Louis et de Marie-Thérèse Foucault [ANOM-BMS Pamplemousses : Louis Lamaletie marié avec Louise Eugénie Augeard] mariés le 11 juin 1793 à Saint-André enfants : André Aimé Louis né le 9 mars 1794 à Pamplemousses (Isle de France) déclaré 21 avril 1794 {ANOM-BMS Pamplemousses} décédé le 3 décembre 1835 Saint-Denis de La Réunion; Marie Claudine Aurélie née le 10 fructidor an IV (27 août 1796) à Port-Louis décédée le 4 novembre 1807 à Saint-Denis de la Réunion.

**Annexe IX.- Lettre d'un citoyen de la Rochelle à M. le comte de Mirabeau- 24 novembre 1789 (supposée écrite par Samuel Pierre Meschinet de Richemond)**
Source : Gazette Nationale ou Moniteur Universel du lundi 7 décembre 1789

Monsieur le Comte,
Une motion que l'on assure devoir être faite par vous, ou par M. de la Rochefoucauld, à l'Assemblée nationale, met tout le commerce de cette ville en alarme. L'objet de cette motion est, dit-on, de faire rendre un décret qui interdise à tout Français la traite des noirs, et permette aux planteurs de se pourvoir d'esclaves en les achetant des étrangers.
Dans la supposition que vous avez, M. le comte, réellement annoncé une pareille motion, permettez-moi de vous présenter quelques doutes sur l'utilité que vous avez probablement espéré d'en voir résulter.

Je dois, avant tout, vous faire ma profession de foi relativement à l'esclavage des malheureux Africains et au commerce de la traite ; sans ce préalable, tout ce que je vous dirais pourrait vous paraître suspect.
L'esclavage quelconque est, à mes yeux, la violation des droits les plus sacrés de l'humanité.
Par une conséquence immédiate, tout commerce dont l'objet est de favoriser, faciliter ou perpétuer l'esclavage, me paraît un attentat direct à cette loi, si simple et si naturelle, de ne faire à autrui que ce que nous voudrions qu'il nous fît.
Voilà mes principes. Mais, M. le Comte, malheureusement ce genre de commerce est aujourd'hui presque le seul auquel puissent se livrer plusieurs de nos ports. Les armateurs qui s'en occupent y ont employé de grands capitaux, non seulement les leurs, mais ceux de leurs cointéressés, mais encore ceux des manufacturiers qui leur fournissent les articles de traite, mais encore les crédits que les banquiers de la Capitale, et même dans l'étranger, leur accordent en supplément de leurs fonds propres. L'abolition de la traite ne produira-t-elle point le bouleversement de leurs fortunes, tout au moins l'engorgement de leurs moyens ? On pourrait le craindre, parce que ces armateurs ont des fonds plus ou moins considérables répandus parmi les habitants ou planteurs, qui souvent ne paient qu'autant qu'on leur fait de nouvelles ventes, et qui, dans le régime appréhendé, seront eux-mêmes contraints de donner la denrée destinée au paiement d'anciennes dettes, au marchand étranger qui leur portera des esclaves.
Ne peut-on pas craindre aussi de voir tomber celles de nos manufactures qui fournissent aujourd'hui les articles de traite ? Les funestes effets du traité de commerce avec l'Angleterre offrent des exemples effrayants.

Je ne parlerai pas de la diminution de notre marine marchande : je sais que le commerce de la traite coûte tous les ans la vie à une quantité de marins de tout rang ; mais qui peut calculer le nombre d'individus alimentés de proche en proche par les importations des denrées coloniales provenant des ventes des noirs ? Que deviendront les ateliers divers qui s'occupent de pourvoir à l'équipement des navires, tant de bras qu'ils empêchent de s'engourdir dans l'oisiveté et la misère, tant de raffineries, qui déjà ont peine à se soutenir malgré les encouragements du gouvernement ?

On pourrait étendre beaucoup la série des maux qu'entraînerait la suppression subite de la traite ; mais, pour abréger, je me restreins, M. le Comte, à vous prier de bien examiner ces deux questions :
1- N'est-il pas impolitique de défendre la traite à une nation dont les colonies sont cultivées par des noirs, <u>et de permettre aux colons d'acheter ces noirs des nations étrangères</u> ? Il semble que c'est détourner de la métropole des sources de richesses, pour les faire couler dans le sein des nations rivales, dont la puissance sera augmentée par-là en raison de l'affaiblissement de la nôtre ?
2- Est-il prudent de rendre ce décret, ou même simplement d'en agiter l'objet, dans un moment de fermentation, que la confiance la plus excessive ne peut se dissimuler ; dans un temps où le peuple, dans un port de mer, trouve à peine les moyens de gagner un pain cher autant que rare ; dans un moment où les besoins de la patrie sollicitent une contribution extraordinaire, devenue de jour en jour plus pressante ? Craignons, M. le Comte, un refroidissement général de la part de cette multitude de citoyens qui verraient leur fortune, leur existence même menacées : heureux encore si leurs cœurs ulcérés ne sont accessibles qu'au refroidissement !

Il me sera fort agréable, M. le Comte, que vous vous donniez la peine de peser dans votre sagesse les doutes que je viens de vous exposer. Tout au moins dois-je croire que l'Assemblée nationale ne précipitera pas, sur un objet aussi délicat, sa décision plus que ne l'a fait le Sénat anglais.

J'ai l'honneur d'être etc.

Samuel de Missy (1755-1820), armateur rochelais sur l'océan indien

### Annexe X.- Réhabilitation de Samuel Pierre de Richemond

Pétition de Samuel Pierre de Richemond aux juges du Tribunal de commerce de La Rochelle [4 vendémiaire, an IV, AD/17, L 1045].
Citoyens juges,
Ma ci-devant société de Richemond & Garnault éprouva en 1784 une complication de malheurs qui la réduisirent à l'impuissance nous laissèrent à la tête de nos affaires, espérant comme nous que les rentrées de fonds alors très probables nous fourniraient alors les moyens de tout payer. Mais la condamnation d'un vaisseau négrier à la Martinique, la non-réussite de deux expéditions à Cayenne, d'une autre à Miquelon, nous empêchèrent de payer alors au-delà de trente pour cent. Enfin en 1786, par les conseils de ces mêmes créanciers, ma société déposa son bilan à votre greffe et passa un Traité avec eux par lequel, je fus personnellement obligé de payer douze autres pour cent & ils firent remise des cinquante-huit pour cent restants ainsi que tous les frais & intérêts, après avoir reconnu et vérifié que l'actif de la masse ne comportait pas de conditions meilleures.
Par une des clauses du Traité, il fut stipulé que dans le cas où des circonstances heureuses nous donneraient la faculté chacun de nous, feu Garnault et moi, aurions la liberté de payer séparément notre demie [part] dans la remise du capital intérêts et frais. Ce Traité ouvert le 5 avril 1786, clos le 12 août suivant fut homologué & rendu commun aux créanciers qui ne l'avaient pas signé, par arrêt du parlement de Paris du 18 août, même année, joint à la présente [ce document est absent].
Aujourd'hui, je me trouve dans la situation de pouvoir payer ma demie de cinquante-huit pour cent, les intérêts & les frais dont il a été fait remise à ma dite société. J'ai commencé cette liquidation, mais quelques-uns des créanciers à l'étranger, quelques autres Républicoles, n'ont point répondu à l'avis que je leur ai donné de mes dispositions actuelles, quoi qu'ils aient eu tout le temps nécessaire & plus que suffisant pour le faire, - entre-autres les citoyens :
    A. Dellebecque à Lille,
    J. B Lallart à Arras
    Crétet à Paris
    Pelletier fils à Paris-
    Pelloux frères et Jourdun à Marseille
    Joanin à l'île de Ré, Saint-Martin-de-Ré
    Goedertz & Wildfanck à Lübeck
    Lübeck Ülff & Ludert à Lübeck
    De Stockart et d'Ebertz dont j'ignore absolument l'existence[1].
Dans ces circonstances & fortement intéressé à terminer ma libération pour parvenir à me faire réhabiliter, je m'adresse à vous Citoyens et Juges pour vous inviter d'ordonner que je sois admis à déposer à la caisse du district où [non lu] toutes les sommes qui reviennent à chacun des dénommés ci-dessus & que le receveur sera tenu de m'en donner récépissé qui dans tous les cas & particulièrement lorsque je m'occuperai de ma réhabilitation équivaudra aux

---
[1] On retrouvera d'Ebertz au Havre.

quittances que m'auraient donné lesdits créanciers s'ils m'eussent à même d'effectuer les paiements en leur maison

Je ne présume pas que ma demande sur laquelle j'ai cru devoir prendre le conseil de M. Morin homme de loi, jointe ici [Ce document est absent] puisse éprouver de difficulté puisque d'une part j'ai été autorisé à me libérer séparément & que de l'autre que le paiement que je veux faire est libre volontaire et dû à ma probité

Outre les sieurs déjà énumérés, je joins encore à la présente l'arrêt d'homologation du ci-devant parlement de Paris & l'acte du dépôt de bilan [Ces documents sont absents]

Je me résume, Citoyens Juges en demandant

1° Qu'il me soit donné acte de l'exposé des faits

2° De ce que j'ai réalisé sur votre Bureau la somme de vingt-neuf mille trente-deux livres dix sous quatre deniers revenant aux ci-après :

  Lt 1 042- 1- 2 au citoyen A. Dellebecque à Lille,
  Lt 1 014-11-3 au citoyen J. B Lallart à Arras
  Lt 8390-18-3 au citoyen Crétet à Paris
  Lt 2626-15 au citoyen Pelletier fils à Paris-
  Lt 5067- 11- 6 aux citoyens De Stockart et d'Ebertz dont la résidence actuelle m'est inconnue.
  Lt 258- 15V 3 aux citoyens Pelloux frères et Jourdan à Marseille
  Lt 1 516- 13- 1 au citoyen Joanin à l'île de Ré, Saint-Martin-de-Ré
  Lt 6 246- 5- 9 à MM. Goedertz & Wildfanck à Lübeck
  Lt 2 868- 19- 1 à MM. Lübeck Ülff & Ludert à Lübeck
  --------------
  29 032- 10- 4 ensemble en assignats

3° Être autorisé à faire la consignation de ladite somme entre les mains du Receveur de District pour compte des susnommés & qu'il m'en délivrera un récépissé dans lequel seront spécifiés les assignats, pour ma décharge.

À La Rochelle 4 ème [vendémiaire] de l'an IV de la République

Meschinet. Je joins encore ici la copie de ma lettre aux créanciers.

Samuel de Missy (1755-1820), armateur rochelais sur l'océan indien

## Annexe XI.- Chat Intelligence artificielle (requête internet du 9 juillet 2023)

Samuel Demissy est né le 30 octobre 1755 à La Rochelle, une ville portuaire située sur la côte ouest de la France. La Rochelle, avec son port ouvert sur l'océan Atlantique, était à l'époque un centre majeur du commerce maritime, y compris le commerce des esclaves. C'est dans ce contexte que Samuel Demissy a grandi, une réalité qui allait grandement influencer sa vie et sa carrière.

La famille Demissy était bien établie à La Rochelle. Son père, Pierre de Missy, était un commerçant prospère qui avait réussi à accumuler une fortune considérable grâce à ses activités commerciales. La mère de Samuel, Marie-Josèphe David, était issue d'une famille de la bourgeoisie locale. Ensemble, ils ont élevé Samuel et ses frères et sœurs dans un environnement de confort et de privilège.

L'éducation de Samuel a commencé à la maison, où il a été instruit par des précepteurs privés. Il a appris à lire et à écrire, ainsi que les bases des mathématiques et des sciences. Il a également reçu une éducation religieuse, comme c'était la coutume à l'époque. La famille Demissy était catholique, et Samuel a été élevé dans cette foi.

À l'âge de douze ans, Samuel a été envoyé à l'école des Jésuites de La Rochelle, une institution réputée pour son enseignement rigoureux. Là, il a étudié les classiques, la philosophie, la théologie et les langues étrangères. Il a également reçu une formation en rhétorique et en débat, des compétences qui lui seraient utiles plus tard dans sa carrière politique.

C'est également à l'école des Jésuites que Samuel a commencé à prendre conscience des injustices de l'esclavage. Les Jésuites, bien qu'impliqués eux-mêmes dans le commerce des esclaves à certaines périodes de leur histoire, enseignaient l'égalité de tous les êtres humains devant Dieu. Ces enseignements ont semé les graines de l'opposition de Samuel à l'esclavage, une position qui allait le mettre en conflit avec beaucoup de ses contemporains.

Après avoir terminé ses études chez les Jésuites, Samuel a rejoint l'entreprise familiale. Il a rapidement montré un talent pour le commerce et a aidé à développer l'entreprise de son père. Cependant, il était de plus en plus mal à l'aise avec l'implication de l'entreprise dans le commerce des esclaves.

En résumé, la naissance et l'éducation de Samuel Demissy à La Rochelle ont joué un rôle crucial dans la formation de l'homme qu'il allait devenir. Son éducation chez les Jésuites, en particulier, a semé les graines de son opposition à l'esclavage, une position qui allait le définir tout au long de sa vie. Cependant, il a également hérité de la richesse de sa famille et de son implication dans le commerce des esclaves, des réalités qui allaient grandement compliquer sa vie et sa carrière.

En résumé, la participation de Samuel Demissy au commerce des esclaves a été une période complexe et conflictuelle de sa vie. Bien qu'il ait tiré profit de ce commerce, il a également été profondément troublé par les injustices qu'il a observées. Ces expériences ont finalement conduit Samuel à remettre en question le commerce des esclaves et à s'opposer publiquement à cette pratique, des actions qui ont défini son parcours ultérieur et ont laissé une marque indélébile sur son héritage.

**Erratum:**

**L'Annexe VIII, Lamalétie aurait dû figurer à la Table des matières, page 407.**

Samuel de Missy (1755-1820), armateur rochelais sur l'océan indien

Table onomastique

A nossa senhora do Monte de Carmo, 213
A nossa senhora dos Prazeres, 213
Admirault, François Gabriel
    armateur, 100, 113, 114, 133, 136, 137, 325, 345, 401, 402
Admirault, Jean Louis, 376
Admirault, Louis, 348, 362
Admirault, Marie Madeleine, 116, 306
Admirault, Pierre Gabriel
    armateur, 19, 24, 31, 87, 100, 111, 114, 116, 118, 136, 138, 401
Allen, Richard B., 178, 179
Alquier de Mézérac, Marguerite, 158
Alquier, Charles Jean Marie, 297, 298, 309, 342
Après de Mannevillette, d', Jean Baptiste Nicolas Denis, 104
Arnoul, Pierre, intendant, 55, 59
Auboyneau, Raoul Benjamin, 370
Audebert, Georges & Joseph
    armateurs, 83
Audebert, Jean Elie
    capitaine, 83
Augustin, Louis
    serviteur de Demissy, 206
Balguerie, Axelle, 16
Bambucket, Aurélie, 16
Baruel de Beauvert, Jean Antoine, 325
Baussay, de, Joachim
    armateur, 184, 209, 299, 344, 349
Baux, Jean & David
    armateurs, 214
Becdelièvre de Bouexic, de, Louis Toussaint, 92
Belin, Etienne, 36
Bellecombe, de, Guillaume Léonard, 131
Beltrémieux, Joseph, 13, 129

Béraud, Augustin, 298
Bergasse, Nicolas, 310
Beringhen, de, Marie Elizabeth, 342
Bernardin de Saint Pierre, Jacques Henri, 67, 204
Bernon & Garreau, 261
Bertaud, Vincent Bernard, 19
    capitaine, 67, 93, 125
Bertier de Sauvigny, Louis Benigne, 275
Besse de La Barthe, André, 53
Bétrine, Jean Paul, 50, 341, 358
Beylié, de, Philibert Augustin Bernard, 338
Bigaud, Poulard et Cie, 213
Billaud-Varenne, Jacques Nicolas, 354
Bloch, Marc, 29
Blondé, André, 270
Bolts, Guillaume, 248
Bolts, Willem, 160
Bonfils, Thésahar, 118
Boquet de Chanterenne, Louis, 147
Borgnis Desbordes, Jean Antoine Marie, 189
Boué, Henriette, 378
Bouley & Meyer, société, 371
Boullanger, Jean
    capitaine, 194
Bourgeois de Boynes, Pierre Étienne, 97, 125
Boursicaud, Elizabeth, 59
Boutet, Jacques Alexandre, 128, 129, 212, 221, 222, 229, 233, 235, 236, 260, 298, 347
    capitaine, 19, 93, 110, 120
Briost, Pascal, 199
Brisson, président, 121
Brissot de Warville, Jacques Pierre, 310

Broutin, Michel, 342
Büsching, Anton Friedrich, 74
Callot, Robert, 364
Calmon, de, Nicolas, 181
Calonne, de, Charles Alexandre, 248, 265, 266, 267, 268, 271, 275, 277, 281, 282, 285, 286, 289
Cappon, Philippe, 325
Carra, Jean Louis, 310
Cavazza, Jean Baptiste, 308
Cerisier, Antoine Marie, 310
Certeau, de, Michel, 39
Chaillé, Marianne, 52
Champflour, de, Etienne, 30
Charbonnel, Nicole, 38
Charpentier de Cossigny, Jean François, 88, 339, 340, 342
Charruyer, Etienne, 345
Chegaray, Antoine, 367
Choiseul-Praslin, de, César Gabriel, 94
Choquet, Jean Joseph, 92
Chorel & Ozanne, 216
Claret de Fleurieu, Charles Pierre, 337
Clavière, Etienne, 310, 313
Clermont-Tonnerre, de, Stanislas, 265
Clive, Robert, 84
Codère, Antoine, 34, 235, 335, 336, 337, 338
Colbert, Jean-Baptiste, 14
Collin, Charles Alexandre Honoré, 335, 336, 337, 338
Collin, Pierre Honoré, 34
Collique, Pierre, 161, 163, 164, 165
Comte de Nolivos, 120
Conquéré de Monbrison, Jacques Édouard, 377
Conway, de, Thomas, 334
Coriolis de Limaye, de, Gabriel, 334
Couve de Murville, François Philippe, 164

Couve de Murville, Jean Baptiste, 163, 235, 264
Crassous, Jean Augustin, 354
Cross, Elizabeth, 182, 267, 273
Crozet, Julien Marie
   capitaine, 130, 132
Crussol d'Uzès, de, Mgr., 30
D'Arifat, Jean David, 158
D'Arifat,de, La Bauve, Marc, 158
Da Silva Braga, François, 217
Dalbarade, Jean
   capitaine, 129
Dalmas, Jean Benoît, 377
Darge Lalande, Pierre
   capitaine, 219
Darthé, Charles Joseph, 246
Daviaud, Marie Thérèse Philippine, 213
Dayot, Thomas
   armateur, 166
De Goode Hoppe, 189
De Richemond & Garnault, 218
Dechézeaux, Jacques Jacob, 149
   capitaine, 44, 93, 109, 126
Dechézeaux, Marie Catherine, 120
Dechézeaux, Pierre Charles Daniel Gustave, 356
Dechézeaux, Suzanne Louise, 157, 332
Delafont
   voir Lafont, 377
Delaire, Michel Thomas, 37
Delaire, Thomas, 37
Delaville-Leroulx, Joseph, 309, 336
Delayant, Léopold, 318
Delmas, Emile, 15
Demissy, Amélie, 51
Demissy, Anne Élizabeth, 188
Demissy, Charles
   Missy, de, 41
Demissy, Henriette Elizabeth, 51, 394
Demissy, Henriette Élizabeth, 69
Demissy, Isaac, marchand, 58

Samuel de Missy (1755-1820), armateur rochelais sur l'océan indien

*Demissy, Jacques*
  Missy, de, 41
*Demissy, Jacques Isaac, 65, 66, 67*
*Demissy, Louise Laure, 51*
*Demissy, Marianne Elizabeth, 46*
*Demissy, Marianne Élizabeth, 33*
*Demissy, Marie Anne, 51*
*Demissy, Marie Anne Élizabeth, 332*
*Demissy, Samuel Pierre, pasteur, 49, 52*
*Demissy, Samuel Pierre, pasteur, 48*
*Demissy, Samuel, marchand, 52*
*Demissy,Isaac, 29, 41*
*Desaguliers, Jean, 15*
*Deschiens de Kerulvoy, Claude Louis, 65*
*Despéroux, Pierre André, 242, 298, 299*
*Desplanes, Gabriel Jacquelin, 223*
*Devisme, Gérard, 217*
*Diallo, Karfa Sira, 14*
*Dillon, Arthur, 339*
*Doerner & Cie banquiers à Paris, 129*
*Doojendraduth, Napal, 339*
*Dordelin, Alain, 126*
  capitaine, 65
*Drack, Patrick, 176*
*Drouyn de Lhuys, Alexandrine, 378*
*Dubergier, Raymond, 277, 279*
*Ducos Guyot, Nicolas*
  capitaine, 126
*Duperré, Agathe Soulange, 350*
*Duperré, Charles Louis, 191, 212, 219, 220, 221, 241*
*Duperré, Jean Augustin, 220, 241*
*Duperré, Victor Guy, 237, 238, 350*
*Duperron, Anquetil, 82, 106*
*Élie Pichez, Marie Caroline, 372 et fils, 133*
*Faidherbe, Louis, 14*
*Fleuriau de Bellevue, Louis Benjamin, 44, 329, 370, 376, 379, 380*
*Fleuriau frères & Thouron, 219*

*Fleuriau, Aimé Benjamin, 206*
*Fleuriau, François Aimé Gabriel, 33, 223*
*Fleuriau, Paul Marie, 33*
*Fleuriau, Paul Marie Benjamin, 223*
*Fontaine de Biré, Marie Sébastien Charles François, 242, 381*
*Fontaine, Jacques, 59*
*Fontanes, de, Jean Pierre Louis, 370*
*Foucaud, Fidèle*
  capitaine, 218
*Foucault, Gabriel David, 132*
*Fraigneau, Anne, 393*
*Fraigneau, Marie Anne, 48, 52, 65, 169*
*Frain, Irène, 183*
*François Louis Lamaletie & Jean André Lamaletie, 146*
*Franklin, Benjamin, 333*
*Gaillant, Etienne, 319*
*Garesché, Daniel, 321*
*Garetier*
  Collège de Missy, Directrice, 34
*Garnault, Emile, 28, 36, 43*
*Garnault, Jean Jacques, 150, 189, 220, 332, 333, 371*
*Gastinne, Jean-Pierre, 18*
*Gauthier, Jean Baptiste, 190*
*Gauvin, Nicolas*
  capitaine, 220
*Gayot, Thomas, 158*
*Gigaux, Pierre François, 379*
*Giraud, Marc Antoine Alexis, 238, 299, 350*
*Gli Serenissimi Reali Archiduci di Toscana, 214*
*Goguet, Denis Joseph, 261, 303, 311, 317, 343, 344, 346, 347, 348*
*Gouin, Honoré Alexandre*
  capitaine, 230
*Goujaud Bompland, Jacques, 370*
*Gouly, Marie Benoît Louis, 340*
*Gourlade, de, Jacques Alexandre, 65*

Gradis, Abraham, 174
Gradis, David, 17
Grandclos Meslé, Pierre Jacques
    armateur, 95, 162, 248, 253, 254, 255, 256, 257, 258, 259, 260
Granié, Pierre, 271
Gravelle de Reverseaux, de, Guéau, 43
Gravier de Vergennes Charles, 265
Green de Saint Marsault, Henri Charles Benjamin, 174
Gregg, Amanda, 187
Grégoire, Henri Jean-Baptiste, 310, 313, 337
Griffon de Romagné, Pierre, 318
Grotius, Hugo, 81
Grou, Guillaume, 17
Guéau de Reverseaux, Jacques Philippe Isaac, 139, 173, 287, 344
Guibert, Jacques, 162, 186, 192, 333, 347
Guillaume Estèbe & Cie de Bordeaux, 215
Hardouin de La Reynerie, Louis Eugène, 83, 124, 130, 137, 138, 262, 270, 272
Harouard de Saint Sornin, François Henri, 301
Harouard, Pierre Etienne Louis, 102, 157
Haudrère, Philippe, 91, 125, 132
Hawke, Edward, admiral, 60
Henry Romberg Bapst & Cie, 186
Hernoux, Charles, 211, 272
Het Kayserlick Zeepart, 193, 197, 219
Hilaire de La Rochette Alexandre Robert, 70, 146, 147, 269, 401
Hilaire de La Rochette, Madeleine Elizabeth Renée, 147
Houdetot d',Charles-Ile-de-France, 336
Houdetot d', Marie-Frédérique Wilhemine d', 336
Houdetot d',Césarine d', 336
Hozier, d', Charles, 43
Hulot, Gurit, 151
Huot de Vaubercy, Joseph, 148
Jouin de La Tremblaye, Marguerite Elizabeth, 329
Jullien, Marc Antoine, 355
Kerjean, de, Joseph, 338
Kérléro de Rosbo, François Jacques
    Capitaine Compagnie des Indes, 78
Keyserlick Zeepart (Het), 187
Knell, Jean Henry, 185, 212, 224, 228, 367, 373
L'Actif, 232
L'Adventurer Friend, 156
L'Aigle, 129
    armé par Admirault, 128
L'Aimable Nanette
    armé par Admirault, 131
L'Ajax
    armé par Admirault, 131
L'Alexandre
    armé par Admirault, 132
L'Ambition, 78
L'Amitié, 186
L'Ana, 367
L'Angle, de, Jean Baptiste François Claude, 333, 372, 377, 378
L'Antoinette Marie, 98
L'Archiduc, 177, 209, 232
L'Atlas
    armé par Demissy, 219, 242
L'Eléphant, 89
L'Elizabeth
    armé par Admirault, 132
L'Escalier, Daniel, 338
L'Espérance, 201
L'Espiègle, 366
    armé par Demissy, 218
L'Étoile, 126
L'Hippopotame, 161
L'Horizon, 186, 187
L'Imposant, 272
L'Indien, 120, 188

Samuel de Missy (1755-1820), armateur rochelais sur l'océan indien

*L'Insulaire*
   armé par Demissy, 197, 212, 215, 216, 217
*L'Oiseau*, 186
*L'Ostende*, 189
*L'Osterley*, 89, 133
   Indianman, 133, 134
*La Bauve D'Arifat, de*, Pierre Paul
   armateur, 106, 114, 134, 136, 150, 151, 152, 155, 156, 157, 158, 159, 160, 162, 163, 182
*La Belle Henriette*, 189
*La Bellone*, 185, 232
*La Bonne Société*, 187, 188, 190, 192, 193
*La Boudeuse*, 405
*La Bouffone*, 201
*La Bretagne*, 232
*La Catherine*, 126
*La Constante Adèle*, 185
*La Coste, de*, Jean Aimé, 347
*La Créole*, 184, 197, 209
*La Croix de Castries*, Charles, 212
*La Fille Unique*, 89
*La Fine*, 89
*La Gran Duchessa Maria Luigia*, 240
*La Hubaudière, de*, Christian, 18
*La Jeanne Sonkjen*, 228
*La Jeannette*
   armée par Admirault, 138
*La Johanna-Cécilia*, 184, 210
*La Jolie Henriette de Ribeaucourt*, 184
*La Louise Julie*, 232
*La Louise Marguerite*
   armée par Admirault, 138
*La Maletie*, Jean André, 69
*La Mannone*, 232
*La Marie Madeleine*
   armée par Admirault, 138
*La Méduse*, 339
*La Néréide*, 209
*La Nouvelle Société*, 170
*La Paix*, 169
*La Pourvoyeuse*, 133
*La Rebecca*, 369
   acheté par Demissy, 212
*La Revanche*, 185
*La Roche*, Jean Baptiste, 232
*La Rochette, de*, Alexandre Hilaire, 125, 126, 128, 136, 137, 142, 401
*La Royale Elizabeth*, 232
*La Samaritaine*, 184
*La Sirenne*
   armé par Admirault, 71, 73
   armé par Admirault, 102
   armé par Admirault, 123
   armé par Admirault, 145
*La Sophie Albertine*, 129
*La Ville d'Orient*, 160
*La Ville de Vienne*, 160
Lacretelle, Pierre Louis, 270, 278, 281, 290
Laffont de Labedat, André Daniel, 311
Laffont de Ladebat, Jacques Alexandre, 99, 156, 174, 181
Lafon, de, André Jacques, 331
Lafon, de, Charles Henry, 331
Lafond
   voir Lafont, 377
Lafont, André Jacques Élizabeth, 376, 377, 380, 382, 383, 393
Lafont, Moïse, 377
Laignelot, Joseph François, 353
Laissart, de, Jacques Alexis, 132
Lally Tollendal, de, Thomas Arthur, 84
Lamaletie, François Louis, 145
Lamaletie, Jean André, 68, 70, 119, 145
Lambert, Pierre Charles, 190
Lambert, Pierre Charles, 190, 212, 220, 242, 332
Lambertz, Jacob, 344
Lamoignon de Malesherbes, de, Chrétien Guillaume, 54
*L'Argus*
   armé par Benjamin Seignette, 84, 95

Latuillière, Saint Eloy Estèbe, 215
Latuillière, Saint Eloy, Estèbe, 213
Lavaysse & Puchelberg, 256
Lavech, Louis Léger, 329
Lavoisier, Antoine Laurent, 310
Le Baron de Montmorency, 184, 209
Le Basque, 129
Le Beaumont, 92
Le Bellecombe, 187, 194, 195, 219
Le Blond de Saint Hilaire, Jean François
    capitaine, 93
Le Bon père, 348
Le Bonhomme Richard, 184, 210, 348
Le Boucher, Jacques François, 338
Le Boullongne, 232
Le Boynes, 201
Le Brasseur, Joseph Alexandre, 134, 135
Le Brisson
    armé par Admirault, 44, 66, 67
    armé par Admirault, 122
    armé par Admirault, 125
    armé par Admirault, 127
    armé par Admirault, 172
    armé par Admirault, 405
Le Calonne, 265, 266
Le Centaure, 104
Le Chameau, 148
Le Chêne, 232, 239
    part d'intérêt de Demissy, 239
Le Comte d'Artois, 232
Le Comte de Maurepas
    armé par Admirault, 130
Le Comte de Narbonne, 148
Le Comte de Saint André
    armé par D'Arifat et Demissy, 160, 161, 164, 165, 166
Le Coureur, 367
Le Dauphin, 126
Le Désir, 186
Le Duc de Duras, 65
Le Duc de Normandie, 348
Le Duc de Vauguyon, 232

Le Duras, 93
Le Fer de Chantelou, Jean Pierre
    capitaine, 255
Le Forcalquier, 348
Le Henry et Ferdinand de Bruxelles, 189
Le Henry Quatre
    armé par Demissy, 21, 37, 142, 211, 229, 230, 231, 232, 233, 236, 237, 319, 340, 347, 348, 360, 369
Le Lambert, 232
Le Lauriston, 89, 126
Le Lubois, Pierre Benoît, 78
Le Marchand, 156
Le Maréchal de Castries, 405
Le Marquis de Castries, 67
Le Marquis de Narbonne
    armé par Admirault, 71
    armé par Admirault, 27, 44, *68*
    armé par Admirault, 120
    armé par Admirault, 120
    armé par Admirault, 121
    armé par Admirault, 147
    armé par Admirault, 198
Le Mars, 189, 209
Le Mascarin, 405
Le Massiac, 101, 102
Le Maximilien, 220
Le Miromesnil, 232
Le Modeste, 126
Le Moël de Kerfraval, René Gabriel, 195
Le Nécessaire, 109
Le Neptune
    armé par Demissy, 37, 220
    armé par Demissy, 211
    armé par Demissy, 223
    armé par Demissy, 242
    armé par Demissy, 319
Le Noir, 214, 232
Le Pacifique, 161
Le Penthièvre, 232
Le Prince Wilhem, 247, 346
Le Puységur, 348
Le Reverseau, 346

Samuel de Missy (1755-1820), armateur rochelais sur l'océan indien

Le Roux de Cinq Noyers, André Jean Baptiste, 147, 152, 156, 183, 202
Le Sage, Charles Paule
   capitaine, 130
Le Saint Denis, 186
Le Sainte Anne
   armé par D'Arifat et Demissy, 156
Le Saint-Rémy, 246
Le Salomon
   armé par D'Arifat, 156
   armé par D'Arifat, 114, 155, 156, 158
Le Sartine, 126, 348
Le Ségur, 232
Le Tellier, Jacques, 278, 280, 281, 282, 283, 284, 286
Le Terra, 95
Le Tigre, 256
Le Tipo Sultant, 232
Le Tonnelier de Breteuil, Louis Charles Auguste, 282
Le Triomphe, 186
Le Villevault, 92
Le Zadig, 189
Le Zéphyr, 75
Léchelle, Louis, 216, 220, 223, 231
   armateur, 157, 164
Lecoulteux de La Noraye, Jean Louis, 272
Lecoulteux du Molay Jacques Jean, 271 272
Lemercier, Louis Nicolas, 39
Lenormand, Simon Emmanuel Julien, 242 290, 313, 368
Léonidas, Catherine, 23
Lequinio, Joseph Marie, 316, 345, 353 356, 358, 362
Leroux de Cinq Noyers, André Jean Baptiste, 22, 163, 198
Leroux de Kermoseven, Jacques, 22, 89 123, 200
Les Deux Mariés, 185
Les Trois amis
   armé par Admirault, 126
Les Trois Amis
   armé par Admirault, 129
Les Trois Cousins, 197
L'Heureux,, 184
Liège, Marie Louise Esther, 51, 325, 342, 351, 361, 382, 383
Liège, Sophie Bibiane, 378
L'Indien,, 184
L'Insulaire
   armé par Demissy, 185
Lollivier de Tronjoly, Jean-Baptiste François, 133
Longayrou, Carié et Cie, 237
Lougnon, Albert, 181
Louis Augustin
   au service de Demissy, 157
Lucet Jean Marie
   capitaine, 185
Lüthy, Herbert, 91
Macnamara, de, Henri, 337
Mahé de La Bourdonnais, Bertrand François, 88
Mahé de La Villebague, Jacques César, 88
Maigret de Sérilly, Jean François, 241
Maillart Dumesle, Jacques, 66
Main, Thomas Jean, 326
Malouet, Pierre Victor, 335
Marillac, de, René, intendant, 58
Mariocheau de Bonnemort, Paulin, 325
Marion Du Fresne, Marc Joseph, 405
Martin de Chassiron, Pierre Charles, 329
Martin, Lauriano Bomjardin, 217
Martinetti, Brice, 37, 143
Mascarenhas, de, Pedro, 24
Massias, Gabriel Joseph Thinée, 377
Maujean, Joseph Lucien, 180
Maurès de Malartic, de, Anne Joseph, 338
Mauzy, Louis, pasteur, 59
Maynon d'Invau, Etienne, 85, 90
Mellish, Joseph, 217

Mérigot, Joseph, 71, 73
Meschinet de Richemond Samuel Pierre 220
Meschinet de Richemond, Louis Marie 342
Meschinet de Richemond, Marguerite 356
Meschinet de Richemond, Marie Ann Alexandrine, 372
Meschinet de Richemond, Perrette Henriette Fanny, 333, 372, 377, 378
Meschinet de Richemond, Samuel Louis 157, 371, 377
Meschinet de Richemond, Samuel Michel David, 43, 49, 71, 167, 168, 169, 172, 174, 188, 332, 333, 394, 397, 398, 400
Meschinet de Richemond, Samuel Michel David, 53
Meschinet de Richemond, Samuel Pierre 372
Meschinet de Richemond, Samuel Pierre 38, 149, 189, 209, 332, 333, 334, 342
Meschinet de Richemond, Samuel Pierre 378
Mesturas, Pierre Charles, 299
Mettas, Jean, 184, 185, 186, 195, 196
Meulan d'Ablois, Marie Pierre Charles, 356, 362
Meyer, Rodolphe Samuel, 370, 371, 372, 373, 374, 378
Mirlin, Jean Baptiste, 343, 348
Missy, de, Amélie, 330
Missy, de, Louise Laure, 332
Missy, Emmanuel
  voir Samuel Demissy, 70
Monneron, Charles Claude Ange, 338
Monneron, Janvier, 158, 339
Monneron, Louis, 271
Monneron, Pierre Antoine, 34, 337, 338, 339, 340
Montbron, de, Henriette, 378

Montyon (de), Antoine Jean Baptiste, 275
Mörch, Wladimir, 15
Mordaunt, John, 60
Morellet, abbé, 86, 90
Morin, Pierre, 298
Mosneron, Jean Baptiste, 301
Motais de Narbonne, Augustin François, 151
Muret, de, Vital, 89, 152
Nairac, Jean Baptiste, 278, 364
Nairac, Paul, 245, 246
Nassivet Gilles
Neaux, Jean Jacques, 266
Necker, Jacques, 271, 319
Nedellec, Marie, 18
Noël, Karl, 204
Notre-Dame des Carmes
  armé par d'Arifat, 160
O Santo Antonio, 213
Osterwald, d', Jean Frédéric, 31

**P**
Pandin de Romefort. Charles Pierre. 352
Pandin de Romefort, Charles Pierre, 305, 377, 378
Paolin, Bartolomeo, 20
Parant, Jean, 354
Perry, Jean, 53, 223, 298, 299, 333, 353, 356, 362
Perry, Pierre David, 50
Pigot, lord, Louis George, 75
Pinet, Louis Jacques, 363
Piriou de Lézongar, Jacques, 150, 158
Pitot, Albert, 339
Pitot, Robert, 264
  armateur, 155
Plessis-Paumar, Du, Henri Armand, 92
Poivre, Pierre, 76, 80, 145
Pommyer, François Emmanuel, 399
Poujaud de Montjourdin, Philippe, 241
Poupet & Guymet, 218, 261
Praslin, de, César Gabriel, 97

Prat Desprez, Marie, 241
Prévost de La Croix, Philippe François, 93
Prévost de Sansac de Traversay, Auguste, 368
Proa, Jean Jacques, 71
Proli, de, Jean Berthold, 160
Proli, de, Charles, 248
Purry, de, David, 217
Rabaud, Jacques
    armateur, 215
Rangeard, Etienne Louis, 320
Rasteau, Etienne Isaac & Jacques, 186
Reas Ducouteau, Esther, 53
Regnard, Noël, 34
Renaud de Chandeuil, Antoine
    capitaine, 155
Ricci, Giuliano, 214
Richemond & Garnault, 218, 220, 411
Richepance, Antoine, 14
Riedy & Thuringer, 142
Rigaud, 325
Rigaud, Jean, 323, 327
Riqueti de Mirabeau, Honoré Gabriel, 40
Risteau, François, 96
Robert, Henri, 177
Robin, Jean, 218
Robin, Jean Jacques
    capitaine, 130
Ronsin, Etienne, 125, 133, 134, 135, 401, 402
Rossal, Henry Daniel
    Capitaine, 18
Rostagny, de, Guillaume, 276, 281, 283
Roux de Corse, Pierre Honoré, 174
Ruderman, Anne, 187
Rullier, Esther, 41
Saige, de, François Armand, 355
Saint Affrique, de, Olga, 323
Saint Sornin, de, François Henri, 102
Salignac de La Mothe-Fénelon, de François, 57

Samuel Pierre de Richemond, 411
Samuel Pierre Meschinet de Richemond, 371
São Bento, 367
Saulnier, Jules-Volsi, 336
Schmalz, Jean Boniface
    armateur, 70
Sefen, John, 81
Seignette, Benjamin, 120
Seignette, Benjamin, 95
    armateur, 83
Seignette, Élie Louis, 366
Seignette, Jean Baptiste, 87
Seignette, Louis Benjamin, 299
Seignette, Marie Anne Pauline, 212
Solier Martin & Salavy, 215
Sonnerat, Pierre, 76, 88
Souzy, Jean Baptiste, 343, 345
Spano, Anna Maria, 23
St. Eloy Estèbe & Cie, 215
Stager, Jan Christpher, 163
Stockart & d'Ebertz, 220
Suidre, Nicolas, 192, 218, 231
Suidre, Nicolas, 306
Sureau, Charles Théodore, 276
Tandebaratz, de, Marguerite, 53
Ternay, de, Charles-Henri-Louis d'Arsac, 66
Terray, abbé, 86
Tessereau, Jacques & Abraham, 15
Tessier, Louis, 235
Thiébaut, Rafaël, 199, 201
Thiers, Adolphe, 323
Thiroux de Crosne, Louis, 275
Thouard, Jean, 189
Thouron, Pierre, 197
Titon, Jean Baptiste Maximilien, 376
Torterue Bonneau, Jean Louis, 377, 378
Torterue Bonneau, Louis, 398, 399
Torterue-Bonneau, Jacques, 277, 279

Tournachon, François, 276, 278
Tourton & Baur, 212
Toussaint, Auguste, 34, 179, 181, 185, 201, 339
Tromelin, Boudin, de Jacques Marie, 151
Tromelin, Boudin, de, Bernard Marie, 7354, 374, 379, 380
Tronson du Coudray, Guillaume Alexandre, 270
Turgot, Anne Robert Jacques, 98, 109
Unienville, d', Harold Adolphe, 34
Unienville, d', Jean Raymond, 34
Vaghi, Massimo, 16
Valette, Charles, 195
Valin, Claudy, 345
Valin, René Josué, 72
Van der hart, Jan Gerbrand, 163
Vaughan, Megan, 176, 182
Vertriz y Castejon, Pedro, 246
Veuve Admirault & fils, 114, 135, 138, 399, 401
Viault, Antoine Augustin, 194, 195, 196,
Vincens, Charles, 212, 306, 318
Vincens, Louis, 137, 189, 306, 318, 332
Vincent, Charles, 332
Virtue, Charles
  capitaine, 156
Wanquet, Claude, 88
Webb, Jonathan, 212, 216, 219, 221, 229, 235, 237, 239, 295, 367, 369
Weis & fils, 210
Wilkens, Hermann, 192

Samuel de Missy (1755-1820), armateur rochelais sur l'océan indien

Bibliographie

**Allen Richard B**. European Slave Trading in the Indian Ocean, 1500- 1850, Ohio University Press, Athens, Ohio 45701, 2014.
**Archives départementales de la Charente-Maritime**. Un commerce pour gens ordinaires - La Rochelle et la traite négrière au XVIIIe siècle [exposition]. La Rochelle, 2010.
**Atlas historique des esclavages** : Traites, sociétés coloniales, abolitions de l'Antiquité à nos jours, Marcel **Dorigny** et **Bernard Gainot**. Cartographie : Fabrice Le Goff.
**Augeron Mickaël** et **Caudron Olivier** dir. La Rochelle, L'Aunis et la Saintonge face à l'esclavage. Paris : Les Indes savantes, 2012.
**Augeron Mickaël** , **Poton Didier** et **Van Ruymbeke Bertrand** dir. Les Huguenots et l'Atlantique. Paris : Presses de l'Université Paris-Sorbonne, 2009, vol. 1. Chap. **Even Pascal**. Un armateur ami des Noirs, Samuel de Missy, pp. 547-556.
**Bernardin de Saint-Pierre Henri** (1737-1814), Voyage à l'Isle de France.
**Barlier Jean-Pierre**, La Société des Amis des Noirs, 1788-1791 : aux origines de la première abolition de l'esclavage (4 février 1794). Paris : Editions de l'Amandier, 2010.
**Brothé Éric**, Entre idéalisme et pragmatisme : Samuel-Pierre-David-Joseph de Missy (1755-1820) / 2008.
**Butel Paul**, Européens et Espaces maritimes.
**But Gilbert, Lo Basso** Luca et **Raveux Olivier** dir. Entrepreneurs des mers : capitaines et mariniers du XVIe. Paris : Riveneuve éditions, 2017. Chap. 15,
**Cauna Jacques**, de - **Dubesset Éric** dir. Dynamiques caribéennes : pour une histoire des circulations dans l'espace atlantique (XVIIIe-XIXe siècles). Pessac : Presses universitaires de Bordeaux, 2014.
**Cauna Jacques**, de. Fleuriau, La Rochelle et l'esclavage.
**Chelin Antoine**, 1973, Une île et son passé. Mauritius Printing Co.
**Clark John G,** La Rochelle and the Atlantic Economy during the Eighteenth-Century, The Johns Hopkins University Press, 1981.
**Crété Liliane**, La Traite des nègres sous l'Ancien Régime : le nègre, le sucre et la toile.1986.
**Cross Elizabeth** , Company Politics, Commerce, Scandal, and French Visions of Indian Empire in the Revolutionary area, Oxford University Press, 2023.
**Cottret Bernard**, L'Édit de Nantes, Tempus, 2016.
**Coquery – Vidrovitch Catherine, Mesnard Éric,** Être esclave, Afriques-Amériques, XVe-XIXe siècle, La Découverte en poche, 2019.
**Coquery-Vidrovitch Catherine**, Routes de l'esclavage : Histoire des traites africaines (VIe-XXe siècle), 2018
**Debien Gabriel**, Le club des colons de La Rochelle (septembre 1789-octobre 1790) ; 1956.
**Delaleu Jean-Baptiste Étienne** ; Premier supplément du Code de l'Isle de Bourbon. Contenant les Loix publiées depuis le premier janvier 1776, jusqu'au premier Juillet 1787, ensemble celles qui avoient été omises dans le volume précédent. Par M. Delaleu, Conseiller au Conseil Supérieur de l'Isle de France, & Procureur du Roi du Tribunal-Terrier de la même isle.
**Derat Marie-Laure** et **Vernet Tho**mas Traites et esclavages en Afrique orientale et dans l'océan indien Paris, Karthala et CIRESC, 2013, 523 p.

**Dorigny Marcel, Gainot, Bernard** et **Le Goff Fabrice**. Atlas des esclavages. Traites, sociétés
**Dorigny Marcel et Zins Max-Jean** dir. Les Traites négrières coloniales : histoire d'un crime. Paris : Editions Cercle d'Art, 2009.
**Deveau Jean- Michel**, Le commerce rochelais face à la Révolution, correspondance de Jean-Baptiste Nairac (1789 – 1790) avec la Chambre de commerce de La Rochelle, Rumeur des âges 1989.
**Fauque Claude, & alias,** Les Routes de l'esclavage : histoire d'un très grand « dérangement ». Paris : Hermé, 2004.
**Favier René**, Les Européens et les Indes orientales au XVIII$^e$ siècle.
**Filliot, Jean- Marie**, La Traite des Esclaves vers les Mascareignes, ORSTOM, 1974.
**Flouret Jean, Roth Michel**, Un bourgeois rochelais en 1790 : lettres inédites [de] Louis Admyrauld. Notes et commentaires de Jean Flouret et Michel Roth. 1989.
**Gauvin Gilles**, Abécédaire de l'esclavage des Noirs. Paris : Editions Dapper, 2007.
**Gerbeau Hubert**, 2002, L'Océan indien n'est pas l'Atlantique. La Traite illégale à Bourbon au XIXe siècle. Un article publié dans Outre-Mers, revue de la société française d'Histoire d'Outre-mer, n° 336-337, décembre 2002, Paris, p. 79-108.
**Gerbeau Hubert**, La traite esclavagiste dans l'océan indien : problèmes posés à l'historien, recherches à entreprendre.
**Grenouilleau Olivier**, La Traite des Noirs. Paris : Presses universitaires de France, 2018. 12° 2012.
**Grenouilleau, Olivier**, La Révolution abolitionniste. Paris : Éditions Gallimard, 2017.
**Guérout Max**, Esclaves et négriers. Paris : Fleurus Éditions, 2012.
**Haudrère Philippe**, Les Français dans l'océan indien (XVIIe-XIXe siècle).2014.
**Le Bouëdec Gérard**, Activités maritimes et sociétés littorales de l'Europe atlantique 1690-1790, Armand Colin, 1997.
**Le Bouëdec Gérard**, L'Asie la mer le monde : au temps des Compagnies des Indes / sous la direction de Gérard Le Bouëdec ; texte préparé par Marie-Laure Le Goc. 2014.
**Lefrançois Thierry**, L'Esclavage dans les collections du Musée du Nouveau Monde, La Rochelle / avec des textes introductifs de Marcel Delafosse, 1998.
**Martin Gaston**, L'ère des négriers (1714-1774). Nantes au XVIIIe siècle, Khartala, 1931, réédité 1993.
**Martinetti Brice**, La Traite négrière à La Rochelle. La Crèche : La Geste, 2017.
**Martinetti Brice**, Les résistances du négoce rochelais à la première abolition de l'esclavage : les apports des correspondances. La revue du philanthrope. 2013, n° 4, pp. 155-169
**Meschinet de Richemond Louis**, Lettres inédites d'un armateur rochelais 1789 ; Missy, Samuel-Pierre-David-Joseph de.
**Meschinet de Richemond Louis**, Les Marins rochelais, notes biographiques, archiviste de la Charente-inférieure, 1906, réédité par Rumeur des Âges, 1983.
**Meyer Jean**, Esclaves et négriers,1986.
**Michel Aurélia**, Un monde en nègre et blanc, Points, Éditions du Seuil, janvier 2020.
**Monges Philippe**. Mémwa, sur les traces de la traite négrière et de l'esclavage colonial. Paris : Trans Photographic Press, 2013.
**Noël Karl**, L'esclavage à l'isle de France, Île Maurice, de 1715 à 1810 / DL 1991 / Éditions Two Cities.

Samuel de Missy (1755-1820), armateur rochelais sur l'océan indien

**Pétre-Grenouilleau Olivier**, L'Argent de la traite : milieu négrier, capitalisme et développement : un modèle. Paris : Éditions Flammarion, 2009.
**Rediker Marcus** À bord du négrier. Une histoire atlantique de la traite, Points – Histoire, 2013.
**Régen Frédéric**, La France et ses esclaves : de la colonisation aux abolitions (1620–1848). Paris : Grasset, 2007.
**Schoelcher Victor**, Esclavage et colonisation [Textes choisis et annotés par Emile Tersen]. Paris : Presses universitaires de France, 2007. 12° 1206 Les spécificités de la Charente-Maritime.
**Taillemite Étienne** : La percée de l'Europe sur les Océans vers 1690- vers 1790, textes réunis par Étienne Taillemite et Denis Lieppe, p.p 150- 195, Les comptoirs, la mer et l'Inde au temps des Compagnies, **Jacques Weber**, 1997.
**Thomas Hugh** et **Villeneuve Guillaume** trad. La Traite des Noirs : histoire du commerce d'esclaves transatlantique, 1440-1870. Paris : Editions Robert Laffont, 2006.
**Toussaint Auguste**, Avant Surcouf : Corsaires en océan indien au XVIIIe siècle, Pitot Robert et Pitot Charles, édité à titre posthume par L'Université d'Aix-en- Provence. Préface du Professeur Jean-Louis Miège. Compte-rendu Prudhomme Claude, Revue d'histoire d'Outre-Mers année 1993, pa.521, Aix-en-Provence 1989.
**Toussaint Auguste**, L'administration française de l'Île Maurice et ses archives 1721 1810 - Port Louis imprimerie commerciale 1965.
**Toussaint Auguste**, La Route des Îles, Contribution à l'histoire maritime des Mascareignes vol XXII, École pratique des Hautes études VIe section Centre de recherches historiques – Ports- Routes- Trafics – Paris SEPVEN 1967.
**Toussaint Auguste**, Histoire de l'océan indien, PUF Que sais-je 1989,
**Toussaint Auguste**, Le Mirage des îles : Le négoce français aux Mascareignes au XVIIIe siècle, Edisud, Aix-en-Provence 1977.
**Toussaint Auguste**, Bibliographie of Mauritius (1502- 1954) avec Harold Adolphe d'Unienville, Esclapon Limited, Port-Louis,1954.
**Toussaint Auguste**, Dictionnaire de Biographie mauricienne, Port-Louis, The Standard Printing Ets, publié par la Société de l'Histoire de l'île Maurice depuis 1948.
**Toussaint, Auguste.** Répertoire des archives de l'Ile de France, pendant la régie de la Compagnie des Indes, 1715-1768, Nevac : Impr. G. Coudere , 1956.
**Toussaint Auguste**, Histoire de l'île Maurice, Presses universitaires de France, Paris, 1971.
**Peret Jacques**, Les capitaines rochelais de la traite négrière et leurs armateurs dans la seconde moitié du XVIIIe siècle, pp. 233-249.
**Vaugham Megan**, Creating the creole island, Slavery in Eightheenth-Century Mauritius, Duke University Press, 2005.
**Wismes** (de) Armel, La vie quotidienne dans les ports bretons aux XVIIe et XVIIIe siècles, Nantes, Brest, Saint- Malo.
**Yacou Alain**, Journaux de bord et de traite de Joseph Crassous de Médeuil : de La Rochelle à la côte de Guinée et aux Antilles (1772-1776). Paris : Editions Karthala, 2001.
**Commission Justice et Vérité de la République de Maurice / Truth and Justice Commission of Mauritius**, 6 volumes, Port Louis : Mauritius Government Printer, 2011.
**La Rochelle dans la Révolution** – Comité municipal du Bicentenaire de la Révolution française – Ville de La Rochelle, juillet 1989, Préface Michel Crépeau Aubin, imprimeur Ligugé.

Samuel de Missy (1755-1820), armateur rochelais sur l'océan indien

Table des matières
Avant-Propos ................................................................................ 13
**Introduction**.................................................................................. 27
**Chapitre I.- Le « livre de famille » des Demissy** ............................ 41
    1.1.- L'apport généalogique des documents familiaux .................. 42
        1.1.1.- Jean Demissy (première génération) ............................ 44
        1.1.2 – Richard Demissy, (deuxième génération), né le 21 décembre 1529, † 6 août 1596, fils de Jean Demissy ............................ 44
        1.1.3.- Jacob de Missy, † 1623 ou 1624 (troisième génération) fils de Richard Demissy ............................................................ 45
        1.1.4.- Jacques de Missy, (Quatrième génération) fils de Jacob né le 11 (ou 15) septembre 1562 ................................................. 45
        1.1.5. - Isaac Demissy, [cinquième génération] baptisé au temple de Soubise 27 novembre 1638, † 15 avril 1753, fils de Jacques Demissy. ................................................................................... 45
        1.1.6.- Samuel Demissy [sixième génération] négociant né 18 septembre 1677 † 15 avril 1753 ............................................................ 46
        1.1.7.- Samuel Pierre Demissy [septième génération], 27 août 1718- 28 octobre 1786 (inhumé le 30) ................................................ 48
        1.1. 8.- Samuel Pierre Joseph David (Huitième génération) 30 octobre 1755- 20 octobre 1820. ........................................................ 50
    1.2.- La relation de faits particuliers .............................................. 51
        1.2. 1. Mariages ...................................................................... 51
        1.2.2. Baptêmes ..................................................................... 53
        1.2.3. Les persécutions et la destruction du Temple de Marennes55
        1.2.4. L'exil ............................................................................. 58
        1.2.5. Les éphémérides de La Rochelle selon Samuel Pierre de Missy ................................................................................... 60
    1. 3 César Demissy, fils de Charles Demissy ................................. 62
**Chapitre II. – Samuel Joseph David Demissy (huitième génération), embarquement pour l'Isle de France**............................................ 65

    2.1.- Le départ de Jacques Isaac, frère cadet .................................. 65

    2.2.- Le départ du frère aîné : Samuel Pierre David Joseph ............. 68

    2.3.- L'Isle de France, terre d'espoir ? ............................................... 74

**Chapitre III.- La rétrocession au roi des Mascareignes (1764) et la suspension du privilège exclusif de la Compagnie des Indes (1769) ........................................ 81**

    3.1.- Le contexte de la rétrocession et de la suspension du privilège 81

    3.2.- Les modalités du retrait de la Compagnie des Indes ................ 89

        3.2.1- Passeports ........................................................................ 94

        3.2.2.- Obligation de retour des marchandises et ventes à Lorient 97

        3.2.3.- A la conquête de l'*oceanus indicus* ............................... 100

**Chapitre IV. - L'intérêt mesuré des Rochelais à profiter de la liberté donnée au commerce particulier de naviguer au-delà du Cap de Bonne- Espérance .... 105**

    4.1.- Les Admirault s'engouffrent seuls dans la brèche ................. 113

        4.1.1.- Le rapport entre les familles Admirault et Demissy ......... 113

        4.1.2.- Les armements des Admirault pour l'océan indien ........ 115

            4.1.2.1.- Le Marquis de Narbonne. ...................................... 116

            4.1.2.2.-Le Brisson ............................................................. 121

            4.1.2.3.- L'Aigle ................................................................... 128

            4.1.2.4.- Les Trois Amis ..................................................... 129

            4.1.2.5.- Le Maurepas, ou Comte de Maurepas ................. 130

            4.1.2.6.- L'Ajax .................................................................... 130

            4.1.2.7.- L'Aimable Nanette ............................................... 131

            4.1.2.8.- L'Alexandre ......................................................... 132

            4.1.2.9.- L'Élizabeth ........................................................... 132

            4.1.2.10.- La Jeannette et autres goélettes ........................ 138

    4.2.- Le retour vers le commerce de traite .................................... 138

    4.3.- Profits ou Pertes ..................................................................... 139

**Chapitre V. – Samuel Pierre Demissy à l'Isle de France ........................ 145**

    5.1.-Les relais locaux ....................................................................... 145

5.2.- Premier séjour : de 1771 à novembre 1781 ............................147

    5.2.1 - Samuel Pierre Demissy, seulement citadin de Port-Louis 150

    5.2.2 – L'hypothèse des profits nés de la guerre de course : 1778 – 1782 ..................................................................................................152

5.3. - Le second séjour de Samuel Pierre à l'Isle de France 1784-1785 157

5.4. - La chute de la maison Arifat ............................................................158

**Chapitre VI-. Un départ outre-mer lié à la faillite du père ?** ....................167

**Chapitre VII. – Demissy planteur et lié indirectement à l'esclavage ?** .......175

    7.1. - Recherches et Travaux réalisés ...................................................176

    7.2.- La participation au capital de *La Bonne Société* .....................187

    7.3.- La participation au capital du Het Kayserlick Zeepart ............193

    7.4.1- Samuel de Demissy, planteur ....................................................198

    7.5.-Samuel Demissy traitant à l'Isle de France ? ...........................199

        7.5.1.- Participation directe à la traite .........................................199

        7.5.2.- Le commerce indirect de traite .......................................203

    7.6.- Le mythe de l'esclave heureux ...................................................204

**Chapitre VIII.- L'apogée des armements de Samuel Demissy**...................209

    8.1.- L'Insulaire .........................................................................................215

    8.2.- L'Espiègle ........................................................................................218

    8.3.- L'Atlas ..............................................................................................219

    8.4.- Le Neptune .....................................................................................220

        8.4.1.- Campagne de 1785 pour se rendre à l'Isle de France et à l'Isle de Bourbon..................................................................................221

        8.4.2.- Campagne de 1787 pour se rendre à l'Isle de France et à l'Isle de Bourbon..................................................................................222

        8.4.3.- Campagne de 1788 pour se rendre à l'Isle de France et à l'Isle de Bourbon..................................................................................223

    8.5.- Le capitaine Cook .........................................................................224

        8.5.1.- Les Deux Mariés ....................................................................225

        8.5.2.- Les Deux Mariés rebaptisés Capitaine Cook ..................226

8.6.- Le Nautile ............................................................................228

8.7.- Le Henry Quatre .................................................................229

    8.7.1.- Le Henry Quatre, première expédition ...........................229

    8.7.2.- Le Henry Quatre, seconde expédition ............................233

8.8.- Part d'intérêt dans Le Chêne, navire Impérial.......................239

8.9.- L'affaire Lenormand ............................................................241

**Chapitre IX.- La lutte contre la troisième Compagnie des Indes, dite « de Calonne »** ..........................................................................................245

9.1.- L'expédition conduite pour le compte du roi par Grandclos Meslé ............................................................................................253

9.2-. L'expédition conduite avec l'association des villes maritimes 258

9.3.- Du naufrage du *Calonne* à la disgrâce de Charles Alexandre de Calonne ..........................................................................................265

9.4.- Les remous suscités par l'autorisation donnée à la Nouvelle Compagnie de 1785 ..........................................................................................267

9.5.- Députés ordinaires *versus* Délégués du commerce dits aussi Députés extraordinaires : Le Tellier de Bordeaux............................................273

9.6.- Samuel Demissy, député extraordinaire du commerce de La Rochelle (Paris, juin 1787 - octobre 1787) ......................................287

**Chapitre X.-La Révolution et suite…** ........................................295

10.1.- Les députés du Tiers état de la sénéchaussée de La Rochelle aux États généraux ..........................................................................................297

10.2.- Les cahiers de doléances ....................................................298

10.3.- Les Volontaires nationaux ..................................................302

10.4.- Le déplacement à Paris pour la remise du don patriotique de 7 108 livres..............................................................................................307

10.5. – Les biens nationaux .........................................................320

    10.5.1. Les biens acquis par Samuel Demissy .........................322

Tableau des biens vendus................................................................331

    10.5.2.- Les biens nationaux acquis par Samuel Louis Meschinet de Richemond ...................................................................................332

10.6.- L'élection par défaut de Samuel Demissy comme député de l'Isle de France à l'Assemblée nationale, du 28 juillet 1791 à fin septembre 1792. ................................................................................................................334

10.7.- Mairie de La Rochelle : Occasion manquée de 1790 et retour en 1795 ................................................................................................................342

    10.7.1.- Les élections de 1790 ...................................................342

    10.7.2.- Après Thermidor ............................................................362

    1801 ..............................................................................................369

    1803 ..............................................................................................369

    10.8.- Empire .................................................................................370

    10.9.- Restauration .......................................................................373

    10.10.- Décès de Samuel Demissy ................................................378

**Annexe I.- Généalogie** ................................................................387

**Annexe II.- Mémoire de MM. Les directeurs et syndics de la Chambre de commerce de la ville de La Rochelle- 1769** ...............................................395

**Annexe III.- Réhabilitation par le parlement de Paris pour Samuel Michel David Meschinet de Richemond & Samuel Pierre Demissy** .......................397

**Annexe IV.- Relations entre Ronsin, La Rochette, Lamaletie et Admirault** 401

**Annexe V-. L'esprit des journaux français et étrangers** ......................403

**Annexe VI. – État des vaisseaux du roi armés au commerce particulier** ....404

**Annexe VII.- Passager Pontavery du *Brisson*** .........................................405

**Annexe IX.- Lettre d'un citoyen de la Rochelle à M. le comte de Mirabeau- 24 novembre 1789 (supposée écrite par Samuel Pierre Meschinet de Richemond)** ................................................................................................................409

**Annexe X.- Réhabilitation de Samuel Pierre de Richemond** ......................411

**Annexe XI.- Chat Intelligence artificielle (requête internet du 9 juillet 2023)** 413

Table onomastique ..............................................................................415

Bibliographie .......................................................................................425

Table des matières ...............................................................................429

Du même auteur ..................................................................................435

Du même auteur

Entre Lumière et Ombre – Frédéric d'Houdetot et Madeleine Masseron - 1778-1870 — Guénégaud, Paris, avril 2011.
La découpe des hôtels d'Entragues - 1774-1778 — Guénégaud, Paris, octobre 2012.
La découpe des hôtels d'Entragues, rue de Tournon : un exemple de spéculation immobilière à la fin du XVIII$^e$ siècle, Bulletin de la Société historique du VI$^e$ arrondissement de Paris, nouvelle série n° 27, année 2014, page 27.
Être marguillier à Saint-Sulpice : brochure consultable aux Archives diocésaines de Paris, janvier 2015.
Rue de Tournon : Des années Turgot au Directoire — Guénégaud, Paris, mai 2015.
Liste de personnes décédées au XVIII$^e$ siècle sur le territoire de la paroisse Saint-Sulpice (12 500 noms environ) consultable sous conditions au siège de la Société historique du VI$^e$ arrondissement de Paris.
Madeleine Masseron, une autre comtesse d'Houdetot, Revue de l'Avranchin et du pays de Granville, tome 94, année 2017, fasc.452 (sept).
Nicolas Ducret, un grand architecte parisien à La Rochelle, Guénégaud, Paris, 2017.
Lettres d'affaires d'Etienne Henry Harouard, 1759 – 1761, Les Indes Savantes, 2021.
Entre Aunis et Avignon, Correspondances du 15 mars 1765 au 25 mai 1790, des fils d'Henry Harouard, Pierre Etienne et François Henry avec le marquis avignonnais Denis de Suarès d'Aulan époux de leur sœur Suzanne Jeanne- Le quai Saint Nicolas, 1$^{er}$ trimestre 2021.
Réhabiliter la mémoire de Demissy, Bulletin d'information de la paroisse réformée de Robinson - Église protestante unie de France, mensuel - mai 2022 - N°573, page 6.
Les Missoffe : Une ascension familiale fulgurante, Tome XLVII 2023 de la Revue de la Saintonge & de l'Aunis (Fédération des Sociétés savantes de la Charente-Maritime).
Samuel de Missy ( 1755-1820), armateur rochelais sur l'océan indien, Le quai Saint Nicolas, avril 2024 ( première édition).